ཧི་མ་ལའི་རིག་མཛོད་ཆེན་མོ།

Himalayan Encyclopedia

喜马拉雅文库

ཧི་མ་ལའི་རིག་མཛོད་འཚོལ་བསྡུ་ཕྱོགས་སྒྲིག་ཁང་།

ཧི་མ་ལའི་རིག་མཛོད་ཆེན་མོ།

# ༄། །སྨྱོན་འགྲོའི་ཁྲིད་ཡིག་སྐོར་གྱི་འགྲེལ་བ་བཞུགས་སོ། །

ཧྲེལ་དཀར། མཁན་བསོད་ནམས་དར་རྒྱས།

ཧི་མ་ལའི་རིག་མཛོད་ཆེན་མོའི་ཆེད་བསྒྲིགས་པོད་ཕྲེང་། ༥༡༡

མི་རིགས་དཔེ་སྐྲུན་ཁང་།

# ཧི་མ་ལའི་རིག་མཛོད་ཁང་ཆེན་མོའི་ལས་སྒྲུབ་གཙོ་འཛིན་ལྷན་ཚོགས།

ཧི་མ་ལའི་རིག་མཛོད་ཁང་སྤྱིའི་གཙོ་འཛིན་པ་གཙོ་བོ། ཛ་གིཿ ཡུང་དགོན་སྤྲུལ་ཚེ་རིང་རྡོ་རྗེ།
ཧི་མ་ལའི་རིག་མཛོད་ཁང་སྤྱིའི་གཙོ་འཛིན་པ་གཞོན་པ། རྨེ་གྲྭ ཚེ་རིང་བསམ་འགྲུབ།

རིག་མཛོད་ཁང་གི་དབུ་ཁྲིད་ཚན་ཆུང་།
ཨ་དྲེལ་བཀྲ་ཤིས་འོད་ཟེར། ཟླ་བ་འོད་ཟེར། པཎ་ཆེན་རྒྱལ། ཐུབ་བསྟན། སྤྱི་ས་ཚང་སློན་ལམ།

རིག་མཛོད་རྩོམ་སྒྲིག་སྡེ་ཁག
བསོད་ནམས་བཀྲ་ཤིས། ཆོས་ལྷ། མགོན་པོ་མཚོ། དབྱངས་ཅན་ལྷ་མོ། པདྨ་ཀུན་གྲོལ། ཀུན་དགའ།
དཀོན་མཆོག་བསོད་ནམས།

རིག་མཛོད་བསྡུ་སྒྲིག་པའི་སྡེ་ཁག
ལྷག་པ་དཀར། དགེ་ལེགས་འབྱུང་གནས། པདྨ། ངག་དབང་ལྷ་མོ། རྒྱ་མཚོ་སྐྱིད། དབྱངས་ཅན་སྒྲོལ་མ།
མགོན་པོ་མཚོ། འཇམ་དབྱངས་མཚོ། རྡོ་རྗེ་དབང་རྒྱལ། རབ་བརྟན། པདྨ་སྐྱབས། བློ་བཟང་རབ་བརྟན།
རྡོ་རྗེ་དབང་འདུས།

དབུ་ལྗེབ་ཡིག་གཟུགས་པ། མཁན་ཀླུ་སྒྲུབ་དབང་ཕྱུག

དཔེ་སྒྲིག་ལག་རྩལ་པ། ཤེས་རབ་རྒྱ་མཚོ། པདྨ་དབྱངས་ཅན།

ཉོ་དམ་པའི་སྡེ་ཁག
པདྨ། ལྷུན་གྲུབ་རྡོ་རྗེ། པདྨ་མཁའ་འགྲོ། ཡེ་ཤེས་མཁའ་འགྲོ། བསོད་ནམས་ཆོས་འཕེལ། བསོད་ནམས་སྐྱིད།

# དཀར་ཆག

༄༅། །རྫོགས་པ་ཆེན་པོ་ཀློང་ཆེན་སྙིང་ཐིག་གི་སྔོན་འགྲོའི་ངག་འདོན་
ཁྲིགས་སུ་བསྡེབས་པ་རྣམ་མཁྱེན་ལམ་བཟང་གི་མཚན་འགྲེལ་
ལུང་དང་རིགས་པའི་སྒོ་ནས་རྒྱ་ཆེར་སྤྲོས་པ་ཀུན་
མཁྱེན་བླ་མའི་ཞལ་ལུང་ཐེག་པ་རིམ་དགུའི་
ལྡེའུ་མིག་ཅེས་བྱ་བ་བཞུགས་སོ། །

ན་མོ་གུ་རུ་པདྨ་ཀཱ་ར་ཡེ།
དུས་གསུམ་རྒྱལ་བ་ཀུན་གྱི་ཡབ་གཅིག་རྗེ། །
མཚུངས་མེད་ཆོས་རྗེ་བླ་མ་འགྲོ་བའི་གཉེན། །
བདག་ཅག་སྤྱི་བོའི་གཙུག་ཏུ་རྟག་བཞུགས་ནས། །
དགེ་ལེགས་ཕན་བདེའི་སྣང་བའི་ཤིས་པ་སྩོལ། །
སྔོན་བྱོན་རྒྱལ་དང་རྒྱལ་སྲས་ཚོགས་རྣམས་ཀྱིས། །
གསུངས་པའི་མན་ངག་གཏེར་གྱི་རྒྱ་མཚོ་ལས། །
ཆ་ཤས་ཟེགས་མ་ཙམ་ཞིག་འདིར་བརྗོད་ན། །
སྐལ་བཟང་སྐྱེ་བོས་སྒོ་གསུམ་དང་བས་ཉོན། །

མཚན་དོན་ནི། དེ་ཡང་དང་པོ་རྫོགས་པ་ཞེས་པ་ནི་ཆོས་ཐམས་ཅད་ཀྱི་གནས་

ལུགས་འགྱུར་བ་མེད་པ་སྤྲོས་པ་ཐམས་ཅད་དང་བྲལ་བ་དེ་ཉིད་རང་བཞིན་གྱིས་རྫོགས་ཡོད་པས་ན་འདི་ལ་རྫོགས་པ་དང་།  མ་ཟད་ སྤྱིར་འདི་ལ་གྲུབ་མཐའི་དབང་གིས་མིང་འདོགས་ཚུལ་མང་དུ་ཡོད་ལ། དེ་ཉིད་ཅུང་ཟད་ཅིག་བརྗོད་པར་བྱས་ན། འདི་ལ་ལ་ལས་གཉུག་མའི་ཡེ་ཤེས་དང་། ཡང་ལ་ལས་བདེ་བ་ཆེན་པོ། ལ་ལས་སྤྲོས་པ་ཐམས་ཅད་དང་བྲལ་བའི་སྟོང་ཉིད། ལ་ལས་རང་བྱུང་གི་ཡེ་ཤེས། ཡང་ལ་ལས་མི་ཤིགས་ཏི་ལ་ཀ་སོགས་དེ་ལྟར་འདོད་ཚུལ་དུ་མ་ཞིག་མཆིས་ཀྱང་། དོན་ལ་ཐམས་ཅད་ཀ་ལྷུན་དབྱེར་མེད་ཆོས་སྐུ་སྟོང་གསལ་བརྗོད་མེད་ཆེན་པོ་ལས་གཞན་དུ་མེད་པར་ཤེས་དགོས་པ་ཡིན་ནོ།།

དེ་ལྟ་བུའི་ཀ་ལྷུན་དབྱེར་མེད་ཆོས་སྐུ་སྤྲོས་པ་ཐམས་ཅད་དང་བྲལ་བ་དེ་ནི་གཞི་ལམ་འབྲས་གསུམ་གྱི་ཡོན་ཏན་མཐའ་དག་རྒྱུད་ལ་རྫོགས་ཤིང་རང་བཞིན་ཀ་ནས་དག་པ་དེ་ཡི་ངང་དུ་གནས་པ་ཡིན་ལ།  དེ་ལྟར་ཡེ་ནས་དག་པའི་ཚུལ་རྫོགས་པ་ཆེན་པོའི་གཞིའི་འདོད་ལུགས་རྣམ་པ་བདུན་ལས་མ་འདས་པར་ཤེས་དགོས་པ་ཡིན་ཏེ། གཞི་ལྷུན་གྲུབ་ཏུ་འདོད་པའི་ལུགས།  གཞི་མ་ངེས་པར་འདོད་པའི་ལུགས།  གཞི་ངེས་པ་དོན་གྱི་དངོས་གཞིར་འདོད་པའི་ལུགས། གཞི་ཅིར་ཡང་བསྒྱུར་དུ་བཏུབ་པར་འདོད་པའི་ལུགས། གཞི་ཅིར་ཡང་ཁས་བླང་དུ་བཏུབ་པར་འདོད་པའི་ལུགས། གཞི་སྣ་ཚོགས་སུ་འདོད་པའི་ལུགས། གཞི་ཀ་དག་ཏུ་འདོད་པའི་ལུགས་རྣམས་སོ།།

དེ་སྐད་དུ་ཡང་ཐལ་འགྱུར་ལས།

བབས་ལས་གྲུབ་པའི་གནས་ལུགས་ནི།།
གནས་པ་བདུན་གྱི་ཚུལ་ལ་ཡང་།།
སྣ་ཚོགས་ངོས་ནས་ལྷུན་གྲུབ་ལ།།

འགྱུར་ཚད་ཆ་ནས་ངེས་མེད་པ།།
མ་འགྱུར་བ་ལས་ངེས་པ་ཅན།།
སྣང་བའི་རྒྱལ་ནི་ཅིར་ཡང་བསྒྱུར།།
ཐམས་ཅད་འབྱུང་ཕྱིར་ཁམས་ལེན་བཅས།།
འཁྲུལ་བ་དག་ཕྱིར་ཀ་དག་ལ།།
སྣང་ཚུལ་ཐ་དད་ཁྲ་བོར་འདོད།།
འདི་ལྟར་འདོད་པའི་བྱེ་བྲག་ལས།།
རྫོགས་པ་ཆེན་པོ་ཅིར་སྣང་ཕྱིར།།
ཐ་དད་འདོད་པ་གྲངས་མང་ཡང་།།
གནས་པ་བབས་ཀྱི་ལྟ་བ་ལ།།
གཅིག་མེད་གཉིས་མེད་གང་དང་བྲལ།།

ཞེས་དང་།

ཡང་གླིང་དྲུག་པ་ལས།

ཐོག་མ་བབས་ཀྱི་གྲུབ་པའི་གཞི།།
ཡོད་ནི་གཅིག་ལས་མེད་པ་ལ།།
འཁྲུལ་བར་སྣང་བའི་ཕྱོགས་དག་ལས།།
རྟོག་ཚོགས་རྣམས་ཀྱིས་གཏན་ཕབ་ན།།
རིམ་པ་བདུན་གྱི་ཚུལ་དུ་སྣང་།།
རིམ་པ་བདུན་གྱི་སྣང་བ་ཡང་།།

ངོ་བོ་གཅིག་གི་སྣང་ཚུལ་ལས། །
གཅིག་མ་ཤེས་པས་དེ་ལྟར་སྣང་། །
འོན་ཀྱང་དེ་དོན་འདི་ལྟ་སྟེ། །
ལྷུན་གྲུབ་ཉིད་དུ་གནས་པ་ལ། །
སྣ་ཚོགས་འདུས་པའི་སྙིང་པོར་སྣང་། །
ངེས་པ་མེད་པར་གནས་པ་ལ། །
འགྱུ་བྱེད་ཡིད་བཅས་རྣམ་པར་སྣང་། །
བསྒྱུར་དུ་བཏུབ་པར་གནས་པ་ལ། །
འབད་དེ་བློ་ཡི་རྣམ་པར་སྣང་། །
ཅིར་ཡང་ངོ་བོར་གནས་པ་ལ། །
གང་སྣང་རང་གི་ངོ་བོར་སྣང་། །
ཁྲ་བོ་དག་ཏུ་གནས་པ་ལ། །
སྣ་ཚོགས་སོ་སོའི་ཚུལ་དུ་སྣང་། །
ཀ་ནས་དག་པར་གནས་པ་ལ། །
དྲི་མ་ཡེ་ནས་མེད་པར་སྣང་། །
འདི་ཀུན་བློ་ཡི་རིམ་པར་སྣང་། །
རང་ངོས་ཀ་ནས་དག་པའོ། །

ཞེས་གསུངས་པ་ལྟར་ཀ་དག་དང་ལྷུན་གྲུབ་གཉིས་ནམ་ཡང་དབྱེར་མེད་ཆོས་སྐུའི་རང་བཞིན་གཅིག་ཏུ་གྱུར་པ་ཡིན་ཏེ།

མུ་ཏིག་ཕྲེང་བ་ལས།

ངོ་བོ་ཉིད་ནི་ཀ་དག་པས།།

རང་བཞིན་ཉིད་ལ་ལྷུན་གྲུབ་པོ།།

ས་དང་ཕྱོགས་དང་རིས་ལས་འདས།།

ཡོད་དང་མེད་དང་བརྗུ་ཏུ་མེད།།

སྒྲ་ཚད་རྣམས་ཀྱི་སྤྱོད་ཡུལ་མིན།།

གཅིག་དང་གཉིས་དང་བགྲང་ཡུལ་མེད།།

སྟོང་པ་ཆེན་པོར་བབས་ཀྱིས་གྲུབ།།

ཅེས་པ་དང་།

ཀློང་དྲུག་པ་ལས།

སྤྲོས་བྲལ་ཆོས་ཉིད་ཀ་དག་ནི།།

རང་ངོས་རྣམ་དག་སྙིང་པོའི་གཞི།།

དེ་ལ་ཚིག་དང་ཡི་གེ་བྲལ།།

བརྗོད་དང་འཛིན་པའི་རྣམ་རྟོག་མེད།།

སངས་རྒྱས་མེད་ཅིང་སེམས་ཅན་མེད།།

ཆོས་མེད་ཆོས་ཀྱི་འདུ་ཤེས་མེད།།

གང་མེད་ཅི་མེད་ཅི་ཡང་མེད།།

དེ་ལྟར་མེད་པའི་སྙིང་པོ་ལ།།

རེ་ཞིག་ཚིག་གིས་གཏན་ཕབ་ན།།

ངོ་བོ་ཉིད་ལ་ཀ་དག་ལ། །
རང་བཞིན་དུ་ནི་ལྷུན་གྲུབ་བོ། །

ཞེས་གསུངས་པ་ལྟར་ཐམས་ཅད་ཡེ་ནས་སམ་གདོད་ནས་དག་པའི་རང་བཞིན་དུ་གནས་པ་ཡིན་ལ། དེས་ན་བློ་དང་ཚིག་གིས་འདི་དང་འདིའོ་ཞེས་ནམ་ཡང་གཅིག་དང་ཐ་དད་དུ་གྲུབ་པ་མེད་པར་མཐའ་ཀུན་དང་བྲལ་ནས་ཉེས་པའི་སྐྱོན་མཐའ་དག་དང་བྲལ་བ་ཡིན་ཏེ།

དེ་ཉིད་ལས།

ངོ་བོ་ཉིད་ལ་ཀ་དག་པས། །
སེམས་ཅན་འཁོར་བ་འདི་མ་རིག །
མ་རིག་དྲི་མ་ཡེ་ཟད་ཕྱིར། །
སྟོན་པས་གསུངས་པ་སེམས་དཔའ་ཆེ། །
རང་བཞིན་ལྷུན་གྱིས་གྲུབ་པའི་ཕྱིར། །
དེ་ཡང་མ་འགགས་རོལ་བར་སྣང་། །
སེམས་དཔའ་ཉིད་ཀྱིས་ཡང་གསོལ་བ། །
རང་བཞིན་ཉིད་ལ་ལྷུན་གྲུབ་ན། །
སེམས་ཅན་འདི་དག་རང་གྲོལ་རིགས། །
ཡེ་ནས་ལྷུན་གྱིས་གྲུབ་པའི་ཕྱིར། །
གསུངས་པ་སེམས་ཅན་འདི་དག་ནི། །
ངོ་བོ་ཀ་ནས་དག་པའི་ཕྱིར། །

གྲོལ་བ་རྣམས་ཀྱང་རོལ་བར་སྣང་།།

བྱང་ཆུབ་སེམས་དཔའ་ཡང་གསོལ་བ།།

ངོ་བོ་ཉིད་ནི་ཀ་དག་པས།།

ལྷུན་གྲུབ་ལ་ཡང་དགོས་མེད་འགྱུར།།

ཡང་ན་ལྷུན་གྱིས་གྲུབ་པའི་ཕྱིར།།

ཀ་ནས་དག་པ་མེད་པར་འགྱུར།།

སྟོན་པས་གསུངས་པ་འདིའི་ཚུལ་ལ།།

གང་གིས་བརྗོད་པའི་ཚིག་མེད་པས།།

བརྗོད་པའི་སྒྲ་ཚིག་དང་བྲལ་བ།།

ཅི་ཡི་ངོ་བོར་གྲུབ་མེད་ཕྱིར།།

ཚིག་གིས་འདི་ལ་གནོད་པ་བྲལ།།

ཞེས་གསུངས་པ་ལྟར་ཐམས་ཅད་རང་བཞིན་ཀ་ནས་དག་ཅིང་ལྷུན་གྱིས་གྲུབ་པའི་རང་བཞིན་དུ་གནས་པ་ཡིན་པའི་ཕྱིར་དང་། དེ་ལྟ་བུའི་ཀ་ལྷུན་དབྱེར་མེད་ནི་གྲོལ་འཁྲུལ་ཀུན་གྱི་གཞི་ཉིད་དུ་གྱུར་པ་དང་། མ་ཟད་ཐམས་ཅད་ཀྱི་འཆར་གཞི་ཉིད་དུ་གྱུར་ཞིང་སྐུ་གསུམ་གྱི་རང་བཞིན་གདོད་ནས་དག་པ་ཉིད་དུ་གྱུར་པ་ཡིན་ཏེ།

མུ་ཏིག་ཕྲེང་བ་ལས།

ངོ་བོ་རང་བཞིན་ཐུགས་རྗེ་དང་།།

ངང་དང་རང་བཞིན་བདག་ཉིད་ཆེ།།

ཀ་དག་ཉིད་དང་ལྷུན་གྲུབ་དང་།།

སྤྲི་པའི་གཞི་དང་འཁྲུལ་གཞི་འོ། །

ཞེས་པ་དང་།

དེའི་རྒྱས་བཤད་དུ།

ངོ་བོ་ཀ་དག་བརྗོད་གཞི་བྲལ། །
རང་བཞིན་ལྷུན་གྲུབ་ཅིར་སྣང་རྗོགས། །
ཐུགས་རྗེ་ཀུན་ཁྱབ་རང་ཤར་བའོ། །
ངང་ནི་ཤུགས་ལས་འབྱུང་བ་སྟེ། །
རང་བཞིན་མ་བཅོས་ཀུན་སྣང་བས། །
བདག་ཉིད་ཁྱབ་གདལ་ཡུབ་ཆུབ་པའོ། །
ཀ་དག་དྲི་མ་རང་དག་སྟེ། །
ལྷུན་གྲུབ་སྣ་ཚོགས་འབྱུང་བའི་ཕྱིར། །
སྤྲི་པའི་གཞི་ནི་གྲུབ་པར་སྣང་། །

ཞེས་གསུངས་སོ། །དེ་ལྟ་བུའི་གཞི་དེ་ཉིད་དོན་ལ་ནམ་ཡང་མ་དག་པའི་འཁྲུལ་བ་གང་གིས་ཀྱང་གོས་མ་མྱོང་བ་ཡིན་ཏེ།

མུ་ཏིག་ཕྲེང་བ་ལས།

ཐོག་མ་ཉིད་ཀྱི་ཀ་དག་ལ། །
འཁྲུལ་ཞེས་ཚམ་དུ་བརྗོད་དུ་མེད། །
དེ་བཞིན་མ་འཁྲུལ་བ་ཡང་ཅི། །
དེ་ཕྱིར་འཁྲུལ་པ་གདོད་ནས་མེད། །

ཅེས་པ་དང་།

ཡང་གསང་བ་ཡི་གེ་མེད་པའི་རྒྱུད་ལས། རང་བྱུང་གི་ཡེ་ཤེས་ལ་སྤྱོད་པའི་ཡུལ་མེད་དོ། །ཐུར་འདས་པ་མེད་དོ། །ཕྱིས་འབྱུང་བ་མེད་དོ། །ད་ལྟར་སྣང་བ་གང་ཡང་མེད་དོ། །ལུས་མེད་དོ། །བག་ཆགས་མེད་དོ། །མ་རིག་པ་མེད་དོ། །སེམས་མེད་དོ། །ཡིད་མེད་དོ། །ཤེས་རབ་མེད་དོ། །འཁོར་བ་མེད་དོ། །མྱ་ངན་ལས་འདས་པ་མེད་དོ། །རིག་པ་ཉིད་ཀྱང་ཡོད་པ་མ་ཡིན་ནོ། །ཡེ་ཤེས་སུ་སྣང་བ་གང་ཡང་མེད་དོ་ཞེས་གསུངས་པ་ལྟར་ཀ་ནས་དག་པའི་རང་བཞིན་ཉིད་དུ་ཤེས་དགོས་པ་ཡིན་ཏེ།

ཨ་ཏིག་ཕྲེང་བ་ལས།

ཀ་ཞེས་ཐོག་མར་བྱུང་བ་ལ། །
དག་པ་དྲི་མའི་གྲངས་མཐའ་ཟད། །

ཅེས་གསུངས་པ་ལྟར་གཞི་ཡི་ངོ་བོ་ཡེ་ནས་སམ་གདོད་ནས་དག་པ་ཉིད་དུ་གྱུར་ཅིང་། ཀ་ལྷུན་དབྱེར་མེད་སྟོང་གསལ་འགོ་འགྱུར་ཐམས་ཅད་དང་བྲལ་བའི་རང་བཞིན་ཡིན་ཏེ།

ཡང་ཀློང་དྲུག་པ་ལས།

ངོ་བོ་ཉིད་ནི་ཀ་དག་ལ། །
རང་བཞིན་དུ་ནི་ལྷུན་གྲུབ་པོ། །

ཞེས་གསུངས་སོ། །དེ་ནི་ངོ་བོ་རང་བཞིན་ཐུགས་རྗེ་གསུམ་དང་ལྡན་པར་ཡང་གསུངས་པ་ཡོད་དེ།

རང་ཤར་ལས། ཀ་དག་ཆེན་པོའི་གཞི་དེ་ལ་ཡང་ངོ་བོ་རང་བཞིན་ཐུགས་རྗེ་

གསུམ་དང་ལྡན། ཞེས་དང་།

ཐལ་འགྱུར་ལས།

འཁོར་དང་འདས་པ་མི་གནས་པའི། །
ཆོས་ཉིད་སྟོང་པ་ཀུན་ཁྱབ་པས། །
ཡེ་ཤེས་རང་ངོར་གནས་པ་ལ། །
གསུམ་གྱི་ཚུལ་དུ་དབྱེར་མེད་དོ། །

ཞེས་དང་། ཡང་གློང་དྲུག་པ་ལས། ཡེ་ཤེས་ཉིད་ནི་རྣམ་གསུམ་གྱིས། །གཞི་ཡི་ཁྱད་པར་ཅིག་ཏུ་བསྟན། །ཞེས་དང་། ཡང་རྡོ་རྗེ་སེམས་དཔའ་སྙིང་གི་མེ་ལོང་ལས། གཞིའི་ཆོས་ཐམས་ཅད་ངོ་བོ་རང་བཞིན་ཐུགས་རྗེ་གསུམ་གྱི་གནས་ལུགས་གསུམ་དུ་ཤེས་པར་གྱིས་ཤིག་ཅེས་སོ། །དེ་ལྟར་གཞི་ཆོས་ཉིད་སྨྲོས་པ་ཐམས་ཅད་དང་བྲལ་བ་དེ་ཉིད་ངོ་བོ་རང་བཞིན་ཐུགས་རྗེ་གསུམ་གྱི་རང་བཞིན་ལས་འདའ་བ་མེད་པ་ནི། དཔེར་ན་སེམས་བྱུང་དང་ཡིད་དཔྱོད་ཙམ་ཞིག་མ་ཡིན་པར་ཤེས་དགོས་པ་དང་། མ་ཟད་དེ་ལྟ་བུའི་གཞི་དེ་ཉིད་ལ་འཁོར་དང་མྱང་འདས་ཐ་དད་དུ་གྲུབ་པ་མེད་པར་སྐུ་གསུམ་འདུ་འབྲལ་མེད་པར་གནས་པ་ཡིན་ཏེ།

ཐལ་འགྱུར་ལས།

ཐོག་མའི་ངོ་བོ་རང་བཞིན་དང་། །
ཐུགས་རྗེ་རྣམ་པ་གསུམ་དུ་གནས། །
དེ་ཡང་ངོ་བོ་སྐུར་གནས་པས། །
ཆོས་དང་ལོངས་སྤྱོད་སྤྲུལ་པའི་ཆར། །

མ་སྐྱེ་འགྲེད་པ་མེད་པའི་ཚུལ།།

བབས་ལས་གྲུབ་པ་ཉིད་ལ་ཡང་།།

སྐྱུ་མདོག་ལ་སོགས་བློ་ཡུལ་མེད།།

རང་བཞིན་འཆར་བྱེད་འོད་ཀྱི་ཚུལ།།

དཀར་དམར་སེར་དང་ལྗང་མཐིང་ནི།།

མཚན་མ་རིས་ཅན་མ་ཡིན་པར།།

རིས་མེད་ཤེས་པའི་བབས་ལས་གྲུབ།།

ཐུགས་རྗེ་འཆར་གཞི་སྣ་ཚོགས་ལས།།

འདི་འདྲ་གཅིག་ཏུ་ངེས་མེད་པས།།

སྣ་ཚོགས་སྣང་ཕྱིར་གཞི་ཞེས་བྱ།།

ཞེས་གསུངས་པ་དང་། དེ་ལྟ་བུའི་གཞི་དེ་ལ་འདི་དང་འདིའོ་ཞེས་མཚན་མར་གྲུབ་པའི་ཆོས་གང་ཡང་བདེན་པར་གྲུབ་པ་མེད་པ་ཡིན་ཏེ།

ཐལ་འགྱུར་ལས།

ཐོག་མའི་ངོ་བོ་རང་བཞིན་དང་།།

ཐུགས་རྗེ་རྣམ་པ་གསུམ་དུ་གནས།།

དེ་ཡང་ངོ་བོ་སྐྱུར་གནས་པས།།

ཆོས་དང་ལོངས་སྤྱོད་སྤྲུལ་པའི་ཆར།།

མ་སྐྱེ་འགྲེད་པ་མེད་པའི་ཚུལ།།

བབས་ལས་གྲུབ་པ་ཉིད་ལ་ཡང་།།

སྐུ་མདོག་ལ་སོགས་བློ་ཡུལ་མེད། །
རང་བཞིན་འཆར་བྱེད་འོད་ཀྱི་ཚུལ། །
དཀར་དམར་སེར་དང་ལྗང་མཐིང་ནི། །
མཚན་མ་རིས་ཅན་མ་ཡིན་པར། །
རིས་མེད་ཤེས་པའི་བབས་ལས་གྲུབ། །
ཐུགས་རྗེ་འཆར་གཞི་སྣ་ཚོགས་ལས། །
འདི་འདྲ་གཅིག་ཏུ་ངེས་མེད་པས། །
སྣ་ཚོགས་སྣང་ཕྱིར་གཞི་ཞེས་བྱ། །

ཞེས་པ་དང་།

ཡང་ཀློང་དྲུག་པ་ལས།

དེ་ལྟར་ཆོས་ཉིད་ཀ་དག་ལ། །
ཡེ་ཤེས་མེད་ཅིང་སྐུ་ཡང་མེད། །
འོད་མེད་ཁ་དོག་རྣམས་དང་བྲལ། །
གང་གི་ངོ་བོར་གྲུབ་མེད་པས། །
མ་རིག་པ་དང་ཉོན་མོངས་ཀྱང་། །
སྨོས་ཅི་དགོས་ཏེ་ཡོད་མ་ཡིན། །
རང་བཞིན་ཉིད་ཀྱི་སྣང་བ་ལ། །
མཚན་མར་འཛིན་པ་ཡེ་མེད་དེ། །
ཁ་དོག་མ་ཡིན་རང་གསལ་བས། །

ཤེས་ཤིང་རིག་པའི་ཆ་རྣམས་བཅོམ། །
འཛིན་པའི་གཟུང་ཡུལ་གང་མེད་ཕྱིར། །
རྣམ་པར་རྟོག་པའི་འཛིན་ཆ་མེད། །
འོད་ལས་འདས་པའི་ཡེ་གདངས་སུ། །
ཡེ་ཉིད་ནས་ནི་ཁྱབ་པར་གནས། །
སྐུ་ལས་འདས་པའི་རང་གདངས་སུ། །
རྣམ་དག་ཕྱག་རྒྱ་ཆེན་པོར་གནས། །
འོན་ཏེ་རང་བཞིན་སྣང་བ་ལ། །
མཚན་མ་དམིགས་པར་ཡེ་མེད་དོ། །
དོན་གྱི་ཆ་ལ་འདི་ལྟར་གནས། །
རང་གདངས་བསྐྱེད་པ་དཀར་པོའི་ཆ། །
གཏིང་གསལ་ཆེན་པོ་ཉིད་དུ་གནས། །
གཏིང་གསལ་ངོ་བོ་བཀྲག་བསྐྱེད་པ། །
སྣང་བ་རང་ཟད་སེར་པོའི་ཆ། །
མི་མངོན་གཏིང་ནས་རང་ངོ་གསལ། །
རང་ངོ་ཆགས་མེད་གདངས་བསྐྱེད་པ། །
གང་གིས་བཅིངས་པ་དང་བྲལ་བའི། །
ཆགས་པ་རང་ཟད་དམར་པོའི་ཆ། །
གཏིང་གདངས་མ་འདྲེས་ཆེན་པོར་གནས། །

མ་འདྲེས་སོ་སོའི་ཆ་འཛིན་པ།།
བྱ་རྩོལ་བསྒྲོད་པ་དང་བྲལ་བའི།།
མཛད་པ་མེད་པའི་ལྷུང་གྲུར་ནི།།
ཐོག་མ་རྣམས་ཀྱི་ཟེར་དུ་ཡང་།།
མི་མངོན་གཏིང་ནས་གསལ་བའི་ཆ།།
གཏིང་གསལ་ཁྱབ་པའི་འབྲེལ་བྱེད་པ།།
འགྱུར་མེད་རྫོགས་པའི་མཐིང་གར་ནི།།
ཡེ་རྫོགས་བྱས་པ་མེད་པར་གནས།།
དེ་ལྟར་དེ་ཡི་རང་བཞིན་ལ།།
སྐུ་ནི་སྣང་བའི་མཚན་ཉིད་བྲལ།།
ཡེ་ནས་རང་དག་ཆེན་པོ་ལ།།
རྫོགས་པ་རྣམས་ཀྱི་རྩེ་མོར་གནས།།
འདི་ལ་དབང་པོར་སྣང་བ་མེད།།
གདོས་བཅས་མཚན་མ་རང་དག་ཕྱིར།།
གཏིང་གསལ་ཆེན་པོའི་གཞི་མར་གནས།།
ཁྱབ་དང་ཁྱབ་པ་ཉིད་ཀྱིས་སྟོང་།།
ཕྱུང་དང་ཆད་པ་མེད་སྣང་བར།།
གསལ་བྱེད་སྣང་བའི་ཆ་མ་འགག།
སྙིང་པོ་ཐམས་ཅད་བསྡུད་འདུས་པས།།

དྲི་མ་མེད་ཅིང་རང་སར་དག །
སངས་རྒྱས་རྣམས་ཀྱི་གསང་ཆེན་དུ། །
རང་བཞིན་གྱི་ནི་ཆ་ལ་བཞུགས། །
ཐུགས་རྗེའི་སྣང་ཆ་སྣ་ཚོགས་ལས། །
སྟོང་ཆ་འགག་པ་མེད་པ་ཉིད། །
ཤེས་བྱ་ཡེ་ཤེས་རྣམ་གཉིས་སུ། །
སྣང་བའི་ཆ་ལས་སྣང་བར་བས། །
མེད་པའི་སྣང་བ་རང་དག་ལས། །
རང་བཞིན་ཤུགས་ཀྱི་ཐུགས་རྗེ་ནི། །
མཛད་པའི་རྩོལ་བ་ཡེ་མེད་པས། །
མ་བྱས་སྣང་བའི་ཚུལ་དག་ཏུ། །
ཡེ་ནས་འབྱེད་པ་མེད་པར་སྣང་། །
ཉི་མ་ལས་ནི་འོད་བཞིན་དུ། །
རང་གིས་བྱས་པ་མ་ཡིན་ཏེ། །
རང་གི་རང་བཞིན་དེ་ལྟར་སྣང་། །

ཞེས་པ་དང་།

ཡང་རང་ཤར་ལས།  གཞི་ཀ་དག་ཆེན་པོ་ཞེས་བྱ་སྟེ་ངོ་བོ་རང་བཞིན་ཐུགས་རྗེ་གསུམ་དུ་གནས་སོ། །ངོ་བོ་དེ་ཉིད་མི་འགྱུར་བའི་ཡེ་ཤེས་མ་འགག་པར་གསལ་བ་གཞོན་ནུ་བུམ་པ་སྐུའི་གནས་ལུགས་ཞེས་བྱའོ། །རང་བཞིན་འོད་ལྔའི་སྣང་བ་མ་འགག་པའོ། །

ཐུགས་རྗེའི་སྣང་བ་ནི་དཔེར་ན་སྤྲིན་མེད་པའི་ནམ་མཁའ་ལྟ་བུའོ། །དེ་ནི་ཀ་དག་གི་གནས་ལུགས་ཞེས་བྱ་སྟེ་རྒྱ་གར་ཡང་མ་ཆད་ཕྱོགས་གང་དུའང་མ་ལྷུང་བའོ། །

ཞེས་པ་དང་།

ཡང་བཀྲ་ཤིས་མཛེས་ལྡན་ཆེན་པོའི་རྒྱུད་ལས། རྟོགས་པའི་སངས་རྒྱས་མ་བྱུང་མ་རྟོགས་པའི་སེམས་ཅན་མ་བྱུང་བའི་སྔོན་རོལ་ན་རིག་པ་རང་བྱུང་གི་ཡེ་ཤེས་གཞི་ལས་མ་གཡོས་ཏེ་རྐྱེན་མེད་པའི་སྣང་བ་གསུམ་དང་ཐབས་གཅིག་ཏུ་བཞུགས་སོ། །དེ་ནས་རང་རིག་པའི་ཡེ་ཤེས་ཉིད་ཀྱི་རང་གི་འདུག་ཚུལ་གྱི་གནས་ལུགས་འདི་གསུངས་སོ། །ཀྱི་སྣང་བ་ཆེན་པོ་ཡངས་པའི་ཀློང་འདི་ནི་མ་གཡོས་པའི་ཆོས་ཀྱི་སྐུ་ཆེན་པོ་ལས་མ་འཁྲུལ་བའི་སངས་རྒྱས་ཆེན་པོར་བཞུགས་སོ། །ངོ་བོའི་སྐུ་མ་འགགས་པར་གནས་ཏེ། ངོ་བོ་མི་འགྱུར། ཐབས་གསང་བ། མ་གཡོས། མི་གཡོ། མ་བསྒྱོད་པ། སྣང་བ་ཐམས་ཅད་དུས་གཅིག་ལ་རྫོགས་པ། ཡེ་ཤེས་ཐམས་ཅད་སྐད་ཅིག་ལ་རྫོགས་པ། སྐུ་ཐམས་ཅད་སྨིན་པར་གནས་པ། འོད་ཀྱི་སྣང་བ་ལ་སྣང་བ་ཐམས་ཅད་མ་བསྒྲིབས་པར་གསལ་བ། གནས་ལུགས་ཀྱི་སྣང་བ་ལ་སྣང་ཐབས་ཀྱིས་མ་བསྒྲིབས་པའི་ངོ་བོ་རང་བཞིན་ཐུགས་རྗེ་གསུམ་རྒྱ་མ་ཆད་པར་ཡོངས་སུ་རྫོགས་པ་ཆེན་པོ། །ངོ་བོའི་གནས་ལུགས་ཆེན་པོ་ལ་ཁ་དོག་ཏུ་ཕྱེ་བ་ནི་ཅང་མི་བཞུགས། རྒྱ་མ་ཆད་པར་སྣང་བ་ལ་འཕྲེལ་བ་ལྟར་ཅང་མི་བཞུགས། མཐའ་དབུས་མེད་པ་ལྟར་སྣང་བ་ལ་ཕྱོགས་སུ་དམིགས་པ་ནི་ཅང་མི་བཞུགས། ཆ་ཡིས་མ་གོས་པ་ལྟར་སྣང་ལ་རིས་སུ་ཕྱེ་བ་ནི་ཅང་མི་བཞུགས། རྒྱུན་མ་འགགས་པ་ལྟར་སྣང་ཞིང་དཔངས་མཐོ་བ་ལ་སྟེང་འོག་ཏུ་སྣང་བ་ནི་གང་ཡང་མེད་དོ། །རང་བཞིན་གྱི་སྣང་བ་ནི་ཡངས་པ་ལྟར་སྣང་བ་ལ་ཕྱོགས་ལྷུང་མེད་པ། གསལ་བ་ལྟར་སྣང་བ་ལ་དངོས་པོ་

མེད་པ། མཐིང་ག་ལྟར་སྣང་བ་ལ་ཡོན་ཏན་ཆ་མ་ཕྱེ་བ། དཀར་པོ་ལྟར་སྣང་བ་ལ་རིགས་མི་འཛིན་པ། སེར་པོ་ལྟར་སྣང་བ་ལ་ཡོན་ཏན་རྫོགས་པ། དམར་པོ་ལྟར་སྣང་བ་ལ་གོ་མ་འགགས་པ། ལྗང་གུ་ལྟར་སྣང་བ་ལ་ཡོན་ཏན་རྫོགས་པ། སྣ་ལྔ་ཉིད་དུ་གནས་པ་ལ་ཁ་དོག་མི་འཛིན་པ་ཆེན་པོ། རང་གསལ་བ་ལ་ཕྱི་ནང་དང་བཅས་པ། རྩོལ་སྒྲུབ་མེད་པ་ལ་བབས་ཀྱིས་གྲུབ་པའོ། །ཐུགས་རྗེའི་སྣང་བ་ནི་སྟོང་པ་ལྟར་སྣང་བ་ལ་གསལ་ལ་མ་འགགས་པ། སྤྲོས་པ་མེད་པ་སྤྲོས་པ་ཆེན་པོ། རང་བཞིན་མ་འགགས་པ་ལ་སྣ་ཚོགས་མ་ངེས་པ་ཆེན་པོ། གསལ་བས་མུན་པ་མེད་པ། མ་འགགས་པས་མེད་པ་ཆེན་པོ། བབས་ཀྱིས་སྟོང་པ་ལ་ཀུན་ཏུ་འཆར་བ་ཆེན་པོ། མ་འདྲེས་པ་ལ་ཡོངས་སུ་སྣང་བ་ཆེན་པོ། ཀུན་ལ་ཁྱབ་པ་ལ་གཅིག་ཏུ་འདུས་པ་ཆེན་པོ། དག་པ་ལ་འཁྲུལ་བ་མ་འགགས་པ་ཆེན་པོ། རྫོགས་པ་ལ་གཅིག་ཏུ་སྣང་བ་ཆེན་པོ། ཐུགས་རྗེའི་གོ་མ་འགགས་པར་བཞུགས་སོ། །

ཞེས་གསུངས་སོ། །དེ་ལྟར་གཞི་ཀ་དག་གི་ངོ་བོ་ནི་ཡེ་ནས་རང་བཞིན་དབྱེར་མེད་ལྷུན་གྲུབ་ཆེན་པོའི་རོལ་བ་ཉིད་དུ་གནས་པ་ཡིན་པར་ཤེས་དགོས་སོ། །དེ་ལྟར་གཞི་ལ་སྐུ་གསུམ་རང་ཆས་ཀྱི་ཚུལ་དུ་རྫོགས་པ་ཡིན་པར་གསུངས་པ་ཡང་ཡོད་པ་ཡིན་ཏེ།

སེང་གེ་རྩལ་རྫོགས་ལས།

གཞི་ལ་གནས་པའི་རིག་པ་ནི། །
ཡེ་ཤེས་དབྱིངས་ན་སྐུ་གསུམ་རྫོགས། །
དཔེར་ན་རྒྱ་བྱའི་སྒོ་ང་བཞིན། །
ནང་འོད་ཡེ་ཤེས་གསལ་བར་ལྡན། །
ལམ་ལ་འཆར་བའི་རིག་པ་ནི། །

དཔེར་ན་འཇའ་ཚོན་ལྟ་བུར་བསྟན། །
མཐའ་ལ་སྐྱོལ་བའི་རིག་པ་ནི། །
རྨ་བྱའི་ཕྲུ་གུའི་སྒོ་ང་རྣམས། །
བརྟོལ་ཏེ་དོན་པ་ལྟ་བུའོ། །

ཞེས་གསུངས་སོ། །དེ་ལྟར་དོན་ལ་སྟོང་གསལ་དབྱེར་མེད་དང་གསལ་སྟོང་དབྱེར་མེད། རིག་སྟོང་དབྱེར་མེད་ཉིད་དུ་གྲུབ་པ་ཡིན་པའི་ཕྱིར་དང་། མ་ཟད་དེ་ལྟར་ལྷུན་གྲུབ་ཀྱི་རྩལ་ལས་ཅི་ཡང་མེད་པ་ལས་ཅི་ཡང་འཆར་བར་འགྱུར་བའི་རང་བཞིན་དུ་གནས་པར་གྱུར་པ་ཡིན་ཏེ།

རིན་པོ་ཆེ་སྤུངས་པ་ལས།

མི་འབྱེད་ཐུགས་རྗེ་ཆེན་པོ་ལས། །
ལྷུན་གྲུབ་གདངས་པ་མ་ངེས་པ། །
འཆར་བྱེད་བརྒྱུད་ཀྱི་ཚུལ་དུ་འབྱུང་། །
དེ་ཡི་སྣང་ཚུལ་མ་འགགས་པ། །
ཐུགས་རྗེ་ལྟ་བུའི་འཆར་ཚུལ་ལས། །
སེམས་ཅན་ཀུན་གྱི་སྐྱོབ་པའི་གནས། །
སྣང་བ་རང་གསལ་འགག་མེད་པ། །
ཡེ་ཤེས་དག་པའི་སྒོ་ཉིད་དུ། །
སྣང་བ་འགག་མེད་ལམ་ལྟར་ཤར། །
རང་སྣང་ལུས་ཀུན་མཐའ་རྫོགས་ཕྱིར། །

ཆོས་རྣམས་ཀུན་གྱི་སྐུ་ལྟར་སྣང་། །
ཤེས་པའི་ངོ་བོ་གཅིག་ཡིན་པས། །
གཉིས་སུ་མེད་པ་ལྟར་ཡང་ཤར། །
དེ་ཉིད་རང་སར་གནས་མེད་པས། །
མཐའ་གྲོལ་ཆེན་པོའི་སྣང་བར་ནི། །
ངེས་མེད་ལྷུན་གྲུབ་བཞི་ལ་སྣང་། །
རིག་པ་ཟང་ཐལ་ཆེག་རྫོགས་ཕྱིར། །
དག་པ་ཡེ་ཤེས་ཉིད་ཀྱི་སྒོར། །
ངོ་བོ་ཉིད་དང་འབྲེལ་བ་འོ། །
བྱུང་ཚུལ་འགག་པ་མེད་པའི་ཕྱིར། །
སེམས་ཅན་ཀུན་གྱི་འབྱུང་ཁུངས་སུ། །
མ་དག་འཁོར་བའི་སྒོ་ལྟར་ཡང་། །
ཁྱབ་བྱེད་སྣང་བའི་ཆ་ལས་ཤར། །
འདི་ཀུན་འཆར་བྱེད་བརྒྱད་དུ་སྣང་། །
སྣང་བའི་ཚུལ་དུ་རང་ཤར་བས། །
ལྷུན་གྱིས་གྲུབ་པའི་སྣང་བ་ཞེས། །
རིན་པོ་ཆེ་ཡི་ཚུལ་དུ་སྣང་། །

ཞེས་གསུངས་སོ། །དེ་ལྟ་བུའི་ཀ་ལྷུན་དབྱེར་མེད་ཆོས་སྐུ་གཅིག་གི་རྣམ་རོལ་དེ་ནི། ཅི་ཡང་མེད་པ་ལས་ཅི་ཡང་འཆར་བར་འགྱུར་བ་ཡིན་ཏེ།

སྒྱུ་འཕྲུལ་གསང་སྙིང་ལས།

ཨེ་མ་ངོ་མཚར་རྨད་ཀྱི་ཆོས། །

སྐྱེ་བ་མེད་ལས་ཐམས་ཅད་སྐྱེས། །

སྐྱེས་པ་ཉིད་ན་སྐྱེ་བ་མེད། །

ཨེ་མ།

གནས་པ་ཉིད་ན་གནས་པ་ཉིད། །

ཨེ་མ།

འགག་པ་ཉིད་ན་འགག་པ་མེད། །

ཅེས་གསུངས་པ་ལྟར་རང་བཞིན་གྲུབ་པ་མེད་པ་སྒྱུ་མ་དང་རྨི་ལམ་ལྟ་བུའི་ཚུལ་དུ་གནས་པ་ཡིན་ཏེ།

རྩ་བ་ཤེས་རབ་ལས།

རྨི་ལམ་ཇི་བཞིན་སྒྱུ་མ་བཞིན། །

དྲི་ཟའི་གྲོང་ཁྱེར་ཇི་བཞིན་དུ། །

དེ་བཞིན་སྐྱེ་དང་དེ་བཞིན་གནས། །

དེ་བཞིན་དུ་ཡང་འཇིག་པར་གསུངས། །

ཞེས་གསུངས་པ་ལྟར་རང་བཞིན་གྲུབ་པ་མེད་ཅིང་མཐའ་གང་ལས་སྐྱེ་བ་མེད་པར་གནས་པ་ཡིན་ཏེ།

དེ་ཉིད་ལས།

གང་གིས་རྟེན་ཅིང་འབྲེལ་བར་འབྱུང་། །

འགག་པ་མེད་པ་སྐྱེ་མེད་པ། །
ཆད་པ་མེད་པ་རྟག་མེད་པ། །
འོང་བ་མེད་པ་འགྲོ་མེད་པ། །
ཐ་དད་དོན་མིན་དོན་གཅིག་མིན། །
སྤྲོས་པ་ཉེར་ཞི་ཞིར་བཏེན་པ། །

ཞེས་གསུངས་སོ། །དེ་ལྟར་སྤྲོས་པ་ཐམས་ཅད་དང་བྲལ་བའི་ཆོས་སྐུ་ལ་ སྤྱངས་རྟོགས་ཀྱི་ཡོན་ཏན་གང་ཡང་མ་རྫོགས་པ་མེད་པའི་རང་བཞིན་ཅན་ཡིན་པའི་ཕྱིར་ན་དེ་ལ་རྫོགས་པ་ཞེས་བརྗོད་པའོ། །དེ་ནས་ཆེན་པོ་ཞེས་པ་ནི། ཐུགས་རྗེ་རྗེ་ཐེག་པ་ནི་ཆེན་པོ་གསུམ་དང་བདུན་ལས་ཁྱད་པར་དུ་འཕགས་པས་ན་ཆེན་པོ་ཞེས་གསུངས་པར་མཛད་པ་ཡིན་ནོ། །

དེ་ནས་ཀློང་ཆེན་པོ་ཞེས་པ་ནི། དུས་གསུམ་རྒྱལ་བ་ཐམས་ཅད་ཀྱི་དགོངས་པའི་ཀློང་ཆེན་པོ་ཡིན་པའི་ཕྱིར་ན། འདི་ལ་ཀློང་ཆེན་ཞེས་བརྗོད་པར་བྱ་བ་ཡིན་ནོ། །དེ་ནས་ཡང་སྙིང་ཐིག་གི་ཞེས་པ་ནི། མ་དང་མཁའ་འགྲོའི་སྙིང་ཁྲག་གི་དྭངས་མ་ལྟ་བུ་ཡིན་པའི་ཕྱིར་ན། འདི་ན་སྙིང་གི་ཐིག་ལེ་ཞེས་བརྗོད་པར་བྱ་བ་ཡིན་ནོ། །

དེ་ནས་ཡང་སྔོན་འགྲོའི་ངག་འདོན་ཁྲིགས་སུ་བསྡེབས་པ་རྣམ་མཁྱེན་ལམ་བཟང་ཞེས་པ་ནི། སངས་རྒྱས་ཉིད་ཀྱིས་གསུངས་པའི་ཆོས་ཀྱི་ཕུང་པོ་བརྒྱད་ཁྲི་བཞི་སྟོང་སོགས་གང་ཞིག་རང་རང་གི་ཁམས་མོས་དང་མཐུན་པའི་སྒོ་ནས་གང་ཉམས་སུ་བླངས་པར་བྱས་ཀྱང་། དེ་དག་གི་སྔོན་དུ་འགྲོ་བར་བྱེད་པ་དང་། མ་ཟད་དེ་ཉིད་ཚིག་དོན་ཀུན་ལ་འགལ་བ་མེད་པར་མཐར་ཕྱིན་པར་གྱུར་པ་དང་། མ་ཟད་འདི་ལ་བརྟེན་པར་བྱས་ན་

རྣམ་པ་ཐམས་ཅད་མཁྱེན་པའི་གོ་འཕང་བླ་ན་མེད་པ་ཞིག་ཐོབ་པར་བྱེད་པའི་ལམ་བཟང་ཕུན་སུམ་ཚོགས་པ་ཡིན་ལ། དེས་ན་འདི་ཉིད་ལ་སློན་འགྲོའི་ངག་འདོན་ཁྲིགས་སུ་བསྡེབས་པ་རྣམ་མཁྱེན་ལམ་བཟང་ཞེས་བརྗོད་པར་བྱ་བ་ཡིན་ནོ།།

དེ་ནས་ཡང་ཞེས་བྱ་བ་བཞུགས་སོ་ཞེས་པ་ནི། ཞེས་བྱ་བ་ནི་མིང་སྒྲོག་པར་བྱེད་པ་དང་། བཞུགས་སོ་ཞེས་པ་ནི་དེ་ལྟ་བུའི་ཐེག་པ་རིམ་པ་དགུའི་ཆོས་ཀྱི་ཕུང་པོ་བརྒྱད་ཁྲི་བཞི་སྟོང་གི་སྙིང་པོའི་དོན་རྣམས་གཅིག་ཏུ་བསྡུས་ཤིང་བཞུགས་པའི་ཕྱིར་ན། འདི་ལ་བཞུགས་སོ་ཞེས་བརྗོད་པར་བྱ་བ་ཡིན་ནོ།།

དེ་ནས་སྤྱིར་མིང་འདོགས་ཚུལ་ལ་ཁྱད་པར་རྣམ་པ་བརྒྱད་ཡོད་པ་དང་། དེ་ལྟ་བུའི་མིང་བཏགས་པ་དེ་ནི། དགོས་པ་དང་ལྡན་པ་ཡིན་ཏེ།

གཞན་ལས།

མིང་དུ་གདགས་པར་མ་མཛད་ན།།
འཇིག་རྟེན་ཐམས་ཅད་རྨོངས་པར་འགྱུར།།
དེ་བས་མགོན་པོ་ཐབས་མཁས་པས།།
ཆོས་རྣམས་མིང་དུ་བཏགས་པར་མཛད།།

ཅེས་གསུངས་སོ། །དེ་ལྟར་དགོས་པ་ཕུན་སུམ་ཚོགས་པ་དང་ལྡན་པ་ཡིན་པའི་ཕྱིར་དང་། མ་ཟད་གང་ཟག་རང་རང་གི་དབང་པོ་རྣོ་རྟུལ་དང་མཐུན་པའི་སྒོ་ནས་ཤེས་པར་འགྱུར་བ་ཡིན་ཏེ། དེ་ནི་དཔེར་ན་སྨན་གྱི་ཁ་བྱང་བཏགས་པ་ལྟ་བུ་དང་། མཚན་དོན་འདོན་ཤེས་པོ་ཙམ་གྱིས་གླེགས་བམ་བཙལ་སླ་བའི་དགོས་པ་དང་། མཚན་དོན་འདོན་པ་ཙམ་གྱིས་དབུ་ནས་ཞབས་སུ་བསྡུས་པའི་དོན་ཐམས་ཅད་ཁོང་དུ་ཆུད་པའི་

དགོས་པ་དང་ལྡན་པ་ཡིན་ནོ། །

དེ་ནས་དང་པོ་ནི། བླ་མ་མཁྱེན་ནོ། །བླ་མ་མཁྱེན་ནོ། །བླ་མ་མཁྱེན་ནོ། །ཞེས་བརྗོད་པར་བྱའོ། །དེའི་དོན། སྤྱིར་རང་རང་གི་བཀའ་དྲིན་གསུམ་ལྡན་གྱི་བླ་མ་ནི། དུས་གསུམ་རྒྱལ་བ་ཐམས་ཅད་ཀྱི་ངོ་བོ་དང་གཉིས་སུ་མེད་པར་གྱུར་པ་དང་།  མ་ཟད་དགེ་བའི་ཚོགས་དང་བསོད་ནམས་ཐམས་ཅད་བླ་མ་དག་ལས་བྱུང་བ་ཡིན་པར་ཤེས་དགོས་པ་ཡིན་ཏེ།

སྔོང་པོ་བཀོད་པ་ལས།

རིགས་ཀྱི་བུ་ཁྱོད་ཀྱི་དགེ་བའི་ཆོས་ཐམས་ཅད་ནི་དགེ་བའི་བཤེས་ལས་འབྱུང་ངོ་། །དགེ་བའི་བཤེས་གཉེན་དེ་ནི་བསྐལ་པ་རྒྱ་མཚོའི་བར་དུ་བསོད་ནམས་དང་ཡེ་ཤེས་ཀྱི་ཚོགས་བསགས་པ་དག་གིས་རྙེད་ནས་ཆོས་འཐོབ་པར་འགྱུར་གྱི། གཞན་དུ་ནོར་བུའི་མཆོག་རྙེད་པ་ལས་ཀྱང་རྙེད་པར་ཤིན་ཏུ་དཀའོ།  །དེའི་ཕྱིར་རྟག་ཏུ་གུས་པས་བསྙེན་བཀུར་མི་སྐྱོ་བར་བྱའོ། །

ཞེས་གསུངས་སོ། །དེ་ལྟར་བསོད་ནམས་དགེ་བའི་གཞི་ཉིད་དུ་གྱུར་པ་དང་། མ་ཟད་དེ་ལྟ་བུའི་བླ་མ་དགེ་བའི་བཤེས་གཉེན་དམ་པ་རྣམས་ནི་ཐར་བའི་ལམ་སྟ་འདྲེན་པའི་དེད་དཔོན་ལྟ་བུ་ཉིད་དུ་གྱུར་པ་ཡང་ཡིན་ཏེ།

དཔལ་འབྱུང་གི་རྣམ་ཐར་ལས།  དགེ་བའི་བཤེས་གཉེན་ནི་ཕ་རོལ་ཏུ་ཕྱིན་པའི་ལམ་དུ་འཇུད་པའི་ལམ་མཁན་ལྟ་བུའོ།  །ཞེས་གསུངས་སོ།  །དེ་ལྟ་བུའི་བླ་མ་དགེ་བའི་བཤེས་གཉེན་དམ་པ་དེ་ནི་ནམ་ཡང་སྲོག་གི་ཕྱིར་དུ་ཡང་མི་གཏོང་བར་བྱ་དགོས་པ་ཡིན་ཏེ།

སྤྱོད་འཇུག་ལས།

རྟག་ཏུ་དགེ་བའི་བཤེས་གཉེན་ནི། །
ཐེག་ཆེན་དོན་ལ་མཁས་པ་དང་། །
བྱང་ཆུབ་སེམས་དཔའི་རྟུལ་ཞུགས་མཆོག །
སྲོག་གི་ཕྱིར་ཡང་མི་གཏོང་ངོ་། །

ཞེས་གསུངས་པ་ལྟ་བུའི་བླ་མ་དེ་ནི་སྤངས་རྟོགས་མཐའ་དག་རྒྱུད་ལ་འབྱུང་བར་བྱེད་པའི་གཞི་ལྟ་བུ་ཉིད་དུ་གྱུར་པ་ཡིན་པས་དེ་ལ་ཚུལ་བཞིན་དུ་བསྟེན་པར་མ་བྱས་ན་རང་རྒྱུད་ལ་སྤངས་རྟོགས་ཀྱི་ཡོན་ཏན་གང་ཡང་འབྱུང་བའི་གཞི་མེད་པ་ཉིད་དུ་གྱུར་ཏེ། དེ་ནི་དཔེར་ན་ཞིང་ས་གཤིན་པོ་ལ་ས་བོན་མ་བཏབ་པ་ལྟ་བུ་ཉིད་དུ་གྱུར་པ་ཡིན་པའི་ཕྱིར་དང་། དེ་ལྟར་ཕན་བདེ་ལེགས་ཚོགས་མ་ལུས་པ་འབྱུང་བའི་གཞི་མ་ལྟ་བུ་དེ་ཉིད་རང་སེམས་དང་དབྱེར་མེད་ཉིད་དུ་བསྐྱེད་པར་བྱས་ཏེ། དགོང་མོར་རང་ཉིད་མར་ཉལ་བའི་ཚེ་ན་སྙིང་དབུས་སུ་སྒོམ་པར་བྱ་བ་དང་། ནངས་མོར་ཡར་ལངས་པའི་ཚེ་ན་རྩ་དབུ་མའི་ལམ་རྒྱུད་ནས་གདན་འདྲེན་བྱེད་པར་བྱས་ཤིང་། སྤྱི་བོ་རུ་བསྒོམ་པར་བྱ་དགོས། དེ་ཉིད་བསྒོམས་པར་བྱས་ཏེ། བླ་མ་མཁྱེན་ནོ། །བླ་མ་མཁྱེན་ནོ། །བླ་མ་མཁྱེན་ནོ་ཞེས་བརྗོད་པར་བྱ་དགོས། དེས་ནི་སྤངས་རྟོགས་ཀྱི་ཡོན་ཏན་མཐའ་དག་ཡོངས་སུ་རྫོགས་ཤིང་གཞན་ལས་འཕགས་ཤིང་བླ་ན་མེད་པའི་ཕྱིར་ན། འདི་ལ་བླ་མ་ཞེས་བསྟན་པ་དང་། ད་ལྟ་སྙིགས་མ་ལྔ་པོ་དྲག་ཏུ་བདོ་བའི་དུས་འདིར་ལས་ཉོན་མ་དག་པ་སོགས་ཀྱིས་ཧ་ཅང་མནར་བའི་བདག་གཞན་སེམས་ཅན་ཐམས་ཅད་ལ་དུས་རྟག་པ་རྒྱུན་གྱི་འཁོར་ལོ་རུ་གཟིགས་པར་མཛད་པ་དང་། མ་ཟད་དེ་ལྟར་མཁྱེན་བརྩེ་ནུས་གསུམ་གྱི་

ཡོན་ཏན་ཕུན་སུམ་ཚོགས་པ་དང་ལྡན་པ་ཁྱེད་ཀྱིས་མཁྱེན་པར་མཛོད་ཅིག་ཅེས་བརྗོད་ཅིང་རང་གིས་གདུང་ཤུགས་དྲག་པོས་འབོད་པར་བྱ་དགོས་པ་ཡིན་ནོ།།

དེ་ཡང་ད་ལྟ་རང་གི་མ་དག་ཐ་མལ་གྱི་སྒྱུ་ལུས་འདིའི་སྙིང་གི་དབུས་སུ་རྩ་རྣམས་མེ་ཏོག་པདྨ་ལ་འདབ་མ་རྒྱས་པ་ལྟ་བུའི་ཚུལ་དུ་ཡོད་པ་དང་། དེ་ལྟ་བུའི་མེ་ཏོག་པདྨའི་གེ་སར་རྣམས་རྒྱས་པར་བྱེད་པའི་ཐབས་ལ་དད་པ་བསྐྱེད་པར་བྱ་དགོས། སྒོ་ལུས་ངག་ཡིད་གསུམ་པོ་དད་པའི་དབང་གིས་གེ་སར་རྣམས་བཞག་པར་གྱུར་པ་ན། དེ་ནས་དུས་གསུམ་གྱི་རྒྱལ་བ་ཀུན་དང་གཉིས་སུ་མ་མཆིས་པ་སྐྱབས་གཅིག་དྲིན་ཅན་རྩ་བའི་བླ་མ་དེ་ཉིད་པདྨའི་ནང་ནས་ཡར་ལ་བཞེངས་པར་མཛད་དེ། ཚེ་རབས་འཁོར་བ་ཐོག་མེད་ནས་ལས་དང་ཉོན་མོངས་དྲག་པོས་རྟག་ཏུ་གཟིར་ཞིང་མནར་བ་ཡི་ལས་དང་སྨོན་ལམ་སོགས་ཏ་ཅང་ཞན་པའི་སྐལ་བ་ངན་པ་ཡི་བདག་དང་བདག་འདྲ་བའི་སྐྱེ་བོ་ངན་པ་ལ་སོགས་ཤིན་ཏུ་ཡ་ང་ཞིང་ཡིད་སྐྱོ་བའི་གནས་ངན་པའི་སྡུག་བསྔལ་དག་ལས་སྐྱོབ་པའི་ཕྱིར་དུ་ནི། དུས་རྟག་པ་རྒྱུན་མི་ཆད་པར་རང་གི་སྤྱི་བོ་བདེ་ཆེན་གྱི་འཁོར་ལོའི་རྒྱན་ཆ་ལྟ་བུ་ཉིད་དུ་བཞུགས་ཤིག་ཅེས་སྐུལ་བའོ།།

དེ་ལྟར་བྱས་ན་དུས་གསུམ་སངས་རྒྱས་ཐམས་ཅད་ཀྱི་ཐུགས་རྣམ་པར་མི་རྟོག་པའི་ཡེ་ཤེས་དང་གཉིས་སུ་མེད་པ་བཀའ་དྲིན་གསུམ་ལྡན་གྱི་བླ་མ་དེ་ཉིད་བཞུགས་པར་མཛད་པ་དང་། དེ་ལྟ་བུའི་བླ་མ་དེ་ནི་སྐུ་དགེ་འདུན། གསུང་དམ་ཆོས། ཐུགས་སངས་རྒྱས་སམ། ཡང་ན། བླ་མ་ཡི་དམ་མཁའ་འགྲོ་དེ་རྩ་བ་གསུམ་གྱི་རང་བཞིན་དུ་གནས་པ་ཡིན་པའི་ཕྱིར་ན། སྐུ་གསུམ་ཀུན་འདུས་རྩ་གསུམ་ཀུན་འདུས་ཀྱི་རང་བཞིན་ཅན་ཞེས་བྱ་བ་དང་། དེ་ལྟར་མཚན་ཉིད་ཡོངས་སུ་ཐུགས་རྒྱུད་ན་རྫོགས་པའི་བླ་མ་ནི།

ཐལ་འགྱུར་ལས།

མཚན་ཉིད་རྫོགས་པའི་བླ་མ་ནི།།
ཡོན་ཏན་ཀུན་གྱི་འབྱུང་ཁུངས་བཞིན།།
རྫོགས་པའི་བྱང་ཆུབ་གཞི་འཛིན་པའོ།།

ཞེས་དང་།

རང་ཤར་ལས།

རྡོ་རྗེའི་དོན་ལྡན་སློབ་དཔོན་ནི།།
ངང་རྒྱུད་བཟང་ཞིང་སློབ་ལ་མཁས།།
དབང་ཐོབ་གསང་སྔགས་དོན་ལ་སྦྱོར།།
ཕྱི་ནང་བྱ་བ་ཐམས་ཅད་ཤེས།།
ཡི་དམ་ལྷ་དང་འདུ་འབྲལ་མེད།།
ཏིང་ངེ་འཛིན་ལས་གཡེང་བ་མེད།།
རྫོགས་ཆེན་མན་ངག་དོན་ལྡན་པའི།།
གསང་སྔགས་གསང་བའི་རྒྱུད་ལ་མཁས།།
ཕྱི་ནང་བྱ་བ་ཐམས་ཅད་བྱེད།།
ལྟ་བའི་དོན་ལས་མི་འདའ་ཞིང་།།
ཕྱི་ནང་གསང་བའི་བྱ་བ་བཏང་།།
ཡོན་ཏན་ནོར་བུ་རིན་ཆེན་ལྟར།།
ཟད་མེད་གཏེར་ལ་སྤྱོད་པའོ།།

ཞེས་དང་།

ཪྗོ་རྗེ་སེམས་དཔའ་སྙིང་གི་མེ་ལོང་ལས།

ཡངས་ཤིང་རྒྱུད་དང་གྲུབ་མཐའ་དག་ལ་མཁས། །

ངང་རྒྱུད་བཟང་ཞིང་རྟོགས་པའི་ལྟ་བ་མཁས། །

གསང་སྔགས་རྒྱལ་པོ་རྡོ་རྗེ་ཨཱ་ལི་ཀཱ། །

ཞེས་གསུངས་སོ། །དེ་ལྟ་བུའི་བླ་མ་དག་ལ་དབྱེ་ན་རྣམ་པ་བཞི་ཉིད་དུ་གསུངས་པར་མཛད་པ་ཡང་ཡོད་པ་ཡིན་ཏེ།

རང་ཤར་ལས།

སྤྱི་དང་ལ་ཡང་དོན་བཞི་སྟེ། །

སྤྱི་དང་འདྲེན་དང་དམ་ཚིག་དབང་། །

མན་ངག་ལུང་གི་སློབ་དཔོན་ནོ། །

ཞེས་དང་། དེ་ལྟ་བུའི་བླ་མ་རྣམ་པ་བཞི་པོ་ཚུར་བསྡུ་བར་བྱས་ན། རྣམ་པ་གཉིས་སུ་འདུ་སྟེ།

ཐལ་འགྱུར་ལས།

རྩ་བ་ཡན་ལག་བླ་མ་གཉིས། །

ཞེས་གསུངས་པ་ལྟ་བུའི་བླ་མ་དག་ལ་བསྟེན་པར་བྱ་དགོས། དེ་ལ་བསྟེན་པར་བྱས་ན་སྐུ་གསུང་ཐུགས་ཀྱི་ཡོན་ཏན་ཚད་མེད་པ་དག་རྒྱུད་ལ་འབྱུང་བར་འགྱུར་བ་ཉིད་དུ་ཤེས་པར་བྱ་དགོས། དེ་ལྟ་བུའི་བླ་མ་དག་ལ་བསྟེན་པར་བྱེད་པའི་སློབ་མ་ནི། མཚན་ཉིད་དང་ལྡན་པ་ཞིག་གིས་བསྟེན་པར་བྱ་དགོས། མཚན་ཉིད་དང་ལྡན་པ་ཞིག

གིས་མ་བསྟེན་ན་ཡོན་ཏན་སོགས་རང་རང་གི་རྒྱུད་ལ་མི་འབྱུང་བ་དང་། མ་ཟད་མཐར་བདག་གཞན་གཉིས་ཀ་ངན་སོང་གསུམ་དུ་འགྲོ་བར་འགྱུར་བ་ཡིན་ནོ། །འོ་ན་སློབ་མ་མཚན་ཉིད་དང་ལྡན་པ་ནི་ཅི་ལྟ་བུ་ཞིག་དགོས་སོ་ཞེ་ན།

རང་ཤར་ལས།

དད་པའི་སྟོབས་དང་བརྩོན་འགྲུས་ཆེ། །
ཤེས་རབ་ཆེ་ཞིང་འཛིན་ཆགས་མེད། །
ཕུ་དུད་ཆེ་ཞིང་གསང་སྔགས་སྤྱོད། །
རྟོག་མེད་སེམས་ལ་གཡེང་བ་མེད། །
དམ་ཚིག་འཆལ་བར་མི་གཏོང་ཞིང་། །
སྤྱོད་ལམ་གཞན་དང་མཐུན་པར་སྤྱོད། །
གུས་པའི་ཚུལ་གྱིས་སེམས་གདུང་ཞིང་། །
ཚིག་གཅིག་བསྟན་པའང་རྗེས་སུ་འཛིན། །
རང་གི་དོན་ལ་དེ་བཞིན་སྤྱོད། །
གསང་བ་གཉེར་གཏད་ཐུབ་པར་བྱེད། །
རྗོ་རྗེའི་དོན་ལས་མི་འདའ་ཞིང་། །
ཐོས་པ་ཆེ་བའི་གང་ཟག་བསྟེན། །
རང་གི་དོན་ལས་འདའ་བ་མེད། །
དྲིགས་པའི་ཚིག་མེད་འཇམ་པོར་སྨྲ། །
ཕ་རོལ་སེམས་དང་མཐུན་པར་འཇུག །

སློབ་དཔོན་དང་ནི་དེ་བཞིན་གཤེགས། །
ཁྱད་པར་གཅིག་གི་ཚུལ་དུ་བྱེད། །
དེ་ནི་སློབ་མའི་མཚན་ཉིད་དེ། །
རྫོགས་པ་ཆེན་པོའི་སྐྱོད་དུ་གསུངས། །

ཞེས་དང་།

ཐལ་འགྱུར་ལས།

དད་དང་ཤེས་རབ་ལྡན་པ་དང་། །
མོས་ཤིང་འཁྲུལ་ནོར་མེད་པ་དང་། །
བཟོད་བྱ་རྣམས་ལ་འཁྲུལ་ནོར་མེད། །
དབང་པོ་གསལ་བས་བླ་མ་བསྟེན། །

ཞེས་པ་དང་།

རྫོ་རྗེ་སེམས་དཔའ་སྙིང་གི་མེ་ལོང་ལས།

ང་རྒྱལ་དྲེགས་མེད་དང་གིས་ཤེས་པ་དུལ། །
བཀའ་དྲིན་མི་གསོད་གསང་སྔགས་དོན་ལ་སྤྱོར། །
ངེས་པར་དད་ལྡན་གཏོང་ཕོད་ཕུན་སུམ་ཚོགས། །
རྫོ་རྗེའི་དོན་ལྡན་གསང་སྔགས་སྐྱོད་དུ་གསུངས། །

ཞེས་དང་། དེ་ལྟ་བུའི་སློབ་མ་སྐྱོད་དང་ལྡན་པ་དེ་ཉིད་ཀྱིས་རྟག་ཏུ་རང་རང་གི་བཀའ་དྲིན་གསུམ་ལྡན་གྱི་བླ་མ་རྣམས་སྤྱི་བོར་སྒོམ་པར་བྱེད་པ་དང་། མ་ཟད་བླ་མ་ལ་གསོལ་བ་འདེབས་པར་བྱས་ན་བསོད་ནམས་ཚད་མེད་པ་དག་དང་ལྡན་པར་གྱུར་པ་

ཡིན་ཏེ།

དམ་ཚིག་བཀོད་པ་ལས།

མཚན་དང་དཔེ་བྱད་ལྡན་པའི་ལྷ། །
བསྐལ་བ་འབུམ་དུ་བསྒོམས་པ་ལས། །
བླ་མ་དྲན་པ་འབུམ་ཆར་ཡིན། །
བསྙེན་སྒྲུབ་བཟླས་པ་ས་ཡ་བས། །
བླ་མའི་གསོལ་འདེབས་ལན་གཅིག་དགའ། །

ཞེས་གསུངས་པ་ལྟར་རང་རང་གི་བཀའ་དྲིན་གསུམ་ལྡན་གྱི་བླ་མ་དེ་དག་ལ་རྫོགས་པའི་སངས་རྒྱས་དངོས་ཀྱི་འདུ་ཤེས་ཉེ་བར་བཞག་སྟེ་གསོལ་བ་འདེབས་པ་ནི་ཤིན་ཏུ་གལ་ཆེ་བའི་གནས་སུ་གྱུར་པ་ཡིན་ཏེ།

ཨོ་རྒྱན་རིན་པོ་ཆེའི་ཞལ་ནས།

མོས་གུས་ཀྱི་འཁྱེར་སོ་ནི། ངའི་བླ་མ་དུས་གསུམ་སངས་རྒྱས་ཕྱོགས་དུས་རྒྱལ་བ་ཐམས་ཅད་ཀྱི་ངོ་བོ། རིགས་འདུས་དཀྱིལ་འཁོར་ཐམས་ཅད་ཀྱི་བདག་ཉིད། སངས་རྒྱས་ཐམས་ཅད་ཀྱི་སྤྱི་གཟུགས། འགྲོ་བ་ཐམས་ཅད་ཀྱི་སྐྱབས་མགོན། ངའི་ཚེ་འདི་དང་ཕྱི་མ་བར་དོ་གསུམ་མཐོར་གཏོང་དམའ་གཏོང་ཁ་ཚམ་མིན་པར་བླ་མ་ཁྱེད་མཁྱེན་སྙམ་དུ་བཅོས་མ་མ་ཡིན་པ་གལ་ཆེ། ཞེས་གསུངས་པ་ལྟར་བྱེད་དགོས་པ་ཡིན་ནོ། །

དེ་བཞིན་དུ་ཡིད་ལ་མོས་ཤིང་དད་ཅིང་གུས་པས་གསོལ་བ་འདེབས་པར་བྱས་ན་སྒོ་གསུམ་བྱིན་གྱིས་བརླབས་པར་འགྱུར་བ་དང་། མ་ཟད་རང་རང་གི་ཚེ་འདི་དང་ཕྱི་མ་ཐམས་ཅད་དུ་ཅི་བསམ་ལམ་དུ་འགྲོ་བར་འགྱུར་བ་ཡིན་ཏེ།

ཨོ་རྒྱན་རིན་པོ་ཆེའི་ཞལ་ནས།

ཡིད་ཁྲིད་ཤེས་ཀྱི་དད་པས་བྱིན་རླབས་འཇུག །
བློ་ཐེ་ཚོམ་དང་བྲལ་ན་ཅི་བསམ་འགྲུབ། །

ཅེས་གསུངས་པ་བཞིན་དུ་འདི་ཕྱི་ཀུན་ཏུ་བདེ་བའི་ལེགས་ཚོགས་ཐམས་ཅད་འབད་མེད་ལྷུན་གྱིས་འགྲུབ་པར་འགྱུར་བ་དང་། མ་ཟད་དེ་ལྟ་བུའི་སྐལ་བཟང་སློབ་མའི་མདུན་དུ་བླ་མ་དང་སངས་རྒྱས་རྣམས་རྟག་ཏུ་བཞུགས་པར་མཛད་པ་ཡིན་ཏེ།

ཇི་སྐད་དུ།

གང་གིས་མོས་པས་ཡིད་བྱེད་པ། །
དེ་ཡི་མདུན་དུ་ཐུབ་པ་བཞུགས། །
དབང་བསྐུར་བྱིན་གྱིས་རླབས་པར་འགྱུར། །

ཞེས་གསུངས་སོ། །དེ་ལྟ་བུའི་དད་གུས་ལྡན་པའི་སྐྱེ་བོ་དེ་དག་ནི་ཚེ་འདི་ཕྱི་ཀུན་ཏུ་ལས་སྐྱིད་ཅུང་སྡུག་ཅུང་ན་ཅུང་ཚ་ཅུང་སྐྱིད་སྡུག་ཅི་འདྲ་ཞིག་བྱུང་ན་ཡང་འབྲལ་བ་མེད་པར་བཞུགས་པར་མཛད་པ་ནི་གདོན་མི་ཟ་བ་ཡིན་ཏེ།

ཨོ་རྒྱན་ཆེན་པོའི་ཞལ་ནས།

དད་པ་ཅན་གྱི་གང་ཟག་ཕོ་མོ་ལ། །
པད་འབྱུང་གང་དུའང་མ་བཞུད་སྒོ་ཉལ་ཡོད། །
ང་ཡི་ཚེ་ལ་འདས་གྲོངས་ཡོད་མ་ཡིན། །
དད་ལྡན་མི་རེའི་མདུན་ན་པད་འབྱུང་རེ། །

ཞེས་དང་།

མ་ཟད་གུ་རུ་ཆོས་ཀྱི་དབང་ཕྱུག་གི་གཏེར་བྱོན་སྙིང་ཏིག་ཚིག་བདུན་པའི་གསོལ་འདེབས་ལས།

ཐུགས་དམ་ལྷ་ལ་ཕྱག་འཚལ་ལོ༔
ཕྱི་རབས་སྐལ་ལྡན་རིགས་ཀྱི་བུ༔
ཨོ་རྒྱན་བདག་ལ་སྐྱབས་འཚོལ་ན༔
དབེན་པའི་གནས་སུ་རང་འདུག་ནས༔
མི་རྟག་སྐྱོ་བ་སྐྱེ་བ་དང༔
འཁོར་བས་སུན་པ་རབ་ཏུ་གཅེས༔
བློ་སྙིང་བྲང་གསུམ་ང་ལ་གཏོད༔
གཞན་ཡང་སྐྱབས་གྱུར་རེ་ས་རྣམས༔
ཨོ་རྒྱན་བདག་ལ་རྫོགས་པར་སེམས༔
སྐྱིད་སྡུག་རེ་ལྟོས་ཁྲིད་ཤེས་ཀྱིས༔
མཆོད་བསྟོད་མི་འཚལ་རྒྱུ་བསོག་སྤོངས༔
ལུས་ངག་ཡིད་གསུམ་གུས་པ་ཡིས༔
ཚིག་བདུན་འདི་ཡིས་གསོལ་བ་ཐོབ༔

ཅེས་དེ་ལྟར་དམིགས་ཏེ་ཚིག་བདུན་མ་འདོན་ཞིང་གསོལ་བ་འདེབས་པར་བྱས་ན། མཆོག་ཐུན་མོང་གི་དངོས་གྲུབ་སོགས་འབད་མེད་ཉིད་དུ་འབྱུང་ཞིང་བྱིན་གྱིས་བརླབ་པར་འགྱུར་བ་དང་། མ་ཟད་རང་ཉིད་ཀྱིས་ཆོས་ཐམས་ཅད་ཀྱི་གནས་ལུགས་སྐྱེ་བ་མེད་པ་གདོད་ནས་རང་བཞིན་དག་པ་སེམས་ཉིད་གཉུག་མའི་ངོ་བོ་ཇི་བཞིན་མ་

འདྲེས་པར་མཐོང་ཞིང་ཚེ་འདི་ཉིད་དུ་དུས་གསུམ་སངས་རྒྱས་ཐམས་ཅད་དང་སྐལ་བ་མཉམ་པར་འགྱུར་བ་ཡིན་ཏེ། དེ་ཉིད་ལས། ཧཱུྃ༔ ཨོ་རྒྱན་སོགས།

མཆན། གུ་རུ་པདྨ་སིདྡྷི་ཧཱུྃ༔ ཞེས་པས་ཡང་ཡང་གསོལ་བ་གདབ༔ གདུང་བ་དྲག་བསྐྱེད་མཆི་མ་ཕྱུང་༔ དད་པས་ཁམས་འདུས་བྱུང་སྲིད་ན༔ ལྷག་གིས་ཐོབ་ལ་ས་ལེར་འོག༔ སེང་ངེ་ཡེ་རེ་མ་ཡེངས་ལྷུ༔ འདི་ལྟར་གསོལ་བ་འདེབས་པའི་བུར༔ ང་ཡིས་སྐྱོབ་པ་སྨོས་ཅི་དགོས༔ དུས་གསུམ་རྒྱལ་བའི་སྲས་སུ་འགྱུར༔ དབང་ཆེན་རང་རིག་སེམས་ལ་ཐོབ༔ ཏིང་འཛིན་མཐུ་བརྟན་ཡེ་ཤེས་རྒྱས༔ བྱིན་རླབས་རང་བྱུང་ཆེན་པོ་ཡིས༔ རང་སྣང་གཞན་སྐྱོབ་ཐུག་བསྟུལ་སེལ༔ རང་སྣང་འགྱུར་ཚེ་གཞན་སྣང་རྣམས༔ དུས་མཉམ་འགྱུར་ཞིང་ཕྲིན་ལས་འགྲུབ༔ ཡོན་ཏན་ཐམས་ཅད་རང་ལ་རྫོགས༔ བདག་ཉིད་ཆེན་པོ་ཆོས་ཀྱི་སྐུར༔ སྨིན་ཅིང་གྲོལ་བའི་ཐབས་ཆེན་འདི༔ ཐུགས་ཀྱི་སྲས་དང་འཕྲད་པར་ཤོག༔

ཅེས་གསུངས་སོ། །དེ་ལྟར་གསོལ་བ་འདེབས་པར་བྱས་ན་བྱིན་གྱིས་བརླབས་ཤིང་དངོས་གྲུབ་ཐོབ་པར་འགྱུར་བ་ཡིན་ཏེ།

ཡང་མངའ་རིས་རིག་འཛིན་ཆེན་པོའི་གཏེར་སྟོན་བཀའ་བརྒྱད་ཡོངས་འདུས་ཀྱི་རིག་འཛིན་ཕྱི་སྒྲུབ་ལས།

གཅིག་ཆོག་རྒྱལ་པོ་ཚིག་བདུན་གསོལ་འདེབས་ཡིན༔
སྨོན་ལམ་དབང་གིས་དངོས་སུ་ཞལ་མཐོང་འགྱུར༔
ཞག་བདུན་ཉེར་གཅིག་གསོལ་འདེབས་བསྙེན་པ་བྱ༔
དངོས་གྲུབ་བྱིན་འབེབས་བར་ཆད་ཀུན་ལས་གྲོལ༔

ཞེས་དང་།

ཡང་གུ་རུ་ཉིད་ཀྱི་གསུང་གིས་ཞལ་བཞེས་ལས།

ཚིག་བདུན་གསོལ་འདེབས་གདུང་བའི་དབྱངས་དང་བཅས༔

ཐོད་པ་ལྷག་སྤྱོད་རོལ་མོས་དྲག་བསྐུལ་ན༔

ཨོ་རྒྱན་ང་ཉིད་ཛ་ཡབ་དཔལ་རི་ནས༔

གཅེས་པའི་བུ་ཚུ་མ་ཡིས་མི་བཟོད་ལྟར༔

བྱིན་གྱིས་རློབ་པོ་དམ་ཚིག་ན་ར་ཀན༔

ཞེས་དང་།

ཡང་བླ་མ་གསང་འདུས་ཐིམ་མེད་ལས།

དབང་ཆེན་སྤྲེལ་ལོ་སྤྲེལ་ཟླའི་ཚེས་བཅུ་དང༔

དུས་ཀྱི་རྒྱལ་པོ་ཚེས་བཅུ་ཐམས་ཅད་ལ༔

སྤྲུལ་པ་འཛམ་གླིང་ཁྱབ་པར་འགྱེད༔

མཆོག་ཐུན་དངོས་གྲུབ་ང་ཡིས་སྟེར༔

མི་ཚེ་བླ་མ་སྒྲུབ་པ་ལ༔

བསྐུལ་ནས་ཚེ་ཡི་དུས་བྱས་ཚེ༔

ཨོ་རྒྱན་ང་ཡི་ཐུགས་ཀར་ཐིམ༔

ཞེས་དང་།

ཡང་བླ་མ་སྒྲུབ་པའི་གསང་ཐིམ་གནད་ཡིག་ལས༔

སྒྲུབ་ཐབས་གང་བྱེད་བསྐྱེད་རིམ་ནི༔

གསལ་བར་བསྒོམ་པའི་དུས་ན་ཡང༔

ང་ཉིད་དེ་ཡི་དྲུང་ན་གནས༔
མཚལ་མཆོད་རྫས་གཏོར་མ་ཡི༔
བཅའ་གཞི་ཕྲོམ་པའི་དུས་ན་ཡང༔
ང་ཉིད་ཐེ་ཚོམ་མེད་པར་བྱོན༔

ཞེས་དང་།

ཤ་མེད་འོད་ཀྱི་གཟུགས་ཅན་ནི༔
པདྨ་འབྱུང་གནས་སྐུ་རུ་བསྒོམས༔
དེ་དུས་ཆེ་བའི་ང་རྒྱལ་བསྐྱེད༔

ཅེས་དང་།

ང་ཉིད་རང་དབང་མེད་པར་བྱོན༔
ཨོ་རྒྱན་པདྨ་ང་ཉིད་ལ༔
མོས་གུས་གདུང་ཤུགས་དྲག་པོ་ཡིས༔
གསོལ་བ་དྲག་ཏུ་བཏབ་པའི་ཚེ༔
ང་ཉིད་དེ་ཡི་དྲུང་དུ་བྱོན༔

ཞེས་དང་།

སྐྱིད་སྡུག་ལེགས་ཉེས་ལ་སོགས་པ༔
ཤི་གསོན་ཚེ་འདི་ཕྱི་མ་སོགས༔
གནས་སྐབས་མཐར་ཐུག་ཐམས་ཅད་དུ༔
སྐྱིད་སྡུག་རེ་ལྟོས་ཁྱེད་ཤེས་པའི༔

བདག་ལ་རེ་ས་གཞན་ན་མེད༔
ཨོ་རྒྱན་མཁྱེན་ནོ་སླམ་པ་ཡི༔
ཀློ་ཡི་ཡང་ཡང་གཏད་པར་བྱ༔

ཞེས་དང་།

ང་བསྒྲུབས་སངས་རྒྱས་ཐམས་ཅད་འགྲུབ༔
ང་མཐོང་སངས་རྒྱས་ཐམས་ཅད་མཐོང༔
ང་ནི་བདེ་གཤེགས་འདུས་པ་ཡིན༔

ཞེས་དང་།

མོས་གུས་ཅན་གྱི་དྲུང་དུ་ནི༔
ང་ཉིད་འདུ་འབྲལ་མེད་པར་གནས༔

ཞེས་དང་།

ནམ་མཁའི་མཐར་ཐུག་ཅི་ཙམ་པ༔
སེམས་ཅན་མཐའ་ཡང་དེ་བཞིན་ཏེ༔
ཅི་ཙམ་ལས་དང་ཉོན་མོངས་མཐའ༔
བདག་གི་འཕྲིན་ལས་དེ་ཙམ་སྲུར༔

ཞེས་དང་།

ཡང་བླ་མ་གསང་བ་འདུས་པའི་སྒྲུབ་པ་ལུང་གི་བྱང་བུ་ལས།

འབྲས་བུ་གསང་སྔགས་རྡོ་རྗེ་ཡི༔
རྒྱུད་དང་ལུང་ཆེན་ཀུན་ལས་ཀྱང༔

ཚོགས་གཉིས་མྱུར་རྫོགས་སྙིང་པོ་ཡི༔

དོན་རྟོགས་འདོད་ན་བླ་མ་སྒྲུབས༔

ཅེས་དང་།

ཡང་བདུད་རྩི་འབྱུང་རྒྱུད་ལས།

ལྷ་སྐུ་འབུམ་ཕྲག་བསྒོམ་པ་བས༔

བླ་མའི་སྐུ་གཅིག་བསྒོམ་པ་མཆོག༔

ཅེས་དང་།

ཡང་རཏྣ་གླིང་པའི་གཏེར་བྱོན་ཆོས་བཅུ་བསྐུལ་ཐབས་ལས།

བདག་འདྲ་པདྨ་འབྱུང་གནས་ཀྱི༔

གཞན་ཕན་དགེ་བའི་བསམ་པ་ཡིས༔

དུས་རེར་སྤྲུལ་པའི་གཏེར་སྟོན་རེ༔

དེ་ཡིས་སྤྱོད་པ་ཟབ་གཏེར་རེ༔

ཞེས་དང་།

མདོར་ན་གང་འདུལ་བསམ་ཡས་མོད༔

ཨོ་རྒྱན་སྐུ་དྲིན་མི་ཆུང་ཆེ༔

ཡུལ་ཕྱོགས་རེ་ལ་གནས་ཆེན་རེ༔

དེ་ཡང་ཨོ་རྒྱན་བཞེད་པོ་ཡིན༔

ཞེས་དང་།

ཡང་དེ་ལས་ཀྱང་།

མདོར་ན་གང་འདུལ་བསམ་ལས་འདས༔
ཐམས་ཅད་ཨོ་རྒྱན་བཛྲེད་པོ་ཡིན༔
མ་འོངས་ང་ལ་མོས་བྱེད་རྣམས༔
ང་ལ་མོས་པ་སུས་བྱས་པ༔
དེ་ཡི་རྩ་ན་ང་ཉིད་འདུག༔
ཟླ་བ་ཚེས་བཅུ་ཤར་རེས་ཀྱི༔
ང་ཡི་བཛྲེད་པོ་ས་འཛིན་པ༔
དེ་དང་ང་ལ་འདུ་འབྲལ་མེད༔

ཅེས་དང་།

པད་འབྱུང་རྫུན་ཚིག་མི་སྨྲ་ཡི༔
དགའ་བར་སེམས་ཤིག་མོས་བྱེད་རྣམས༔

ཞེས་དང་།

བོད་ཀྱི་རྒྱལ་བློན་བུ་སློབ་ལ༔
བྱུང་ངོ་ཟླ་བའི་ཚེས་བཅུ་ལ༔
ང་ཉིད་འགྲོན་པའི་དབུ་བསྐུང་མཛད༔
པདྨ་འབྱུང་གནས་གཞན་མི་བསླུ༔

ཞེས་དང་།

ཚིག་བདུན་མ་ཡིས་གསོལ་བ་བཏབ༔
བྱིན་རླབས་ཆུ་བོའི་རྒྱུན་བཞིན་འབེབས༔

ཐམས་ཅད་ཉམས་འབར་བྱིན་ཕེབས་ཚོ༔

དེ་ཚེ་ང་ཉིད་འབེབས་པའི་རྟགས༔

ཞེས་དང་།

དོན་ལ་ང་ལ་འགྲོ་འོང་མེད༔

རང་གི་ལས་དང་སྒྲིབ་པ་ནི༔

དེ་ཉིད་རྣམ་དག་ང་དང་མཇལ༔

སྨོན་ལམ་ཀུན་རྫོབ་གདུལ་བྱའི་ངོར༔

སྲིན་ཡུལ་བཞུགས་པ་བདེན་མོད་ཀྱི༔

ཐུགས་རྗེ་རྒྱུན་ཆད་མེད་པའི་ཕྱིར༔

སུས་མོས་རྩ་ན་ང་ཉིད་འདུག༔

ཅེས་དང་།

འདི་ལྟར་ང་ཡི་ཆོས་བརྩུ་ལ༔

བརྟོན་ཞིང་གསོལ་བ་འདེབས་པ་དེ༔

འཁོར་བར་ལྷུང་བའི་ངེས་ཤེས་ཀྱི༔

ཀློ་སྙིང་བྲང་གསུམ་ང་ལ་གཏོད༔

ཅེས་དང་།

ཡང་པདྨ་བཀའ་ཡི་ཐང་ཡིག་ལས་ལྷ་ལྕམ་ལ་གསུངས་པ།

སངས་རྒྱས་གདུལ་ཞིང་ཁྱད་པར་འཕགས་པ་རུ༔

འགྲོ་རེའི་མདུན་དུ་སྤྲུལ་སྐུའི་སྟོན་པ་འབྱོན༔

སྟོན་ཚེ་སྣང་བ་མཐའ་ཡས་འོད་དཔག་མེད༔
རི་བོ་ཏ་ལར་མགོན་པོ་སྤྱན་རས་གཟིགས༔
རྐ་ན་བཀོད་པར་རྡོ་རྗེ་འཆང་ཆེན་པོ༔
རྡོ་རྗེ་གདན་དུ་ཐུབ་པ་ཆེན་པོ་ཉིད༔
གཉིས་མེད་པདྨ་ང་ཙ་ལྷུན་གྱིས་གྲུབ༔
འགྲོ་དོན་ཀུན་ལས་བྱིན་རླབས་ཆད་པོ་ཆེ༔

ཞེས་དང་།

ཚོགས་གཉིས་མཐར་ཕྱིན་ཡོན་ཏན་རབ་རྫོགས་པ༔
ཐུས་ཀྱི་མཆོག་གྱུར་སྤྲུལ་པ་བསམ་མི་ཁྱབ༔
འདས་དང་མ་འོངས་ད་ལྟ་ཐམས་ཅད་དུ༔
བསྟན་པའི་རྒྱལ་མཚན་ཕྱོགས་བཅུར་རབ་ཏུ་འཛུགས༔

ཞེས་དང་།

གསོལ་འདེབས་ལེའུ་བདུན་པའི་མཚོ་རྒྱལ་ལ་གདམས་པའི་ཡིག་ཆུང་ལས།

ང་ཉིད་ཆོས་སྐུའི་སངས་རྒྱས་ཐམས་ཅད་ཀྱིས་བྱིན་གྱིས་བརླབས༔
ལོངས་སྤྱོད་རྫོགས་སྐུའི་སངས་རྒྱས་ཐམས་ཅད་ཀྱིས་དབང་བསྐུར༔
སྤྲུལ་སྐུའི་སངས་རྒྱས་ཐམས་ཅད་ཀྱིས་བཀའ་བསྒྲོས་མཛད་དེ༔
ལྷོ་འཛམ་བུའི་གླིང་དུ་སངས་རྒྱས་ཀྱི་བསྟན་པ་དར་བར་བྱ་བ་དང༔
གསང་སྔགས་འབྲས་བུའི་ཆོས་ཀྱི་འགྲོ་བ་འདྲེན་པའི་ཕྱིར༔
རིན་ཆེན་མཚོ་གླིང་པདྨའི་སྡོང་པོ་ལ༔

རང་བྱུང་སྤྲུལ་པའི་སྐུ་རུ་བཊ་ཡིས་འོང༔

གང་ཞིག་ལས་ཅན་སྐྱེས་བུ་དད་པ་ཅན༔

བདག་ལ་གདུང་བའི་སེམས་ཀྱིས་གསོལ་འདེབས་ན༔

རྒྱུ་འབྲས་རྟེན་འབྲེལ་སྨོན་ལམ་ཁྱད་པར་གྱིས༔

སངས་རྒྱས་གཞན་ལས་བདག་ཉིད་ཐུགས་རྗེ་མྱུར༔

མཚོ་རྒྱལ་མོས་པས་རྒྱུན་དུ་གསོལ་བ་ཐོབ༔

ཅེས་དང༔

པདྨ་བཀའ་ཐང་ལྷ་ལྕམ་ཞུས་ལན་ལས༔

སྨོན་ལམ་གང་བཏབ་དེ་ཡིས་དེ་ཐོབ་བྱེད༔

གསོལ་བཏབ་པད་འབྱུང་ང་ལས་དགོས་འདོད་འབྱུང༔

ཞེས་དང་།

བླ་མ་སྒྲུབ་པའི་གནད་ཡིག་ལས།

སྤྲེལ་ལོ་སྤྲེལ་ཟླའི་ཚེས་བཅུའི་ཉིན་ཞག་ལ༔

ཨོ་རྒྱན་བདག་ཉིད་བོད་ཡུལ་ཐམས་ཅད་དུ༔

ངེས་པར་འབྱོན་པ་ང་ཡི་ཐ་ཚིག་ཡིན༔

ཟླ་རེའི་ཚེས་བཅུ་བྱུང་ངོ་ཚོག་ལ་ཡང༔

སྤྲུལ་པའི་བོད་ཁམས་ཁྱབ་པར་མི་འབྱོན་རེ༔

དམ་ཚིག་ཡིན་ནོ་པད་འབྱུང་བསླུ་མི་སྲིད༔

བདག་ལ་བློ་གཏད་མོས་གུས་བྱེད་པ་རྣམས༔

སྤྲོས་ལྡན་གཏོར་མ་རིན་ཆེན་འབར་བ་བཞེངས༔
ཐོད་པ་ལྷག་སྤྱོད་རོལ་མོའི་སྒྲས་བསྐུལ་བཞིན༔
ཚིག་བདུན་གསོལ་འདེབས་གདུང་བའི་དབྱངས་ཀྱིས་བོས༔
ཨོ་རྒྱན་ང་ཉིད་ཛ་ཡབ་དཔལ་རི་ནས༔
གཅེས་པའི་བུ་ཚུ་མ་ཡིས་མི་བཟློད་ལྟར༔
བྱིན་གྱིས་རློབ་བྱོན་དམ་ཚིག་ན་ར་ཀན༔

ཞེས་གསུངས་སོ། །དེ་ལྟར་གསོལ་བ་འདེབས་པར་བྱས་ན་མཆོག་དང་ཐུན་མོང་གི་དངོས་གྲུབ་ཐམས་ཅད་འབད་མེད་ཉིད་དུ་འབྱུང་བ་དང་། མ་ཟད་ཏག་ཏུ་མ་དང་བུ་ལྟར་འབྲལ་བ་མེད་པར་བཞུགས་པར་མཛད་པ་ཡིན་ལ། དེས་ན་ཏག་ཏུ་རང་རང་གི་ཁམས་མོས་དང་མཐུན་པའི་སྒོ་ནས། དད་ཅིང་གསོལ་བ་བཏབ་པ་སོགས་ནི་འབད་པ་དོན་དང་ལྡན་པར་ཤེས་དགོས། དེ་ལྟར་ཤེས་ན་ནམ་ཡང་མི་བསླུ་བར་དྲང་སྲོང་བདེན་པར་སྨྲ་བ་བདུད་བཞི་ལས་རྣམ་པར་རྒྱལ་ཞིང་འཁོར་བའི་ཉེས་སྐྱོན་སོགས་ཀྱི་དྲི་མའི་མ་གོས་པ་དྲང་སྲོང་བདེན་པར་སྨྲ་བ་ཉིད་ཀྱི་ཞལ་ནས་ཡང་ཡང་གསུངས་པར་མཛད་པ་ཡིན་ཏེ། ཡང་རཏྣ་གླིང་པའི་སྙན་བརྒྱུད་ནོར་བུའི་མཛོད་ཁང་སྐབས་བཞི་པར་མཚོ་རྒྱལ་གྱི་ཞལ་གདམས་སུ། སྐབས་སུ་རི་རྩེ་ལུང་སྟོང་སྣང་བ་གར་བདེའི་སར་ཕྱིན་ལ། གསོལ་བ་འོ་དོད་བརྒྱལ་ཐབས་སུ་མགོ་བོ་འགས་པ་འདྲ་བར་གདབ། ངེས་འབྱུང་དང་སྐྱོ་ཤས་མོས་གུས་ཀྱི་ངང་ནས་མཆི་མ་སྤྲན་འཁྲུ་ཙམ་རེས་ལས་སྒྲིབ་ཚབ་པོ་ཆེ་འདག་པས་གནད་ཆེ། ཉམས་བྱུང་རྒྱལ་དུ་སྐྱོངས་ཞེས་དང་།

ཡང་རིག་འཛིན་གཏེར་བདག་གླིང་པའི་གཏེར་བྱོན་བླ་མ་དྲག་པོའི་ལོ་རྒྱུས་ལས།

ཁྱད་པར་ཕྱིན་རླབས་དངོས་གྲུབ་མྱུར་འདོད་ནཿ
པདྨ་ང་བསྒོམ་མཆོད་དང་གསུམ་སྒྲུབ་པཿ
ཇི་ལྟར་ཡིད་བཞིན་ནོར་བུ་རིན་ཆེན་ལཿ
གསོལ་བཏབ་དགོས་འདོད་དང་གིས་འབྱུང་བ་བཞིནཿ
རྒྱལ་བ་རྒྱ་མཚོས་ཕྱིན་རླབས་བུ་བཞིན་བསྐྱོབཿ
དམ་ཅན་མཁའ་འགྲོའི་དངོས་གྲུབ་ཆར་ལྟར་འབེབསཿ
སྣང་སྲིད་དྲེགས་པས་ཅི་བཅོལ་ལས་རྣམས་བསྒྲུབཿ
འཕྲིན་ལས་ལྷུན་གྲུབ་མཐའ་ཡས་སེམས་ཅན་སྒྲོལཿ
དེ་དག་ཐམས་ཅད་བདག་ཉིད་བསྙེན་ལས་འབྱུངཿ
ཐེ་ཚོམ་སྤོང་ལ་འབད་པས་ཉམས་སུ་ལོངསཿ
བསྡུས་ན་པད་འབྱུང་ཞན་ནོ་རྫེ་འབངས་རྣམསཿ

ཞེས་དང་།

ཡང་བླ་མ་དགོངས་འདུས་སྐུ་རྒྱུད་ཤེལ་གྱི་རི་བོ་ལས།

དྲི་མེད་མཚོ་གླིང་གེ་སར་རྒྱས་པའི་སྟེངཿ
མངལ་གྱིས་མ་གོས་པདྨ་བཛྲ་རྩལཿ
བདེ་བའི་རོ་འབྱིན་ལྷ་ལྷམ་མཚྭ་རཿ
ཐབས་ཤེས་བདེ་སྟོང་གར་གྱི་དབང་ཕྱུག་མཆོགཿ
རྒྱལ་བ་ཡོངས་ཀྱི་ཐུགས་བཅུད་འདུས་པ་སྟེཿ
དེ་ཡི་རྩལ་ལས་རྣམ་འཕྲུལ་དུ་མར་སྣངཿ

ཞེས་གསུངས་སོ། །དེ་བཞིན་དུ་སེམས་ཅན་རང་རང་གི་བསམ་པ་བཟང་པོའི་སྒོ་ནས་རྟག་ཏུ་དད་པ་དང་མོས་གུས་བསྐྱེད་པར་བྱས་ཏེ། དེ་ལས་མི་འདའ་བའི་ཐབས་ཤིག་ལ་བརྩོན་པར་བྱས་ན། ནམ་ཡང་ཡུལ་ཁྱད་པར་ཅན་མཆོག་གསུམ་ཀུན་འདུས་ཀྱི་བདག་ཉིད་ཅན་བླ་མ་དེ་ཉིད་དཔེར་ན་ཡོང་བའི་མདུན་ན་མིག་ལྡན་བཞིན་དུ་བཞུགས་པར་མཛད་པ་ཡིན་ནོ། །གོང་དུ་བཤད་པ་ལྟ་བུའི་བླ་མ་དེ་ཡི་མདུན་ནས་དབང་བསྐུར་རྒྱུད་བཤད་མན་ངག་རྣམ་དག་གཅིག་ཐོབ་ཚར་རྗེས་དེ་ལ་བརྟགས་ཤིང་དཔྱད་པ་སོགས་མི་བྱེད་པར་དད་མོས་ཡང་དག་གི་ལམ་ནས་ཐར་བ་ཐོབ་པ་ལ་བརྩོན་པར་བྱ་དགོས། དེ་ལྟར་མ་ཡིན་པའི་སློབ་བུ་ཡོན་ཏན་དང་དད་མོས་མེད་པ་དག་གིས་ནམ་ཡང་བསྙེན་པར་བྱ་མི་རིགས་པ་ཡིན་ནོ། །འོ་ན་དེ་ལྟ་བུའི་ཡོན་ཏན་དང་དད་མོས་མེད་པ་དག་ནི་ཅི་ལྟ་བུ་ཞིག་ཡིན་ནོ་ཞེ་ན། དེ་ནི་བླ་མ་དང་མཆེད་ལྕམ་ལ་མི་དད་ཅིང་ལས་འབྲས་ལ་ཡིད་ཆེས་ཆུང་ཞིང་། དེ་དག་ལ་རྟག་ཏུ་སྨོད་ཅིང་བསྐུར་བ་འདེབས་པར་བྱས་ནས། དམ་ཚིག་ཉམས་ཤིང་ངན་སོང་དུ་འགྲོ་བར་བྱེད་པ་ཡིན་ཏེ། རང་ཤར་ལས། ཉམས་ན་དམྱལ་བར་ངེས་པར་འགྲོ། །ཞེས་གསུངས་སོ། །དེ་ལྟ་བུའི་དམ་ཚིག་ཉམས་པའི་ཐུ་ལྟས་ནི་དེ་ལ་མི་འདོད་པ་སྣ་ཚོགས་ཤིག་འབྱུང་བར་འགྱུར་བ་ཡོད་པ་ཡིན་ཏེ།

དེ་ཉིད་ལས།

དམ་ཚིག་ཉམས་པའི་ཐུ་ལྟས་སུ། །
མི་བདེ་རྣམ་པ་སྣ་ཚོགས་འབྱུང་། །
ཡམས་དང་འཆི་བའི་ནད་རྣམས་དང་། །
རིམས་ནད་སྣ་ཚོགས་འབྱུང་བར་འགྱུར། །

གདོན་དང་ལོག་འདྲེན་རྣམས་ཀྱིས་ཀྱང་།།
བསད་ནས་སེམས་ཅན་དམྱལ་བར་འགྲོ།།
མིག་གིས་གཟུགས་མི་མཐོང་བར་འགྱུར།།
རྣ་བ་འོན་ཞིང་ལས་མི་འགྲུབ།།
མཛེ་དང་ཤི་བའི་ནད་རྣམས་འབྱུང་།།
ཆོམ་རྐུན་རྒྱལ་པོའི་ཆད་པ་འབྱུང་།།
གཞན་ལ་མེད་པའི་རིམས་ནད་འབྱུང་།།
བུ་དང་ཆུང་མ་འཆི་བར་སྟོན།།
ཡུལ་རྣམས་ཐམས་ཅད་དགྲར་ལྡང་ཞིང་།།
བྱས་པ་དོན་མེད་ཆེན་པོར་འགྱུར།།

ཞེས་གསུངས་སོ། །དེ་ལྟ་བུའི་སྐྱེ་བོ་ངན་པ་དེ་དག་ནི་མུན་པའི་གླིང་དུ་སྐྱེས་ཤིང་ངན་སོང་གསུམ་དུ་སྡུག་བསྔལ་ཚད་མེད་པ་ཞིག་མྱོང་བར་འགྱུར་བ་ཡིན་ཏེ།

རྒྱལ་རྫོགས་ལས།

སློབ་དཔོན་དག་ལ་སྨོད་པ་ནི།།
དཔེར་ན་མུན་ཁུང་སྒྲོན་བསད་ན།།
མཐོང་བའི་གོ་སྐབས་མེད་པ་བཞིན།།
མནར་མེད་ཤིན་ཏུ་མི་བཟད་དུ།།
སྡུག་བསྔལ་ཉམ་ཐག་ཡུན་རིང་གནས།།
བསྐལ་པ་མང་པོར་མྱོང་བར་འགྱུར།།

ཞེས་གསུངས་སོ། །དེ་བཞིན་དུ་བླ་མ་དག་ལ་འགལ་བར་གྱུར་ན་དམྱལ་བའི་མེ་ཡིས་འཚིག་པར་འགྱུར་བ་ཡིན་པར་ཤེས་དགོས་པ་ཡིན་ཏེ།

རྡོ་རྗེ་སེམས་དཔའ་སྙིང་གི་མེ་ལོང་ལས།

ཉམས་པ་མེ་བཞིན་ཐམས་ཅད་འཚིག་པར་བྱེད། །
གསང་སྔགས་དོན་སྟོན་རྡོ་རྗེ་སློབ་དཔོན་ལ། །
རིན་ཆེན་གསེར་ནི་རང་ལུས་ཙམ་ཕུལ་ཡང་། །
དམ་ཚིག་ཉམས་གྱུར་མི་བསྐྱོང་འཚིག་པར་འགྱུར། །

ཞེས་པ་དང་།

འཕགས་པ་ཡོན་ཏན་བཀོད་པའི་མདོ་ལས། བདུད་ཀྱི་ལས་བཞི་སྟེ། བླ་མ་ལ་མི་གུས་པ་དང་། ཆོས་ཡིད་ལ་མི་བྱེད་པ་དང་། ཁེངས་པའི་ཚིག་སྨྲ་བ་དང་། ཚེ་འདི་ལ་སེམས་པའོ། །ཞེས་པ་དང་།

ཡང་མཁའ་འགྲོ་གསང་བའི་རྒྱུད་ལས།

བླ་མ་སངས་རྒྱས་རང་བཞིན་ལ། །
སྐྱོག་ནས་འཆལ་གཏམ་ཆེར་སྨྲ་བ། །
བསྐྱུས་འཇོམས་སུ་འཇོམས་མགུལ་བ་འགག །

ཅེས་པ་དང་།

རྒྱབ་ཀྱི་ བླུན་རྫོམས་ཞེས་སྨྲ་བ། །
བྱང་ཆུབ་ལམ་དང་འཕྲད་མི་སྲིད། །

ཅེས་པ་དང་།

རྒྱན་དམ་པ་ལས།

ངག་ཚིག་བརྣང་པོས་ཞེ་འགེངས་པ། །

བསྐལ་པ་སྟོང་ཕྲག་དགྱལ་བར་ལྟུང་། །

དོ་རྗེ་སློབ་དཔོན་དམ་པ་ཡི། །

ཟབ་མོའི་ཚིག་ལ་སྒྲོ་སྐུར་བ། །

མནར་མེད་གནས་སུ་ལྟུང་བར་འགྱུར། །

ཞེས་པ་དང་།

ཡང་གསང་བ་ཀུན་སྟོམས་ཀྱི་རྒྱུད་ལས།

བླ་མ་མཆོག་ལས་རང་ཉིད་ནི། །

ཆེས་མཆོག་རློམ་སེམས་སྐྱེ་བ་ནི། །

བསྐལ་བ་སྟོང་ཕྲག་དུ་མ་རུ། །

ཕྱུར་དུ་བལྟས་ཏེ་དགྱལ་བར་འགྲོ། །

ཞེས་པ་དང་།

ཡང་གསང་བ་རོལ་པ་ལས།

སྙིག་འཕྱུས་སྐྱེ་བར་གང་བྱེད་པ། །

དོ་རྗེ་དགྱལ་བ་ཉིད་དུ་འཚེད། །

ཀུ་རེ་ཙམ་དུའང་སྨོད་མི་བྱ། །

ངག་གི་ཉེས་བྱས་ཡང་དག་བསྡམ། །

ཞེས་གསུངས་པ་དང་།

སྙོམས་འཇུག་གསང་བའི་རྒྱུད་ལས།
བླ་མ་དག་ལ་འགྲན་སེམས་དང་། །
ཡི་དམ་རྒྱལ་བའི་ལྷ་སྤངས་པས། །
བོང་འཐེང་བཙོན་ནས་མཚོ་བསྐོར་ལྟར། །
རྒྱལ་བའི་སངས་རྒྱས་འགྲུབ་མི་སྲིད། །
བླ་མའི་དགོར་ལ་བརྟབ་སེམས་པ། །
བསྐལ་པ་གཉིས་སུ་ཡི་དྭགས་གནས། །

ཞེས་པ་དང་།

དཔུང་རྣམ་པར་བཟློག་པའི་རྒྱུད་ལས།
བླ་མ་དང་ནི་དེ་ཡི་འཁོར། །
ཁྲོ་བས་ཞེ་འགྲས་སྲུན་འབྱིན་པ། །
བསྐལ་པ་ཞིང་གི་རྡུལ་སྙེད་དུ། །
མནར་མེད་གནས་སུ་འཚེད་པ་འོ། །

ཞེས་པ་དང་།
བྱང་ཆུབ་བདེ་བའི་དཔུང་བསྐྱེད་ནས། །
རྡོ་རྗེ་བླ་མ་སྨད་མི་རུང་། །
འདོད་ཆགས་ཞེ་སྡང་ལ་སོགས་པ། །
ལྷ་པོ་ལྡན་ཞེས་བསམ་མི་བྱའོ། །
དེ་བསམས་མནར་མེད་ས་གཞིར་བསྲེག །

ཅེས་པ་དང་།

གཞུང་རྒྱ་མཚོ་ལས།

ཛོ་རྗེ་ཡིད་བཞིན་རྒྱལ་པོ་ལ། །
ཟས་སྐོམ་ནོར་ལ་སྲེད་སྐམ་པས། །
རབ་མཐའ་བཅུ་ཡི་དམྱལ་བར་འཚེད། །
གསང་མཆོག་སླ་བྱེད་རྒྱལ་པོ་ལ། །
ཞེས་པ་ཅན་གྱི་ཡིད་སྒོ་ནས། །
ང་རྒྱལ་ཆེ་བའི་ཡིད་མི་བསམ། །
དེ་སྐྱོན་ཁ་འཐབ་གནས་སུ་ལྟུང་། །

ཞེས་པ་དང་།

ཡང་དུ་མ་འདུས་པའི་རྒྱུད་ལས།

བདག་གི་དྲིན་ལ་གནས་བསམ་པས། །
མནར་མེད་པར་ཡང་རབ་ཏུ་སྐྱེ། །
སློབ་དཔོན་སྐྱོན་ལ་གང་སེམས་པ། །
དགེ་བསགས་དོན་མེད་ལྷ་སྤྱངས་པས། །
ལྷ་ཀླུ་གདུག་པ་ལ་སོགས་ཀྱིས། །
མྱུར་དུ་སྲོག་གཅོད་དམྱལ་བར་ལྟུང་། །

ཞེས་པ་དང་།

ཡང་སྙིང་པོ་རྣམ་པར་ལེན་པའི་རྒྱུད་ལས།

མཆོག་ཏུ་ སྡུགས་ལ་ཞུགས་པ་ལ། །

གནོད་པར་བྱེད་པའི་སེམས་འཆང་ན། །

གྲང་བའི་དམྱལ་བར་ངེས་པར་ལྟུང་། །

ཞེས་གསུངས་པ་ལྟར་ཉེས་སྐྱོན་སོགས་མཐོང་ཞིང་དུ་ནས་བཟུང་སྟེ་བག་མེད་ཀྱི་ལས་སོགས་སྤངས་བར་བྱས་ཤིང་། མོས་གུས་རྣམ་པར་དག་པ་ཞིག་རྒྱུད་ལ་སྐྱེ་བའི་ཐབས་ལ་འབད་པར་བྱ་དགོས་པ་ཡིན་ལ། དེ་བཞིན་དུ་ཉེས་སྐྱོན་སོགས་མི་མཐོང་བའི་སྡུགས་ལ་ཞུགས་པའི་སྐྱེ་བོ་རྣམས་ཀྱིས་གསང་སྔགས་འཚོལ་བའི་གང་ཟག་གིས་རྡོ་རྗེའི་སྤུན་དག་ལ་ཁྲོ་བར་བྱས་ན་ཉེས་པ་ཧ་ཅང་ཚད་མེད་པ་འབྱུང་བར་འགྱུར་བ་ཡིན་ཏེ།

རྒྱལ་རྫོགས་ལས།

རྡོ་རྗེའི་མཆེད་དང་ལྕམ་དྲལ་ནི། །

བླ་མེད་བྱང་ཆུབ་འགྲོགས་པའི་སྤུན། །

ཆོས་ཉིད་བྱང་ཆུབ་སྨོན་ལམ་མཐུས། །

རྡོ་རྗེའི་དམ་ཚིག་ལུ་གུ་རྒྱུད། །

རྟག་ཏུ་དེ་དང་མི་འབྲལ་བས། །

དེ་ལ་བཟློག་ཅིང་འཁྲུ་བ་ནི། །

རང་ལ་རང་གིས་མཚོན་བཏབ་ན། །

རང་སྲོག་ཚེ་རབས་ལྔ་བརྒྱའི་བར། །

རང་གིས་གཅོད་ཅིང་ཕུང་བར་འགྱུར། །

ཚེ་འདིར་མི་བདེ་སྣ་ཚོགས་པ། །
མི་འདོད་བཞིན་དུ་འབྱུང་བར་འགྱུར། །
འཇིག་རྟེན་ཕ་རོལ་དག་ཏུ་ཡང་། །
ངན་སོང་གསུམ་དང་མི་ཁོམ་པའི། །
སྡུག་བསྔལ་རྒྱུད་ལ་སྤྱོད་པར་འགྱུར། །
ཡུན་རིང་དག་ཏུ་མི་ཐར་ཞིང་། །
ཤིན་ཏུ་ཉམ་ཐག་སྤྱོད་པར་འགྱུར། །

ཞེས་གསུངས་སོ། །

དེ་བཞིན་དུ་གསང་སྔགས་འཆོལ་ཞིང་གསང་སྔགས་ཀྱི་རྒྱུད་དོན་ཁོང་དུ་མི་ཆུད་པའི་གང་ཟག་དག་ལ་བཤད་པར་བྱས་ན། མཐར་ངན་སོང་དུ་འགྲོ་ཞིང་སྡུག་བསྔལ་ཚད་མེད་པ་ཞིག་སྤྱོད་པར་འགྱུར་བ་ཡིན་ཏེ།

ཡང་དེ་ཉིད་ལས།

རྫོགས་ཆེན་ཨ་ཏིའི་གསང་ཆེན་འདི། །
བློ་དམན་རྣམས་ལ་བསྒྲགས་གྱུར་ན། །
དཔེར་ན་གཙུབ་ཤིང་མི་གཙུབས་ན། །
གཙུབ་ཤིང་ཉིད་ཀྱང་འཆོག་པར་འགྱུར། །
གཞན་ཡང་མཚན་མར་གྱུར་པ་སྲིག །
གསང་སྔགས་ངེས་དོན་མི་དང་འདྲ། །
སྐལ་བ་ཆུང་ཞིང་ཤེས་རབ་དམན། །

བློ་ངན་རྒྱུ་འབྲས་རྨོངས་པ་རྣམས། །
རྫོགས་ཆེན་དོན་ལ་སྐུར་འདེབས་ན། །
ངན་སོང་གསུམ་དུ་འཕང་བར་འགྱུར། །
ངེས་དོན་མི་རྟོགས་སྡུག་བསྔལ་སྤྱོང་། །
གསང་བ་འཕེལ་བར་བྱེད་པ་ཡང་། །
སྨྲ་བྱེད་ལྟེ་ལ་ཞིང་རྩོ་ཞིང་། །
སྡུག་བསྔལ་ཆེན་པོ་སྤྱོང་བར་འགྱུར། །
དེ་ཕྱིར་ངེས་པའི་དོན་འདི་གསང་། །
ཀླུང་ཕྱོགས་ཙམ་དུའང་བསྒྲགས་མི་བྱ། །
ཡུན་རིང་དག་ཏུ་མི་ཐར་བའི། །
སྡུག་བསྔལ་ཤིན་ཏུ་ཉམ་ཐག་སྤྱོང་། །

ཞེས་གསུངས་སོ། །

དེ་ཡང་ཐལ་འགྱུར་ལས།

དབང་བསྐྱེན་པ་ཡི་དམ་ཚིག་ལ། །
བྱེ་བྲག་བརྗོད་དུ་མི་ལང་ཡང་། །
མདོར་བསྡུས་སྐུ་དང་གསུང་དང་ཐུགས། །
རྣལ་འབྱོར་ལུས་ངག་ཡིད་ལ་སྦྱར། །

ཞེས་གསུངས་སོ། །དེ་ལྟར་སྐུ་གསུང་ཐུགས་ཀྱི་དམ་ཚིག་རྣམས་མིག་གི་འབྲས་བུ་བཞིན་དུ་བསྲུང་བར་བྱ་དགོས། དེ་ལྟར་བྱས་ན་རང་རྒྱུད་ལ་མཆོག་དང་ཐུན་མོང་གི་

དངོས་གྲུབ་ཐོབ་པར་འགྱུར་བ་ཡིན་པའི་ཕྱིར་རོ། །ཐམས་ཅད་ཀྱིས་རྟག་ཏུ་དྲན་ཤེས་བག་ཡོད་དང་ལྡན་པའི་ངང་ནས། ནམ་ཡང་རང་སེམས་དང་དབྱེར་མེད་ཉིད་དུ་བསྲེས་ནས་བསྒོམ་པར་བྱེད་དགོས་པ་ཡིན་ནོ། །དེ་ལྟར་བྱས་ན་བརྒྱུད་གསུམ་བླ་མའི་བྱིན་རླབས་ཡིད་ལ་འཕོས་ཤིང་ཚེ་འདི་ཉིད་དུ་ཟུང་འཇུག་རྡོ་རྗེ་འཆང་གི་གོ་འཕང་མངོན་དུ་འགྱུར་བ་ཡིན་ནོ། །

གོང་དུ་བཤད་པ་ལྟ་བུའི་བཀའ་དྲིན་གསུམ་ལྡན་གྱི་བླ་མ་སྤྱི་བོར་བཞུགས་ནས་རང་གི་དྲན་པ་དང་ཤེས་བཞིན་ཀུན་ཀྱང་མ་རིག་པ་གཏི་མུག་གི་དབང་དུ་མི་འཁྱམས་པར་དེ་ལས་སླར་དུ་བཞེངས་སུ་གསོལ་ཞེས་བརྗོད་པར་བྱ་བ་དང་། དེ་ཡང་རང་རང་གི་སྔོན་བསགས་བསོད་ནམས་བསགས་པའི་དབང་གིས་ད་རེས་ཤིན་ཏུ་རྙེད་པར་དཀའ་བའི་དལ་འབྱོར་བཅོ་བརྒྱད་ཚང་བའི་མི་ལུས་རིན་པོ་ཆེ་འདི་ཉིད་ཐོབ་ཅིང་མར་ངན་སོང་དམྱལ་བ་ཡི་གནས་སུ་མ་སྐྱེས་པར་དལ་བ་ཕུན་སུམ་ཚོགས་པ་ཞིག་ཐོབ་པ་དང་། གལ་སྲིད་མར་དམྱལ་བའི་གནས་སུ་སྐྱེ་བར་གྱུར་ན་སྡུག་བསྔལ་གྱི་དབང་གིས་ནམ་ཡང་ཁོམ་པ་མེད་པར་གྱུར་པ་ཡིན་ཏེ།

བཤེས་སྤྲིངས་ལས།

སྡིག་ཅན་འབུགས་དབྱུང་འགག་པ་ཙམ་ཞིག་གི །
དུས་ཀྱིས་བར་དུ་ཚོད་རྣམས་དམྱལ་བ་ཡི། །
སྡུག་བསྔལ་གཞལ་ཡས་ཐོས་ནས་རྣམ་སྟོང་དུ། །
མི་འཛིགས་གང་ལགས་རྡོ་རྗེའི་རང་བཞིན་ནོ། །
དམྱལ་བ་བྲིས་པ་མཐོང་དང་ཐོས་པ་དང་། །

དྲན་དང་བསླུག་དང་གཟུགས་སུ་བགྱིས་པས་ཀྱང་།།
འཇིགས་པ་སྐྱེད་པར་བགྱིད་ན་མི་བཟད་པའི།།
རྣམ་སྨིན་ཉམས་སུ་སྨྱོང་ན་སྨོས་ཅི་འཚལ།།

ཞེས་གསུངས་སོ། །དེ་བཞིན་དུ་དམྱལ་བའི་སྡུག་བསྔལ་ནི་བློས་བསམ་མི་ཁྱབ་ཅིང་བཟོད་པར་དཀའ་བའི་རང་བཞིན་ཅན་ཡིན་ཏེ།

དེ་ཉིད་ལས།

འདི་ན་ཉིན་གཅིག་མདུང་ཐུང་སུམ་བརྒྱ་ཡིས།།
རབ་ཏུ་དྲག་བཏབ་སྡུག་བསྔལ་གང་ལགས་པ།།
དེས་ནི་དམྱལ་བའི་སྡུག་བསྔལ་ཆུང་ངུ་ལའང་།།
འོལ་ཡང་མི་བགྱི་ཆར་ཡང་མི་ཕོད་དོ།།

ཞེས་དང་། མ་ཟད་དེ་ལྟ་བུའི་སྡུག་བསྔལ་རྣམས་ཡིད་ལ་དྲན་པ་ཙམ་གྱིས་ཀྱང་སྤངས་སྐྲག་སྐྱེ་བར་འགྱུར་བ་ཡིན་ཏེ།

འདུལ་བ་ལུང་ལས། ཚེ་དང་ལྡན་པ་གང་ཀྲི་གིའི་སྨུན་ཞེས་པ་ཚེ་རབས་ལྔ་བརྒྱར་དམྱལ་བར་སྐྱེས་པ་ཞིག་མིར་སྐྱེས། རབ་ཏུ་བྱུང་ནས་དམྱལ་བའི་གཏམ་ཐོས་ཏེ་སྔར་དེར་སྐྱེས་པ་དྲན་པས་བ་སྤུའི་ཁུང་བུ་ནས་ཁྲག་མང་པོ་ཟག་པས་ཆོས་གོས་ཁྲ་བོར་གྱུར་པ་ན། ལུས་ཕྱིས་བཅིང་བར་ཞེས་གནང་བར་བཤད་པ་ལྟ་བུ་ཡིད་ལ་དྲན་ཞིང་ངན་སོང་དམྱལ་བའི་གནས་སུ་མི་སྐྱེ་བར་དེ་ལས་ཐར་བའི་ཐབས་ལ་བརྩོན་པར་བྱེད་དགོས་པ་ཡིན་ཏེ།

ཀླུ་སྒྲུབ་ཀྱིས།

རབ་ཏུ་ཚ་ཞིང་གྲང་བ་ཡི།།

དམྱལ་བ་ཉེ་མ་གཅིག་བཞིན་དྲན།།
བགྲེས་སྙོམ་དག་གིས་རིད་པ་ཡི།།
ཡི་དྭགས་དག་ཀྱང་དྲན་པར་བྱ།།
སྙོངས་པའི་སྡུག་བསྔལ་རབ་མང་བའི།།
ཕྱུལ་སོང་བལྟ་ཞིང་དྲན་པར་བྱ།།
དེ་རྒྱུ་རྣམ་སྤངས་བདེ་རྒྱུ་སྤྱད།།
ཐོབ་དཀའ་འཛམ་གླིང་མི་ཡི་ལུས།།
དེ་ཐོབ་དུས་སུ་ངན་སོང་རྒྱུ།།
རབ་ཏུ་བསྒྲིམས་ཏེ་བཅད་པར་བྱ།།

ཞེས་གསུངས་སོ། །དེ་ལྟར་བཅད་པར་མ་བྱས་ན། ཕྱིས་ནས་ཐོབ་པར་དཀའ་བ་དང་། མ་ཟད་ཕྱི་མར་དམྱལ་བའི་མེ་ཡིས་ཤིན་ཏུ་བསྲེག་ཅིང་སྡུག་བསྔལ་བར་འགྱུར་བའི་རང་བཞིན་ཡིན་ཏེ།

མདོ་ལས།

སྡིག་ལས་འཕྲལ་དུ་ངེས་པར་ནི།།
མཚོན་བཞིན་གཅོད་པར་མི་བྱེད་ཀྱང་།།
སྡིག་པའི་ལས་ཀྱི་འགྲོ་བ་དག།
ཕ་རོལ་ཏུ་ནི་མངོན་པར་འགྱུར།།
གང་དུ་དེ་དག་རྣམ་སྨིན་ནི།།
ཚ་བ་སོ་སོར་བསྙེན་པ་ཡི།།

སྡིག་པའི་ལས་ཀྱིས་འགྲོ་བ་དག །
ཕ་རོལ་ཏུ་ནི་ཤེས་པར་འགྱུར། །

ཞེས་དང་།

ཡང་།

བདག་ཉིད་བདེ་བར་འདོད་པའི་ཕྱིར། །
ཀོད་ཅིང་སྡིག་པའི་ལས་བྱས་པའི། །
སྡིག་ལས་དེ་ཡི་རྣམ་སྨིན་དག །
ང་བཞིན་ཉམས་སུ་མྱོང་བར་འགྱུར། །

ཞེས་གསུངས་སོ། །དེ་བཞིན་དུ་ལས་རྒྱུ་འབྲས་ནི་ནམ་ཡང་ཆུད་མི་ཟ་བར་ཉམས་སུ་མྱོང་ནས་སྡུག་བསྔལ་བར་འགྱུར་བ་དང་། དེ་ལྟ་བུའི་ལས་འབྲས་ལ་མི་བརྩི་བའི་སྐྱོ་བོ་ངན་པ་དེ་ནི་ཚེ་འདི་དང་ཕྱི་མ་གཉིས་ཆར་དུ་ལུས་སེམས་རབ་ཏུ་འཚོག་ཅིང་རྣམ་སྨིན་ཉམས་སུ་མྱོང་བར་འགྱུར་བ་ཡིན་ཏེ།

འདུལ་བ་ལུང་ལས།

སྡིག་པས་འདིར་འཚོག་ཕྱི་མར་འཚོག །
གཉིས་ཀར་འཚོག་སྟེ་དེ་ནི་རབ་ཏུ་འཚོག །
ལས་རྣམ་སྨིན་མཐོང་དེ་འཚོག་རབ་ཏུ་འཚོག །
གཉིས་ཀར་འཚོག་སྟེ་དེ་ནི་རབ་ཏུ་འཚོག །

ཅེས་དང་།

ཡང་ཚོམས་ལས།

གང་ཞིག་བྱས་པའི་གདུང་ཤུར་ཞིང་། །
མཆི་མས་གདོང་གཡོག་ངུ་བཞིན་དུ། །
རྣམ་སྨིན་སོ་སོར་བསྟེན་པ་ཡི། །
ལས་དེ་དག་ནི་མ་བྱས་ལེགས། །

ཞེས་དང་།

དེ་ནི་དེས་པས་ཞུས་པ་ལས།

ས་བོན་ཚ་བ་རྣམས་ལས་ནི། །
འབྲས་བུ་ཚ་བ་སྐྱེ་བར་འགྱུར། །
ས་བོན་མངར་བ་རྣམས་ལས་ནི། །
འབྲས་བུ་མངར་བ་སྐྱེ་བར་འགྱུར། །
དཔེར་བླ་བྱ་བ་འདི་ཡིས་ནི། །
སྡིག་པའི་རྣམ་སྨིན་ཚ་བ་དང་། །
དཀར་པོའི་འབྲས་བུ་མངར་བ་དག །
མཁས་པའི་མིས་ནི་ཤེས་པར་འགྱུར། །

ཞེས་གསུངས་སོ། །དེ་བཞིན་དུ་སེམས་ཅན་རྣམས་ཀྱིས་རང་རང་གི་བྱས་པའི་ལས་ཀྱི་འབྲས་བུ་སོགས་ཚུད་ཟོས་སུ་མ་སོང་བར་ངན་སོང་དམྱལ་བའི་གནས་སུ་སྐྱོང་བའི་ཚུལ་ནི།

ཡོན་ཏན་མཛོད་ལས།

དམྱལ་གནས་ཟངས་ཞུན་ཁོལ་མ་འཐུང་པ་དང་། །
ཡི་དྭགས་ལུས་སྲུར་རྣག་ཁྲག་མི་གཙང་ཟོས། །
ཀུན་ཏུ་སྡུག་བསྔལ་རྒྱུ་ལས་མཆི་མ་ཟགས། །
ཕྱོགས་མཐའ་གཏུགས་པའི་ཆུ་ཀླུང་དག་ལས་མང་། །

ཞེས་གསུངས་སོ། །དེ་ལྟ་བུའི་དམྱལ་བའི་སྡུག་བསྔལ་ནི་ཚད་མེད་པར་གསུངས་པར་མཛད་པ་ཡོད་དེ།

དེ་ཉིད་ལས།

ཁྱད་པར་དམྱལ་བའི་སྡུག་བསྔལ་ཚད་མེད་དེ། །
ཕན་ཚུན་གཅིག་གིས་གཅིག་གསོད་ཡང་སོས་ལ། །
ཐིག་ནག་སོག་ལེས་གཤོག་འབྲུར་རྒྱུན་མི་འཆད། །
བསྡུས་འཇོམས་མགོ་བརྙན་རི་དང་ཐོ་བས་འཐག །
ངུ་འབོད་ལྕགས་ཁྱུན་བསྐོལ་བར་འཚོད་ཅིང་དབང་། །
འབོད་སྒྲོག་ཆེན་པོ་ལྕགས་ཁྱིམ་འབར་བར་བསྲེག །
ཚ་བ་གསལ་ཤིང་འབར་བས་ལུས་ལ་འབིགས། །
རབ་ཏུ་ཚ་བ་མདུང་རྩེ་རྩེ་གསུམ་པས། །
ལུས་ཀྱི་གཞུང་འབིགས་ཕྱི་ནས་ལྕགས་བསྲེགས་དཀྲི། །
ཁྲོ་ཆུ་ཁོལ་མར་འཚོད་དང་མནར་མེད་ནི། །
ལྕགས་ཁྱིམ་འབར་བར་མེ་དང་གཉིས་མེད་བསྲེག །

སྡུག་བསྔལ་ཉིད་ལས་དབུགས་འབྱིན་ཀུན་རྟོག་གིས། །
ཉེ་འཁོར་སྐྱོ་འཕར་བྱེ་བ་མདག་མེའི་འོབས། །
རོ་སྨུགས་འདམ་རྫབ་སྡུག་དང་རལ་གྲིའི་ནགས། །
ཆུ་བོ་རབ་མེད་གཤིན་རྗེའི་ཁ་བས་ཐུ། །
མཛའ་གཙུགས་དམ་བཅའ་དྲན་ནས་སྙེགས་པའི་ལམ། །
ཚེར་མ་རྣོན་པོས་ཚབས་ཆེན་ཕུག་པའི་ལུས། །
འབར་ཞིང་རྫུབ་པའི་ལྕུགས་ཀྱི་བུད་མེད་ཀྱིས། །
འཁྲུད་མཐར་ཁྭ་དང་བྱ་རྒོད་མིག་ལ་འདྲུ། །
བུ་ཡུག་སྒྲིབས་པ་འདར་བའི་ཐག་པ་ཡིས། །
བཅིངས་ཏེ་བསྐྱོད་པར་མི་ནུས་བཞིན་གསོན་ཡང་། །
རླུང་གི་མཚོན་ཆས་ཏུས་པའི་གཏིང་ཕུག་པའི། །
གྲང་རིག་སོ་ཡི་བར་དུ་འཚེར་ལྟར་གདུངས། །
ཆུ་བུར་ཅན་དང་ཆུ་བུར་བརྡོལ་བ་དང་། །
ཨ་ཆུའི་སྒྲི་སྒྲགས་ཀྱི་ཧུད་སོ་འཐམས་ཅན། །
ཨུཏྤལ་ལྟར་པགས་པ་དྲུག་ཚལ་འགགས། །
པདྨ་དང་ནི་པདྨ་ཆེན་པོ་ལྟར། །
བརྒྱད་དང་བཅུ་དྲུག་གྲངས་མེད་གས་པའི་རྨ། །
སྲོག་ཆགས་མཆུ་རྣོན་ཅན་གྱིས་འབིགས་ཤིང་བཟའ། །
མགལ་དུམ་བཅད་དང་སྐྱོ་འཕར་མེད་ལ་འཐུམས། །

སྒོ་དང་ཀ་བ་ཐབ་དང་ཐག་པ་སོགས། །
སྣ་ཚོགས་ལས་ཀྱིས་སྤྲུལ་པའི་རང་གཟུགས་ལ། །
ཉེ་བར་ལེན་པའི་སྡུག་བསྔལ་ཟད་མི་ཤེས། །

ཞེས་དང་།

དེ་ཉིད་ལས།

དེ་ཕྱིར་སྐྱེ་བའི་ཤ་འོད་སྡུག་བསྔལ་གྱི། །
ཟ་ཟླབས་ཅ་ཅོ་སྒྲོག་འདི་མ་བཟློག་ན། །
ལྷ་བས་ལྷག་པའི་ལུས་རྟེན་རྒྱ་ལོན་ཡང་། །
བརྟན་པ་བྲལ་བའི་མྱུ་ངམ་ཐང་དུ་འཁྱམས། །

ཞེས་གསུངས་སོ། །དེ་བཞིན་དུ་འགྲོ་བ་རང་རང་གི་ལས་ཀྱི་དབང་གིས་ལས་དང་ལས་ཀྱི་རྣམ་སྨིན་སོགས་བསམ་མི་ཁྱབ་པ་ཞིག་མྱོང་བར་འགྱུར་བ་དང་། མ་ཟད་སྟེང་ན་ཡོད་པའི་ཚངས་དབང་དག་ཀྱང་སླར་ངན་སོང་དུ་འགྲོ་བར་འགྱུར་བ་ཡིན་ནོ། །དེ་བཞིན་དུ་ལྷ་དང་ལྷ་མིན་སོགས་ཀྱི་གནས་སུ་སྐྱེས་ཀྱང་མཐར་སྡུག་བསྔལ་གྱི་རང་བཞིན་མ་གཏོགས་བདེ་བ་མེད་པར་ཤེས་དགོས་པ་ཡིན་ནོ། །

དེ་བཞིན་དུ་ཡི་དྭགས་ཀྱི་གནས་སུ་སྐྱེ་བར་གྱུར་པ་ན་ཡང་སྡུག་བསྔལ་ཚད་མེད་པ་ཞིག་མྱོང་བར་འགྱུར་ཞིང་། ཡི་དྭགས་ཀྱི་ཡུལ་དུ་སྐྱེ་བྱེད་ཀྱི་སྡིག་པ་མི་དགེ་བའི་གཞི་དེ་ཉིད་གང་ཞེ་ན། དེ་ནི་གཙོ་བོ་ནོར་རྫས་སོགས་ལ་སེར་སྣ་བྱས་པའི་རྒྱུ་ལས་བྱུང་བ་ཡིན་ཏེ།

འདུལ་བ་ལུང་ལས།

དོན་མེད་གཞི་དང་ལྡན་པ་ཡི། །
ནོར་ནི་ཕུང་བར་འགྱུར་བ་སྟེ། །
གང་གི་མགོ་ལ་གསེར་ཡོད་པའི། །
བྱ་རོག་གིས་ནི་ཕུང་བྱེད་འཚལ། །

ཞེས་དང་།

ཡང་བཤེས་སྤྲིངས་ལས།

འདོད་པ་རྣམས་ནི་ཕུང་ཁྲོལ་བསྐྱེད་པ་སྟེ། །
རྒྱལ་བའི་དབང་པོས་ཀིམྤའི་འབྲས་འདྲར་གསུངས། །
དེ་དག་སྤང་བགྱི་དེ་ཡི་ལྕགས་སྒྲོག་གིས། །
འཁོར་བའི་བཙོན་རར་འཇིག་རྟེན་འདི་དང་བཅིངས། །

ཞེས་དང་།

ཉེས་བཅུ་བཞི་པར།

གང་ཞིག་ཆགས་པའི་ནོར་འཛིན་པ། །
དེ་ལ་འཇིགས་པ་ཆར་བཞིན་འབབ། །
འཛིན་མེད་བག་ཡངས་བདེ་བའི་རྒྱུ། །
ཉ་རོ་དང་ནི་ཆུ་སྐྱུར་བཞིན། །

ཞེས་དང་།

དྲན་པ་ཉེར་བཞག་ལས། གང་ཡང་འདོད་པ་ཆེ་བའི་བློ་ཅན་གྱི་དགེ་སློང་ནི་རྟག་

ཏུ་བློ་ནོར་ལ་སོང་བར་འགྱུར་རོ། །ཞེས་དེ་ལྟར་མང་དུ་གསུངས་པ་ལྟར་རོ། །དེ་ལྟ་བུའི་མནོག་ཆུང་སྲིད་པའི་བདེ་འབྱོར་ཐམས་ཅད་གང་ལ་བསམ་ཀྱང་སྙིང་པོ་མེད་པར་མཐར་སྡུག་བསྔལ་གྱི་འདམ་དུ་ཐེབ་བར་བྱེད་པ་ཡིན་ཏེ།

སློབ་སྤྲིངས་ལས་ཀྱང་།

ཇི་ལྟར་སླང་བུ་ཕྲིན་ཟབ་ཁ་ནས་འབྲུངས་པ་ཡི། །
རྩ་ལོ་ཁམ་འགའ་ཙམ་ལ་ཡིད་ནི་ཆགས་གྱུར་པ། །
སྙིང་པ་གྲུབ་པ་མེད་པར་གཡང་དུ་ལྟུང་བ་ལྟར། །
འཚོ་བའི་འཇིག་རྟེན་བདེ་ལྡན་འདོད་པའང་དེ་དང་འདྲ། །

ཞེས་དང་།

མདོ་སྡེ་མཛངས་བླུན་ལས། སྲོན་བྲམ་ཟེ་རྣམས་ལ་ཟླ་གསུམ་བཞིའི་རིང་ལ་དུས་སྟོན་བཟང་པོ་ཡོད་ལ། དེར་ཡོད་པའི་རྟགས་སུ་བྲམ་ཟེ་ཞིག་གི་ལག་པ་ལ་ཀེཙུ་ལའི་རྒྱུས་བཏབ་པ་ལ་བྲམ་ཟེ་ཡོན་ཏན་ལྡན་པ་ཡིན་ཡང་སྲིད་པ་ཆེ་བས་སྨྲང་རྩེའི་རོ་ལ་ཆགས་ནས་རྒྱུ་དེ་ལྷེས་བཞུགས། དུས་སྟོན་ལ་འགྲོ་དུས་རྒྱུ་སྟོན་རྒྱུ་མེད་པས་སྒོ་སྲུང་གིས་མ་བཏང་བར་དུས་སྟོན་གྱེས་པར་གསུངས་སོ། །

དེ་བཞིན་དུ་མི་རྣམས་ལ་འདོད་པས་ཇི་ལྟར་མི་ངོམས་པ་དེ་སྲིད་དུ་ད་ལྟ་རང་རང་གི་བྱ་བ་ངན་པ་སོགས་ཇི་ལྟར་འགྲུབ་ཀྱང་མཐར་ཐམས་ཅད་དཔེར་ན་དུག་གི་ལོ་མ་ཟོས་པ་བཞིན་དུ་སྡུག་བསྔལ་བསྐྱེད་པའི་རྒྱུ་ཉིད་དུ་འགྱུར་བ་ཡིན་ཏེ།

ཡབ་སྲས་མཇལ་བ་ལས།

འདོད་པ་དག་ནི་དུག་གི་ལོ་མ་བཞིན། །

སྤྲུལ་གྱི་མགོ་འདྲ་སྡུག་བསྔལ་བསྐྱེད་པ་སྟེ། །
རྩེ་གསུམ་པ་དང་རལ་གྲི་མདུང་ཐུང་འདྲ། །
མེ་ཡི་ཕུང་པོ་ཤིན་ཏུ་འབར་བ་བཞིན། །

ཞེས་དང་།

རྒྱ་ཆེར་རོལ་པ་ལས་ཀྱང་།

འདོད་པའི་ཡོན་ཏན་སྨྲ་ངན་གནོད་པ་མང་། །
འཇིགས་བཅས་ཧག་ཏུ་དགྲ་བྱེད་ཉོན་མོངས་བཅས། །
རལ་གྲིའི་སོ་འདྲ་དུག་སྡོང་ལོ་མ་མཚུངས། །
ངན་སྐྱུགས་སྣོད་ལྟར་འཕགས་པའི་སྐྱེ་བོས་སྤངས། །
འདོད་པའི་ཡོན་ཏན་འཇིགས་བཅས་ཉོན་མོངས་བཅས། །
ཧག་ཏུ་དྲན་པ་བརྗེད་བྱེད་མུན་པ་ཅན། །
ཧག་ཏུ་འཇིགས་པའི་རྒྱུ་བྱེད་སྡུག་བསྔལ་རྩ། །
སྲིད་པས་སྲིད་པའི་འཁྲི་ཤིང་འཕེལ་བར་བྱེད། །
ཇི་ལྟར་མེ་འབར་འོབས་ན་འཇིགས་བཅས་པ། །
དེ་ལྟར་འདོད་འདི་འཕགས་པའི་སྐྱེ་བོས་རིག །
འདམ་རྫབ་ཆེ་འདྲ་རལ་གྲི་གཤགས་གནས་འདྲ། །
རལ་གྲི་སོ་ལ་སྦྲང་རྩི་བསྐུས་དང་མཚུངས། །
ཇི་ལྟར་སྤྲུལ་གྱི་མགོ་དང་ངན་སྐྱུགས་སྣོད། །
དེ་ལྟར་འདོད་འདི་མཁས་པ་རྣམས་ཀྱིས་རིག །

ཅེས་དང་།

ཡང་སེམས་ཉིད་ངལ་གསོ་ལས།

ཡི་དྭགས་དབྱིངས་མཁར་རྒྱུ་བས་དབྱིངས་གནས་པ། །
ལུས་ཆེ་རྐང་ལག་ཕྲ་ཞིང་ལྟོ་བ་ཡངས། །
མགྲིན་པ་ཕྲ་ཞིང་ཁབ་ཀྱི་མིག་ཙམ་ཁ། །
ཟས་སྐོམ་མི་རྙེད་བཀྲེས་སྐོམ་འབར་བས་གདུངས། །
སྨན་ཤིང་མེ་ཏོག་ལ་སོགས་མཐོང་བས་བསྐམས། །
ཕྱི་རོལ་ཡིད་དུ་མི་འོང་ངན་སྐྱུགས་ཟ། །
ཟས་སྐོམ་མཐོང་ཡང་བསྲུང་བར་སྣང་བ་དང་། །
ནང་གི་སྒྲིབ་པས་ལྟོ་བར་མི་འབར་ཞིང་། །
ཁ་ནས་མེ་ལྕེ་དུད་པར་བཅས་པ་འཕྲུལ། །
སྤྱི་མཐུན་སྒྲིབ་པས་དབུལ་ཕོངས་འཇིགས་སྐྲངས་འཚོ། །
ཉམ་ངའི་གནས་སུ་མགོན་མེད་སྡུག་བསྔལ་ཉེན། །
ཞེས་དང་།

དེ་སྐད་དུ། སློབ་སྤྲིངས་ལས།

མི་བཟད་སྐོམ་པས་རྒྱང་ནས་ཆུ་ཀླུང་དྲི་མེད་པ། །
མཐོང་ནས་བཏུང་བར་འདོད་དེ་སོང་ན་དེ་ཉིད་ཀྱང་། །
སྐྲ་ཤད་ཉ་ལྕིབས་ཚོགས་དང་རྣག་སྲུངས་འདྲེས་པ་དང་། །
འདམ་རྫབ་ཁྲག་དང་ཕྱི་སས་གང་བའི་ཆུར་འགྱུར་རོ། །

དུས་རླབས་རླུང་ལངས་ཆུ་འཕྲོར་རི་རྩ་བསིལ་གྱུར་ཅིང་།།
ཙནྡན་ལྗོན་པ་སྤོ་འཁྲུངས་མ་ལ་ཡར་སོང་ན།།
དེ་ཡང་འདི་ལ་ནགས་སྲེག་མེ་ལྕེ་རྫོས་འཁྲིགས་ཤིང་།།
མགལ་དུལ་འགྲིལ་བ་མང་པོས་རད་རོད་ཅན་དུ་འགྱུར།།
ཆུ་གཏེར་རླབས་འཛིགས་འཕང་མཐོ་གྱིས་པ་ལས་བྱུང་བའི།།
དབུ་བ་བཙེར་བ་ལྷག་གེར་འདུག་པར་སོང་ན་ཡང་།།
དེ་ཡང་འདི་ལ་བྱེ་ཚན་ཁྲུག་རྣ་དམར་རྒྱུབ་པའི།།
རླུང་དམར་འཛེབས་པར་འཚུབ་པའི་སྒྱུ་ངམ་ཉིད་དུ་འགྱུར།།
འདི་ནི་དེར་གནས་ཆར་སྤྲིན་ལྡང་བར་འདོད་ན་ཡང་།།
སྤྲིན་ལས་ལྷུགས་མདའི་ཆར་བ་དུད་འཁྲུལ་མདག་མེར་བཅས།།
ཚ་ཚ་རྗེ་རྗེའི་ཕ་བོང་རྣམ་འགྲོ་གསེར་མདོག་ལྟའི།།
སློག་ཕྲེང་དམར་སེར་འགྱུ་བ་ལུས་ལ་ཆར་དུ་འབབ།།

ཅེས་གསུངས་སོ།།

དེ་ནས་ཡང་སེམས་ཉིད་ངལ་གསོའི་འགྲེལ་པ་ལས།

མཁའ་ལ་རྒྱུ་བའི་ཡི་དྭགས་འདྲེ་རྣམས་དང་།།
གནོད་སྦྱིན་སྲིན་པོ་བཙན་དང་རྒྱལ་པོ་སོགས།།
ལས་ཀྱི་རྫུ་འཕྲུལ་ཐོགས་མེད་ཀུན་ཏུ་རྒྱུ།།
གནོད་པ་སྣ་ཚོགས་མངོན་པར་བསྒྲུབ་པ་སྟེ།།
ནད་གདོང་མདངས་འཕྲོག་ཚེ་ལ་བར་དུ་གཅོད།།

ཚེ་ཚད་མི་ཡི་ཟླ་བར་ཉིན་ཞག་གཅིག །

རང་ལོ་ལྔ་བརྒྱ་མི་ལོ་ཁྲི་ལྔ་སྟོང་། །

གཤིན་རྗེའི་འཇིག་རྟེན་དག་ཏུ་སྡུག་བསྔལ་ལོ། །

ཞེས་དང་།

དེ་ཉིད་ལས།

ཚ་བས་ཉེན་ལ་བུ་ཡུག་ཀྱང་ནི་ཚར་འགྱུར་ལ། །

ལྟག་པར་ཉམ་ཐག་པ་ལ་མི་ཡང་གྲང་ཕྱེད་དེ། །

ཤིན་ཏུ་མི་བཟད་ལས་ཡོངས་སྨིན་པས་རྣམ་སྨྱོངས་པ། །

འདི་ལ་སྣ་ཚོགས་འདི་ཀུན་ཕྱིན་ཅི་ལོག་ཏུ་སྣང་། །

ཁབ་མིག་ཙམ་གྱི་ཁ་ལ་དཔག་ཚད་མང་འཇིགས་པའི། །

ལྟོ་ཆེན་ཉམ་ཐག་རྒྱ་མཚོ་ཆེན་པོའི་ཆུ་འཐུངས་ཀྱང་། །

མགུལ་ཕྲུགས་ཡངས་པ་ཉིད་དུ་ཕྱིན་པར་མི་འགྱུར་བར། །

ཁ་ཡི་དུགས་ཀྱིས་ཆུ་ཡི་ཐིགས་པའང་བསྐམ་པར་འགྱུར། །

ཞེས་དང་།

བཤེས་སྤྲིངས་ལས།

ཡི་དྭགས་ན་ཡང་འདོད་པས་ཕོངས་པ་ཡིས། །

བསྐྱེད་པའི་སྡུག་བསྔལ་རྒྱུན་ཆགས་མི་བཟོད་པ། །

བཀྲེས་སྐོམ་གྲང་དྲོ་ངལ་དང་འཇིགས་པ་ཡིས། །

བསྐྱེད་པ་ཤིན་ཏུ་མི་བཟད་བསྟེན་འཚལ་ལོ། །

ཁ་གཅིག་ཁ་ནི་ཁབ་ཀྱི་མིག་ཙམ་ལ། །
ལྟོ་བ་རི་ཡི་གཏོས་ཙམ་བཀྲེས་པས་ཉེན། །
མི་གཙང་གྱི་ནར་བོར་བ་ཙུང་ཟད་ཀྱང་། །
འཚལ་བའི་མཐུ་དང་ལྡན་པ་མ་ལགས་སོ། །
ཁ་ཅིག་པགས་རུས་ལུས་ཤིང་གཅེར་བུ་སྟེ། །
ཟས་སུ་འབར་བའི་ཁར་བབ་བྱེ་མ་འཆལ། །
དམངས་རིས་འགས་ནི་རྣག་དང་ཕྱི་ས་དང་། །
ཁྲག་སོགས་མི་གཙང་བ་ཡང་མི་རྙེད་དེ། །
ཕན་ཚུན་གདོང་དུ་འཚོག་ཅིང་མགྲིན་པ་ནས། །
ལྷ་བ་བྱུང་བ་སྨིན་པའི་རྣག་འཚལ་ལོ། །
ཡི་དྭགས་རྣམས་ལ་སོ་གའི་དུས་སུ་ནི། །
ཟླ་བའང་ཚ་ལ་དགུན་ནི་ཉི་མའང་གྲང་། །
ལྗོན་ཤིང་འབྲས་བུ་མེད་འགྱུར་དེ་དག་གིས། །
བལྟས་པ་ཙམ་གྱིས་ཀླུང་ཡང་བསྐམས་པར་འགྱུར། །
བར་ཆད་མེད་པར་སྡུག་བསྔལ་བསྟེན་གྱུར་པ། །
ཉེས་པར་སྤྱོད་པའི་ལས་ཀྱི་ཞགས་པ་ནི། །
སྲ་བས་བཅིངས་པའི་ལུས་ཅན་ཁ་ཅིག་ལོ། །
ལོ་སྟོང་དག་དང་ཁྲིར་ཡང་འཆི་མི་འགྱུར། །
ཞེས་གསུངས་སོ། །དེ་ལྟ་བུའི་སྡུག་བསྔལ་དག་ལ་ཡིད་དབྱུང་བར་བྱ་དགོས་པ་

ཡིན་ཏེ།

བཤེས་སྤྲིངས་ལས།

གདུག་པ་དུག་དང་མཚོན་དང་དགྲ་བོ་དང་། །
མེ་བཞིན་འདོད་པའི་བདེ་བ་ཡིད་འབྱུང་མཛོད། །

ཅེས་གསུངས་སོ། །དེ་བཞིན་དུ་དངོས་པོ་འདི་དག་ཐམས་ཅད་སྡུག་བསྔལ་བསྐྱེད་པའི་རྒྱུ་ཉིད་དུ་མཐོང་ཞིང་། རྟག་ཏུ་དྲན་ཤེས་བག་ཡོད་ལྡན་པའི་ངང་ནས་ཡར་དཀོན་མཆོག་ལ་མཆོད་པ་དང་། མར་ངན་སོང་སོགས་ལ་སྦྱིན་པ་བྱིན་པར་བྱས་ན་བསོད་ནམས་བསམ་མི་ཁྱབ་པ་ཞིག་འབྱུང་ཞིང་སངས་རྒྱས་རྣམས་དང་བསྐལ་བ་མཉམ་པར་འགྱུར་བ་ཡིན་ཏེ། དེ་ནི་དཔེར་ན་སྔོན་སངས་རྒྱས་བཅོམ་ལྡན་འདས་ལ་གཟུགས་ཀྱི་ལྷ་མོ་འོད་འཆང་མས་མེ་ལོང་ཕུལ་བ་སངས་རྒྱས་ཀྱིས་བཀྲ་ཤིས་པའི་རྗེས་སུ་བྱིན་གྱིས་བརླབས་པ་ལྟར། རང་གིས་ཀྱང་དངུལ་དཀར་གྱི་མེ་ལོང་དྭངས་ཤིང་གསལ་བ་ཕུལ་བས་རང་གཞན་ཐམས་ཅད་ཀྱིས་དམ་པའི་ཆོས་ཀྱི་དོན་རྟོགས་པར་ཤོག་ཅིག །ཅེས་པ་དེ་དང་རིགས་འགྲེ་སྦྱར་བར་བྱས་ཏེ། རྟག་ཏུ་རྒྱལ་བ་རྣམས་ལ་དངོས་འབྱོར་ཡིད་སྤྲུལ་གྱི་མཆོད་པའི་ཚོགས་རྣམས་དབུལ་བར་བྱ་དགོས། ཡང་སྔོན་གྲོང་པའི་བུ་མོ་ལེགས་སྐྱེས་མས་འོ་མ་ཕུལ་བ་ལྟར་རང་གིས་ཀྱང་ད་ལྟ་འོ་མ་ཕུལ་བས་ཏིང་ངེ་འཛིན་གྱི་ཟས་ཐོབ་པ་དང་། གླང་ཆེན་ས་སྲུང་གི་བུས་གི་ཝཾ་ཕུལ་བ་ལྟར་གི་ཝཾ་ཕུལ་བས་ཉོན་མོངས་པའི་ནད་སེལ་བ་དང་། ཁྱིའུ་རྩྭ་འཚོང་གིས་རྩྭ་དུར་བ་ཕུལ་བས་ཉོན་མོངས་པའི་ནད་སེལ་བ་དང་། ཁྱིའུ་རྩྭ་འཚོང་གིས་རྩྭ་དུར་བ་ཕུལ་བས་སྐྱེ་འཆི་བགྲེས་རྒུད་མེད་པའི་སྐུ་ཐོབ་པ་དང་། ཤིང་གི་ལྷ་མོས་ཤིང་ཏོག་བིལྦ་ཕུལ་བ་ལྟར་ཤིང་ཏོག་ཕུལ་བས་རྟེན་འབྲེལ་བཅུ་

གཉིས་ལུགས་ཐོག་ཏུ་དག་ནས་མྱང་འདས་ཐོབ་པ་དང་། ལྷའི་དབང་པོ་བརྒྱ་བྱིན་གྱིས་དུང་གཡས་སུ་འཁྱིལ་བ་ཕུལ་བ་ལྟར་དུང་ཕུལ་བས་ཆོས་ཀྱི་སྒྲ་དབྱངས་སྒྲོག་ནུས་པ་དང་། བྲམ་ཟེ་སྐར་རྒྱལ་གྱིས་ལི་ཁྲི་ཕུལ་བས་ཁམས་གསུམ་དབང་དུ་བསྡུ་བ་དང་། ཕྱུག་ན་ཛོ་ཛེས་ཞུངས་གར་ཕུལ་བས་མཐུ་སྟོབས་ནུས་པ་ཕུན་སུམ་ཚོགས་པར་ཤོག །ཅེས་གསུངས་པ་ལྟར་རང་བློས་གང་ཐུབ་ཀྱི་སྒོ་ནས་འབུལ་བར་བྱེད་དགོས་པ་ཡིན་ལ། དེ་བཞིན་དུ་རང་རང་གི་མཆོད་འབུལ་སོགས་དགེ་བའི་ལས་ལ་ཅི་ནུས་སུ་བརྩོན་པར་བྱེད་པ་དེ་ནི་ཧ་ཅང་གལ་ཆེན་ཉིད་དུ་གྱུར་པ་ཞིག་ཡིན་པར་ཤེས་དགོས་སོ། །

དེ་ལྟར་མི་བྱེད་པར་རྟག་ཏུ་སྡིག་པའི་ལས་འབའ་ཞིག་ལ་བརྩོན་པར་བྱས་ན། ད་ལྟ་སྡིག་ལས་དེ་དག་ལ་རང་རང་དགའ་བ་ལྟར་སྣང་ན་ཡང་། མཐར་སྡུག་བསྔལ་འབའ་ཞིག་གིས་གདུང་བར་འགྱུར་བ་ཡིན་ཏེ།

སྐྱེས་རབས་ལས།

ས་མཐོང་བཞིན་དུ་སྡིག་པ་བྱས་ན་ཡང་། །
དུག་ཟོས་བཞིན་དུ་བདེ་བ་ག་ལ་འགྱུར། །
ལྷ་དང་རྣལ་འབྱོར་ཅན་གྱི་མི་དག་གི །
རྣམ་དག་མིག་གིས་མི་མཐོང་མི་སྲིད་དོ། །

ཞེས་གསུངས་སོ། །དེ་ལྟར་ལས་ཀྱི་དབང་གིས་ནམ་ཞིག་སྡུག་བསྔལ་སོགས་ཀྱིས་རྟག་ཏུ་མནར་ཏེ་ཐུན་ཞིང་རྨོངས་པའི་དུད་འགྲོ་སོགས་ཀྱི་གནས་སུ་སྐྱེ་བར་གྱུར་པ་ན་སྡུག་བསྔལ་ཚད་མེད་ཉིད་དུ་གྱུར་ཅིང་། ཐམས་ཅད་ཐུན་ཞིང་རྨོངས་པའི་དབང་གིས་ཕན་ཚུན་གཅིག་གིས་གཅིག་ཟོས་ཤིང་རྟག་ཏུ་འཇིགས་སྐྲག་དང་མནར་གཅོད་སོགས་

ཀྱི་སྡུག་བསྔལ་དྲག་པོས་གདུང་བཞིན་གནས་པ་ཡིན་ཏེ།

ཇི་སྐད་དུ། བཤེས་སྤྲིངས་ལས།

དུད་འགྲོའི་སྐྱེ་གནས་ན་ཡང་གསོད་པ་དང་། །
བཅིང་དང་བརྡེག་སོགས་སྡུག་བསྔལ་སྣ་ཚོགས་པ། །
ཞི་འགྱུར་དགེ་བ་སྤངས་པ་རྣམས་ལ་ནི། །
གཅིག་ལ་གཅིག་ཟ་ཤིན་ཏུ་མི་བཟད་པ། །
ཁ་ཅིག་མུ་ཏིག་བལ་དང་རུས་པ་ཁྲག །
ཤ་དང་པགས་པའི་ཆེད་དུ་འཆི་བར་འགྱུར། །
དབང་མེད་གཞན་དག་ཇ་མ་ལག་པ་དང་། །
ལྕག་དང་ལྕགས་ཀྱུ་ལ་སོགས་བཏབ་སྟེ་བཀོལ། །

ཞེས་གསུངས་པ་ལྟར་སྡུག་བསྔལ་ཚད་མེད་པ་དག་གིས་མནར་ཞིང་རྟག་ཏུ་དུཿཁ་དྲག་པོའི་འདམ་དུ་ཚུད་ཅིང་གནས་པ་ཡིན་པའི་ཕྱིར་རོ། །དེ་ལྟ་བུའི་མགོ་བོ་དུད་ཅིང་འགྲོ་བར་བྱེད་པའི་སེམས་ཅན་འདི་དག་གིས་ཕན་ཚུན་གཅིག་གིས་གཅིག་བསད་ཅིང་གནས་པ་འདི་དག་གི་སྡུག་བསྔལ་རང་དབང་མེད་པར་མྱོང་བར་འགྱུར་བ་དང་། ནམ་ཡང་ལས་ཀྱི་འབྲས་བུ་འདི་ནི་ས་ལ་མི་སྨིན་རྡོ་ལ་མི་སྨིན་པར་རང་རང་གི་ཟིན་པའི་ཕུང་པོ་འབའ་ཞིག་ལ་སྨིན་པར་འགྱུར་བ་ཡིན་ཏེ། སློན་མོའུ་འགལ་གྱི་བུ་དང་དགེ་སློང་དཔལ་སྐྱེས་རྒྱ་མཚོའི་འགྲམ་དུ་བྱོན་པའི་ལམ་ཁ་ན། མི་གཅན་གཟན་གྱི་མགོ་ཅན་ལུས་ཐམས་ཅད་མེ་ལྕེའི་རང་བཞིན་དུ་གྱུར་པ་ཁ་ནས་ཨ་ཚ་ཚ་ཞེས་ངུ་འབོད་ཀྱིས་ལུང་པ་བཀང་ནས་འདུག་པ་ཞིག་ལ་ཡི་དྭགས་འཇིགས་སུ་རུང་བ་ཁྲི་མ་འབུམ་གྱིས་བསྐོར་ཏེ།

དེ་དག་གི་ལག་ན་མདའ་གཞུ་ཐོགས་ནས་མདའ་མེ་འབར་བ་དག་གིས་མི་དེ་འབེན་དུ་བཞག་ནས་གཙག་གིན་ཡོད་པ་མཐོང་ནས་ཅི་ཡིན་དྲིས་པ་ན། མོའུ་འགལ་གྱི་བུ་ཆེན་པོས་སྨྲས་པ། མི་འདི་ནི་རི་དྭགས་མང་པོ་གསོད་པའི་རྔོན་པ་ཞིག་ཡིན། སྡུག་བསྔལ་འདི་ལོ་མང་པོར་མྱོང་ནས་སླར་ཡང་སེམས་ཅན་དམྱལ་བ་ཆེན་པོར་སྐྱེས་ཏེ་ཐར་བའི་དུས་ཤིན་ཏུ་དཀའ་གསུངས་པ་ལྟར་རོ། །ཡང་སྔོན་རྒྱལ་པོ་ཞིག་གིས་ཉེས་ཅན་གྱི་མི་གཅིག་ཁྲིམས་དང་སྦྱར་ནས་བསད་པའི་རྣམ་སྨིན་རྒྱ་མཚོའི་ནང་དུ་ཆུ་སྲིན་ཆེན་པོ་ལུས་པོ་དཔག་ཚད་བདུན་བརྒྱ་ཡོད་པ་ཅན་དུ་སྐྱེས། དེའི་འཁོར་དང་བློན་པོ་སེམས་ཅན་བསད་ཚད་ཐམས་ཅད་ཆུ་སྲིན་ཆུང་ངུ་དག་ཏུ་སྐྱེས་ནས་ཆུ་སྲིན་ཆེན་པོ་དེའི་ལུས་ལ་ཞུགས་ནས་ཁ་ཟས་སུ་བྱས་ནས་ལོ་བརྒྱ་སྟོང་མང་པོར་སྡུག་བསྔལ་མྱོང་ཏེ། དེ་ལས་འཕོས་ཏེ་ཡང་རྒྱལ་པོའི་ཁབ་ཏུ་སྲིན་བུའི་ལུས་བླངས་པ་སོགས་ལྟ་བུ་ཡིན་ལ། དེས་ན་རྟག་ཏུ་ལས་འབྲས་ལ་ཡིད་ཆེས་མ་བྱས་ན་རྣམ་སྨིན་ཚད་མེད་གཅིག་མྱོང་བར་འགྱུར་བ་དང་། མ་ཟད་གོང་དུ་བཤད་པ་ལྟར་ལས་རྒྱུ་འབྲས་འདི་སུ་དང་གང་ལ་བྱིན་པ་མེད་པར་མྱོང་བར་འགྱུར་བ་ཡིན་ཚུལ་ནི།

ཡང་འདུལ་བ་ལས།

ལས་རྣམས་བསྐལ་བ་བརྒྱར་ཡང་ནི། །
ཆུད་མི་ཟ་བའང་ཚོགས་དང་དུས། །
རྙེད་ན་ལུས་ཅན་རྣམས་ལ་ནི། །
འབྲས་བུ་ཉིད་དུ་སྨིན་པར་འགྱུར། །

ཞེས་དང་།

ཡང་དེ་བཞིན་དུ་འདུལ་བ་ལས།
གང་དུ་སྤྱོད་ཀྱང་ལས་ཀྱིས་མི་རྗེ་བའི།།
ས་ཕྱོགས་དེ་ནི་ཡོད་པ་མ་ཡིན་ནོ།།
བར་སྣང་ཉིད་མིན་རྒྱ་མཚོའི་ནང་མིན་ཞིང་།།
རི་བོའི་ཕུག་ཏུ་བཞུགས་པའང་མ་ཡིན་ནོ།།

ཞེས་གསུངས་པ་ལྟར་རྟག་ཏུ་རང་གིས་བདེ་བ་ཇི་ལྟ་བུ་ཞིག་འདོད་ན་དེ་བཞིན་དུ་གཞན་གྱིས་ཀྱང་བདེ་བ་འདོད་པར་ངེས་ལ། དཔེ་དེ་བཞིན་དུ་བདག་གཞན་གཉིས་ཀ་ཕན་ཚུན་བདེ་བ་འདོད་ལུགས་དང་སྡུག་བསྔལ་མི་འདོད་ལུགས་སོ་སོ་མིན་པར་ཤེས་ཤིང་། དེ་ལ་བསམ་བློ་བཏང་ནས་གཞན་ལ་ཕན་པ་བསྒྲུབ་རྒྱུ་འདི་ꡱ་ཅང་གལ་ཆེ་བར་ཤེས་དགོས་པ་ཡིན་ཏེ།

བཅོམ་ལྡན་འདས་ཀྱིས།
རང་གི་ལུས་ལ་དཔེ་བྱོས་ལ།།
གཞན་ལ་གནོད་པ་མ་བྱེད་ཅིག།

ཅེས་དང་།

ཞི་བ་ལྷས།
གང་ཚེ་བདག་དང་གཞན་གཉིས་ཀ།
སྡུག་བསྔལ་མི་འདོད་མཚུངས་པ་ལ།།
བདག་དང་ཁྱད་པར་ཅི་ཡོད་ན།།
གང་ཕྱིར་གཞན་མིན་བདག་སྲུང་བྱེད།།

ཅེས་གསུངས་སོ། །དེ་བཞིན་དུ་གཞན་ལ་ཕན་པར་འདོད་པའི་བསམ་པ་བཟང་པོ་བྱེད་རྒྱུ་དང་། མ་ཟད་རྟག་ཏུ་གནོད་སེམས་སོགས་སྤངས་བར་བྱས་ཏེ། ཐར་བའི་ལམ་རྣམ་དག་གཅིག་གོང་དུ་བཤད་པ་ལྟ་བུའི་དུད་འགྲོ་རྣམས་ཀྱིས་འཚོལ་ཐུབ་པའི་སློན་ལམ་འདེབས་པར་བྱ་དགོས་པ་དང་། མ་ཟད་མི་སོགས་ལས་ཅུང་ཟད་ཚེ་རིང་བའི་ལྷ་རྣམས་དང་སྐལ་བ་མཉམ་ཞིང་གནས་ན་ཡང་དེ་ཚེ་བདེ་བ་མེད་པར་རྟག་ཏུ་སྡུག་བསྔལ་དག་གིས་མནར་བར་འགྱུར་བ་ཡིན་ཏེ།

བཤེས་སྤྲིངས་ལས།

མཐོ་རིས་ན་ཡང་བདེ་ཆེན་དེ་དག་ནི། །
འཆི་འཕོའི་སྡུག་བསྔལ་ཉིད་ནི་དེ་བས་ཆེ། །
དེ་ལྟར་བསམས་ནས་ཡ་རབས་རྣམས་ཀྱིས་ནི། །
ཟད་འགྱུར་མཐོ་རིས་སླད་དུ་སྲེད་མི་བགྱི། །
ལུས་ཅན་ཁ་དོག་མི་སྡུག་འགྱུར་བ་དང་། །
སྟན་ལ་མ་དགའ་མེ་ཏོག་ཕྲེང་རྙེངས་དང་། །
གོས་ལ་དྲི་མ་ཆགས་དང་ལུས་ལ་ནི། །
སྔོན་ཆད་མེད་པའི་རྡུལ་འབྱུང་ཞེས་བགྱི་བ། །
མཐོ་རིས་འཆི་འཕོ་སྔོན་བྱེད་སྟ་ལྟས་ལྔ། །
ལྷ་ཡུལ་གནས་པའི་ལྷ་རྣམས་ལ་འབྱུང་སྟེ། །
ས་སྟེང་མི་རྣམས་འཆི་བར་འགྱུར་བ་དག །
སྔོན་པར་བྱེད་པའི་འཆི་ལྟས་རྣམས་དང་འདྲ། །

ཞེས་གསུངས་སོ། །དེ་བཞིན་དུ་སླར་ངན་སོང་དུ་འགྲོ་བར་འགྱུར་བ་ཡིན་ཏེ།

ཀླུ་སྒྲུབ་ཀྱི་ཞལ་ནས།

ཚངས་རིས་ལ་སོགས་བསམ་གཏན་ལྷུན་གྲུབ་ཀུན།།
འོད་དང་ཁ་དོག་གཟི་བརྗིད་མཐའ་ཡས་ཀྱང་།།
བདག་རྟོག་བག་ལ་ཉལ་བ་མ་གཟིགས་ནས།།
ཤི་ནས་དམྱལ་བར་སྐྱེ་བ་ཆ་མེད་དམ།།

ཞེས་སོ།།

ཡང་དེ་སྐད་དུ། བཤེས་སྤྲིངས་ལས།

འཁོར་བ་དེ་འདྲ་ལེགས་པས་ལྷ་མིན་དང་།།
དམྱལ་བ་དུད་འགྲོ་ཡི་དྭགས་རྣམས་དག་ཏུ།།
སྐྱེ་བ་བཟང་པོ་མ་ལེགས་སྐྱེ་བ་ནི།།
གནོད་པ་དུ་མའི་སྣོད་གྱུར་ལེགས་མཁྱེན་མཛོད།།

ཅེས་གསུངས་སོ། །དེ་བཞིན་དུ་ཡར་ལྷ་ཡུལ་སོགས་མཐོ་རིས་སོགས་ཀྱི་གནས་གང་དུ་སྐྱེས་ཀྱང་སྡུག་བསྔལ་མ་གཏོགས་མེད་པར་ཤེས་དགོས་པ་ཡིན་ནོ། །དེ་ནས་གོང་དུ་བཤད་པ་དེ་བཞིན་དུ་སྔོན་བསགས་ཀྱི་ལས་འབྲས་ཟད་པའི་ཀླ་ཀློ་སོགས་ཀྱི་ལྟ་བ་ངན་པ་ཅན་དག་ཀྱང་མཐར་ངན་སོང་དུ་འགྲོ་ཞིང་སྡུག་བསྔལ་མྱོང་བར་འགྱུར་བ་ཡིན་ཏེ། དེ་ལྟ་བུའི་ཀླ་ཀློ་ཕྱིག་ལྟ་ཅན་གྱི་ཡུལ་དུ་སྐྱེས་ན། མཐར་བླང་དོར་སོགས་ཀྱི་གནས་ལ་རྨོངས་ཤིང་སྡུག་བསྔལ་དྲག་པོས་མནར་བར་འགྱུར་བ་ཡིན་ནོ། །ཚེ་འདིར་མི་དགེ་བ་བྱས་པའི་དབང་གིས་ཕྱི་མར་ཡུལ་ངན་པ་ལོག་ལྟ་ཅན་དུ་སྐྱེས་ན་ཡང་། སངས་རྒྱས་དང་

དེ་ཡི་ཆོས་རྣམས་ལ་ལོག་པར་ལྟ་ཞིང་དེ་ཡི་དབང་གིས་སྡུག་བསྔལ་མྱོང་བར་འགྱུར་བ་དང་། དེ་ལྟར་རྟག་ཏུ་གཞན་ལ་གནོད་ཅིང་འཚེ་བར་བྱེད་པའི་ཀུན་སློང་ངན་པ་རེ་སྐྱེད་པར་བྱེད་པ་དེས་ནི་ནམ་ཞིག་ངན་སོང་གནས་གསུམ་སོགས་སུ་རྣམ་སྨིན་ཚད་མེད་པ་ཞིག་མྱོང་བར་འགྱུར་བ་ཡིན་ཏེ།

འཇུག་པ་ལས།

གང་ཕྱིར་རྒྱལ་སྲས་རྣམས་ལ་ཁྲོས་པ་ཡིས། །
སྦྱིན་དང་ཁྲིམས་བྱུང་དགེ་བ་བསྐལ་པ་བརྒྱར། །
བསགས་པ་སྐད་ཅིག་གིས་འཇོམས་དེ་ཡི་ཕྱིར། །
མི་བཟོད་ལས་གཞན་སྡིག་པ་ཡོད་མ་ཡིན། །

ཞེས་དང་།

སྤྱོད་པ་ལས།

ལུང་བསྟན་མ་ཐོབ་བྱང་ཆུབ་སེམས་དཔའ་གང་ཞིག་གིས། །
ལུང་བསྟན་ཐོབ་ལ་སེམས་ཁྲོས་རྩོད་པ་རྩོམ་བྱེད་ན། །
ཐ་མ་སྐྱོན་ལྡན་སེམས་ཀྱི་སྐད་ཅིག་ཇི་སྙེད་པ། །
དེ་སྙེད་བསྐལ་བར་གཞི་ནས་གོ་ཆ་བགོ་དགོས་སོ། །

ཞེས་དང་།

མདོ་བཏུས་སུ་ཏིང་རྒྱལ་དྲངས་པ་ལས།

ཕན་ཚུན་གནོད་པའི་སེམས་སུ་གང་བྱེད་པ། །
དེ་ལ་ཚུལ་ཁྲིམས་ཐོས་པས་སྐྱོབ་མི་བྱེད། །

བསམ་གཏན་དང་ནི་དགོན་གནས་མི་སྐྱོབ་སྟེ། །
སྦྱིན་དང་སངས་རྒྱས་མཆོད་པའང་སྐྱོབ་མི་བྱེད། །

ཅེས་དང་།

ཛ་སྤྲའི་ཚོགས་བཅད་ལས།

དེ་བཞིན་རྣམ་རྟོག་བུད་ཤིང་ལས། །
བྱུང་བའི་ཁྲོ་བ་མེ་འདྲ་བས། །
བདག་ཉིད་དང་ནི་གཞན་དག་ལ། །
ཕུང་ཁྲོལ་ཆེན་པོ་བྱེད་པར་འགྱུར། །

ཞེས་དང་།

སྐྱེ་རབས་ལས་ཀྱང་།

ཁྲོ་བའི་མེ་ཡིས་བཞིན་མདོག་ཉམས་འགྱུར་ལ། །
རྒྱན་གྱིས་བརྒྱན་ཡང་བཟང་པོར་ཡོང་མི་སྣང་། །
མལ་སྟན་བཟང་པོ་དག་ལ་ཉལ་གྱུར་ཀྱང་། །
ཁྲོ་བའི་ཟུག་རྔུས་སེམས་ནི་སྡུག་བསྔལ་འགྱུར། །
བདག་ལ་ཕན་པའི་དོན་གྲུབ་བརྗེད་འགྱུར་ཏེ། །
ཁྲོ་བས་གདུངས་ནས་ལམ་ངན་འགྲོ་བར་བྱེད། །
གྲགས་དང་དོན་གྲུབ་པ་ལས་ཉམས་པར་འགྱུར། །
ཟླ་བ་མར་གྱི་ངོས་བཞིན་དཔལ་ཡང་ཉམས། །
མཛའ་བཤེས་དག་གིས་རབ་ཏུ་གཅུགས་གྱུར་ཀྱང་། །

ཁྲོ་བས་མི་རིགས་གཡང་སར་ལྷུང་བར་འགྱུར།།
ཕན་དང་གནོད་པར་སེམས་ལ་བློ་ཉམས་ནས།།
ཕལ་ཆེར་འགགས་ཞིང་སེམས་ནི་སྨྱོངས་པར་འགྱུར།།
ཁྲོ་བས་སྡིག་པའི་ལས་ནི་གོམས་བྱས་པས།།
ངན་སོང་དག་ཏུ་ལོ་བརྒྱར་སྡུག་བསྔལ་སྤྱོད།།
གནོད་པ་ཆེན་པོ་བྱས་པས་ཤར་གཉེར་བའི།།
དགྲས་ཀྱང་དེ་ལས་ལྷག་པའི་ཅི་བྱར་ཡོད།།

ཅེས་དང་། ཀུན་བཏུས་ལས། ཁྲོ་བ་གང་ཞེ་ན། གནོད་པར་བྱེད་པའི་རྒྱུ་ཉེ་བར་གནས་པ་ན་ཁྲོ་བའི་ཆར་གཏོགས་པའི་སེམས་ཀྱིས་ཀུན་ནས་མནར་སེམས་པ་སྟེ་མཚོན་ཆ་ལེན་པ་དང་ཆད་པས་གཅོད་པ་སོམ་པའི་རྟེན་བྱེད་པའི་ལས་ཅན་ནོ། །ཞེས་གསུངས་པ་ལྟར་ཁོང་ཁྲོ་བའི་སྡུག་བསྔལ་དག་ནི་གཙོ་བོ་འཁོན་དུ་འཛིན་པ་ལས་བྱུང་བར་ངེས་སོ། །དེ་ལྟ་བུའི་འཁོན་དུ་འཛིན་པ་ནི།

ཀུན་བཏུས་ལས།

འཁོན་དུ་འཛིན་པ་གང་ཞེ་ན།།

དེའི་འོག་ཏུ་ཁོང་ཁྲོ་བའི་ཆར་གཏོགས་པ་ཉིད་ཀྱིས་ཤར་གཉེར་བའི་བསམ་པ་མི་གཏོང་བ་སྟེ་མི་བཟོད་པའི་རྟེན་བྱེད་པའི་ལས་ཅན་ནོ། །ཞེས་དང་།

རིན་ཆེན་ཕྲེང་བ་ལས་ཀྱང་།

ཁྲོ་བ་སེམས་ཀྱི་འཁྲུགས་པ་སྟེ།།
དེ་དང་རྗེས་འབྲེལ་འཁོན་དུ་འཛིན།།

ཞེས་དང་།

བཤེས་སྤྲིངས་ལས།

བདག་ནི་འདིས་སྐྱོས་འདིས་བཏགས་ཕམ་པར་བྱས། །
འདི་ཡིས་བདག་ནི་ནོར་ཕྲོགས་གྱུར་ཏོ་ཞེས། །
འཁོན་དུ་འཛིན་པས་འཁྲུག་ལོང་རྣམ་བསྐྱེད་དེ། །
འཁོན་འཛིན་རྣམ་སྤངས་བདེ་བར་གཉིད་ཀྱིས་ལོག །

ཅེས་དང་།

ཡང་སློབ་དཔོན་དཔའ་བོས་ཀྱང་།

བསྐལ་བ་སྟོང་བསགས་འཛོམས་པར་བྱེད། །
ཞེ་སྡང་དང་མཉམ་སྡིག་པ་མེད། །
བཟོད་དང་མཉམ་པའི་དཀའ་ཐུབ་མེད། །
དེ་ཕྱིར་འབད་པས་བཟོད་པ་བསྒོམ། །
སྣ་ཚོགས་པ་ཡི་ཚུལ་གྱིས་ནི། །
ཞི་བའི་ཡིད་ནི་མ་བཟུང་ན། །
དགའ་དང་བདེ་བ་སྤྱོང་མ་ཡིན། །
སྡང་བའི་ཟུག་རྔུ་ཡིད་གནས་ལ། །
གཉིད་མེད་བརྟན་པ་ཡོད་མ་ཡིན། །
ཞེ་སྡང་བྲལ་བར་མ་གྱུར་ན། །
རྗེ་སྲིད་འཚོ་བར་གནོད་དང་བཅས། །

ཁྲོ་བ་གཅིག་པུ་བཅོམ་པ་ཡིས། །

རྣམ་པར་སྣང་བ་ཐམས་ཅད་བཅོམ། །

ཞེས་དང་།

ཉེར་གཞག་ལས།

སེམས་ཅན་དམྱལ་བར་སྐྱེ་བ་ཡི། །

རྒྱུ་ནི་མི་བཟང་གནོད་སེམས་ཡིན། །

ཞེས་དང་།

སྤྱོད་འཇུག་ལས།

གང་ཞིག་དེ་འདྲའི་རྒྱལ་སྲས་སྦྱིན་བདག་ལ། །

གལ་ཏེ་ངན་སེམས་སྐྱེད་པར་བྱེད་པ་དེ། །

ངན་སེམས་བསྐྱེད་པའི་གྲངས་བཞིན་བསྐལ་པར་ནི། །

དམྱལ་བར་གནས་པར་འགྱུར་ཞེས་ཐུབ་པའི་གསུངས། །

ཞེས་གསུངས་སོ། །དེ་ལྟ་བུའི་དམྱལ་བའི་སྡུག་བསྔལ་རྣམས་རྒྱུ་གང་ལས་བྱུང་ངོ་ཞེ་ན། དེ་དག་རང་གི་ལས་མི་དགེ་བ་བྱས་པའི་རྣམ་སྨིན་ལས་བྱུང་བ་ཡིན་པར་ཤེས་དགོས་པ་ཡིན་ཏེ།

དེ་ཉིད་ལས།

ལྕགས་བསྲེགས་ས་གཞི་སུ་ཡིས་བྱས། །

མེ་ཚོགས་དེ་དག་ཅི་ལས་བྱུང་། །

དེ་འདྲ་དེ་དག་ཐམས་ཅད་ཀུན། །

སྡིག་སེམས་ཡིན་པར་ཐུབ་པའི་གསུངས། །

ཞེས་དང་།

འཕགས་པ་ཀླུ་སྒྲུབ་ཀྱིས།

གལ་ཏེ་མཐོ་རིས་ཐར་པ་མངོན་བཞེད་ན། །
ཡང་དག་ལྟ་བ་གོམས་པ་ཉིད་དུ་མཛོད། །
གང་ཟག་ལོག་པར་ལྟ་བས་དགེ་སྤྱད་ཀྱང་། །
ཐམས་ཅད་རྣམ་པར་སྨིན་པ་མི་བཟད་ལྡན། །

ཅེས་དང་།

ཚོམས་ལས།

མི་ཡིས་འདི་ན་ཉ་རྣལ་ལ། །
ཀུ་ཤའི་གཙང་བྱེད་བཅིངས་པ་གང་། །
ཀུ་ཤ་ཉིད་ཀྱང་རུལ་འགྱུར་ལ། །
སྡིག་གྲོགས་བསྟེན་པའང་དེ་བཞིན་འགྱུར། །

ཞེས་གསུངས་སོ། །དེ་བཞིན་དུ་སྡིག་པའི་གྲོགས་རྣམས་དང་འགྲོགས་པར་བྱས་ན། སྡིག་པ་ཚད་མེད་པ་ཞིག་འབྱུང་ཞིང་དེ་དག་གི་དབང་གིས་སྡུག་བསྔལ་མྱོང་ཞིང་ཕྱི་མར་ཡུལ་ངན་པ་སོགས་སུ་སྐྱེ་བར་འགྱུར་བ་ཡིན་ནོ། །དེ་དག་སྤངས་ནས་གནོད་བྱེད་ལ་བཟོད་པ་བསྒོམས་པར་བྱས་ན། ཡང་དག་ལེགས་པའི་ལམ་དུ་འགྲོ་བར་འགྱུར་བ་ཡོད་པ་ཡིན་ཏེ།

ཚོམས་ལས།

གང་ཞིག་སྟོང་ཕྲག་སྟོང་དག་གིས།།
མི་ཡི་གཡུལ་ལས་རྒྱལ་བ་ལས།།
གང་ཞིག་བདག་ལས་རྒྱལ་བྱེད་པ།།
དེ་ནི་མི་ནང་གཡུལ་ལས་རྒྱལ།།
བདག་ཉིད་ལེགས་པར་བརྟུལ་བ་ཡིས།།
སྡུག་བསྔལ་རྣམས་ཀྱི་ཕ་མཐར་ཕྱིན།།

ཞེས་དང་།

སྡུད་པ་ལས།

སེམས་དམྱལ་དུད་འགྲོ་གཤིན་རྗེའི་འཇིག་རྟེན་སྡུག་བསྔལ་མང་།།
འདོད་པའི་ཡོན་ཏན་རྒྱུ་ཡིས་དབང་མེད་གནོད་སྤྱོད་ན།།
བྱང་ཆུབ་ཆེད་དུ་ཅིའི་ཕྱིར་ང་བཟོད་མི་བྱ་སྙམ།།
ལྕགས་དབྱུག་མཚོན་དང་གསོད་དང་བཅིངས་དང་བརྡེག་པ་དང་།།
མགོ་གཅོད་པ་དང་རྐང་ལག་རྣ་བ་སྣ་གཅོད་པ།།
འཇིག་རྟེན་སྡུག་བསྔལ་ཇི་སྙེད་བདག་གིས་བཟོད་ལས་ཀྱང་།།
བརྩེ་ལྡན་གང་ཚེ་གནོད་པ་བྱེད་པ་དང་།།
གཞན་ལ་ཕན་པའི་སྡུག་བསྔལ་ལ་རྟག་ཏུ།།
ཕན་པའི་འདུ་ཤེས་དགའ་བ་སྙེད་གྱུར་པ།།
དེ་ཡི་གང་ལ་ཅི་ཞིག་བཟོད་པར་བྱ།།

ཞེས་གསུངས་སོ། །དེ་བཞིན་དུ་ད་ལྟ་རང་རང་གི་ཁོང་ཁྲོ་སོགས་སྤངས་ནས། ནམ་ཡང་ཚེ་འདི་ལ་མི་ཞེན་པར་འཇིག་རྟེན་ཆོས་བརྒྱད་མགོ་སྙོམས་ཉིད་དུ་བྱ་དགོས་པ་ཡིན་ཏེ།

བཤེས་སྤྲིངས་ལས་ཀྱང་།

འཇིག་རྟེན་མཁྱེན་པ་རྙེད་དང་མ་རྙེད་དང་། །
བདེ་དང་མི་བདེ་སྙན་དང་མི་སྙན་དང་། །
བསྟོད་སྨད་ཅེ་བགྱི་འཇིག་རྟེན་ཆོས་བརྒྱད་པོ། །
བདག་གི་ཡིད་ཡུལ་མིན་པར་མགོ་སྙོམས་མཛོད། །

ཅེས་གསུངས་པ་ལྟར་ཐམས་ཅད་མགོ་སྙོམས་ཉིད་དུ་བྱེད་པར་བྱ་དགོས། དེ་ལྟར་བྱེད་པའི་ཐབས་ནི་བདག་མེད་རྟོགས་པའི་ཤེས་རབ་ཀྱིས་ཀུན་ལ་བྱམས་སོགས་ཚད་མེད་བཞི་བསྒོམ་ཞིང་མ་རིག་པ་འདོད་ཆགས་སྤངས་བར་བྱས་ན། དེ་ནས་མཐར་ལས་ཉོན་མ་རིག་པ་མཐའ་དག་སྤངས་ཤིང་གྲོལ་བར་འགྱུར་ཚུལ་ནི།

རྩ་ཤེས་ལས།

ལས་དང་ཉོན་མོངས་ཟད་པས་ཐར། །
ལས་དང་ཉོན་མོངས་རྣམ་རྟོག་ལས། །
དེ་དག་སྤྲོས་ལས་སྤྲོས་པ་ནི། །
སྟོང་པ་ཉིད་ཀྱིས་འགག་པར་འགྱུར། །

ཞེས་གསུངས་སོ། །དེ་ལྟར་རྟག་ཏུ་གནས་ལུགས་ཀྱི་དོན་ལ་མཉམ་པར་བཞག་ཅིང་ཀུན་རྟོག་གི་སྣང་བ་ཐམས་ཅད་དབྱིངས་སུ་དག་ཅིང་གྲོལ་བར་འགྱུར་བ་ཡིན་ནོ། །དེ་

ལྟར་མ་བྱས་ན། གོང་དུ་བཤད་པ་ལྟར་མ་དག་པ་འཁྲུལ་བའི་དབང་གིས་སངས་རྒྱས་མ་བྱོན་པའི་ཞིང་དང་ཆོས་མི་དར་བའི་ཡུལ་ངན་པ་སོགས་སུ་སྐྱེ་བར་གྱུར་ན། བླང་དོར་ངོ་མི་ཤེས་པར་ཚུལ་ཁྲིམས་ཉམས་ཤིང་ཕྱི་མར་ངན་སོང་དུ་འགྲོ་ཞིང་སྡིག་པའི་རྣམ་སྨིན་ཚད་མེད་པ་ཞིག་མྱོང་བར་འགྱུར་བ་ཡིན་ཏེ།

ལྷ་ཞིག་གིས་སྨྲས་པ།

སེམས་ཀྱི་སྟོབས་ཀྱིས་མི་འགྲོ་ཞིང་། །
བགས་པས་ང་རྒྱལ་འགྲོ་བྱེད་པ། །
རྒྱུན་དུ་བདེ་བར་མ་གྱུར་ཏེ། །
སྨྱུ་དང་བྲལ་བས་ཕ་རྫུན་ཕུང་། །

ཞེས་གསུངས་པ་ལྟར་ནམ་ཞིག་རང་རང་གི་སྡིག་པའི་འབྲས་བུ་མངོན་དུ་གྱུར་ཏེ་རྟག་ཏུ་མི་དགེ་བ་བྱས་པའི་རྣམ་སྨིན་ཉམས་སུ་མྱོང་ཞིང་། ཚེ་འདིར་ཁ་མི་དགེ་བར་གྱུར་པ་དང་། སྐྱེ་བ་ཕྱི་མར་ཀུན་གྱིས་སྨད་ཞིང་བཀྲ་མི་ཤིས་པའི་གནས་སུ་སྐྱེ་བར་འགྱུར་བ་ཡིན་ཏེ། ཞིང་ལ་ལོ་མི་སྨིན་ལུས་ལ་མཛེ་ནད་དང་འབྲུམ་ནད་སོགས་འབྱུང་ཞིང་སྡུག་བསྔལ་བར་འགྱུར་བ་དང་། མ་ཟད་རང་དང་འདྲ་བར་སྤྱོན་ལས་ངན་བྱས་པའི་བཟའ་ཟླ་དང་འབྲེལ་ནས་ཚེ་གང་པོར་ངན་ཤགས་སོགས་བྱས་ཤིང་སྡུག་བསྔལ་བར་འགྱུར་བ་ཡིན་ནོ། །དེ་ཡང་ལས་མི་དགེ་བ་བྱས་པའི་དབང་གིས་ངག་སྐྱུགས་པར་གྱུར་པ་སྟེ། རྟག་ཏུ་བླང་དོར་མི་ཤེས་ཤིང་སྡུག་བསྔལ་མྱོང་བར་འགྱུར་བ་ཡང་ཡོད་པ་ཡིན་ཏེ། དཔེར་ན་དུད་འགྲོ་ལྟར་བདེ་སྡུག་ཐམས་ཅད་མི་སོགས་དང་འདྲ་ན་ཡང་། དོན་ལ་བླང་དོར་བྱེད་མི་ནུས་པར་ཕན་ཚུན་གྱི་བར་ལ་གནོད་ཅིང་འཚེ་བའི་སྒོ་ནས་སྡུག་བསྔལ་བར་འགྱུར་

བ་ཡིན་ནོ། །ཕྱིར་རྒྱུགས་པ་ཞེས་པ་ནི། གོང་དུ་བཤད་པ་ལྟར་ངག་དང་ཡིད་གཉིས་ཆར་རྒྱུགས་པ་ལ་རྒྱུགས་པ་ཞེས་ཟེར་བ་ཡིན། ཐམས་ཅད་གོང་དུ་བཤད་པ་ལྟ་བུའི་མི་ཁོམ་པའི་གནས་རྣམ་པ་བརྒྱད་པོ་དེ་དག་ལས་ཐར་བའི་ཕྱིར་ན། འདི་ལ་དལ་བ་ཐོབ་པ་ཞེས་གསུངས་པ་ཡིན་པར་ཤེས་དགོས་པ་ཡིན་ནོ། །

དེ་ནས་ད་ལྟ་ང་ཚོ་ཐམས་ཅད་སྐྱེ་དཀའ་བ་ལྷོ་རྒྱུད་འཛམ་བུ་གླིང་དུ་སྐྱེས། ཐོབ་པར་དཀའ་བ་མི་ཡི་ལུས་རྟེན་ཕུན་སུམ་ཚོགས་པ་ཞིག་ཐོབ་པ་དང་། མ་ཟད་ཤིན་ཏུ་མཇལ་བར་དཀའ་བ་སྟོན་པ་ཐུབ་པའི་དབང་པོའི་བསྟན་པ་འདི་དང་མཇལ་ཡོད་པའི་ཚེ་ན། ཐམས་ཅད་ཀྱིས་འདི་ལ་བསམ་བློ་རྣམ་དག་ཅིག་བཏང་སྟེ། འཕྲད་པར་དཀའ་བ་བླ་མ་དགེ་བའི་བཤེས་གཉེན་དམ་པ་རྣམས་ཀྱི་མདུན་དུ་ཐེག་པ་རིམ་དགུའི་ཆོས་ཚུལ་ཟབ་མོ་དེ་དག་གི་མན་ངག་ཉམས་སུ་ལེན་པའི་སྐལ་བ་བཟང་པོ་ཐོབ་ཅིང་གནས་ཡོད་པའི་དུས་ཚོད་འདི་ཏ་ཅང་བཟང་པོ་ཞིག་ཡིན་པར་ཤེས་ན། འདི་ནི་ཆོས་སྒྲུབ་པ་ལ་ཁོམ་པས་ན་དལ་བ་ཞེས་བརྗོད་པའོ། །དེ་ལྟ་བུའི་དལ་བ་ཞེས་པ་ནི་རེ་རེ་ནས་བཤད་ན་དེ་དག་ཅི་ལྟ་བུ་ཡིན་ནོ་ཞེ་ན། དེ་ནི་གོང་དུ་བཤད་པ་ལྟར་ད་ལྟ་རང་ཉིད་དུད་འགྲོ་སོགས་ཀྱི་གནས་སུ་མ་སྐྱེས་པར་མིར་གྱུར་པ་དང་། དེ་བཞིན་དུ་མིར་གྱུར་ཀྱང་དབང་པོ་མ་ཚང་ན་མི་ཕན་ཡང་། ད་ལྟ་དབང་པོ་ཚང་བར་གྱུར་པ་དང་། རང་ཉིད་དེ་བཞིན་དུ་མིར་སྐྱེས་ནས་དབང་པོ་ཚང་ནའང་ཆོས་སྒྲུབ་པའི་ཡུལ་དུ་མ་སྐྱེས་ན་མི་ཕན་མོད། དེ་ལྟར་མ་ཡིན་པར་ད་ལྟ་ཆོས་སྒྲུབ་པའི་ཡུལ་དབུས་སུ་སྐྱེས་ཤིང་ཕུན་སུམ་ཚོགས་པར་གྱུར་པ་དང་། རང་ཉིད་ཆོས་ཟབ་མོ་སྒྲུབ་པའི་ཡུལ་དབུས་སུ་སྐྱེས་ཀྱང་། རང་ཉིད་ཆོས་ལ་མ་དད་པར་གྱུར་ཏེ། ཆོས་དང་བླ་མ་སོགས་ལ་རྒྱབ་འགལ་བྱས་ནས་ལས་འབྲས་མི་བརྩི་

བར། ལས་ཀྱི་ཐ་མ་དེར་སྡིག་པ་ཚབས་ཆེན་བསགས་ནས་ལས་མཐའ་ལོག་སོང་ན་འདི་ཕྱི་གང་ལའང་མི་ཕན་པ་དང་། མ་ཟད་སངས་རྒྱས་ཀྱི་བསྟན་པའི་སྒོར་ཞུགས་པ་དེ་ཉིད་དོན་མེད་དུ་གྱུར་ཅིང་། རང་ཉིད་ལ་ངལ་བ་སྐྱེད་བྱེད་ཀྱི་རྒྱུ་ཉིད་དུ་གྱུར་པ་ཡིན་ན། ད་ལྟ་དེ་ལྟར་ལས་ཀྱི་མཐའ་མ་ལོག་པར་སངས་རྒྱས་ཀྱི་བསྟན་པ་ལ་དད་པར་གྱུར་པ་སྟེ། རྟག་ཏུ་དགེ་བ་ལ་བརྩོན་ཅིང་སྒྲུབ་པ་ཉམས་སུ་ལེན་པ་ཞིག་ཏུ་གྱུར་པ་ཡིན་མོད། དེ་ལྟ་བུའི་རང་ཉིད་ལ་འགྱུར་བ་ལྷུ་ཚང་ཞིང་ཆོས་སྒྲུབ་པའི་གོ་སྐབས་རྣམ་དག་ཅིག་ཡོད་པར་ཤེས་དགོས། དེ་ཉིད་ཀྱང་རང་རང་བཟང་པོ་ཡིན་པའི་རྒྱུ་མཚན་གྱིས་ཐོབ་པར་མི་བསམ་པར། རང་གི་ད་སྔོན་ཚོགས་ཅུང་ཟད་རེ་བསགས་པའི་མཐུ་དང་། མ་ཟད་སངས་རྒྱས་ཐུགས་རྗེ་ཅན་དང་ཕ་མ་སོགས་ཀྱི་བཀའ་དྲིན་ལས་འགྱུར་བ་རྣམ་དག་ཅིག་ཚང་བ་ཡིན་པར་ཤེས་དགོས་པ་ཡིན་ནོ། །དེ་ནས་གོང་དུ་བཤད་པ་ལྟ་བུའི་རང་འབྱོར་རྣམ་དག་རེ་ཐོབ་ཀྱང་ཡུལ་རྐྱེན་ཁྱད་པར་ཅན་སྣང་དོར་སྟོན་པའི་བླ་མ་དང་སངས་རྒྱས་རེ་འཇིག་རྟེན་འདིར་མ་བྱོན་ན་ཕན་པར་མི་འགྱུར་ན་ཡང་། ད་ལྟ་མི་མཇེད་འཇིག་རྟེན་གྱི་ཞིང་འདིར་སངས་རྒྱས་ཤཱཀྱ་ཐུབ་པ་སྐུ་དངོས་སུ་བྱོན་ཅིང་འགྲོ་བའི་དོན་མཛད་པ་ཡིན་ནོ། །

དེ་ལྟ་བུའི་སྟོན་པ་བཅོམ་ལྡན་འདས་འཇིག་རྟེན་འདིར་བྱོན་ནས་ཆོས་མ་གསུངས་ན་མི་ཕན་ཀྱང་། ད་ལྟ་གདུལ་བྱ་བསམ་མི་ཁྱབ་པ་དག་ལ་རང་རང་གི་ཁམས་མོས་བྱེ་བྲག་དང་མཐུན་པའི་སྒོ་ནས་ཟབ་པ་དང་རྒྱ་ཆེ་བའི་ཆོས་སོགས་གསུངས་པར་མཛད་པ་དང་། མ་ཟད་དེ་ཡི་ལུང་རྟོགས་ཀྱི་བསྟན་པ་རིན་པོ་ཆེ་ལྟ་བུ་དེ་ཉིད་མ་ནུབ་པར་འཇིག་རྟེན་གྱི་ཁམས་འདིར་གནས་ཡོད་པ་དང་། རང་ཉིད་དེ་ལ་ད་ལྟ་མ་ཞུགས་ན་

མི་ཕན་ཡང་དེ་ལ་ཞུགས་ཤིང་སྒྲུབ་པ་ཉམས་སུ་ལེན་པར་མཛད་པ་དང་། དེ་ནས་ད་ལྟ་ཐེག་པ་ཆེན་པོའི་བླ་མ་དགེ་བའི་བཤེས་གཉེན་དམ་པའི་ཐུགས་བརྩེ་བ་ཆེན་པོས་རྗེས་སུ་ཟིན་ཅིང་། དེ་དག་གི་ཐར་བའི་ལམ་སྟོན་པར་མཛད་པ་དང་། དེ་ལྟར་མི་མཐུན་པའི་རྐྱེན་ཀུན་ལས་ཐར་ཞིང་ཡོན་ཏན་ཕུན་སུམ་ཚོགས་པ་དང་ལྡན་པ་དེ་ནི་གཞན་འགྱུར་ལྷ་ཞེས་བརྗོད་པ་ཡིན་ནོ།།

དེ་ཡང་གོང་དུ་བཤད་པ་ལྟ་བུའི་གཞན་འགྱུར་ལྷ་སོགས་ཐམས་ཅད་ད་ལྟ་རང་རང་ལ་ཚང་བའི་གོ་སྐབས་ཕུན་སུམ་ཚོགས་པ་ཞིག་ཐོབ་ཀྱང་། ད་ལྟ་རང་གིས་ཕྱི་མར་མི་འགྲོད་པའི་ཆོས་རྣམ་དག་ཅིག་མ་བསྒྲུབས་ན། ཕྱིས་ནས་ཆོས་དང་ལྡན་པ་ཞིག་ཏུ་འགྱུར་བར་ཤིན་ཏུ་དཀའ་བ་དང་། ད་ལྟ་རང་རང་ལ་འཆི་བའི་རྐྱེན་ནི་ཏ་ཅང་མང་བར་གྱུར་པས་ནམ་འཆི་སུ་ལ་ཡང་ངེས་པ་མེད་པའི་རང་བཞིན་ཅན་ཡིན་པས་ན། ནམ་ཞིག་འཇིག་རྟེན་ཚེ་འདིའི་བྱ་བ་ཐམས་ཅད་སྤངས་པའམ་བོར་ནས་འཇིག་རྟེན་ཕྱི་མའི་ཕ་རོལ་ཉིད་དུ་སོན་པར་འགྱུར་བ་ཡིན་པས་ན། ད་ལྟ་ཉིད་དུ་བདག་གི་མ་དག་པའི་བློ་སྣ་འདི་དམ་པའི་ཆོས་ཕྱོགས་ལ་སྒྱུར་བར་མཛོད་ཅིག་མ་ཏ་གུ་རུ་པདྨ་འབྱུང་གནས་ཁྱེད་མཁྱེན་ནོ། །བདག་ཅག་ལས་ངན་པའི་སྙིགས་མའི་སེམས་ཅན་འདི་རྣམས་མ་དག་ལོག་པའི་ལམ་ཁྲིད་ཅི་ལོག་ཏུ་གོལ་ཞིང་དམན་པར་བྱ་བའི་ཡུལ་དུ་མ་གཏོང་བར་གྲིས་ཤིག་ཀུན་མཁྱེན་རྗེ་དང་གཉིས་སུ་མེད་པའི་དྲིན་ཆེན་རྩ་བའི་བླ་མ་ཁྱེད་མཁྱེན་ནོ་ཞེས་བརྗོད་པར་བྱ་དགོས་པ་ཡིན་ནོ།།

དེ་ཡང་དལ་འབྱོར་བཅོ་བརྒྱད་ཚང་བའི་མི་ལུས་རིན་པོ་འདི་ཉིད་ལ་སྙིང་པོ་བླངས་པར་བྱས་ཏེ། ད་རེས་རང་རང་གིས་འདི་ཉིད་ཆུད་ཟོས་སུ་མི་གཏོང་བར་དལ་

བའི་ལུས་རྟེན་འདི་དོན་ཡོད་པར་མ་བྱས་ན། ཕྱིས་ནས་ཐར་པ་རྣམ་དག་ཅིག་བསྒྲུབ་པའི་རྟེན་མི་རྙེད་པར། དེ་ལྟའི་བདེ་འགྲོའི་ལུས་རྟེན་འདི་ལ་བརྟེན་ནས། སྟོང་ཉིད་སྙིང་རྗེ་སོགས་ཀྱིས་རྒྱས་ཟིན་པར་བྱས་པའི་དམིགས་བཅས་དང་དམིགས་མེད་ཡེ་ཤེས་ཀྱི་བསོད་ནམས་ཀྱི་ཚོགས་ཅི་བསགས་པ་ཐམས་ཅད་སྟོང་ཟད་དུ་གྱུར་ན། ནམ་ཞིག་རང་ཉིད་ཤི་བའི་འོག་ཏུ་ངན་སོང་ངན་འགྲོར་འཁྱམས་ཤིང་སྡུག་བསྔལ་ཚད་མེད་པ་ཞིག་མྱོང་བར་འགྱུར་བ་ཡིན་ནོ།།

དེ་ཡང་གོང་དུ་བཤད་པ་ལྟ་བུའི་ཡུལ་ངན་སོགས་སུ་སྐྱེ་བར་གྱུར་པ་ཡིན་ན། དེའི་ཚེ་དགེ་བའི་ཕན་ཡོན་དང་སྡིག་པའི་ཉེས་དམིགས་སོགས་བླང་དོར་གྱི་ཁྱད་པར་མི་ཤེས་པ་དང་། མ་ཟད་གནས་དེར་རང་གིས་ཆོས་ཀྱི་སྒྲ་ཙམ་ཡང་མི་ཐོས་པར་དགེ་བའི་བཤེས་གཉེན་དག་དང་མི་མཇལ་བ་དེ་ནི་མཚང་རེ་ཆེ་ཞིང་། ལས་ངན་པའི་སེམས་ཅན་ཙམ་གྱི་གྲངས་དང་རིམ་པ་ལ་སྤྱིར་བསམ་བློ་བཏང་བར་བྱས་ན། ད་ལྟ་རང་ལ་ཐོབ་པའི་དལ་འབྱོར་བཅོ་བརྒྱད་ཚང་བའི་མི་ལུས་རིན་པོ་ཆེ་འདི་ཉིད་ཐོབ་པ་ནི། དཔེར་ན་སྲིད་མཐའ་མ་བཀག་པ་ཙམ་སྟེ་ཤིན་ཏུ་རྙེད་པར་དཀའ་བའི་རང་བཞིན་ཅན་ཡིན་ཏེ།

ཡོན་ཏན་མཛོད་ལས།

རང་ཕྱིར་རང་ཉིད་འབྱོར་པའི་ལྡོན་པ་དང་།།
གཞན་དབང་རྐྱེན་གྱིས་འབྱོར་བའི་ཨུ་དུམ་ལྟར།།
གཉིས་ཀའི་ཡོན་ཏན་འབྱོར་པ་རྣམ་པ་བཅུས།།
དལ་བ་བརྒྱད་ལ་འབྱུད་འདི་སླར་མི་རྙེད།།
ཅི་ཕྱིར་ཅུས་སྤྲུལ་མགྲིན་དང་གཉའ་ཤིང་དཔེ།།

གྲངས་ནི་མི་དང་དུད་འགྲོ་ཉིན་མཚན་གྱི། །
སྐར་མས་ཕྱེ་བ་དེ་སྙེད་ཡི་དྭགས་དང་། །
དམྱལ་བ་རྣམས་ལ་རིམ་པས་ཞེས་པར་འགྱུར། །

ཞེས་པ་དང་།

ཡང་འདུལ་བ་རྣམ་འབྱེད་ལས། དགེ་སློང་དག་ངན་སོང་བའི་འགྲོ་བ་ལ་ལྟོས། །ཕྱི་ཕྱིར་མི་ཉིད་ཀྱི་དངོས་པོ་ཐོབ་པའང་ཤིན་ཏུ་དཀའོ། །ལོག་པར་ལྟ་བའི་སྟོན་པ་འདི་དག་ལ་ལྟོས། །ཡང་དག་པའི་དགེ་བའི་གཉེན་དང་ཕྲད་པར་རབ་ཏུ་དཀའོ། །ཚུལ་ཁྲིམས་དང་རྣམ་པར་གྲོལ་བ་ལས་ཉམས་སུ་ཚུལ་ཁྲིམས་འཆལ་བ་འདི་དག་ལ་ལྟོས། སྤྲངས་པའི་ཡོན་ཏན་ལ་གནས་པས་གཅིག་ཏུ་དགེ་བའི་ཆོས་བསྒྲུབ་ཅིང་། ཤིང་དྲུང་ངམ་དགོན་པའི་གནས་སུ་སྡོ་བས་ཚེ་འདའ་བར་གྱིས་ཤིག་ཅེས་དང་།

སྤྱོད་འཇུག་ལས།

མི་ཡི་གྲུ་ལ་བརྟེན་ནས་ནི། །
སྡུག་བསྔལ་ཆུ་བོ་ཆེ་ལས་སྒྲོལ། །
གྲུ་འདི་ཕྱི་ནས་རྙེད་དཀའ་བས། །
རྨོངས་པ་དུས་སུ་གཉིད་མ་ལོག །

ཅེས་པ་དང་།

ཐམ་ཐེ་རྒྱལ་བའི་ཙོད་ཀྱི་སྐྱེ་མཆེད་ཀྱི་རྣམ་པར་ཐར་བ་ལས།

མི་ཁོམ་པ་བརྒྱད་ལས་ལོག་པའང་རྙེད་པར་དཀའ་འོ། །
དལ་བ་ཕུན་སུམ་ཚོགས་པའང་རྙེད་པར་དཀའ་འོ། །

མིར་གྱུར་པའང་རྙེད་པར་དཀའ་འོ།།

དབང་པོ་ཚང་བ་ཡང་རྙེད་པར་དཀའ་འོ།།

ཞེས་དང་།

སྤྱོད་འཇུག་ལས།

དལ་འབྱོར་འདི་ནི་ཤིན་ཏུ་རྙེད་པར་དཀའ།།

སྐྱེས་བུའི་དོན་སྒྲུབ་ཐོབ་པར་གྱུར་པ་ལ།།

གལ་ཏེ་འདི་ལ་ཕན་པ་མ་བསྒྲུབས་ན།།

ཕྱིས་ནི་ཡང་དག་འབྱོར་བར་ག་ལ་འགྱུར།།

ཞེས་གསུངས་པ་ལྟར་ད་རེས་རང་རང་གི་དལ་འབྱོར་འདི་ཉིད་དོན་ཡོད་པར་མ་བྱས་ན། ཕྱིས་ནས་ངན་སོང་གི་གནས་སུ་ལྷུང་བར་གྱུར་པའི་ཚེ་ན། དེ་བས་ཀྱང་ཤིན་ཏུ་རྙེད་པར་དཀའ་བ་ཡིན་ཚུལ་ནི།

གཞན་ལས།

དམྱལ་བ་ཡི་དྭགས་དུད་འགྲོ་ཚེ་རིང་ལྷ།།

ཀླ་ཀློ་ལོག་ལྟ་སངས་རྒྱས་ཀྱིས་སྟོང་བ།།

ལྐུགས་པ་འདི་བརྒྱད་ཆོས་ཀྱི་སྣོད་མ་གྱུར།།

ཞེས་དང་།

གཞན་ལས།

དུག་ལྔ་འཁྲུག་དང་བླུན་རྨོངས་བདུད་ཀྱིས་ཟིན།།

ལེ་ལོ་ཅན་དང་ལས་ངན་མཚོ་ཆེན་རྫོལ།།

གཞན་དབང་འཛིགས་སྐྱོབ་ཆོས་ལྟར་བཅོས་པ་སྟེ།།
འཕྲུལ་བྱུང་རྐྱེན་གྱི་མི་ཁོམ་རྣམ་པ་བརྒྱད།།
ཐར་ལམ་ཆོས་ཀྱི་སྐྱོད་མིན་ཕྱིན་ཅི་ལོག།

ཅེས་དང་།

གཞན་ལས།

འཆིང་བ་དམ་ལྡན་ཀུན་སྤྱོད་ཤིན་ཏུ་ངན།།
འཁོར་བར་མི་སྐྱག་དད་པ་ཅུང་ཟད་མེད།།
མི་དགེ་སྡིག་སྤྱོད་ཆོས་ལ་སེམས་པ་མེད།།
སྡོམ་དང་དམ་ཚིག་ཉམས་པ་ཞེས་བྱ་བ།།
རིས་ཆད་བློ་ཡི་མི་ཁོམ་རྣམ་པ་བརྒྱད།།
ཆོས་ལས་རིང་གྱུར་ཐར་ལམ་སྒྲོན་མི་ནུབ།།

ཅེས་གསུངས་སོ། །དེ་ལྟ་བུའི་ངན་སོང་དག་ཏུ་ཚུལ་ཁྲིམས་དང་དམ་ཚིག་སོགས་ཉམས་ཤིང་ལྷུང་བར་གྱུར་ན། དེ་ཉིད་ཕྱིས་སུ་ཐོས་པ་སོགས་ཀྱིས་ནམ་ཡང་སྐྱོབ་པར་མི་འགྱུར་བ་ཡིན་ཏེ།

ཏིང་ངེ་འཛིན་རྒྱལ་པོ་ལས།

ཚུལ་ཁྲིམས་འཆལ་བ་ངན་འགྲོ་དེར་འགྲོ་སྟེ།།
དེ་ལ་ཐོས་པ་མང་པོས་སྐྱོབ་མི་ནུས།།

ཞེས་དང་།

དོ་ཧ་ལས།

ཀྱེ་མ་བསྟན་པའི་ས་ལ་བྱིན་ནས་དམ་ཆོས་མི་ལྡན་ན། །
རྒྱལ་པོས་ཆད་པ་གཅོད་པའི་མི་ནི་བཟུང་བ་ལྟར། །
རྣམ་སྨིན་ལྷུགས་ཀྱིས་སྲོག་གི་རླུང་ནི་བཟུང་བྱས་ནས། །
ཁྲི་ཆུ་ཁོལ་མ་ཁར་བླུགས་པ་ནི་ཤིན་ཏུ་བཟོད་པར་དཀའ། །

ཞེས་གསུངས་པ་ལྟར་དལ་འབྱོར་རྙེད་པར་དཀའ་བའི་ཚུལ་ལ་བསམས་ནས་ཡང་དག་ཐར་བའི་ལམ་རྣམ་པར་དག་པ་ཅིག་སྒྲུབ་པར་བྱ་དགོས་པ་ཡིན་ཏེ།

སྤྱོད་འཇུག་ལས།

གྲུ་འདི་ཕྱི་ནས་རྙེད་དཀའ་བས། །
རྨོངས་པ་དུས་སུ་གཉིད་མ་ལོག །

ཅེས་གསུངས་པ་ལྟར་ཐམས་ཅད་ཀྱིས་དེ་རིང་ཉིད་ནས་ཡང་དག་ཐར་བའི་ལམ་རྣམ་དག་གཅིག་སྒྲུབ་པ་ལ་བརྩོན་པར་བྱ་དགོས་པ་ཡིན་ནོ། །

དེ་ཡང་སྙིགས་མ་ལྔ་པོ་དྲག་ཏུ་བདོ་བའི་དུས་འདིར་བླང་དོར་གྱི་ཐབས་ལ་རྨོངས་པའི་མི་དེ་དག་ཡང་རྟག་ཏུ་ཆོས་མེད་སྡིག་པའི་ལས་ལ་སྤྱོད་པར་མཐོང་བར་གྱུར་པ་ན། ནམ་ཡང་ཐམས་ཅད་ཀྱིས་རང་རང་གི་བློ་ལུས་ངག་ཡིད་གསུམ་དགེ་བའི་ཕྱོགས་སུ་བསྒྱུར་ཞིང་ཚེ་འདི་ཕྱི་ཀུན་ཏུ་ཕན་པའི་རྒྱུ་བླ་ན་མེད་པ་དམ་པའི་ཆོས་བཞིན་དུ་སྤྱོད་པ་དག་ནི་ཤིན་ཏུ་དགོན་པ་སྟེ། དཔེར་ན་ཉིན་མོའི་སྐར་མ་ཙམ་དུ་གྱུར་པ་ཞིག་ཡིན་པས་ན། ད་ལྟ་ཉིད་དུ་བདག་གི་མ་དག་པའི་བློ་སྣ་འདི་དམ་པའི་ཆོས་ཕྱོགས་ལ་སྒྱུར་བར་མཛོད་ཅིག་མ་ཧ་གུ་རུ་པདྨ་འབྱུང་གནས་ཁྱེད་མཁྱེན་ནོ། །བདག་ཅག་ལས་

ངན་པའི་སྙིགས་མའི་སེམས་ཅན་འདི་རྣམས་མ་དག་ལོག་པའི་ལམ་ཕྱིན་ཅི་ལོག་ཏུ་གོལ་ཞིང་དམན་པར་བྱ་བའི་ཡུལ་དུ་མ་གཏོང་བར་གྱིས་ཤིག་ཀུན་མཁྱེན་རྗེ་དང་གཉིས་སུ་མེད་པའི་དྲིན་ཆེན་རྩ་བའི་བླ་མ་ཁྱེད་མཁྱེན་ནོ་ཞེས་བརྗོད་པར་བྱ་དགོས་པ་ཡིན་ནོ།།

དེ་ཡང་གོང་དུ་བཤད་པ་ལྟར་རྙེད་པར་དཀའ་བའི་དལ་འབྱོར་བཅོ་བརྒྱད་ཚང་བའི་མི་ལུས་རིན་པོ་ཆེ་ལྟ་བུའི་ལུས་རྟེན་ཕུན་སུམ་ཚོགས་པ་ཞིག་ཐོབ་པ་དང་། མ་ཟད་གལ་ཏེ་དེ་ལྟ་བུའི་མི་ལུས་ཕུན་སུམ་ཚོགས་པ་ཞིག་རྙེད་ནས་དཔེར་ན་རིན་ཆེན་གྱི་གླིང་ལྟ་བུ་དེར་ཕྱིན་པར་གྱུར་ན་ཡང་། ལུས་རྟེན་བཟང་པོ་ལ་བྱུར་པོ་ཆེ་ཡི་སེམས་དང་ལྡན་པ་དེ་ནི། ཐར་པ་རྣམ་དག་བསྒྲུབ་པའི་རྟེན་དུ་མི་རུང་བ་ཡིན་ཞིང་། ཁྱད་པར་དུ་བདུད་ཀྱིས་ལུས་སེམས་གཉིས་ཀ་ཟིན་པ་དང་། རྟག་ཏུ་འདོད་ཆགས་སོགས་དུག་ལྔ་ཡིས་རང་རྒྱུད་རྟག་ཏུ་འཁྲུགས་ཤིང་མི་དགེ་བའི་གཞན་དབང་དུ་གྱུར་ནས་འཁོར་བར་འཁྱམས་པ་ཡིན་ནོ།།

དེ་ནས་གོང་དུ་བཤད་པ་ལྟ་བུའི་འདོད་ཆགས་སོགས་མི་དགེ་བའི་གཞན་དབང་གིས་རང་རྒྱུད་འཁྲུགས་པའི་སྐྱེ་བོ་ངན་པ་དེས་ནི། ཚེ་རབས་སྔོན་མ་ལས་ངན་བྱས་པའི་འབྲས་བུ་རྣམས་རང་ཐོག་ཏུ་བབས་པ་དང་། དེ་ལྟར་ལས་ཉོན་གྱི་དབང་གིས་སྒྲུབ་པ་སོགས་ལེ་ལོས་གཡེངས་སུ་ཁྱེར་བ་དང་། མ་ཟད་རྟག་ཏུ་སྐྱེ་བོ་གཞན་གྱི་ཁོལ་པོ་དང་ཐན་གཡོག་འཇིགས་སྐྱོབ་ཆོས་ལྟར་བཅོས་པ་དང་། དེ་ལྟ་བུའི་རྨོངས་པ་སོགས་འཕྲལ་བྱུང་རྐྱེན་གྱི་མི་ཁོམ་པ་རྣམ་པ་བརྒྱད་དོ། །དེ་སོགས་བདག་ལ་དམ་པ་ཆོས་ཀྱི་འགལ་ཟླར་ལྷགས་པའི་ཚེ་ན། བདག་ཅག་རྣམས་ཀྱི་བློ་སྣ་དམ་པའི་ཆོས་ཕྱོགས་ལ་མྱུར་དུ་སྒྱུར་བར་མཛོད་ཅིག་གུ་རུ་པདྨ་འབྱུང་གནས་ཁྱེད་མཁྱེན། ཁྱེད་ཀྱིས་བདག་ཅག་སྙིགས་མའི་

སེམས་ཅན་རྣམས་ལམ་ཕྱིན་ཅི་ལོག་ཏུ་གོལ་ཞིང་དམན་པར་བྱ་བའི་ཡུལ་དུ་མ་གཏོང་བར་ཀུན་མཁྱེན་རྗེ་དང་གཉིས་སུ་མེད་པའི་བཀའ་དྲིན་གསུམ་ལྡན་གྱི་དྲིན་ཆེན་རྩ་བའི་བླ་མ་ཁྱེད་མཁྱེན་ནོ་ཞེས་བརྗོད་པར་བྱ་དགོས་པ་ཡིན་ནོ། །

དེ་ཡང་སྤྱིར་སེམས་ཅན་ཐམས་ཅད་ཚེ་རབས་འཁོར་བ་ཐོག་མེད་ནས་མ་རིག་པ་འཁྲུལ་བའི་དབང་གིས་འཁོར་བ་འདི་ལས་ཐར་བར་འདོད་པའི་ངེས་འབྱུང་དང་སྐྱོ་ཤས་ཤིན་ཏུ་ཆུང་ཞིང་དེ་ལ་གཙང་རྨི་འཛིན་རྟོག་གི་དབང་གིས་བདེན་པར་བཟུང་ནས་འཁོར་བར་འཁྱམས་པ་ཡིན་ལ། ནམ་ཡང་དེ་ལས་ཐར་བར་འདོད་པའི་བློ་མ་སྐྱེས་པ་དེ་སྲིད་དུ་སངས་རྒྱས་པར་འགྱུར་བའི་དུས་མེད་པ་དང་། མ་ཟད་དེར་སྐྱེས་ན་སྡུག་བསྔལ་གསུམ་གྱིས་རྟག་ཏུ་མནར་ཞིང་ནམ་ཡང་ལུས་དང་སེམས་ཀྱིས་བཟོད་པར་དཀའ་བའི་རང་བཞིན་དུ་གནས་པ་ཡིན་ཏེ།

ཙནྡྲ་པས།

མི་གཙང་བ་ལ་དྲི་ཞིམ་མེད་པ་ལྟར། །
དེ་བཞིན་འགྲོ་ལྔ་དག་ནའང་བདེ་བ་མེད། །

ཅེས་པ་དང་།

ཡང་སྤྱོད་འཇུག་ལས།

འགྲོ་བ་ཉོན་མོངས་ལས་གྲོལ་བར། །
དམ་བཅས་གང་ཚེ་བདག་ཉིད་ཀྱང་། །
ཉོན་མོངས་རྣམས་ལས་མ་གྲོལ་ན། །
བདག་གི་ཚོད་ཀྱང་མི་ཤེས་པར། །

སྨྲ་བ་ཇི་ལྟར་སྨྲོན་པ་མིན། །

ཞེས་དང་།

མདོ་སྡེ་རྒྱན་ལས།

སེམས་ཅན་ཁུར་ཆེན་མགོ་ལ་ཁྱེར་བ་ཡི། །

སེམས་དཔའ་མཆོག་རྣམས་དལ་གྱིས་འགྲོ་མི་མཛེས། །

བདག་གཞན་འཆིང་བ་སྣ་ཚོགས་རབ་བཅིངས་པས། །

བརྩོན་པ་བརྒྱ་འགྱུར་དུ་ནི་བྱ་བར་རིགས། །

ཞེས་དང་།

ཡང་བཤེས་སྤྲིངས་ལས།

འདི་ན་ཉིན་གཅིག་མདུང་ཐུང་སུམ་བརྒྱ་ཡིས། །

རབ་ཏུ་དྲག་བཏབ་སྡུག་བསྔལ་གང་ལགས་པ། །

དེ་ནི་དམྱལ་བའི་སྡུག་བསྔལ་ཆུང་ངུ་ཡི། །

ཆ་ལ་ཡང་མི་ཕོད་ཆར་ཡང་མི་ཕོད་དོ། །

ཞེས་དང་།

ཡང་བདག་ཅག་གི་སྟོན་པས་ཝཱ་ར་ཎ་སཱིར། ལྔ་སྡེ་བཟང་པོ་སོགས་ལ། དགེ་སློང་དག་འདི་ནི་སྡུག་བསྔལ་ལོ། །འདི་ནི་ཀུན་འབྱུང་ངོ་། །འདི་ནི་འགོག་པའོ། །འདི་ནི་ལམ་མོ། །དགེ་སློང་དག་སྡུག་བསྔལ་ཤེས་པར་བྱའོ། །ཀུན་འབྱུང་སྤང་བར་བྱའོ། །འགོག་པ་མངོན་དུ་བྱའོ། །ལམ་རྒྱུད་ལ་བསྟེན་པར་བྱའོ། །དགེ་སློང་དག་སྡུག་བསྔལ་ཤེས་པར་བྱ་སྟེ། ཤེས་པར་བྱར་མེད་པའི་མི་སྐྱེ་བ་ཤེས་པ་དང་། ཀུན་འབྱུང་སྤང་བར་བྱ་སྟེ། སྤང་དུ་མེད་

པའི་མི་སྐྱེ་བ་ཤེས་པ་དང་། འགོག་པ་མངོན་དུ་བྱ་སྟེ། མངོན་དུ་བྱར་མེད་པའི་མི་སྐྱེ་བ་ཤེས་པ་དང་། ལམ་རྒྱུད་ལ་བསྟེན་པར་བྱ་སྟེ། བསྟེན་པ་བྱར་མེད་པའི་མི་སྐྱེ་བ་ཤེས་པ་དང་། ཞེས་བདེན་པ་བཞི་པོ་ལན་གྲངས་གསུམ་དུ་གསུངས་པར་མཛད་པ་དང་། གོང་དུ་བཤད་པ་དེ་བཞིན་དུ་འཁོར་བ་མཐོ་དམན་གང་དུ་སྐྱེས་ཀྱང་སྡུག་བསྔལ་འབའ་ཞིག་མ་གཏོགས་བདེ་བ་མེད་པར་ཤེས་དགོས་པ་ཡིན་ཏེ།

ལུང་རྣམ་འབྱེད་ལས།

སྲིད་པའི་སྡུག་བསྔལ་ནི་བསིལ་བའི་སྐབས་མེད་པ་མེའི་འོབས་ལྟ་བུའོ། །འཇིགས་ཤིང་ཉམ་ང་བས་གཅན་གཟན་ཁྲོ་བོ་ལྟ་བུའོ། །མི་རྐོད་ཀྱི་ནང་ན་གནས་པ་ལྟ་བུའོ། །ཐར་པའི་གོ་སྐབས་དང་བྲལ་བས་རྒྱལ་པོའི་ཁྲིམས་མུན་ལྟ་བུའོ། །ཡང་ནས་ཡང་དུ་འབྱུང་བ་ཆེན་པོ་ཡང་། ཕྱེ་ལེབ་མེ་ལ་འཇུག་པར་འགྱུར། ཞེས་གསུངས་སོ། །དེ་བཞིན་དུ་རི་དྭགས་རྣ་བས་རྒྱ་མཚོའི་རླབས་ལྟ་བུའོ། །བདེ་འགྲོའི་སྲོག་འཇོམས་པས་དུག་ཏ་ལ་ལྟ་བུའོ། །ཞེས་དང་།

བཤེས་སྤྲིངས་ལས།

གཡོ་བའི་སེམས་ནི་ཐོས་མཚུངས་བུ་ལྟ་བུར། །
གཏེར་བཞིན་སྲོག་དང་འདྲ་བར་བསྲུང་བགྱི་སྟེ། །
གདུག་པ་དུག་དང་མཚོན་དང་དགྲ་བོ་དང་། །
མེ་བཞིན་འདོད་པའི་བདེ་ལས་ཡིད་དབྱུང་མཛོད། །

ཅེས་དང་།

བླ་མ་ལ་སྨྲེངས་པར།

ནོར་བུའི་རྣ་ཆ་བུ་དང་ཆུང་མ་ལ། །
ཡོངས་སུ་ཆགས་སེམས་གང་ཡིན་ལ་ལྟོས་ན། །
ཕྱུགས་ཤིང་གྲེས་མ་ལས་བྱས་འཆིང་མ་གང་། །
དེ་དག་དམ་པོ་མིན་ཞེས་འཕགས་པས་གསུངས། །

ཞེས་གསུངས་སོ། །དེ་ལྟ་བུའི་སྡུག་བསྔལ་དག་ལས་ཐར་བར་འདོད་པའི་བློ་ཙུང་ཟད་རེ་སྐྱེས་ཀྱང་། བློ་ཕྱིན་ཅི་ལོག་ཏུ་གྱུར་ནས་སྡུག་བསྔལ་གྱི་གནས་ལ་མངོན་དུ་རྒྱུག་པར་བྱེད་པ་ཡིན་ཏེ།

སྤྱོད་འཇུག་ལས།

སྡུག་བསྔལ་འདོར་འདོད་སེམས་ཡོད་ཀྱང་། །
སྡུག་བསྔལ་ཉིད་ལ་མངོན་པར་རྒྱུག །
བདེ་བ་འདོད་ཀྱང་གཏི་མུག་པས། །
རང་གི་བདེ་བ་དགྲ་ལྟར་འཇོམས། །

ཞེས་གསུངས་སོ། །དེ་ལྟར་བདེ་བ་འདོད་ཅིང་སྡུག་བསྔལ་གྱི་གནས་ལ་མངོན་པར་རྒྱུག་པ་དེ་ནི།

སློབ་དཔོན་དབྱིག་གཉེན་གྱིས། འབར་བ་ཆེན་པོའི་ཚོགས་དག་གིས། མེ་ཆེན་དག་ནི་མཐོང་ནས་ཀྱང་། གཟུགས་ལ་ཆམ་པ་དག་ཀྱང་འཆི་བར་འགྱུར་བ་ཡོད་པ་ནི། རྟག་ཏུ་ནམ་མཁའ་ལ་རྒྱུ་ཞིང་། གཟུགས་ནི་ཤིན་ཏུ་ཡིད་འོང་ས་སྒྲ་ལ་ཆགས་ནས་འཆི་བ་ཡང་ཡོད་དེ། རྔ་ཡི་སྒྲ་གྲུ་གཙང་མ་ཟ། །ཤིན་ཏུ་རིང་དུ་འགྲོ་ནུས་པ། །རི་དྭགས་རྫོན་པའི་

གླུ་དབྱངས་ཀྱིས། །ངེས་པར་གསོད་པ་འཚོལ་བར་འགྱུར། །ཞེས་དང་། དེ་བཞིན་དུ་བུང་བ་ནི།

གཞན་ལས།

བུང་བ་དྲི་ཡི་ཉེས་པ་ཡིས། །
ངེས་པར་འཆི་བར་འགྱུར་བ་ཡིན། །

ཞེས་དང་། དེ་བཞིན་དུ་ཉ་དག་ཀྱང་འདོད་པའི་དབང་གིས་འཆི་བར་འགྱུར་བ་ཡོད་པ་ནི།

གཞན་ལས།

བཀག་པ་མེད་པའི་ལམ་འགྲོ་ཞིང་། །
རྟག་ཏུ་རྣམ་པར་རྒྱུ་བ་ཡང་། །
རོ་སྨྲོང་བ་ལ་ཆགས་པ་ཡིས། །
ཉ་ནི་ལྕགས་ཀྱུས་བཟུག་པར་བྱེད། །

ཅེས་དང་། དེ་བཞིན་དུ་གླང་པོ་ཆེ་དག་ཀྱང་འདོད་པའི་དབང་གིས་འཆི་བར་འགྱུར་བ་ཡོད་པ་ནི།

གཞན་ལས།

ས་སྲུང་དང་ནི་རབ་འགྲན་ཞིང་། །
རི་ཡི་རྒྱལ་པོ་རྒྱུན་ཤེས་བྱའི། །
བ་གླང་མོ་ཡི་ཉེ་རེག་གིས། །
ངེས་པར་གླང་པོ་གསད་པར་སོང་། །

ཞེས་དང་། ཡང་དེ་བཞིན་དུ་སེམས་ཅན་ཐམས་ཅད་རྟག་ཏུ་ནླང་དོར་གྱི་གནས་ལ་རྨོངས་ཤིང་། འདོད་པའི་ཡོན་ཏན་ཀུན་ལ་བདེ་བར་འདོད་ཅིང་མཐར་སྡུག་བསྔལ་སྐྱེད་བྱེད་ཉིད་དུ་གྱུར་པ་ཡིན་ཏེ།

བླ་མ་ལ་སྤྲིངས་པར།

སློ་ངན་ལོངས་སྤྱོད་ཀྱིས་བཅོམ་པ། །
ཕ་རོལ་འཚོལ་བར་མི་བྱེད་ཅིང་། །
བསམ་བརླག་འདོད་ལ་སྲེད་པ་ཡིས། །
བདག་ཕུང་གཞན་ཡང་ཕུང་བར་བྱེད། །
འདོད་པའི་རྣམ་སྨིན་སྡུག་བསྔལ་ཏེ། །
དང་པོ་མངར་ལ་འབྲས་བུ་ཚ། །
མི་སློན་ལག་ནས་མ་ཐོར་ན། །
མཇུག་ཏུ་བྱིས་པ་སྲེག་བྱེད་བཞིན། །

ཞེས་དང་།

རྒྱ་ཆེར་རོལ་པ་ལས། བྱིས་པ་རྣམས་ནི་འདི་ལ་ཆགས་ཤིང་དགའ་བ་ནི། ཕག་མི་གཙང་བ་ལ་ཆགས་པ་ལྟ་བུའོ། །འདི་ན་སེམས་ཅན་བྱིང་བ་ནི་གླང་པོ་ཆེ་འདམ་དུ་བྱིང་བ་ལྟ་བུའོ། །འདི་ལ་སེམས་ཅན་རྣམས་ཆགས་པ་ནི་ཁྱི་ཀེང་རུས་ལ་ཆགས་པ་ལྟ་བུའོ། །འདི་ན་སེམས་ཅན་རྣམས་ལྟུང་བ་ནི་ཕྱེ་མ་ལེབ་མར་མེ་ལ་ལྟུང་བ་ལྟ་བུའོ། །འདི་ན་སེམས་ཅན་རྣམས་གཏུམས་པ་ནི་ཉ་རྒྱ་ཡིས་གཏུམས་པ་ལྟ་བུའོ། །འདི་ན་སེམས་ཅན་རྣམས་འཁོར་བ་ནི་རྫ་མཁན་གྱི་འཁོར་ལོ་ལྟ་བུའོ། །འདི་ན་སེམས་ཅན་རྣམས་བསླུས་པ་

ནི་གཡོ་ཅན་གྱིས་བྱིས་པ་འབྲིད་པ་ལྟ་བུའོ། །ཞེས་གསུངས་སོ། །

དེ་བཞིན་དུ་ངན་སོང་དག་གི་སྡུག་བསྔལ་ནི་བསམ་མི་ཁྱབ་པ་ཞིག་སྐྱོང་ཞིང་སྡུག་བསྔལ་བར་འགྱུར་བ་ཡིན་ཏེ།

སེམས་ཉིད་ངལ་གསོ་ལས།

སྲིད་ན་འདི་དག་ཕན་ཚུན་འཁོར་ཞིང་སྡུག་བསྔལ་བ། །

ལྷ་དང་ལྷ་མིན་དམྱལ་བ་ཡི་དྭགས་མི། །

གྱོལ་སོང་རིགས་དྲུག་ཟོ་ཆུན་ཁྱུད་མོ་བཞིན། །

གཅིག་ནས་གཅིག་བརྒྱུད་སྡུག་བསྔལ་ཕ་མཐའ་ཡས། །

ཞེས་དང་།

ཇོ་སྐད་དུ། རིན་ཆེན་ཕྲེང་བ་ལས།

ལམ་གསུམ་ཐོག་མཐའ་དབུས་མེད་པར། །

འཁོར་བའི་དཀྱིལ་འཁོར་མགལ་མེ་ཡི། །

འཁོར་ལོ་ལྟ་བུར་ཕན་ཚུན་དུ། །

རྒྱུ་ཅན་འདི་ནི་འཁོར་བར་འགྱུར། །

ཞེས་གསུངས་སོ། །དེ་བཞིན་དུ་འཁོར་བའི་གནས་སུ་འཁོར་ཞིང་སྡུག་བསྔལ་དག་གིས་མནར་བར་འགྱུར་བ་ཡིན་ཏེ།

དྲན་པ་ཉེར་བཞག་ལས།

སེམས་ཅན་དམྱལ་བ་དམྱལ་མེས་ཉམས། །

ཡི་དྭགས་བཀྲེས་ཤིང་སྐོམ་པས་ཉམས། །

དུད་འགྲོ་གཅིག་ལ་གཅིག་ཟས་ཉམས།།
མི་དག་འཚོ་བ་ཐུང་བས་ཉམས།།
ལྷ་དག་བག་མེད་པ་ཡིས་ཉམས།།
ལྷ་མིན་འཐབ་ཅིང་རྩོད་པས་ཉམས།།
འཁོར་བ་ཁབ་ཀྱི་རྩེ་ཙམ་ལ།།
བདེ་བ་ནམ་ཡང་ཡོད་མ་ཡིན།།

ཞེས་དང་།

བྱམས་པས།

འགྲོ་ལྔ་དག་ན་བདེ་བ་མེད།།
མི་གཙང་ཁང་ན་དྲི་ཞིམ་མེད།།

ཅེས་དང་།

བཤེས་སྤྲིངས་ལས།

སྡིག་ཅན་དབུགས་འབྱུང་འགག་པ་ཙམ་ཞིག་གིས།།
དུས་ཀྱི་བར་དུ་ཚོད་རྣམས་དམྱལ་བ་ཡི།།
སྡུག་བསྔལ་གཞལ་ཡས་ཐོས་ནས་རྣམ་སྟོང་དུ།།
མི་འཇིགས་གང་ལགས་རྡོ་རྗེའི་རང་བཞིན་ནོ།།
དམྱལ་བ་བྲིས་པ་མཐོང་དང་ཐོས་པ་དང་།།
དྲན་ནམ་བཀླགས་དང་གཟུགས་སུ་བགྱིས་རྣམས་ཀྱང་།།
འཇིགས་པ་སྐྱེ་བར་འགྱུར་ན་མི་བཟད་པའི།།

རྣམ་སྨིན་ཉམས་སུ་མྱོང་རྣམས་སྨོས་ཅི་དགོས། །

ཞེས་གསུངས་སོ། །དེ་ལྟར་འཁོར་བའི་མཐོ་དམན་ཐམས་ཅད་སྡུག་བསྔལ་གྱི་རང་བཞིན་ཉིད་དུ་མི་ཤེས་པར་གྱུར་ནས། ཡུལ་མཆོག་གསུམ་ལ་དཔེར་ན་དད་པའི་འཁོར་ལོ་རིན་པོ་ཆེ་ཡོན་ཏན་ཀུན་དང་ལྡན་པ་ནོར་དེ་དག་ཀུན་དང་རྟག་ཏུ་བྲལ་བར་འགྱུར་བ་དང་། མ་ཟད་སྲིད་པ་ཁམས་གསུམ་འཁོར་བའི་གནས་འདིར་འདོད་སྲིད་ཀྱི་ཞགས་པས་བཅིངས་པར་གྱུར་པ་དང་། བྱམས་པ་དང་སྙིང་རྗེ་སོགས་ཀྱི་ལྟ་བ་དང་བྲལ་ནས་གཡོ་སྒྱུའི་དབང་གིས་རང་རང་གི་ཀུན་སྤྱོད་རྣམས་ཤིན་ཏུ་རྩུབ་པར་འགྱུར་བ་ཡིན་ནོ། །

དེ་ལྟ་བུའི་དད་པའི་ནོར་ཕུན་སུམ་ཚོགས་པ་དང་བྲལ་ཞིང་ཀུན་སྤྱོད་རབ་ཏུ་རྩུབ་པའི་སྐྱེ་བོ་དེ་དག་རྣམས་ནི། ནམ་ཡང་ཐར་བའི་ལམ་དང་བྲལ་བར་འགྱུར་བ་ཡིན་ཏེ།

མདོ་ལས།

དད་པ་མེད་པའི་མི་རྣམས་ལ། །
དཀར་པོའི་ཆོས་ནི་མི་འབྱུང་སྟེ། །
ས་བོན་མེ་ཡིས་ཚིག་པ་ལ། །
མྱུ་གུ་སྔོན་པོ་ཇི་བཞིན་ནོ། །

ཞེས་གསུངས་པ་ལྟར་དད་མོས་མེད་ཅིང་ཀུན་སྤྱོད་ཤིན་ཏུ་རྩུབ་པའི་སྐྱེ་བོ་རྣམས་ནི་རྟག་ཏུ་སྡུག་བསྔལ་གྱི་ཡིད་གདུང་ཞིང་ཐར་པའི་ཞིང་ས་དང་བྲལ་བར་འགྱུར་བ་ཡིན་ཏེ།

མཛོད་ལས།

མཚོ་གཏིང་རྗོ་འདྲ་ཐར་པའི་སྐམ་དང་བྲལ། །
མཉེན་མེད་གྲུ་འདྲ་སྲིད་ལས་སྒྲོལ་དུས་མེད། །
ལག་རྡུམ་ཕྱིན་འདྲ་དགེ་བའི་བགོ་སྐལ་མེད། །
ས་བོན་ཚིག་འདྲ་བྱང་ཆུབ་མྱུ་གུ་མེད། །
ཡོང་བ་དང་འདྲ་ཆོས་གཟུགས་སྣང་བ་མེད། །
འཁོར་དོང་ཆུད་འདྲ་གཏན་དུ་འཁོར་བར་འཁྱམས། །

ཞེས་གསུངས་པ་ལྟར་འཁོར་བར་འཁྱམས་ཤིང་རྟག་ཏུ་མི་དགེ་བ་སོགས་ཀྱི་སྡིག་པའི་ལུས་ལ་ནམ་ཡང་མི་འཛེམ་ཞིང་ལས་ཀྱི་མཐའ་ལོག་ཅིང་ཕྱི་སོ་སོར་ཐར་པའི་སྡོམ་པ་དང་། ནང་བྱང་ཆུབ་སེམས་ཀྱི་བསླབ་པ་རྣམས་ཉམས་ཤིང་གསང་སྔགས་ཀྱི་དམ་ཚིག་སོགས་རལ་བར་འགྱུར་བ་སྟེ། དེ་ལྟར་སྡོམ་པ་གསུམ་སྲུང་མཚམས་སོགས་ལས་འདས་ཤིང་གསང་སྔགས་རྡོ་རྗེ་ཐེག་པའི་དམ་ཚིག་ཉམས་པའི་གང་ཟག་དེ་ནི་ནམ་ཡང་སངས་རྒྱས་ཐོབ་པར་དཀའ་བ་ཡིན་ནོ། །དེ་ལྟ་བུའི་དམ་ཚིག་རྣམས་ཚུར་མདོར་བསྡུས་ན་བླ་མའི་སྐུ་གསུང་ཐུགས་གསུམ་ལ་འདུ་བར་གྱུར་པ་ཡིན་ལ། དེས་ན་དེ་དག་ལས་ཉམས་པར་གྱུར་ན་རྣམ་སྨིན་ཚད་མེད་པའི་རང་བཞིན་ཅན་ཞིག་མྱོང་ཞིང་ངན་སོང་དུ་འགྲོ་བར་འགྱུར་བ་ཡིན་ཚུལ་ནི། དམ་ཚིག་མཆོག་གི་རྒྱུད་ལས། དམ་པ་བཅིངས་པར་གྱུར་པ་སྟེ། །ཉོན་མོངས་སྲེག་པས་ཚིག་ཅེས་བརྗོད། །ཅེས་གསུངས་པ་ལྟར་ཉོན་མོངས་པའི་དབང་གིས་རང་རྒྱུད་སྲེག་པར་བྱེད་པ་དང་། དེ་བཞིན་དུ་སྡོམ་དང་དམ་ཚིག་སོགས་ཉམས་པར་གྱུར་ན་ངན་སོང་དག་ཏུ་འགྲོ་བ་ནི་གདོན་མི་ཟ་བར་འབྱུང་བར་འགྱུར་བ་

ཡིན་ཏེ།

རང་ཤར་ལས།

ཉམས་ན་དམྱལ་བར་ངེས་པར་འགྲོ། །

ཞེས་པ་དང་།

གཞན་ལས།

དེ་ལྟར་དམ་ཚིག་ཉམས་པའི་སྐྱོན་ལྟས་སུ། །
མི་བདེ་རྣམ་པ་སྣ་ཚོགས་འབྱུང་། །
ཡམས་དང་འཆི་བའི་ནད་རྣམས་དང་། །
རིམས་ནད་སྣ་ཚོགས་འབྱུང་བར་འགྱུར། །
གདོན་དང་ལོག་འདྲེན་རྣམས་ཀྱིས་ཀྱང་། །
བསད་ནས་སེམས་ཅན་དམྱལ་བར་འགྲོ། །
མིག་གིས་གཟུགས་མི་མཐོང་བར་འགྱུར། །
རྣ་བ་འོན་ཞིང་ལས་མི་འགྲུབ། །
མཛེ་དང་ཤུ་བའི་ནད་རྣམས་འབྱུང་། །
ཆོམ་རྐུན་རྒྱལ་པོའི་ཆད་པ་འབྱུང་། །
གཞན་ལ་མེད་པའི་རིམས་ནད་འབྱུང་། །
བུ་དང་ཆུང་མ་འཆི་བར་སྨོན། །
ཡུལ་རྣམས་ཐམས་ཅད་དགྲར་ལྷང་ཞིང་། །
བྱས་པ་དོན་མེད་ཆེན་པོར་གྱུར། །

ཞེས་གསུངས་སོ། །དེ་བཞིན་དུ་བླ་མ་སོགས་དང་དམ་ཚིག་ཉམས་པར་གྱུར་ན་ཉེས་པ་ཤིན་ཏུ་ཆེ་བ་ཡིན་ཏེ།

རྒྱལ་རྫོགས་ལས།

སློབ་དཔོན་དག་ལ་སྨོད་པ་ནི། །
དཔེར་ན་སྲུན་ཁྱུང་སྲིན་བསད་ན། །
མཐོང་བའི་གོ་སྐབས་མེད་པ་བཞིན། །
མནར་མེད་ཤིན་ཏུ་མི་བཟད་དུ། །
སྡུག་བསྔལ་ཉམ་ཐག་ཡུན་རིང་གནས། །
བསྐལ་པ་མང་པོར་སྡོང་བར་འགྱུར། །

ཞེས་གསུངས་སོ། །དེ་བཞིན་དུ་དམ་ཚིག་ཉམས་པར་གྱུར་ན་ཉེས་པ་ཚད་མེད་པ་ཞིག་འབྱུང་བར་འགྱུར་བའི་ཚུལ་ནི།

རྒྱལ་རྫོགས་ལས།

རྡོ་རྗེའི་མཆེད་དང་ལྷམ་དྲལ་ནི། །
བླ་མེད་བྱང་ཆུབ་འགྲོགས་པའི་སྤུན། །
ཆོས་ཉིད་བྱང་ཆུབ་སྒྲོན་ལམ་མཐུས། །
རྡོ་རྗེའི་དམ་ཚིག་ལུ་གུ་རྒྱུད། །
རྟག་ཏུ་དེ་དང་མི་འབྲལ་བས། །
དེ་ལ་བཟློག་ཅིང་འཕྱ་བ་ནི། །
རང་ལ་རང་གིས་མཚོན་བཏབ་ན། །

རང་སྲོག་ཚེ་རབས་ལྔ་བརྒྱའི་བར།།
རང་གིས་གཅོད་ཅིང་ཕུང་བར་འགྱུར།།
ཚེ་འདིར་མི་བདེ་སྣ་ཚོགས་པ།།
མི་འདོད་བཞིན་དུ་འབྱུང་བར་འགྱུར།།
འཇིག་རྟེན་ཕ་རོལ་དག་ཏུ་ཡང་།།
ངན་སོང་གསུམ་དང་མི་ཁོམ་པའི།།
སྡུག་བསྔལ་རྒྱུད་ལ་སྤྱོང་བར་འགྱུར།།
ཡུན་རིང་དག་ཏུ་མི་ཐར་ཞིང་།།
ཤིན་ཏུ་ཉམ་ཐག་སྤྱོང་བར་འགྱུར།།

ཞེས་གསུངས་སོ། །དེ་བཞིན་དུ་གསང་སྒྲོ་འཚོལ་བའི་ཉེས་དམིགས་སོགས་ཚད་མེད་པ་ཞིག་སྤྱོང་བར་འགྱུར་བའི་ཚུལ་ནི།

དེ་ཉིད་ལས།

རྫོགས་ཆེན་ཨ་ཏིའི་གསང་ཆེན་འདི།།
བློ་དམན་རྣམས་ལ་བསྒྲགས་གྱུར་ན།།
དཔེར་ན་གཙུབ་ཤིང་མི་གཙུབས་ན།།
གཙུབ་ཤིང་ཉིད་ཀྱང་འཚིག་པར་འགྱུར།།
གཞན་ཡང་མཚན་མར་གྱུར་པ་སྲེག །
གསང་སྔགས་ངེས་དོན་མི་དང་འདྲ།།
སྐལ་བ་ཆུང་ཞིང་ཤེས་རབ་དམན།།

བློ་ངན་རྒྱུ་འབྲས་རྨོངས་པ་རྣམས།།
རྫོགས་ཆེན་དོན་ལ་སྐུར་འདེབས་ན།།
ངན་སོང་གསུམ་དུ་འཕང་བར་འགྱུར།།
ངེས་དོན་མ་རྟོགས་སྡུག་བསྔལ་མྱོང་།།
གསང་བ་འཕེལ་བར་བྱེད་པ་ཡང་།།
སྨྲ་བྱེད་ལྟེ་ལ་ཞིང་མོ་ཞིང་།།
སྡུག་བསྔལ་ཆེན་པོ་མྱོང་བར་འགྱུར།།
དེ་ཕྱིར་ངེས་པའི་དོན་འདི་གསང་།།
རླུང་ཕྱོགས་ཙམ་དུ་ཡང་བསྒྲག་མི་བྱ།།
ཡུན་རིང་དག་ཏུ་མི་ཐར་བའི།།
སྡུག་བསྔལ་ཤིན་ཏུ་ཉམ་ཐག་མྱོང་།།

ཞེས་གསུངས་སོ། །དེ་ལྟ་བུའི་རྣམ་གྲངས་ཤིན་ཏུ་མང་ན་ཡང་ཚུར་མདོར་བསྡུས་ན། གོང་དུ་བཤད་པ་ལྟར་སྐུ་གསུང་ཐུགས་གསུམ་ལ་འདུས་པ་ཡིན་ལ། དེས་ན་གོང་གི་ལུང་རྣམས་སླར་ཡང་འདིར་བརྗོད་པར་བྱས་ན།

ཐལ་འགྱུར་ལས།

དབང་རྗེན་པ་ཡི་དམ་ཚིག་ལ།།
བྱེ་བྲག་བརྗོད་དུ་མི་ལང་ཡང་།།
མདོར་བསྡུས་སྐུ་དང་གསུང་དང་ཐུགས།།
རྣལ་འབྱོར་ལུས་ངག་ཡིད་ལ་སྦྱར།།

ཞེས་པ་ལྟར་ཤེས་པར་བྱའོ། །དེ་དག་འདིར་སྨར་ཡང་བརྗོད་པ་ནི་གལ་ཆེ་བའི་དབང་དུ་བྱས་པ་ཡིན་ནོ། །དེ་ལྟ་བུའི་སྐུ་གསུང་ཐུགས་ཀྱི་དམ་ཚིག་སོགས་ཉམས་པར་གྱུར་ན། དེ་ཉིད་བཤགས་པའི་ཐབས་ཨེ་ཡོད་ཅེ་ན། དེ་ཉིད་དང་པོ་ཇི་བཞིན་བཤགས་ཐབས་ལ་འབད་པར་བྱེད་དགོས་ཚུལ་ནི།

རང་ཤར་ལས།

དམ་ཚིག་ལ་ནི་ཇི་བཞིན་གནས། །
བསྐལ་བ་ཞིག་ཀྱང་མི་གཏོང་ན། །
དམ་ཚིག་ཆེན་པོའི་བསྲུང་ཐབས་སོ། །

ཞེས་དང་། མ་ཟད་དེ་ལྟར་སྲུང་བར་བྱས་ཏེ། ཉམས་པ་ལས་སོར་ཆུད་པའི་ཐབས་ནི།

རང་ཤར་ལས།

སློབ་དཔོན་དམ་ཚིག་ལས་ཉམས་ན། །
ཚོགས་ཀྱི་འཁོར་ལོ་རྒྱ་ཆེན་བྱ། །
རྡོ་རྗེ་མཆེད་ལ་དེ་བཞིན་ནོ། །

ཞེས་དང་། ཡང་ཕྱོགས་གཅིག་གི་དབང་དུ་བྱས་ན་ནི།

རང་ཤར་ལས།

དཔོན་གྱིས་ཉམས་ན་སྐྱོང་ཐབས་མེད། །
གཉིས་ཀ་ཧ་འཐོད་ཆེན་པོར་སྐྱེ། །
སློབ་མས་ཉམས་ན་སྐྱོང་ཐབས་ཡོད། །

གསུང་རབ་རྒྱ་ཆེན་བཀླག་པ་དང་། །

ཚོགས་ཀྱི་འཁོར་ལོ་རྒྱ་ཆེན་བསྐོར། །

འཁོར་གསུམ་ཡོངས་དག་བྱ་བར་གསུངས། །

ཞེས་གསུངས་སོ། །དེ་ལྟར་བྱས་ན་སྡིག་པ་འདག་པར་འགྱུར་ཚུལ་ནི།

དེ་ཉིད་ལས།

དེ་ལྟར་བཤགས་པ་བྱས་གྱུར་ན། །

བསམ་པ་ཐམས་ཅད་འགྲུབ་པར་འགྱུར། །

འདོད་པ་ཐམས་ཅད་སྐོང་བར་འགྱུར། །

བྱ་བ་ཐམས་ཅད་རྫོགས་པར་འགྱུར། །

ཞེས་གསུངས་པ་ལྟར་སློབ་མ་དག་གིས་བཤགས་ཀྱང་ལས་ཀྱི་ལྷག་མ་ཙམ་རེ་ཉམས་སུ་མྱོང་དགོས་པའི་ཚུལ་ཡང་ཡོད་པ་ཡིན་ཏེ།

དམ་ཚིག་གསང་བ་མཆོག་གི་རྒྱུད་ལས།

རྡོ་རྗེ་སློབ་དཔོན་སྨོད་པའི་མི། །

བཤགས་ཀྱང་ལས་ཀྱི་ལྷག་མ་ཡིས། །

ངན་སོང་གནས་སུ་འཚེད་པར་འགྱུར། །

དེ་བས་འབད་དེ་བསྲུང་བར་བྱ། །

ཞེས་པ་ལྟར་ཤེས་དགོས་པ་ཡིན་ནོ། །དེ་ལྟ་བུའི་སྡོམ་པ་གསུམ་སོགས་སྲུང་བའི་དམ་ཚིག་ལས་འདའ་བར་གྱུར་པའི་སྐྱེགས་མའི་སྐྱེ་བོ་འདི་དག་ནི། ཏག་ཏུ་ཡིངས་མ་ལམ་དུ་མི་ཚེ་ཟད་ཅིང་ངེས་འབྱུང་དང་སྐྱོ་ཤས་དད་པའི་ནོར་སོགས་དང་བྲལ་བ་ནི་

རིས་ཆད་བློ་ཡི་མི་ཁོམ་པ་རྣམ་པ་བརྒྱད་དོ། །དེ་སོགས་བདག་ལ་དམ་པ་ཆོས་ཀྱི་འགལ་རྐྱེན་ལྷགས་པའི་ཚེ་ན། བདག་ཅག་རྣམས་ཀྱིས་བློ་སྣ་དམ་པའི་ཆོས་ཕྱོགས་ལ་སྒྱུར་དུ་སྩལ་བར་མཛོད་ཅིག་གུ་རུ་པདྨ་འབྱུང་གནས་ཁྱེད་མཁྱེན། ཁྱེད་ཀྱིས་བདག་ཅག་སྙིགས་མའི་སེམས་ཅན་རྣམས་ལམ་ཕྱིན་ཅི་ལོག་ཏུ་གོལ་ཞིང་དམན་པར་བྱ་བའི་ཡུལ་དུ་མ་གཏོང་བར་ཀུན་མཁྱེན་རྗེ་དང་གཉིས་སུ་མེད་པའི་བཀའ་དྲིན་གསུམ་ལྡན་གྱི་དྲིན་ཆེན་རྩ་བའི་བླ་མ་ཁྱེད་མཁྱེན་ནོ་ཞེས་བརྗོད་པར་བྱ་དགོས་པ་ཡིན་ནོ། །

དེ་ཡང་གོང་དུ་བཤད་པ་ལྟ་བུའི་མི་ཁོམ་པའི་གནས་བརྒྱད་སོགས་ལས་ཐར་ཞིང་ད་ལྟ་རང་གི་ལུས་ལ་རླུང་མཁྲིས་བད་ཀན་སོགས་ཀྱི་ནད་དང་། མ་ཟད་སྡུག་བསྔལ་གྱི་སྡུག་བསྔལ་དང་འགྱུར་བའི་སྡུག་བསྔལ་དང་ཁྱབ་པ་འདུ་བྱེད་སོགས་ཀྱི་སྡུག་བསྔལ་གྱིས་མི་གཟིར་ཅིང་བདེ་བར་གནས་པ་དང་། དེ་ལས་གཞན་རང་དབང་མེད་པ་སྐྱེ་བོ་གཞན་གྱི་བྲན་གཡོག་ལ་སོགས་པ་གཞན་དབང་དུ་མ་གྱུར་པའི་རང་དབང་ཕུན་སུམ་ཚོགས་པ་ཐོབ་པའི་རྟེན་འབྲེལ་ཞིག་འགྲིག་ཡོད་པའི་དུས་འདིར། རང་རང་གིས་དེ་ལ་མི་བསམ་པར་ལེ་ལོ་དང་སྙོམ་ལས་ཀྱི་ངང་དུ་བསྡད་པར་བྱས་ན། འདི་ལས་གཞན་དུ་གྱུར་པའི་དལ་འབྱོར་རྒྱུད་གཟོན་པ་མེད་པ་དང་། དེ་ལྟ་བུའི་སྙོམ་ལས་དང་ལེ་ལོ་ནི་ཧ་ཅང་སྒྲུབ་པ་ལ་གེགས་བྱེད་པའི་ཉེས་དམིགས་ཚད་མེད་པ་ཞིག་ཡིན་ལ། དེ་ལྟར་ཡིན་པའི་ཚུལ་ནི།

མདོ་ལས། ལེ་ལོ་ཅན་ལ་ནི་བྱང་ཆུབ་ཤིན་ཏུ་རིང་ཞིང་རྣམ་པར་རིང་ངོ། །ལེ་ལོ་ཅན་རྣམས་ལ་ནི་སྦྱིན་པ་ནས་ཤེས་རབ་ཀྱི་བར་དུ་མེད་དོ། །ལེ་ལོ་ཅན་ལ་ནི་གཞན་གྱི་དོན་མེད་དོ། །

ཞེས་དང་།

གཞན་ལས།

དྲན་པ་ཉེར་བཞག་ལས་ཀྱང་། །
ཉོན་མོངས་རྣམས་ཀྱི་གཞི་གཅིག་ནི། །
ལེ་ལོ་ཡིན་ཏེ་གང་ལ་ཡོད། །
གང་ལ་ལེ་ལོ་གཅིག་ཡོད་པ། །
དེ་ལ་ཆོས་ཀུན་མེད་པ་ཡིན། །

ཞེས་དང་།

ཀུན་བཏུས་ལས། ལེ་ལོ་གང་ཞེ་ན། ཉལ་བ་དང་སྙེས་པ་དང་འཕྲོས་པའི་བདེ་བ་ལ་བརྟེན་ནས་གཏི་མུག་གི་ཆར་གཏོགས་པའི་སེམས་མི་སྤྲོ་བ་སྟེ་དགེ་བའི་ཕྱོགས་ལ་སྦྱོར་བའི་བར་དུ་གཅོད་པའི་ལས་ཅན་ནོ། །ཞེས་གསུངས་སོ། །དེ་ལྟ་བུའི་ལེ་ལོ་སྐྱེ་བའི་རྒྱུ་ནི།

རིན་ཆེན་ཕྲེང་བ་ལས།

སྙོམ་ལས་བརྩོན་པ་མེད་པའི་ལུས། །

ཞེས་དང་།

མདོ་ལས།

གང་ཞིག་རྨུགས་དང་གཉིད་ལ་དགའ་འགྱུར་བ། །
ལེ་ལོ་བྱེད་ཅིང་བརྩོན་འགྲུས་ཡོངས་སུ་ཉམས། །

ཞེས་དང་།

ཡང་ལྷག་བསམ་བསྐུལ་བ་ལས།

གང་ཞིག་རྨུགས་དང་གཉིད་ལ་དགའ་འགྱུར་བ། །
དེ་ནི་གཏི་མུག་དྲ་བ་ཆེན་པོར་འཕེལ། །
དེ་ནི་ལྟ་བ་རྙེད་ནས་ཐེ་ཚོམ་འགྱུར། །
དེ་ལ་ལྟ་གྱུར་གཞན་ཡང་མང་དུ་འབྱུང་། །
གང་ཞིག་རྨུགས་དང་གཉིད་ལ་དགའ་འགྱུར་བ། །
དེ་ནི་ཤེས་རབ་ཤིན་ཏུ་ཉམ་ཆུང་འགྱུར། །
དེ་ནི་བློ་ཡང་ཡོངས་སུ་ཉམས་པར་འགྱུར། །
ཡེ་ཤེས་ལས་ནི་རྟག་ཏུ་དེ་ཉམས་འགྱུར། །
གང་ཞིག་རྨུགས་དང་གཉིད་ལ་དགའ་འགྱུར་བ། །
མི་ཤེས་ལེ་ལོ་སྙོམ་ལས་ཤེས་རབ་འཆལ། །
དེ་ལ་མི་མ་ཡིན་པས་གླགས་རྙེད་དེ། །
ནགས་ན་གནས་པའི་ཚེ་ནི་འཚེ་བར་འགྱུར། །
གང་ཞིག་རྨུགས་དང་གཉིད་ལ་དགའ་འགྱུར་བ། །
དེ་ནི་དགེ་སེམས་རྟག་ཏུ་མི་འདོད་དེ། །
དེ་ནི་ཆོས་ལ་འདུན་པ་བསྐྱེད་མི་བྱ། །
ཕྱིར་ཞིང་ཆོས་མ་ཡིན་ལ་དེ་དགའ་འགྱུར། །
གང་ཞིག་རྨུགས་དང་གཉིད་ལ་དགའ་འགྱུར་བ། །
དེ་ནི་རྨོངས་ཤིང་ཆོས་ལ་འདུན་པ་ཉམས། །

བྲིས་པ་ཡོན་ཏན་ཀུན་ལས་ཡོངས་སུ་ཉམས། །
དཀར་པོ་འཛོམས་ཤིང་མུན་པར་འགྲོ་བར་འགྱུར། །

ཞེས་དང་།

རྗེ་བོའི་ཞལ་ནས།

གཉིད་རྒྱུགས་ལེ་ལོ་གཡེང་ སྤྲངས་ཏེ། །
ངེས་པར་འཆི་བའི་འདུ་ཤེས་བསྐྱེད། །

ཅེས་དང་།

ལྷག་བསམ་བསྐུལ་བ་ལས།

འདོད་ཆགས་སྤྲངས་ཤིང་ཞེ་སྡང་རབ་སྤངས་ནས། །
རྒྱལ་འབྱོར་ཅན་ནི་འདུ་འཛིར་མི་གནས་ཏེ། །
དེ་ནི་དེ་ལ་གཞོལ་ཞིང་དེ་ལ་འབབ། །
ཉེས་པ་དེས་ན་དགའ་བར་བྱེད་མི་འགྱུར། །
དགོད་དང་བཤད་གད་དེ་བཞིན་རྣམ་རྟོག་པ། །
འདི་དག་ཐམས་ཅད་འདུ་འཛི་རྣམས་ལས་བྱུང་། །
སྙིང་པོ་མེད་པའི་འདུ་འཛི་སུས་བྱེད་པ། །
དེ་ནི་ཡང་ལོང་སྤྱོད་ཅིང་མ་བསླམས་ཡིན། །
བྲིས་པ་དག་ནི་འཇིག་རྟེན་སླ་ལ་དགའ། །
བྲིས་པ་དེ་དག་མཆོག་གི་གཏམ་ལས་ཉམས། །
ཞེ་སྡང་འཕེལ་ཞིང་རྣམ་རྟོག་ཤས་ཀྱང་ཆེ། །

ཉེས་པ་དེས་ནི་དེ་ལ་མི་ཆགས་སོ། །

ཞེས་གསུངས་སོ། །དེ་ལྟ་བུའི་འདུ་འཛི་དང་ལེ་ལོ་དག་ནི་རྒྱུ་གང་ལས་བྱུང་ངོ་ཞེ་ན། གཙོ་བོ་དེ་དག་ཐམས་ཅད་འདོད་ཆགས་ལས་བྱུང་བར་གྱུར་པ་ཡིན་ཏེ། དེ་ཡིན་པའི་ཚུལ་ནི།

བུ་མོ་ཟླ་མཆོག་ལུང་བསྟན་པ་ལས།

འདོད་པའི་ཕོལ་པོ་རྣམས་ནི་གཤགས་ཤིང་གཏུབས། །
མགོ་དང་མིག་དང་རྐང་ལག་བཅད་ཕྱུང་གྱུར། །
འདོད་ཆགས་ཀྱིས་ནི་སེམས་ཅན་དམྱལ་བར་ལྟུང་། །
འདོད་ཆགས་ཀྱིས་ནི་ཡི་དྭགས་དུད་འགྲོར་འགྲོ། །

ཞེས་དང་།

སྐྱེས་རབས་ལས།

འདོད་པའི་ཕྱིར་ནི་འཇིག་རྟེན་བཅིང་ཞིང་གསོད་པར་འགྱུར། །
མྱ་ངན་གདུངས་ཤིང་འཇིགས་པ་མང་པོའི་སྡུག་བསྔལ་སྐྱོང་། །
རྒྱལ་པོ་རྣམས་ཀྱང་འདོད་པའི་ཕྱིར་ནི་བརླག་པར་འགྱུར། །
ཕྱི་མ་ལ་ཡང་ཆོས་ཉམས་སེམས་ཅན་དམྱལ་བར་ལྟུང་། །
གང་གིས་མཛའ་བོ་རྣམས་དང་མྱུར་དུ་འཁོན་འབྱུང་འགྱུར། །
གང་གིས་གཡོ་སྒྱུ་དྲི་མ་ཅན་གྱི་ལམ་དུ་འགྲོ། །
གྲགས་པ་ཉམས་ཤིང་ཕྱི་མ་ལ་ཡང་སྡུག་བསྔལ་སྐྱོང་། །
དེ་དག་འཐོབ་པར་འགྱུར་བའི་རྒྱུ་ནི་འདོད་པ་ཡིན། །

དེ་བས་རབ་དང་འབྲིང་དང་ཐ་མ་རྣམས། །
འདི་དང་ཕ་རོལ་དུ་ཡང་འདོད་པས་གསོད་པར་བྱེད། །
བདག་ལ་ཕན་འདོད་སྡུལ་གདུག་ཁྲིམས་པ་བཞིན། །
ཐུབ་པ་རྣམས་ནི་དེ་ལ་མི་བསྟེན་ནོ། །

ཞེས་གསུངས་སོ། །དེ་ལྟ་བུའི་འཇིགས་པ་ཐམས་ཅད་ཀྱི་རྩ་བ་འདོད་པའི་ཞགས་པ་ནི་ཤིན་ཏུ་མི་བཟོད་པའི་རང་བཞིན་ཅན་དུ་གྱུར་པ་དང་། མ་ཟད་ཡུལ་བུད་མེད་དག་ནི་དེ་བས་ཀྱང་འདོད་ཆགས་སྐྱེ་བའི་ཡུལ་དུ་གྱུར་ཅིང་འདི་ཕྱི་ཀུན་ཏུ་སྡུག་བསྔལ་གྱི་གནས་སུ་ལྷུང་བར་བྱེད་པའི་རྒྱུ་ཉིད་དུ་འགྱུར་བ་ཡིན་ཏེ།

ཟླ་བ་སྒྲོན་མེར།

འཇིགས་པ་ཆེན་པོའི་ཞགས་པ་ནི། །
བུད་མེད་ཞགས་པ་མི་བཟད་པས། །
སངས་རྒྱས་རྣམས་ཀྱིས་འདོད་པ་དང་། །
བུད་མེད་བསྟེན་པ་ཡོངས་མི་བསྔགས། །
ལམ་འདིས་བྱང་ཆུབ་མི་འགྱུར་བས། །
བུད་མེད་རྣམས་ལ་མ་བསྟེན་པར། །
སྡུལ་གདུག་ཤིན་ཏུ་ཁྲོ་བ་ལྟར། །
མཁས་པས་དེ་ནི་རྣམ་པར་སྤང་། །

ཞེས་དང་།

ཟླ་མཆོག་གིས་ཞུས་པར་ཡང་།

འདོད་ཆགས་སེམས་ལྡན་བདེ་འགྲོར་འགྲོ་མ་ཡིན། །

འདོད་ཆགས་སེམས་ལྡན་མྱ་ངན་འདས་མི་འགྲོ། །

ཞེས་དང་།

དྲན་པ་ཉེར་བཞག་ལས།

ཞགས་པའི་ནང་ན་འདི་དམ་སྟེ། །

འདི་ལྟར་བུད་མེད་ཞགས་པ་དམ། །

འདི་ཡིས་བཅིངས་པའི་མི་རྣམས་ནི། །

སྲིད་པའི་བཙོན་རར་རྒྱུག་པར་བྱེད། །

ཞགས་པས་མགུལ་བཅིངས་ཞགས་མིན་གྱི། །

སྙིང་ཞགས་བུད་མེད་འདི་མི་བཟད། །

སྙིང་གི་ཞགས་པས་བཅིངས་པ་ཡི། །

མི་རྣམས་སྡུག་བསྔལ་སྐལ་བ་ཅན། །

ཞགས་པ་བསྲེག་ཅིང་གཏུབ་ཏུ་རུང་། །

བུད་མེད་ཞགས་པ་བསྲེག་མི་རུང་། །

བུད་མེད་ཞགས་པ་ཆེན་པོ་འདིས། །

དབང་པོ་དྲུག་རྣམས་འཆིང་བར་བྱེད། །

ཅེས་གསུངས་སོ། །དེ་ལྟར་འཆིང་བར་བྱེད་པའི་ལུས་དག་ནི་མི་གཙང་བའི་རང་བཞིན་དུ་གནས་ཤིང་ཧ་ཅང་ཡིད་དུ་མི་འོང་བར་གྱུར་པ་ཡིན་ཏེ།

འཆར་བྱེད་ཀྱིས་ཞུས་པར།

སྣབས་དང་མཆིལ་མ་ཁ་ཆུ་དང་།།
གླད་རྒྱུས་རྩུལ་བའི་གླད་པ་དང་།།
ལུས་ལས་དྲི་ང་འཛག་དེ་ལ།།
བྱིས་པ་རྣམས་ནི་སྦྲང་རྩི་བཞིན།།

ཞེས་དང་།

གཞན་ལས།

མི་གཙང་སྤྱོད་ཡུལ་བྱིས་པ་རྣམས།།
སྣབས་དང་མཆིལ་མ་ཟ་བར་བྱེད།།
སྨད་པར་འོས་ལ་ཆགས་བྱེད་པ།།
སྦྲང་བུ་རྣམས་ཀྱིས་རྫ་མཐོང་བཞིན།།

ཞེས་དང་།

དེ་བཞིན་དུ་དགའ་བོ་མངལ་གནས་ལས་ཀྱང་།

ལུས་འདི་རྩ་རྒྱུས་དཀྲིས་ནས་ནི།།
པགས་པ་གཤེར་བས་གཡོགས་པས་ན།།
གནས་དགུ་རྨ་ཡི་སྒོ་ཡོད་པར།།
དེ་ལྟ་བུར་ནི་བལྟ་བར་བྱ།།

ཞེས་དང་།

གང་པོས་ཞུས་པར།

ལུས་འདི་མི་གཙང་རོ་དང་འདྲ། །
བུ་ག་དགུ་ནས་མི་གཙང་འཛག །
སྲིན་བུ་མི་གཙང་སོས་པ་བཞིན། །
ལྷུན་པོ་ལུས་སྲིད་དེ་དང་འདྲ། །

ཞེས་དང་།

དཔལ་ཕྲེན་གྱིས་ཞུས་པར། བྱང་ཆུབ་སེམས་དཔས་ལུས་འདིའི་ཐོག་མ་དང་ཐ་མའི་རྒྱུ་ལ་སོ་སོར་བརྟག་པར་བྱའོ། །ཕ་མའི་ཁུ་ཆུ་དང་ཁྲག་འདྲེས་པ་ལས་འབྱུང་སྟེ། ལུས་འདི་ལ་ཁུ་ཆུ་དང་ཁྲག་ནི་ལུས་ཀྱི་ཐོག་མའི་རྒྱུ་ཡིན་ནོ། །ཐ་མའི་རྒྱུ་ནི་ཟས་འཇུ་བ་ལ་སྲུ་ཕྱིན་ནས་བད་ཀན་གྱིས་རྐྱང་རྐྱང་སོགས་བྱས་ཏེ་ཤིན་ཏུ་མི་གཙང་བར་འགྱུར་རོ། །དེའི་འོག་ཏུ་མཁྲིས་པའི་གནས་སུ་འགྲོ་སྟེ། ཞེས་སོགས་གསུངས་སོ། །དེ་ལྟ་བུའི་མི་གཙང་བའི་ལུས་འདི་ལ་སྲིད་ལྡན་རྣམས་ཀྱིས་རྟག་ཏུ་གཙང་བར་བཟུང་ནས་འཁྲུལ་བར་གྱུར་པ་ཡིན་ཏེ། དེ་ལྟར་ཡིན་པའི་ཚུལ་ནི།

དྲན་པ་ཉེར་བཞག་ལས།

རྒྱ་མཚོ་རླབས་ཀྱི་ཕྲེང་བ་ཅན། །
ཆུ་ཡིས་ངོམས་པར་འགྱུར་མ་ཡིན། །
སྲིད་ལྡན་འདོད་པ་རྣམས་ཀྱིས་ཀྱང་། །
ཚིམ་པ་ནམ་ཡང་ཡོད་མ་ཡིན། །

ཞེས་དང་།

རྣལ་འབྱོར་སྤྱོད་པའི་ས་ལས།

རྟོག་པས་རབ་ཏུ་བཙོམ་པའི་སྐྱེ་བ་པོ།།

འདོད་ཆགས་ཤས་ཆེ་སྡུག་པར་བལྟ་བ་ནི།།

སྲིད་པ་ཕྱིར་ཞིང་རྣམ་པར་འཕེལ་འགྱུར་ཏེ།།

དེས་ནི་དེ་ཡི་འཆིང་བ་དམ་པོར་བྱེད།།

ཅེས་དང་།

རིན་ཆེན་ཕྲེང་བ་ལས།

བུད་མེད་ལུས་ལ་དོན་དུ་ནི།།

གཙང་བ་ཅུང་ཟད་ཡོད་མ་ཡིན།།

ཁ་ནི་ཁ་ཆུ་རུལ་པ་དང་།།

སོ་སྐྱག་མི་གཙང་སྣོད་ཡིན་ཏེ།།

ཞེས་དང་།

དཔུང་བཟང་གིས་ཞུས་པ་ལས་ཀྱང་།

གཉའ་ཤིང་གང་དུ་བལྟ་ཞིང་བསོད་སྙོམས་སྤྱད།།

འཛུམ་ཞིང་འགྲོ་ལ་སྨྲ་ཞིང་ཟུར་མིག་ཅན།།

ཡན་ལག་ཐམས་ཅད་ཡིད་འཕྲོག་བྱེད་པའི་གཟུགས།།

བུད་མེད་གཟུགས་ནི་མཚོན་ཆ་འཛེབས་འདྲ་བས།།

སྐྱེས་པའི་སེམས་ནི་མངོན་དུ་འཕྲོག་པར་བྱེད།།

ལྕགས་ཀྱི་ཐོང་ལྕགས་རབ་ཏུ་འབར་བ་ཡིས།།

མིག་ནི་རྣམ་པར་བཀབ་པ་ཆེས་བླ་ཡི། །

ཉེས་ན་དྲན་པ་ཉམས་བྱེད་བུད་མེད་ཀྱི། །

དཀྱུས་རིང་མིག་ཅན་བཞིན་ནི་མ་མཐོང་བླ། །

ཞེས་དང་།

རིན་པོ་ཆེའི་ཕུང་པོའི་མདོ་ལས།

ལུས་ནི་མི་གཙང་ལས་བྱུང་སྟེ། །

རྟག་ཏུ་སྲོག་ཆགས་རྣམས་ཀྱང་གནས། །

གཅིན་དང་རྟུག་པས་རབ་གང་ན། །

དེ་ལ་བྱིས་པ་རབ་ཏུ་ཆགས། །

དགེ་སློང་ཕ་དང་དགེ་སློང་མ། །

དགེ་བསྙེན་ཕ་དང་དགེ་བསྙེན་མ། །

འདི་ཐོས་ནས་ནི་འདོད་ཆགས་འབྲལ། །

འདོད་ཆགས་བྲལ་བས་རྣམ་པར་གྲོལ། །

ཞེས་གསུངས་སོ། །དེ་བཞིན་དུ་ལེ་ལོ་དང་སྙོམས་ལས་ཀྱི་དབང་གིས་མི་གཙང་བ་ལ་གཙང་བར་བཟུང་མི་བདེན་པ་ལ་བདེན་པར་བཟུང་བར་བྱས་ན། འཁོར་བ་མཐའ་མེད་པའི་གནས་སུ་ལྟུང་ཞིང་སྡུག་བསྔལ་གྱིས་རྟག་ཏུ་མནར་བར་འགྱུར་བ་ཡིན་མོད། དེའི་ཕྱིར་ན་རྒྱུན་དུ་དྲན་ཤེས་བསྟེན་ཞིང་དགེ་བའི་ཆོས་ལ་བརྩོན་པར་བྱ་དགོས། དེ་ལྟར་དགེ་བའི་ཕྱོགས་ལ་བརྩོན་འགྲུས་བརྩམས་པར་བྱས་ན། ཡོན་ཏན་དཔག་ཏུ་མེད་པ་ཞིག་འབྱུང་བར་འགྱུར་བ་ཡིན་ཏེ། དེ་ལྟར་ཡིན་པའི་ཚུལ་ནི། དབུ་མ་འཇུག་པ་ལས།

ཡོན་ཏན་མ་ལུས་བརྩོན་འགྲུས་རྗེས་འགྲོ་ཞིང་། །བསོད་ནམས་བློ་གྲོས་ཚོགས་ནི་གཉིས་ཀྱི་རྒྱུ། །ཞེས་དང་།

མདོ་ལས་ཀྱང་། བློ་གྲོས་རྒྱ་མཚོ་བརྩོན་འགྲུས་བརྩམས་པ་ལས་ནི་བླ་ན་མེད་པ་ཡང་དག་པར་རྫོགས་པའི་བྱང་ཆུབ་དཀའ་བ་མ་ཡིན་ནོ། །དེ་ཅིའི་ཕྱིར་ཞེ་ན། གང་ལ་བརྩོན་འགྲུས་ཡོད་པ་དེ་ལ་བྱང་ཆུབ་ཡོད་ཀྱི་ལེ་ལོ་ཅན་རྣམས་ལ་ནི་བྱང་ཆུབ་ཤིན་ཏུ་རིང་ངོ་། །ཞེས་སོགས་གསུངས་པ་ལྟ་བུ་དང་།

མ་ཟད་ཡང་སྤྱོད་པ་ལས།

བརྩོན་འགྲུས་ཀྱིས་ནི་དཀར་པོའི་ཡོན་ཏན་འཕྲེལ་མི་འགྱུར། །
ཡེ་ཤེས་མཐའ་ཡས་རྒྱལ་བའི་བང་མཛོད་རྙེད་པར་འགྱུར། །

ཞེས་དང་།

ཐོགས་མེད་ཀྱིས་ཀྱང་། གང་གི་ཕྱིར་བྱང་ཆུབ་སེམས་དཔའི་དགེ་བའི་ཆོས་དེ་ལྟར་ཡང་དག་པར་འགྲུབ་པར་བྱ་བའི་རྒྱུས་ནི་བླ་ན་མེད་པ་ཡང་དག་པར་རྫོགས་པའི་བྱང་ཆུབ་ཐོབ་པར་བྱེད་པ་ཡིན་ནོ། །ཞེས་གསུངས་སོ། ། དེ་ལྟ་བུའི་བརྩོན་འགྲུས་ཞེས་པ་ནི། རྟག་ཏུ་དགེ་བ་ལ་སྤྲོ་བར་འགྱུར་བའི་རང་བཞིན་ཅན་ཉིད་ལ་བརྗོད་པར་བྱ་དགོས་པ་ཡིན་ཏེ། དེ་ལྟར་ཡིན་པའི་ཚུལ་ནི།

མདོ་ལས།

བརྩོན་འགྲུས་གང་ཞེ་ན་དགེ་བ་ལ་སྤྲོ་བའོ། །

ཞེས་དང་།

ཕུང་ལྔའི་རབ་བྱེད་ལས་ཀྱང་། བརྩོན་འགྲུས་གང་ཞེ་ན་ལེ་ལོའི་གཉེན་པོ་སྟེ་དགེ་

བ་ལ་སེམས་མངོན་པར་སྤྲོ་བའོ། །ཞེས་དང་།

ཀུན་བཏུས་ལས། དགེ་བའི་ཕྱོགས་ཡོངས་སུ་རྫོགས་པར་བྱེད་པ་དང་ཡོངས་སུ་སྒྲུབ་པའི་ལས་ཅན་ནོ། །ཞེས་དང་།

དྲན་པ་ཉེར་བཞག་ལས་ཀྱང་། ལེ་ལོ་ནི་བརྩོན་འགྲུས་བསྐྱེད་པས་ཏེ་ལེ་ལོ་རྣམས་ནི་ཐམས་ཅད་ཀྱང་བརྩོན་འགྲུས་པས་འཇོམས་པར་འགྱུར་རོ། །དཔེར་ན་སྣང་བས་མུན་པ་འཇོམས་པར་བྱེད་པ་དེ་བཞིན་དུ་ལེ་ལོ་རྣམས་ཐམས་ཅད་ཀྱང་བརྩོན་འགྲུས་བསྐྱེད་པས་སྤོང་བ་ཡིན་ནོ། །ཞེས་དང་།

ལྷག་བསམ་བསྐུལ་བ་ལས།

སྡུག་བསྔལ་ཀུན་དང་མུན་པ་སེལ་བྱེད་ཅིང་། །
ངན་སོང་ཡོངས་སུ་སྤོང་བའི་གཞིར་གྱུར་པ། །
སངས་རྒྱས་ཀུན་གྱིས་བསྔགས་པའི་བརྩོན་འགྲུས་འཕགས། །
གང་ཡིན་དེ་ནི་རྟག་ཏུ་བསྟེན་པར་གྱིས། །
འཇིག་རྟེན་འདི་ན་བཟོ་གང་ཅི་ཡོད་དང་། །
འཇིག་རྟེན་འདས་བཟོ་གང་དག་ཅི་ཡོད་པ། །
བརྩོན་འགྲུས་བརྩམས་ལ་རྙེད་པར་མི་དཀའ་ན། །
མཁས་པ་སུ་ཞིག་བརྩོན་འགྲུས་སྟོབས་ཀྱིས་སྐྱོ། །
གང་དག་སངས་རྒྱས་བྱང་ཆུབ་ཞུགས་གྱུར་པ། །
དེ་དག་རྨུགས་གཉིད་སྐྱོན་རྣམས་མཐོང་ནས་ནི། །
རྟག་ཏུ་བརྩོན་འགྲུས་རྩོམ་ལ་གནས་པར་བྱེད། །

འདི་ནི་ང་ཡིས་དེ་དག་བསྐྱལ་བྱས་ཡིན། །

ཞེས་དང་། 

མདོའི་རྒྱན་ལས།

དགེ་བའི་ཚོགས་ཀྱི་ནང་ན་བརྩོན་འགྲུས་མཆོག །
འདི་ལྟར་དེ་ལ་བརྟེན་ནས་དེ་རྗེས་ཐོབ། །
བརྩོན་འགྲུས་ཀྱིས་ནི་མོད་ལ་བདེ་གནས་མཆོག །
དངོས་གྲུབ་འཇིག་རྟེན་འདས་དང་འཇིག་རྟེན་གཏོགས། །
བརྩོན་འགྲུས་ཀྱིས་ནི་འཇིག་ཚོགས་འདས་ནས་གྲོལ། །
བརྩོན་འགྲུས་ཀྱིས་ནི་བྱང་ཆུབ་མཆོག་སངས་རྒྱ། །

ཞེས་དང་། 

ཕར་བསྡུས་ལས་ཀྱང་། 

ཡོངས་སུ་སྐྱོ་མེད་བརྩོན་འགྲུས་ཆེ་ལྡན་ན། །
མི་འཐོབ་མི་འགྲུབ་རྣམ་པ་གང་ཡང་མེད། །

ཅེས་དང་། 

བྱང་ཆུབ་སེམས་དཔའི་སྤྱོད་ལས།

བདག་ཉིད་ཀྱི་ཡང་ལུས་དང་ནི། །
སྲོག་ཀྱང་ཡོངས་སུ་སྤངས་བགྱིས་ཏེ། །
ལེ་ལོ་དག་ནི་ཀུན་སྤངས་ནས། །
བྱང་ཆུབ་དམ་པ་བཙལ་བར་བགྱི། །

ཤ་རྣམས་དང་ནི་དེ་བཞིན་ཁྲག་རྣམས་དང་། །
པགས་པ་དང་ནི་ཙུས་སྐམ་སྲོག་པོར་ཏེ། །
ལེ་ལོ་ཐམས་ཅད་ཡོངས་སུ་སྤངས་བགྱིས་ནས། །
བྱང་ཆུབ་མཆོག་ཕྱིར་བརྩོན་འགྲུས་བརྩམ་པར་བགྱི། །

ཞེས་དང་།

མདོ་སྡེའི་རྒྱན་ལས།

ཐོག་མར་གོ་ཆའི་བརྩོན་འགྲུས་དེ་ནས་ནི། །
ཚུལ་བཞིན་རབ་ཞུགས་སྦྱོར་བའི་བརྩོན་འགྲུས་ཏེ། །
མ་ཞུམ་མི་འཁྲུགས་ཆོག་མི་ཤེས་བརྩོན་འགྲུས། །

ཞེས་དང་།

ཀླུ་སྒྲུབ་ཀྱིས།

བསོད་ནམས་ཆེན་པོའི་རིན་གྱིས་ནི། །
ཁྱོད་ཀྱིས་ལུས་ཀྱི་གྲུ་ཉོས་པ། །
ཇི་སྲིད་ཆགས་པར་མ་གྱུར་པ། །
སྡུག་བསྔལ་རྒྱ་མཚོའི་ཕ་རོལ་སོང་། །

ཞེས་དང་།

ལམ་སྒྲོན་དུ།

གཉིད་རྨུགས་ལེ་ལོ་སྤང་བྱ་ཞིང་། །
རྟག་ཏུ་བརྩོན་འགྲུས་འབད་པར་བྱ། །

ཞེས་གསུངས་པ་ལྟར་དགེ་བའི་ཕྱོགས་ལ་བརྩོན་པར་བྱ་དགོས། དེ་ལྟར་མི་བྱེད་པར་ད་ལྟ་རང་ལག་ཏུ་ཐོབ་ཡོད་པའི་དལ་འབྱོར་གྱི་ལུས་རྟེན་ཕུན་སུམ་ཚོགས་པ་འདི་ཉིད་ཆུད་གསོན་པར་བྱས་ན་འདི་ལས་ཡིད་ཕམ་པ་མེད་པར་གྱུར་པ་ཞིག་ཡིན་པ་དང་། མ་ཟད་རང་གི་འཁོར་དང་ཆེ་གང་བསགས་པའི་ནོར་ལོངས་སྤྱོད་གཉེན་ཉེ་དུ་སོགས་དང་ཅི་ཙམ་བརྩེ་བས་འབྲེལ་བ་ན་ཡང་སྐད་ཅིག་ཙམ་དུ་ཡང་མི་རྟག་པར་སྣང་འབྲལ་བར་གྱུར་པ་འདི་ལྟ་བུ་ཞིག་ཡིན་ན། གཞན་ལྟ་ཅི་སྨོས། མ་ཟད་རང་གིས་གཅེས་པར་བཟུང་བའི་སྒྱུ་ལུས་འདི་ཡང་སྐད་ཅིག་ཙམ་དུ་སྡོད་དབང་མེད་པར་དུར་ཁྲོད་ནང་དུ་བཞག་ནས་འཆི་དགོས་པ་ཡིན་ལ། དེ་ལྟར་ནམ་ཞིག་རང་ཉིད་མལ་གྱི་ནང་ནས་གཅིག་ཏུ་འཆི་བར་གྱུར་ཚེ་རང་གི་ཕ་མ་དང་ཉེ་དུ་སོགས་ཀྱིས་ཤིན་ཏུ་ཡ་ང་བའི་གནས་དུར་ཁྲོད་དང་གཡང་ས་སོགས་ཀྱི་ས་ཕྱོགས་འཇིགས་སུ་རུང་བའི་སྟོང་པའི་གནས་དེར་བསྐྱལ་བར་བྱས་ཤིང་། གནས་དེར་ཡོད་པའི་གཅན་གཟན་འཇིགས་སུ་རུང་བ་ཝ་དང་བྱ་རྒོད་ཁྱི་ཡིས་འདྲུད་པར་བྱེད་པའི་དུས་ལ་བབས་པའི་ཚེ་ན། རང་ཉིད་གཅིག་པུ་བར་དོར་འཁྱམས་ཤིང་། དེའི་ཚེ་བར་དོའི་ཡུལ་ན་འཇིགས་པ་ཤིན་ཏུ་ཆེ་བ་ཡིན་པས་ན། ད་ལྟ་ཉིད་ནས་བདག་དང་བདག་འདྲ་བའི་སྡིགས་མའི་སྐྱེ་བོ་དག་གིས་བློ་སྣ་དམ་པའི་ཆོས་ཕྱོགས་ལ་མྱུར་དུ་སྒྱུར་བར་མཛོད་ཅིག་གུ་རུ་པདྨ་འབྱུང་གནས་ཁྱེད་མཁྱེན། བདག་ཅག་སྡིགས་མའི་སེམས་ཅན་ལས་ངན་རྣམས་ལམ་ཕྱིན་ཅི་ལོག་ཏུ་གོལ་བ་ན་དམན་པའི་བྱ་བའི་ཡུལ་དུ་མ་གཏོང་བར་གྱིས་ཤིག་ཀུན་མཁྱེན་བླ་མ་རྗེ་དང་གཉིས་སུ་མེད་པའི་བཀའ་དྲིན་གསུམ་ལྡན་གྱི་དྲིན་ཆེན་རྩ་བའི་བླ་མ་ཁྱེད་མཁྱེན་ནོ་ཞེས་བརྗོད་པར་བྱ་དགོས་པ་ཡིན་ནོ། །

དེ་ནས་གོང་དུ་བཤད་པ་བར་དོའི་ཡུལ་དུ་འགྲོ་བའི་ཚེ་ན། རང་རང་གི་ལས་དགེ་དང་མི་དགེ་ཅི་བྱས་པའི་འབྲས་བུ་རྣམས་ཆུད་བཟོས་སུ་མ་སོང་བར་རང་གི་དགེ་སྡིག་ལས་ཀྱི་རྣམ་སྨིན་ཐམས་ཅད་རང་རང་གི་ཕྱི་བཞིན་དུ་འབྲང་བར་འགྱུར་བ་ཡིན་ནོ། །དེ་ལྟར་ལས་ཀྱི་འབྲས་བུ་རྣམས་ཕྱི་བཞིན་འབྲང་བའི་རྣམ་སྨིན་གྱི་ཁྱད་པར་ནི། མར་ངན་སོང་དམྱལ་བའི་འཇིག་རྟེན་ཉིད་དུ་སོན་པར་གྱུར་པ་ན། ས་ཐམས་ཅད་ལྕགས་བསྲེག་གི་ས་གཞིར་ཉིད་དུ་གྱུར་པ་དང་། མ་ཟད་ལུས་ལ་མཚོན་ཆ་སྣ་ཚོགས་ཀྱིས་རང་གི་མགོ་དང་ལུས་ཐམས་ཅད་འདྲལ་བར་བྱེད་པ་དང་། མ་ཟད་ཡང་ལུས་ལ་སོག་ལེས་གཤགས་པ་དང་ཐོ་ལུམ་རབ་ཏུ་མི་འབར་བས་འཚོར་བ་དང་། ཡང་སྒོ་མེད་ཀྱི་ལྕགས་ཁྱིམ་ནང་དུ་འཐུམས་པར་གྱུར་ནས་འོ་དོད་འབོད་ཅིང་སྡུག་བསྔལ་བར་འགྱུར་པ་དང་། ཡང་ཤིན་ཏུ་མེ་འབར་བའི་གསལ་ཤིང་གིས་རྩེར་བསྐྱོན་ཞིང་ལུས་འབུགས་པར་བྱས་ཏེ་ཁྲོ་ཆུ་ཁོལ་མའི་ནང་དུ་འཚོད་པར་བྱེད་པ་དང་། ཡང་འཇིག་རྟེན་གྱི་ཙན་དན་གྱི་མེ་སོགས་ཤིན་ཏུ་ཚ་བ་ཀུན་ནས་ཚ་བའི་མེས་རབ་ཏུ་བསྲེགས་ཤིང་ལུས་བརྒྱད་ཚན་གཅིག་ཏུ་གས་པ་དང་། ཡང་གངས་རི་སྟུག་པོའི་འདབ་དང་ཆུ་འཁྱགས་སོགས་ཀྱི་གནས་སུ་འཁྱམས་ཤིང་ལུས་སེམས་ལ་སྡུག་བསྔལ་གྱིས་གདུང་བ་དང་། མ་ཟད་གནས་ངན་པ་གཙོང་རོང་ཡ་ངའི་གནས་སུ་ཁ་བ་བུ་ཡུག་སྤྲིངས་པ་དང་། གྲང་རིག་ཕྲུང་གིས་བཏབ་པར་བྱས་པའི་ལང་ཚོ་དེ་ལ་ནི། ཆུ་བུར་ཅན་དང་ལྷག་པར་བརྫོལ་བ་ཅན་སོགས་ཀྱི་སྡུག་བསྔལ་གྱིས་གདུང་ཞིང་རྟག་ཏུ་སྨྲེ་ངག་རྒྱུན་མི་ཆད་པར་འདོན་པར་གྱུར་པ་ན་ཡང་། ཚོར་བའི་སྡུག་བསྔལ་བརྣག་པར་ཤིན་ཏུ་དཀའ་བ་ཡིས་དཔེར་ན་ཟྲུངས་ཀྱིས་རབ་ཏུ་བཏང་བའི་འཆི་ཁའི་ནད་པ་བཞིན་དུ་ལས་ངན་པའི་སེམས་ཅན་དེ་དག་གིས་རྟག་ཏུ་

ཤུགས་རིང་འདོན་ཅིང་སོ་འཐམ་པ་དང་། ལུས་ཀྱི་པགས་པ་རྣམས་ཕྱོགས་ཕྱོགས་སུ་འགས་པ་དང་། དེ་དག་ཤའུ་རྣམས་ཐོན་ནས་ལྷག་པར་འགས་པར་བྱས་ཏེ་བརྒྱད་ཚར་དུ་གས་པ་དང་། དེ་བཞིན་དུ་སྤུ་གྲིའི་ཐང་ལ་སེམས་ཅན་དེ་དག་གི་རྐང་པ་གཞག་པ་དང་མཉམ་དུ་ལུས་སོགས་ཐ་དད་དུ་གཤགས་པར་འགྱུར་བ་དང་། རལ་གྲིའི་ཚལ་དུ་སྐྱེས་ཤིང་ལུས་ལ་རི་མོ་སྣ་ཚོགས་དོད་ནས་བྲིས་ཤིང་བཅད་གཏུབ་བྱེད་པ་དང་། ལས་ངན་པའི་སེམས་ཅན་དེ་དག་རྣམས་ར་མྱུགས་ཀྱི་འདམ་དུ་ཚུད་པ་དང་། ཐལ་ཚན་གྱི་ཆུ་བོ་རབ་མེད་ཀྱི་གློང་དུ་ལྷུང་བར་འགྱུར་ཞིང་ལས་ངན་པའི་སེམས་ཅན་དེ་དག་ཤིན་ཏུ་སྡུག་བསྔལ་གྱི་དོས་དྲག་པོས་རྟག་ཏུ་མནར་བའི་ཉེ་འཁོར་བ་དང་འགྱུར་བ་ཅན་དེ་རྣམས་དང་། ཡང་སྒོ་དང་ཀ་བ་ཐབ་དང་ཐག་པ་སོགས་ལ་རྟག་ཏུ་གནས་པའི་བཀོལ་ཞིང་སྤྱོད་པའི་ཉེ་ཚེ་བ་ཡི་སེམས་ཅན་སོགས་ཡོད་ལ། དེ་དག་རྣམས་ནི་རྟག་ཏུ་རང་རང་གི་ཁམས་མོས་དང་མཐུན་པའི་སྒོ་ནས་ལས་ཀྱི་དབང་གིས་སྡུག་བསྔལ་གྱི་རྣམ་གྲངས་བསམ་མི་ཁྱབ་པ་ཞིག་མྱོང་བར་གྱུར་པ་ཡིན་ནོ། །

དེ་ལྟར་སྡུག་བསྔལ་འབའ་ཞིག་ཉམས་སུ་མྱོང་བའི་སེམས་ཅན་དེ་ལ་དུ་ཡོད་དོ་ཞེ་ན། དེ་ལ་རྣམ་གྲངས་བཅོ་བརྒྱད་ཀྱི་རང་བཞིན་ཡོད་དོ། །དེ་དག་གང་ལས་འབྱུང་བའི་རྒྱུ་ནི། རྟག་ཏུ་སོ་སོ་སྐྱེ་བོ་རྣམས་འདོད་ཆགས་སོགས་མི་དགེ་བའི་དབང་གིས། གཞན་གྱིས་སྙིང་དུ་ཞེ་སྡང་དྲག་པོའི་ཀུན་སློང་ཤིན་ཏུ་མི་བཟོད་པ་ཞིག་རྒྱུད་ལ་སྐྱེས་པའི་ཚེ་ན། བདག་འདྲ་ལས་ངན་པའི་སེམས་ཅན་དེ་དག་གི་བློ་སྣ་དམ་པའི་ཆོས་ཕྱོགས་ལ་སྒྱུར་དུ་སྨྱུར་བར་མཛོད་ཅིག་གུ་རུ་པདྨ་འབྱུང་གནས་ཁྱེད་མཁྱེན་ནོ། །ཁྱེད་ཀྱིས་བདག་ཅག་སྡིགས་མའི་སེམས་ཅན་ལས་ངན་པ་འདི་དག་ལམ་ཕྱིན་ཅི་ལོག་ཏུ་གོལ་ཞིང་

དམན་པར་བྱ་བའི་ཡུལ་དུ་མ་གཏོང་བར་གྱིས་ཤིག་ཀུན་མཁྱེན་རྗེ་དང་གཉིས་སུ་མེད་པའི་བཀའ་དྲིན་གསུམ་ལྡན་གྱི་དྲིན་ཆེན་རྩ་བའི་བླ་མ་མཁྱེན་ནོ་ཞེས་བརྗོད་པར་བྱ་དགོས་པ་ཡིན་ནོ། །

དེ་ཡང་གོང་དུ་བཤད་པ་དེ་ལྟ་བུའི་ངན་སོང་གནས་བརྒྱད་ཀྱི་སྡུག་བསྔལ་རྣམས་ཀྱི་གྲངས་དང་རིམ་པ་སོགས་ལ་བསམ་ན། དེ་ནི་ཤིན་དུ་ཡིད་ལ་དྲན་པ་ཙམ་གྱིས་ཀྱང་ལུས་དང་སེམས་ཀྱིས་བཟོད་པར་དཀའ་བའི་རང་བཞིན་དུ་གནས་པ་ཡིན་ཏེ། དེ་ལྟར་ཡིན་པའི་ཚུལ་ནི།

བཤེས་སྤྲིངས་ལས།

སྡིག་ཅན་དབུགས་འབྱུང་འགག་པ་ཙམ་ཞིག་གི །
དུས་ཀྱིས་བར་དུ་ཆོད་རྣམས་དམྱལ་བ་ཡི། །
སྡུག་བསྔལ་གཞལ་ཡས་ཐོས་ནས་རྣམ་སྟོང་དུ། །
མི་འཇིགས་གང་ལགས་རྡོ་རྗེའི་རང་བཞིན་ནོ། །
དམྱལ་བ་བྲིས་པ་མཐོང་དང་ཐོས་པ་དང་། །
དྲན་དང་བཀླག་དང་གཟུགས་སུ་བགྱིས་པས་ཀྱང་། །
འཇིགས་པ་སྐྱེ་བར་བགྱིད་ན་མི་བཟད་པའི། །
རྣམ་སྨིན་ཉམས་སུ་མྱོང་ན་སྨོས་ཅི་འཚལ། །

ཞེས་དང་།

བཟང་སྐྱོང་གིས་ཞུས་པར། འཛམ་བུའི་གླིང་པའི་མི་དམྱལ་བའི་མི་ལ་བལྟར་འགྲོ་ན་མཐོང་མ་ཐག་ཏུ་འཆི་བའི་ཆོས་དང་ལྡན་པར་འགྱུར་རོ། །ཞེས་དང་། འདུལ་བ་ལུང་

ལས། ཚེ་དང་ལྡན་པ་གང་གཱ་ཀའི་སྲུན་ཞེས་པ་ཚེ་རབས་ལྔ་བརྒྱར་དམྱལ་བར་སྐྱེས་པ་ཞིག་མིར་སྐྱེས། རབ་ཏུ་བྱུང་ནས་དམྱལ་བའི་གཏམ་ཐོས་པས་སྔར་དེར་སྐྱེས་པ་དྲན་པས་བ་སྤུའི་ཁུང་བུ་ནས་ཁྲག་མང་པོ་ཟག་པས་ཆོས་གོས་ཁྲ་བོར་གྱུར་པ་ན། ལུས་ཕྱིས་བཅིང་བར་ཞེས་གནང་བར་བཤད་པ་ལྟར་རོ། །དེ་བཞིན་དུ་དམྱལ་བའི་སེམས་ཅན་དག་གི་སྡུག་བསྔལ་མཐའ་དག་ཡིད་ལ་དྲན་པར་བྱ་དགོས་པ་ཡིན་ཏེ།

ཀླུ་སྒྲུབ་ལས།

རབ་ཏུ་ཚ་ཞིང་གྲང་བ་ཡི། །
དམྱལ་བ་ཉི་མ་གཅིག་བཞིན་དྲན། །
བགྲེས་སྐོམ་དག་གིས་རིད་པ་ཡི། །
ཡི་དྭགས་དག་ཀྱང་དྲན་པར་བྱ། །
སྨོངས་པའི་སྡུག་བསྔལ་རབ་མང་བའི། །
ཕྱོལ་སོང་བལྟ་ཞིང་དྲན་པར་བྱ། །
དེ་རྒྱུ་རྣམ་སྤངས་བདེ་རྒྱུ་སྒྲུབ། །
ཐོབ་དཀའ་འཛམ་གླིང་མི་ཡི་ལུས། །
དེ་ཐོབ་དུས་སུ་ངན་སོང་རྒྱུ། །
རབ་ཏུ་བསྒྲིམས་ཏེ་གཅད་པར་བྱ། །

ཞེས་གསུངས་སོ། །དེ་བཞིན་དུ་ངན་སོང་དམྱལ་བའི་སེམས་ཅན་རྣམས་ཀྱི་སྡུག་བསྔལ་དག་ནི་ཤིན་ཏུ་བཟོད་པར་དཀའ་བའི་རང་བཞིན་དུ་གནས་པ་ཡིན་ཏེ།

བཤེས་སྤྲིངས་ལས།

སྡིག་ཅན་དབུགས་འབྱུང་འགག་པ་ཙམ་ཞིག་གི །
དུས་ཀྱིས་བར་དུ་ཚོད་རྣམས་དམྱལ་བ་ཡི། །
སྡུག་བསྔལ་གཞལ་ཡས་ཐོས་ནས་རྣམ་སྟོང་དུ། །
མི་འཇིགས་གང་ལགས་རྡོ་རྗེའི་རང་བཞིན་ནོ། །
དམྱལ་བ་བྲིས་པ་མཐོང་དང་ཐོས་པ་དང་། །
དྲན་དང་བཀླག་དང་གཟུགས་སུ་བགྱིས་པས་ཀྱང་། །
འཇིགས་པ་སྐྱེད་པར་བགྱིད་ན་མི་བཟད་པའི། །
རྣམ་སྨིན་ཉམས་སུ་མྱོང་ན་སྨོས་ཅི་འཚལ། །

ཞེས་པ་དང་།

བཤེས་སྤྲིངས་ལས།

འདི་ན་ཉིན་གཅིག་མདུང་ཐུང་སུམ་བརྒྱ་ཡིས། །
རབ་ཏུ་དྲག་བཏབ་སྡུག་བསྔལ་གང་ལགས་པ། །
དེ་ཡིས་དམྱལ་བའི་སྡུག་བསྔལ་ཆུང་ངུ་ཡི། །
འོལ་ཡང་མི་བཟོད་ཆར་ཡང་མི་ཕོད་དོ། །

ཞེས་གསུངས་པ་དེ་བཞིན་དུ་དམྱལ་བའི་སེམས་ཅན་དག་གི་སྡུག་བསྔལ་གྱིས་གཞལ་དུ་མེད་པར་གནས་པ་ཞིག་ཡིན་ལ། དེས་ན་དེ་དག་རེ་རེ་ནས་སེམས་ཅན་རྣམས་ཀྱི་རང་རང་གི་ལས་ཀྱི་དབང་གིས་མྱོང་ཚུལ་ནི།

ཡིད་བཞིན་རིན་པོ་ཆེའི་མཛོད་ལས།

དམྱལ་བའི་གནས་ན་སྡུག་བསྔལ་དཔག་ཏུ་མེད། །
ཡང་སོས་ཐན་ཚུན་མཚོན་གྱིས་འདེབས་པ་ལས། །
ཡང་ཡང་སྐྱེ་ཤིའི་སྡུག་བསྔལ་བཟོད་གླགས་མེད། །
ཐིག་ནག་ལྕགས་ཀྱི་སོག་ལེས་གཤགས་པ་སྟེ། །
བསྡུས་འཛོམས་རི་དང་གདུན་དང་སྦྱོངས་སུ་འཐག །
ངུ་འབོད་ཆེན་པོ་ལྕགས་ཁྱིམ་ཉིས་རིམ་སྲེག །
ཚ་བ་མདག་མེ་འབར་བའི་ས་གཞི་ལ། །
པགས་པ་བཤུས་ཏེ་ཕུར་བུས་རྒྱང་པ་དང་། །
རབ་ཏུ་ཚ་བ་ཕྱི་ནང་མེས་གདུང་ཞིང་། །
ཟངས་ཞུན་ཁོལ་མས་ལུས་ཀུན་རྫུལ་དུ་སྲེག །
མནར་མེད་ལྕགས་ཁང་འབར་བས་ལྷག་མེད་དྲུ། །
རྡུང་དང་འཆོག་དག་གཞོང་དང་ཕྱེ་མར་འཐག །
འཆེད་དང་འབིགས་དང་ལྕགས་ལེབ་འབར་བས་དཀྲི། །
ཕྱི་རོལ་ཕྱོགས་བཞིར་ཉེ་འཁོར་བཅུ་དྲུག་སྟེ། །
རོ་མྱགས་འདམ་དང་ཆུ་བོ་རབ་མེད་དང་། །
སྤུ་གྲིའི་ཐང་དང་རལ་གྲི་ལོ་མའི་ཚལ། །
ཤལ་མའི་སྡོང་པོས་ཀུན་ནས་འཁོར་བ་ལ། །
དམྱལ་བ་པ་རྣམས་སྡུག་བསྔལ་སྣ་ཚོགས་སྤྱོད། །

ཚེ་ཚད་ཡང་སོས་ལ་སོགས་དྲུག་པོ་ནི། །
འདོད་ལྷའི་ཚེ་དང་ཉིན་ཞག་མཉམ་པ་ཡི། །
རང་ལོ་དེ་སྙེད་བར་དུ་ཐུབ་པ་སྟེ། །
རབ་ཏུ་ཚ་བས་བར་བསྐལ་ཕྱེད་ཐུབ་ཅིང་། །
མནར་མེད་བར་བསྐལ་གཅིག་ཏུ་གནས་པར་གསུངས། །
གངས་དང་ཁ་བའི་བུ་ཡུག་ལངས་པ་ཡིས། །
རབ་ཏུ་སྦྲེབས་པའི་ལུས་ཅན་རྣམ་བརྒྱད་ནི། །
ཆུ་བུར་ཅན་དང་ཆུ་བུར་རྡོལ་བ་ཅན། །
ཨ་ཆུ་ཟེར་དང་ཀྱི་ཧུད་སོ་འཐམས་དང་། །
པདྨ་ལྟར་གས་ཨུཏྤལ་པདྨ་ཆེ། །
གྲང་བས་ཉམ་ཐག་སྡུག་བསྔལ་བ་མཐའ་ཡས། །
ཚེ་ཚད་ཁལ་བརྒྱ་ཤོང་བའི་ཏིལ་སྦྲུངས་ནས། །
ལོ་བརྒྱར་ཏིལ་གཅིག་ཕྱུང་བས་ཟད་གྱུར་པ། །
ཆུ་བུར་ཅན་ཚེ་ལྷག་མ་ཉི་ཤུར་འགྱུར། །
ཡི་དྭགས་བཀྲེས་སྐོམ་འཚེ་བས་སྡུག་བསྔལ་བ། །
ཕྱི་ཡི་སྒྲིབ་ཅན་གློ་སྙིང་མེ་འབར་ཞིང་། །
སྤྱི་མཐུན་སྒྲིབ་ཅན་ཟས་སྐོམ་ཡིད་ལ་བཏགས། །
བཅུ་གཉིས་ལོར་ཡང་ཆུ་ཡི་སྒྲ་མི་ཐོས། །
གཞན་གྱིས་འཚེ་དང་བསྲུང་བར་སྣང་བའོ། །

ཚེ་ཚད་མི་ཡི་ལོ་བརྒྱ་ཡི་དྭགས་ཞག །
རང་ལོ་ལྔ་བརྒྱར་སྡུག་བསྔལ་མྱོང་བ་ཡིན། །
དུད་འགྲོ་རྣམས་ལའང་གཅིག་གིས་གཅིག་ཟ་ཞིང་། །
འཚེ་དང་བཀོལ་སྤྱོད་གསོད་གཅོད་སྡུག་བསྔལ་མང་། །
ཚ་ལ་མ་ငེས་བསྐལ་པ་ལ་སོགས་སོ། །
མི་རྣམས་ལ་ཡང་བདེ་བའི་སྐབས་མེད་དེ། །
སྐྱེ་ཀ་ན་འཆི་དགྲ་དང་འཚོ་བ་མང་། །
བཤེས་བྲལ་འདོད་པས་ཕོངས་དང་མི་འདོད་མྱོང་། །
འདོད་པ་མ་གྲུབ་ཚ་གྲང་ངལ་དུབ་དང་། །
ཕན་པའི་ལན་དུ་གནོད་དང་དྲིན་མི་གཟོ། །
འཁོར་གྱིས་ལོག་སྒྲུབ་དོན་མེད་ཕྲག་དོག་དང་། །
མི་བསྔགས་དོན་མེད་སྒྲོ་སྐུར་དཔག་ཏུ་མེད། །
ལྷ་མིན་རྣམས་ལའང་ཁྲོ་དང་འཁྲུགས་པ་དང་། །
མི་འདོད་ཐོག་ཏུ་འབབ་དང་འཆི་ལ་སོགས། །
སྣ་ཚོགས་སྡུག་བསྔལ་མང་ལྡན་བདེ་བ་མེད། །
ལྷ་རྣམས་ལ་ཡང་འཆི་འཕོ་ལྟུང་ལ་སོགས། །
སྡུག་བསྔལ་རྒྱ་མཚོ་མཐའ་ཡས་དཔག་ཏུ་མེད། །

ཅེས་གསུངས་པ་ལྟར་འཁོར་བའི་གནས་སུ་འཁྱམས་པའི་སེམས་ཅན་དག་གི་ལུས་དང་སེམས་ཀྱི་སྡུག་བསྔལ་ནི་ཚད་མེད་པ་དང་ལྡན་པར་གནས་པ་ཡིན། དེ་ལྟ་བུའི་

སེམས་ཅན་དག་ནི་རང་དབང་མེད་པར་འཁོར་བའི་གནས་སུ་འཁྱམས་པར་གྱུར་པ་ཡིན་པའི་ཚུལ་ནི།

དེ་ཉིད་ལས།

དེ་ལྟར་འཁོར་བ་བ་མེ་ཡི་འོབས་འདྲ་སྟེ། །
བདེ་བའི་སྐབས་མེད་ཟློ་རྒྱུན་ཁྱུད་མོ་བཞིན། །
གཅིག་ནས་གཅིག་བརྒྱུད་ཐོག་ཐ་མེད་པ་ལས། །
བློ་བཟང་རྣམས་ཀྱིས་ཐར་ཕྱིར་སྨྲོ་བ་བསྐྱེད། །

ཅེས་གསུངས་སོ། །དེ་བཞིན་དུ་འཁོར་བའི་སྡུག་བསྔལ་དག་ལ་བསམ་ནས། དེ་དག་ལ་སྐྱོ་བར་བྱས་ཤིང་ཡར་དག་པའི་ཞིང་དང་དམ་པའི་ཆོས་ལ་སྤྲོ་བ་བསྐྱེད་པར་བྱ་དགོས། ཡང་གོང་དུ་བཤད་པ་ལྟ་བུའི་རིགས་དྲུག་གི་སེམས་ཅན་དག་གི་ལས་སྣང་དང་སྡུག་བསྔལ་ཚད་མེད་པའི་རང་བཞིན་དུ་གནས་པ་དེ་དག་ལས་མྱུར་དུ་ཐར་ཞིང་བདེ་བར་སྨོན་པར་བྱས་ཏེ། མཆོག་གསུམ་ཀུན་འདུས་ཀྱི་ངོ་བོ་བཀའ་དྲིན་མཚུངས་བླ་དང་བྲལ་བའི་བླ་མ་སོགས་ལ་གསོལ་བ་འདེབས་པར་བྱ་དགོས་པ་ཡིན་ནོ། །ཕྱི་བྲག་ཏུ་མཁའ་ལ་རྒྱུ་བར་བྱེད་པའི་ཡི་དྭགས་དང་ཞིང་ན་གནས་པ་ཁ་འཐོར་བ་སོགས་ཀྱི་སེམས་ཅན་དེ་དག་གི་སྡུག་བསྔལ་ནི་ཚད་མེད་པ་དང་ལྡན་པར་གནས་པ་ཡིན་པའི་ཚུལ་ནི། གོང་དུ་བཤད་པ་དེ་བཞིན་དུ་ཡི་དྭགས་ཀྱི་སེམས་ཅན་རྣམས་ནི་རྟག་ཏུ་ཟས་གོས་སོགས་ཀྱི་ཕོངས་པར་གྱུར་པ་ཡིན་ལ། དེ་དག་ལུས་དང་སེམས་སོགས་ཤིན་ཏུ་རིད་ཅིང་མཐོང་ན་ཉམས་མི་དགའ་བའི་ཡུལ་དུ་གྱུར་པའི་སྡུག་བསྔལ་ཚད་མེད་པ་ཡོད་པ་དང་། དེ་ལྟ་བུའི་ཡི་དྭགས་གནས་པའི་ས་དེར་ཐམས་ཅད་བཟའ་བཏུང་དང་ལོངས་སྤྱོད་དངོས་སུ་ཡོད་

པ་ལྟ་ཅི། མ་ཟད་བཟའ་བཏུང་སོགས་ཀྱི་མིང་ཙམ་ཡང་མི་གྲགས་པར་སྡུག་བསྔལ་གྱིས་མནར་ཞིང་། དེའི་ཚེ་བཀྲེས་སྐོམ་སོགས་ཀྱི་དབང་གིས་ཕྱོགས་གཞན་དང་གཞན་དུ་ཟས་སྐོམ་ཙུང་ཟད་རེ་ལོ་རླུར་སོགས་སུ་ཨེ་རྙེད་ལྟ་བར་བྱས་ཀྱང་། ཙུང་ཟད་ཙམ་ཡང་མི་རྙེད་པར་མ་ཟད་ཡི་དྭགས་དེ་དག་གི་ལུས་རིད་ཅིང་གཞན་དུ་ལྡང་བར་གྱུར་པའི་སྟོབས་ཀྱིས་མར་མར་དུ་ཉམས་པ་དེ་དག་རྣམ་པ་གསུམ་སོགས་འབྱུང་བར་གྱུར་པ་ཡིན། དེ་དག་གང་ལས་རྒྱུ་འབྱུང་བའི་རྒྱུ་ནི་གང་ཞིག་ཡིན་ནོ་ཞེ་ན། དེ་དག་ནོར་རྫས་སོགས་ལོངས་སྤྱོད་པར་མི་བྲ་པར་སེར་སྣ་བྱས་པའི་དབང་ལས་འབྱུང་བ་ཡིན་ནོ།།

དེ་ཡང་གོང་དུ་བཤད་པ་ལྟ་བུའི་ཡི་དྭགས་ཀྱི་སེམས་ཅན་དེ་དག་གི་སྡུག་བསྔལ་མྱོང་བྱེད་ཀྱི་གཙོ་བོ་ནི། གོང་དུ་བཤད་པ་ལྟར་སེར་སྣའི་དབང་གིས་བྱུང་བ་དང་། སེར་སྣ་སྐྱེ་བའི་རྒྱུ་ནི་དངོས་པོ་ནོར་རྫས་སོགས་ཉམ་ཐག་པའི་སེམས་ཅན་རྣམས་ལ་སྦྱིན་མི་བྲ་པ་དང་། ཡང་ཡར་དཀོན་མཆོག་གི་ཞིང་སོགས་ཡུལ་ཁྱད་པར་ཅན་ལ་མཆོད་མི་བྲ་བ་དེ་དག་གི་དབང་གིས་འབྱུང་བ་ཡིན་ནོ། །དེ་ལྟ་བུའི་ཡི་དྭགས་ཀྱི་སེམས་ཅན་རྣམས་ཀྱིས་སྡུག་བསྔལ་རྣམས་སྙར་མདོར་བསྡུས་པ་ཞིག་བཤད་པར་བྱས་ན། གོང་དུ་བཤད་པ་ལྟ་བུའི་ཡི་དྭགས་ཀྱི་སེམས་ཅན་རྣམས་ཀྱི་ལུས་དང་སེམས་ཀྱི་སྡུག་བསྔལ་དེ་དག་རྒྱུ་མེད་རྐྱེན་མེད་ལས་བྱུང་བ་ཞིག་ནམ་ཡང་མ་ཡིན་པར་ཤེས་དགོས། དེ་དག་ནི་གཙོ་བོ་སེམས་ཅན་རང་རང་གི་ལས་ཀྱི་དབང་གིས་བྱུང་བ་ཡིན་མོད། ལས་སྣང་སྣ་ཚོགས་མི་འདྲ་བའི་སྟོབས་ཀྱིས་སེམས་ལ་བདེ་བར་འདོད་ཅིང་ཞེ་འདོད་དང་ལག་ལེན་ཕྱིན་ཅི་ལོག་ཏུ་གྱུར་ནས་བདེ་བ་ཡང་དག་གཅིག་སྒྲུབ་མ་ཤེས་པར་སྡུག་བསྔལ་གྱི་རྒྱུ་ཉིད་དུ་གྱུར་པ་དང་། སྡུག་བསྔལ་དེ་དག་ཕྲ་ཞིང་ཕྲ་བ་ནས་འདི་དང་འདི་ཞེས་ནམ་ཡང་སུ་དང་གང་གིས་

ཀྱང་བརྗོད་པར་བྱེད་མི་ནུས་ལ། དེ་ལྟ་བུའི་ལུས་སེམས་ཀྱི་སྡུག་བསྔལ་དེ་དག་ཤིན་ཏུ་བཟོད་པར་དཀའ་བའི་རང་བཞིན་དུ་གནས་པ་ཡིན་ཏེ། དེ་ལྟར་ཡིན་པའི་ཚུལ་ནི། བཤེས་སྤྲིངས་ལས། ཡི་དྭགས་རྣམས་ལ་སོས་ཀའི་དུས་སུ་ནི། །ཟླ་བའང་ཚ་ཞིང་དགུན་ནི་ཉི་མའང་བསིལ། །ཞེས་དང་།

སློབ་སྤྲིངས་ལས།

ཁབ་མིག་ཙམ་གྱི་ཁ་ལ་དཔག་ཚད་མང་འཛོག་པའི། །
ལྟོ་ཆེན་ཉམ་ཐག་རྒྱ་མཚོ་ཆེན་པོའི་ཆུ་འཐུངས་ཀྱང་། །
མགུལ་ཞུགས་ཡངས་པ་ཉིད་དུ་ཕྱིན་པར་མ་གྱུར་པར། །
ཁ་ཡི་དུག་གི་ཆུ་ཡི་བཟླན་ཡང་སྐམ་པར་འགྱུར། །

ཞེས་དང་།

བཤེས་སྤྲིངས་ལས།

ཡི་དྭགས་ན་ཡང་འདོད་པས་ཕོངས་པ་ཡིས། །
བསྐྱེད་པའི་སྡུག་བསྔལ་རྒྱུན་ཆགས་མི་འཚོས་པ། །
བཀྲེས་སྐོམ་གྲང་དྲོ་ངལ་དང་འཇིགས་པ་ཡིས། །
བསྐྱེད་པ་ཤིན་ཏུ་མི་བཟད་བསྟེན་འཚལ་ལོ། །
ཁ་ཅིག་ཁ་ནི་ཁབ་ཀྱི་མིག་ཙམ་ལ། །
ལྟོ་བ་རི་ཡི་གཙོས་ཙམ་བཀྲེས་པས་ཉེན། །
མི་གཙང་གྱི་ནར་བོར་བ་ཅུང་ཟད་ཀྱང་། །
འཚལ་བའི་མཐུ་དང་ལྡན་པ་མ་ལགས་སོ། །

ཁ་ཅིག་པགས་རུས་ལུས་ཤིང་གཅེར་བུ་སྟེ།།
ཏ་ལ་ཡ་ཇོག་བསྐམས་པ་ལྟ་བུ་ལགས།།
ཁ་ཅིག་མཚན་ཞིང་ཁ་ནས་འབར་བ་སྟེ།།
ཟས་སུ་འབར་བའི་ཁར་བབ་བྱེད་པ་འཚལ།།
དམངས་རིགས་འགས་ནི་རྣག་དང་ཕྱི་ས་དང་།།
ཁྲག་སོགས་མི་གཙང་བ་ཡང་མི་རྙེད་དེ།།
ཕན་ཚུན་གདོང་དུ་འཚོགས་ཤིང་མགྲིན་པ་ནས།།
ཐུ་བ་བྱུང་བ་སྨིན་པའི་རྣག་པ་འཚལ།།
འདི་དག་རྣམས་ལ་སོ་གའི་དུས་སུ་ནི།།
ཟླ་བའང་ཚ་ལ་དགུན་ནི་ཉི་མའང་གྲང་།།
ལྗོན་ཤིང་འབྲས་བུ་མེད་འགྱུར་འདི་དག་གིས།།
བལྟས་པ་ཙམ་གྱིས་ཀླུང་ཡང་སྐེམ་པར་འགྱུར།།

ཞེས་དང་།

སློབ་སྤྲིངས་ལས་ཀྱང་།

མི་བཟད་སྐོམ་པས་རྒྱང་ནས་ཆུ་ཀླུང་དྲི་མེད་པ།།
མཐོང་ནས་བཏུང་བར་འདོད་དེ་སོང་ན་དེ་ཉིད་ཀྱང་།།
སྐྲ་ཤད་ཉ་ལྕིབས་ཚོགས་དང་རྣག་བསྲུངས་འདྲེས་པ་དང་།།
འདམ་རྫབ་ཁྲག་དང་ཕྱི་སས་གང་བའི་ཆུར་འགྱུར་རོ།།
དུས་ཟླབས་ཟླུང་ལངས་ཆུ་འཐོར་རི་རྩེ་བསིལ་གྱུར་ཅིང་།།

ཙནྡན་སྔོན་པ་སྤོ་འབྲུངས་མ་ལ་ཡར་སོང་ན།།
དེ་ཡང་འདི་ལ་ནགས་བསྲིགས་མེ་ལྕེ་རྫོས་འཁྲིགས་ཤིང་།།
མགལ་དུམ་འབྱིལ་བ་མང་པོས་རང་རོད་ཅན་དུ་འགྱུར།།
ཆུ་གཏེར་རླབས་འཇིགས་འཕང་མཐོ་གྱེས་པ་ལས་བྱུང་བའི།།
དབུ་བ་འཚེར་བ་ལྷག་གེར་འདུག་པར་སོང་ན་ཡང་།།
དེ་ཡང་འདི་ལ་བྱེ་ཚན་ཁྱུག་ཉ་དམར་རྒྱུ་བ་པའི།།
ཀླུང་དམར་འཇེབས་པ་འཆུབ་པའི་གྱུ་ངམ་ཉིད་དུ་འགྱུར།།
འདི་ནི་དེར་གནས་ཆར་སྤྲིན་ལྡང་བར་འདོད་ན་ཡང་།།
སྤྲིན་ལས་ལྷུགས་མདའི་ཆར་བ་དུད་འཐུལ་མདག་མར་བཅས།།
ཚ་ཚ་རྫོ་རྫེའི་ཕ་བོང་རྣམས་འཕྲོ་གསེར་དོག་ལྟ་བུ་ཡི།།
སློག་ཕྲེང་དམར་སེར་འགྱུ་བ་ལུས་ལ་ཆར་དུ་འབེབས།།
ཚ་བས་ཉེན་ལ་བུ་ཡུག་ཀྱང་ནི་ཚར་འགྱུར་ལ།།
ལྷགས་པས་ཉམ་ཐག་པ་ལ་མེ་ཡང་གྲང་བྱེད་དེ།།
ཤིན་ཏུ་མི་བཟད་ལས་ཡོངས་སྨིན་པས་རྣམ་རྫོངས་པ།།
འདི་ལ་སྡུ་ཚོགས་འདི་ཀུན་ཕྱིན་ཅི་ལོག་ཏུ་སྣང་།།
ཁབ་མིག་ཙམ་གྱི་ཁ་ལ་དཔག་ཚད་མང་མཆིས་པའི།།
ལྟོ་ཅན་ཉམ་ཐག་རྒྱ་མཚོ་ཆེན་པོའི་ཆུ་འཐུངས་ཀྱང་།།
མགུལ་ཕྲུག་ཡངས་པ་ཉིད་དུ་ཕྱིན་པར་མ་གྱུར་པར།།
ཁ་ཡི་དུག་གིས་ཆུ་ཡི་ཐིགས་པའང་བསྐམ་པར་འགྱུར།།

ཞེས་གསུངས་སོ། །

དེ་ལྟ་བུའི་སེམས་ཅན་དེ་དག་གི་སྤྱོན་ཉེས་པ་བསགས་པའི་གྲངས་སོགས་ཀྱང་བསམ་མི་ཁྱབ་པ་ཡིན་ཏེ། དེ་ཡིན་པའི་ཚུལ་ནི།

ཡིད་བཞིན་མཛོད་ལས།

ཚེ་ཚད་མི་ཡི་ལོ་བརྒྱ་ཡི་དྭགས་ཞག །
རང་ལོ་ལྔ་བརྒྱར་སྡུག་བསྔལ་མྱོང་བ་ཡིན། །

ཞེས་དང་།

བཤེས་སྤྲིངས་ལས།

ཉེས་པར་སྤྱོད་པའི་ལས་ཀྱི་ཞགས་པ་ནི། །
སྲ་བས་བཅིངས་པའི་ལུས་ཅན་ཁ་ཅིག་ལོ། །
ལྔ་སྟོང་དག་དང་ཁྲིར་ཡང་འཆིར་མི་བདུག །

ཞེས་གསུངས་སོ། །དེ་བཞིན་དུ་སེམས་ཅན་དེ་དག་ལས་ཀྱི་དབང་གིས་སྡུག་བསྔལ་དོས་དྲག་པོས་རྟག་ཏུ་མནར་ཞིང་སྡུག་བསྔལ་བར་འགྱུར་བ་ཡིན་ཏེ། དེ་ཉིད་ཡིན་ཚུལ་ནི།

ཡོན་ཏན་མཛོད་ལས།

ཡི་དྭགས་ནའང་འདོད་པས་ཕོངས་པ་ཡིས། །
བསྐྱེད་པའི་སྡུག་བསྔལ་རྒྱུན་ཆགས་མི་འཆོས་པ། །
བཀྲེས་སྐོམ་གྲང་དྲོ་ངལ་དང་འཇིགས་པ་ཡིས། །
བསྐྱེད་པ་ཤིན་ཏུ་མི་བཟད་བསྟེན་འཚལ་ལོ། །

ཞེས་དང་།

མ་ཟད་སློབ་སྦྱིངས་ལས།

དུས་ཀླབས་ཀླུང་ལངས་ཆུ་འཐོར་རི་རྩེ་བསིལ་གྱུར་ཅིང་།།

ཙན་དན་སྔོན་པ་སྤོ་འབྲུངས་མ་ལ་ཡར་སོང་ན།།

དེ་ཡང་འདི་ལ་ནགས་བསྲིགས་མེ་ལྷེ་རྫོས་འཁྲིགས་ཤིང་།།

མགལ་དུམ་འགྲོལ་བ་མང་པོས་རང་རོད་ཅན་དུ་འགྱུར།།

ཞེས་གསུངས་པ་ལྟར་ལས་ཀྱི་དབང་གིས་སྐྱོང་ཚུལ་བསམ་མི་ཁྱབ་པ་ཡོད་པ་ཡིན་པའི་ཚུལ་ནི།

དྲན་པ་ཉེར་བཞག་ཆུང་ངུ་ལས།

གང་ཞིག་བྱིས་པ་རྣམས་ལ་འཚོ།།

སྲིད་པས་འདྲིད་པར་བྱེད་པ་དེ།།

ཁོང་གི་དྲི་མ་ཟ་བྱེད་པའི།།

ལུས་སྲུལ་པོར་ནི་སྐྱེ་བར་འགྱུར།།

གང་ཞིག་གྲོང་བཅས་འབེབས་ཤིང་སྟེར།།

སྦྱིན་ཞིང་གནོད་པར་བྱེད་པ་དེ།།

གྲུལ་བུམ་བྱད་ནི་མི་སྡུག་པ།།

མཚོད་པར་འོས་པར་སྐྱེ་བར་འགྱུར།།

རྟག་ཏུ་དྲི་དང་ཕྲེང་ལ་དགའ།།

སྦྱིན་བྱེད་ཕྲོ་བ་ཆུང་བ་ནི།།

ལྷ་རྣམས་དགའ་བའི་རྒྱུར་འགྱུར་བ།།

དྲི་ཟ་རྣམས་སུ་སྐྱེ་བར་འགྱུར།།

གང་ཞིག་ཁ་ཅིག་ཕྲ་མ་ཆེ།།

ཁྲོ་ཞིང་དགོས་པའི་ཆེད་བྱེད་ན།།

དེ་ནི་ཤ་ཟ་མ་རུངས་ཉིད།།

བཞིན་མི་སྡུག་པར་སྐྱེ་བར་འགྱུར།།

རྟག་ཏུ་རབ་སྡང་རྟབས་བག་ཅན།།

རྟག་ཏུ་སྦྱིན་ལ་དགའ་བ་ནི།།

དེ་ནི་ཤི་ནས་འབྱུང་པོར་སྐྱེ།།

མ་རུངས་ཁྲོ་ཞིང་སྦྱིན་བྱེད་ལ།།

ཆང་ཞིམ་དག་ལ་དགའ་བའི་མི།།

ཤི་ནས་གནོད་སྦྱིན་མ་རུངས་པ།།

ཆང་ལ་དགའ་བ་རྣམས་སུ་སྐྱེ།།

གང་དག་ཕ་མ་བླ་མ་རྣམས།།

ཇི་ལྟར་འདོད་པའི་བཙོན་པར་འདེགས།།

དེ་དག་གཞལ་མེད་ཁང་རྒྱུ་བའི།།

གནོད་སྦྱིན་བདེ་བ་ལྡན་པར་སྐྱེ།།

སྲེད་དང་སེར་སྣའི་སྐྱོན་གྱིས་ནི།།

ཤི་ནས་ཡི་དྭགས་སྐྱེ་བར་འགྱུར།།

ཞེས་གསུངས་པ་ལྟར་ཐམས་ཅད་མ་དག་པའི་རང་བཞིན་ཅན་དུ་གྱུར་ནས་སྡུག་བསྔལ་འབའ་ཞིག་གི་གདུང་བར་གྱུར་པ་དང་། མ་ཟད་ཡི་དྭགས་ཀྱི་སེམས་ཅན་འགའ་རེ་ནི་རྟག་ཏུ་ཕན་ཚུན་གྱི་བར་ལ་གནོད་ཅིང་འཚེ་བའི་སྒོ་ནས་གཅིག་ལ་གཅིག་བརྟེན་ནས་ཟ་བར་བྱེད་པ་དང་གསོད་པའི་འཇིགས་པ་ཆེ་ཞིང་སྡུག་བསྔལ་བར་གྱུར་པ་དང་། ཡང་ཉམ་ཐག་པའི་དུད་འགྲོ་འགའ་རེ་ནི་རྟག་ཏུ་གཞན་གྱིས་བྲན་དུ་བཀོལ་ཞིང་སྤྱོད་པའི་སྡུག་བསྔལ་གྱིས་ཉམ་ཐག་ཅིང་བླང་དོར་གྱི་གནས་ཀུན་ལ་མྱོངས་ཤིང་སྡུག་བསྔལ་ཚད་མེད་པ་དག་གིས་མནར་བར་འགྱུར་བ་ཡང་ཡོད་པ་ཡིན་ཏེ། དེ་ཡོད་པའི་ཚུལ་ནི།

བཤེས་སྤྲིངས་ལས།

དུད་འགྲོའི་སྐྱེ་གནས་ན་ཡང་གསོད་པ་དང་། །
བཅིངས་དང་བརྡེག་སོགས་སྡུག་བསྔལ་སྣ་ཚོགས་པ། །
ཞི་འགྱུར་དགེ་བ་སྤངས་པ་རྣམས་ལ་ནི། །
གཅིག་ལ་གཅིག་ཟ་ཤིན་ཏུ་མི་བཟད་པ། །

ཞེས་དང་།

དྲན་པ་ཉེར་བཞག་གི་ཚིག་ལེའུར་བྱས་པ་ལས།

འདོད་ཆགས་ཀྱིས་ནི་མྱོངས་པ་དང་། །
ངང་པ་ཤུག་རོན་ལ་སོགས་དང་། །
བོང་བུ་འདོད་ཆགས་ཅན་རྣམས་ཀྱི། །
སྐྱེ་གནས་སྲིན་སོགས་སྐྱེ་གནས་ཏེ། །
ཁོང་ཁྲོ་འཛིན་པས་སྦྲུལ་དུ་སྐྱེ། །

ང་རྒྱལ་ཁེངས་སེམས་སེང་གེར་འགྱུར།།
ཆེ་བ་ཡི་ནི་ང་རྒྱལ་གྱིས།།
ཁྱི་དང་བོང་བུའི་སྐྱེ་གནས་ཏེ།།
སེར་སྣ་ཕྲག་དོག་ལ་སོགས་པའི།།
སྐྱོན་གྱིས་ལུས་ཅན་ཤི་ནས་སྤྲེའུ།།
མུ་ཅོར་སྨྲ་བ་སྤྱི་བརྗོལ་ཆེ།།
རང་བཞིན་མི་བརྟན་ཁྲར་སྐྱེའོ།།
གསོད་དང་འཆིང་དང་སེར་སྣ་ཡིས།།
ལུས་ཅན་བ་ལང་ཁྱི་ལ་སོགས།།
འགྱུར་རོ་མི་སྲུན་ལས་ཀྱིས་ནི།།
སྡོམ་དང་སྡིག་པ་མི་སྡུག་སྐྱེ།།
ཁྲོ་དང་སེར་སྣ་ཅན་གྱི་མི།།
ཤི་ནས་ཤ་ནི་ཟ་བྱེད་པ།།
སྟག་དང་སྤྲེའུ་ཝ་དང་དོམ།།
བྱ་རྒོད་སྤྱང་ཀི་ལ་སོགས་སྐྱེ།།
མི་སྲུན་ཁྲོ་གཉེར་སྦྱིན་བྱེད་མི།།
རྫུ་འཕྲུལ་ཆེན་པོའི་ཀླུར་སྐྱེའོ།།
གཏོང་ཞིང་ཁྲོ་དང་དྲེགས་པ་ཡིས།།
ནམ་མཁའ་ལྡིང་གི་དབང་ཕྱུག་ཆེ།།

རང་གི་ལུས་དང་ངག་ཡིད་ཀྱི། །
སྡིག་པའི་ལས་ནི་གང་བྱས་པ། །
དེ་ནི་དུད་འགྲོར་སྐྱེ་བས་ན། །
དེ་ནི་ཆུང་ཡང་མ་བྱེད་ཅིག །

ཅེས་གསུངས་སོ། །དེ་ལྟ་བུའི་དུད་འགྲོ་རྣམས་ནི་གནས་ངེས་པ་མེད་པར་ཡུལ་གཙོང་རོང་ཞམ་ང་བ་སོགས་སུ་འཁྱམས་ཤིང་སྡུག་བསྔལ་དོས་དྲག་པོས་མནར་བར་འགྱུར་བའི་རང་བཞིན་ཉིད་དུ་གྱུར་པ་ཡིན་ཏེ། དེ་ལྟར་ཡིན་པའི་ཚུལ་ནི།

མཛོད་ཀྱི་འགྲེལ་བ་ལས། དུད་འགྲོ་ནི་ཐང་དང་ཆུ་དང་ནམ་མཁའི་སྤྱོད་ཡུལ་བ་དག་ཡིན་ནོ། །དེ་དག་གི་གནས་ཀྱི་རྩ་བ་ནི་རྒྱ་མཚོ་ཆེན་པོ་ཡིན་ཏེ་གཞན་ནི་དེ་ལས་འཐོར་བ་དག་པ་ཡིན་ནོ། །

ཞེས་དང་།

བཤེས་སྤྲིངས་ལས་ཀྱང་།

དུད་འགྲོའི་སྐྱེ་གནས་ན་ཡང་གསོད་པ་དང་། །
བཅིང་དང་རྡེག་སོགས་སྡུག་བསྔལ་སྣ་ཚོགས་པ། །
ཞི་འགྱུར་དགེ་བ་སྤངས་པ་རྣམས་ལ་ནི། །
གཅིག་ལ་གཅིག་ཟ་ཤིན་ཏུ་མི་བཟད་པ། །
ཁ་ཅིག་མུ་ཏིག་བལ་དང་རུས་པ་དང་། །
ཤ་དང་པགས་པའི་ཆེད་དུ་འཆི་བར་འགྱུར། །
དབང་མེད་གཞན་དག་རྡོག་པ་ལག་པ་དང་། །

ལྡུག་དང་ལྡུགས་ཀྱི་གདབ་པས་བཏབ་སྟེ་བཀོལ།།

ཞེས་གསུངས་སོ། །དེ་བཞིན་དུ་ལས་ངན་པའི་དུད་འགྲོ་འདི་རྣམས་ནི་ཀུན་གྱིས་བརླས་བཅོས་འབབ་ཞིག་གི་འོག་ཏུ་སྡུག་བསྔལ་བར་གྱུར་ཏེ། སྣ་འབིག་པ་དང་ལྕེ་གཅོད་པ་ཁ་འགེར་བ་ར་གཅོད་པ་ཡན་ལག་གཅོད་པ་སོགས་ཕ་མཐའ་མེད་པའི་སྡུག་བསྔལ་གྱི་ངོས་དྲག་པོས་གཟིར་བའི་ཤིན་ཏུ་ལས་ངན་གྱིས་རྒྱུ་བྱས་རྐྱེན་ངན་གྱི་ཀླུང་གིས་དེད་པའི་སེམས་ཅན་དེ་དག་མ་རིག་པའི་ས་བོན་དང་འདྲ་ཞིང་། རྟག་ཏུ་གཏི་མུག་མུན་པར་འཁྱམས་པ་ཡི་སྐྱེ་བོ་ངན་པ་བདག་དང་བདག་འདྲ་རྣམས་ཀྱིས་བླང་དོར་མི་ཤེས་པར་མུན་པར་འཁྱམས་པའི་ཚེ་ན།

ད་ལྟ་ཉིད་དུ་མ་དག་པའི་བློ་སྣ་འདི་དམ་པའི་ཆོས་ཕྱོགས་ལ་སྒྱུར་བར་མཛོད་ཅིག་མ་ཧ་གུ་རུ་པདྨ་འབྱུང་གནས་ཁྱེད་མཁྱེན། བདག་ཅག་ལས་ངན་པའི་སྙིགས་མའི་སེམས་ཅན་འདི་རྣམས་མ་དག་ལོག་པའི་ལམ་ཕྱིན་ཅི་ལོག་ཏུ་གོལ་ཞིང་དམན་པར་བྱ་བའི་ཡུལ་དུ་མ་གཏོང་བར་གྱིས་ཤིག་ཀུན་མཁྱེན་རྗེ་དང་གཉིས་སུ་མེད་པའི་དྲིན་ཆེན་རྩ་བའི་བླ་མ་ཁྱེད་མཁྱེན་ནོ་ཞེས་བརྗོད་པར་བྱ་དགོས་པ་ཡིན་ནོ།།

དེ་ལས་ནམ་ཡང་བདག་དང་བདག་འདྲའི་སྐྱེ་བོ་ངན་པ་དེ་དག་ནི། བླང་དོར་གྱི་ཐབས་ལ་རྨོངས་ཤིང་མ་རིག་པ་གཏི་མུག་སོགས་ཀྱིས་མགོ་བོ་རབ་ཏུ་འཁོར་བར་བྱས་ཤིང་ལས་ཉོན་ཞེ་སྡང་དང་ཕྲག་དོག་ཁོང་ཁྲོ་སོགས་ཀྱི་སྡུག་བསྔལ་དྲག་པོས་རྟག་ཏུ་མནར་ཞིང་བླང་དོར་གྱི་གནས་ལ་རྨོངས་པ་དག་ནི། དམ་པའི་ཆོས་ལམ་ལ་ཅུང་ཟད་རེ་ཞུགས་ཀྱང་དེ་ཚེ་སྒོ་གསུམ་གྱི་ཆོས་དང་འགལ་བའི་ཉེས་པའི་སྤྱོད་པ་སོགས་མི་སྡོམ་ཞིང་མི་དགེ་བཅུ་པོ་ལ་རྟག་ཏུ་ལོངས་སྤྱོད་ཅིང་སྡིག་པའི་ལས་བྱེད་པ་དང་། མ་ཟད་

དང་པོ་ཆོས་ལམ་ལ་ཞུགས་པའི་ཚེ་ན། དགེ་སེམས་ཅུང་ཟད་རེ་སྐྱེས་ཡོད་པ་ཡན་ཆད་གཞན་དུ་པོར་ནས་རྟག་ཏུ་ལུས་ངག་ཡིད་གསུམ་གྱི་སྡིག་པའི་ལས་སོགས་ལ་འཛེམ་མེད་དུ་ལོངས་སྤྱོད་པར་གྱུར་པ་ཡིན་ཏེ། དེ་ལྟར་ཡིན་པའི་ཚུལ་ནི།

མདོ་ལས།

གང་ཞིག་རྒྱགས་དང་གཉིད་ལ་དགའ་འགྱུར་བ། །
ལེ་ལོ་བྱེད་ཅིང་བརྩོན་འགྲུས་ཡོངས་སུ་ཉམས། །

ཞེས་གསུངས་པ་ལྟར་དགེ་ཚོགས་མཐའ་དག་ཉམས་ཤིང་མཐར་ངན་སོང་དུ་འགྲོ་བར་འགྱུར་བ་ཡིན་ནོ། །

ལྷག་བསམ་བསྐུལ་བ་ལས།

གང་ཞིག་རྒྱགས་དང་གཉིད་ལ་དགའ་འགྱུར་བ། །
དེ་ནི་གཏི་མུག་དྲ་བ་ཆེན་པོར་འཕེལ། །
དེ་ནི་ལྟ་བ་སྙེད་ནས་ཐེ་ཚོམ་འགྱུར། །
དེ་ལ་ལྟ་གྱུར་གཞན་ཡང་མང་དུ་འབྱུང་། །
གང་ཞིག་རྒྱགས་དང་གཉིད་ལ་དགའ་འགྱུར་བ། །
དེ་ནི་ཤེས་རབ་ཤིན་ཏུ་ཉམ་ཆུང་འགྱུར། །
དེ་ཡི་བློ་ཡང་ཡོངས་སུ་ཉམས་པར་འགྱུར། །
ཡེ་ཤེས་ལས་ནི་རྟག་ཏུ་དེ་ཉམས་འགྱུར། །
གང་ཞིག་རྒྱགས་དག་གཉིད་ལ་དགའ་འགྱུར་བ། །
མི་ཤེས་ལེ་ལོ་སྙོམ་ལས་ཤེས་རབ་འཆལ། །

དེ་ལ་མི་མ་ཡིན་པས་གླགས་རྙེད་དེ། །
ནགས་ན་གནས་པའི་ཚེ་ནི་འཚེ་བར་འགྱུར། །
གང་ཞིག་རྒྱུགས་དང་གཉིད་ལ་དགའ་འགྱུར་བ། །
དེ་ནི་དགེ་སེམས་རྟག་ཏུ་མི་འདོད་དེ། །
དེ་ནི་ཆོས་ལ་འདུན་པ་སྐྱེད་མི་བྱ། །
ཕྱིར་ཞིང་ཆོས་མ་ཡིན་ལ་དེ་དགའ་འགྱུར། །
གང་ཞིག་རྒྱུགས་དང་གཉིད་ལ་དགའ་འགྱུར་བ། །
དེ་ནི་རྨོངས་ཤིང་ཆོས་ལ་འདུན་པ་ཉམས། །
ཁྲིས་པ་ཡོན་ཏན་ཀུན་ལས་ཡོངས་སུ་ཉམས། །
དཀར་པོ་འཇོམས་ཤིང་མུན་པར་འགྲོ་བར་འགྱུར། །

ཞེས་གསུངས་སོ། །དེ་ལྟར་རྟག་ཏུ་ བླང་དོར་གྱི་གནས་ལ་དྲན་ཤེས་མི་བརྟེན་ཞིང་དམ་པའི་ཆོས་སྒྲུབ་པ་ལ་བརྩོན་པ་དྲག་ཏུ་མི་བྱེད་པར་སོར་བྱང་སྡོམ་གསུམ་གྱི་དམ་ཚིག་སོགས་ལས་འདའ་བར་བྱས་ན། མཐར་ཐམས་ཅད་ངན་སོང་མི་མཐའ་མེད་པར་འགྲོ་བར་འགྱུར་བ་ཡིན་ཏེ། དེ་ལྟར་དང་པོ་སོ་སོར་ཐར་བའི་སྡོམ་པའི་ཚུལ་ཁྲིམས་སོགས་ཉམས་པར་གྱུར་ན། སྐྱེ་བོ་དེ་དག་ནི་ཚེ་འདིར་ཁ་ལས་མི་དགེ་བ་དང་བཀྲ་མི་ཤིས་པར་ཕྱི་མར་ངན་སོང་དུ་འགྲོ་བ་དང་། མ་ཟད་མགོན་སྐྱབས་ལྷ་སྲུང་དག་གིས་སྤང་བར་འགྱུར་བ་ཡིན་ཏེ། དེ་ལྟར་ཡིན་པའི་ཚུལ་ནི། ཚུལ་འཆལ་ཚར་གཅོད་པའི་མདོ་ལས། ཤཱ་རིའི་བུ་ངས་དྲང་སྲོང་གི་རྒྱལ་མཚན་གྱིས་གཡོགས་པ་ཚུལ་ཁྲིམས་འཆལ་བའི་དགེ་སློང་ནི་གཙུག་ལག་ཁང་གི་གཞི་ལ་གོམ་པ་གཅིག་ཀྱང་འདོར་བར་རྗེས་སུ་མ་གནང་ན་

ཆུའི་སྟོད་ལྟ་ཅི་སྨོས་ཁྲིའམ་ཁྲིའུར་ཅི་སྨོས། དེ་ཅིའི་ཕྱིར་ན་ཞེ་ན། ཤཱ་རིའི་བུ་སྐྱེས་བུ་དམ་པ་མ་ཡིན་པ་དེ་དག་ནི་ལྷ་དང་བཅས་པའི་འཇིག་རྟེན་གྱི་ཆོམ་རྐུན་པ་ཡིན་པའི་ཕྱིར་རོ། །ཤཱ་རིའི་བུ་སྐྱེས་བུ་དམ་པ་མ་ཡིན་པ་དེ་དག་ནི་ལྷ་དང་བཅས་པའི་འཇིག་རྟེན་གྱིས་བསྐྱད་པར་བྱ་བའི་འོས་ཡིན་ནོ། །ཤཱ་རིའི་བུ་སྐྱེས་བུ་དམ་པ་མ་ཡིན་པ་དེ་དག་ནི་ལྷ་དང་བཅས་པའི་འཇིག་རྟེན་གྱི་དགྲ་བོ་ཡིན་ནོ། །དེ་དག་ནི་སྡིག་པའི་གྲོགས་པོ་ཞེས་བྱའོ། །ཤཱ་རིའི་བུ་ངས་ལྷ་དང་བཅས་པའི་འཇིག་རྟེན་ལ་ཆོས་བསྟན་པའི་ཕྱིར་སྐབས་དབྱེ་བར་བྱའོ། །ཤཱ་རིའི་བུ་ང་ནི་ཚུལ་ཁྲིམས་འཆལ་བའི་དགེ་སློང་ཚུལ་ཁྲིམས་ཉམས་པ། སྤྱོད་པ་ཉམས་པ། འཚོ་བ་ཉམས་པ། ལྟ་བ་ཉམས་པ་རྣམས་ནི་ལག་བརྡས་སྐྲོད་པར་མཛད་དོ། །དེ་དག་ལ་ནི་ངས་བལྟ་བའི་ཕྱིར་ཡང་སྐབས་མ་ཕྱེ་ན། བསྟན་པ་འདི་ལ་མཚན་གཅིག་གམ་ཉིན་གཅིག་གམ་སྐད་ཅིག་ཙམ་ཉེ་བར་འགྲོ་བའི་ཕྱིར་ལྟ་ཅི་སྨོས། ཤཱ་རིའི་བུ་དཔེར་ན་སྦྲུལ་གྱི་རོའམ། ཁྱི་རོའམ། མི་རོ་མི་གཙང་བ་རྡུལ་བ། དྲི་མི་ཞིམ་པ་དག་ནི་ལྷའི་འཁོར་དང་མཐུན་པ་མ་ཡིན་ཞིང་འདོད་པའི་རྩེད་མོ་རྣམས་དང་ཡང་མཐུན་པ་མ་ཡིན་ཏེ། གལ་ཏེ་དེ་དག་མཐོང་བ་ན་རྒྱང་རིང་པོ་ཁོ་ན་ནས་ཡོངས་སུ་སྤོང་བར་བྱེད་དོ། །ཤཱ་རིའི་བུ་དེ་བཞིན་དུ་མཁས་པ་རྣམས་ཀྱིས་ཚུལ་ཁྲིམས་འཆལ་བའི་དགེ་སློང་ཡང་སྦྲུལ་གྱི་རོ་དང་འདྲ་བར་རིག་པར་བྱ་སྟེ། འདི་ལྟར་དེ་ནི་རྒྱང་རིང་པོར་ཡོངས་སུ་སྤང་བར་བྱའོ། །དེ་དག་དང་བཀྲ་ཤིས་ཀྱི་ལས་སམ། གསོ་སྦྱོང་ངམ་དགག་དབྱེ་ཡང་ལྷན་ཅིག་ཏུ་མི་བྱའོ། །དེ་ཅིའི་ཕྱིར་ཞེ་ན། འདི་ལྟར་སྐྱེས་བུ་བླུན་པོ་དེ་དག་ནི་ཡུན་རིང་པོར་གནོད་པ་དང་། ཕན་པ་མ་ཡིན་པ་དང་། བདེ་བ་མ་ཡིན་པ་དང་། སྡུག་བསྔལ་བ་དང་། ཉམས་པ་དང་། གཞན་གྱིས་ཟིལ་གྱིས་མནན་པ་དང་། ལོག་པར་ལྟུང་བ་ཀུན་ཏུ་རྫོགས་པར་འགྱུར་བ་

ཡིན་ནོ། །ཚུལ་ཁྲིམས་དང་ལྡན་པའི་དགེ་སློང་གང་ཡིན་པ་དག་ལ་གུས་པར་མི་བྱེད། དགེ་སྦྱོང་མ་ཡིན་པར་དགེ་སྦྱོང་དུ་ཁས་འཆེ། ཚངས་པར་སྤྱོད་པ་མ་ཡིན་ཚངས་པར་སྤྱོད་པར་ཁས་འཆེ་ཞིང་བྱ་བ་དང་ལས་དང་། གསོ་སྦྱོང་དང་། དགག་དབྱེ་རྣམས་འདྲལ་བར་བྱེད་དོ། །ཤཱ་རིའི་བུ་ངའི་བསྟན་པ་འདི་ལ་ཚུལ་ཁྲིམས་དང་ལྡན་པར་བཀུར་བའི་དགེ་སློང་གང་ཡིན་པ་དེ་དག་གིས་ཚུལ་ཁྲིམས་འཆལ་བའི་དགེ་སློང་རྣམས་མཐོང་ན་རྒྱང་རིང་པོ་ཁོ་ནར་ཡོངས་སུ་སྤོང་བར་འགྱུར་རོ། །དེ་ཅིའི་ཕྱིར་ཞེ་ན། ཤཱ་རིའི་བུ་འདི་ལྟར་ཚུལ་ཁྲིམས་འཆལ་བའི་དགེ་སློང་རྣམས་ཀྱི་ལྷུང་བཟེད་དམ་ཆོས་གོས་གང་ཡིན་པ་དེ་དག་དང་། ཚུལ་ཁྲིམས་དང་ལྡན་པའི་དགེ་སློང་རྣམས་ཀྱི་ལྷུང་བཟེད་དམ་ཆོས་གང་ཡིན་པ་དེ་དག་དང་། ཚུལ་ཁྲིམས་དང་ལྡན་པའི་དགེ་སློང་རྣམས་ཀྱིས་འདྲེས་ན་དུག་དང་འདྲེས་པ་ལྟ་བུར་རིག་པར་བྱའོ། །ཤཱ་རིའི་བུ་ང་ནི་སྤྲུལ་གྱི་རོས་གང་བའམ། ཁྱི་རོས་གང་བའམ། མི་རོས་གང་བའི་ས་ལ་སྤྱོད་ལམ་བཞི་པོ་རྣམས་ལས་སྤྱོད་ལམ་གང་ཡང་ཙང་བས་གནས་པར་ནི་སྤྲོ་ཡི། ཤཱ་རིའི་བུ་ང་ནི་ཚུལ་ཁྲིམས་འཆལ་བའི་དགེ་སློང་སྤྱོད་པ་ཉམས་པ། འཚོ་བ་ཉམས་པ། ལྟ་བ་ཉམས་པ་རྣམས་དང་། མཚན་གཅིག་གམ། ཉིན་གཅིག་གམ། སྐད་ཅིག་གམ། ཐ་ན་སེ་གོལ་གཏོགས་པ་ཙམ་ཡང་ལྷན་ཅིག་ཏུ་གནས་པར་ཡང་མི་སྤྲོའོ། །ཞེས་དང་། ཚུལ་ཁྲིམས་བསྟོད་པ་ལས། སྐྱེ་དགུ་རྣམས་ཀྱིས་མི་སྐྱན་སྨྲ་ཚོགས་སྒྲོག་བཞིན། ཤ་དང་འཆི་བའི་དུས་ན་འགྱོད་ཆེན་ཡོད་གྲང་། །ཞེས་པ་ལྟར་ནམ་ཞིག་ཚུལ་ཁྲིམས་འཆལ་བའི་སྐྱེ་བོ་དེ་དག་ནི་རྟག་ཏུ་འགྱོད་ཅིང་འཆི་བར་འགྱུར་བའི་རང་བཞིན་ཉིད་དུ་གྱུར་པ་ཡོད་པ་ཡིན་ཏེ། འདུལ་བ་ལུང་ལས། འགྱོད་བཞིན་འཆི་ཞིང་ཤི་ནས་ངན་འགྲོར་འགྲོ་བའོ། །ཞེས་སོ། །དེ་ལྟར་ཐམས་ཅད་ངན་སོང་དུ་འགྲོ་བར་བྱེད་པའི་རྒྱུ་ཡི་

གཙོ་བོ་ནི་བུད་མེད་དག་ལས་བྱུང་བ་ཡིན་པར་ཤེས་དགོས་པ་ཡིན་ཏེ། དེ་ལྟར་ཡིན་པའི་ཚུལ་ནི།

ཇི་སྐད་དུ། ཀུན་མཁྱེན་བླ་མས།

ཐར་ལམ་བྱང་ཆུབ་ཞི་བ་གཉེར་རྣམས་ཀྱི། །
བར་ཆད་བདུད་དུ་གཡོན་ཅན་བུད་མེད་ཆེ། །
ཀུན་གྱིས་དམོད་ཅིང་དམ་པའི་ཚུལ་དང་འགལ། །
ཕུང་ཁྲོལ་རྩ་བ་བུད་མེད་སྤང་བར་མཛོད། །
གང་ཞིག་ཐོས་བསམ་སྒོམ་ལ་ཞུགས་པ་ཡང་། །
གང་དང་འཕྲད་པས་དེ་ལས་ཉམས་འགྱུར་ཞིང་། །
མཐོང་དང་མ་མཐོང་རྣམ་སྨིན་དཔག་ཏུ་མེད། །
ཕུང་ཁྲོལ་རྩ་བ་བུད་མེད་སྤང་བར་མཛོད། །
གང་ཞིག་གཞན་དོན་བྱེད་པར་ཞུགས་རྣམས་ཀྱང་། །
གང་དག་བསྟེན་པས་གྲགས་པ་ཉམས་འགྱུར་ཞིང་། །
ཕྲིན་ལས་ཆུང་བས་ཕན་པ་མེད་པར་འགྱུར། །
ཕུང་ཁྲོལ་རྩ་བ་བུད་མེད་སྤང་བར་མཛོད། །
མཁས་པ་ཡིན་ཡང་ཀུན་གྱིས་དམོད་པ་དང་། །
འདུན་པ་ཉམས་པས་གཞན་ལ་ཕན་མི་ཐོག །
སྤྱོད་པ་དམན་ཕྱིར་ཕལ་པས་བཞད་གད་གནས། །
ཕུང་ཁྲོལ་རྩ་བ་བུད་མེད་སྤང་བར་མཛོད། །

བཙུན་པ་ཡིན་ཡང་འདུལ་ཁྲིམས་ཞིག་པ་ཡིས། །
སྲུང་བའི་ལྷས་འདོར་ཀུན་གྱི་ཡིད་མི་འོང་། །
ཉེས་པ་སྡེ་བས་འདི་ཕྱིར་སྡུག་བསྔལ་འཐོབ། །
ཕུང་ཁྲོལ་རྩ་བ་བུད་མེད་སྤོངས་པར་མཛོད། །
བཟང་པོ་ཡིན་ཡང་ཆགས་སྲེད་ཉོན་མོངས་འཕེལ། །
ཚེ་འདིར་འཁྲུལ་ཞིང་འདོད་ཡོན་རང་དགར་སྤྱོད། །
མིག་རྐྱེན་ངན་པས་ཉེས་པ་གཞན་ལ་འགོ །
ཕུང་ཁྲོལ་རྩ་བ་བུད་མེད་སྤང་བར་མཛོད། །
དད་དང་ངེས་འབྱུང་དམ་ཆོས་བརྩོན་པ་ཡང་། །
གང་དང་འཕྲད་ན་ཚེ་འདིའི་དབང་སོང་སྟེ། །
ཐར་ལམ་བསྐོར་ནས་གཏན་དུ་འཁོར་བར་འཁྱམས། །
ཕུང་ཁྲོལ་རྩ་བ་བུད་མེད་སྤང་བར་མཛོད། །
བསམ་གཏན་དོན་ལ་ཡང་དག་འཛོག་རྣམས་ཀྱང་། །
གང་དང་འཕྲད་པས་ལེགས་པའི་ཆོས་ཉམས་ཏེ། །
རེ་དོགས་སྤངས་ཏེ་ས་མཐོའི་གྲོང་འདབས་འགྲིམ། །
ཕུང་ཁྲོལ་རྩ་བ་བུད་མེད་སྤང་བར་མཛོད། །

ཅེས་དང་།

འཁོར་ལོ་བཅུ་པ་ལས།

ཚུལ་ཁྲིམས་ཉམས་པར་དགའ་ལ་སྡིག་པ་ཅན། །

ཐེག་པ་ཆེན་པོའི་ཡོན་ཏན་མཆོག་ཐོས་ནས། །
ཁེ་དང་གྲགས་ཕྱིར་ཐེག་ཆེན་ཁས་འཆེ་བ། །
བོང་བུས་སེང་གེའི་པགས་པ་གྱོན་པ་བཞིན། །

ཞེས་དང་།

མདོ་ལས། འོད་སྲུང་དགེ་སློང་ཞེས་བྱ་བ་ནི། ཉོན་མོངས་པ་བཅོམ་པའི་ཕྱིར་དགེ་སློང་ཞེས་བྱའོ། །བདག་ཏུ་འདུ་ཤེས་པ་བཅོམ་པ་དང་། སེམས་ཅན་དུ་འདུ་ཤེས་པ་དང་། སྲོག་ཏུ་འདུ་ཤེས་པ་དང་། གསོ་བར་འདུ་ཤེས་པ་དང་། གང་ཟག་ཏུ་འདུ་ཤེས་པ་དང་། སྐྱེས་པར་འདུ་ཤེས་པ་དང་། བུད་མེད་དུ་འདུ་ཤེས་པ་དང་། ཕྱིཙུར་འདུ་ཤེས་པ་དང་། བུ་མོར་འདུ་ཤེས་པ་བཅོམ་པ་སྟེ། དེའི་ཕྱིར་དགེ་སློང་དགེ་སློང་ཞེས་བྱའོ། །འོད་སྲུང་གང་ལ་ལ་ཞིག་ཆོས་འདི་དག་དང་མི་ལྡན་ལ་བདག་ནི་དགེ་སློང་དགེ་སློང་ངོ་སྙམ་དུ་ཁས་འཆེ་བ་ན་བསམ་པས་མོས་པ་མ་གཏོགས་པར་ང་ཡང་དེའི་སྟོན་པ་མ་ཡིན་ལ་དེ་ཡང་ངའི་ཉན་ཐོས་མ་ཡིན་ནོ། །འོད་སྲུང་སྡིག་པ་ཅན་གྱི་དགེ་སློང་དག་ཕལ་ཆེར་ངའི་བསྟན་པ་འདི་ནུབ་པར་བྱེད་པར་འགྱུར་ཏེ། འོད་སྲུང་ཡ་མཚན་ཅན་དགུ་བཅུ་རྩ་ལྔ་དང་། ཕས་ཀྱི་རྒོལ་བ་ཐམས་ཅད་ཀྱིས་ནི་ངའི་བསྟན་པ་འདི་ནུབ་པར་བྱེད་མི་ནུས་སོ། །གཞན་དུ་ན་ངའི་བསྟན་པ་འདི་ལ་མི་གཏི་མུག་པ་ངེས་པར་མི་སེམས་པ་གང་དག་འབྱུང་བ་དེ་དག་གིས་ངའི་བསྟན་པ་ནུབ་པར་བྱེད་པར་འགྱུར་རོ། །ཞེས་དང་། ཡང་ངའི་བསྟན་པ་འདི་ཉིད་ལ་མི་བླུན་པ། བཀྲམ་པ། ཆགས་པས་ཟིལ་གྱིས་ནོན་པ། ཆོས་མ་ཡིན་པ་ལ་ལྷ་བ། ངེས་པར་མི་སེམས་པ། ཞོད་པ། རྫུན་དུ་སྨྲ་བ་དག་འབྱུང་བ་དེ་དག་ངའི་བསྟན་པ་ནུབ་པར་བྱེད་པར་འགྱུར་རོ། །ཞེས་གསུངས་སོ། །

དེ་བཞིན་དུ་ཚུལ་ཁྲིམས་འཆལ་བའི་ཉེས་པ་སོགས་བསམ་མི་ཁྱབ་པ་དང་། མ་ཟད་དེ་ལྟར་འཆལ་བའི་ཉེས་པ་རྣམས་ནི། འདུལ་བ་ལུང་ལས། ཚུལ་ཁྲིམས་འཆལ་བའི་ཉེས་དམིགས་བཅུ་གསུངས་ཏེ། སྟོན་པ་སངས་རྒྱས་ཀྱིས་སྨད་པ་དང་། ལྷ་རྣམས་ཀྱིས་ཚེམ་ཀུན་པ་ལ་སོགས་པའི་ཐ་སྙད་ཀྱིས་སྨད་པ་དང་། གྲོགས་ཚངས་པ་མཚུངས་པར་སྤྱོད་པ་རྣམས་ཀྱིས་སྨད་པ་དང་། ཚུལ་བཞིན་ཡིད་ལ་བྱེད་པའི་ཚེ་བདག་ཉིད་ཀྱིས་སྨད་པ་དང་། ཆོས་ཉིད་ཀྱིས་སྨད་པར་འོས་པ་དང་། ཕྱོགས་དང་ཕྱོགས་མཚམས་སུ་མི་སྙན་པ་འཕེལ་བ་དང་། ཆོས་མ་ཐོས་པ་ཐོས་པར་མི་འགྱུར་བ་དང་། ཐོར་ཐོས་པ་བརྗེད་པར་འགྱུར་བ་དང་། ས་ལམ་གྱི་རྟོགས་པ་སྐྱེ་བར་མི་འགྱུར་བ་དང་། འགྱོད་བཞིན་དུ་འཆི་ཞིང་ཤི་ནས་ངན་འགྲོར་འགྲོ་བའོ། །ཞེས་གསུངས་སོ། །

དེ་ལྟར་ངན་སོང་གི་གནས་སུ་འགྲོ་བ་དང་མ་ཟད་བསོད་ནམས་དགེ་བའི་ཚོགས་ཐམས་ཅད་ཟད་པར་འགྱུར་བའི་རང་བཞིན་ཉིད་དུ་གྱུར་པ་ཡིན་ཏེ། འཇུག་པ་ལས། སྐྱིད་བཅས་དངོས་འདུ་ཡོངས་སུ་ཟད་པས་ན། །ཕྱིན་ཆད་དེ་ལ་ལོངས་སྤྱོད་འབྱུང་མི་འགྱུར། །ཞེས་དང་། དྲན་པ་ཉེར་བཞག་ལས། གང་ཤིན་ཏུ་འདོད་ཆགས་ཀྱི་སེམས་ཀྱིས་བུད་མེད་འོས་མ་ཡིན་པ་རྗེས་སུ་དྲན་ནས་ལོག་པའི་འདོད་པས་ལོག་པར་གཡེམ་པར་བྱས་ན་དེ་ལུས་དང་བྲལ་ནས་ངན་འགྲོ་ལོག་པར་ལྟུང་བ་སེམས་ཅན་དམྱལ་བ་ཚོར་བ་མཐའ་མེད་པར་སྐྱེ་བར་འགྱུར་རོ། །དེར་གནོད་པ་འདི་དག་འབྱུང་བར་འགྱུར་ཏེ། བྱས་ཤིང་བསགས་པའི་ལས་ཀྱིས་ཚོར་བ་ཤས་ཆེ་བར་འགྱུར་བ་ནི་འདི་ལྟ་སྟེ། མེ་ཡི་ཚོར་བ་དང་། མཚོན་གྱི་ཚོར་བ་དང་། བ་ཚྭའི་ཚོར་བ་དང་། ནད་ཀྱི་ཚོར་བ་སྟེ། ཚོར་བ་དེ་དག་གཏིང་དཔག་དཀའ་ཞིང་མཐའ་དཔག་དཀའ་ལ་མཐའ་ཡས་པ་ཡིན་ཏེ། ཇི་སྐད་བཤད་

པའི་ཚོར་བ་དེ་དག་ནི་རང་གི་སེམས་ཀྱིས་ཡོངས་སུ་བསྣུས་པ་ཡིན་ཏེ། ཇི་སྐད་བཤད་པའི་ཚོར་བ་དེ་དག་ནི་དཔེ་བྱ་བར་སླ་བ་མ་ཡིན་ནོ། །དེ་ལྟར་སེམས་ཅན་དམྱལ་བ་པ་དག་དེར་རང་གི་སེམས་ཀྱིས་ཡོངས་སུ་བསྣུས་པ་ཡིན་ཏེ། ཇི་སྲིད་དུ་དེའི་ཉེས་པར་བྱས་པའི་ལས་བཅོམ་ཞིང་སྤྲངས་ལ་ཟད་པར་མ་བྱས་པའི་བར་དུ་ལོ་འབུམ་ཕྲག་དུ་མར་བསྲེག་ཅིང་འཚེད་དོ། །དེ་སེམས་ཅན་དམྱལ་བ་དེ་ལས་ཐར་བར་འགྱུར་ཏེ། ཐར་ནས་ཀྱང་གལ་ཏེ་ལན་གྲངས་གཞན་ལ་སྨྱོང་བར་འགྱུར་བའི་ལས་ཀྱིས་ཡི་དྭགས་དང་དུད་འགྲོ་དག་ཏུ་མ་སྐྱེས་ལ་མི་རྣམས་དང་སྐལ་བ་མཉམ་པར་མིར་སྐྱེས་ན། དེ་དབུལ་པོར་འགྱུར་ཞིང་རེ་ཐག་དང་། དགོན་པ་དང་། འཇིགས་པ་དང་། རེ་ཐག་པ་དག་གི་གཡོག་ཐབ་ཏུ་འགྱུར། ནད་རྣམས་ཀྱིས་རྟག་ཏུ་ན་བར་འགྱུར་རོ། །ཞེས་དང་། ཏིང་འཛིན་རྒྱལ་པོ་ལས། ཚུལ་ཁྲིམས་འཆལ་བ་ངན་འགྲོ་དེར་འགྲོ་སྟེ། །དེ་ལ་ཐོས་པ་མང་པོས་སྐྱབ་མི་ནུས།།

ཞེས་དང་།

འདུག་པ་ལས།

སྐྱེ་བོ་ཚུལ་ཁྲིམས་རྐང་པ་ཆག་གྱུར་ན།།

སྦྱིན་པས་ལོངས་སྤྱོད་ལྡན་ཡང་ངན་འགྲོར་ལྟུང་།།

ཞེས་དང་།

ཏིང་འཛིན་རྒྱལ་པོ་ལས།

ཇི་སྙེད་ཆོས་ཀྱི་རྣམ་པར་བྱང་ཆུབ་ཀྱང་།།

ཐོས་པས་རྒྱགས་པས་ཚུལ་ཁྲིམས་མི་སྲུང་ན།།

ཚུལ་ཁྲིམས་འཆལ་བ་ངན་འགྲོ་དེར་འགྲོ་སྟེ། །
དེ་ལ་ཐོས་པ་མང་པོས་སྐྱོབ་མི་འགྱུར། །

ཞེས་གསུངས་སོ། །དེ་བཞིན་དུ་ཚུལ་ཁྲིམས་འཆལ་བའི་གང་ཟག་དང་ལྷན་དུ་འགྲོགས་པར་བྱས་ན་དམྱལ་བའི་གནས་སུ་འགྲོ་བར་འགྱུར་བ་ཡིན་ཏེ། སངས་རྒྱས་མཛོད་ཀྱི་ཆོས་ཀྱི་ཡི་གེ་ལས། ཤཱ་རིའི་བུ་དཔེ་ཞུགས་ཙམ་སྐྱེས་པ་ཡང་མ་ཡིན། བུད་མེད་ཀྱང་མ་ཡིན་པ་དང་འདྲ་སྟེ་ཚུལ་ཁྲིམས་ཞིག་པའི་དགེ་སློང་དེ་ཡང་དེ་དང་མཚུངས་པས་མིང་ཁྲིམ་ན་འདུག་པ་ཞེས་ཀྱང་མི་བྱ། མིང་ཁྲིམ་ནས་བྱུང་བ་ཞེས་ཀྱང་མི་བྱ་སྟེ། ཚེ་ཟད་ཕྱིན་ཆད་ཐལ་བྱུང་དམྱལ་བར་འགྲོའོ། །ཞེས་དང་།

མཛོད་འགྲེལ་ལས།

ཡང་དག་སྡོམ་དང་བཀའ་ཐུབ་ཅན། །
ངང་སྲོང་རྣམས་ལ་སྐུར་འདེབས་པ། །
དེ་དག་སྤྱི་ཚུགས་དག་ཏུ་ནི། །
དམྱལ་བ་ཁོ་ནར་ལྟུང་བར་འགྱུར། །

ཞེས་དང་།

མདོ་ལས། འོད་སྲུང་གང་དག་ལྟོད་ཅིང་ཡང་དག་པར་མི་སྡོམ་པ་དང་། དགེ་སློང་གི་ཡོན་ཏན་གྱི་ཆོས་འདི་དག་ལས་ཉམས་པ། ལུས་ལ་ངུར་སྨིག་དག་འཆིང་བ་རྣམས་ནི་གུས་པ་འདི་དག་མི་བསྐྱེད་དོ། །འོད་སྲུང་དགེ་སློང་གི་ཁ་དོག་དང་གཟུགས་ལ་གནོད་པ་བྱེད་པ་ཞེས་བྱ་བ་ཉེ་ཚེ་བའི་སེམས་ཅན་དམྱལ་བ་ཡོད་དེ། འོད་སྲུང་ཉེ་ཚེ་བའི་སེམས་ཅན་དམྱལ་བ་དེར་དགེ་སློང་གི་གཟུགས་སུ་གྱུར་བཞིན་དུ་གོས་འབར་བ

དག་དང་། མགོ་འབར་བ་དག་དང་། ལྷུང་བཟེད་འབར་བ་དག་དང་། སྣན་འབར་བ་དག་དང་། མལ་ཆ་འབར་བ་དག་གཙོད་པ་བྱེད་དེ་དེ་དག་གི་ལོངས་སྤྱོད་དང་། ཡོངས་སུ་སྤྱོད་པ་གང་ཅི་ཡོད་པ་དེ་དག་ཐམས་ཅད་འབར་རབ་ཏུ་འབར་ཀུན་ཏུ་རབ་ཏུ་མཆེད་ཅིང་འབར་ལ་དེ་དག་སྡོང་བར་འགྱུར་རོ། །དེ་ཅིའི་ཕྱིར་ཞེ་ན། འདི་ལྟར་ལུས་དང་ངག་དང་ཡིད་ཀྱི་ལས་ཡོངས་སུ་མ་དག་པ་དང་ལྡན་པའི་ཕྱིར་ཏེ། ལུས་དང་། ངག་དང་། ཡིད་ཀྱི་ལས་ཡོངས་སུ་མ་དག་པ་དང་ལྡན་པ་དེ་དག་གི་འགྲོ་བ་ཡང་ཡོངས་སུ་མ་དག་པ་ཉིད་དུ་འགྱུར་རོ། །ཞེས་དང་།

དྲན་པ་ཉེར་བཞག་ལས།

བྱི་བོ་བྱེད་པ་ཤལ་མ་ལིར། །
འཇོག་ཅིང་ལྕགས་ཀྱི་བུད་མེད་འཚེར། །

ཞེས་དང་།

ཚུལ་ཁྲིམས་བསྟོད་པ་ལས།

ཀྱི་མ་ཁྲིམས་འཆལ་ས་གཞི་རབ་འབར་གྱི་སྟེང་ན། །
ཆེ་ཞིང་གཞོན་པའི་ལུས་ངན་སྤྱི་ཚུགས་སུ་འགྲོ་སྟེ། །
མི་བཟད་ཁྲོ་རྒྱུ་ཕོལ་མའི་བདུང་བ་དེ་འབྱུང་བཞིན། །
སྣ་ཚོགས་མཚོན་ཆས་གཏུབ་པའི་སྣང་ཚུལ་འདིས་སྐྱོའོ། །

ཞེས་དང་། དེ་ལྟ་བུའི་ཚུལ་ཁྲིམས་འཆལ་བའི་གང་ཟག་དེ་ནི་ནམ་ཞིག་ལྕགས་ཁང་འབར་བ་དག་གིས་ནང་དུ་བསྲེག་པར་འགྱུར་བའི་རང་ཉིད་དུ་གྱུར་པ་ཡང་ཡོད་པ་ཡིན་ཏེ།

དེ་ཉིད་ལས།

ཚུལ་འཆལ་གཤོན་ནུ་ལྟུགས་མཁར་འབར་བ་ཡི་ནང་ན།།

མ་རུང་ལས་ཀྱི་རང་གཟུགས་སྲིན་པོ་ཡིས་ཟ་བཞིན།།

འཇིགས་བྱེད་གཤིན་རྗེའི་ཚོགས་ཀྱིས་རྒྱབ་སོད་ཀྱི་སྦྲ་ཡིས།།

མགོ་བོ་འགེམས་པའི་ཚེ་ན་ཅི་འདྲ་ཞིག་ཡོད་གྲང་།།

ཞེས་གསུངས་སོ། །དེ་ལྟ་བུའི་ཚུལ་འཆལ་དག་མཐར་ཤི་བའི་ཚེ་ན་ཡི་དྭགས་ཀྱི་གནས་སུ་སྐྱེ་བར་འགྱུར་བ་ཡང་ཡོད་པ་ཡིན་ཏེ།

དཔྱིག་གཉེན་གྱིས།

ཡི་དྭགས་མི་ལྕེའི་ཕྲེང་བ་ཡིས།།

བསྐོར་ཞིང་སྐད་གསང་མཐོན་པོར་སྒྲོག།

ལ་ལ་ཁ་ནས་མེ་འབར་གཞན།།

མགྲིན་པ་ཁབ་མིག་ལྟ་རི་ཙམ།།

རྟག་ཏུ་བཀྲེས་སྐོམ་ལ་སོགས་པས།།

སྲེག་ཅིང་ལུས་ནི་སྐམ་པ་དང་།།

ཁ་ཅིག་སྐྱུག་པ་ཟ་བ་དང་།།

གཞན་དག་དེ་ཡང་རབ་ཉེད་དཀའ།།

ཞེས་དང་། དེ་ལྟ་བུའི་ཚུལ་ཁྲིམས་འཆལ་བའི་གང་ཟག་དག་ནི་ཕྱི་མར་དུད་འགྲོ་སོགས་ཀྱི་གནས་སུ་སྐྱེ་བར་འགྱུར་བ་ཡང་ཡོད་པ་ཡིན་ཏེ།

འདུལ་བ་ལུང་ལས།

གང་ཞིག་སྟོན་པ་ཐུགས་རྗེའི་བསྟན་པ་ལ། །
ཡང་བར་སེམས་ཤིང་ཚུང་ཟད་འདའ་བྱེད་པ། །
དེ་ནི་དེ་ལས་སྡུག་བསྔལ་གཞན་དབང་འཐོབ། །
སྨྱུག་ཚལ་བྲེགས་པས་ཨ་མྲའི་ཚལ་ཉམས་བཞིན། །
འདི་ན་ལ་ལ་རྒྱལ་པོའི་ཆོག་ཆེན་པོ། །
ལན་འགའ་འདས་ནའང་ཆད་པ་ཐོབ་མི་འགྱུར། །
ཐུབ་པའི་བཀའ་ལུང་ཚུལ་མིན་འདས་བྱས་ན། །
དུད་འགྲོར་སྐྱེ་འགྱུར་ཨེ་ལའི་འདབ་ལྷུ་བཞིན། །

ཞེས་དང་། དྲན་པ་ཉེར་བཞག་ལས། སྐྱེས་པ་གང་ཞིག་སྐྱེས་པ་ལ་འཇུག་པར་བྱེད་ན། དེ་ལུས་དང་བྲལ་ནས་ངན་འགྲོ་ལོག་པར་ལྟུང་བའི་སེམས་ཅན་དམྱལ་བ་ཉམ་ང་བ་མང་བར་སྐྱེ་བར་འགྱུར་རོ། །བྱས་ལ་བསགས་པའི་ལས་ཀྱི་མཐུས། དེར་གནོད་པ་འདི་དག་འབྱུང་བར་འགྱུར་ཏེ། འདི་ལྟ་སྟེ། སྐྱེས་པ་དེ་ཉིད་སེམས་ཅན་དམྱལ་བ་དེར་མཐོང་སྟེ། སྐྲ་རབ་ཏུ་འབར་ཞིང་ལུས་ཐམས་ཅད་རབ་ཏུ་འབར་ལ། ལུས་རྡོ་རྗེ་ལྟར་སྲ་བ་དེས་འཛིན་པ་ནི། ཇི་ལྟར་ཕྱེ་མ་ཆངས་པ་ནས་གཏོར་བ་དེ་ལྟར་ཡན་ལག་དང་ཉིང་ལག་ཐམས་ཅད་ལ་གནོད་པ་བྱེད་དོ། །དེ་མི་དགེ་བའི་ལས་ཀྱིས་ཤི་ནས་ཡང་འཚོ་བར་འགྱུར་ཏེ། དེ་སྐྱེས་པ་རབ་ཏུ་འབར་བ་དེས་འཛིགས་ཤིང་ཞུམ་པར་བྱེད་དོ། །དེས་ན་ངམ་གྲོག་དེ་དག་མཐོང་སྟེ། དེའི་ནང་དུ་ལྟུང་ངོ་། །དེ་ནམ་མཁའ་ལ་གནས་པ་དང་། ཇི་ལྟར་དེ་ཡུངས་འབྲུ་ཙམ་དུ་ཡང་མི་སྣང་བ་དེ་ལྟར་ཁ་མཆུ་རབ་ཏུ་འབར་བ་དག་འོངས་ནས་

དམྱལ་བུར་གཙོད་དོ། །དེ་ཡང་བྱུང་བར་གྱུར་ནས་ས་ལ་ལྷུང་བ་དང་། དེར་ཕྱ་ཁ་རབ་ཏུ་འབར་བ་དག་འོངས་ནས་ཟ་བར་བྱེད་དོ། །གལ་ཏེ་དེའི་རུས་པ་དག་ཟད་པར་བཏོགས་ན་ཡང་སྐྱེ་བར་འགྱུར་ཏེ། དེ་བྱུང་བ་དང་། གཤིན་རྗེའི་མི་དག་གིས་ལྕགས་ཀྱི་རྫ་མ་རབ་ཏུ་འབར་བ་དག་གི་ནང་དུ་འཚོད་དོ། །དེ་ལྟར་ཇི་སྲིད་དུ་མི་དགེ་བའི་ལས་བྱས་ཤིང་བསགས་པ་བཙོམ་ཞིང་སྤྲངས་ལ། ཟད་པར་མ་བྱས་པ་དེ་སྲིད་དུ་ལོ་འབུམ་ཕྲག་དུ་མར་འཚོད་ཅིང་ཟ་ལ་ཕྱེ་མར་རློག་གོ །དེ་ཕྱིས་སེམས་ཅན་དམྱལ་བ་ཉམ་ང་བ་མང་བ་དེ་ལས་ཐར་བར་འགྱུར་ཏེ། ཐར་ནས་ཀྱང་གལ་ཏེ་ལན་གྲངས་གཞན་ལ་རློལ་བར་སྲིད་བྱེ་བ་དཔག་མེད་འཕངས་ཏེ། ཕ་མའི་བདེ་བའི་རོ་མྱོང་བ་ཙམ་གྱིས་དེར་སྐྱེ་བའི་ལས་ཅན་དེ་རང་དབང་མེད་པར་མངལ་རྒྱུས་འཁྲུམས་པ་ནི་མའི་གཅི་ལམ་ནས་འཇུག་གོ །ཞེས་གསུངས་པ་ལྟར་སོ་སོར་ཐར་བའི་སྡོམ་པ་དང་འགལ་བའི་ཉེས་པ་ལས་ངན་སོང་དག་ཏུ་ལྷུང་བར་འགྱུར་བ་ཡིན་ནོ། །

དེ་བཞིན་དུ་བྱང་ཆུབ་སེམས་དཔའི་བསླབ་པ་དང་འགལ་བའི་ཉེས་པ་དག་ཀྱང་ཚད་མེད་པའི་རང་བཞིན་ཅན་དུ་གནས་པ་ཡིན་ཏེ། དེ་ལྟར་ཡིན་པའི་ཚུལ་ནི། སྤྱོད་འཕགས་པ་སྤྱན་རས་གཟིགས་ཀྱིས་ཀྱང་སེམས་ཅན་བློས་བཏང་བའི་དབང་གིས་སྐྱ་ལུས་ལ་མི་འདོད་པ་སོགས་འབྱུང་བའི་ལོ་རྒྱུས་བསམ་མི་ཁྱབ་པ་ཞིག་ཡོད་པར་པདྨ་བཀའ་ཐང་སོགས་ལས་གསུངས་པ་ལྟར་དང་། མ་ཟད་ཐེག་པ་ཆེན་པོའི་བྱང་སེམས་དག་གི་སྨོན་སེམས་སོགས་དོར་ནས་ཐེག་པ་དམན་པའི་ལམ་ལ་འཇུག་པར་འདོད་པའི་བློ་སྐྱེས་ན། དེ་དག་ལ་སྨོན་པའི་རྩ་ལྟུང་འབྱུང་བར་འགྱུར་བ་ཡིན་ཏེ། དེ་ལྟར་ཡིན་པའི་ཚུལ་ནི།

གསང་ཆེན་ཐབས་ལ་མཁས་པའི་མདོ་ལས། རིགས་ཀྱི་བུ་བྱང་ཆུབ་སེམས་དཔའ་

ཉན་ཐོས་དང་། རང་སངས་རྒྱས་ཀྱི་ཡིད་ལ་བྱེད་ལ་བྱེད་པས་གནས་པ་འདི་ནི་བྱང་ཆུབ་སེམས་དཔའི་རྩ་ལྟུང་ལྔ་བའོ། །

མདོ་སྡུད་པ་ལས།

གལ་ཏེ་བསྐལ་པ་བྱེ་བར་དགེ་བའི་ལས་ལམ་བཅུ། །
སྤྱོད་ཀྱང་རང་རྒྱལ་དགྲ་བཅོམ་ཉིད་ལ་འདོད་བསྐྱེད་ན། །
དེ་ཚེ་ཚུལ་ཁྲིམས་སྐྱོན་བྱུང་ཚུལ་ཁྲིམས་ཉམས་པ་ཡིན། །

ཞེས་དང་། མ་ཟད་འཇུག་པའི་རྩ་ལྟུང་ལ་ཡང་རྣམ་པ་བཞི་ཉིད་དུ་བཤད་པ་ཡོད་པ་ཡིན་ཏེ།

སློམ་པ་ཉི་ཤུ་པ་ལས།

རྙེད་དང་བཀུར་སྟིར་ཆགས་པ་ཡི། །
བདག་བསྟོད་གཞན་ལ་སྨོད་པ་དང་། །
སྡུག་བསྔལ་མགོན་མེད་གྱུར་པ་ལ། །
སེར་སྣས་ཆོས་མི་སྟེར་བ་དང་། །
གཞན་གྱིས་བཤགས་ཀྱང་མི་ཉན་པར། །
ཁྲོ་བས་གཞན་ལ་འཚོག་པ་དང་། །
ཐེག་པ་ཆེན་པོ་སྤོང་བྱེད་ཅིང་། །
དམ་ཆོས་འདྲར་སྣང་སྟོན་པའོ། །

ཞེས་སོགས་གསུངས་པ་ལྟར་སྨོན་སེམས་སོགས་གཏོང་བའི་ཉེས་པ་ནི། ཉེས་པ་ཚད་མེད་པའི་རང་བཞིན་ཅན་དུ་གནས་པར་ངེས་དགོས་པ་ཡིན་ནོ། །དེ་ནས་ཡང་སློམ་

པ་གསུམ་ལས་གསང་བ་སྔགས་ཀྱི་སྡོམ་དང་དམ་ཚིག་སོགས་དང་འགལ་བའི་ཉེས་པ་དེ་དག་གིས་ནི། རང་རྒྱུད་ལ་ཉེས་པའི་གོས་ཤིང་རྩ་བའི་ལྟུང་བ་སོགས་འབྱུང་བར་འགྱུར་བ་ཡིན་ཏེ། དེ་ལྟར་ཡིན་པའི་ཚུལ་ནི།

རྒྱུད་ལས།

སྔོད་དང་མི་ལྡན་སློབ་མ་ལ། །
དབང་བསྐུར་བྱས་ནི་གཉིས་ཀ་འཕུང་། །

ཞེས་དང་།

རྣལ་འབྱོར་གྱི་རྒྱུད་ལས། །

བྱང་ཆུབ་སེམས་ནི་མ་སྐྱེས་དང་། །
ཐེ་ཚོམ་ཡོད་པ་ཉིད་དང་ནི། །
བཀའ་བཞིན་སྒྲུལ་བ་མི་བྱེད་པ། །
མ་དད་པས་ནི་མི་འགྲུབ་ཅིང་། །
འདི་ཕྱིར་སྡུག་བསྔལ་ཉིད་དུ་འགྱུར། །

ཞེས་གསུངས་སོ། །དེ་ལྟར་ངན་སོང་དུ་ལྟུང་བར་བྱེད་པའི་རྩ་བའི་བཅུ་བཞི་རྒྱུད་ལས་གསུངས་པ་ལྟར་འདིར་བཤད་པར་བྱས་ན། བླ་མ་རྡོ་རྗེ་སློབ་དཔོན་སྨོད་པ། སངས་རྒྱས་ཀྱི་བཀའ་ལས་འདས་པ། རྡོ་རྗེའི་མཆེད་གྲོགས་ལ་འཚེ་བ། བྱམས་སེམས་བཏང་བ། བསམ་བཞིན་དུ་ཁུ་བ་འབྱིན་པ། གཞན་གྱི་གྲུབ་མཐའ་ལ་སྨོད་པ། སྐལ་མེད་ལ་ཡང་གསང་བསྒྲགས་པ། ཕུང་པོ་ལྔ་སྡུག་བསྔལ་དུ་ལྟ་བ། རང་བཞིན་གྱིས་དག་པའི་ཆོས་ལ་ཐེ་ཚོམ་ཟ་བ། ཞིང་བཅུ་ཚང་བའི་དགྲ་བོ་སྒྲོལ་ནུས་བཞིན་མི་སྒྲོལ་བ། ཆོས་ཉིད་སྤྲོས་པ་དང་

བྲལ་བ་ལ་རྟོག་གེའི་བློས་མཚན་མར་ལྟ་བ། སྣོད་ལྡན་གྱི་སློབ་མ་ཡལ་བར་དོར་བ། དུས་ལ་བབ་ཀྱང་དམ་རྫས་མི་བསྟེན་པ། ཤེས་རབ་ཀྱི་རང་བཞིན་བུད་མེད་སྤྱོང་པ་སྨེ་བརྩེ་བཞི་དང་། མི་འོས་པའི་རིག་མ་བསྟེན་པ། ཚོགས་སྟོབས་ཀྱིས་བདུད་རྩི་ལེན་པའི་སྣོད་ལྡན་ལ་གསང་སྔགས་མི་སྟོན་པ། དད་པས་ཆོས་འདྲི་བ་ལ་ཆོས་གཞན་སྟོན་པ། སྔགས་ལ་མི་དད་པའི་ནང་དུ་ཞག་བདུན་འདུག་པ། རྟོགས་པའི་ཡེ་ཤེས་མེད་བཞིན་སྔགས་པར་རློམ་པ། སྣོད་མིན་པ་ལ་གསང་སྔགས་སློབ་བཤད་བྱེད་པ་དག་གིས་ནི་ངན་སོང་དུ་ལྟུང་བར་འགྱུར་བ་ཡིན་པའི་ཕྱིར་དང་། མ་ཟད་སྔགས་ལ་ཞུགས་པའི་སྐྱེ་བོ་རྣམས་ནི་འགྲོ་ས་གཉིས་ལས་མེད་པ་ཡིན་པར་ཤེས་དགོས་པ་ཡིན་ཏེ།

རྒྱུད་ལས།

སྔགས་ལ་ཞུགས་པའི་སྐྱེས་བུ་ངན་སོང་དང་། །
སངས་རྒྱས་གཉིས་ལས་འགྲོ་ས་གསུམ་པ་མེད། །

ཅེས་གསུངས་སོ། །དེ་བཞིན་དུ་སློབ་དཔོན་དང་སློབ་མ་གཉིས་ཀ་གསང་སྔགས་ཀྱི་སྐབས་ལས་བསྟན་པའི་ཡོན་ཏན་དང་མི་ལྡན་ན་གཉིས་ཀ་སྨང་བྱ་ཉིད་དུ་གྱུར་པ་ཡིན་ཏེ། དེ་ལྟར་ཡིན་པའི་ཚུལ་ནི།

རང་ཤར་ལས།

མི་ཤེས་ང་རྒྱལ་ཆེན་པོ་དང་། །
ལྐུན་རྫོངས་ཚིག་ཕྱིར་འབྲང་བ་དང་། །
གསང་སྔགས་དོན་ལ་མི་དགོངས་དང་། །
གཞན་གྱི་ཞེ་གཙོད་ཁེངས་ཚིག་དང་། །

ལོག་པའི་ལམ་དུ་ཞུགས་པ་དང་། །
དབང་གི་དཀྱིལ་འཁོར་ཞལ་མ་མཐོང་། །
དམ་ཚིག་འཆལ་བར་གྱུར་པ་དང་། །
དྲིས་པ་དག་ལ་ལན་མི་ཐེབས། །
ཐོས་ཆུང་ང་རྒྱལ་ཆེ་བ་སྟེ། །
སློབ་དཔོན་མ་བརྟགས་སློབ་མའི་བདུད། །
གསང་སྔགས་སྟོན་པའི་སློབ་དཔོན་མིན། །
རྫོགས་ཆེན་ཨ་ཏི་སྟོན་མི་ནུས། །
དེ་དང་འགྲོགས་པར་མི་བྱའོ། །

ཞེས་དང་།

རྡོ་རྗེ་སེམས་དཔའ་སྙིང་གི་མེ་ལོང་ལས། །
སློབ་དཔོན་ཚད་མར་མ་གྱུར་སྒྲེའུ་འདྲའི་ལུང་། །
ལོག་པའི་ལམ་ཞུགས་གསང་སྔགས་འཚོལ་བར་སྤྱོད། །
དེ་ནི་ལོག་འདྲེན་ཡིན་པས་སྤང་བར་བྱ། །

ཞེས་དང་།

རང་ཤར་ལས།

བཀུར་སྟི་ཞུ་དུད་མི་བྱེད་ཅིང་། །
གསང་སྔགས་འཆལ་བར་སྤྱོད་པ་དང་། །
རིགས་རྒྱུད་མེད་ཅིང་དང་རྒྱུད་མེད། །

ཤེས་རབ་ཆུང་བར་གྱུར་པ་དང་། །

བཀའ་དྲིན་ཁྱད་དུ་གསོད་པ་དང་། །

རང་གི་རིགས་རྒྱུད་བརྗོད་པ་དང་། །

ལུས་ལ་རྒྱན་བཟང་འདོགས་པ་དང་། །

དོན་མེད་འཆལ་བར་གྱུར་པ་སྟེ། །

སློབ་མ་མ་བརྟགས་སློབ་དཔོན་དགྲ། །

ཉམས་སུ་མི་ལེན་གང་ཟག་ལ། །

རྫོགས་པ་ཆེན་པོའི་དོན་མི་བཤད། །

ཅེས་དང་།

རྡོ་རྗེ་སེམས་དཔའ་སྙིང་གི་མེ་ལོང་ལས།

མི་ཤེས་ང་རྒྱལ་ཆེ་ཞིང་བླུན་རྨོངས་གཅམ་བུ་ཅན། །

ང་རྒྱལ་དྲེགས་ཚིག་སྨྲ་ཞིང་མཆེད་ལ་རས་ཚོད་བྱེད། །

ངོ་ཚ་མེད་ཅིང་ཁྲེལ་མེད་བག་འཛེམ་མེད། །

གསང་སྔགས་སྣོད་མིན་གང་ཟག་སྤང་བར་བྱ། །

ཞེས་གསུངས་སོ། །དེ་ལྟ་བུའི་སྣོད་མིན་གྱི་སྐྱེ་བོ་དག་གིས་དམ་ཚིག་སྲུང་བར་མ་བྱས་ན། མཐར་ངན་སོང་མཐའ་མེད་དག་ཏུ་སྐྱེ་བར་འགྱུར་བ་ཡིན་ཏེ།

རང་ཤར་ལས།

ཉམས་ན་དམྱལ་བར་ངེས་པར་འགྲོ། །

ཞེས་དང་། དེ་ལྟར་ཉེས་པ་འབྱུང་བར་བྱེད་པའི་ཐ་ལྟས་རྒྱུད་ལ་བྱུང་བའི་ཚུལ་ནི།

གཞན་ལས།

དམ་ཚིག་ཉམས་པའི་ཐ་ལྟས་སུ། །
མི་བདེ་རྣམ་པ་སྣ་ཚོགས་འབྱུང་། །
ཡམས་དང་འཚེ་བའི་ནད་རྣམས་དང་། །
རིམས་ནད་སྣ་ཚོགས་འབྱུང་བར་འགྱུར། །
གདོན་དང་ལོག་འདྲེན་རྣམས་ཀྱིས་ཀྱང་། །
བསད་ནས་སེམས་ཅན་དམྱལ་བར་འགྲོ། །
མིག་གིས་གཟུགས་མི་མཐོང་བར་འགྱུར། །
རྣ་བ་འོན་ཞིང་ལས་མི་འགྲུབ། །
མཛེ་དང་ཤུ་བའི་ནད་རྣམས་འབྱུང་། །
ཆོམ་རྐུན་རྒྱལ་པོའི་ཆད་པ་འབྱུང་། །
གཞན་ལ་མེད་པའི་རིམས་ནད་འབྱུང་། །
བུ་དང་ཆུང་མ་འཆི་བར་སྟོན། །
ཡུལ་རྣམས་ཐམས་ཅད་དགྲར་ལྡང་ཞིང་། །
བྱས་པ་དོན་མེད་ཆེན་པོར་འགྱུར། །

ཞེས་དང་། དེ་ལྟ་བུའི་སྐལ་དམན་དེ་དག་གིས་སློབ་དཔོན་སོགས་ལ་སྨོད་པར་བྱས་ན། དེ་ནི་ཕྱིག་པ་ལྟེ་ཞིང་ངན་སོང་དུ་འགྲོ་བར་འགྱུར་བ་ཡིན་ཏེ། དེ་ལྟར་ཡིན་པའི་ཚུལ་ནི།

རྒྱལ་རྫོགས་ལས།

སློབ་དཔོན་དག་ལ་སྨོད་པ་ནི། །
དཔེར་ན་སྨན་ཁུང་སྐྱོན་བཤད་ན། །
མཐོང་བའི་གོ་སྐབས་མེད་པ་བཞིན། །
མནར་མེད་ཤིན་ཏུ་མི་བཟད་དུ། །
སྡུག་བསྔལ་ཉམ་ཐག་ཡུན་རིང་གནས། །
བསྐལ་པ་མང་པོར་སྨྱོང་བར་འགྱུར། །

ཞེས་དང་།

རྡོ་རྗེ་སེམས་དཔའ་སྙིང་གི་མེ་ལོང་ལས།

ཉམས་ན་མེ་བཞིན་ཐམས་ཅད་ཚིག་པར་བྱེད། །
གསང་སྔགས་དོན་སྟོན་རྡོ་རྗེ་སློབ་དཔོན་ལ། །
རིན་ཆེན་གསེར་ནི་རང་ལུས་ཙམ་ཕུལ་ཡང་། །
དམ་ཚིག་ཉམས་གྱུར་མི་བསྐྱོང་འཚིག་པར་འགྱུར། །

ཞེས་གསུངས་པ་དེ་བཞིན་དུ་རང་རང་གི་རྡོ་རྗེའི་མཆེད་གྲོགས་སོགས་དང་འགལ་བར་གྱུར་པ་ན་དམ་ཚིག་ཉམས་ཤིང་ངན་སོང་དག་ཏུ་འགྲོ་བར་འགྱུར་བ་དང་། དེ་ལྟ་བུའི་རང་དང་དམ་ཚིག་ཉམས་པའི་རྡོ་རྗེའི་སྤུན་ལ་རྣམ་པ་བཞི་ཡོད་དོ། །དེ་དག་གང་ཞེ་ན།

རང་ཤར་ལས།

རྡོ་རྗེའི་སྤུན་ལ་དོན་བཞིས་བསྟན། །

སྨྲེ་དང་ཁྲིད་པར་འདྲེས་པ་དང་། །

དཀྱིལ་འཁོར་བྲུམ་པ་འདྲེས་པའོ། །

ཞེས་པ་ལྟ་བུའོ། །དེ་དག་དང་འགལ་ན་གོང་དུ་བཤད་པ་ལྟར་ངན་སོང་དམྱལ་བ་དག་ཏུ་འགྲོ་བར་འགྱུར་བའི་ཚུལ་ནི།

རྒྱལ་རྫོགས་ལས།

རྡོ་རྗེའི་མཆེད་དང་ལྷམ་དྲལ་ནི། །

བླ་མེད་བྱང་ཆུབ་འགྲོགས་པའི་སྤྱན། །

ཆོས་ཉིད་བྱང་ཆུབ་སྒྲོན་ལམ་མཐུས། །

རྡོ་རྗེའི་དམ་ཚིག་ལུ་གུ་རྒྱུད། །

རྟག་ཏུ་དེ་དང་མི་འབྲལ་བས། །

དེ་ལ་བཟློག་ཅིང་འཁྲུ་བ་ནི། །

རང་ལ་རང་གིས་མཚོན་བཏབ་ན། །

རང་སྲོག་ཆེ་རབས་ལྷུ་བརྒྱའི་བར། །

རང་གིས་གཅོད་ཅིང་ཕུང་བར་འགྱུར། །

ཚེ་འདིར་མི་བདེ་སྡུ་ཚོགས་པ། །

མི་འདོད་བཞིན་དུ་འབྱུང་བར་འགྱུར། །

འཇིག་རྟེན་ཕ་རོལ་དག་ཏུ་ཡང་། །

ངན་སོང་གསུམ་དང་མི་ཁོམ་པའི། །

སྡུག་བསྔལ་རྒྱུད་ལ་སྨྱོང་བར་འགྱུར། །

ཡུན་རིང་དག་ཏུ་མི་ཐར་ཞིང་། །
ཤིན་ཏུ་ཉམ་ཐག་སྐྱོང་བར་འགྱུར། །

ཞེས་གསུངས་སོ། །དེ་ལྟ་བུའི་སྣོད་མིན་གྱི་སྐྱེས་བུ་དག་ལ་གསང་སྔགས་ཀྱི་དོན་བསྟན་པར་བྱས་ན། མཐར་གསང་སྒོ་འཆོར་ཞིང་ངན་སོང་དུ་འགྲོ་བར་འགྱུར་བ་ཡིན་ཏེ། དེ་ལྟར་ཡིན་པའི་ཚུལ་ནི།

དེ་ཉིད་ལས།

རྫོགས་ཆེན་ཨ་ཏིའི་གསང་ཆེན་འདི། །
བློ་དམན་རྣམས་ལ་བསྒྲགས་གྱུར་ན། །
དཔེར་ན་གཙུབས་ཤིང་མེ་གཙུབས་ན། །
གཙུབས་ཤིང་ཉིད་ཀྱང་འཚིག་པར་འགྱུར། །
གཞན་ཡང་མཚན་མར་གྱུར་པ་སྲིག །
གསང་སྔགས་ངེས་དོན་མི་དང་འདྲ། །
སྐལ་བ་ཆུང་ཞིང་ཤེས་རབ་དམན། །
བློ་ངན་རྒྱུ་འབྲས་སྨོངས་པ་རྣམས། །
རྫོགས་ཆེན་དོན་ལ་སྐུར་འདེབས་ན། །
ངན་སོང་གསུམ་དུ་འཕང་བར་འགྱུར། །
ངེས་དོན་མ་རྟོགས་སྡུག་བསྔལ་སྤྱོད། །
གསང་བ་འཕེལ་བར་བྱེད་པ་ཡང་། །
སྨྲ་བྱེད་ལྕེ་ལ་ཞིང་རྨོ་ཞིང་། །

སྡུག་བསྔལ་ཆེན་པོ་མྱོང་བར་འགྱུར།།
དེ་ཕྱིར་ངེས་པའི་དོན་འདི་གསང་།།
ཀླུང་ཕྱོགས་ཙམ་དུའང་བསྒྲག་མི་བྱ།།
ཡུན་རིང་དག་ཏུ་མི་ཐར་བའི།།
སྡུག་བསྔལ་ཤིན་ཏུ་ཉམ་ཐག་མྱོང་།།

ཞེས་དང་།

ཐལ་འགྱུར་ལས།

དབང་རྗེན་པ་ཡི་དམ་ཚིག་ལ།།
ཁྱེ་བྲག་བརྗོད་དུ་མི་ལང་ཡང་།།
མདོར་བསྡུས་སྐུ་དང་གསུང་དང་ཐུགས།།
རྣལ་འབྱོར་ལུས་ངག་ཡིད་ལ་སྦྱར།།

ཞེས་གསུངས་སོ། །དེ་དག་སློབ་དཔོན་དག་གིས་མ་བསྲུངས་ན་དེ་གཉིས་ངན་སོང་དག་ཏུ་འགྲོ་བར་འགྱུར་བ་ཡིན་ཏེ།

རང་ཤར་ལས།

དཔོན་གྱིས་ཉམས་ན་སྒྲུང་ཐབས་མེད།།
གཉིས་ཀ་ངུ་འབོད་ཆེན་པོར་སྐྱེ།།
སློབ་མས་ཉམས་ན་སྒྲུང་ཐབས་ཡོད།།
གསུང་རབ་རྒྱ་ཆེན་བཀླག་པ་དང་།།
ཚོགས་ཀྱི་འཁོར་ལོ་རྒྱ་ཆེན་བསྐོར།།

འཁོར་གསུམ་ཡོངས་དག་བྱ་བར་གསུངས། །

ཞེས་གསུངས་པ་ལྟར་སྤྱོད་པའི་ཕན་ཡོན་དག་ནི་ཚད་མེད་པ་དག་དང་ལྡན་པར་གྱུར་པའི་རང་བཞིན་ཡིན་པའི་ཚུལ་ནི།

དེ་ཉིད་ལས།

དམ་ཚིག་སྡོམ་པ་ཇི་བཞིན་གནས། །

དམ་ཚིག་ལ་ནི་གང་གནས་པ། །

བསམ་པ་ཐམས་ཅད་མཐར་ཕྱིན་འགྱུར། །

ཞེས་དང་།

སྒྱུ་འཕྲུལ་ལས།

དམ་ཚིག་མཆོག་ལ་གང་གནས་པ། །

དམ་པ་མཆོག་དང་དམ་པ་ཡིས། །

ཐུས་དང་སྤྱན་དགོངས་བྱིན་གྱིས་རློབས། །

ཞེས་གསུངས་སོ། །དེ་ལྟར་མ་བྱས་ན་སོར་བྱང་སྔགས་གསུམ་ལས་སྡོམ་དང་དམ་ཚིག་ཉམས་པའི་ཉེས་པའི་གོས་ཤིང་། གང་ཟག་དེ་དག་ཚེ་འདིར་ཚེ་ཐུང་བ་དང་ཕྱི་མར་ངན་སོང་དག་ཏུ་འགྲོ་བར་གྱུར་ཅིང་མགོན་སྐྱབས་ལྷ་སྲུང་དག་གིས་སྤངས་ཤིང་འདི་ཕྱི་ཀུན་དུ་སྡུག་བསྔལ་འབའ་ཞིག་གིས་མནར་བར་འགྱུར་བའི་རང་བཞིན་ཅན་ཡིན་ཏེ།

གསལ་བཀྲ་ལས།

རྩ་ཀུན་ཉམས་པའི་འཆལ་བ་དག །

གསོ་ལ་ཉེ་བར་མི་བརྩོན་པ། །

རྡོ་རྗེ་དཀྱིལ་བར་དེ་ལྟར་སྟེ། །
དཀྱིལ་བ་ཕལ་པ་ཐམས་ཅད་ཀྱི། །
 སྤྱག་བསྐྱལ་གཅིག་ཏུ་བསྡོམས་པས་ནི། །
དེ་ཡི་འབུམ་གྱི་ཆར་མི་ཕོད། །
སངས་རྒྱས་སྟོང་གི་འོད་ཟེར་དང་། །
བྱང་ཆུབ་སེམས་དཔའི་འཕྲིན་ལས་ཀུན། །
རྒྱུན་དུ་མཛད་ཀྱང་ཕན་མི་འགྱུར། །
བསྐལ་པ་ཐེར་འབུམ་ལ་སོགས་སུ། །
དེ་ནི་འཐོན་པར་མི་འགྱུར་རོ། །
འཇིག་རྟེན་འཇིག་ན་གཞན་དུ་འཕོ། །
སེ་གོལ་གཅིག་གིས་ཕྱིན་པར་བྱེད། །
དེ་བས་ཤིན་ཏུ་ནན་ཏན་གྱིས། །

ཞེས་དང་།

ཀློང་གསལ་ལས།

ཐོག་མའི་གཞི་ལས་འཁྲུལ་བའི་རྩལ༔
འབྱུང་བ་འདུས་པའི་ད་ལ་ནི༔
ཚ་གླུང་དྲངས་མ་དབྱེར་མེད་ལས༔
རྒྱལ་བའི་ས་བོན་ཡི་གེར་གནས༔
འཁོར་ལོ་ལྟ་ལ་ཡབ་ཡུམ་རྩུལ༔

རྩ་གསུམ་ལས་ནི་སྐུ་གསུམ་ཉིད༔
ཕྱི་ལྟར་ཕུང་པོ་ལྔ་ཉིད་ལ༔
ནང་ལྟར་ཉོན་མོངས་དུག་ལྔའོ༔
གསང་བ་ལྟར་ན་སྐུ་ལྔ་སྟེ༔
ཡང་གསང་ཡེ་ཤེས་ལྔ་ཉིད་དོ༔
ཕྱི་ལྟར་འབྱུང་བ་ལྔ་འགྲོ་ལྔ༔
ཡང་གསང་ཤེས་རབ་ལྔ་ཉིད་དོ༔
ཕྱི་ལྟར་འཁོར་ལོ་ལྔ་ཉིད་ལ༔
ནང་ལྟར་ཐིག་ལེ་ལྔ་ཡིན་ཏེ༔
གསང་བ་ཡི་གེ་ལྔ་ཡིན་ཏེ༔
ཡང་གསང་ཏྲ་ཀི་སྡེ་ལྔའོ༔
རྩ་ཁམས་ཐམས་ཅད་དཔའ་བོ་དང༔
མཁའ་འགྲོ་ཡབ་ཡུམ་རྒྱལ་བའི་ཞིང༔
ལུས་འདི་རྒྱལ་བའི་ད་ལ་དངོས༔

ཞེས་གསུངས་སོ། །དེ་ལྟ་བུའི་ཡེ་ནས་དག་པའི་ཞིང་ཁམས་རྣམས་ཉམས་པར་འགྱུར་བའི་རང་བཞིན་དུ་གྱུར་པ་ཡིན་ཏེ། དེ་ལྟར་ཡིན་པའི་ཚུལ་ནི།

རིག་འཛིན་འཇའ་ཚོན་སྙིང་པོའི་གཏེར་ཐོན་ལས། ཐིག་ལེའི་དྭངས་མ་ཉམས་ཤིང་འདོད་ཆགས་རང་གར་སྤྱོད་ན༔ དཔའ་བོ་མཁའ་འགྲོ་རྣམས་ཀྱི་སྲོག་སྙིང་ཐིག་ལེ་ཡིན་པས་ཧུ་ཙེ་དེ་རེར་འགྲོ༔ དམ་ཚིག་གི་རྩ་བ་ཡིན་པས་སྡོམ་པ་གསུམ་ག་ཉམས༔ ལུས་

ཀྱི་བཅུད་ཡིན་པས་བཀྲག་མདངས་ཇེ་ངན་ལ་འགྲོ༔ སྲོག་གི་དྭངས་མ་ཡིན་པས་ཐིག་ལེ་ཉམས་ཐེངས་རེ་རེས་ཞག་བདུན་གྱི་ཚེ་ཐུང་གསུངས་པའི་ཕྱིར༔ ཐིག་ལེ་མ་ཉམས་པ་ཤིན་ཏུ་གལ་ཆེ༔ ཞེས་གསུངས་པ་བཞིན་དུ་བཅོམ་ལྡན་འདས་ཀྱི་ཐེག་པ་གསུམ་མམ་དགུ་སོགས་ཀྱི་ཆོས་རྣམས་རང་རང་གི་ཁམས་མོས་དང་མཐུན་པའི་སྒོ་ནས་གང་ཉམས་སུ་བླངས་ཤིང་སློབ་པར་འདོད་ན་དེ་ལས་མི་འདའ་པར་བྱེད་པ་དེ་ནི་ཤིན་ཏུ་གལ་ཆེ་བ་ཞིག་ཡིན་མོད། གལ་སྲིད་རང་རང་དེ་དག་ལས་འདའ་བར་གྱུར་སོང་ན། དེ་དག་ལ་རྒྱལ་བའི་བཀའ་ལས་འདས་པའི་ཉེས་པ་སོགས་འབྱུང་བར་འགྱུར་བ་དང་། མ་ཟད་གོང་དུ་བཤད་པ་ལྟར་རང་ཉིད་དང་པོ་ཐེག་པ་ཆེན་པོའི་ཆོས་ཀྱི་སྒོར་ལ་ཞུགས་པར་བྱས་ཀྱང་། སྙིང་པོ་བྱང་ཆུབ་ཀྱི་སེམས་ཀྱིས་ཀུན་ནས་བསླངས་པའི་གཞན་ཕན་གྱི་ལྷག་སེམས་དང་བྲལ་ནས་རང་དོན་འབའ་ཞིག་དོན་དུ་གཉེར་བར་བྱེད་པ་དང་། གསང་སྔགས་ཟབ་མོའི་དབང་བཞི་སོགས་ཐོབ་ཀྱང་། དེ་ཡི་ཚེ་ལྷ་བསྐྱེད་པའི་རིམ་པ་དང་། ཤེས་རབ་རྫོགས་པའི་རིམ་པ་དེ་བསྐྱེད་རྫོགས་ཟུང་འཇུག་གི་ལམ་མཆོག་ཟབ་མོ་མི་བསྒོམ་པའི་སྐལ་བ་དམན་པ་དག་ནི། གནས་ལུགས་ཀྱི་ལམ་མཆོག་ཟབ་མོ་དག་མ་ཡིན་པ་ལ་ཡིན་པར་བཟུང་སྟེ། ལམ་ཡང་དག་ལས་ཕྱིན་ཅི་ལོག་ཏུ་གོལ་བ་འདི་ལས་མྱུར་དུ་བཀའ་དྲིན་གསུམ་ལྡན་གྱི་དཔལ་ལྡན་རྩ་བའི་བླ་མས་ཐུགས་རྗེའི་རྗེས་སུ་གཟིགས་ཤིང་བསྒྲལ་བར་མཛད་དུ་གསོལ་ཞེས་བརྗོད་པར་བྱ་དགོས། དེ་ལྟར་བརྗོད་པར་བྱས་ན་ཆོས་ལ་བློ་ལོག་པས་གང་ཟག་རྣམས་མྱུར་དུ་ཐར་བའི་ལམ་ལ་འདྲེན་ཅིང་སྡུག་བསྔལ་དག་ལས་བསྒྲལ་བར་འགྱུར་བ་བསྟན་པ་ཡིན་ནོ། །

དེ་བཞིན་དུ་དང་པོ་དམ་པའི་ཆོས་ལས་བློ་ཕྱིན་ཅི་ལོག་ཏུ་གོལ་ཞིང་། གནས་

ལུགས་ཀྱི་ལྟ་བ་ཟབ་མོ་ཇི་བཞིན་དུ་མ་རྟོགས་པར་གྱུར་ན་ཡང་།   དེ་ཉིད་རྟོགས་པར་རློམས་ཤིང་ཐོ་ཙོའི་སྤྱོད་པ་ཅན་དག་ནི་བསྟན་པ་བཤིགས་པའི་དགྲ་བོ་ཉིད་དུ་གྱུར་པ་དང་། མ་ཟད་བཟང་པོར་རློམས་ཀྱང་ངན་པའི་ལམ་དུ་འགྲོ་བར་འགྱུར་བ་ཡིན་ཏེ། དེ་ལྟར་ཡིན་པའི་ཚུལ་ནི།

མན་ངག་མཛོད་ལས།

ཉམས་ལེན་མི་འགྲུབ་འཚོར་ས་རྣམ་དྲུག་ནི། །
མཁོས་ཆུང་གང་ཟག་མི་ཚེ་དོན་མེད་འཚོར། །
གྲགས་འདོད་ཅན་དེ་མི་ཚེ་ལོ་འདོད་འཚོར། །
ཟས་སྲེད་ཅན་དེ་ཟས་ཕྱིར་སྨུག་ལྟོར་འཚོར། །
མི་རྒོད་ནོར་ཅན་ཁེ་སྤོགས་ཚོང་ལ་འཚོར། །
དད་མེད་ཐོས་བསམ་ཆོས་དྲེད་རྒྱུས་ཅན་འཚོར། །
ཐོས་ཆུང་བླུན་སྒོམ་ལོག་པའི་ལམ་དུ་འཚོར། །
འཚོར་བ་དྲུག་པོར་མ་སོང་ཤིན་ཏུ་གཅེས། །

ཞེས་གསུངས་སོ། །དེ་ལྟ་བུའི་བསྐྱེད་རྫོགས་དང་དགེ་སྦྱོར་རྒྱུད་ལ་མ་འབྱོར་བའི་གང་ཟག་དག་ནི། མཐར་ངན་སོང་དག་ཏུ་འགྲོ་བར་འགྱུར་བ་ཡིན་ཏེ།

དེ་ཉིད་ལས།

སྦྱིན་པ་མ་བཏང་ཡི་དྭགས་མདུན་ན་བསྒུག །
ཚུལ་ཁྲིམས་མ་བསྲུངས་དུད་འགྲོ་མདུན་ན་བསྒུག །
བཟོད་པ་མ་བསྒོམས་དམྱལ་བ་མདུན་ན་སྒུགས། །

བརྩོན་འགྲུས་མི་བརྩམ་མི་ཡོམ་གཡང་ས་བསྒྲུག།
བསམ་གཏན་མ་བསྒོམས་བདུད་བཞིའི་དཔུང་ཚོགས་བསྒྲུག།
ཤེས་རབ་མ་བསྒོམས་གཏན་དུ་སྲིད་པ་བསྒྲུག།
དགྲ་རྣམས་མདུན་བསྒྲུག་དེ་ཡི་དབང་དུ་འགྱུར།།

ཞེས་གསུངས་སོ། །དེ་ལྟ་བུའི་གང་ཟག་དེས་ནི་མན་ངག་རྣམས་ཤིན་ཏུ་རྟོགས་པར་དཀའ་བའི་གནས་སུ་གྱུར་པ་ཡིན་ཏེ། དེ་ལྟར་ཡིན་པའི་ཚུལ་ནི།

ཡང་དེ་ཉིད་ལས།

འཁོར་བར་འདུན་ལ་ཡང་དག་དད་པ་དཀའ།།
ཁྲིལ་འཛེམས་མེད་པའི་བསླབ་གསུམ་བསྲུང་བ་དཀའ།།
མཚན་ལྡན་མ་མཇལ་ཐར་ལམ་ཚོད་པ་དཀའ།།
ཐབས་ལམ་མ་ཆུན་ཡེ་ཤེས་འཆར་བ་དཀའ།།
མཐར་འཛིན་མ་གྲོལ་ལྟ་བ་རྟོགས་པར་དཀའ།།
མངོན་ཤེས་མེད་པའི་གཞན་དོན་འབྱུང་བ་དཀའ།།
དཀའ་བ་ལགས་པས་ཀུན་གྱིས་འགྲུབ་པ་དཀོན།།

ཞེས་དང་། མ་ཟད་དེ་ལྟ་བུའི་གང་ཟག་དག་གིས་ནི། གཞན་དོན་བསྒྲུབ་པར་སེམས་ཀྱང་རྒྱུད་དུ་མ་ཁེལ་ན་ཤིན་ཏུ་བསྒྲུབ་པར་དཀའ་བའི་རང་བཞིན་དུ་གནས་པ་ཡིན་ཏེ། དེ་ལྟར་ཡིན་པའི་ཚུལ་ནི།

དེ་ཉིད་ལས།

ཉམས་ལེན་མེད་ན་ཤེས་ཀྱང་འཁོར་བར་འཁྱམས།།

འབེན་དྲུང་བཞག་ནས་གཞན་དུ་རྒྱང་མདའ་འཕེན།།
ཛག་པ་ཤར་རི་ནུབ་རིར་རམ་མདར་རྒྱུག།
ཀུན་མ་ནགས་ཕྲོས་ཀང་རྗེས་བྱེ་རིར་བཅད།།
ཆུས་ཁྱེར་རམ་མདའ་སྐམ་ལ་རྒྱུག་པ་སྟེ།།
གྱེར་བའི་སྨྲང་ཡོད་མདོས་གཏོང་ས་མི་ཤེས།།
དེ་འདྲའི་གང་ཟག་བདེ་ཆེན་ས་དང་རིང་།།

ཞེས་གསུངས་སོ། །དེ་བཞིན་དུ་གནས་ལུགས་ཀྱི་ལྟ་བ་ཟབ་མོ་སྒོམ་པའི་སྒོམ་པ་ཡིངས་ཀྱང་དོན་ལ་མི་བསམ་པར་སྒོམ་པ་དང་བྲལ་ཞིང་ཆོས་ཐམས་ཅད་རང་རང་གི་སེམས་ཀྱི་གོ་ཡུལ་ཙམ་དུ་ལུས་ཤིང་ཤུད་གོག་ཏུ་འཐག་པར་བྱས་ཏེ། གནས་ལུགས་ཀྱི་སྒོམ་པ་ཟབ་མོ་དང་བྲལ་བར་འགྱུར་བ་དང་། མ་ཟད་སྤང་བླངས་ཇི་བཞིན་དུ་མི་ཤེས་པར་ལོག་པའི་ལམ་དུ་འཁྱམས་ཤིང་སྡུག་བསྔལ་གྱི་འདམ་དུ་བྱིང་ནས་ཐར་བའི་ས་བོན་སྐེམ་པར་འགྱུར་བའི་རང་བཞིན་ཡིན་པའི་ཚུལ་ནི།

དེ་ཉིད་ལས།

རང་རྒྱུད་མ་བཏུལ་གཞན་རྒྱུད་ཐུལ་དུ་རེ།།
གོ་ཡུལ་རྟོགས་པས་གནས་ལུགས་ཤེས་སུ་རེ།།
དམིགས་བཅས་བསྒོམ་པས་ཉོན་མོངས་འདག་ཏུ་རེ།།
ཕྱོགས་འཛིན་ཆོས་ཀྱི་ཐར་ལམ་བགྲོད་དུ་རེ།།
དགེ་བ་མ་བསྔུབས་མཐོ་རིས་ཐོབ་ཏུ་རེ།།
སྡིག་པ་མ་སྤངས་ངན་འགྲོར་མི་ལྟུང་རེ།།

རེ་བའི་མི་ལ་དགོས་པ་བསླུས་པར་མཆི། །

ཞེས་དང་།

དེ་ཉིད་ལས།

སྡུག་བསྔལ་རང་བཞིན་བདེ་བར་མ་ཤེས་ན། །
བདེ་བ་འདོད་པ་སྡུག་བསྔལ་གནད་དུ་ཆེ། །
ཆགས་སྡང་རང་རིག་མཉམ་ཉིད་མ་ཤེས་ན། །
འཛིན་ལེན་བྱེད་པ་སྤང་བླང་གནད་དུ་ཆེ། །
རྐྱེན་སྣང་རང་བཞིན་གྲོགས་སུ་མ་ཤེས་ན། །
ཐབས་ཤེས་གཞན་བསྟེན་འཆིང་བའི་གཟེབ་ཏུ་ཆེ། །
ལྷས་ངན་རང་བཞིན་གཡང་དུ་མ་ལོན་ན། །
དངོས་གྲུབ་ཉིད་ཀྱང་བདུད་དང་གོལ་བར་འགྲོ། །
རང་གི་སེམས་རྒྱུད་ཆོས་ཀྱིས་མ་བཏུལ་ན། །
ཚིག་ཚོགས་ཆེ་ཡང་ནེ་ཙོའི་འདོན་པར་འགྲོ། །
དགེ་བ་གང་བྱེད་སེམས་བསྐྱེད་མི་ལྡན་ན། །
ཉན་རང་ཉིད་དམ་བསོད་ནམས་ཆ་མཐུན་འགྲོ། །
དེ་བས་ཡང་དག་གནད་དུ་འགྲོ་བ་གཅེས། །

ཞེས་གསུངས་སོ། །

དེ་བཞིན་དུ་རྒྱལ་དང་རྒྱལ་སྲས་དག་གི་སྤྱོད་པ་ཡང་དག་པ་གཅིག་མ་ཤེས་པར་དེ་ཡི་དབང་གིས་སྤྱོད་པ་ཡང་དག་པ་རྣམས་ནོར་བར་གྱུར་ཀྱང་། དེ་དག་བླང་དོར་ཇི་

བཞིན་དུ་མི་ཤེས་པ་དང་རང་སྐྱོན་དག་ལ་ནམ་ཡང་མི་སེམས་པའི་སྐྱེ་བོ་ངན་པ་དག་གིས་ནི། ཆོས་ཀྱི་ཚིག་དོན་ལ་མི་སེམས་པར་ཆོས་ལས་ཕྱིར་ལོག་པར་འགྱུར་བ་དང་། དེ་ལྟ་བུའི་ཆོས་དྲིད་ཀྱི་སྐྱེ་བོ་འདི་རྣམས་ལོག་པའི་ལམ་ལས་བཀའ་དྲིན་གསུམ་ལྡན་གྱི་བླ་མས་ཐུགས་རྗེས་གཟིགས་ཤིང་ལོག་ལམ་དག་ལས་བསྒྲལ་བར་མཛད་དུ་གསོལ་ཞེས་བརྗོད་པར་བྱ་དགོས། དེ་ལྟར་བྱས་ན་མ་དག་པའི་སྐྱེ་བོ་དེ་དག་ལོག་པའི་ལམ་ལས་བསྒྲལ་ཞིང་རྒྱལ་སྲས་བྱང་ཆུབ་སེམས་དཔའི་སྤྱོད་པ་རྒྱ་མཚོ་ལྟ་བུ་ལ་འགོད་པར་འགྱུར་བ་བསྟན་པ་ཡིན་ནོ།།

དེ་ནས་གོང་དུ་བཤད་པ་ལྟ་བུའི་སྙིགས་མའི་སྐྱེ་བོ་རྣམས་ནི། རྟག་ཏུ་འདོད་ཛམ་ཞེ་སྡང་ཕྲག་དོག་སོགས་ཀྱིས་རྒྱུད་ཤིན་ཏུ་མནར་ཞིང་འཆི་བའི་སྡུག་བསྔལ་རྣམས་བརྗེད་ཅིང་ཚེ་འདིའི་བྱ་བ་འབའ་ཞིག་དོན་དུ་གཉེར་བར་འགྱུར་བ་དང་། དེ་དག་གིས་རང་རང་གི་ཚེ་ཟད་ཅིང་ནངས་པར་འཆི་དགོས་ན་ཡང་འཆི་ཚེ་ཕན་པའི་ཆོས་སོགས་ལ་མི་བསམ་པར། ད་དུང་ཚེ་འདིའི་རང་གི་གནས་ཁང་དང་ཟས་གོས་ཀྱི་ནོར་དག་ལ་འདོད་པའི་སྲེད་ཅིང་གདུང་བའི་སྐྱེ་བོ་ངན་པ་དག་ནི་ནམ་ཞིག་འབྱུང་བཞི་སོགས་རྒྱུད་ནས་ན་ཚོད་ཡོལ་ན་ཡང་། དེ་ཉིད་ཀྱིས་ཁམས་གསུམ་འཁོར་བའི་གནས་རིས་ཀུན་སྡུག་བསྔལ་གྱི་རང་བཞིན་ཉིད་དུ་ཤེས་ནས། དེ་དག་ལས་གཏན་དུ་ཐར་བར་འདོད་པའི་ངེས་འབྱུང་དང་སྐྱོ་ཤས་སོགས་མ་སྐྱེས་པར་མི་གཙང་བ་ལ་གཙང་བ་དང་མི་རྟག་པ་ལ་རྟག་པར་བཟུང་ནས་བླང་དོར་གྱི་གནས་དང་བྲལ་ནས་མུན་པར་འཁྱམས་པ་དང་། མ་ཟད་ཐོས་བསམ་སྒོམ་པའི་ཡོན་ཏན་སོགས་རྒྱུད་ལ་ཁྱད་པར་ཅན་ཞིག་མེད་ཀྱང་དེ་ལ་ཡོད་པར་རློམ་པ་དང་། གཞུང་ལུགས་སོགས་ལ་ཐོས་པ་རྒྱ་ཆུང་བར་གྱུར་པ་ཞིག་ཡིན་

ཡང་དེ་ལ་བསམ་ནས་དམན་ས་མི་འཛིན་པར་ད་དུང་རང་ཉིད་ཡོན་ཏན་ཅན་ཉིད་དུ་རློམ་པར་བྱེད་པའི་སྙིགས་མའི་སྐྱེ་བོ་ངན་པ་བདག་དང་བདག་འདྲ་དེ་རྣམས་ནི། མྱུར་དུ་ལས་ཉོན་མ་རིག་པའི་འཁྲུལ་བ་འདི་དག་ལས་བཀའ་དྲིན་གསུམ་ལྡན་གྱི་བླ་མས་ཐུགས་རྗེས་གཟིགས་ཤིང་མྱུར་དུ་བསྒྲལ་བར་མཛད་དུ་གསོལ་ཞེས་བརྗོད་པར་བྱ་དགོས། དེ་ལྟར་བྱས་ན་ཚེ་འདིའི་བྱ་བ་སོགས་ལ་ཞེན་པ་ཆེ་ཞིང་ཐོས་ཆུང་ང་རྒྱལ་ཅན་གྱི་སྐྱེ་བོ་ངན་པ་དེ་དག་སྡུག་བསྔལ་ལས་སྐྱོབ་པར་འགྱུར་བ་བསྟན་པ་ཡིན་ནོ། །

དེ་ལྟ་བུའི་སྐྱེ་བོ་ངན་པ་དག་ནི། ལུས་དང་འབྱུང་བཞི་ཚེ་དང་བསོད་ནམས་ཐམས་ཅད་ཉམས་ཤིང་ཐམས་ཅད་རབ་ཏུ་རྒུད་པའི་རྐྱེན་གྱིས་ཁར་འཚོར་ན་ཡང་། ད་དུང་དེ་ཡི་ངང་ཚུལ་ལ་མི་བསམ་པར་སྡུག་བསྔལ་ཀུན་གྱི་རྒྱུ་དགྲ་འདུལ་གཉེན་སྐྱོང་ཚོང་ཁེ་སོ་ནམ་སོགས་འདུ་འཛི་ཡི་གནས་སུ་སྐོར་བར་སེམས་པ་དང་། དེ་ལྟ་བུའི་སྐྱེ་བོ་ངན་པ་དག་ནི་སྔོན་གྱི་སྒྲུབ་བརྒྱུད་དམ་པའི་བཞུགས་གནས་དབེན་པ་སོགས་ཀྱི་གནས་ཁྱད་པར་ཅན་དག་ལ་བརྟེན་པར་བྱས་ཀྱང་རང་རྒྱུད་ལ་ཐོས་བསམ་གྱི་ཡོན་ཏན་མི་སྐྱེ་བར་རང་རྒྱུད་དེ་ཉིད་དཔེར་ན་འབྲས་བུ་ཟད་པའི་ཤིང་ལྟར་དུ་རེངས་ཤིང་རྟག་ཏུ་འཁྲུལ་རྟོག་ངན་པ་དག་གིས་གནས་སུ་ཚུད་པ་དང་། དེ་དག་གིས་ནི་སྒོ་གསུམ་ཤིན་ཏུ་དུལ་བར་སྣང་ན་ཡང་། རང་རྒྱུད་ཀྱི་ཆགས་སྡང་ངན་པ་རྣམས་གཉེན་པོ་སོགས་ཀྱིས་མ་ཞིག་པའི་བདག་དང་བདག་འདྲ་བའི་སྐྱེ་བོ་ངན་པ་རྣམས་ནི། འཇིག་རྟེན་ཆོས་བརྒྱད་འདི་ལས་བཀའ་དྲིན་གསུམ་ལྡན་གྱི་བླ་མས་བསྒྲལ་བར་མཛད་དུ་གསོལ་ཞེས་དེ་ལྟར་བརྗོད་པར་བྱས་ན་དམ་པའི་ཆོས་ཀྱི་རང་རྒྱུད་ཐུལ་ཞིང་འཇིག་རྟེན་ཆོས་བརྒྱད་ཀྱི་སྣང་བ་ཀུན་དག་ཅིང་སྒོ་གསུམ་དགེ་བའི་ལམ་དུ་འགྲོ་བར་འགྱུར་བར་བསྟན་པ་ཡིན་ནོ། །

དེ་ནས་རྟག་ཏུ་སྒོ་གསུམ་དགེ་བ་ལ་སྦྱོགས་པའི་མཐུ་ལས་བདག་དང་བདག་འདྲའི་སྙིགས་མའི་སེམས་ཅན་རྣམས་གཉིས་འཛིན་མ་རིག་པའི་གཉིད་འཐུག་པོ་ལྷ་བུ་འདི་ལས་མྱུར་དུ་སད་པར་མཛད་དུ་གསོལ་ཞེས་དེ་ལྟར་བརྗོད་པར་བྱས་ན་རྟེན་འབྲེལ་བཅུ་གཉིས་ཀྱི་ཐོག་མའི་མ་རིག་པའི་གཉིད་འཐུག་པོ་ཆེ་ལྟ་བུ་འདི་ལས་གྲོལ་བར་འགྱུར་བ་བསྟན་པ་ཡིན་ནོ། །

དེ་ནས་ནམ་ཡང་རང་རྒྱུད་ཀྱི་ལས་ཉོན་མ་རིག་པའི་གཉིད་འཐུག་པོ་ཆེ་ལྟ་བུའི་སྒྲིབ་པ་དང་། རིགས་དྲུག་གི་གནས་ངན་པ་སྡུག་བསྔལ་གསུམ་གྱི་འདམ་རྫབ་ལྟ་བུ་འདི་ལས་སྒྲོལ་བར་བྱེད་པའི་ཐབས་ལ་བརྩོན་པར་མ་བྱས་ན། སྡུག་བསྔལ་མུན་ནག་གི་གནས་ངན་འདི་ཡི་ནང་དུ་ལྟུང་བར་གྱུར་པའི་ཚེ་ན། དེ་ནི་ཡ་ང་ཞིང་ཡིད་མུག་པའི་རང་བཞིན་ཅན་ཁྲི་མུན་འདི་ལས་མྱུར་དུ་དག་པའི་ཞིང་ལ་དབུགས་དབྱུང་བར་མཛད་དུ་གསོལ་ཞེས་བརྗོད་པར་བྱ་དགོས། དེ་ལྟར་བྱས་ན་ བླང་དོར་གྱི་གནས་ལ་རྨོངས་པའི་གནས་ངན་པ་ཁྲི་མུན་ལྟ་བུ་སོགས་ལས་མྱུར་དུ་ཐར་ནས་དག་པའི་ཞིང་དུ་འགྲོ་བར་འགྱུར་བ་བསྟན་པ་ཡིན་ནོ། །

ད་ནི་མཆོག་གསུམ་ལ་སྐྱབས་སུ་འགྲོ་ཚུལ་གྱི་རིམ་པ་བཤད་པ་ནི། དེ་ཡང་འཇིག་རྟེན་འདི་ན་ཤིན་ཏུ་དཀོན་པའི་དཀོན་མཆོག་གསུམ་པོ་དངོས་ནི་སེམས་ཅན་རྣམས་ཀྱི་ཁམས་ན་ཡེ་ནས་གནས་པའི་ཆོས་ཐམས་ཅད་ཀྱི་ཆོས་ཉིད་དེ་བཞིན་ཉིད་དེ་བདེ་བར་གཤེགས་པའི་སྙིང་པོ་ཡིན། བདེ་གཤེགས་སྙིང་པོའམ་དེ་བཞིན་ཉིད་ནི་རྒྱུ་དང་རྐྱེན་སོགས་གང་གིས་ཀྱང་མ་བྱས་པར་ཡེ་ནས་དག་པ་སྐུ་དང་ཡེ་ཤེས་ཀྱི་རང་བཞིན་དུ་གནས་པ་ཡིན་ཏེ།

གསང་བ་སྙིང་པོ་ལས།

ཕྱོགས་དུས་དཀྱིལ་འཁོར་བདག་ཉིད་ཆེ། །
མི་དམིགས་ཐུགས་ཀྱི་དཀྱིལ་འཁོར་ལས། །
དཀྱིལ་འཁོར་ཐམས་ཅད་སྤྱན་དྲངས་སོ། །
རང་སྣང་དབྱེར་མེད་དཀྱིལ་འཁོར་ལ། །
འཇུག་པའི་མཚན་ཉིད་མཉམ་སྦྱོར་བས། །
ཕྱོགས་དུས་ཀུན་ནས་གཟིགས་པ་ཡི། །
བསྙེན་པའི་དཀྱིལ་འཁོར་རབ་ཏུ་རྫོགས། །
ཉེ་བར་གྱུར་པའི་དམ་ཚིག་མཆོག །
དཔག་བསམ་ཤིང་དང་ཡིད་བཞིན་གྱི། །
རིན་པོ་ཆེ་དང་འབྱུང་བ་ཀུན། །
དེ་དག་རྫས་ཡོད་མ་ཡིན་ཏེ། །
རང་སེམས་བསོད་ནམས་བརྟན་པ་ཡིན། །

ཞེས་གསུངས་པ་ལྟར་ཆོས་ཐམས་ཅད་ཀྱི་ཆོས་ཉིད་ནི་ཡེ་ནས་དག་ཅིང་གདུལ་བྱ་རྣམས་ལ་དགོས་འདོད་མ་ལུས་པ་ཀུན་འབད་རྩོལ་མི་དགོས་པར་དཔེར་ན་དཔག་བསམ་གྱི་ཤིང་ལྟར་མ་བཙལ་ལྷུན་གྲུབ་ཀྱི་ངང་ནས་འབྱུང་བར་འགྱུར་བའི་རང་བཞིན་ཅན་ཡིན། དེ་ལྟ་བུའི་ལྷུན་གྲུབ་ཀྱི་རོལ་པར་གནས་པའི་ཆོས་ཉིད་དེ་བཞིན་ཉིད་ནི་མཁྱེན་བརྩེ་ནུས་པའི་ཡོན་ཏན་ཚད་མེད་པ་དག་དང་ལྡན་པར་གནས་པ་ཡིན་ཏེ། དེ་ལྟར་ཡིན་པའི་ཚུལ་ནི།

ཐལ་འགྱུར་ལས།

འཁོར་དང་འདས་པ་མི་གནས་པའི། །
ཆོས་ཉིད་སྟོང་པ་ཀུན་ཁྱབ་པས། །
ཡེ་ཤེས་རང་ངོར་གནས་པ་ལ། །
གསུམ་གྱི་ཚུལ་དུ་དབྱེར་མེད་དོ། །

ཞེས་དང་།

ཀློང་དྲུག་པ་ལས།

ཡེ་ཤེས་ཉིད་ནི་རྣམ་གསུམ་གྱིས། །
གཞི་ཡི་ཁྱད་པར་ཚིག་ཏུ་བསྟན། །

ཞེས་དང་།

རྡོ་རྗེ་སེམས་དཔའ་སྙིང་གི་མེ་ལོང་ལས། གཞིའི་ཆོས་ཐམས་ཅད་ངོ་བོ་རང་བཞིན་ཐུགས་རྗེ་གསུམ་དུ་ཤེས་པར་གྱིས་ཤིག་ཅེས་གསུངས་སོ། །དེ་བཞིན་དུ་གཞི་ལས་ནམ་ཡང་གཡོ་བ་མེད་ཅིང་སེམས་ཅན་རྣམས་ཀྱིས་ཁམས་མོས་བསམ་པ་དང་མཐུན་པའི་སྒོ་ནས་འགྲོ་བའི་དོན་བྱེད་པར་འགྱུར་བ་ཡིན་ཏེ། དེ་ལྟར་ཡིན་པའི་ཚུལ་ནི།

ཡིད་བཞིན་མཛོད་ལས།

སྟོན་པ་དེ་བཞིན་ཀུན་ཏུ་བཟང་པོ་ཉིད། །
ཐོག་མ་མེད་པའི་དུས་སུ་བྱང་ཆུབ་ནས། །
ཆོས་སྐུའི་ངང་ལས་ལོངས་སྐུར་ལྷུན་གྲུབ་སྟེ། །
ཐུགས་གསུང་སྐུ་ཡི་སེམས་དཔའ་གསུམ་སྤྲུལ་ནས། །

འགྲོ་དྲུག་གནས་སུ་སེམས་ཅན་དོན་མཛད་ཅིང་། །
དུས་རིང་ཐོག་མཐའ་མེད་པར་བཞུགས་པ་ལས། །

ཞེས་གསུངས་པ་ལྟར་རོ། །ཡང་དེ་བཞིན་དུ་ཞིང་ཁམས་སྣ་ཚོགས་སྤྲུལ་ནས་འགྲོ་བའི་དོན་མཛད་ཅིང་རྟག་ཁྱབ་ལྷུན་གྲུབ་རྒྱུན་མི་ཆད་པར་འགྲོ་བའི་དོན་དུ་བཞུགས་པའི་ཚུལ་ནི།

ཐལ་འགྱུར་ལས།

ཞིང་ཁམས་རྣམ་པ་བཅུ་གསུམ་ལ། །
འདི་ནས་འཇིག་རྟེན་འོག་ན་ནི། །
ཐལ་བ་དབྱངས་ཞེས་བྱ་བ་ཡི། །
རྒྱ་ཁྱོན་དཔག་དཀའ་རབ་ཏུ་མཛེས། །
རྒྱུ་དང་རྐྱེན་དང་རང་བཞིན་དང་། །
སྟོན་པའི་བསྟན་པ་དེ་ཡི་འཁོར། །
སྙིང་དང་འོག་དང་ཕྱོགས་མཚམས་སུ། །
ཆུང་ཞིང་ཉམས་དགའ་བཀོད་ལེགས་སྤྲས། །
དེ་ནས་འཇིག་རྟེན་དྲུག་འོག་ན། །
ཐལ་བ་འཛིན་ཞེས་བྱ་བ་ཡི། །
འཁོར་ལོའི་དབྱིབས་ལ་ཟང་ཐལ་ལོ། །
སྟོན་པའི་བསྟན་པ་བདེན་པ་ཉིད། །
སྤྲས་ལེགས་བཀོད་པ་གཉིས་པའོ། །

འདི་ནས་འཇིག་རྟེན་གསུམ་གཡས་ན།།
ཐལ་བ་སྐྱོན་ཞེས་བྱ་བ་ནི།།
མཆོད་དག་གིས་ཡོངས་སྤྲས་པས།།
འོད་དང་ཁ་དོག་ངེས་གསལ་ཅིང་།།
སྟོན་པའི་བསྟན་པ་འདུལ་བའི་ཞིང་།།
སོ་སོར་ལས་དང་མཚན་བཅས་པའོ།།
དེ་ནས་འཇིག་རྟེན་དྲུག་གི་སྟེང་།།
ཐལ་བ་བརྟུལ་ཞེས་བྱ་བ་ཡི།།
པདྨ་རྒྱས་པའི་དབྱིབས་འདྲ་བ།།
ཤིན་ཏུ་བརྟུལ་བ་ཁོད་སྙོམས་པ།།
སྣ་ཚོགས་འོད་འབར་ཁ་དོག་ནི།།
དཀར་དམར་སྣང་བ་འཁྲུགས་པ་ལ།།
རགས་པའི་གཟུགས་བརྙན་སྣང་བ་མེད།།
སྟོན་པའི་བསྟན་པ་འདུ་མཆེད་རྒྱས།།
བསྐལ་པ་རྫོགས་པ་ཐལ་ཞེས་བྱའོ།།
འདི་ནས་འཇིག་རྟེན་སྟེང་དུ་ཡང་།།
བཅུ་དགུ་འདས་པའི་ཡང་སྟེང་ན།།
ཐལ་བའི་བེ་ཅོན་ཞེས་བྱ་བ།།
རབ་ཏུ་ལྡོངས་ཏེ་ཉམས་དགའ་བ།།

རིན་ཆེན་སེལ་མ་སྣ་ཚོགས་ལས།།
ངེས་པར་སྨྲས་ཏེ་སྨྲུང་པའི་ཚུལ།།
སྟོན་པའི་བསྟན་པ་རྫོགས་གཉིས་ལྡན།།
ཐོད་པའི་ཕྲེང་བ་བཀོད་པའོ།།
འདི་ནས་འཇིག་རྟེན་བྱང་ཤར་མཚམས།།
ཐལ་བའི་རྒྱན་ཞེས་བྱ་བ་ཡི།།
མཆོད་རྟེན་དབྱིབས་འདྲ་བང་རིམ་མཛེས།།
བཀོད་པ་ལྷ་ཡི་ཡོངས་སུ་སྨྲས།།
སྒྲ་དབྱངས་སྣ་ཚོགས་འབྱུང་བའི་གཞི།།
སྟོན་པའི་བསྟན་པ་དུས་འབྱུང་དེས།།
དེ་སྙིང་ཉི་ཤུ་རྩ་གཅིག་ན།།
རབ་ཏུ་ཐལ་བས་ཁྱབ་ཅེས་བྱ།།
དམིགས་པ་དག་པའི་རང་བཞིན་ཏུ།།
ཕྱི་དང་ནང་མེད་ཟང་ཐལ་སྣང་།།
སྟོན་པའི་བསྟན་པ་འབྱུང་བ་སྟོན།།
བྱེད་པའི་རྒྱུ་རྐྱེན་ཁྱབ་འདྲུག་གོ།
འདི་ནས་འཇིག་རྟེན་ལྷོ་ཤར་གཡོན།།
འཇིག་རྟེན་ཁམས་ནི་དྲུག་འདས་ན།།
ཐལ་བའི་སྒྲ་ཞེས་བྱ་བ་ཡི།།

སྐྱོབ་བྱེད་འཕན་གྱིས་རབ་ཏུ་བསླུབས།།
རྒྱལ་མཚན་གདུགས་ལ་སོགས་པ་བསྒྲེང་།།
མེ་ཏོག་སིལ་མའི་ཆར་དང་དྲི།།
སྟོན་པ་ཉིད་དང་བསྟན་པ་ལ།།
མཛེས་བྱེད་གཟུགས་བརྙན་ཚོགས་ཀྱིས་བསྐོར།།
བདེ་བའི་རོལ་པ་འབྱུང་བའོ།།
འདི་ནས་འཇིག་རྟེན་ སྐྱོ་ནུབ་གཡས།།
དྲུག་འདས་འོག་ནས་ཐལ་བའི་རླུང་།།
གཡོ་ཞིང་བསྐྱོད་པས་བར་སྣང་ལ།།
ཕན་ཚུན་གཡོ་ཞིང་ལྡིང་བ་དང་།།
བསྐྱོད་པ་ལས་ནི་སྒྲ་རྣམས་འབྱུང་།།
སྟོན་པའི་བསྟན་པ་རླུང་གིས་གཡོ།།
ལྷ་ལྷན་འཇུག་པ་གསུམ་ཡིན་ནོ།།
དེ་སྟེང་བཅུ་གསུམ་བརྩེགས་པ་ན།།
རིན་ཆེན་ཐལ་བ་ཞེས་བྱ་བ།།
བཀྲ་ཤིས་ཉི་མ་རྣམས་ཀྱིས་སྤྲས།།
འདོད་པའི་ཡོན་ཏན་རྣམས་ཀྱིས་བརྒྱན།།
འཕྲུལ་གྱི་ཡི་གེ་རི་མོ་མཛེས།།
སྟོན་པའི་བསྟན་པ་གཟུགས་བརྙན་རྫོགས།།

ལྷ་ལྷེ་པདྨའི་སྤྲུན་གྱིས་མཛེས། །

འདི་ནས་ནུབ་བྱང་མཚམས་ཀྱི་སྟེང་། །

འཇིག་རྟེན་ཁམས་ནི་དྲུག་པ་ནི། །

འདུལ་བའི་ཐལ་བ་ཞེས་བྱ་བ། །

མཆོད་པ་རྫོགས་པའི་ལྷ་མོར་བཅས། །

འོད་ཀྱིས་ཁེངས་དང་ཙནྡན་དྲི། །

སྟོན་པའི་བསྟན་པ་ཆ་མཉམ་པ། །

བཅུ་དྲུག་ལོར་ལྡན་མཛེས་པའི་གཟུགས། །

རབ་ཏུ་གཞོན་པ་རྣམས་ཀྱིས་བསྐོར། །

དེ་འོག་འཇིག་རྟེན་དགུ་པ་ན། །

དུང་ལྡན་ཐལ་བའི་ལྷ་ཞེས་པ། །

དད་ཅིང་བསྲུང་བའི་དྲི་ཡིས་སྐྱོས། །

འཁྲུག་ཅིང་རབ་ཏུ་འབར་བའི་འོད། །

རབ་ཏུ་མེར་མེར་པོ་ཡིས་འཁྲིགས། །

སྟོན་པ་ཉིད་དང་བསྟན་པ་དང་། །

དེ་ཡི་འཁོར་དང་ལོངས་སྤྱོད་རྫོགས། །

འདི་ནས་འཇིག་རྟེན་དྲུག་པ་ན། །

སྐར་མའི་ཐལ་བ་ཞེས་བྱ་བ། །

འཁོར་ལོ་བརྩེགས་པའི་རྣམ་པ་ནི། །

ལྷ་དང་དགུ་ཡི་ཡོངས་སུ་བརྟེགས།།
འཆར་ཀ་ཆུ་འཕྲུངས་རྣམས་ཀྱིས་བརྒྱན།།
འབྲུག་སྒྲ་གློག་དམར་ལྟེ་རྣམས་འཁྱིན།།
སྟོན་པའི་བསྟན་པ་ལུང་གིས་བསྐོར།།
འོད་འབྱུང་ཐེང་བ་གླུ་ཡི་གདུང་།།
ཕྱོགས་དང་མཚམས་ཀུན་གསལ་བའོ།།

ཞེས་གསུངས་སོ། །དེ་ལྟར་སངས་རྒྱས་ཀྱི་ཞིང་ཁམས་ཀྱིས་ཁྱད་པར་བསམ་མི་ཁྱབ་པའི་རང་བཞིན་དང་། ཡེ་ནས་རྟག་ཁྱབ་འཇོ་འགྱུར་ཀུན་དང་བྲལ་ཞིང་སྐུ་གསུམ་འདུས་པའི་བདག་ཉིད་ཅན་ཡིན་ཏེ། དེ་ལྟར་ཡིན་པའི་རྒྱུ་མཚན་ནི། དཔེར་ན་སེམས་ཅན་རྣམས་ཀྱི་ལུས་ཀྱི་རྩ་ཐམས་ཅད་སྤྲུལ་པ་སྐུ་ཡི་རང་བཞིན་དང་། རླུང་ཐམས་ཅད་ལོངས་སྐུའི་རང་བཞིན་དུ་གནས་པ་དང་། ཐིག་ལེའི་རང་བཞིན་ནི་ཆོས་སྐུ་དང་བྱང་ཆུབ་ཀྱི་སེམས་དང་གཉིས་སུ་མེད་པར་གནས་པ་དང་། དེ་ནས་ཡང་ངོ་བོ་སྟོང་པ་ཆོས་སྐུ་དང་། རང་བཞིན་གསལ་བ་ལོངས་སྐུ་དང་། ཐུགས་རྗེའི་ཀུན་ཁྱབ་སྤྲུལ་སྐུ་ཡི་རང་བཞིན་དུ་ཡེ་ནས་དཀྱིལ་འཁོར་གསུམ་གྱི་ངོ་བོར་གནས་པ་དེ་ལ། བདག་གཞན་སེམས་ཅན་ཐམས་ཅད་ཀྱིས་ཇི་སྲིད་བྱང་ཆུབ་སྙིང་པོའི་འབྲས་བུ་མ་ཐོབ་ཀྱི་བར་དུ་སྒོ་གསུམ་གུས་པས་སྐྱབས་སུ་མཆིའོ་ཞེས་བརྗོད་པར་བྱ་དགོས། དེ་བཞིན་དུ་སྐྱབས་གནས་དཀོན་མཆོག་གསུམ་ལ་སྙིང་ནས་སྐྱབས་སུ་འགྲོ་བར་བྱེད་པའི་ཚེ་ན་རང་ཉིད་གཅིག་པུ་སྡུག་བསྔལ་ལས་ཐར་བར་འདོད་པའི་བློ་ཙམ་ཞིག་མ་ཡིན་པར་སེམས་ཅན་ཐམས་ཅད་སྡུག་བསྔལ་ལས་ཐར་བར་འདོད་པའི་བློ་ཞིག་རྒྱུད་ལ་ཨེ་སྐྱེ་ལྟ་དགོས། དེ་ལྟར་རྒྱུད་ལ་མི་སྐྱེ

པར་རང་ཉིད་གཅིག་པུ་སྡུག་བསྔལ་ལས་ཐར་བར་འདོད་པའི་བློ་ཞིག་སྐྱེ་བར་གྱུར་པ་དེ་ལ་འཇིགས་སྐྱོབ་དང་ལེགས་སྨོན་གྱི་བསོད་ནམས་ཙམ་ལས་འབྱུང་བ་ཡོད་པ་མ་ཡིན་ནོ། །དེ་ནས་ཕྱིར་སངས་རྒྱས་དང་ཆོས་དང་དགེ་འདུན་གསུམ་ལ་སྐྱབས་སུ་འགྲོ་ཚེ་དེ་ཉིད་ཇི་ལྟ་བུ་ཞིག་དགོས་པ་ཡིན་ནོ་ཞེ་ན།

མྱ་ངན་ལས་འདས་པ་ལས།

གང་ཞིག་གསུམ་ལ་སྐྱབས་འགྲོ་བ། །
དེ་ནི་ཡང་དག་དགེ་བསྙེན་ཏེ། །
ནམ་དུའང་ལྷ་ནི་གཞན་དག་ལ། །
སྐྱབས་སུ་སོང་བ་མ་ཡིན་ནོ། །
དམ་པའི་ཆོས་ལ་སྐྱབས་འགྲོ་བ། །
འཚེ་ཞིང་གསོད་པའི་སེམས་དང་བྲལ། །
དགེ་འདུན་ལ་ཡང་སྐྱབས་འགྲོ་བ། །
མུ་སྟེགས་ཅན་དང་འགྲོགས་པ་མིན། །

ཞེས་གསུངས་སོ། །དེ་ལྟ་བུའི་སྐྱབས་གནས་རྣམ་པ་གསུམ་ལ་སྐྱབས་སུ་འགྲོ་བར་བྱེད་པའི་སྐྱེ་བོ་རྣམས་ཀྱིས་ཕྱིན་ཆད་སྲོག་ལ་བབས་ཀྱང་མི་སྤང་བར་དད་ཅིང་སྤྲོ་བའི་བློ་ནས་བསྙེན་པར་བྱ་དགོས་པ་ཡིན་ཏེ། དེ་ལྟར་ཡིན་པའི་ཚུལ་ནི།

ཡོན་ཏན་མཛོད་ལས།

དེ་ལ་དང་བའི་དད་པ་དང་པོ་སྟེ། །
དེ་བཞིན་འདོད་དང་ཡིད་ཆེས་ཕྱིར་མི་ལྡོག །

རྣམ་པ་བཞི་ལས་སྐྱབས་འགྲོའི་གནས་སྐབས་འདིར། །

སྲོག་ལ་བབ་ཀྱང་ཕྱིར་མི་ལྡོག་པ་དགོས། །

ཞེས་གསུངས་སོ། །དེ་ལྟ་བུའི་སྐྱབས་ཡུལ་ནི་ནམ་ཡང་བསླུ་བ་མེད་པའི་རང་བཞིན་ཡིན་ཏེ། ཨོ་རྒྱན་ཆེན་པོའི་ཞལ་ནས། འཁོར་བའི་དཔོན་ནི་ཇི་ལྟར་བཟང་ཡང་བསླུ། །སྐྱབས་གནས་དཀོན་མཆོག་གསུམ་ལ་བསླུ་བ་མེད། །ཅེས་གསུངས་སོ། །དེ་ལྟ་བུའི་སྐྱབས་ཡུལ་མཐར་ཐུག་པ་དེ་ནི་སངས་རྒྱས་གཅིག་པུ་ཉིད་དུ་ཤེས་དགོས་པ་ཡིན་ཏེ། དེ་ལྟར་ཡིན་པའི་ཚུལ་ནི།

པཎ་ཆེན་བློ་བཟང་ཆོས་རྒྱན་གྱིས་ཀྱང་།

བདག་ཉིད་ལྷག་པར་འཇིགས་པ་དང་། །

དཀོན་མཆོག་སྐྱོབ་པའི་ནུས་ལྡན་དུ། །

ཤེས་ལས་བྱུང་བའི་སྐྱབས་འགྲོ་བ། །

ཐམས་ཅད་མཁྱེན་པ་ཁྱོད་ཉིད་བཞེད། །

ཅེས་དང་། དེ་ལྟ་བུའི་སྐྱབས་སུ་འགྲོ་བའི་ཡུལ་ནི།

རྗེ་བཙུན་མི་ལའི་ཞལ་ནས།

སངས་རྒྱས་ཆོས་དང་དགེ་འདུན་གསུམ། །

འདི་གསུམ་ཕྱི་ཡི་སྐྱབས་ན་ལེགས། །

ངེད་ཀྱང་ཁོང་ལ་སྐྱབས་པས་འཚེངས། །

ཁྱེད་ཀྱང་ཁོང་ལ་སྐྱབས་ན་ལེགས། །

བླ་མ་ཡིད་དམ་མཁའ་འགྲོ་གསུམ། །

འདི་གསུམ་ནང་གི་སྐྱབས་གནས་ལགས། །

ངེད་ཀུན་ཁོང་ལ་སྐྱབས་པས་འཚོངས། །

ཁྱེད་ཀུན་ཁོང་ལ་སྐྱབས་ན་ལེགས། །

རྩ་དང་རླུང་དང་ཐིག་ལེ་གསུམ། །

འདི་གསུམ་གསང་བའི་སྐྱབས་ན་ལེགས། །

ངེད་ཀུན་ཁོང་ལ་སྐྱབས་པས་འཚོངས། །

ཁྱེད་ཀུན་ཁོང་ལ་སྐྱབས་ན་ལེགས། །

སྣང་དང་སྟོང་དང་དབྱེར་མེད་གསུམ། །

འདི་གསུམ་དོན་གྱི་སྐྱབས་གནས་ལེགས། །

ངེད་ཀུན་ཁོང་ལ་སྐྱབས་པས་འཚོངས། །

ཁྱེད་ཀུན་ཁོང་ལ་སྐྱབས་ན་ལེགས། །

ཞེས་གསུངས་སོ། །དེ་ལྟ་བུའི་མཐར་ཐུག་གི་སྐྱབས་གནས་རྫོགས་པའི་སངས་རྒྱས་གཅིག་ལས་མེད་པར་གོང་དུ་བཤད་པ་ལྟར་ཡིན་པའི་ཚུལ་ནི།

རྒྱུད་བླ་མ་ལས།

སྤང་ཕྱིར་བསླུ་བའི་ཆོས་ཅན་ཕྱིར། །

མེད་ཕྱིར་འཇིགས་དང་བཅས་པའི་ཕྱིར། །

ཆོས་རྣམ་གཉིས་དང་འཕགས་པའི་ཚོགས། །

གཏན་གྱི་སྐྱབས་གནས་མ་ཡིན་ནོ། །

སྐྱབས་ནི་སངས་རྒྱས་ཉག་གཅིག་ཉིད། །

སྐྱོབ་པ་ཆོས་ཀྱི་སྐུ་ཅན་ཕྱིར། །
ཚོགས་ཀྱང་དེ་ཡི་མཐར་ཐུག་ཡིན། །

ཞེས་དང་།

མདོ་རྒྱལ་མཚན་ལས།

གང་ཞིག་གང་ཚེ་སངས་རྒྱས་དང་། །
ཆོས་དང་དགེ་འདུན་སྐྱབས་སོང་སྟེ། །
འཕགས་པ་ཡི་ནི་བདེན་པ་བཞི། །
སྡུག་བསྔལ་སྡུག་བསྔལ་ཀུན་འབྱུང་དང་། །
སྡུག་བསྔལ་ཡང་དག་འདས་པ་དང་། །
མྱ་ངན་འདས་དེར་འགྲོ་བ་ཡི། །
འཕགས་ལམ་ཡན་ལག་བརྒྱད་པོ་དག །
ཤེས་རབ་མིག་གིས་བལྟ་བྱེད་ན། །
སྐྱབས་དེ་དག་ནི་གཙོ་ཡིན་ཞིང་། །
སྐྱབས་དེ་དག་ནི་མཆོག་ཡིན་ཏེ། །
སྐྱབས་དེ་དག་ལ་བརྟེན་ནས་ནི། །
སྡུག་བསྔལ་ཀུན་ལས་རབ་ཏུ་ཐར། །

ཞེས་གསུངས་པ་ལྟར་རོ། །དེ་ལྟ་བུའི་སངས་རྒྱས་སོགས་ལ་སྐྱབས་སུ་སོང་བ་གང་དག་གིས་ཇི་ལྟ་བུའི་ཚུལ་དུ་སྐྱབས་སུ་འགྲོ་དགོས་སོ་ཞེ་ན། དད་ཅིང་སྤྲོ་བའི་སྒོ་ནས་སྐྱབས་སུ་འགྲོ་བར་བྱེད་དགོས། དེ་ལྟར་བྱས་ན་རྒྱུད་ལ་བྱིན་རླབས་འབྱུང་བ་དང་སངས་

རྒྱས་ཀྱི་ཞལ་མཇལ་བ་དང་ལུང་བསྟན་པ་ཐོབ་པ་སོགས་ཀྱི་ཡོན་ཏན་འབྱུང་བར་འགྱུར་བ་ཡིན་པའི་ཚུལ་དང་། མ་ཟད་ཡིད་ཁྱེད་ཤེས་ཀྱི་དད་པའི་སྒོ་ནས་འཇུག་པར་བྱས་ན་བྱིན་རླབས་ཚད་མེད་གཅིག་འབྱུང་བར་འགྱུར་བ་ཡིན་ཏེ།

ཨོ་རྒྱན་རིན་པོ་ཆེའི་ཞལ་ནས།

ཡིད་ཁྱེད་ཤེས་ཀྱི་དད་པས་བྱིན་རླབས་འཇུག །

བློ་ཐེ་ཚོམ་དང་བྲལ་ན་ཅི་བསམ་འགྲུབ། །

ཅེས་གསུངས་པ་ལྟར་སྐྱབས་སུ་འགྲོ་བར་བྱེད་པའི་གང་ཟག་དག་གི་མདུན་ན་སངས་རྒྱས་དང་བྱང་ཆུབ་སེམས་དཔའ་རྣམས་རྟག་ཏུ་བཞུགས་པར་མཛད་པ་ཡིན་ཏེ། དེ་ལྟར་ཡིན་པའི་ཚུལ་ནི།

ཇི་སྐད་དུ།

གང་གིས་མོས་པས་ཡིད་བྱེད་པ། །

དེ་ཡི་མདུན་ན་ཐུབ་པ་བཞུགས། །

དབང་བསྐུར་བྱིན་གྱིས་བརླབ་པར་འགྱུར། །

ཞེས་དང་།

ཨོ་རྒྱན་ཆེན་པོས་ཀྱང་།

དད་པ་ཅན་གྱི་གང་ཟག་ཕོ་མོ་ལ། །

པད་འབྱུང་གང་དུའང་མ་བཞུད་སྒོ་ཉལ་ཡོད། །

ང་ཡི་ཚེ་ལ་འདས་གྲོང་ཡོད་མ་ཡིན། །

དད་ལྡན་མི་རེའི་མདུན་ན་པད་འབྱུང་རེ། །

ཅེས་དང་། མ་ཟད་ཆོས་ཐམས་ཅད་ཀྱི་གནས་ལུགས་ཡང་དག་གཅིག་རྟོགས་པར་བྱ་དགོས་ན། དད་པ་ཕོ་ན་ལ་རིག་ལས་པ་ཡིན་པར་ཤེས་དགོས་པ་ཡིན་པའི་ཚུལ་ནི། མདོ་ལས། ཤཱ་རིའི་བུ་དོན་དམ་པ་ནི་དད་པས་རྟོགས་པར་བྱ་བ་ཕོ་ན་ཡིན་ནོ། །ཞེས་གསུངས་པ་དང་། མ་ཟད་དེ་ལྟ་བུའི་གང་ཟག་དག་གིས་སངས་རྒྱས་ཀྱི་ཞལ་མཐོང་བ་སོགས་ཀྱི་སྤྲང་ས་རྟོགས་ཀྱི་ཡོན་ཏན་དག་ཀྱང་ཐོབ་པར་འགྱུར་བ་ཡིན་པའི་ཚུལ་ནི།

ཏིང་ངེ་འཛིན་རྒྱལ་པོ་ལས།

ལུས་དང་ངག་དང་ཡིད་རབ་དང་བ་ཡིས། །
རྟག་ཏུ་སངས་རྒྱས་དག་གི་བསྔགས་པ་བརྗོད། །
དེ་ལྟར་དེས་ནི་སེམས་ཀྱི་རྒྱུད་བསྒོམས་པས། །
ཉིན་མཚན་དུ་ཡང་འཇིག་རྟེན་མགོན་པོ་མཐོང་། །
ནམ་ཞིག་དེ་ནི་ན་ཞིང་མི་བདེ་ནས། །
ཤི་ལ་ཐུག་པའི་སྡུག་བསྔལ་ཚོར་བྱུང་ན། །
སངས་རྒྱས་ལ་ནི་དྲན་པ་མི་ཉམས་ཏེ། །
སྡུག་བསྔལ་ཚོར་བས་འཕྲོག་པར་ཡོངས་མི་འགྱུར། །

ཞེས་དང་། ཁྱིའུ་རིན་པོ་ཆེས་བྱིན་པས་ཞུས་པའི་མདོ་ལས། གང་དག་སངས་རྒྱས་ལ་སྐྱབས་སུ་སོང་བ་དེ་དག་གི་དགེ་བའི་ཆོས་ཐམས་ཅད་མངོན་པར་འཕེལ་བ་ཡིན་ནོ། །ངོ་ཚ་ཤེས་པ་ཡིན་ནོ། །ཁྲེལ་ཡོད་པ་ཡིན་ནོ། །ཆོས་ལ་སྐྱབས་སུ་སོང་བ་དེ་དག་ནི་བག་ཡོད་པ་ཡིན་ནོ། །ཆོས་ཀྱི་བགོ་སྐལ་གྱི་ཚོགས་དང་ལྡན་པ་ཡིན་ནོ། །དགེ་འདུན་ལ་སྐྱབས་སུ་སོང་བ་དེ་དག་གི་སེམས་ལས་སུ་རུང་བ་ཡིན་ནོ། །ཏིང་ངེ་འཛིན་དང་།

གཟུངས་ཀྱི་སྒོ་མང་བ་ཡིན་ནོ། །རྟག་ཏུ་རིགས་བརྩུན་པ་ཡིན་ནོ། །རྨི་ལམ་དུའང་སངས་རྒྱས་དང་། ཆོས་དང་། དགེ་འདུན་དང་མི་འབྲལ་བ་ཡིན་ནོ། །གཞན་ཡང་དཀར་པོ་ལ་མངོན་པར་དགའ་བའི་ལྷ་རྣམས་ཀྱིས་བསྲུང་བ་ཡིན་ནོ། །དགེ་བའི་རྩ་བ་དག་ཀྱང་སྤེལ་བ་ཡིན་ནོ། །ཞེས་གསུངས་པ་ལྟར་རོ། །

དེ་བཞིན་དུ་སྐྱབས་སུ་མ་སོང་བའི་གང་ཟག་དག་ལ་ནི། སོར་བྱང་སྡོམ་གསུམ་གྱི་སྡོམ་པའི་ཡོན་ཏན་སོགས་རྒྱུད་ལ་མི་འབྱུང་བ་ཡིན། ཕྱི་ནང་གི་ཁྱད་པར་སོགས་ཀྱང་གལ་སྲིད་ཤེས་དགོས་ན་དེ་དག་གི་ཁྱབ་པར་འབྱེད་བྱེད་སྐྱབས་འགྲོ་བོ་ན་ལ་ཐུག་པ་ཡིན་པར་ཤེས་དགོས་པ་ཡིན་ཏེ། དེ་ལྟར་ཡིན་པའི་ཚུལ་ནི། སྐྱབས་འགྲོ་བདུན་བཅུ་པ་ལས། སྡོམ་པ་ཀུན་ལ་ཡོད་མོད་ཀྱི། །སྐྱབས་སུ་མ་སོང་བ་ལ་མེད། །ཅེས་གསུངས་པ་ལྟར་མཆོག་གསུམ་ལ་སྐྱབས་སུ་སོང་དང་མ་སོང་དག་གིས་ཁྱད་ཡིན་པར་ཤེས་དགོས་སོ། །དེ་ལྟར་ཤེས་ནས་མཆོག་གསུམ་ལ་སྐྱབས་སུ་འགྲོ་བར་བྱས་ན་བསོད་ནམས་དང་ཡོན་ཏན་ཚད་མེད་པ་ཞིག་འབྱུང་བར་འགྱུར་བ་ཡིན་ཏེ། དེ་ལྟར་ཡིན་པའི་ཚུལ་ནི།

ཉི་མའི་སྙིང་པོའི་མདོ་ལས།

སངས་རྒྱས་སྐྱབས་སུ་སེམས་ཅན་སུ་འགྲོ་བ། །
བདུད་རྣམས་བྱེ་བས་གསད་པར་མི་ནུས་ཏེ། །
ཚུལ་ཁྲིམས་ཉམས་ཤིང་བློ་ནི་འཁྲུགས་ཟིན་ཀྱང་། །
དེ་ནི་ངེས་པར་སྐྱེ་བའི་ཕ་རོལ་འགྲོ། །

ཞེས་དང་།

མདོ་སྡེ་རྒྱན་ལས།

ཧག་ཏུ་ཉོན་མོངས་ཚོགས་ཀུན་དང་།།
ཉེ་བར་སྤྱོད་པ་ཐམས་ཅད་དང་།།
ན་དང་འཆི་བ་དག་ལས་ཀྱང་།།
སངས་རྒྱས་ཉིད་ཀྱིས་ཡོངས་སུ་སྐྱོབ།།
འཆོ་བ་དག་ནི་ཐམས་ཅད་དང་།།
ངན་སོང་དང་ནི་གནས་མིན་དང་།།
འཇིག་ཚོགས་ཐེག་པ་དམན་དག་ལས།།
སྐྱོབ་ཕྱིར་སྐྱབས་ཀྱི་དམ་པ་ཡིན།།

ཞེས་གསུངས་སོ། །དེ་ལྟར་མཆོག་གསུམ་གྱི་ཞིང་དམ་པའི་གནས་ལ་སྐྱབས་སུ་འགྲོ་བ་དང་དྲན་པ་ཙམ་གྱིས་ཀྱང་རྒྱུད་ལ་ཡོན་ཏན་ཐོབ་པར་འགྱུར་བ་ཡིན་ཏེ། དེ་ལྟར་ཡིན་པའི་ཚུལ་ནི།

དྲན་པའི་ཚོམས་ལས།

གང་ཞིག་ཉིན་དང་མཚན་རྣམས་སུ།།
སངས་རྒྱས་རྗེས་སུ་དྲན་བྱེད་ཅིང་།།
གང་དག་སངས་རྒྱས་སྐྱབས་སོང་བ།།
དེ་དག་མི་ཡི་སྙིང་པ་ཡིན།།

ཞེས་གསུངས་སོ། །དེ་ལྟར་སྙིང་ཅིང་སྐྱབས་སུ་འགྲོ་བར་བྱས་ན་ཡོན་ཏན་ཚད་མེད་པ་ཞིག་འབྱུང་བར་འགྱུར་བ་ཡིན་ཏེ། དེ་ལྟར་ཡིན་པའི་ཚུལ་ནི།

དཀོན་མཆོག་བརྩེགས་པ་ལས།

མི་གང་གསུམ་ལ་སྐྱབས་སུ་འགྲོ། །
དེ་ཡིས་ཚོགས་ཀྱང་རབ་རྫོགས་ཤིང་། །
སངས་རྒྱས་ཉིད་ཀྱང་འགྲུབ་པ་དང་། །
ཆོས་དང་དགེ་འདུན་ཐོབ་པར་འགྱུར། །

ཞེས་དང་།

དྲི་མ་མེད་པའི་མདོ་ལས།

སྐྱབས་སུ་སོང་བའི་བསོད་ནམས་གང་། །
གལ་ཏེ་དེ་ལ་གཟུགས་མཆིས་ན། །
ནམ་མཁའི་ཁམས་ནི་ཀུན་བཀང་ཡང་། །
དེ་ནི་དེ་བས་ལྷག་པར་འགྱུར། །

ཞེས་དང་།

ཕར་ཕྱིན་བསྡུས་པ་ལས།

སྐྱབས་སོང་བསོད་ནམས་གཟུགས་མཆིས་ན། །
ཁམས་གསུམ་འདི་ཡང་སྣོད་དུ་ཆུང་། །
རྒྱ་མཚོ་ཆེན་པོ་ཆུ་ཡི་གཏེར། །
ལྷུལ་གྱིས་གཞལ་བར་ག་ལ་ནུས། །

ཞེས་གསུངས་སོ། །དེ་ལྟ་བུའི་ཡོན་ཏན་མཐའ་དག་འབྱུང་བར་བྱེད་པའི་ཚེ་ན། དེ་དག་ཐམས་ཅད་ཀྱི་གཙོ་བོ་ནི་གོང་དུ་བཤད་པ་ལྟར་རང་གི་སེམས་ལས་གཞན་དུ་

མེད་པར་འགྱུར་བ་ཡིན་པའི་ཚུལ་ནི།

ཡེ་ཤེས་གྲུབ་པ་ལས།

དག་ཐོབ་བྲལ་བའི་སེམས་སངས་རྒྱས། །
མི་འགྱུར་དྲི་མེད་ཆོས་དང་ནི། །
ཡོན་ཏན་ལྷུན་རྫོགས་དགེ་འདུན་ཉིད། །
ཡིན་ཕྱིར་རང་གི་སེམས་ཉིད་མཆོག །

ཅེས་གསུངས་པ་ལྟར་རོ། །དེ་ལྟ་བུའི་མཆོག་གསུམ་ལ་སྐྱབས་སུ་འགྲོ་བར་བྱས་ན་དེ་དག་གིས་ནམ་ཡང་བསླུ་བར་མི་སྲིད་པའི་རང་བཞིན་ཉིད་དུ་གནས་པ་ཡིན་ཏེ། དེ་ལྟར་ཡིན་པའི་ཚུལ་ནི།

མདོ་ལས།

ནམ་མཁའ་ས་གཞིར་འགྱུར་བའམ། །
ས་གཞི་ནམ་མཁར་འགྱུར་ཡང་སྲིད། །
དེ་བཞིན་གཤེགས་པས་གསུངས་པ་ལ། །
ནམ་ཡང་འགྱུར་བ་མ་མཆིས་སོ། །
རི་རབ་གནས་ནས་འཕོ་བའམ། །
ཉི་ཟླ་ཐང་ལ་ལྷུང་ཡང་སྲིད། །
དེ་བཞིན་གཤེགས་པས་གསུངས་པ་ལ། །
གཞན་དུ་འགྱུར་བ་མ་མཆིས་སོ། །

ཞེས་དང་།

བདེན་པ་པོའི་ལེའུར།

གཏི་མུག་མུན་པ་མུན་ནག་གིས་རྟག་ཏུ།།
སེམས་ནི་བསྒྲིབས་པར་གྱུར་པའི་སྐྱེ་རྒྱུ་དང་།།
འཁོར་བའི་བརྩོན་རར་ཆུད་པ་རྣམས་གཟིགས་ན།།
དྲང་སྲོང་དམ་པ་དེ་ནི་ཐུགས་རྗེ་སྐྱེ།།

ཞེས་དང་།

ཡོན་ཏན་མཛོད་ལས།

ཐུབ་པའི་ཐུགས་རྗེ་ཆེན་པོ་རྟག་འབྱུང་སྟེ།།
དེ་མི་འབྱུང་བ་ནམ་ཡང་སྲིད་མི་འགྱུར།།
འགྲོ་བ་ཀུན་གྱི་བསམ་པར་གནས་པ་སྟེ།།
དེ་བས་སངས་རྒྱས་དེ་ལ་སྐྱོན་མི་མངའ།།

ཞེས་གསུངས་སོ། །དེ་ལྟ་བུའི་སངས་རྒྱས་རྣམས་ལ་སྙིང་ནས་སྐྱབས་སུ་འགྲོ་བར་བྱ་དགོས། དེ་ལྟར་བྱེད་པའི་གང་ཟག་ནི་སུ་དང་སུ་ཞིག་ཡིན་ན་ཡང་རང་སེམས་ཆོས་དང་འདྲེས་ཤིང་འགྲོ་བ་ཀུན་ལ་བྱམས་དང་སྙིང་རྗེ་དད་པ་རྣམས་ནི་ཆོས་ཀྱི་རྩ་བ་ཡིན་པར་གསུངས་བར་མཛད་པ་ཡིན་ཏེ། དེ་ལྟར་ཡིན་པའི་ཚུལ་ནི།

བསླབ་བཏུས་སུ།

སྡུག་བསྔལ་མཐར་འབྱིན་འདོད་པ་དང་།།
བདེ་བའི་མཐར་ཡང་འགྲོ་འདོད་པས།།
དད་པའི་རྩ་བ་བརྟན་བྱས་ཏེ།།

བྱང་ཆུབ་ལ་ཡང་བློ་བརྟན་བྱ། །

ཞེས་དང་།

ཆོས་བཅུ་པའི་མདོ་ལས།

མཁས་པ་དག་ནི་ཡོན་ཏན་རྗེས་སུ་འགྲོ། །

དེ་ཡི་དབང་གིས་དོན་ཡང་ཕུན་ཚོགས་འགྲུབ། །

ཅེས་དང་། མ་ཟད་གང་ཟག་དེ་དག་གི་རྒྱུད་ལ་སངས་རྒྱས་དང་བྱང་ཆུབ་སེམས་དཔའ་རྣམས་ཀྱི་ཡོན་ཏན་མཐའ་དག་མ་འབད་ངང་གིས་འགྲུབ་པར་འགྱུར་བའི་རང་བཞིན་དུ་གནས་པ་དང་། མ་ཟད་དེ་ལྟ་བུའི་སྐྱེ་བོ་རྣམས་ནི་དམ་པའི་རང་རྟགས་ཅན་ཉིད་དུ་ཤེས་པར་བྱ་དགོས་པ་ཡིན་ཏེ།

མན་ངག་མཛོད་ལས།

རང་མགོ་ཆོས་སུ་ཐོན་ན་དྲག་པོ་ཡིན། །

སྒོ་གསུམ་དགེ་ལ་འཛུད་ན་དད་ལྡན་ཡིན། །

གཡོ་སྒྱུ་ཟོལ་ཁྲམ་མེད་ན་བཟང་པོ་ཡིན། །

ལོག་པའི་ལམ་ལོག་ཤེས་ན་བློ་ལྡན་ཡིན། །

མི་ཚེ་ཆོས་ཀྱིས་སྐྱེལ་ན་མདོ་ཅན་ཡིན། །

གཞན་ཕན་སྙིང་རྗེ་ཆེ་ན་ཐེག་ཆེན་ཡིན། །

དམ་པ་རྣམས་ཀྱི་སྤྱོད་ལམ་བསླབ་པར་བྱ། །

ཞེས་གསུངས་པ་ལྟར་སྒོ་གསུམ་དགེ་བ་ལ་སྦྱོར་བའི་དད་ལྡན་གྱི་སྐྱེ་བོ་ཡང་དག་པ་ཞིག་ཏུ་གྱུར་ཅིང་། ཚེ་འདི་ཉིད་དུ་ཟུང་འཇུག་རྡོ་རྗེ་འཆང་གི་འབྲས་བུ་མངོན་དུ་

འགྱུར་བ་ཡིན་པའི་ཕྱིར་དང་། མ་ཟད་གོང་དུ་བཤད་པ་ལྟ་བུའི་མཆོག་གསུམ་ལ་སྐྱབས་སུ་འགྲོ་ཚུལ་དང་སྐྱབས་སུ་སོང་བའི་ཕན་ཡོན་སོགས་གཞུང་གཞན་ལས་བཤད་པ་མང་དུ་མཆིས་ཀྱང་། རེ་ཞིག་ཡིག་ཚོགས་མང་བར་དོགས་ནས་མ་སྤྲོས་པ་ཡིན་པས་གཞན་ལས་ཤེས་པར་བྱ་དགོས་པ་ཡིན་ནོ། །

ད་ནི་སེམས་བསྐྱེད་པར་བྱེད་པའི་རིམ་པ་སོགས་ཀྱི་ཁྱད་པར་ནི། དེ་ཡང་དང་པོ་ཧོཿ ཞེས་དེ་ལྟར་བརྗོད་ཅིང་འཁོར་འདས་སྣང་བཏགས་ཀྱི་བསྡུས་པའི་ཆོས་ཐམས་ཅད་ཐ་སྙད་རྗེས་ཐོབ་ཀྱི་སྐབས་སུ་རྣམ་པ་སྣ་ཚོགས་པ་ཞིག་ཡོད་པ་ལྟར་སྣང་ན་ཡང་། དེ་དག་ཇི་ལྟར་སྣང་བ་ཐམས་ཅད་དཔེར་ན་རང་བཞིན་གྲུབ་པ་མེད་པ་ཆུ་ཟླའི་རྫུན་རིས་ཀྱི་ངང་དུ་གནས་པ་དེ་ལྟར་མི་ཤེས་པར་འཁོར་བ་ཡི་གནས་རིས་དག་ལ་བདེན་པར་བཟུང་ནས་རྟག་ཏུ་བདེན་འཛིན་གྱི་དབང་གིས་ལུ་གུ་རྒྱུད་དུ་འཁྲུམས་པའི་མཐའ་ཡས་པའི་འགྲོ་བ་འདི་དག་ཐམས་ཅད། རང་བཞིན་སྐྱེ་བ་མེད་པ་གནས་ལུགས་རང་རིག་འོད་གསལ་ཆེན་པོའི་དབྱིངས་སུ་ངལ་གསོའི་ཕྱིར་དུ་བྱམས་དང་སྙིང་རྗེ་སོགས་ཚད་མེད་རྣམ་པ་བཞི་ཡི་ངང་ནས་བསམ་པ་བྱང་ཆུབ་མཆོག་ཏུ་སེམས་བསྐྱེད་དོ་ཞེས་བརྗོད་པར་བྱ་དགོས། དེ་ལྟར་བྱང་ཆུབ་ཀྱི་སེམས་བསྒོམ་ཚུལ་གྱི་རིམ་པ་དེ་དག་ཚུར་མདོར་བསྡུས་ན་སྨོན་འཇུག་གཉིས་དང་ཚད་མེད་རྣམ་པ་བཞི་ཡི་ཁོངས་སུ་འདུ་བར་ཤེས་དགོས་པ་ཡིན། སྤྱིར་སེམས་བསྐྱེད་དེ་ལ་དབྱེ་ན་ཉི་ཤུ་རྩ་གཉིས་སོགས་ཡོད་ཀྱང་། སྐབས་འདིར་ཚུར་བསྡུ་ན་རག་པ་བརྟ་ལས་བྱུང་བ་ཀུན་རྫོབ་སེམས་བསྐྱེད་དང་། ཐབ་བ་ཆོས་ཉིད་ལས་བྱུང་བ་དོན་དམ་སེམས་བསྐྱེད་གཉིས་སོ། །

དེ་ལས་ཀུན་རྫོབ་དེ་ལ་ཡང་སྨོན་པ་སེམས་བསྐྱེད་དང་། འཇུག་པ་སེམས་བསྐྱེད

གཉིས་ཡོད་པ་ཡིན་ཏེ། སེམས་ཉིད་ངལ་གསོ་ལས། ཡང་དག་སངས་རྒྱས་ཐོབ་པར་འདོད་པ་སྟེ། །

དེ་ཉིད་ལས།

སྨོན་དང་འཇུག་པའི་རང་བཞིན་གཉིས་ཡིན་ནོ། །
དེ་ཡང་བསམ་པས་སྨོན་དང་སྦྱོར་བས་ཁྱབ། །
འགྲོ་བར་འདོད་དང་འགྲོ་བ་ཉིད་ཡིན་ནོ། །

ཞེས་གསུངས་པ་ལྟར་སེམས་བསྐྱེད་པར་བྱ་དགོས་པ་ཡིན་ལ། དེས་ན་དང་པོ་ཚད་མེད་རྣམ་པ་བཞི་ལ་བློ་སྦྱོང་བར་བྱས་ནས་སེམས་བསྐྱེད་པར་བྱ་དགོས་པ་ཡིན་ནོ། །གོང་བཤད་ལྟར་དང་པོ་སྐྱབས་སུ་འགྲོ་བ་དང་ཚད་མེད་རྣམ་པ་བཞི་ནི་སྲིད་པའི་གནས་ལས་ཐར་བའི་རྩ་བ་ཡིན་པར་ངེས་དགོས་པ་ཡིན་ཏེ།

སེམས་ཉིད་ངལ་གསོ་ལས།

དེ་ལྟར་སྐྱབས་སོང་རྟེན་གྱི་གང་ཟག་གིས། །
བྱམས་པའི་ས་གཞིར་སྙིང་རྗེའི་མེ་ཏོག་བཀྲམ། །
དགའ་བའི་གྲིབ་བསིལ་བཏང་སྙོམས་ཆུ་གཙང་གིས། །
འགྲོ་ལ་ཕན་ཕྱིར་རང་གི་སེམས་སྦྱང་ངོ་། །

ཞེས་གསུངས་པ་དང་། ཡང་སྙིང་པོ་མཆོག་ལས། ཤཱ་རིའི་བུ། འདི་ལ་སེམས་ཡང་དག་པར་མ་བསྐྱེད་པར་རྗེས་སུ་མ་བསྐྱེད་པའི་བྱམས་པ་དང་། སྙིང་རྗེ་དང་། དགའ་བ་དང་། བཏང་སྙོམས་བཞི་ནི་ཚངས་པའི་གནས་པ་བཞི་སྟེ། སྲིད་པར་མངོན་པར་འདུ་བྱེད་པ་དང་བཅས་པའོ། །སེམས་ཡང་དག་པར་བསྐྱེད། རྗེས་སུ་བསྐྱེད་པའི་བྱམས་པ་

དང་། སྙིང་རྗེ་དང་། དགའ་བ་དང་། བཏང་སྙོམས་བཞི་ནི་ཚད་མེད་པ་བཞི་སྟེ། མྱ་ངན་ལས་འདས་པའི་ལམ་དུ་འདུ་བྱེད་པའི་ཕྱིར་རོ། །ཞེས་གསུངས་པ་ལྟར་དེ་དག་གི་དམིགས་ཡུལ་ནི། སེམས་ཉིད་ངལ་གསོ་ལས། བདེ་བ་མི་ལྡན་སྡུག་བསྔལ་གྱིས་ཉམ་ཐག །སྐྱིད་ཅིང་འབྱོར་ལ་ཉེ་རིང་ཆགས་སྡང་ཅན། །བྱམས་དང་སྙིང་རྗེ་དགའ་བ་བཏང་སྙོམས་ཡུལ། །ཞེས་གསུངས་སོ། །དེ་ལྟ་བུའི་ཚད་མེད་རྣམ་པ་བཞི་དང་ལྡན་དགོས་པ་ཡིན་ཏེ།

མདོ་སྡེ་རྒྱན་ལས།

བརྟན་པ་རྣམས་ཀྱིས་དེ་དག་བདེ་འདོད་དང་། །
སྡུག་བསྔལ་གྱིས་ཉམ་ཐག་དང་བདེ་བ་དང་། །
ཉོན་མོངས་ཅན་དང་།

ཞེས་གསུངས་པ་དང་། དེ་ལྟ་བུའི་ཚད་མེད་རྣམ་པ་བཞི་བསྐྱེད་ཅིང་སེམས་ཅན་ཐམས་ཅད་བདེ་བ་དང་ལྡན་ཏེ་སྡུག་བསྔལ་ལས་གྲོལ་བར་འདོད་པ་ནི།

དེ་ཉིད་ལས།

སེམས་ཅན་རྣམས་ལ་བརྩེ་བ་ཅན། །
ཕན་དང་བྲལ་བའི་དགོངས་པ་ཅན། །
མི་འབྲལ་བ་ཡི་དགོངས་པ་ཅན། །
ཕན་བདེ་དགོངས་ཁྱོད་ལ་ཕྱག་འཚལ། །

ཞེས་གསུངས་སོ། །དེ་ཡི་ངོ་བོ་ནི། མི་མཐུན་པའི་ཕྱོགས་བཞི་དང་བྲལ་བ་སྟེ། །
དེ་ཉིད་ལས།

བརྟན་པ་ཚངས་པའི་མི་མཐུན་སྤངས། །

རྣམ་པར་མི་རྟོག་ཡེ་ཤེས་ལྡན།།
དམིགས་པ་རྣམ་པ་གསུམ་ལ་འཇུག།
སེམས་ཅན་རྣམས་ནི་ཡོངས་སྨིན་བྱེད།།

ཅེས་གསུངས་སོ། །དེ་ནས་སྤྱིར་སེམས་བསྐྱེད་བཞི་ལས་གཞན་གསུམ་རྒྱུད་ལ་སྐྱེ་དཀའ་བ་དང་ལྡན་པས་ན། དང་པོ་བཏང་སྙོམས་སྒོམ་པར་བྱ་དགོས་པ་ཡིན་ཏེ།

སློབ་དཔོན་ཡེ་ཤེས་སྙིང་པོའི་དབུ་མ་རྒྱན་ལས།

བཏང་སྙོམས་ས་གཞི་ལེགས་བཏུལ་བར།།
བྱམས་པ་ཡི་ནི་མེ་ཏོག་བཀྲམ།།
སྙིང་རྗེའི་གྲིབ་མས་རབ་བརྒྱན་ཅིང་།།
དགའ་བའི་ཆུ་གཙང་རློག་པ་མེད།།

ཅེས་གསུངས་སོ།།

བརྟག་གཉིས་ལས།

དང་པོར་བྱམས་པ་བསྒོམ་པ་དང་།།
གཉིས་པར་སྙིང་རྗེ་རྣམས་བསྒོམ་ཞིང་།།
གསུམ་པར་དགའ་བ་བསྒོམ་པ་དང་།།
ཀུན་གྱི་མཐར་ནི་བཏང་སྙོམས་སོ།།

ཞེས་གསུངས་པ་ལྟར་རིམ་གྱིས་བསྒོམ་པར་བྱ་དགོས། དེ་ལྟར་བསྒོམས་པར་བྱས་ནས་གོང་དུ་བཤད་པ་ལྟ་བུའི་ཐེག་པ་ཆེན་པོའི་བྱང་ཆུབ་ཀྱི་སེམས་རྣམ་པ་གཉིས་སོགས་བསྒོམ་པར་བྱ་དགོས་པ་ཡིན་ཏེ།

སེམས་ཉིད་ངལ་གསོ་ལས།

དེ་ལྟར་ཚད་མེད་ལེགས་པར་གོམས་པ་ཡིས།།
ཆོས་ཀུན་རྩ་བ་བྱང་ཆུབ་སེམས་གཉིས་བསྒོམ།།

ཞེས་གསུངས་པ་ལྟར་སེམས་ཅན་ཐམས་ཅད་ངན་སོང་གནས་གསུམ་སོགས་ལས་གྲོལ་བར་བྱ་བའི་ཕྱིར་དུ་སེམས་བསྐྱེད་པར་བྱ་དགོས་པ་ཡིན་ཏེ། བྱམས་པས་ཞུས་པའི་མདོ་ལས། བྱམས་པ། བྱང་ཆུབ་སེམས་དཔའ་ཆོས་གཅིག་དང་ལྡན་ན། ངན་སོང་ཐམས་ཅད་སྤོང་ཞིང་སྡིག་པའི་གྲོགས་པོའི་ལག་ཏུ་མི་འགྲོ་ལ། མྱུར་དུ་བླ་ན་མེད་པ་ཡང་དག་པར་རྫོགས་པའི་བྱང་ཆུབ་ཏུ་འཚང་རྒྱ་སྟེ། ཆོས་གཅིག་པོ་དེ་གང་ཞེ་ན། འདི་ལྟ་སྟེ། ལྷག་པའི་བསམ་པ་ཕུན་སུམ་ཚོགས་པ་བྱང་ཆུབ་ཀྱི་སེམས་ཡིན་ཏེ། བྱམས་པ། ཆོས་དེ་དང་ལྡན་ན། ངན་སོང་ཐམས་ཅད་སྤོང་ཞིང་སྡིག་པའི་གྲོགས་པོའི་ལག་ཏུ་མི་འགྲོ་ལ། མྱུར་དུ་བླ་ན་མེད་པ་ཡང་དག་པར་རྫོགས་པའི་བྱང་ཆུབ་ཏུ་འཚང་རྒྱའོ། །ཞེས་པ་དང་། ཡང་བྱང་ཆུབ་སེམས་དཔའི་སྡེ་སྣོད་ཀྱི་མདོ་ལས། མྱུར་དུ་བླ་ན་མེད་པ་ཡང་དག་པར་རྫོགས་པའི་བྱང་ཆུབ་ཏུ་འཚང་རྒྱ་བར་འདོད་པས། ལྷག་པའི་བསམ་པ་བྱང་ཆུབ་ཀྱི་སེམས་ལ་བསླབ་པར་བྱའོ། །ཞེས་གསུངས་པ་ལྟར་ཡིན་ནོ།།

དེ་ལྟར་བྱང་ཆུབ་མཆོག་ཏུ་སེམས་བསྐྱེད་པར་བྱས་ན་དེ་ནི་ཕན་ཡོན་དང་ལྡན་ཞིང་སེམས་ཅན་ཐམས་ཅད་སྡུག་བསྔལ་གསུམ་ལས་གྲོལ་ཞིང་སངས་རྒྱས་པར་འགྱུར་བ་ཡིན་ཏེ།

སེམས་ཉིད་ངལ་གསོ་ལས།

དེ་ཡང་ཉོན་མོངས་སྲིད་མཚོ་མཐར་འབྱིན་ཅིང་།།

འཇིགས་དང་མྱ་ངན་སྡིག་ཀུན་སེལ་བྱེད་དེ།།
ལས་དང་སྡུག་བསྔལ་འདུ་བྱེད་རྣམ་པར་འཇོམས།།
སྲིད་ནས་ཞི་བར་འགྲོ་བ་འདྲེན་བྱེད་ཡིན།།

ཞེས་གསུངས་པ་ལྟར་བྱང་ཆུབ་ཀྱི་སེམས་རིན་པོ་ཆེ་འདི་ཉིད་ནི་སྲིད་པའི་རྒྱ་མཚོ་ཆེན་པོ་ལས་སྒྲོལ་བར་བྱེད་པ་པོ་ཡང་ཡིན་ཏེ།

སྡོང་པོ་བཀོད་པ་ལས།

ཀྱེ་རིགས་ཀྱི་བུ། བྱང་ཆུབ་ཀྱི་སེམས་ནི་སྲིད་པའི་ཆུ་བོ་ལས་སྒྲོལ་བའི་གྲུ་བོ་ཆེ་ལྟ་བུའོ། །ཞེས་གསུངས་སོ། །མ་ཟད་འདི་ནི་སྐྱེལ་མ་དཔའ་བོ་ལྟ་བུ་ཡང་ཡིན་ཏེ།

བྱམས་པའི་རྣམ་པར་ཐར་པ་ལས།

རིགས་ཀྱི་བུ། འདི་ལྟ་སྟེ། དཔའ་བོ་ལ་བརྟེན་པ་ནི་དགྲ་ཐམས་ཅད་ཀྱིས་མི་འཇིགས་སོ། །དེ་བཞིན་སྐྱེལ་མ་དཔའ་བོ་བརྟེན་པ་ཡང་སྤྱོད་པ་ངན་པའི་དགྲ་ཐམས་ཅད་ཀྱིས་མི་འཇིགས་སོ། །ཞེས་པ་དང་།

སྤྱོད་འཇུག་ལས།

སྡིག་པ་ཤིན་ཏུ་མི་བཟད་བྱས་ན་ཡང་།།
དཔའ་ལ་བསྟེན་ནས་འཇིགས་པ་ཆེན་པོ་ལྟར།།
གང་ལ་བསྟེན་ནས་ཡུད་ཀྱིས་སྒྲོལ་འགྱུར་བ།།
དེ་ལ་བག་ཅན་རྣམས་ཀྱིས་ཅིས་མི་བསྟེན།།

ཞེས་གསུངས་པ་ལྟར་བྱང་ཆུབ་ཀྱི་སེམས་འདི་ཉིད་ལ་བསྟེན་པར་བྱས་ན་འཇིགས་དང་སྡུག་བསྔལ་ཀུན་ལས་རྣམ་པར་གྲོལ་བར་འགྱུར་བ་ཡིན་ནོ། །དེ་ཡང་གོང་

དུ་བཤད་པ་ལྟ་བུའི་བྱང་ཆུབ་ཀྱི་སེམས་རིན་པོ་ཆེ་ལྟ་བུ་འདི་ཉིད་བསྒོམས་པར་བྱས་ན། བདག་གཞན་སེམས་ཅན་ཐམས་ཅད་ཀྱི་སྡིག་སྒྲིབ་ཀུན་འདག་པར་འགྱུར་བ་ཡིན་ཏེ།

སྤྱོད་འཇུག་ལས།

སྲིད་པའི་སྡུག་བསྔལ་བརྒྱ་ཕྲག་གཞོམ་འདོད་ཅིང་། །

སེམས་ཅན་མི་བདེ་གསལ་བར་འདོད་པ་དང་། །

བདེ་མང་བརྒྱ་ཕྲག་སྤྱད་པར་འདོད་པས་ཀྱང་། །

བྱང་ཆུབ་སེམས་ཉིད་རྟག་ཏུ་གཏོང་མི་བྱ། །

ཞེས་པ་དང་།

འཕགས་པ་ཐེག་པ་ཆེན་པོའི་མན་ངག་གི་མདོ་ལས། མི་གང་ལ་ལ་བྱང་ཆུབ་རྟུལ་དང་བྲལ་བ་བླ་མེད་ཞིང་ལ་འཇུག་པ། །དེ་ནི་ངན་སོང་ངན་འགྲོའི་ལམ་དང་མི་ཁོམ་བརྒྱད་པོ་ཐམས་ཅད་གཅོད། །དེ་ནི་ལྷ་དང་མི་ཡི་ལམ་རྣམས་རབ་ཏུ་དབྱེ་ཞིང་རྣམ་པར་སྤྲུངས། །ཡོང་བར་མི་འགྱུར་འོན་པར་མ་ཡིན་དབང་པོ་ཐམས་ཅད་ཚང་བར་འགྱུར། །ཞེས་གསུངས་པ་ལྟར་བདེ་བའི་ལམ་དུ་འདྲེན་པར་མཛད་པ་ཡིན་ནོ། །དེ་ཡང་གོང་དུ་བཤད་པ་ལྟ་བུའི་བྱང་ཆུབ་ཀྱི་སེམས་འདི་ཉིད་བསྒོམ་པར་བྱས་ན། ལས་ཉོན་ཐམས་ཅད་སྲེག་པར་འགྱུར་བ་ཡིན་ཏེ།

སྤྱོད་འཇུག་ལས།

དེས་ནི་དུས་མཐའི་མེ་བཞིན་སྡིག་ཆེན་རྣམས། །

སྐད་ཅིག་གཅིག་གིས་ངེས་པར་སྲེག་པར་བྱེད། །

ཅེས་པ་དང་།

བྱམས་པའི་རྣམ་པར་ཐར་པ་ལས། ཞེས་པ་ཐམས་ཅད་བསྲེགས་པར་བྱས་ཤིང་མཐར་བདེ་བ་བླ་ན་མེད་པ་ཐོབ་པར་འགྱུར་བ་ཡིན་ཏེ། ཞེས་གསུངས་སོ། །

སྤྱོད་འཇུག་ལས།

འདི་ནི་ཚད་མེད་སྐྱེ་བོའི་ཚོགས་རྣམས་ཀྱིས། །
བདེ་མཆོག་བདེ་བླག་ཉིད་དུ་ཐོབ་པར་བྱེད། །

ཅེས་གསུངས་པ་ལྟར་བྱང་ཆུབ་ཀྱི་སེམས་འདི་ཉིད་ནི་བདེ་དགུའི་ལེགས་ཚོགས་མ་ལུས་ཀུན་གྱི་ཉེར་རྒྱུ་བླ་ན་མེད་པ་ཡིན་ནོ། །དེ་བཞིན་དུ་བྱང་ཆུབ་ཀྱི་སེམས་རིན་པོ་ཆེ་ལྟ་བུ་འདི་ཉིད་བསྒོམས་པར་བྱས་ན། གང་ཟག་དེ་ཉིད་གཉིད་དང་བརྒྱལ་བ་སོགས་སུ་ཡང་བསོད་ནམས་དགེ་བའི་དངོས་པོ་བླ་ན་མེད་པ་འབྱུང་བར་འགྱུར་བ་ཡིན་ཏེ།

སྤྱོད་འཇུག་ལས།

གང་ནས་བཟུང་སྟེ་སེམས་ཅན་ཁམས། །
མཐའ་ཡས་རབ་ཏུ་སྒྲོལ་བའི་ཕྱིར། །
མི་ལྡོག་པ་ཡི་སེམས་ཀྱིས་ནི། །
སེམས་དེ་ཡང་དག་བླངས་གྱུར་ན། །
དེ་ནས་བཟུང་སྟེ་གཉིད་ལོག་གམ། །
བག་མེད་གྱུར་ཀྱང་བསོད་ནམས་ཤུགས། །
རྒྱུན་མི་ཆད་པ་དུ་མ་ཞིག །
ནམ་མཁའ་མཉམ་པར་རབ་ཏུ་འབྱུང་། །

ཞེས་གསུངས་པ་ལྟར་བྱང་ཆུབ་ཀྱི་སེམས་འདི་ཉིད་བསྒོམས་པའི་མཐུ་ལས་སྒོ་

གསུམ་བག་མེད་ཀྱི་དབང་དུ་གྱུར་ན་ཡང་། གང་ཟག་དེ་ལ་བསོད་ནམས་ཚད་མེད་པ་ཞིག་འབྱུང་བར་འགྱུར་བ་ཡིན་ནོ། །དེ་ལས་གཞན་རང་རང་གི་སྒོ་གསུམ་གྱི་བྱ་བ་གང་བརྩམས་པ་ཐམས་ཅད་འབད་ཅིང་རྩོལ་བ་མི་དགོས་པར་དོན་དང་ལྡན་པ་ཞིག་འགྲུབ་པར་འགྱུར་བ་ཡིན་ཏེ།

སྡོང་པོ་བཀོད་པ་ལས། རིགས་ཀྱི་བུ། བྱང་ཆུབ་མཆོག་ཏུ་སེམས་བསྐྱེད་པ་གང་དང་ལྡན་པ་དེའི་ལུས་དང་ངག་དང་སེམས་ཀྱི་རྩོམ་པ་ཐམས་ཅད་དོན་ཡོད་པ་སྟེ། རྟག་ཏུ་དགེ་བ་འབབ་ཞིག་ཏུ་རོ་གཅིག་ཕྱུར་འགྱུར་རོ། །དེ་བཞིན་དུ་བསམ་པ་བྱང་ཆུབ་མཆོག་ཏུ་སེམས་བསྐྱེད་པར་བྱས་ན། དེ་ནི་རྟག་ཏུ་འགྲོ་བ་ལྷ་མི་ཀུན་གྱི་མཆོད་གནས་དམ་པ་ཉིད་དུ་འགྱུར་བ་ཡིན་ཏེ།

སྡོང་པོ་བཀོད་པ་ལས།

སེམས་བསྐྱེད་པ་དེ་དང་ལྡན་པ་ནི་ལྷ་དང་བཅས་པའི་འཇིག་རྟེན་ཐམས་ཅད་ཀྱི་མཆོད་སྡོང་ཆེན་པོའོ། །ཞེས་པ་དང་། མ་ཟད་དེ་ལྟར་སེམས་བསྐྱེད་པའི་དགེ་བ་རྣམས་ནམ་ཡང་ཟད་པར་མི་འགྱུར་ཞིང་འཕེལ་བར་འགྱུར་བ་ཡིན་ཏེ།

སེམས་ཉིད་ངལ་གསོ་ལས།

འདི་ལྟར་བསོད་ནམས་ཆ་མཐུན་གྱི། །
དགེ་གཞན་འབྲས་བུ་དམན་ཏེ་ཟད་པ་ལྟར། །
རིན་ཆེན་སེམས་ཟིན་དགེ་བ་མི་ཟད་འཕེལ། །
ཇི་ལྟར་རྒྱ་མཚོ་དྲངས་པའི་ཆུ་འབབ་དང་། །
ས་གཞི་བཟང་པོར་ལོ་ཐོག་ལྷུན་ཚོགས་བཞིན། །

ཞེས་གསུངས་པ་ལྟར་དགེ་བའི་ཚོགས་རྣམས་རྟག་ཏུ་འཕེལ་བར་འགྱུར་བ་ཡིན་ཏེ། ཡང་བྱམས་པས་ཞུས་པའི་མདོ་ལས། བྱམས་པ། འདི་ལྟ་སྟེ་དཔེར་ན། རྒྱ་མཚོ་ཆེན་པོར་ཆུ་གང་ཇི་སྙེད་ཅིག་བབ་པ་དེ་དག་བསྐལ་པའི་བར་དུ་ཟད་པར་མི་འགྱུར་རོ། །བྱམས་པ། དེ་བཞིན་དུ་བྱང་ཆུབ་ཏུ་སེམས་བསྐྱེད་པས་ཟིན་པའི་དགེ་བ་ཡང་བླ་ན་མེད་པའི་བྱང་ཆུབ་ཏུ་སངས་རྒྱས་ཀྱི་བར་དུ་ཟད་པར་མི་འགྱུར་རོ། །བྱམས་པ། ཡང་འདི་ལྟ་སྟེ་དཔེར་ན། འབྱུང་ཁུངས་བཟང་བར་གང་ཅི་ཡང་རུང་བའི་ས་བོན་ཐམས་ཅད་རྒྱས་ཤིང་འཕེལ་བ་དེ་བཞིན་དུ་བྱང་ཆུབ་ཀྱི་སེམས་ཀྱིས་ཟིན་པའི་དགེ་བ་ཡང་རྒྱ་ཆེར་འཕེལ་བར་འགྱུར་རོ། །ཞེས་གསུངས་པ་ལྟར་རྒྱུ་ཆུང་ཡང་འབྲས་བུ་ཚད་མེད་ཅིང་གཞལ་དུ་མེད་པ་ཞིག་འབྱུང་བར་འགྱུར་བ་དང་། དེ་ལྟར་དགེ་བའི་ཐབས་རྒྱ་ཆེན་པོས་ཟིན་པ་ལ་འབྲས་བུ་ཚད་མེད་འབྱུང་བ་དང་། མ་ཟིན་པ་ལ་འབྲས་བུ་ཟད་ཅིང་མེད་པ་ཉིད་དུ་གྱུར་པ་ཡིན་ཏེ།

སྤྱོད་འཇུག་ལས།

དགེ་བ་གཞན་ཀུན་ཆུ་ཤིང་བཞིན་དུ་ནི། །
འབྲས་བུ་བསྐྱེད་ནས་ཟད་པར་འགྱུར་བ་ཉིད། །
བྱང་ཆུབ་སེམས་ཀྱི་ལྗོན་ཤིང་རྟག་པར་ཡང་། །
འབྲས་བུ་འབྱིན་པས་མི་ཟད་འཕེལ་བར་འགྱུར། །

ཞེས་པ་དང་། ཟ་མ་ཏོག་བཀོད་པ་ལས། འཇམ་དཔལ། འདི་ལྟ་སྟེ། ཤིང་ལྗོན་པ་སྣ་ཚོགས་པ་ནི་ཁམས་བཞིས་བཟུང་ནས་རྣམ་པར་འཕེལ་ལོ། །འཇམ་དཔལ། དེ་བཞིན་དུ་དགེ་བའི་རྩ་བ་ཡང་བྱང་ཆུབ་ཀྱི་སེམས་ཀྱིས་བཟུང་ཞིང་རྣམ་པ་ཐམས་ཅད་མཁྱེན་པ་

ཉིད་དུ་བསྔོས་ནས་རྣམ་པར་འཕེལ་ལོ། །ཞེས་གསུངས་པ་ལྟར་དགེ་བ་གང་བསྔུབས་པར་བྱས་ཀྱང་འབྲས་བུ་བླ་ན་མེད་པ་འབྱུང་བ་དང་། མ་ཟད་དེ་ལྟ་བུའི་བྱང་ཆུབ་ཀྱི་སེམས་ནི་བདེ་བའི་འབྲས་བུ་བླ་ན་མེད་པ་འབྱུང་བའི་ས་བོན་ལྟ་བུ་ཉིད་དུ་གྱུར་པ་ཡིན་ཏེ།

སེམས་ཉིད་ངལ་གསོ་ལས།

གཞན་ཡང་ལེགས་པའི་ཆོས་རྣམས་མ་ལུས་པ། །
ཀུན་གྱི་རྩ་བ་ས་བོན་སྙིང་རྗེ་དག །
སྲིད་པ་ན་ཡང་བདེ་བའི་འབྲས་མང་ཞིང་། །
ཞི་བའི་རང་བཞིན་བྱང་ཆུབ་མཆོག་གི་རྒྱུ། །
རིན་ཆེན་སེམས་ལེགས་བསྐྱེད་ལ་འབད་པར་མཛོད། །

ཅེས་དང་།

ཇི་སྐད་དུ། ཚངས་པས་ཞུས་པའི་མདོ་ལས། ཚངས་པ་འདི་ལ་ལྷག་པའི་བསམ་པ་བྱང་ཆུབ་ཀྱི་སེམས་གང་ཡིན་པ་དེ་ནི་ཆོས་ཐམས་ཅད་ཀྱི་རྩ་བར་གྱུར་པས་ས་བོན་ལྟ་བུའོ། །ལོ་མ་དང་། མེ་ཏོག་དང་འབྲས་བུ་འབྱུང་བ་དེ་བཞིན་དུ། ལྷག་པའི་བསམ་པ་ལས་ནི་མིའི་ནང་དུ་བདེ་བ་དུ་མ་སྨིན་ཞིང་། སླར་ཡང་རྣམ་པ་ཐམས་ཅད་མཁྱེན་པ་ཉིད་དུ་བྱེད་དོ་ཞེས་གསུངས་པ་ཡིན་ནོ། །དེས་ན་ཡང་རྒྱལ་པོ་ལ་གདམས་པའི་མདོ་ལས། རྒྱལ་པོ་ཆེན་པོ། ཁྱོད་བླ་ན་མེད་པ་ཡང་དག་པར་རྫོགས་པའི་བྱང་ཆུབ་ཀྱི་སེམས་ཀྱི་དགེ་བའི་རྩ་བའི་ལས་ཀྱི་རྣམ་པར་སྨིན་པས་ལན་དུ་མར་ལྷའི་ནང་དུ་སྐྱེས་ཏེ་བདེ་བ་སྨྱོང་། ལན་དུ་མར་མིའི་ནང་དུ་སྐྱེས་ཏེ་བདེ་བ་སྨྱོང་། ལྷ་དང་མིར་བཅས་པ་ཐམས་ཅད་དུ་ཡང་དབང་པོ་བྱེད་པར་གྱུར་ཀྱང་། ད་དུང་དུའང་རྒྱལ་པོ་ཁྱོད་ཀྱི་བྱང་ཆུབ་སེམས་ཀྱི་དགེ

པའི་རྩ་བས་བྲི་བའམ་གང་བར་མི་མངོན་ནོ། །ཞེས་གསུངས་པ་དང་། དེ་ལྟ་བུའི་བྱང་ཆུབ་ཀྱི་སེམས་ཁྱད་པར་ཅན་གྱིས་ནི། སེམས་ཅན་མཐའ་དག་གི་ལུས་དང་ཉོན་མོངས་པའི་སྡུག་བསྔལ་མཐའ་དག་ཞི་བར་འགྱུར་བ་ཡིན་ཏེ།

སེམས་ཉིད་ངལ་གསོ་ལས།

དེ་ནི་དཔལ་ཀྱུས་ཡིད་བཞིན་བུམ་པ་བཟང་། །
འགྲོ་བ་ནད་གསོ་བདེ་འབྱུང་སྨན་གྱི་མཆོག །
ཡེ་ཤེས་ཉི་མ་གདུང་སེལ་ཟླ་བ་སྟེ། །
མཁའ་བཞིན་དྲི་མེད་ཡོན་ཏན་རྒྱུ་སྐར་ཚོགས། །
རྟག་ཏུ་ཕན་བདེ་བྱེད་པའི་རང་བཞིན་ལ། །

ཞེས་གསུངས་པ་དང་། དེ་ལྟར་བྱང་ཆུབ་སེམས་བསྒོམས་པའི་མཐུ་ལས་སེམས་ཅན་ཀུན་ལ་ཕན་བདེ་བླ་མེད་འབྱུང་བའི་རྒྱུ་ཉིད་དུ་གྱུར་པ་ཡིན་ཏེ།

སྡོང་པོ་བཀོད་པ་ལས།

བྱང་ཆུབ་ཀྱི་སེམས་ནི་སངས་རྒྱས་ཀྱི་ཆོས་ཐམས་ཅད་ཀྱི་ས་བོན་ལྟ་བུའོ། །འགྲོ་བ་ཐམས་ཅད་ཀྱི་ཆོས་དཀར་པོ་རྣམ་པར་འཕེལ་བར་བྱེད་པས་ཞིང་ས་ལྟ་བུའོ། །ཉེས་པ་ཐམས་ཅད་སྲེག་པས་བསྐལ་པའི་མེ་ལྟ་བུའོ། །མི་དགེ་བ་ཐམས་ཅད་ཟད་པར་བྱེད་པས་སའི་འོག་ལྟ་བུའོ། །འཁོར་བའི་ཆུ་བོ་ལ་རྒྱུ་བ་འདྲེན་པས་ཀླུགས་ཀྱུ་ལྟ་བུའོ། །ལྷ་དང་མི་དང་ལྷ་མ་ཡིན་དུ་བཅས་པའི་འཇིག་རྟེན་ན་མཆོད་སྡོང་ལྟ་བུའོ། །བསམ་པ་ཐམས་ཅད་འགྲུབ་པས་བུམ་པ་བཟང་པོ་ལྟ་བུའོ། །ཞེས་གསུངས་པ་དང་།

སྤྱོད་འཇུག་ལས།

འགྲོ་བའི་འཆི་བདག་འཇོམས་བྱེད་པའི། །
བདུད་རྩིའི་མཆོག་ཀྱང་འདི་ཡིན་ནོ། །
འགྲོ་བའི་དབུལ་བ་སེལ་བ་ཡི། །
མི་ཟད་གཏེར་ཡང་འདི་ཡིན་ནོ། །
འགྲོ་བའི་ནད་རིམས་ཞི་བྱེད་པའི། །
སྨན་གྱི་མཆོག་ཀྱང་འདི་ཡིན་ནོ། །
སྲིད་ལམ་འཁྱམས་ཤིང་དུབ་པ་ཡི། །
འགྲོ་བའི་ངལ་གསོའི་ལྗོན་ཤིང་ཡིན། །
འགྲོ་བ་ཐམས་ཅད་ངན་འགྲོ་ལས། །
སྒྲོལ་བར་བྱེད་པའི་སྤྱི་སྟེགས་ཡིན། །
འགྲོ་བའི་ཉོན་མོངས་གདུང་སེལ་བའི། །
སེམས་ཀྱི་ཟླ་བ་ཤར་བ་ཡིན། །
འགྲོ་བའི་མི་ཤེས་རབ་རིབ་དག །
དཔྱིས་འབྱིན་ཉི་མ་ཆེན་པོ་ཡིན། །
དམ་ཆོས་འོ་མ་བསྲུབས་པ་ལས། །
མར་གྱི་ཉིང་ཁུ་ཕྱུང་བ་ཡིན། །
འགྲོ་བའི་མགྲོན་པོ་སྲིད་པའི་ལམ་རྒྱུ་ཞིང་། །
བདེ་བའི་ལོངས་སྤྱོད་སྤྱད་པར་འདོད་པ་ལ། །

འདི་ནི་བདེ་བའི་མཆོག་ཏུ་ཉེར་གནས་ཏེ། །
སེམས་ཅན་མགྲོན་ཆེན་ཆོམ་པར་བྱེད་པ་ཡིན། །

ཞེས་གསུངས་པ་ལྟར་བྱང་ཆུབ་ཀྱི་སེམས་ཀྱིས་འགྲོ་བའི་ལས་ཉོན་མ་རིག་པའི་ནད་ཀུན་ཞི་བར་མཛད་པ་དང་། མ་ཟད་དགེ་བའི་བསོད་ནམས་ཚད་མེད་པ་དག་ལས་རྒྱལ་བའི་ཆོས་ཚུལ་བསམ་མི་ཁྱབ་པ་འཛིན་པར་བྱེད་པ་ཡིན་ཏེ།

སེམས་ཉིད་ངལ་གསོ་ལས།

བསམ་ཡས་བསོད་ནམས་སྒྲིབ་ཚོགས་དཔག་ཏུ་མེད། །
རྒྱལ་བའི་ཡོན་ཏན་ཤིན་ཏུ་རྨད་བྱུང་དང་། །
ཆོས་ཀྱི་དབྱིངས་ལྟར་དཔག་ཡས་རྒྱ་ཆེའོ། །

ཞེས་གསུངས་པ་ལྟར་བསོད་ནམས་ཚད་མེད་པ་དག་དང་ལྡན་པར་འགྱུར་བ་ཡིན་ནོ། །

བྱང་ཆུབ་སེམས་དཔའི་སྡེ་སྣོད་ཀྱི་མདོ་ལས། ཤཱ་རིའི་བུ། བྱང་ཆུབ་སེམས་དཔའ་སེམས་དཔའ་ཆེན་པོར་ཆོས་གཅིག་དང་ལྡན་ན་སངས་རྒྱས་ཀྱི་ཆོས་འདི་དག་དང་གཞན་ཡང་དཔག་ཏུ་མེད་པ་དག་ཡོངས་སུ་འཛིན་ཏོ། །ཆོས་གཅིག་པོ་དེ་གང་ཞེ་ན་འདི་ལྟ་སྟེ། བསམ་པ་ཕུན་སུམ་ཚོགས་པ་བྱང་ཆུབ་ཀྱི་སེམས་ཏེ། ཤཱ་རིའི་བུ། བྱང་ཆུབ་སེམས་དཔའ་སེམས་དཔའ་ཆེན་པོ་ཆོས་གཅིག་པོ་དེ་དང་ལྡན་ན་སངས་རྒྱས་ཀྱི་ཆོས་འདི་དག་དང་གཞན་ཡང་དཔག་ཏུ་མེད་པ་དག་ཡོངས་སུ་འཛིན་པར་འགྱུར་རོ། །ཞེས་གསུངས་པ་ལྟར་བྱང་ཆུབ་ཀྱི་སེམས་སྒོམ་པར་བྱེད་པའི་གང་ཟག་དེ་དག་གིས་ནི་སངས་རྒྱས་ཀྱི་ཆོས་ཀྱི་ཕུང་པོ་བརྒྱད་ཁྲི་སོགས་འཛིན་པར་བྱེད་པ་དང་། མ་ཟད་སངས་རྒྱས་ཀྱིས་ཀྱང་

སེམས་ཅན་རྣམས་ལ་དག་དང་མ་དག་པའི་ཞིང་ཁམས་རྣམས་བྱིན་གྱིས་རློབ་པར་བྱེད་པ་ཡིན་ཏེ། ཆོས་ཡང་དག་པར་སྡུད་པའི་མདོ་ལས། བཅོམ་ལྡན་འདས། བསམ་པ་ཕུན་སུམ་ཚོགས་པ་ནི་ཆོས་ཐམས་ཅད་ཀྱི་རྩ་བ་སྟེ། གང་བསམ་པ་མ་མཆིས་པ་དེ་ལ་སངས་རྒྱས་ཀྱི་ཆོས་ཐམས་ཅད་རིང་པར་ལགས་སོ། །

བཅོམ་ལྡན་འདས། བསམ་པ་ཕུན་སུམ་ཚོགས་པ་ལ་ནི། གལ་ཏེ་སངས་རྒྱས་མི་བཞུགས་ནའང་ནམ་མཁའི་དཀྱིལ་དང་། རྩིག་པ་དང་། ཤིང་ལྗོན་པ་རྣམས་ལས་ཀྱང་ཆོས་ཀྱི་སྒྲ་འབྱུང་ངོ། །དེ་བས་ན་བྱང་ཆུབ་སེམས་དཔའ་བསམ་པ་དག་པ་ལ་ནི་རང་གི་ཡིད་ཀྱིས་དམིགས་པ་ཉིད་ལས་གདམས་ངག་དང་རྗེས་སུ་བསྟན་པ་ཐམས་ཅད་འབྱུང་ངོ་། །དེ་བས་ན་བྱང་ཆུབ་སེམས་དཔའ་བསམ་པ་ཕུན་སུམ་ཚོགས་པར་བགྱིའོ། །བཅོམ་ལྡན་འདས། འདི་ལྟ་སྟེ་དཔེར་ན། གང་ལ་རྐང་བ་མཆིས་པ་དེ་ལ་འགྲོ་བ་མཆིས་སོ། །དེ་བཞིན་དུ་གང་ལ་བསམ་པ་མཆིས་པ་དེ་ལ་སངས་རྒྱས་ཀྱི་ཆོས་རྣམས་མཆིས་སོ། །བཅོམ་ལྡན་འདས། འདི་ལྟ་སྟེ་དཔེར་ན། ཡན་ལག་གི་དང་པོ་མགོ་མཆིས་པ་དེ་ལ་འཚོ་བ་མཆིས་སོ། །དེ་བཞིན་དུ་ལྷག་པའི་བསམ་པ་གང་ལ་ཡོད་པ་དེ་ལ་སངས་རྒྱས་ཀྱི་བྱང་ཆུབ་མཆིས་སོ། །ཞེས་གསུངས་པ་ལྟར་སེམས་བསྐྱེད་པར་བྱས་པའི་མཐུ་ལས་མ་དག་པའི་སེམས་ཅན་ཀུན་གྱི་རྒྱུད་བྱིན་གྱིས་རློབས་པར་འགྱུར་བ་དང་། བསམ་པ་བྱང་ཆུབ་མཆོག་ཏུ་སེམས་བསྐྱེད་པར་བྱས་ན། དེ་ནི་དེ་བཞིན་གཤེགས་པ་རྫོགས་པའི་སངས་རྒྱས་ལ་མཆོད་པ་ཐམས་ཅད་ཀྱི་ནང་ནས་མཆོག་ཏུ་གྱུར་བ་ཡང་ཡིན་ཏེ།

ཁྱིམ་བདག་དཔལ་སྦྱིན་གྱིས་ཞུས་པའི་མདོ་ལས།

སངས་རྒྱས་ཞིང་རྣམས་མི་གང་གིས། །

རིན་ཆེན་བདུན་གྱིས་ཡོངས་བཀང་ནས། །

འཇིག་རྟེན་མགོན་ལ་ཕུལ་བ་བས། །

གང་གིས་ཐལ་མོ་སྦྱར་བྱས་ཏེ། །

བྱང་ཆུབ་ཏུ་ནི་སེམས་བཏུད་ནས། །

མཆོད་པ་འདི་ནི་ཁྱད་པར་འཕགས། །

ཞེས་པ་དང་།

འཕགས་པ་ཟླ་བ་སྒྲོན་མེའི་མདོ་ལས།

བྱེ་བ་ཁྲག་ཁྲིག་གཏམས་པའི་ཞིང་དག་ན། །

མཆོད་པ་རྣམ་མང་དཔག་མེད་ཇི་སྙེད་པ། །

སྐྱེས་མཆོག་རྣམས་ལ་དེ་ཡི་རྟག་མཆོད་པས། །

བྱམས་པའི་སེམས་ཀྱི་གྲངས་དང་ཆར་མི་ཕོད། །

ཅེས་དང་། སྒོ་མཐའ་ཡས་པ་རྣམ་པར་སྦྱོང་བའི་མདོ་ལས། ཚངས་པ། གསུམ་པོ་འདི་དག་ནི་དེ་བཞིན་གཤེགས་པ་ལ་མཆོད་པ་དང་རིམ་གྲོ་བྱ་བ་བླ་ན་མེད་པའོ། །བསོད་ནམས་ཚད་མེད་པའོ། །གསུམ་གང་ཞེ་ན། གང་བླ་ན་མེད་པ་ཡང་དག་པར་རྫོགས་པའི་བྱང་ཆུབ་མཆོག་ཏུ་སེམས་བསྐྱེད་པ་དང་། དེ་བཞིན་གཤེགས་པ་རྣམས་ཀྱི་དམ་པའི་ཆོས་འཛིན་པ་དང་། གང་ཇི་སྐད་ཐོས་པ་རྣམས་དེ་བཞིན་དུ་བསྒྲུབ་པ་སྟེ། ཚངས་པ། གསུམ་པོ་དེ་དག་ནི་དེ་བཞིན་གཤེགས་པ་མཆོད་པ་དང་། རིམ་གྲོ་བྱ་བ་བླ་ན་མེད་པའོ། །ཚངས་པ། གལ་ཏེ་དེ་བཞིན་གཤེགས་པའི་སྐུ་ཚེའི་ཚད་བསྐལ་པར་བཞུགས་ནས། མཆོད་པ་བསྟན་ཀྱང་བསྐལ་བ་ཟད་པར་འགྱུར་གྱི། བསོད་ནམས་ཀྱི་ཕུང་པོ་དེའི་ཕན་ཡོན་ཟད་

པར་མི་འགྱུར་རོ། །ཞེས་གསུངས་པ་ལྟར་སེམས་བསྐྱེད་པའི་བསོད་ནམས་ཀྱི་འབྲས་བུ་ཚད་གཞལ་དུ་མེད་པ་ཞིག་འབྱུང་བར་འགྱུར་བ་ཡིན་ཏེ།

སྤྱོད་འཇུག་ལས།

བྱང་ཆུབ་སེམས་བསྐྱེད་གྱུར་ན་སྐད་ཅིག་གིས། །
འཁོར་བའི་བཙོན་རར་བསྡམས་པའི་ཉམ་ཐག་རྣམས། །
བདེ་གཤེགས་རྣམས་ཀྱི་སྲས་ཞེས་བརྗོད་བྱ་ཞིང་། །
འཇིག་རྟེན་ལྷ་མིར་བཅས་པས་ཕྱག་བྱར་འགྱུར། །

ཞེས་གསུངས་པ་ལྟར་སེམས་བསྐྱེད་བསོད་ནམས་ཀྱིས་ནི་འགྲོ་བ་ལྷ་མི་ཀུན་གྱི་མཆོད་གནས་སུ་འགྱུར་བ་ཡིན་ཏེ།

སྡོང་པོ་བཀོད་པ་ལས། མདོར་ན་སངས་རྒྱས་བཅོམ་ལྡན་འདས་རྣམས་ལ་ལེགས་པ་ཡོད་པ་ཇི་ལྟ་བར་བྱང་ཆུབ་ཏུ་སེམས་བསྐྱེད་པའི་ལེགས་པ་དང་ཡོན་ཏན་ཡང་དེ་ཙམ་སྟེ། ནམ་མཁའི་ཁམས་དང་ཆོས་ཀྱི་དབྱིངས་ལྟར་རྒྱ་ཆེའོ། །ཞེས་གསུངས་སོ། །

དེ་ལྟ་བུའི་བྱང་ཆུབ་ཀྱི་སེམས་འདི་ནི་རྒྱལ་བ་རྫོགས་པའི་སངས་རྒྱས་ཐུགས་རྗེ་ཅན་གྱི་འགྲོ་བ་ཡོངས་ལ་ཕན་པར་དགོངས་ནས་གསུངས་པར་མཛད་པ་ཡིན་ཏེ།

སྤྱོད་འཇུག་ལས།

བསྐལ་བ་དུ་མར་རབ་དགོངས་མཛད་པ་ཡི། །
ཐུབ་དབང་རྣམས་ཀྱིས་དེ་ཉིད་ཕན་པར་གཟིགས། །

ཞེས་གསུངས་སོ། །དེ་ཉིད་ནི་ཐུབ་པའི་དབང་པོ་རྣམས་ཀྱིས་དགོངས་པའི་ཞེ་ཕུགས་དམ་པ་བླ་ན་མེད་པ་ཡིན་པས་སྐྱེ་བོ་མཆོག་དམན་ཀུན་གྱིས་དེ་ལྟར་ཉམས་སུ

བླངས་བར་བྱས་ན། དགེ་བའི་ཚོགས་དང་བསོད་ནམས་འཕེལ་བར་འགྱུར་བ་དང་། ཡང་ན་དེ་ལྟར་མི་བྱེད་པར་གོང་དུ་བཤད་པ་ལྟ་བུའི་རྒྱལ་སྲས་བྱང་ཆུབ་སེམས་དཔའ་རྣམས་ལ་ངན་སེམས་དང་ཁོང་ཁྲོ་སོགས་བྱས་ན། གང་ཟག་དེ་ཉིད་མཐར་ངན་སོང་དུ་འགྲོ་བར་འགྱུར་བ་ཡིན་ཏེ།

སྤྱོད་འཇུག་ལས།

གང་ཞིག་དེ་འདྲའི་རྒྱལ་སྲས་སྦྱིན་བདག་ལ། །

གལ་ཏེ་ངན་སེམས་སྐྱེད་པར་བྱེད་ན་དེ། །

ངན་སེམས་བསྐྱེད་པའི་གྲངས་བཞིན་བསྐལ་པར་ནི། །

དམྱལ་བར་གནས་པར་འགྱུར་ཞེས་ཐུབ་པས་གསུངས། །

ཞེས་པ་དང་། རབ་ཏུ་ཞི་བ་རྣམ་པར་ངེས་པ་ཆོ་འཕྲུལ་གྱི་མདོར། འཇམ་དཔལ། བྱང་ཆུབ་སེམས་དཔའ་ལ་ཁོང་ཁྲོ་དང་བཅས་པའི་སེམས་ཇི་སྙེད་པ་དེ་ཙམ་གྱིས་བསྐལ་པར་དམྱལ་བར་གནས་པས་གོ་ཆ་བགོ་བར་བྱའོ། །ཞེས་དང་།

འཇམ་དཔལ་རྣམ་པར་རོལ་པའི་མདོ་ལས། འཇམ་དཔལ་ཁོང་ཁྲོ་བ་ཞེས་བྱ་བ་བསྐལ་པ་བརྒྱར་བསགས་པའི་དགེ་བ་ཉེ་བར་འཇོམས་པར་བྱེད་པ་དེའི་ཕྱིར་ཁོང་ཁྲོ་བ་ཞེས་བྱའོ། །ཞེས་དང་།

དབུ་མ་འཇུག་པ་ལས་ཀྱང་།

གང་ཕྱིར་རྒྱལ་སྲས་རྣམས་ལ་ཁྲོས་པ་ཡིས། །

སྦྱིན་དང་ཁྲིམས་བྱུང་དགེ་བ་བསྐལ་པ་བརྒྱར། །

བསགས་པ་སྐད་ཅིག་གིས་འཇོམས་དེ་ཡི་ཕྱིར། །

མི་བཟོད་ལས་གཞན་ཐེག་པ་ཡོད་མ་ཡིན། །

ཞེས་པ་ལྟར་རྣམ་སྨིན་ཚད་མེད་པ་ཞིག་མྱོང་བར་འགྱུར་བ་དང་། མ་ཟད་དེ་ལྟར་ཁོང་ཁྲོ་བའི་དབང་གིས་སྔར་གྱི་ཡོན་ཏན་རྣམས་ཉམས་ཤིང་ཕྱིས་སླར་ཡང་གོ་ཆ་དགོ་བར་བྱ་དགོས་པ་ཡིན་ཏེ། དེ་ལྟར་ཡིན་པའི་ཚུལ་ནི། སྤྱོད་པ་ལས་ཀྱང་། ལུང་བསྟན་མ་ཐོབ་བྱང་ཆུབ་སེམས་དཔའ་གང་ཞིག་གིས། ལུང་བསྟན་ཐོབ་ལ་སེམས་ཁྲོས་རྩོད་པ་རྩོམ་བྱེད་ན། ཐ་ལ་སྐྱོན་ལྡན་སེམས་ཀྱི་སྐད་ཅིག་ཇི་སྙེད་པ། དེ་སྙེད་བསྐལ་བར་གཞི་ནས་གོ་ཆ་བགོ་དགོས་སོ། །ཞེས་པ་ལྟར་རོ། །ཡང་བྱང་སེམས་མ་ཡིན་པའི་བྱང་སེམས་ལ་ཁོང་ཁྲོ་བར་བྱས་ན། ཐམས་ཅད་ཡོད་པར་སྨྲའི་གཞུང་གི་ལུང་བསླབ་བཏུས་སུ་དྲངས་པ་ལས། དགེ་སློང་གིས་དེ་བཞིན་གཤེགས་པའི་དབུ་སྐྲ་དང་སེན་མོའི་མཆོད་རྟེན་ལ་སེམས་དང་པས་ཕྱག་བྱས་པའི་དགེ་རྩ་ལ་བརྟེན་ནས་ལུས་ཀྱིས་ཇི་ཙམ་ནོན་པའི་ས་འོག་དབང་ཆེན་གསེར་གྱི་འཁོར་ལོ་ལ་ཐུག་པའི་བར་གྱི་རྡུལ་གྱི་གྲངས་ཇི་སྙེད་ཡོད་པ་སྟོང་འགྱུར་གྱིས་འཁོར་ལོས་སྒྱུར་བ་འཐོབ་པར་འགྱུར་བའི་དགེ་རྩ་དེའང་གྲོགས་ཚངས་པ་ཚངས་པར་སྤྱོད་པ་ལ་རྨ་ཕྱུང་བ་དང་རྨས་པར་བྱས་པས་བསྲབས་པ་དང་བྱང་བ་དང་གཏུགས་པར་བྱས་ནས་འཛོམས་པར་གསུངས་པ་ལྟ་བུ་དང་།

ཡང་མདོ་བདུས་སུ་ཏིང་རྒྱལ་དྲངས་པ་ལས།

ཕན་ཚུན་གནོད་པའི་སེམས་སུ་གང་བྱེད་པ། །

དེ་ལ་ཚུལ་ཁྲིམས་ཐོབ་པས་སྐྱོབ་མི་བྱེད། །

བསམ་གཏན་དང་ནི་དགོན་གནས་མི་སྐྱོབ་སྟེ། །

སྦྱིན་དང་སངས་རྒྱས་མཆོད་པའང་སྐྱོབ་མི་བྱེད། །

ཅེས་གསུངས་སོ། །དེ་ལྟ་བུའི་ཉེས་དམིགས་ཐམས་ཅད་གཙོ་བོ་བག་མེད་ཀྱི་དབང་དུ་གྱུར་ཏེ། རང་རྒྱུད་མ་ཐུལ་བར་རྣམ་རྟོག་མི་དགེ་བའི་ལས་ཀྱིས་བྱུང་བར་ངེས་པ་ཡིན་ཏེ།

ཡང་ཛ་ཏྲའི་ཚིགས་བཅད་ལས།

དེ་བཞིན་རྣམ་རྟོག་བུད་ཤིང་ལས། །
བྱུང་བའི་ཁྲོ་བ་མེ་འདྲ་བས། །
བདག་ཉིད་དང་ནི་གཞན་དག་ལ། །
ཕུང་ཁྲོལ་ཆེན་པོ་བྱེད་པར་འགྱུར། །

ཞེས་དང་།

སྐྱེས་རབས་ལས་ཀྱང་།

ཁྲོ་བའི་མེ་ཡིས་བཞིན་མདོག་ཉམས་འགྱུར་ན། །
རྒྱན་གྱིས་བརྒྱན་ཡང་བཟང་པོར་ཡོང་མི་སྣང་། །
མལ་སྟན་བཟང་པོ་དག་ལ་ཉལ་གྱུར་ཀྱང་། །
ཁྲོ་བའི་ཟུག་རྔུས་སེམས་ནི་སྡུག་བསྔལ་འགྱུར། །
བདག་ལ་ཕན་པའི་དོན་གྲུབ་བརྗེད་འགྱུར་ཏེ། །
ཁྲོ་བའི་གདུངས་ནས་ལམ་ངན་འགྲོ་བར་བྱེད། །
གྲགས་དང་དོན་གྲུབ་པ་ལས་ཉམས་པར་འགྱུར། །
ཟླ་བ་མར་གྱི་ངོས་བཞིན་དཔལ་ཡང་ཉམས། །
མཛའ་བཤེས་དག་གིས་རབ་ཏུ་གཙུགས་གྱུར་ཀྱང་། །

ཁྲོ་བས་མི་རིགས་གཡང་སར་ལྟུང་བར་འགྱུར།།
ཕན་དང་གནོད་པར་སེམས་ལ་བློ་ཉམས་ནས།།
ཕལ་ཆེར་འགལ་ཞིང་སེམས་ནི་སྨོངས་པར་འགྱུར།།
ཁྲོ་བས་སྡིག་པའི་ལས་ནི་གོམས་བྱས་པས།།
ངན་སོང་དག་ཏུ་ལོ་བརྒྱར་སྡུག་བསྔལ་སྤྱོད།།
གནོད་པ་ཆེན་པོ་བྱས་པས་ཤར་གཉེར་བའི།།
དགྲས་ཀྱང་དེ་ལས་ལྷག་པ་ཅི་བྱར་ཡོད།།

ཅེས་གསུངས་པ་ལྟར་རང་རྒྱུད་ཀྱི་ཡོན་ཏན་མཐའ་དག་གཞི་ནས་ཉམས་པར་འགྱུར་བའི་རང་བཞིན་ཅན་ཡིན་པ་དང་། མ་ཟད་གོང་དུ་བཤད་པ་ལྟར་སྐྱེ་བོ་དེ་དག་གིས་མདོག་སོགས་ཉམས་ནས་ཤིན་ཏུ་ཡིད་དུ་མི་འོང་པ་ཞིག་ཏུ་འགྱུར་བར་གྱུར་པ་ཡིན་པའི་ཚུལ་ནི།

ཚེའི་མཐའི་མདོ་ལས། དགེ་སློང་དག་དེ་ལྟ་བས་ན་འདི་ལྟར་བསླབ་པར་བྱ་སྟེ། སྡོང་དུམ་ཚིག་པ་ལ་ཡང་ཞེ་སྡང་གི་སེམས་བསྐྱེད་པར་མི་བྱ་ན་རྣམ་པར་ཤེས་པ་དང་ལྡན་པའི་ལུས་ལ་ལྟ་སྨོས་ཀྱང་ཅི་དགོས་པ་དེ་ལྟར་དག་ཁྱེད་ཀྱིས་བསླབ་པར་བྱའོ། །ཞེས་གསུངས་པ་ལྟར་ཡིན་པས་ན། ནམ་ཡང་བྱང་ཆུབ་སེམས་དཔའ་དག་ལ་སེམས་ཁྲོ་བར་མི་བྱ་བར་རྟག་ཏུ་དད་ཅིང་སྤྲོ་བའི་སྒོ་ནས་རྗེས་སུ་འཇུག་པར་བྱས་ན་བསོད་ནམས་ཚད་མེད་པ་ཞིག་འབྱུང་བར་འགྱུར་བ་ཡིན་ནོ། །དེ་ལྟར་བྱང་ཆུབ་ཀྱི་སེམས་རིན་པོ་ཆེ་ལྟ་བུ་འདི་ཉིད་ལྡན་པའི་རྒྱལ་སྲས་རྣམས་ལ་ཁོང་ཁྲོ་བར་མི་བྱ་བར་འགྲོ་བ་རྣམས་ལ་རྟག་ཏུ་མ་དང་བུ་ལྟར་བྱམས་དང་བརྩེ་བ་ཆེན་པོས་བསྐྱང་བར་བྱ་དགོས་པ་ཡིན། དེ་

ལྟར་བྱས་ན་གོང་དུ་བཤད་པ་ལྟ་བུའི་སེམས་བསྐྱེད་རྣམས་ལ། ཕྱིར་ས་མཚམས་ཀྱི་སྒོ་ནས་དབྱེ་ན་ཉེ་ཤུ་རྩ་གཉིས་དང་། ཚུར་བསྡུ་ན་སྨོན་འཇུག་གཉིས་སུ་འདུ་བར་གྱུར་པ་ཡིན་ཏེ། སེམས་ཉིད་ངལ་གསོ་ལས། སྨོན་པ་ཚད་མེད་བཞི་ཡི་ངོ་བོ་ལ། །འཇུག་པ་ཕ་རོལ་ཕྱིན་པ་དྲུག་ཏུ་འདོད། །ཅེས་པ་དང་།

སྡོང་པོ་བཀོད་པའི་མདོ་ལས། བྱང་ཆུབ་ཀྱི་སེམས་དེ་ཡང་གཞན་གྱི་དོན་དུ་ཆས་པ་སྟེ། སྨོན་པ་དང་འཇུག་པའི་རང་བཞིན་ཕ་རོལ་ཏུ་ཕྱིན་པ་རྣམས་དང་ལྡན་པ་གང་ཡིན་པའོ། །ཞེས་དང་།

བྱམས་པས་ཞུས་པའི་མདོ་ལས། བྱམས་པ། དེ་ལ་གཞན་གྱི་དོན་དུ་སྨོན་པ་ཡང་བྱམས་པ་ཆེན་པོ་དང་། སྙིང་རྗེ་ཆེན་པོ་དང་། དགའ་བ་ཆེན་པོ་དང་། བཏང་སྙོམས་ཆེན་པོ་ཡིན་ལ། ཡང་དག་པར་སྤྱོད་པ་དེ་ཡང་ཕ་རོལ་ཏུ་ཕྱིན་པ་དྲུག་སྟེ། ཞེས་གསུངས་སོ། །

དེ་ལྟ་བུའི་རྒྱལ་སྲས་དམ་པ་རྣམས་ཀྱི་སྨོན་སེམས་སོགས་ཀྱི་བསོད་ནམས་དང་ཕན་ཡོན་མང་དུ་མཆིས་ཀྱང་། རེ་ཞིག་ཡིག་ཚོགས་མང་བར་དོགས་ནས་འདིར་མ་བྲིས་པས་གཞུང་གཞན་ལས་ཤེས་པར་བྱ་དགོས་པ་ཡིན་ནོ། །

ད་ནི་རྡོ་རྗེ་སེམས་དཔའི་བསྒོམ་བཟླས་ཀྱི་ཚུལ་བཤད་པ་ནི། དེ་ནས་དང་པོ་ཨཿ ཞེས་ཆོས་ཐམས་ཅད་ཡེ་གདོད་མ་ནས་སྐྱེ་བ་མེད་པའི་ངང་དུ་མཉམ་པར་བཞག་ཅིང་དེ་ལས་ནམ་ཡང་གཡོ་བ་མེད་པར་གནས་པར་བྱས་ཏེ། དེ་ཚེ་ད་ལྟའི་བདག་གི་མ་དག་པའི་སྒྱུ་ལུས་འདི་ཉིད་ཐ་མལ་པའི་རང་བཞིན་ཅན་འདི་ཉིད་དོན་ལ་ཡེ་ནས་དཀྱིལ་འཁོར་གསུམ་གྱི་རང་བཞིན་དུ་གནས་པ་ཞིག་ཡིན་ཀྱང་། གནས་སྐབས་ལམ་ཉམས་སུ་ལེན་པའི་ཚེ་ན་དེ་ལྟར་བསྒོམས་པར་བྱས་ཏེ། དེ་ཡི་སྤྱི་བོ་དེ་ཙ་ཤིན་ཏུ་དྲི་མ་མེད་པ་པད་

མ་དཀར་པོ་འདབ་མ་སྟོང་དང་ལྡན་པའི་སྟེང་དུ་དཔེར་ན་ཡར་ངོས་ཀྱི་ཟླ་བ་ཉ་གང་བ་ལྟ་བུའི་ཟླ་བའི་གདན་གྱི་དབུས་སུ་སྣང་ལ་རང་བཞིན་གྲུབ་པ་མེད་པའི་ཧཱུྃ་ཡིག་ལས་འཕྲོས་པའི་དུས་གསུམ་སངས་རྒྱས་ཐམས་ཅད་ཀྱི་ངོ་བོ་དང་གཉིས་སུ་མེད་པ་བླ་མ་རྡོ་རྗེ་སེམས་དཔའ་སྐུ་མདོག་དཀར་པོ་གངས་ཀྱི་རི་བོ་ལ་ཉི་མ་འབུམ་གྱིས་འཕྲུད་པ་ལྟ་བུ་མཚན་དཔེ་སོགས་ཀྱི་འོད་གསལ་རབ་ཏུ་འབར་བའི་བདག་ཉིད་ཅན་ལོངས་སྤྱོད་རྫོགས་པའི་སྐུ་དེ་ཉིད་ཀྱིས་ཕྱག་གཉིས་ཀྱི་རྡོ་རྗེ་དང་དྲིལ་བུ་འཛིན་པར་བྱས་ཏེ། ཡུམ་སྙེམས་མ་དཀར་མོ་སྐུ་ལ་འཁྲིལ་བར་མཛད་པ་དང་། དེ་ལྟ་བུའི་ཉེས་སྐྱོན་སོགས་ཀྱི་དྲི་མས་ཡེ་ནས་མ་གོས་པའི་མགོན་པོ་ཁྱོད་ལ་རྟག་ཏུ་སྒོ་གསུམ་གུས་པ་ཆེན་པོས་སྙིང་ནས་སྐྱབས་སུ་མཆི་ཞིང་གསོལ་བ་འདེབས་པ་དང་། མ་ཟད་བདག་གཞན་སེམས་ཅན་ཐམས་ཅད་ཀྱིས་ཚེ་རབས་འཁོར་བ་ཐོག་མ་མེད་པ་ནས་བསགས་པའི་སྡིག་པ་མི་དགེ་བ་ཐམས་ཅད་སྦྱོང་བར་བྱ་བའི་ཕྱིར་དུ་ནི། སྔར་བྱས་ཀྱི་སྡིག་པ་ཐམས་ཅད་ནི་དཔེར་ན་ཁོང་དུ་དུག་སོང་བ་ལྟར་འགྱོད་སེམས་དྲག་པོས་མཐོལ་ལོ་བཤགས་པར་བྱ། དུས་ད་ནས་བཟུང་སྟེ་ཕྱིན་ཆད་འཆི་བ་སྲོག་ལ་བབ་ཀྱང་དེ་ལྟར་སྡིག་པའི་ལས་མི་བྱེད་པར་སྒོ་གསུམ་བག་ཡོད་པའི་སྒོ་ནས་སྡོམ་པར་བྱ་བ་དང་། དེ་ནས་མགོན་པོ་ཁྱོད་ཀྱི་ཐུགས་དཀར་ཟླ་བ་རྒྱས་པའི་སྟེང་དུ་ཧཱུྃ་ཡིག་འོད་གསལ་དང་ལྡན་པ་དེ་ཡི་མཐའ་མར་དུ་སྔགས་ཕྲེང་གཞན་རྣམས་ཀྱིས་བསྐོར་བར་བྱས་ཤིང་། དེ་རྣམས་ཇི་ལྟར་བཟླས་པར་བྱས་པ་སྔགས་ཀྱིས་ཐུགས་རྒྱུད་རབ་ཏུ་བསྐུལ་བའི་སྟོབས་ཀྱིས་ནི། ལྷ་ཡེ་ཤེས་པ་ཡབ་ཡུམ་དེ་དག་གི་བདེ་བ་ཆེན་པོ་ལ་རོལ་བར་བྱེད་པའི་སྦྱོར་མཚམས་ནས་བདུད་རྩི་བྱང་ཆུབ་སེམས་ཀྱི་ཐིག་ལེའི་སྤྲིན་རྣམས་ནི། དཔེར་ན་ག་བུར་རྡུལ་ལྟར་འཛག་པར་བྱེད་པ་ཡིས་

ནི།  བདག་དང་ཁམས་གསུམ་གྱི་སེམས་ཅན་ཐམས་ཅད་ཀུན་གྱི་ལས་དང་ཉོན་མོངས་པའི་སྡུག་བསྔལ་སྐྱེད་བྱེད་ཀྱི་རྒྱུ་མ་རིག་པ་དང་།  འཕྲུལ་རྐྱེན་ངན་པ་རླུང་མཁྲིས་བད་ཀན་སོགས་ལས་བྱུང་བའི་ནད་དང་གདོན་དང་སྡིག་པ་མི་དགེ་བ་བྱས་ཤིང་བསྒྲིབས་པའི་ཉེས་ལྟུང་གི་སྒྲིབ་པ་ཐམས་ཅད་མ་ལུས་པ་མྱུར་དུ་བྱང་བར་མཛད་དུ་གསོལ་ཞེས་བརྗོད་པར་བྱ་དགོས།  དེ་ལྟར་བླ་མ་རྡོ་རྗེ་སེམས་དཔའ་ཡབ་ཡུམ་སྦྱོར་བ་མཛད་པའི་སྦྱོར་མཚམས་ནས་བདུད་རྩི་བབས་ཤིང་བདག་གཞན་སེམས་ཅན་ཐམས་ཅད་ཀྱི་སྒོ་གསུམ་གྱི་མི་དགེ་བ་ཐམས་ཅད་བྱང་ཞིང་དག་པར་གྱུར་པའི་རང་བཞིན་ཅན་དུ་ཤེས་དགོས་པར་བསྟན་པ་ཡིན་ནོ། །

དེ་ནས་སྙིང་པོ་ཡི་གེ་བརྒྱ་བ་སོགས་ལྟ་བ་དང་མ་བྲལ་བའི་སྒོ་ནས་གོང་དུ་བཤད་པ་ལྟར་བསྒོམ་པར་བྱ་དགོས་པ་ཡིན་ཏེ། དེ་ཉིད་བཟླས་པའི་ཚུལ་ནི། དེ་ཡང་ཐོག་མར་ཨོཾ་ནི་བདེ་བར་གཤེགས་པ་ཐམས་ཅད་ཀྱི་རྡོ་རྗེའི་བདག་ཉིད་གཞོམ་དུ་མེད་པ་ཉིད་ཡི་གེའི་རྣམ་པར་ཤར་བ་ཡིན་ནོ།  །བཛྲ་ནི་རྡོ་རྗེ་སྟེ་ཤེས་རབ་སྟོང་པ་ཉིད་ཀྱི་རང་བཞིན་གཞན་རྐྱེན་སྤྲོས་པའི་མཚན་མ་གང་གིས་ཀྱང་མི་ཕྱེད་པའི་དོན་ནོ།  །ས་ཏྭ་ནི་སེམས་དཔའ་སྟེ་ཐམས་ཅད་སྙིང་རྗེ་ཆེན་པོའི་དོན་ནོ།  །ས་མ་ཡ་ཞེས་པ་ནི་དམ་ཚིག་གི་ཡུན་སྲ་དོན་ཡང་མི་འདའ་བའི་དོན་ནོ། །མ་ནུ་པ་ལ་ཡ་ནི་དམ་ཚིག་རྗེས་སུ་སྐྱོངས་ཤིག་ཅེས་པའི་དོན་ནོ། །བཛྲ་ས་ཏྭ་ནི་བོད་སི་དང་བཅས་པ་རྡོ་རྗེའི་དོན་ལ་སྔ་མ་བཞིན་ནོ། །ཏེ་ནོ་པ་ཞེས་པ་ནི་རྡོ་རྗེ་སེམས་དཔའ་ཁྱེད་ཀྱིས་ཞེས་བྱ་བའི་དོན་ནོ།  །ཏིཥྛ་ནི་བཞུགས་པ། དྲི་ཌྷོ་ནི་བསྟན་པར་བྱ། མེ་ནི་རང་ངམ་བདག་ལ། བྷ་ཝ་ནི་མཛོད་ཅིག་པའོ། །ཀྱེ་རྡོ་རྗེ་སེམས་དཔའ་ཁྱོད་བདག་ལ་ཉེ་བར་བསྟན་པའི་བཞུགས་པར་མཛོད་ཅིག་ཅེས་བསྐུལ་བ་

སྟེ་ཟུང་འཇུག་གི་དོན་ལ་འཇུག་པའི་གནད་དམ་པའོ། །སུ་ནི་ལེགས་པའམ་བཟང་པོའམ་ཤིན་ཏུ་ཞེས་པ་དང་། ཏོཥྱོ་ཚིམ་པ། མེ་བདག་ལ། ཧྲ་ཝ་མཛོད་ཅིག་སྟེ། བདག་ཟག་མེད་བདེ་བ་ཆེན་པོའི་རོས་ཚིམ་པར་མཛོད་ཅིག་པའོ། །སུ་ནི་ལེགས་པའམ་ཤིན་ཏུ། པོཥྱོ་ནི་རྒྱས་པར། མེ་ནི་བདག་ལ། ཧྲ་ཝ་མཛོད་ཅིག་བསྒོམས་པས་བདག་ལ་བདེ་སྟོང་གཉིས་མེད་ཀྱི་ཡེ་ཤེས་རྒྱས་པར་མཛོད་ཅིག་ཅེས་དབང་བཞིའི་རྟོགས་བྱ་མཐར་ཕྱུག་རང་བྱུང་ལྷན་ཅིག་ཅེས་པའི་ཡེ་ཤེས་མངོན་དུ་འགྱུར་བར་བསྐུལ་བའོ། །ཨ་ནུ་ནི་རྗེས་སུ། རཀྟོ་ནི་ཆགས་པ། མེ་བདག་ལ། ཧྲ་ཝ་མཛོད་ཅིག་སྟེ། སརྦ་ནི་ཐམས་ཅད། སིདྡྷི་ནི་དངོས་གྲུབ། མྨེ་ནི་དངོས་གྲུབ། པྲ་ནི་རབ་ཏུ། ཡཙྪ་ནི་སྩོལ་ཅིག་ཅེས་པ། ཡང་སརྦ་ནི་ཐམས་ཅད། ཀརྨ་ནི་ལས། སུ་ནི་རྣམ་དབྱེ་བདུན་པའི་མིང་ཚིག ཙ་ནི་ཚིག་འཕྲད་འང་གི་དོན་ནོ། །མེ་ནི་དག་ལ། ཙིཏྟཾ་ནི་སེམས། ཤྲི་ཡ་ནི་དགེ་བར། ཀུརུ་ནི་མཛོད་ཅིག །ཧཱུྃ་ནི་རིགས་ལྔའི་སངས་རྒྱས་ལྔ་ཀ་ལ་རྒྱས་འདེབས་པར་བྱེད་པ་ཐུགས་རྡོ་རྗེ་སེམས་དཔའི་ས་བོན་ཏེ་ཕུང་པོ་ལྔ་ལ་སོགས་པ་རྣམ་པར་དག་པའི་ཡེ་ཤེས་ལྔའི་རང་བཞིན་གཅིག་ཏུ་བསྡུས་པའོ། །ཧ་ཧ་ཧ་ཧ་བཞི་ནི་དགའ་བ་བཞིའི་རྣམ་པར་དག་པའི་རང་བཞིན་གཟུང་འཛིན་གནས་སུ་དག་པ་ཐིག་ལེ་བདེ་སྟོང་གི་ངོ་བོ་ཡེ་ཤེས་ཀྱི་རོལ་བར་ལྡན་པའི་ཆོས་སྐུ་ཆེན་པོའི་རང་བཞིན་དུ་རྟག་ཏུ་དགྱེས་བཞིན་བཞུགས་པས་ཧོ་ཞེས་པ་དང་། ཧྲ་ག་ཝན་ནི་བཅོམ་ལྡན་འདས། སརྦ་ནི་ཐམས་ཅད། ཏ་ཐ་ནི་རིན་ཆེན། ག་ཏ་ནི་གཤེགས་པ། བཛྲ་ནི་རྡོ་རྗེ། མ་ནི་དགག་ཚིག མེ་ནི་བདག མུཉྩ་ནི་དོར་ཚིག་ཅེས་འདི་ནི་དེ་བཞིན་གཤེགས་པ་ཐམས་ཅད་ཀྱི་དགོངས་པ་བསྐུལ་བ་སྟེ། བཛྲ་ནི་རྡོ་རྗེ་ཅན་དང་། ཧྲ་ཝ་ནི་མཛོད་ཅིག་སྟེ། མ་ཧ་ནི་ཆེན་པོ། ས་མ་ཡ་ནི་དམ་ཚིག ས་ཏྭ་ནི་སེམས་དཔའ་འཔོད་བྱེད། ཨ་ནི་དེ་བཞིན་གཤེགས་པ་

ཐམས་ཅད་ཀྱི་གསུང་རྫོ་རྗེའི་བདག་ཉིད་གཞོམ་དུ་མེད་པའི་ཡི་གེ་ཨཱཿལྟར་ཡེ་ཤེས་ལྔ་སོགས་སུ་བཤད་པའམ་སྐབས་འདིར་ཐམས་ཅད་ལ་འཇུག་པ་ཡིན་པར་བྱ་དགོས། དེས་ན་འདིར་མདོར་བསྡུས་པ་ཙམ་ལས་མ་བཤད་པས་རྒྱས་པ་གཞུང་གཞན་ལས་ཤེས་པར་བྱ་དགོས་སོ། །

དེ་ལྟར་བརྗོད་པར་བྱས་ནས་བདག་ཅག་མགོན་མེད་པའི་སེམས་ཅན་ཀུན་ལ་མགོན་སྐྱབས་བྱེད་པར་མཛད་པའི་མགོན་པོ་རྫོགས་པའི་སངས་རྒྱས་ཁྱེད་ཀྱིས་ནི་གཟིགས་པར་མཛོད་ཅིག་དང་། བདག་ནི་ནམ་ཡང་མ་རིག་པ་གཏི་མུག་སོགས་ཀྱི་དབང་དུ་གྱུར་ཏེ། བླང་དོར་གྱི་ཐབས་དང་ཐལ་ཏེ་མི་ཤེས་པ་རྨོངས་པ་ཡིས་སྟོབས་ལས། སོ་ཐར་དང་བྱང་སེམས་སྔགས་ཀྱི་སྡོམ་པ་དང་དམ་ཚིག་སོགས་ལས་ནི་འགལ་ཞིང་དེ་ལས་ཉམས་པ་དང་ངན་སོང་དུ་འགྲོ་བར་གྱུར་ཞིང་སྡུག་བསྔལ་སྤྱོང་བར་འགྱུར་བའི་ཚེ་ན། བཀའ་དྲིན་གསུམ་ལྡན་གྱི་བླ་མ་དང་གཉིས་སུ་མེད་པའི་མགོན་པོས་མྱུར་དུ་སྡུག་བསྔལ་ལས་བསྐྱབ་པར་མཛོད་ཅིག་ཅེས་བརྗོད་པར་བྱ་ལ། དེས་ནི་མགོན་པོ་གང་གིས་བདག་ཅག་སྙིགས་མའི་སྐྱེ་བོ་ཤིན་ཏུ་ལས་ངན་པའི་སེམས་ཅན་དེ་དག་སྡུག་བསྔལ་ལས་བསྐྱབ་པར་འགྱུར་བ་བསྟན་པ་ཡིན་ནོ། །

དེ་ལྟ་བུའི་དུས་གསུམ་རྒྱལ་བ་ཐམས་ཅད་ཀྱི་འཕྲིན་ལས་གཅིག་ཏུ་བསྡུས་པ་བཀའ་དྲིན་གསུམ་ལྡན་གྱི་དཔལ་ལྡན་རྩ་བའི་བླ་མ་དང་རྣམ་དབྱེར་མ་མཆིས་པའི་བདག་ཉིད་ཅན་གཙོ་བོ་དཔལ་རྡོ་རྗེ་སེམས་དཔའ་རྡོ་རྗེ་འཛིན་པ་སྟེ་འགྲོ་བ་ཀུན་ལ་མ་དང་བུ་ལྟར་མཛད་པ་བྱམས་དང་བརྩེ་བ་ཐུགས་སྙིང་རྗེ་ཆེན་པོའི་བདག་ཉིད་ཅན་ནམ་གོང་དུ་བཤད་པ་ལྟར་མཐའ་ཡས་པའི་འགྲོ་བའི་མགོན་པོའམ་གཙོ་བོ་ཁྱེད་ལ་བདག་

གིས་རྟག་ཏུ་སྒོ་གསུམ་གུས་པའི་སྐྱབས་སུ་མཆི་བར་བྱའོ། །དེ་ལྟར་སྐྱབས་སུ་འགྲོ་བར་བྱས་ན་བདག་གཞན་སེམས་ཅན་ཐམས་ཅད་སྡུག་བསྔལ་དག་ལས་རྣམ་པར་གྲོལ་ཞིང་སངས་རྒྱས་པར་འགྱུར་བའི་ཐབས་རྣམས་བསྐུལ་ཞིང་དད་གུས་དང་བཅས་པའི་ངང་ནས། མགོན་པོ་གང་གི་མདུན་དུ་གསང་སྔགས་རྡོ་རྗེ་ཐེག་པའི་བཀའ་དྲིན་གསུམ་ལྡན་གྱི་དཔལ་ལྡན་རྩ་བའི་བླ་མའི་སྐུ་དང་གསུང་དང་ཐུགས་གསུམ་སོགས་རྩ་བ་དང་ཡན་ལག་གི་དམ་ཚིག་ཉམས་པ་ཐམས་ཅད་སྙིང་ནས་འགྱོད་པ་དྲག་པོས་མཐོལ་ལོ་བཤགས་སོ་ཞེས་བརྗོད་པར་བྱ་དགོས། དེ་ལྟར་སོར་བྱུང་སྔགས་གསུམ་གྱི་དམ་ཚིག་ཉམས་པ་ཐམས་ཅད་བྱང་ཞིང་དག་པར་གྱུར་བ་དང་། དེ་ནས་རང་རང་གི་སྡིག་པ་དང་སྒྲིབ་པ་སོགས་ཀྱི་ཉེས་ལྟུང་མ་དག་པ་དྲི་མའི་ཚོགས་ཐམས་ཅད་བྱང་ཞིང་དག་པར་མཛད་དུ་གསོལ་ཞེས་བརྗོད་པར་བྱ་དགོས། དེ་ལྟར་བྱས་ན་བདག་གཞན་སེམས་ཅན་ཐམས་ཅད་ཀྱི་སྡིག་སྒྲིབ་ཐམས་ཅད་དག་པར་འགྱུར་བ་དང་། དེ་ནས་དཔལ་རྡོ་རྗེ་སེམས་དཔས་ཞལ་འཛུམ་པར་མཛད་དེ་རིགས་ཀྱི་བུ་ཁྱོད་ཀྱི་སྡིག་སྒྲིབ་ཉམས་ཆག་ཉེས་ལྟུང་ཐམས་ཅད་དག་པ་ཡིན་ནོ་ཞེས་གནང་བ་སྦྱིན་ཞིང་འོད་དུ་ཞུ་ནས་རང་ལ་ཐིམ་པའི་རྐྱེན་ལས་རང་ཉིད་ཀྱང་རྡོ་རྗེ་སེམས་དཔའ་སྣང་སྟོང་དཔེར་ན་མེ་ལོང་ནང་གི་གཟུགས་བརྙན་ལྟ་བུར་གྱུར་པའི་ཐུགས་སྲོག་ཧཱུྃ་གི་མཐའ་མར་ཡི་གེ་འབྲུ་བཞི་པོ་གསལ་བ་དེ་ལས་འོད་ཟེར་རབ་ཏུ་འཕྲོས་ནས་ཁམས་གསུམ་གྱི་སྣོད་བཅུད་རྟེན་དང་བརྟེན་པ་ཐམས་ཅད་དང་བཅས་པ་རྣམས་ནི། རྡོར་སེམས་རིགས་ལྔའི་རྟེན་དང་བརྟེན་པའི་རང་བཞིན་དུ་མངོན་པར་སངས་རྒྱས་པར་བསམས་ནས་གནས་ལུགས་སྤྲོས་པ་ཐམས་ཅད་དང་བྲལ་བའི་ངང་ལ་གཞག་པར་བྱ་དགོས་པ་ཡིན་ནོ། །

དེ་ནས་མཐར་འཁོར་འདས་དག་མཉམ་བདེན་པ་དབྱེར་མེད་ཀྱི་རང་བཞིན་ཉིད་ལས་ནམ་ཡང་གཡོ་བ་མེད་པར་ཨོཾ་བཛྲ་ས་ཏྭ་ཧཱུྃ་ཞེས་བརྗོད་པར་བྱ་དགོས། དེ་ལྟར་བྱས་ན་སྣང་སྲིད་འཁོར་འདས་ཀྱིས་བསྡུས་པའི་ཆོས་ཐམས་ཅད་དཔལ་རྡོ་རྗེ་སེམས་དཔའི་རང་བཞིན་དུ་གྱུར་ནས་ཟུང་འཇུག་དབྱེར་མེད་ཆེན་པོའི་རོལ་པ་ཉིད་དུ་འགྱུར་བ་དང་།　　བདག་གཞན་སེམས་ཅན་ཐམས་ཅད་ཀྱི་སྒོ་གསུམ་གྱི་སྡིག་པ་མི་དགེ་བའི་ཚོགས་ཐམས་ཅད་ལ་སྙིང་ནས་འགྱོད་པ་དྲག་པོའི་སྒོ་ནས་གཉེན་པོ་སྟོབས་བཞི་རྒྱུད་ལ་བསྟེན་ནས་བཤགས་པར་བྱ་དགོས་པ་ཡིན་མོད། དེ་ལྟར་བྱས་ན་སྡིག་པ་རྣམས་འདགས་པར་གྱུར་པའི་རང་བཞིན་ཅན་དུ་འགྱུར་བ་ཡིན་ཏེ། དེ་ལྟར་འགྱུར་བའི་ཚུལ་ནི། སྔོན་རྒྱལ་པོ་མ་སྐྱེས་དགྲས་རང་གི་ཕ་གཟུགས་ཅན་སྙིང་པོ་བསད་པར་བྱས་པའི་ཕྱིས་སུ་འདི་ལྟར་འགྱོད་བཤགས་བྱས་པས་སོར་ཆུད་དེ།　དམྱལ་བར་དར་གྱི་ཕོ་ལོང་བརྡབ་པ་ཙམ་སྨྱོང་ནས་ཐར་བའི་ལོ་རྒྱུས་སོགས་རྫོགས་པའི་སངས་རྒྱས་ཉིད་ཀྱིས་མདོ་རྣམས་ལས་གསུངས་པ་ལྟར་དང་།

མ་ཟད་མགོན་པོ་ཀླུ་སྒྲུབ་ཀྱི་ཞལ་ནས་ཀྱང་།

གང་ཞིག་སྔོན་ཆད་བག་མེད་གྱུར་པ་ལ།།

ཕྱིས་ནས་བག་དང་ལྡན་པར་གྱུར་པ་དེ།།

ཟླ་བ་སྤྲིན་བྲལ་ལྟ་བུར་རྣམ་མཛེས་ཏེ།།

དགའ་བོ་སོར་ཕྲེང་མཐོང་ལྡན་བདེ་བྱེད་བཞིན།།

ཞེས་པ་ལྟར་རོ། །ཡང་རྗེ་མི་ལའི་ཞལ་ནས། སྡིག་པ་བཤགས་པས་ཨེ་འདག་སྙམ་པ་ན། དགེ་བ་དྲན་ན་འདག་པ་ཡིན། ཞེས་གསུངས་པ་བཞིན་དུ་རང་རང་གི་ཐུར་བྱས་

ཀྱི་སྡིག་པ་རྣམས་ལ་འགྱོད་ཅིང་ཕྱིས་ནས་སྲོག་ལ་བབ་ཀྱང་དེ་ལྟར་མི་བྱེད་པར་ཡིད་ལ་དམ་བཅས་ནས་བཤགས་པར་བྱས་ན་སྡིག་པ་རྣམས་འདག་པར་འགྱུར་ཞེས་གསུངས་སོ། །དེ་ལྟར་འགྱོད་པ་སོགས་ཀྱི་སྒོ་ནས་དང་གཉེན་པོ་སྟོབས་བཞིའི་སྒོ་ནས་བཤགས་པར་བྱས་ན་མྱུར་དུ་འདག་པའི་ཚུལ་ནི།

སྤྱོད་འཇུག་ལས་ཀྱང་།

སྡིག་པ་ཤིན་ཏུ་མི་བཟད་བྱས་ན་ཡང་། །
དཔའ་ལ་བསྟེན་ནས་འཇིགས་པ་ཆེན་པོ་ལྟར། །
གང་ལ་བསྟེན་ནས་ཡུད་ཀྱིས་གྲོལ་འགྱུར་ན། །
དེ་ལ་བག་ཅན་རྣམས་ཀྱིས་ཅིས་མི་བསྟེན། །
དེས་ནི་དུས་མཐའི་མེ་བཞིན་སྡིག་ཆེན་རྣམས། །
སྐད་ཅིག་གཅིག་གིས་ངེས་པར་བསྲེག་པར་འགྱུར། །

ཞེས་དང་། ཡང་ཕུང་པོ་གསུམ་པའི་མདོ་ལས། མཐོལ་ལོ་བཤགས་སོ། མི་འཆབ་བོ། མི་སྦེད་དོ། ཞེས་གསུངས་པ་ལྟར་རང་རང་གི་སྡིག་པ་མི་དགེ་བ་སོགས་ལ་འགྱོད་པ་སོགས་མེད་ན་སྡིག་པ་རྣམས་འདག་པར་མི་འགྱུར་བར་གསུངས་པ་ཡོད་པ་ཡིན་ཏེ།

ཆགས་མེད་རིན་པོ་ཆེའི་ཞལ་ནས་ཀྱང་།

འགྱོད་པ་མེད་ན་བཤགས་པས་མི་འདག་པས། །
སྔར་བྱས་སྡིག་པ་ཁོང་དུ་དུག་སོང་ལྟར། །
ངོ་ཚ་འཇིགས་སྐྲག་འགྱོད་པ་ཆེན་པོས་བཤགས། །

ཞེས་གསུངས་པ་ལྟར་བཤགས་པར་བྱས་ཏེ། ཕྱིན་ཆད་སྲོག་ལ་བབ་ཀྱང་མི་བྱེད་

པའི་དམ་བཅའ་ཡོད་དགོས་པ་ཡིན་པའི་ཚུལ་ནི། ཕུང་པོ་གསུམ་པ་ལས་ཀྱང་། སྣན་ཆད་ཀྱང་གཅོད་ཅིང་སྡོམ་པར་བགྱིའོ། །ཞེས་དང་།

ཆགས་མེད་རིན་པོ་ཆེའི་ཞལ་ནས་ཀྱང་།

ཕྱིན་ཆད་སྡོམ་སེམས་མེད་ན་མི་འདག་པས། །
ཕྱིན་ཆད་སྲོག་ལ་བབ་ཀྱང་མི་དགེའི་ལས། །
ད་ནས་མི་བགྱིད་སེམས་ལ་དམ་བཅའ་བཟུང་། །

ཞེས་པ་ལྟར་སྡིག་པ་བཤགས་པའི་ཐབས་ལ་འབད་པ་བྱེད་དགོས་པ་ཡིན་ནོ། །དེ་ལྟར་བྱས་ནས་སྔར་གྱི་དགེ་བ་ཐམས་ཅད་འཕངས་སེམས་མེད་པར་མཐའ་ཡས་པའི་འགྲོ་བ་ཡོངས་ཀྱི་དོན་དུ་བསྔོ་བར་བྱས་ནས། དེ་མ་ཐག་ཏུ་བདག་གཞན་སེམས་ཅན་གཅིག་ཀྱང་མ་ལུས་པར་དཔལ་རྡོ་རྗེ་སེམས་དཔའི་རང་བཞིན་དུ་སངས་རྒྱས་ནས་གྲོལ་བར་འགྱུར་བ་ཡིན་ཞེས་གསུངས་པ་ལྟར་ངག་གིས་ཡིག་བརྒྱ་བཟླ་བ་དང་ཡིད་ཀྱིས་གསོལ་བ་འདེབས་པ་སོགས་བྱས་ཏེ། མཐར་སྣང་སྲིད་ཐམས་ཅད་མཉམ་པ་ཉིད་ཀྱི་རང་བཞིན་དུ་གྱུར་ནས་དེ་ལས་མི་འདའ་བར་དེ་ཀའི་ངང་དུ་བཞག་པར་བྱ་དགོས་པ་ཡིན་ནོ། །

དེ་ནས་མཆོད་འབུལ་ཚུལ་གྱི་རིམ་པ་ནི། དེ་ཡང་དུས་གསུམ་རྒྱལ་བ་ཐམས་ཅད་ཀྱི་ངོ་བོ་དང་གཉིས་སུ་མེད་པ་དཔལ་ལྡན་རྩ་བའི་བླ་མའི་སྐུ་གསུང་ཐུགས་གསུམ་གྱི་ཡོན་ཏན་རྒྱུད་ལ་དྲན་པར་བྱས་ཏེ། དང་པོར་ཨོཾ་ཨ་ཧཱུྃ་ཞེས་བརྗོད་ཅིང་དེ་གསུམ་དམིགས་པ་དང་མ་བྲལ་བ་དེ་ཡི་ངང་དུ་ནི། རང་གཞན་སེམས་ཅན་ཐམས་ཅད་ཀྱི་རང་རྒྱུད་ཀྱི་ལས་ཉོན་མ་རིག་པ་དང་གཏི་མུག་གི་དབང་གིས་སྡིག་པ་མི་དགེ་བ་ཅི་བྱས་ཐམས་ཅད་བྱང་ཞིང་དག་པར་བྱ་བའི་ཆེད་དུ་ནི། སྟོང་གསུམ་གྱི་སྟོང་ཆེན་པོ་དང་།

འཇིག་རྟེན་གྱི་ཁམས་བྱེ་བ་ཕྲག་བརྒྱའི་ཞིང་གྲངས་མེད་པ་རྣམས་ནི། རིན་ཆེན་སྣ་བདུན་དང་ལྷ་དང་མིའི་དཔལ་དང་འབྱོར་བས་ཡོངས་སུ་གཏམས་པར་བྱེད་པ་དང་། མ་ཟད་བདག་ལུས་ལོངས་སྤྱོད་དང་བཅས་པ་ཐམས་ཅད་ཡོངས་སུ་དབུལ་བར་བགྱིས་ཤིང་ཆོས་ཀྱི་འཁོར་ལོས་སྒྱུར་བའི་རྒྱལ་པོའི་སྲིད་ཐོབ་ཤོག་ཅེས་བརྗོད་པར་བྱ་དགོས། དེས་ནི་སྟོང་གསུམ་འཇིག་རྟེན་གྱི་ཁམས་བྱེ་བ་ཕྲག་བརྒྱའི་ཞིང་རབ་འབྱམས་མི་མཐའ་མེད་པར་ཐམས་ཅད་རིན་ཆེན་སྣ་ཚོགས་ཀྱིས་ཡོངས་སུ་བཀང་ཞིང་དེ་དག་རྣམས་ཀྱིས་གཏམས་པར་བྱས་ཏེ་འབུལ་བ་དང་། མ་ཟད་བདག་ལུས་ལོངས་སྤྱོད་དང་བཅས་པ་སོགས་བློས་འཕངས་སེམས་མེད་པར་འབུལ་བ་དང་། ཡང་རང་ལས་གཞན་ལྷ་དང་མི་ཡི་བདག་ལུས་ལོངས་སྤྱོད་སོགས་བློ་ཡུལ་དུ་བྱས་ནས་རྒྱལ་བ་སྲས་དང་བཅས་པ་རྣམས་ལ་དབུལ་བར་བྱ་དགོས། དེ་ལྟར་བྱས་ཤིང་དེ་ཡི་བསོད་ནམས་དགེ་བའི་འབྲས་བུ་ལས་ནམ་མཁའི་གར་ཁྱབ་ཀྱི་སེམས་ཅན་རྣམས་ཀྱི་སྒྲིབ་གཉིས་ཀྱི་དྲི་མ་མཐའ་དག་བྱང་ཞིང་དག་པར་ཤོག་ཅིག་བསམ་ནས་དབུལ་བར་བྱ་དགོས། དེ་ལྟར་ཡིད་ཀྱིས་སྤྲུལ་ཞིང་ཕུལ་བར་བྱས་ན། དངོས་སུ་འབུལ་བའི་གོ་ཆོད་པར་འགྱུར་ཞེས་མདོ་སྡེ་ཟབ་མོ་དག་ལས་གསལ་པོར་གསུངས་པ་ཡིན་ནོ། །

དེ་ལྟར་འབུལ་བའི་ཚེ་ན་དཀོན་མཆོག་གསུམ་གྱི་ཡོན་ཏན་མཐའ་དག་ཅི་ལྟ་བུའི་ཚུལ་དུ་དྲན་པར་བྱ་དགོས་སོ་ཞེ་ན། དེ་ཡང་། ཕན་འདོགས་གོང་ན་མེད་པའོ་སྙམ་པ། སེམས་ཅན་གྱི་མཆོག་གོ་སྙམ་པ། ཨུ་དུམྦ་རའི་མེ་ཏོག་ལྟར་དཀོན་ནོ་སྙམ་པ། སྟོང་གསུམ་གྱི་འཇིག་རྟེན་ན་གཅིག་པོ་ན་འབྱུང་བས་འབའ་ཞིག་པའོ་སྙམ་པ། འདས་མ་འདས་ཀྱི་ཕུན་སུམ་ཚོགས་པ་ཐམས་ཅད་ཀྱི་གཞི་ཡིན་ནོ་སྙམ་པ་སྟེ་དྲུག་བྱང་ས་ལས་

གསུངས་པ་ལྟར་བྱ་བ་དང་། མ་ཟད་ཡང་འཇིག་རྟེན་གྱི་སྐྱེ་བོ་ཀུན་གྱིས་བདག་ཏུ་མ་བཟུང་བའི་མེ་ཏོག་སྣ་ཚོགས་དང་ཆུ་གཙང་ཡིད་དུ་འོང་བ་སོགས་དབུལ་བར་བྱ་དགོས། དེ་ལྟ་བུའི་དྲི་མ་མེད་པའི་ཡན་ལག་བརྒྱད་ལྡན་གྱི་ཆུ་བོ་རྣམས་ཅི་ལྟ་བུ་ཞིག་ཡིན་ནོ་ཞེ་ན།

གཞན་ལས།

བསིལ་དང་ཞིམ་དང་ཡང་དང་འཇམ། །
དྭངས་པ་དང་ནི་དྲི་མ་མེད། །
འཐུངས་ན་ལྟོ་ལ་མི་གནོད་དང་། །
མགྲིན་པ་ལ་ཡང་མི་གནོད་པའོ། །

ཞེས་གསུངས་པ་དང་། དེ་ལྟ་བུའི་ཕུན་སུམ་ཚོགས་ཤིང་ཡོན་ཏན་དང་ལྡན་པ་དེ་ཉིད་འབུལ་བར་བྱེད་པ་དང་། མ་ཟད་ཡང་མཛེས་ཤིང་ཡིད་དུ་འོང་བའི་མེ་ཏོག་སྣ་ཚོགས་སོགས་ཀྱང་འབུལ་བར་བྱ་དགོས། དེ་ཉིད་འབུལ་བའི་ཚུལ་ནི། དཀོན་མཆོག་སྤྲིན་ལས། རིགས་ཀྱི་བུ་འདི་ལ་བྱང་ཆུབ་སེམས་དཔའ་མེ་ཏོག་གི་རྣམ་པའམ་འབྲས་བུའི་རྣམ་པ་ང་ཡིར་བྱ་བ་མེད་པ་ཡོངས་སུ་བཟུང་བ་མེད་པ་གང་ཡིན་པ་དེ་རྣམས་ཉིན་ལན་གསུམ་མཚན་ལན་གསུམ་དུ་སངས་རྒྱས་དང་བྱང་ཆུབ་སེམས་དཔའ་རྣམས་ལ་འབུལ་ལོ། །དགེ་བའི་རྩ་བ་དེ་ཡང་བླ་ན་མེད་པ་ཡང་དག་པར་རྫོགས་པའི་བྱང་ཆུབ་ཏུ་ཡོངས་སུ་བསྔོའོ། །དེ་བདུག་པའི་ཤིང་དམ་སྤོས་ཀྱི་རིན་པོ་ཆེའི་ཤིང་དམ་དཔག་བསམ་གྱི་ཤིང་དམ་མེ་ཏོག་གི་ཤིང་དམ་འབྲས་བུའི་ཤིང་ང་ཡིར་བྱ་བ་མེད་པ་ཡོངས་སུ་བཟུང་བ་མེད་པ་གང་ཡིན་པ་དེ་ལྟ་བུ་དེ་དག་ཀྱང་ཉིན་ལན་གསུམ་མཚན་ལན་གསུམ་དུ་

སངས་རྒྱས་དང་བྱང་ཆུབ་སེམས་དཔའ་རྣམས་ལ་འབུལ་ལོ་ཞེས་བསྔབ་བཏུས་ཀྱི་དགེ་རྩ་སྤེལ་བའི་སྐབས་སུ་གསུངས་པ་ལྟར་དུ་འབུལ་བར་བྱེད་དགོས་པ་ཡིན་ནོ།།

དེ་ལྟར་ཕུལ་བར་བྱས་ན་དེ་ནི་བྱང་སེམས་དག་གིས་འགྲོ་བའི་དོན་ལ་དགོངས་ནས་བཤད་པ་ཡིན་པར་གསུངས་པ་ཡིན་ཏེ། ཐབས་ལ་མཁས་པའི་མདོར་ སློས་བླང་གི་མཆོད་པ་འབུལ་བ་འདི་བྱང་སེམས་ཀྱི་ཐབས་མཁས་ཡིན་པར་གསུངས་ཏེ། ཇི་སྐད་དུ། གཞན་ཡང་བྱང་ཆུབ་སེམས་དཔའ་ཆེན་པོའི་ཐབས་ལ་མཁས་པ་ནི་ཕྱོགས་བཅུ་དག་ན་མེ་ཏོག་གི་ཤིང་སྡོན་པ་དང་སྤོས་ཀྱི་ཤིང་སྡོན་པ་དང་མེ་ཏོག་ཕྲེང་བ་དང་སྤོས་དང་ཕྱེ་མ་དང་བྱུག་པ་བདག་གིར་མ་བྱས་ཤིང་ཡོངས་སུ་མ་བཟུང་བ་གང་ཇི་སྙེད་པ་དེ་དག་ཐམས་ཅད་བསམ་པས་ཡོངས་སུ་བཟུང་ཤིང་ཡོངས་སུ་བསྔུས་ནས་སངས་རྒྱས་ཐམས་ཅད་ལ་འབུལ་བར་བྱེད་ཅིང་ཞེས་གསུངས་སོ།།

དེ་བཞིན་དུ་དངོས་འབྱོར་ཡིད་སྤྲུལ་གྱི་མཆོད་པ་སྣ་ཚོགས་རི་རབ་གླིང་བཞི་སོགས་ཀྱང་ཡིད་ལ་བླངས་ནས་དབུལ་བར་བྱ་དགོས་པ་ཡིན་ཏེ། དེ་ལྟར་འབུལ་བའི་ཚུལ་ནི།

མཛོད་ལས།

གླིང་བཞི་པ་དང་ཉི་ཟླ་དང་།།
རི་རབ་དང་ནི་འདོད་ལྷ་དང་།།
ཚངས་པའི་འཇིག་རྟེན་སྟོང་ལ་ནི།།
སྟོང་ནི་སྤྱི་ཕུད་ཡིན་པར་འདོད།།
དེ་སྟོང་ལ་ནི་སྟོང་གཉིས་པ།།

བར་མའི་འཇིག་རྟེན་ཁམས་ཡིན་ནོ། །

དེ་སྟེང་ལ་ནི་སྟོང་གསུམ་མོ། །

ཞེས་གསུངས་པ་ལྟ་བུ་དེ་དག་རྣམས་དང་མེ་ཏོག་སྣ་ཚོགས་སོགས་དངོས་འབྱོར་གྱི་མཆོད་པ་རྣམས་ཀྱང་རྒྱལ་བ་རྣམས་ཡིད་ཡུལ་དུ་བྱས་ནས་འབུལ་བར་བྱེད་དགོས་པ་ཡིན་ཏེ། དེ་ལྟར་འབུལ་བའི་ཚུལ་ནི།

དཀོན་མཆོག་ཏ་ལ་ལའི་མདོར།

མེ་ཏོག་ཕལ་ཆེར་མེ་ཏོག་གླ་རི་དང་། །

མེ་ཏོག་བཀོད་པའི་འོད་ཟེར་རབ་བཀྲེ་སྟེ། །

མེ་ཏོག་སྣ་ཚོགས་ཀུན་ཏུ་བཀྲམ་བྱས་ནས། །

བདག་ཉིད་ཆེན་པོ་དེ་དག་རྒྱལ་བ་མཆོད། །

ཅེས་དང་།

བཟང་སྤྱོད་ལས་ཀྱང་།

དེ་དག་བསྔགས་པ་མི་ཟད་རྒྱ་མཚོ་རྣམས། །

དབྱངས་ཀྱི་ཡན་ལག་རྒྱ་མཚོའི་སྒྲ་ཀུན་གྱིས། །

རྒྱལ་བ་ཀུན་གྱི་ཡོན་ཏན་རབ་བརྗོད་ཅིང་། །

བདེ་བར་གཤེགས་པ་ཐམས་ཅད་བདག་གིས་བསྟོད། །

མེ་ཏོག་དམ་པ་ཕྲེང་བ་དམ་པ་དང་། །

སིལ་སྙན་རྣམས་དང་བྱུག་པ་གདུགས་མཆོག་དང་། །

མར་མེ་མཆོག་དང་བདུག་སྤོས་དམ་པ་ཡིས། །

རྒྱལ་བ་དེ་དག་ལ་ནི་མཆོད་པར་བགྱི། །
ན་བཟའ་དམ་པ་རྣམས་དང་དྲི་མཆོག་དང་། །
ཕྱེ་མ་ཕུར་མ་རི་རབ་མཉམ་པ་དང་། །
བཀོད་པ་ཁྱད་པར་འཕགས་པའི་མཆོག་ཀུན་གྱིས། །
རྒྱལ་བ་དེ་དག་ལ་ནི་མཆོད་པར་བགྱི། །
མཆོད་པ་གང་རྣམས་བླ་མེད་རྒྱ་ཆེ་བ། །
དེ་དག་རྒྱལ་བ་ཐམས་ཅད་ལ་ཡང་མོས། །
བཟང་པོ་སྤྱོད་ལ་དད་པའི་སྟོབས་དག་གིས། །
རྒྱལ་བ་ཀུན་ལ་ཕྱག་འཚལ་མཆོད་པར་བགྱི། །

ཞེས་གསུངས་སོ། །དེ་ལྟར་ཕྱོགས་བཅུའི་ཞིང་རབ་འབྱམས་ན་བཞུགས་པའི་སངས་རྒྱས་དང་བྱང་ཆུབ་སེམས་དཔའ་རྣམས་ལ་དབུལ་བར་བྱའོ། །

དེ་ནས་ཡང་རང་བཞིན་ཡེ་ནས་དག་པའི་དབྱིངས་འོག་མིན་བདེ་ཆེན་སྟུག་པོ་བཀོད་པའི་ཞིང་ཁམས་ངེས་པ་ལྔ་དང་ལྡན་པ་རྒྱལ་བ་རིགས་ལྔའི་ཚོམ་བུ་ཅན་འདོད་ཡོན་མཆོད་པའི་སྤྲིན་ཕུང་བློས་བསམ་ཡས་འདས་པ་ཞིག་ཕངས་སེམས་མེད་པར་དབུལ་བར་བྱ་ལ། དེ་ལྟར་ཕུལ་བས་ལོངས་སྐུའི་ཞིང་ལ་སྤྱོད་པར་ཤོག་ཅེས་བརྗོད་པར་བྱེད་པ་དེའི་ནི་རང་བཞིན་རྣམ་པར་དག་པའི་ཞིང་ཁམས་འོག་མིན་སྟུག་པོ་བཀོད་པའི་ཞིང་ཁམས་གྲངས་མེད་པ་སོགས་ཡིད་ལ་བླངས་པར་བྱས་ཤིང་དེ་དག་ན་བཞུགས་པའི་རྒྱལ་བ་སྲས་དང་བཅས་པ་རྣམས་ལ་མཆོད་པ་གྲངས་མེད་པ་དཔེར་ན་སྤྲིན་ཕུང་གཏིབ་པ་ལྟ་བུ་ཞིག་ཕུལ་བའི་སྟོབས་ཀྱིས་ནི་བདག་གཞན་སེམས་ཅན་ཐམས་ཅད་ཚེ་འདི་ཉིད་དུ

ངེས་པ་ལྷ་ལྡན་ལོངས་སྐུའི་ཞིང་དུ་སངས་རྒྱས་པར་འགྱུར་བ་ཡིན་ནོ། །

དེ་ནས་ཡང་སྣང་སྲིད་ཡེ་ནས་རྣམ་པར་དག་པའི་ཞིང་ཁམས་གཞོན་ནུ་བུམ་པའི་སྐུ་དང་། ཐེ་ལྟ་བ་མཁྱེན་པའི་ཡེ་ཤེས་དང་ཇི་སྙེད་པ་གཟིགས་པའི་ཡེ་ཤེས་ཏེ་མཁྱེན་གཉིས་དང་ལྡན་པ་ཐུགས་སྙིང་རྗེ་ཡི་རང་བཞིན་ཅན་མ་འགགས་ཤིང་ཆོས་ཉིད་རོལ་པས་བརྒྱན་པའི་སྐུ་དང་ཐིག་ལེའི་འཛིན་པ་རྣམ་པར་དག་པའི་ཞིང་ཁམས་དེ་དག་རྣམས་ལ་ནི། དངོས་འབྱོར་ཡིད་སྤྲུལ་སོགས་ཀྱིས་མཆོད་པ་ཇི་ལྟར་ཕུལ་བས་སྟོབས་ཀྱིས་བདག་གཞན་སེམས་ཅན་ཐམས་ཅད་ཚེ་འདི་ཉིད་དུ་ཆོས་སྐུའི་ཞིང་ལ་སྤྱོད་པར་ཤོག་ཅིག་ཅེས་བརྗོད་པར་བྱེད་པ་དེའི་ནི་ཡེ་ནས་རྣམ་པར་དག་པ་ཆོས་སྐུའི་ཞིང་ལ་མཆོད་པ་ཅི་འབྱོར་ཕུལ་བའི་མཐུ་ལས་དག་པའི་ཞིང་དུ་སངས་རྒྱས་ཤིང་མཁྱེན་བརྩེ་ནུས་པའི་རྩལ་ཆེན་རྒྱུད་ལ་རྫོགས་པར་འགྱུར་བ་ཡིན་ནོ། །

དེ་ནས་གོང་དུ་བཤད་པ་ལྟར་ཕྱོགས་བཅུ་རབ་འབྱམས་ན་བཞུགས་པའི་སངས་རྒྱས་དང་བྱང་ཆུབ་སེམས་དཔའ་རྣམས་ལ་ཕུལ་བའི་བསོད་ནམས་དགེ་བའི་མཐུ་ལས་ནི། སེམས་ཅན་ཐམས་ཅད་ཚེ་འདིར་ཚེ་རིང་བ་དང་ཕྱི་མར་ཡང་དག་པའི་ལམ་དུ་འགྲོ་ཞིང་རང་ཉིད་གང་དུ་སྐྱེས་ཀྱང་གནས་དེར་ཆར་ཆུ་འབེབས་པ་དང་ནད་མུག་སོགས་རྒྱུན་ཆད་ཅིང་རྟག་ཏུ་བདེ་ནས་བདེ་བར་འགྲོ་བར་འགྱུར་བའི་བདག་ཉིད་ཅན་ཡིན་ནོ། །

མདོར་ན་དེ་ལྟར་མཆོད་པའི་ཕན་ཡོན་གྱིས་ནི་བདུད་བཞིའི་འཇིགས་པ་མཐའ་དག་ལས་གྲོལ་བར་འགྱུར་བའི་རང་བཞིན་ཅན་དུ་གནས་པ་ཡིན་ཏེ། དེ་ལྟར་ཡིན་པའི་ཚུལ་ནི།

དཀོན་མཆོག་སྤྲིན་མེ་ལས།

རིགས་པར་བརྩོན་པ་དཀོན་མཆོག་གསུམ་རྣམས་ལ། །
སྤྱོར་བ་སྐྱོ་བ་མེད་པར་མཆོད་བྱས་ནས། །
དེ་དག་བདུད་བཞིའི་ལམ་ལས་རབ་འདས་ཏེ། །
བྱང་ཆུབ་བླ་མེད་མྱུར་དུ་རེག་པར་འགྱུར། །
སེམས་ཅན་མང་པོ་བརྩོན་འགྲུས་འཛིན་བརྟུག་སྟེ། །
དཀོན་མཆོག་གསུམ་ལ་མཆོད་པ་རབ་བྱས་ནས། །
ཟད་པའི་དུས་ན་དམ་ཆོས་ཡོངས་བཟུང་བས། །
བརྟན་པར་ལྡན་པའི་འོད་ཟེར་དེར་ཐོབ་པོ། །

ཞེས་པ་ལྟར་ཕན་ཡོན་བསམ་གྱིས་མི་ཁྱབ་པ་དང་ལྡན་པའི་རང་བཞིན་ཉིད་གནས་པ་ཡིན་པའི་ཕྱིར་དང་།

མ་ཟད་ས་སྙིང་ལས་ཀྱང་།

ཁམས་གསུམ་དག་ན་བདེ་ཞིང་སྐྱིད་པ། །
དེ་ཀུན་དཀོན་མཆོག་མཆོད་པ་ལས་བྱུང་། །
དེ་བས་བདེ་སྐྱིད་འདོད་པ་རྣམས་ཀྱིས། །
རྟག་ཏུ་དཀོན་མཆོག་མཆོད་ལ་བརྩོན་བྱ། །

ཞེས་གསུངས་སོ། །དེ་ལྟར་མཆོད་པ་ཕུལ་བའི་བསོད་ནམས་ལ་བརྟེན་ནས་འབྲས་བུ་མངོན་པར་སངས་རྒྱས་པར་འགྱུར་བ་ཡིན་ནོ། །དེ་ནས་ཀུ་སུ་ལུའི་ཚོགས་བསགས་ཚུལ་གྱི་རིམ་པ་ནི། དེ་ཡང་ཐབས་སྙིང་རྗེ་ཆེན་པོ་དང་ཤེས་རབ་སྟོང་པ་ཉིད་ཀྱི་རང་

བཞིན་དུ་དམིགས་པར་བྱས་ཏེ། ནམ་ཡང་ཐབས་ཤེས་འདུ་འབྲལ་མེད་པའི་ངང་ནས་ཕཊ་ཞེས་བརྗོད་པར་བྱ་བ་དང་། དེ་ལྟར་བརྗོད་པར་བྱེད་པ་དེ་ནི་ཐབས་ཤེས་གཉིས་སུ་མེད་པ་མཚོན་པར་བྱེད་པ་ཡིན་ལ། དེ་ལྟར་བྱས་ནས་བདག་ཅག་རྣམས་ཀྱིས་ཚེ་རབས་གྲངས་མེད་དུ་མར་སྲོག་ལས་ཀྱང་གཅེས་པར་གཟུང་བའི་ལུས་འདི་ཉིད་ལ་སྙིང་རྗེ་སོགས་ཀྱི་གཅེས་འཛིན་མཐའ་དག་འབོར་བར་བྱ་དགོས། དེ་ལྟར་བོར་བའི་སྟོབས་ཀྱིས་བདུད་བཞི་ལས་ལྷ་ཡི་བདུད་བཅོམ་པར་བྱས་ནས། རང་གི་གསལ་རིག་གི་སེམས་ཉིད་ཡར་ཚངས་པའི་སྒོ་ནས་བུད་ཅིང་ཆོས་ཀྱི་དབྱིངས་ལ་ཐོན་པར་འགྱུར་བ་ཡིན་ཏེ། དེ་ལྟར་ཐོན་པའི་དབང་གིས་འཆི་བདག་གི་བདུད་རྣམས་རབ་ཏུ་བཅོམ་པར་བྱས་ནས་ཁྲིས་མར་ཉིད་དུ་གྱུར་ཏེ། དེ་ཡི་ཕྱག་གཡས་པའི་ནི་ཉོན་མོངས་པའི་བདུད་རྣམས་རབ་ཏུ་གཞོམ་པར་བྱ་བའི་ཆེད་དུ་གྲི་གུག་གིས་ནི། གཟུགས་ཀྱི་ཕུང་པོའི་བདུད་རྣམས་རབ་ཏུ་བཅོམ་ཞིང་ཐོད་པ་བྲེགས་པ་དང་། གཡོན་ལས་བྱེད་རྩུལ་གྱིས་ཧྲཱུྃ་ཐོགས་ཤིང་སྐུ་གསུམ་གྱི་རང་བཞིན་མཚོན་པའི་ཕྱིར་དུ་མི་མགོའི་སྐྱེད་པུའི་སྟེང་དུ་བཞག་པར་བྱས་ཏེ། དེ་ཡི་ནང་དུ་སྟོང་གསུམ་འཇིག་རྟེན་གྱི་ཁམས་ཀུན་ཡོངས་སུ་ཁྱབ་ཅིང་གང་བའི་བམ་རོ་དེ་ཉིད་གཞག་པར་བྱ་དགོས། དེ་ཚེ་བམ་རོ་དེ་ཉིད་ཨཱ་ཐུང་དང་ཧཾ་ཡི་གས་རྣམ་པ་བདུད་རྩི་ཉིད་དུ་བཞུ་བར་བྱེད་པ་དང་། མ་ཟད་དེ་ཉིད་ཡིག་གེ་འབྲུ་གསུམ་གྱི་ནུས་པས་དག་པར་སྦྱངས་ཤིང་སྤེལ་བར་བསྒྱུར་ཏེ། མཐར་ཨོཾ་ཨ་ཧཱུྃ་ཞེས་རང་བཞིན་སྐྱེ་བ་མེད་ཅིང་མཉམ་པ་ཆེན་པོའི་ངང་ལས་ནམ་ཡང་གཡོ་བ་མེད་པར་བཟླས་ཤིང་འགྲོ་ཀུན་གྱི་སྒྲིབ་གཉིས་ཀྱི་དྲི་མ་མཐའ་དག་རབ་ཏུ་ཞི་བར་བསམ་དགོས། དེ་ལྟར་བསམ་པ་ཙམ་ཞིག་མ་ཡིན་པར་རྟག་ཏུ་ལམ་ཕར་ཕྱིན་དྲུག་དང་ལྟ་བ་སྟོང་ཉིད་སྙིང་རྗེ་ཆེན་པོའི་ངང་

ནས་མི་འདའ་བར་གཅེས་འཛིན་གྱི་འགོང་པོ་རྒྱང་དུ་ཕུད་པར་བྱས་ན། ཐམས་ཅད་ཚེ་འདི་ཉིད་དུ་ཟུང་འཇུག་རྫོགས་པ་ཆེན་པོའི་འབྲས་བུ་མངོན་དུ་གྱུར་ནས། ཀུན་བཟང་ཆོས་སྐུའི་རྒྱལ་སྲིད་དེ་ཉིད་མ་འབད་ཤུགས་ཀྱིས་འགྲུབ་པར་འགྱུར་བ་ཡིན་ནོ།།

དེ་ལྟར་བསྒྲུབས་པར་བྱས་པའི་མཐར་དགེ་རྩ་དང་བཅས་པ་རྣམས་ཡར་དཀོན་མཆོག་ལ་མཆོད་པ་དང་། མར་ངན་སོང་གི་འགྲོ་བ་སེམས་ཅན་ཀུན་ལ་གནས་སྐབས་དང་མཐར་ཐུག་ཀུན་ཏུ་བདེ་བ་ བླ་ན་མེད་པ་ཞིག་འབྱུང་བའི་ཆེད་དུ་བསྔོ་བར་བྱེད་དགོས་པ་ཡིན། ཅི་ལྟར་བསྔོ་བར་བྱེད་པའི་ཚེ་ན་ནི། དགེ་རྩ་ཕྲ་རགས་ཐམས་ཅད་བསྔོ་བྱ་བསྔོ་བྱེད་ཀྱི་མཚན་མར་གྲུབ་པའི་ཆོས་གང་ཡང་བདེན་པར་མ་གྲུབ་པར་ཤེས་དགོས། དེ་ལྟར་ཤེས་ནས་དམིགས་མེད་སྟོང་གསལ་ཟུང་འཇུག་དབྱེར་མེད་ཆེན་པོའི་ངང་ནས་མི་འདའ་བར་ཕཏ་ཞེས་བརྗོད་པར་བྱས་ཤིང་། མཐར་གོང་དུ་བཤད་པ་ལྟར་དགེ་རྩ་ཕྲ་རགས་ཇི་སྙེད་གཅིག་མཆིས་པ་ཐམས་ཅད་ཀྱིས་ནི་ཡར་མཆོད་པར་བྱ་བའི་ཡུལ་མགྲོན་གྱི་ཚོགས་རྣམས་ཀྱི་ཐུགས་དམ་ཡོངས་སུ་བསྐང་བར་འགྱུར་བ་དང་། མ་ཟད་བདག་གཞན་སེམས་ཅན་ཐམས་ཅད་ཀྱི་སྒྲིབ་གཉིས་དག་ཅིང་ཚོགས་གཉིས་ཡོངས་སུ་རྫོགས་ནས་མཆོག་གི་དངོས་གྲུབ་དང་ཐུན་མོང་གི་དངོས་གྲུབ་ཐམས་ཅད་འབད་པ་མེད་པར་ཐོབ་པར་འགྱུར་བ་ཡིན་ནོ།།

དེ་ནས་དགེ་རྩ་ཐམས་ཅད་ཕངས་སེམས་མེད་པར་གཞན་དོན་དུ་བསྔོ་བར་བྱ་དགོས། དེ་ལྟར་བྱས་པའི་མཐུ་ལས་ནི། མར་འཁོར་བའི་གནས་འདིར་ལས་ཉོན་གྱི་སྟོབས་ཀྱིས་དབང་མེད་དུ་འཁྱམས་པའི་འགྲོ་དྲུག་གི་སེམས་ཅན་མགྲོན་དུ་བོས་པ་རྣམས་མཉེས་ཤིང་ཚིམས་ནས། དེ་དག་གི་ལས་ཀྱི་ལན་ཆགས་ཐམས་ཅད་བྱང་ཞིང་དག་པར་

གྱུར་པ་དང་། ཁྱད་པར་དུ་ལས་ཉོན་སོགས་ཀྱི་དབང་གིས་རྟག་ཏུ་གཞན་ལ་གནོད་ཅིང་འཚེ་བར་བྱེད་པའི་གདོན་བགེགས་ཀྱི་རིགས་ཐམས་ཅད་ཀྱང་ཆོམ་པར་གྱུར་པ་དང་། མ་ཟད་ནད་དང་གདོན་དང་ཚེ་སྲོག་ལ་བར་དུ་གཅོད་པར་བྱེད་པའི་བར་ཆད་ཐམས་ཅད་དབྱིངས་སུ་ཞི་བར་གྱུར་པ་དང་། དེ་ལྟ་བུའི་རྐྱེན་ངན་དང་བདག་འཛིན་ཐམས་ཅད་རྟུལ་དུ་བརླགས་ཤིང་མཐར་མཆོད་བྱ་དང་མཆོད་བྱེད་མཆོད་ཡུལ་ཐམས་ཅད་ཀུན་རང་བཞིན་གནས་ལུགས་འགྱུར་བ་མེད་པའི་གཤིས་རྫོགས་པ་ཆེན་པོར་དེ་ལས་མི་འདའ་བར་མ་བཅོས་སྐྱེ་བ་མེད་པའི་ཀློང་དུ་ཨ་ཞེས་ཟུང་འཇུག་མཉམ་པ་ཆེན་པོའི་ངང་ལས་གཡོ་བ་མེད་པར་འཇོག་པར་བྱ་དགོས། དེ་ལྟར་བྱས་ན་ཚེ་འདི་ཉིད་དུ་ཟུང་འཇུག་གི་འབྲས་བུ་བླ་ན་མེད་པ་ཞིག་མངོན་དུ་གྱུར་ཅིང་སངས་རྒྱས་པར་འགྱུར་བ་ཡིན་ནོ། །

དེ་དག་གི་དོན་རྣམས་མདོར་བསྡུས་པ་ཞིག་བཤད་པར་བྱས་ན། བསམ་པ་བྱང་ཆུབ་མཆོག་ཏུ་སེམས་བསྐྱེད་པར་བྱས་ཏེ། རང་རང་གི་བདག་ལུས་ལོངས་སྤྱོད་དང་བཅས་པ་ཐམས་ཅད་ཕངས་སེམས་མེད་པར་ཡར་དཀོན་མཆོག་གི་ཞིང་དུ་འབུལ་བར་བྱེད་པ་དང་། ཡང་མར་ངན་སོང་གི་སེམས་ཅན་ཐམས་ཅད་སྡུག་བསྔལ་ལས་བྲལ་བར་བྱ་བའི་ཆེད་དུ་དེ་དག་ལ་བསྔོ་ཞིང་སྦྱིན་པར་བྱེད་དགོས། དེ་ལྟར་བྱས་པའི་མཐར་ཟུང་འཇུག་མཉམ་པ་ཆེན་པོའི་ངང་ལས་ནམ་ཡང་གཡོ་བ་མེད་པར་དེ་ཡི་ངང་དུ་འཇོག་པར་བྱ་དགོས་པ་ཡིན་ནོ། །

དེ་ནས་བླ་མའི་རྣལ་འབྱོར་སྒོམ་ཚུལ་གྱི་རིམ་པ་ནི། དེ་ཡང་ཨེ་མ་ཧོ་ཞེས་བརྗོད་ཅིང་ངོ་མཚར་བར་བྱ་དགོས། དེ་ལྟར་གང་ལ་ངོ་མཚར་བར་བྱ་བ་ཡིན་ནོ་ཞེ་ན། དེ་ནི་ཡེ་

ནས་རང་སྣང་རྣམ་པར་དག་པའི་ཞིང་ཁམས་ནི་ཞིང་ཁམས་ཀུན་ལས་ཁྱད་པར་ཉིད་དུ
འཕགས་པ་ཡིན་ཏེ། དེ་ཉིད་ཇི་ལྟར་འཕགས་པའི་ཚུལ་ནི། རྒྱུ་དང་རྐྱེན་སོགས་གང་གིས་
ཀྱང་མ་བྱས་པར་མ་འབད་ལྷུན་གྱིས་གྲུབ་ཅིང་དག་པ་རབ་འབྱམས་ཀྱི་ཞིང་ཁམས་ཀུན་
གྱི་ཡོན་ཏན་གྱི་བཀོད་པ་ཐམས་ཅད་རབ་ཏུ་རྫོགས་པའི་ཟངས་མདོག་དཔལ་རིའི་
དབུས་སུ་ནི། རང་ཉིད་ཀྱི་མ་དག་པའི་དྲི་མ་མཐའ་དག་དག་ཅིང་གཞི་ལུས་ཀྱི་ཕུང་པོ་
འདི་ཉིད་རྡོ་རྗེ་རྣལ་འབྱོར་མ་ཞལ་གཅིག་ཕྱག་གཉིས་ཀྱི་རང་བཞིན་ཅན་སྐུ་མདོག་
དམར་པོ་གསལ་འཚེར་དང་ལྡན་པ་ཉིད་དུ་གྱུར་པ་དང་། གོང་དུ་བཤད་པ་ལྟར་ཕྱག་
གཉིས་ཀྱིས་གྲི་ཐོད་འཛིན་པ་དང་། ཞབས་གཉིས་དོར་སྟབས་སུ་བཞུགས་མཛད་པ་དང་།
སྤྱན་གསུམ་གྱིས་ནམ་མཁར་གཟིགས་ནས་སྐྱེ་འགྲོ་ཐམས་ཅད་སྡུག་བསྔལ་ལས་བསྐྱབ་
པའི་ཕྱིར་དུ་བརྩེ་བ་ཆེན་པོའི་ངང་དུ་བཞུགས་པར་བསམས་ཤིང་དེ་ཡི་ངང་ལས་མི་
འདའ་བར་བྱས་ཏེ། དེ་ནས་མཐར་རང་གི་སྤྱི་བོར་མི་རྟོག་པདྨ་འདབ་མ་འབུམ་བརྡལ་
དང་། དེའི་སྟེང་དུ་ཉི་ཟླའི་གདན་དང་། ཡང་དེ་ཡི་སྟེང་དུ་དུས་གསུམ་རྒྱལ་བ་ཐམས་
ཅད་ཀྱི་ངོ་བོ་དང་གཉིས་སུ་མེད་པའི་སྐྱབས་གནས་ཀུན་འདུས་ཀྱི་ངོ་བོ་དྲིན་ཆེན་རྩ་
བའི་བླ་མ་དང་རྣམ་དབྱེར་མེད་པ་ཕ་ཡི་རྒྱུ་དང་མ་ཡི་རྐྱེན་ལས་མ་བྱུང་བར་རིག་པ་
ཐོལ་སྐྱེས་ཀྱི་ཚུལ་དུ་སྐུ་འཁྲུངས་པའི་མཚོ་སྐྱེས་རྡོ་རྗེ་སྤྲུལ་པའི་སྐུ་མཆོག་དེ་ཡི་ཕོད་ཁ་
སྔོན་པོ་དང་ཆོས་གོས་རྣམ་པ་གསུམ་དང་ཟ་བེར་འདུང་མ་གསོལ་བ་དང་། ཞལ་གཅིག་
ཕྱག་གཉིས་ཅན་ཞབས་གཉིས་རྒྱལ་པོ་རོལ་པའི་སྟབས་སུ་བཞུགས་ཤིང་། ཕྱག་གཡས་
པའི་རྡོ་རྗེ་དང་། ཕྱག་གཡོན་པས་ཐོད་པ་དང་འཆི་མེད་ཚེ་ཡི་བུམ་པ་བསྣམས་པ་དང་།
དབུ་ལ་འདབ་མ་སྟོང་དང་ལྡན་པའི་པདྨའི་མཉེན་ཞྭ་གསོལ་ཞིང་སྐུ་ཡི་གཟི་བརྗིད་ལས་

སྣང་སྲིད་ཐམས་ཅད་ཟིལ་གྱིས་གནོན་པར་བྱས་ཏེ། མཚན་ཁྱེད་གཡོན་ན་བདེ་སྟོང་གི་ཡུམ་མཆོག་མ་དེ་ཉིད་སྦས་པའི་ཚུལ་གྱིས་ཁ་ཊྭཾ་རྩེ་གསུམ་བསྣམས་པར་བྱས་ནས། འཇའ་ཟེར་ཐིག་ལེ་འོད་ཕུང་གི་ཀློང་ན་བཞུགས་པར་མཛད་པ་དང་། མ་ཟད་ཕྱི་འཁོར་འོད་ལྔའི་དྲ་བས་མཛེས་ཤིང་ལྷ་ན་སྡུག་པའི་ཀློང་དུ་སྤྲུལ་པའི་རྗེ་འབངས་ཉི་ཤུ་རྩ་ལྔ་དང་། རྒྱ་བོད་པཎ་གྲུབ་ཀྱི་རིག་པ་འཛིན་པའི་ཡི་དམ་གྱི་ལྷ་ཚོགས་རྣམས་དང་། མ་དང་མཁའ་འགྲོ་ཆོས་སྐྱོང་དམ་ཅན་རྣམས་མཁའ་ལ་སྤྲིན་ལྟར་གཏིབས་ནས་གསལ་སྟོང་མཉམ་གནས་ཆེན་པོའི་ངང་དུ་གསལ་བར་བྱ་ཞེས་པ་ལྟར་བརྗོད་པར་བྱ་དགོས། དེས་ནི་ཡེ་ནས་ཉེས་སྐྱོན་སོགས་སྒྲིབ་གཉིས་ཀྱི་དྲི་མས་མ་གོས་པར་ཕ་དང་མའི་རྒྱུ་དང་རྐྱེན་སོགས་ཀྱིས་མ་སྐྱེས་པར་མཚོ་འབྲུངས་པདྨ་འབྱུང་གནས་ཡབ་ཡུམ་གཉིས་སུ་མེད་པར་འཇའ་འོད་ཀྱི་ཀློང་དུ་སྤྲུལ་པའི་འཁོར་ཚོགས་བསམ་མི་ཁྱབ་པས་བསྐོར་ཞིང་གསལ་སྟོང་མཉམ་པ་ཆེན་པོའི་ངང་ལས་གཡོ་བ་མེད་པར་བཞུགས་པར་མཛད་པ་བསྟན་པ་ཡིན་ནོ། །

དེ་ནས་གུ་རུའི་ཚིག་བདུན་གསོལ་འདེབས་བསྒོམ་ཚུལ་གྱི་རིམ་པ་ནི། དེ་ཡང་ཧཱུྃ་ཞེས་བརྗོད་པར་བྱས་ཏེ། ནུབ་ཕྱོགས་ཨོ་རྒྱན་ཡུལ་གྱི་ནུབ་བྱང་གི་མཚམས་སུ་ཤིན་དུ་དྭངས་ཤིང་གསལ་ལ་ཉེས་སྐྱོན་སོགས་ཀྱི་དྲི་མས་རྙོག་པ་མེད་པའི་རྒྱ་མཚོ་ཆེན་པོའི་དབུས་སུ་མེ་ཏོག་པདྨའི་གེ་སར་གྱི་སྡོང་པོ་དེ་ཡི་རྩེ་མོ་ལ་ཤིན་ཏུ་ཡ་མཚན་ཞིང་མཆོག་གི་དངོས་གྲུབ་དང་ཐུན་མོང་གི་དངོས་གྲུབ་བརྙེས་པའི་པདྨ་འབྱུང་གནས་ཞེས་བྱ་བར་ཡོངས་སུ་གྲགས་པ་དང་། དེ་ཉིད་འཁོར་དུ་རིག་འཛིན་གྱི་དཔའ་བོ་མཁའ་འགྲོ་སོགས་བསམ་གྱིས་མི་ཁྱབ་པ་མང་པོས་རབ་ཏུ་བསྐོར་བར་མཛད་པ་མགོན་པོ་ཁྱེད་ཀྱི་རྗེས་སུ་

བདག་བསྐྱབ་ཀྱི་མགོན་པོ་ཁྱེད་ཀྱི་སྐུ་གསུང་ཐུགས་ཀྱི་བྱིན་གྱིས་བརླབས་པར་བྱ་བའི་ཕྱིར་དུ་གཤེགས་སུ་གསོལ་བར་མཛད་པ་དང་། མ་ཟད་གནས་མཆོག་འདི་རུ་བྱིན་རླབས་ཐམས་ཅད་དཔེར་ན་ཆར་སྤྲིན་བཞིན་དུ་ཕབས་ལ། དེ་ནས་ཡང་སྒྲུབ་པ་མཆོག་གི་ལས་སྦྱོར་སོགས་ལ་བརྩོན་པར་བྱས་ཏེ། བདག་ཅག་རྣམས་ལ་དབང་བཞི་སོགས་བསྐུར་ནས་དབང་ཐོབ་ཀྱི་ཡོན་ཏན་ཐམས་ཅད་རྒྱུད་ལ་ཐོབ་པར་གྱུར་ནས། རྟག་ཏུ་ཐམས་ཅད་ཀྱིས་ཚེ་དང་སྲོག་ལ་བར་དུ་གཅོད་པར་བྱེད་པའི་བགེགས་དང་ལོག་པར་འདྲེན་པ་ཐམས་ཅད་ཀྱི་བར་ཆད་མཐའ་དག་སེལ་བར་མཛོད་ཅིག མ་ཟད་བདག་གཞན་མཐོ་དམན་མེད་པར་ཀུན་གྱི་རྒྱུད་ལ་གོང་དུ་བཤད་པ་ལྟར་མཆོག་གི་དངོས་གྲུབ་དང་། ཐུན་མོང་གི་དངོས་གྲུབ་ཐམས་ཅད་འབད་མེད་དུ་སྩོལ་བར་མཛད་པའི་མགོན་པོ་སྲིད་གཞིའི་ཁྱབ་བདག་རྒྱལ་དབང་པདྨ་འབྱུང་གནས་ལ་གསོལ་བ་འདེབས་པ་དང་དད་མོས་དྲག་པོའི་ངང་ལས་ནམ་ཡང་མི་འདའ་བར་གུ་རུ་པདྨ་སིདྡྷི་ཧཱུྃ་ཞེས་བཟློད་པར་བྱ་དགོས། དེ་ལྟར་བྱས་ན་བདག་གཞན་སེམས་ཅན་གྱི་རྒྱུད་ལ་མཆོག་ཐུན་མོང་གི་དངོས་གྲུབ་ཐམས་ཅད་འབད་མེད་དུ་རྒྱུད་ལ་སྩོལ་བར་མཛད་པའི་མགོན་པོ་དེ་ཡི་སྐུ་གསུང་ཐུགས་ཀྱི་བྱིན་རླབས་མཐའ་དག་རྒྱུད་ལ་འབྱུང་བར་འགྱུར་བར་བསྟན་པ་ཡིན་ནོ།།

དེ་བཞིན་དུ་ནམ་ཡང་དུས་གསུམ་སངས་རྒྱས་ཐམས་ཅད་དང་གཉིས་སུ་མེད་པའི་མགོན་པོ་དེ་ལ་སྙིང་ནས་གསོལ་བ་འདེབས་པར་བྱས་ན། དེ་ནི་དུས་གསུམ་རྒྱལ་བ་ཐམས་ཅད་ལ་མཆོད་པ་འབུལ་བ་དང་ཕྱག་འཚལ་བ་དང་གསོལ་བ་བཏབ་པ་སོགས་ཀྱི་མཐུ་ལས་བློ་ཅན་དང་ལྡན་གྱི་སྐྱེ་བོ་རྣམས་ཀྱི་རྒྱུད་ལ་མཆོག་གི་དངོས་གྲུབ་དང་ཐུན་མོང་གི་དངོས་གྲུབ་ཐམས་ཅད་འབད་མེད་དུ་འབྱུང་བར་འགྱུར་བ་ཡིན་ཏེ། དེ་ལྟར་

འབྱུང་བའི་ཚུལ་ནི། མདོ་རྒྱུད་དུ་མ་ལས་གསལ་པོར་གསུངས་པ་ལྟར་ཡིན་ལ། དེས་ན་འདིར་ཡིག་ཚོགས་མང་པོར་དོགས་ནས་རྒྱ་ཆེར་མ་བཤད་པས་གཞུང་གཞན་ལས་ཤེས་པར་བྱ་དགོས་སོ། །

དེ་དག་གི་དོན་རྣམས་འདིར་མདོར་བསྡུས་པ་ཞིག་བཤད་པར་བྱས་ན། རྟག་ཏུ་རང་རང་ལ་དབང་བསྐུར་རྒྱུད་བཤད་མན་ངག་ཇི་བཞིན་སྟོན་པའི་བླ་མ་སོགས་ལའང་སངས་རྒྱས་དངོས་ཡིན་པའི་འདུ་ཤེས་དང་མ་བྲལ་བ་ཞིག་བྱེད་དགོས། དེ་ལྟར་མི་བྱེད་པར་རང་གི་བླ་མ་ལ་མི་ཕལ་བ་ལྟ་བུ་ཞིག་ཏུ་འཛིན་པ་དང་། མ་ཟད་ཡང་རང་གི་བླ་མ་རང་དང་མཉམ་པ་ལྟ་བུ་ཞིག་ཏུ་འཛིན་པ་དང་། ཡང་ན་བླ་མ་ལས་རང་ཉིད་ཡོན་ཏན་ཆེ་བར་འཛིན་པ་སོགས་བྱས་ན་དེ་ནི་ཤིན་ཏུ་ཉེས་པ་ཆེ་བ་ཡིན་ཏེ། འཕགས་པ་ཡོན་ཏན་བཀོད་པའི་མདོ་ལས། བདུད་ཀྱི་ལས་བཞི་སྟེ། བླ་མ་ལ་མི་གུས་པ་དང་། ཆོས་ཡིད་ལ་མི་བྱེད་པ་དང་། ཁེངས་པའི་ཚིག་སྨྲ་བ་དང་། ཚེ་འདི་ལ་སེམས་པའོ། །ཞེས་དང་།

ཡང་མཁའ་འགྲོ་གསང་བའི་རྒྱུད་ལས།

བླ་མ་སངས་རྒྱས་རང་བཞིན་ལ། །
སྐྱོག་ནས་འཆལ་གཏམ་ཆེར་སྨྲ་བ། །
བསྡུས་འཛོམས་སུ་འཛོམས་མགུལ་ནས་འགག །

ཅེས་པ་དང་།

དེ་ཉིད་ལས།

རྒྱབ་ཀྱི་ན្លུན་ཚོང་ཞེས་སྨྲ་བ། །
བྱང་ཆུབ་ལམ་དང་འཕྲད་མི་སྲིད། །

ཅེས་པ་དང་།

རྒྱན་དམ་པ་ལས།

ངག་ཚིག་བརླང་པོས་དམ་པ་ཡི། །
ཟབ་མོའི་ཚིག་ལ་སྒྲོ་སྐུར་བ། །
མཐར་མེད་གནས་སུ་ལྟུང་བར་འགྱུར། །

ཞེས་པ་དང་།

གསང་བ་ཀུན་སྙོམས་ཀྱི་རྒྱུད་ལས།

བླ་མ་མཆོག་ལས་རང་ཉིད་ནི། །
ཆེས་མཆོག་རློམ་སེམས་སྨྲ་བ་ནི། །
བསྐལ་པ་སྟོང་ཕྲག་དུ་མ་རུ། །
ཕྱིར་དུ་བལྟས་ཏེ་དམྱལ་བར་འགྲོ། །

ཞེས་པ་དང་།

གསང་བ་རོལ་པ་ལས།

སྤྱོག་འཕྲུས་སྨྲ་བར་གང་བྱེད་པ། །
རྡོ་རྗེ་དམྱལ་བ་ཉིད་དུ་འཚེད། །
ཀུ་རེ་ཙམ་དུའང་སྨོད་མི་བྱ། །
ངག་གི་ཉེས་བྱས་ཡང་དག་བསྡམས། །

ཞེས་པ་དང་།

ཡང་སྙོམས་འཇུག་གསང་བའི་རྒྱུད་ལས།

བླ་མ་དག་ལ་འགྲན་སེམས་དང་། །
ཡི་དམ་རྒྱལ་བའི་ལྷ་སྤངས་པས། །
བོང་འཕེང་བཞོན་ནས་མཆོ་བསྐོར་ལྟར། །
རྒྱལ་བའི་སངས་རྒྱས་འགྲུབ་མི་སྲིད། །
བླ་མའི་དཀོར་ལ་བརྣབ་སེམས་པ། །
བསྐལ་པ་གཉིས་སུ་ཡི་དྭགས་གནས། །

ཞེས་པ་དང་།

དཔྱད་རྣམ་པར་བཀློག་པའི་རྒྱུད་ལས།

བླ་མ་དང་ནི་དེ་ཡི་འཁོར། །
ཁྲོ་བས་ཞེ་འགྲས་སུན་འབྱིན་པ། །
བསྐལ་པ་ཞིང་གི་རྡུལ་སྙེད་དུ། །
མནར་མེད་གནས་སུ་འཚེད་པའོ། །

ཞེས་པ་དང་།

བྱང་ཆུབ་བདེ་བའི་དཔྱད་བསྐྱེད་ནས། །
རྡོ་རྗེ་བླ་མ་སྨད་མི་ཉུང་། །
འདོད་ཆགས་ཞེ་སྡང་ལ་སོགས་པ། །
ལྷ་པོ་ལྷན་ཞེས་བསམ་མི་བྱ། །
དེ་བསམ་མནར་མེད་ས་གཞིར་བསྲེག །

ཅེས་པ་དང་།

གཞུང་རྒྱ་མཚོ་ལས།

རྡོ་རྗེ་ཡིད་བཞིན་རྒྱལ་པོ་ལ། །
ཟས་སྐོམ་ནོར་ལ་སྲེད་སླམ་པས། །
རབ་མཐའ་བཅུ་ཡི་དམྱལ་བར་འཚེད། །
གསང་མཆོག་སྒྲུ་བྱེད་རྒྱལ་པོ་ལ། །
ཤེས་པ་ཅན་གྱི་ཡིད་སྙོ་ནས། །
ང་རྒྱལ་ཆེ་བའི་ཡིད་མི་བསམ། །
དེ་སྐྱོན་ཁ་འཐབ་གནས་སུ་ལྟུང་། །

ཞེས་པ་དང་།

དུ་མ་འདུས་པའི་རྒྱུད་ལས།

བདག་གི་དྲིན་ལ་གནས་བསམ་པས། །
མནར་མེད་པར་ཡང་རབ་ཏུ་སྐྱེ། །
སློབ་དཔོན་སྐྱོན་ལ་གང་སེམས་པ། །
དགེ་བསགས་དོན་མེད་ལྷ་སྤྲངས་པས། །
ལྷ་སླུ་གདུག་པ་ལ་སོགས་ཀྱིས། །
མྱུར་དུ་སྲོག་གཅོད་དམྱལ་བར་ལྟུང་། །

ཞེས་པ་དང་།

སྙིང་པོ་རྣམ་པར་ལེན་པའི་རྒྱུད་ལས།

མཆོག་ཏུ་ཐུགས་ལ་ཞུགས་པ་ལ། །
གནོད་པར་བྱེད་པའི་སེམས་འཆང་ན། །
གྲང་བའི་དམྱལ་བར་ངེས་པར་ལྟུང་། །

ཞེས་གསུངས་པ་དེ་བཞིན་དུ་ངན་སོང་མནར་མེད་པའི་གནས་སུ་ལྟུང་བར་འགྱུར་བའི་རང་བཞིན་ལ་བསམ་ནས་རྟག་ཏུ་ཐར་བའི་ལམ་དུ་དམིགས་ནས་བླང་དོར་གྱི་ཐབས་ལ་བརྩོན་པར་བྱས་ཏེ། དགེ་བའི་གནས་དག་ལས་མི་འདའ་བའི་དམ་བཅའ་རྣམ་པར་དག་པ་ཞིག་བྱས་ན། སྐྱེས་བུ་དེ་ནི་ཚེ་འདི་ཉིད་དུ་དུས་གསུམ་གྱི་རྒྱལ་བ་ཀུན་དང་ཐུགས་དགོངས་མཉམ་ཞིང་དགོངས་རྒྱུད་རྫོགས་པའི་བྱིན་རླབས་མཐའ་དག་མཐའ་ཡས་པའི་འགྲོ་བ་ཀུན་གྱི་རྒྱུད་ལ་འཕོས་ནས་ཚེ་འདི་ཉིད་དུ་མངོན་པར་སངས་རྒྱས་པར་འགྱུར་བ་ཡིན་ནོ། །དེ་ནས་ཡན་ལག་བདུན་དང་འབྲེལ་བའི་སྒོ་ནས་ཚོགས་བསགས་ཤིང་སྒྲིབ་པ་སྦྱོང་བར་བྱེད་པའི་ཐབས་ནི། དེ་ཡང་གོང་དུ་བཤད་པ་ལྟ་བུའི་བཀའ་དྲིན་གསུམ་ལྡན་གྱི་དཔལ་ལྡན་བླ་མ་དམ་པ་དང་རང་སེམས་དབྱེར་མེད་དུ་བསྲེས་པར་བྱས་ཏེ། ཧཱུྃ་ཞེས་བརྗོད་པར་བྱས་ནས་དག་མཉམ་དབྱེར་མེད་ཆེན་པོའི་ངང་དུ་གཞག་པར་བྱ་དགོས། དེ་ལྟར་བྱས་པའི་མཐར་རྗེས་ཐོབ་ཏུ་སྒྱུ་མ་དང་རྨི་ལམ་ལྟ་བུའི་ཚུལ་དུ་འཁོར་འདས་སྣང་བཏགས་ཀྱིས་བསྡུས་པའི་ཆོས་ཐམས་དཀྱིལ་འཁོར་གསུམ་གྱི་རང་བཞིན་དུ་ཡེ་ནས་ཡིན་པ་ལ་ཡིན་པར་ཤེས་པའི་འདུ་ཤེས་དང་མ་བྲལ་བ་དེའི་ངང་ལས་མི་འདའ་བར་བྱས་ཏེ། རྡུལ་གཅིག་གི་ཁྱོན་ན་རྡུལ་སྙེད་ཀྱི་ཞིང་ཁམས་སོགས་ཡོད་པར་དམིགས་པ་དང་། ཞིང་དེ་དག་ན་བཞུགས་པའི་དུས་གསུམ་རྒྱལ་བ་སྲས་དང་བཅས་

པའི་མདུན་དུ་བདག་ཅག་མཐའ་ཡས་པའི་སེམས་ཅན་ཐམས་ཅད་ཡོད་པར་བསམ་དགོས། དེ་ལྟར་བསམ་དགོས་པའི་ཚུལ་ནི། དཔེར་ན་ད་ལྟའི་བདག་ཅག་རྣམས་ཀྱི་སྒྱུ་ལུས་འདི་ཉིད་ཀྱང་ཡེ་ནས་ཞིང་ཁམས་སོགས་དག་པ་འབའ་ཞིག་གི་རང་བཞིན་རྡུལ་གཅིག་གི་ཁྱོན་ན་རྡུལ་སྙེད་ཀྱི་ཞིང་རྣམས་ཡོད་པ་ཉིད་དུ་གྱུར་པ་ཡིན་ལ། དེ་ནི་ཇི་ལྟ་བུའི་ཚུལ་དུ་ཡོད་པར་དམིགས་ཤིང་ཕྱག་འཚལ་དགོས་སོ་ཞེ་ན། དཔེར་ན་སྒྱུ་མ་དང་རྨི་ལམ་ལྟ་བུའི་ཚུལ་དུ་རྣམ་པར་འཕྲུལ་པའི་སྒོ་ནས་ཞིང་དེ་དག་ལ་སྒོ་གསུམ་གུས་པའི་ཕྱག་འཚལ་བ་དང་། མ་ཟད་ཞིང་དེ་དག་ན་བཞུགས་པའི་སངས་རྒྱས་དང་བྱང་ཆུབ་སེམས་དཔའ་རྣམས་ལ། རང་གི་དངོས་སུ་འབྱོར་བའི་མཆོད་པ་སོགས་རབ་འབྱམས་མུ་མཐའ་མེད་པ་ཞིག་བཤམས་པར་བྱེད་པ་དང་། མ་ཟད་རང་གི་ཡིད་ཀྱིས་ཀྱང་མཆོད་པ་བསམ་མི་ཁྱབ་པ་ཞིག་སྤྲུལ་ཞིང་རྣལ་འབྱོར་པ་དེ་ཡི་ཏིང་ངེ་འཛིན་གྱི་མཐུས་ནི། སྣང་སྲིད་འཁོར་འདས་ཀྱིས་བསྡུས་པའི་ཆོས་ཐམས་ཅད་མཆོད་པའི་ཕྱག་རྒྱ་ཉིད་དུ་སྤྲུལ་ནས་ཕུལ་བར་བྱས་ཏེ། བདག་གཞན་སེམས་ཅན་ཐམས་ཅད་ཀྱིས་ཚེ་རབས་འཁོར་བ་ཐོག་མ་མེད་པ་ནས་སྒོ་ལུས་ངག་ཡིད་གསུམ་གྱི་མ་རིག་པ་གཏི་མུག་གི་དབང་གིས་མི་དགེའི་ལས་རྣམས་ཅི་དང་ཅི་བྱས་ཀུན་གནས་ལུགས་འོད་གསལ་ཆོས་སྐུའི་ངང་དུ་གཏོང་ཞིང་འགྱོད་པ་ཆེན་པོའི་ངང་ནས་མཐོལ་ཞིང་བཤགས་པར་བགྱིའོ།།

དེ་ནས་སྤྱིར་ཐ་སྙད་དུ་འཁོར་འདས་ཀྱི་ཆོས་ཐམས་ཅད་དོན་ལ་ཡེ་ནས་མེད་ཀྱང་ཡོད་པ་ལྟར་དུ་སྣང་བ་ཀུན་རྫོབ་བདེན་པ་དང་། གཤིས་ཀྱི་གནས་ལུགས་ཡེ་གདོད་མ་ནས་འགྱུར་བ་མེད་པ་དོན་དམ་བདེན་པ་གཉིས་སོ། །དེ་ལྟ་བུའི་བདེན་པ་གཉིས་ཀྱིས་བསྡུས་པར་བྱས་པ་ཡི་དམིགས་བཅས་དང་དམིགས་མེད་ཀྱི་དགེ་བའི་ཚོགས་ཀུན་ལ་

སྙིང་ནས་དགའ་བས་རྗེས་སུ་ཡི་རང་བར་བྱ་དགོས། དེ་ལྟར་བྱས་ན་འཕགས་པའི་དགེ་བ་དང་སོ་སྐྱེ་སོགས་ཀྱི་དགེ་ཚོགས་ཀུན་གྱི་བསོད་ནམས་རྣམས་འབད་མེད་ཉིད་དུ་རྒྱུད་ལ་འབྱུང་བར་འགྱུར་བ་ཡིན་ནོ།།

དེ་ནས་ཡང་ཕྱོགས་བཅུའི་ཞིང་རབ་འབྱམས་ན་བཞུགས་པའི་སངས་རྒྱས་རྣམས་ལ་ཟབ་པ་དང་རྒྱ་ཆེ་བ་ཐེག་པ་གསུམ་གྱི་ཆོས་ཀྱི་འཁོར་ལོ་མྱུར་དུ་བསྐོར་བར་བསྐུལ་བར་བྱ་དགོས། དེ་ལྟར་སྐུལ་བར་བྱེད་པའི་ཚེ་ན་ད་ལྟ་བདག་གི་ལུས་འདི་ཉིད་གྲངས་མེད་པ་ཞིག་ཏུ་སྤྲུལ་ནས། དེ་དང་མཐུན་པར་ཕྱོགས་བཅུའི་ཞིང་རབ་འབྱམས་གྲངས་མེད་པ་ན་སངས་རྒྱས་རྣམས་ལ་ཆོས་འཁོར་བསྐོར་བར་བསྐུལ་བར་བྱས་ཏེ། ཐམས་ཅད་ཀྱི་རྒྱུད་སྨིན་ཅིང་ཚེ་འདི་ཉིད་དུ་སངས་རྒྱས་པར་འགྱུར་བ་ཡིན་ནོ།།

དེ་ནས་ཇི་སྲིད་འཁོར་བ་མ་སྟོང་གི་བར་དུ་ཕྱོགས་བཅུའི་ཞིང་ན་བཞུགས་པའི་སངས་རྒྱས་དང་བྱང་ཆུབ་སེམས་དཔའ་རྣམས་འགྲོ་བའི་དོན་དུ་མྱ་ངན་ལས་མི་འདའ་བར་བཞུགས་པར་གསོལ་བ་འདེབས་པར་བྱ་དགོས། དེ་ལྟར་བྱས་ན་བདག་གཞན་སེམས་ཅན་ཐམས་ཅད་ཀྱི་དོན་དུ་སངས་རྒྱས་དང་བྱང་ཆུབ་སེམས་དཔའ་རྣམས་མྱ་ངན་ལས་མི་འདའ་བར་རྟག་ཏུ་བཞུགས་པར་མཛད་པར་བསྟན་པ་ཡིན་ནོ།།

དེ་ནས་བདག་གཞན་སེམས་ཅན་ཐམས་ཅད་ཀྱི་དུས་གསུམ་དུ་བསགས་པའི་དགེ་བའི་རྩ་བ་གང་ཇི་སྙེད་གཅིག་མཆིས་པ་ཐམས་ཅད་ཀུན་ཀྱང་། བདག་གི་སྐྱེ་བ་ཚེ་རབས་གྲངས་མེད་དུ་མར་ཕ་དང་མར་གྱུར་པའི་སེམས་ཅན་ཐམས་ཅད་བླ་མེད་བྱང་ཆུབ་ཆེན་པོའི་རྒྱུ་རུ་འཐོབ་པའི་ཆེད་དུ་བསྔོ་བར་བྱེད་དགོས། དེ་ལྟར་དམིགས་བཅས་དམིགས་མེད་ཀྱི་དགེ་བའི་ཚོགས་ཐམས་ཅད་འཁོར་གསུམ་རྣམ་པར་དག་པའི་ངང་

ནས་བསྐྱོ་བར་བྱས་ན་འགྲོ་བ་སེམས་ཅན་རྣམས་སྡུག་བསྔལ་གསུམ་གྱི་གནས་ལས་ཐར་ཞིང་།   ཐམས་ཅད་ཚེ་འདི་ཉིད་དུ་ཟུང་འཇུག་རྡོ་རྗེ་འཆང་གི་གོ་འཕང་བླ་ན་མེད་པ་མངོན་དུ་འགྱུར་བར་བསྟན་པ་ཡིན་ནོ། །

དེ་ཡང་ཞིང་རྣམས་ཀུན་ན་བཞུགས་པའི་བླ་མ་དང་སངས་རྒྱས་རྣམས་ལ་གསོལ་བ་འདེབས་པའི་ཚུལ་ནི།   དེ་ཡང་རྟག་ཏུ་མ་འདྲིས་པའི་འགྲོ་བ་ཡོངས་ལ་བྱམས་དང་སྙིང་རྗེ་ལྡན་པ་ཐམས་ཅད་ཀྱིས་རྗེ་བོ་ལྟ་བུ་དང་། སྤངས་རྟོགས་མཐར་ཕྱིན་ཅིང་ཡེ་ནས་སྒྲིབ་གཉིས་ཀྱི་དྲི་མ་མཐའ་དག་ལས་དབེན་པར་གནས་ཤིང་བརྩུན་པའི་ཡོན་ཏན་ཕུན་སུམ་ཚོགས་པ་དང་ལྡན་པ་བཀའ་དྲིན་གཞལ་མཐའ་བྲལ་བའི་བླ་མ་གུ་རུ་རིན་པོ་ཆེ་ཁྱེད་ནི་དུས་གསུམ་གྱི་རྒྱལ་བ་ཐམས་ཅད་དང་གཉིས་སུ་མེད་པར་འགྲོ་བའི་དོན་ལ་རྟག་ཏུ་བཞུགས་པར་མཛད་པ་ཡིན་ལ།   དེ་ལྟ་བུའི་སངས་རྒྱས་ཐམས་ཅད་ཀྱི་ཐུགས་རྗེ་ཡེ་བྱིན་རླབས་གཅིག་ཏུ་འདུས་པའི་དོན་གཉིས་ཀྱི་ཡོན་ཏན་ཐམས་ཅད་ཀྱིས་དཔལ་དུ་གྱུར་ཅིང་། ཤིན་ཏུ་ཉམ་ཐག་པའི་སེམས་ཅན་ཀུན་གྱི་མགོན་པོ་གཅིག་པུ་ཁྱེད་ལ་བདག་གི་ལུས་དང་ལོངས་སྤྱོད་བློ་སྙིང་བྲང་གསུམ་དང་བཅས་པ་ཐམས་ཅད་མགོན་པོ་ཁྱེད་ལ། ཚེ་འདི་དང་ཕྱི་མ་ཐམས་ཅད་དུ་ལན་དང་རྣམ་སྨིན་སོགས་གང་ལ་ཡང་ལྟོས་པ་མེད་པར་མགོན་པོ་ཁྱེད་ལ་ཕངས་སེམས་མེད་པར་དབུལ་བར་བྱའོ།   །བདག་གི་དེ་ལྟར་ཕུལ་བའི་མཐུ་ལས་དུས་འདི་ནས་བཟུང་སྟེ་ཊི་སྲིད་བྱང་ཆུབ་སྙིང་པོ་མ་ཐོབ་ཀྱི་བར་དུ་རང་ལ་ལས་སྐྱིད་སྡུག་ལེགས་ཉེས་མཐོ་དམན་ཅི་ལྟ་བུ་ཞིག་བྱུང་ན་ཡང་། དེ་དག་ཐམས་ཅད་ཀུན་རྗེ་བརྩུན་བླ་མ་དམ་པ་བྱམས་དང་སྙིང་རྗེ་ཆེན་པོ་ཐུགས་རྒྱུད་ལ་མངའ་བའི་པད་མ་འབྱུང་གནས་ཁྱེད་མཁྱེན་ནོ་ཞེས་བརྗོད་པར་བྱ་དགོས། དེ་ལྟར་བརྗོད་པའི་མཐར་ཨོཾ་

ཨཱཿཧཱུྃ་བཛྲ་གུ་རུ་པདྨ་སིདྡྷི་ཧཱུྃ་ཞེས་སྙིང་པོ་བརྗོད་པར་བྱ་དགོས། འདི་ཡི་ཚིག་དོན་ཅུང་ཟད་ཅིག་བརྗོད་པར་བྱས་ན་ནི། དེ་ཡང་དང་པོ་ཨོཾ་ཨཱཿཧཱུྃ་ཞེས་པས་ནི་དུས་གསུམ་སངས་རྒྱས་ཐམས་ཅད་ཀྱི་འཕྲིན་ལས་གཅིག་ཏུ་བསྡུས་པ་ཨོ་རྒྱན་པདྨ་འབྱུང་གནས་ཀྱི་སྐུ་ཡི་ཡོན་ཏན་དང་གསུང་གི་ཡོན་ཏན་ཐུགས་ཀྱི་ཡོན་ཏན་སོགས་ཀྱི་སྙིང་པོ་མཆོག་ཏུ་གྱུར་པ་ཡིན་པར་བསྟན་པ་དང་། དེ་ནས་བཛྲ་ཞེས་པས་ནི་བགེགས་དང་ལོག་པར་འདྲེན་པའི་ཚོགས་ཐམས་ཅད་གང་གིས་ཀྱང་ཚུར་གང་ལ་མི་ཚུགས་ཤིང་ཕར་གང་ལ་འཇོམས་པར་བྱེད་པ་རྡོ་རྗེའི་རིགས་ཀྱི་སྙིང་པོ་མཆོག་ཏུ་གྱུར་པར་བསྟན་པ་དང་། དེ་ནས་གུ་རུ་ཞེས་པས་ནི་རིན་ཆེན་རིགས་ཀྱི་སྙིང་པོ་མཆོག་ཏུ་གྱུར་པར་བསྟན་པ་དང་། དེ་ནས་པདྨ་ཞེས་པས་ནི་པདྨ་རིགས་ཀྱི་སྙིང་པོ་མཆོག་ཏུ་གྱུར་པར་བསྟན་པ་དང་། དེ་ནས་སིདྡྷི་ཞེས་པས་ནི་ལས་ཀྱི་རིགས་ཀྱི་སྙིང་པོ་མཆོག་ཏུ་གྱུར་པར་བསྟན་པ་དང་། དེ་ནས་ཧཱུྃ་ཞེས་པས་ནི་བདེ་གཤེགས་རིགས་ཀྱི་སྙིང་པོ་མཆོག་ཏུ་གྱུར་པ་ཡིན་ནོ། །ཨོཾ་ཨཱཿཧཱུྃ༔ བཛྲ་གུ་རུ་པདྨ་སིདྡྷི་ཧཱུྃ༔ ཨོཾ་ཞེས་པས་ནི་བདུད་བཞི་ལས་རྣམ་པར་རྒྱལ་བའི་རྒྱལ་བ་རིགས་ལྔ་ལོངས་སྤྱོད་རྫོགས་སྐུ་ཉིད་དུ་མཚོན་ཞིང་བསྟན་པར་མཛད་པ་དང་། དེ་ནས་ཨཱཿཞེས་པས་ནི་གདོད་ནས་རང་བཞིན་གྱི་གནས་ལུགས་ཀྱི་དོན་ལས་ནམ་ཡང་འཕོ་འགྱུར་ཐམས་ཅད་དང་བྲལ་ཞིང་མཐའ་གང་ལ་ཡང་མི་གནས་པའི་ཆོས་ཀྱི་སྐུ་ལས་ནམ་ཡང་མི་འགྱུར་བ་ཡོངས་སུ་རྫོགས་པར་མཚོན་ཞིང་བསྟན་པར་མཛད་པ་དང་། དེ་ནས་ཧཱུྃ་ཞེས་པས་ནི་སྤྲུལ་སྐུ་གུ་རུའི་དྲུང་དུ་ཐམས་ཅད་རྫོགས་པར་མཚོན་ཞིང་བསྟན་པར་མཛད་པ་དང་། དེ་ནས་བཛྲ་ཞེས་པས་ནི་ཧེ་རུ་ཀ་ཡི་ལྷ་ཚོགས་རྣམས་རྫོགས་པར་མཚོན་ཞིང་བསྟན་པར་མཛད་པ་དང་། དེ་ནས་གུ་རུ་ཞེས་པས་ནི་བླ་མ་རིག་འཛིན་ལྷ་ཚོགས་

རྣམས་རྫོགས་པར་མཚོན་ཞིང་བསྟན་པར་མཛད་པ་དང་། དེ་ནས་པདྨ་ཞེས་པས་ནི་མཁའ་འགྲོ་རིགས་འགྲོའི་ལྷ་ཚོགས་རྣམས་རྫོགས་པར་མཚོན་ཞིང་བསྟན་པར་མཛད་པ་དང་། དེ་ནས་སིདྡྷི་ཞེས་པས་ནི་ནོར་ལྷ་གཏེར་བདག་ཀུན་གྱི་སྲོག་གི་སྙིང་དུ་མཚོན་ཞིང་བསྟན་པར་མཛད་པ་དང་། དེ་ནས་ཧཱུྃ་ཞེས་པས་ནི་ཆོས་སྐྱོང་སྲུང་མའི་ཚོགས་རྣམས་མ་ལུས་པ་ཀུན་གྱི་སྲོག་གི་སྙིང་པོ་ཉིད་དུ་མཚོན་ཞིང་བསྟན་པར་མཛད་པ་ཡིན་ནོ། །ཨོཾ་ཨཱཿཧཱུྃ༔བཛྲ་གུ་རུ་པདྨ་སིདྡྷི་ཧཱུྃ༔ དེ་ནས་ཨོཾ་ཨཱཿཧཱུྃ་ཞེས་པས་ནི་རྒྱུད་སྡེ་གསུམ་གྱི་སྲོག་གི་སྙིང་པོར་ཉིད་དུ་མཚོན་པར་བྱེད་པ་བསྟན་པ་དང་། དེ་ནས་བཛྲ་ཞེས་པས་ནི་འདུལ་བ་དང་མདོ་སྡེ་གཉིས་ཀྱི་སྲོག་གི་སྙིང་པོར་ཉིད་དུ་མཚོན་ཞིང་བསྟན་པར་མཛད་པ་དང་། དེ་ནས་གུ་རུ་ཞེས་པས་ནི་མངོན་པ་ཀྲི་ཡ་གཉིས་ཀྱི་སྲོག་གི་སྙིང་པོ་ཉིད་དུ་མཚོན་ཞིང་བསྟན་པར་མཛད་པ་དང་། དེ་ནས་པདྨ་ཞེས་པས་ནི་ཨུ་པ་ཡོ་ག་གཉིས་ཀྱི་སྲོག་གི་སྙིང་པོ་ཉིད་དུ་མཚོན་ཞིང་བསྟན་པར་མཛད་པ་དང་། དེ་ནས་སིདྡྷི་ཞེས་པས་ནི་མ་ཧཱ་ཨ་ནུ་གཉིས་ཀྱི་སྲོག་གི་སྙིང་པོ་ཉིད་དུ་མཚོན་ཞིང་བསྟན་པར་མཛད་པ་དང་། དེ་ནས་ཧཱུྃ་ཞེས་པས་ནི་རྫོགས་ཆེན་ཨ་ཏི་ཡོ་གའི་སྲོག་གི་སྙིང་པོ་ཉིད་དུ་མཚོན་ཞིང་བསྟན་པར་མཛད་པ་ཡིན་ནོ། །ཨོཾ་ཨཱཿཧཱུྃ༔ བཛྲ་གུ་རུ་པདྨ་སིདྡྷི་ཧཱུྃ༔ དེ་ནས་ཨོཾ་ཨཱཿཧཱུྃ་ཞེས་པ་དེ་དག་གིས་ནི་སེམས་ཅན་རྣམས་ཀྱིས་ཚེ་རབས་འཁོར་བ་ཐོག་མེད་ནས་རྒྱུད་ལ་གོམས་པའི་ལས་ཉོན་དུག་གསུམ་ལས་བྱུང་བའི་སྒྲིབ་པ་རྣམས་མྱུར་དུ་འདག་པར་མཚོན་ཞིང་བསྟན་པར་མཛད་པ་དང་། དེ་ནས་བཛྲ་ཞེས་པ་ནི་ཞེ་སྡང་ལས་བྱུང་བའི་སྒྲིབ་པ་རྣམས་མྱུར་དུ་འདག་པར་མཚོན་ཞིང་བསྟན་པར་མཛད་པ་དང་། དེ་ནས་གུ་རུ་ཞེས་པས་ནི་ང་རྒྱལ་ལས་བྱུང་བའི་སྒྲིབ་པ་རྣམས་མྱུར་དུ་འདག་པར་མཚོན་ཞིང་བསྟན་པར་མཛད་པ་དང་།

དེ་ནས་པདྨ་ཞེས་པས་ནི་འདོད་ཆགས་ལས་གྱུར་པའི་སྒྲིབ་པ་རྣམས་མྱུར་དུ་འདག་པར་མཆོན་ཞིང་བསྟན་པ་མཛད་པ་ཡིན་ནོ། །དེ་ནས་སིདྡྷི་ཞེས་པས་ནི་ཕྲག་དོག་ལས་གྱུར་པའི་སྒྲིབ་པ་རྣམས་འདག་པར་མཆོན་ཞིང་བསྟན་པར་མཛད་པ་དང་། དེ་ནས་ཧཱུྃ་ཞེས་པ་དེ་དག་གིས་ནི་ཉོན་མོངས་ལས་གྱུར་པའི་སྒྲིབ་པ་རྣམས་མྱུར་དུ་འདག་པར་མཆོན་ཞིང་བསྟན་པར་མཛད་པ་ཡིན་ནོ། །དེ་ནས་ཨོཾ་ཨཱཿཧཱུྃ་ཞེས་པ་གང་གིས་ནི་ཆོས་སྐུ་དང་ལོངས་སྐུ་སྤྲུལ་སྐུ་རྣམ་པ་གསུམ་འཐོབ་པར་འགྱུར་བར་བསྟན་པར་མཛད་པ་དང་། དེ་ནས་བཛྲ་ཞེས་པས་ནི་ཡེ་ཤེས་ལྔ་ལས་མེ་ལོང་ལྟ་བུའི་ཡེ་ཤེས་འཐོབ་པར་འགྱུར་བར་བསྟན་པར་མཛད་པ་དང་། དེ་ནས་གུ་རུ་ཞེས་པས་ནི་ཡེ་ཤེས་ལྔ་ལས་མཉམ་པ་ཉིད་ཀྱི་ཡེ་ཤེས་འཐོབ་པར་འགྱུར་བར་བསྟན་པ་དང་། དེ་ནས་པདྨ་ཞེས་པས་ནི་ཡེ་ཤེས་ལྔ་ལས་སོ་སོར་རྟོགས་པའི་ཡེ་ཤེས་འཐོབ་པར་འགྱུར་བར་བསྟན་པ་དང་། དེ་ནས་སིདྡྷི་ཞེས་པས་ནི་ཡེ་ཤེས་ལྔ་ལས་བྱ་བ་གྲུབ་པའི་ཡེ་ཤེས་འཐོབ་པར་འགྱུར་བར་བསྟན་པ་དང་། དེ་ནས་ཧཱུྃ་ཞེས་པ་གང་གིས་ནི་ཡེ་ཤེས་ལས་གྱུར་པ་ཐམས་ཅད་འགྲུབ་པར་འགྱུར་བ་བསྟན་པར་མཛད་པ་ཡིན་ནོ། །ཨོཾ་ཨཱཿཧཱུྃཿ བཛྲ་གུ་རུ་པདྨ་སིདྡྷི་ཧཱུྃཿ དེ་ནས་ཨོཾ་ཨཱཿཧཱུྃ་ཞེས་པ་གང་གིས་ནི་ལྷ་འདྲེ་མི་གསུམ་ཐམས་ཅད་འདུལ་བར་འགྱུར་བ་བསྟན་པ་དང་། དེ་ནས་བཛྲ་ཞེས་པས་ནི་དྲི་ཟ་མེ་ལྷའི་གདོན་རྣམས་ཐུབ་པར་འགྱུར་བ་བསྟན་པ་དང་། དེ་ནས་གུ་རུས་ནི་གཤིན་རྗེ་སྲིན་པོའི་གདོན་རྣམས་ཐུབ་པར་འགྱུར་བ་བསྟན་པ་དང་། དེ་ནས་པདྨས་ནི་ཆུ་རླུང་བདག་གདོན་རྣམས་ཐུབ་པར་འགྱུར་བ་བསྟན་པ་དང་། དེ་ནས་སིདྡྷིས་ནི་གནོད་སྦྱིན་དབང་ལྡན་གདོན་རྣམས་ཐུབ་པར་འགྱུར་བ་བསྟན་པ་དང་། དེ་ནས་ཧཱུྃ་ཞེས་པ་གང་གིས་ནི་གཟའ་དང་ས་བདག་གདོན་རྣམས་ཐུབ་པར་འགྱུར་བ་

བསྟན་པར་མཛད་པ་ཡིན་ནོ། །ཨོཾ་ཨཱཿཧཱུྃ༔ བཛྲ་གུ་རུ་པདྨ་སིདྡྷི་ཧཱུྃ༔ དེ་ནས་ཨོཾ་ཨཱཿཧཱུྃ་ཞེས་པ་གང་གིས་ནི་ཕ་རོལ་ཕྱིན་དྲུག་འགྲུབ་པར་འགྱུར་བ་བསྟན་པ་དང་། དེ་ནས་བཛྲ་ཞེས་པས་ནི་ཞི་བའི་ལས་ཀུན་ཐམས་ཅད་འབད་མེད་དུ་འགྲུབ་པར་འགྱུར་བ་བསྟན་པ་དང་། དེ་ནས་གུ་རུས་ནི་རྒྱས་པའི་ལས་ཀུན་ཐམས་ཅད་འགྲུབ་པར་འགྱུར་བ་བསྟན་པ་དང་། དེ་ནས་པདྨས་ནི་དབང་གི་ལས་ཀུན་ཐམས་ཅད་འབད་རྩོལ་མི་དགོས་པར་འགྲུབ་པར་འགྱུར་བ་བསྟན་པ་དང་། དེ་ནས་སིདྡྷིས་ནི་འཕྲིན་ལས་ཀྱི་ལས་ཀུན་ཐམས་ཅད་འབད་མེད་དུ་འགྲུབ་པར་འགྱུར་བ་བསྟན་པ་དང་། དེ་ནས་ཧཱུྃ་ཞེས་པ་གང་གིས་ནི་དྲག་པོའི་ལས་ཀུན་ཐམས་ཅད་འབད་རྩོལ་མི་དགོས་པར་འགྲུབ་པར་འགྱུར་བ་བསྟན་པར་མཛད་པ་ཡིན་ནོ། །ཨོཾ་ཨཱཿཧཱུྃ༔ བཛྲ་གུ་རུ་པདྨ་སིདྡྷི་ཧཱུྃ༔ དེ་ནས་ཨོཾ་ཨཱཿཧཱུྃ་ཞེས་པ་གང་གིས་ནི་བན་པོན་བྱད་ཕུར་གྱི་གནོད་པ་ཐམས་ཅད་བཟློག་པར་འགྱུར་བ་བསྟན་པ་དང་། དེ་ནས་བཛྲ་ཞེས་པས་ནི་ཡེ་ཤེས་ལྷ་ཡི་བྱད་ཁ་ཐམས་ཅད་བཟློག་པར་འགྱུར་བ་བསྟན་པ་དང་། དེ་ནས་གུ་རུས་ནི་ལྷ་སྲིན་སྡེ་བརྒྱད་ཀྱི་བྱད་ཁ་ཐམས་ཅད་བཟློག་པར་འགྱུར་བ་བསྟན་པ་དང་། དེ་ནས་པདྨས་ནི་འཇིག་རྟེན་ལྷ་འདྲེའི་བྱད་ཁ་ཐམས་ཅད་བཟློག་པར་འགྱུར་བ་བསྟན་པ་དང་། དེ་ནས་སིདྡྷིས་ནི་ཀླུ་དང་ས་བདག་སོགས་ཀྱིས་བྱད་ཁ་ཐམས་ཅད་བཟློག་པར་འགྱུར་བ་བསྟན་པ་དང་། དེ་ནས་ཧཱུྃ་ཞེས་པ་གང་གིས་ནི་ལྷ་འདྲེ་མི་གསུམ་གྱི་བྱད་ཁ་ཐམས་ཅད་བཟློག་པར་འགྱུར་བ་བསྟན་པར་མཛད་པ་ཡིན་ནོ། །ཨོཾ་ཨཱཿཧཱུྃ༔ བཛྲ་གུ་རུ་པདྨ་སིདྡྷི་ཧཱུྃ༔ དེ་ནས་ཨོཾ་ཨཱཿཧཱུྃ་ཞེས་པ་གང་གིས་ནི་དུག་ལྔའི་དམག་དཔུང་རྣམས་འཇོམས་པར་འགྱུར་བར་བསྟན་པ་དང་། དེ་ནས་བཛྲ་ཞེས་པས་ནི་ཞེ་སྡང་ལས་གྱུར་བའི་དམག་དཔུང་རྣམས་འཇོམས་པར་འགྱུར་བར་བསྟན་པ་དང་། དེ་ནས་གུ་རུས་

ནི་ང་རྒྱལ་ལས་གྱུར་པའི་དམག་དཔུང་ཐམས་ཅད་འཇོམས་པར་འགྱུར་བ་བསྟན་པ་དང་། དེ་ནས་པདྨ་ནི་འདོད་ཆགས་ལས་གྱུར་པའི་དམག་དཔུང་རྣམས་འཇོམས་པར་འགྱུར་བ་བསྟན་པ་དང་། དེ་ནས་སིདྡྷི་ནི་ཕྲག་དོག་ལས་གྱུར་པའི་དམག་དཔུང་རྣམས་འཇོམས་པར་འགྱུར་བ་བསྟན་པ་དང་། དེ་ནས་ཧཱུྃ་ཞེས་པ་གང་གིས་ནི་ལྷ་འདྲེ་མི་གསུམ་གྱི་དམག་དཔུང་རྣམས་འཇོམས་པར་འགྱུར་བ་བསྟན་པར་མཛད་པ་ཡིན་ནོ། །ཨོཾ་ཨཱཿཧཱུྃཿ བཛྲ་གུ་རུ་པདྨ་སིདྡྷི་ཧཱུྃཿ དེ་ནས་ཨོཾ་ཨཱཿཧཱུྃ་ཞེས་པ་གང་གིས་ནི་སྐུ་གསུང་ཐུགས་ཀྱི་དངོས་གྲུབ་ཐམས་ཅད་འཐོབ་པར་འགྱུར་བ་བསྟན་པ་དང་། དེ་ནས་བཛྲ་ཞེས་པས་ནི་ཡི་དམ་ཞི་ཁྲོའི་དངོས་གྲུབ་ཐམས་ཅད་རྒྱུད་ལ་འཐོབ་པར་འགྱུར་བ་བསྟན་པ་དང་། དེ་ནས་གུ་རུས་ནི་རིག་འཛིན་བླ་མའི་མཆོག་དང་ཐུན་མོང་གི་དངོས་གྲུབ་ཐམས་ཅད་འཐོབ་པར་འགྱུར་བ་བསྟན་པ་དང་། དེ་ནས་པདྨས་ནི་མཁའ་འགྲོ་ཆོས་སྐྱོང་གི་དངོས་གྲུབ་འཐོབ་པར་འགྱུར་བ་བསྟན་པ་དང་། དེ་ནས་སིདྡྷིས་ནི་མཆོག་དང་ཐུན་མོང་གི་དངོས་གྲུབ་ཐམས་ཅད་འབད་མེད་དུ་འཐོབ་པར་འགྱུར་བ་བསྟན་པ་དང་། དེ་ནས་ཧཱུྃ་ཞེས་པ་གང་གིས་ནི་སེམས་ཅན་རྣམས་ཀྱིས་རང་རང་གི་ཅི་བསམ་པའི་དངོས་གྲུབ་མ་ལུས་ཐམས་ཅད་འཐོབ་པར་འགྱུར་བ་བསྟན་པ་ཡིན་ནོ། །ཨོཾ་ཨཱཿཧཱུྃཿ བཛྲ་གུ་རུ་པདྨ་སིདྡྷི་ཧཱུྃཿ དེ་ནས་ཨོཾ་ཨཱཿཧཱུྃ་ཞེས་པ་གང་གིས་ནི་གདོད་མའི་མགོན་པོའི་ཞིང་ཁམས་སུ་འཕོ་བར་འགྱུར་བ་བསྟན་པ་དང་། དེ་ནས་བཛྲ་ཞེས་པས་ནི་ཤར་ཕྱོགས་མངོན་དགའི་ཞིང་ཁམས་སུ་འཕོ་བར་འགྱུར་བ་བསྟན་པ་དང་། དེ་ནས་གུ་རུས་ནི་ལྷོ་ཕྱོགས་དཔལ་ལྡན་ཞིང་ཁམས་སུ་འཕོ་བར་འགྱུར་བ་བསྟན་པ་དང་། དེ་ནས་པདྨས་ནི་ནུབ་ཕྱོགས་བདེ་ཆེན་དག་པའི་ཞིང་ཁམས་སུ་འཕོ་བར་འགྱུར་བ་བསྟན་པ་དང་། དེ་ནས་སིདྡྷིས་ནི་བྱང་ཕྱོགས་ལས་

རབ་རྫོགས་པའི་ཞིང་ཁམས་སུ་འཕོ་བར་འགྱུར་བ་བསྟན་པ་དང་། དེ་ནས་ཧཱུྃ་ཞེས་པ་གང་གིས་ནི་དབུས་ཕྱོགས་གཡོ་བ་མེད་པའི་ཞིང་ཁམས་སུ་འཕོ་བར་འགྱུར་བ་བསྟན་པར་མཛད་པ་ཡིན་ནོ། །ཨོཾ་ཨཱཿཧཱུྃ༔ བཛྲ་གུ་རུ་པདྨ་སིདྡྷི་ཧཱུྃ༔ དེ་ནས་ཨོཾ་ཨཱཿཧཱུྃ་ཞེས་པ་གང་གིས་ནི་སྐུ་གསུམ་རིག་འཛིན་གྱི་ས་འཐོབ་པར་འགྱུར་བ་བསྟན་པ་དང་། དེ་ནས་བཛྲ་ཞེས་པས་ནི་ས་ལ་གནས་པའི་རིག་འཛིན་དག་གི་ས་འཐོབ་པར་འགྱུར་བ་བསྟན་པ་དང་། དེ་ནས་གུ་རུས་ནི་འཆི་བ་མེད་པར་ཚེ་ལ་དབང་བའི་རིག་འཛིན་དག་གིས་ས་འཐོབ་པར་འགྱུར་བ་བསྟན་པ་དང་། དེ་ནས་པདྨས་ནི་ཕྱག་རྒྱ་ཆེན་པོའི་རིག་འཛིན་དག་གི་ས་འཐོབ་པར་འགྱུར་བ་བསྟན་པ་དང་། དེ་ནས་སིདྡྷིས་ནི་ལྷུན་གྱིས་གྲུབ་པའི་རིག་འཛིན་དག་གི་ས་འཐོབ་པར་འགྱུར་བ་བསྟན་པ་དང་། དེ་ནས་ཧཱུྃ་ཞེས་པ་གང་གིས་ནི་རྣམ་པར་སྨིན་པའི་རིག་འཛིན་དག་གི་ས་འཐོབ་པར་འགྱུར་བ་བསྟན་པར་མཛད་པ་ཡིན་ནོ། །ཨོཾ་ཨཱཿཧཱུྃ༔ གུ་རུ་པདྨ་སིདྡྷི་ཧཱུྃ༔ དེ་ནས་གོང་དུ་བཤད་པ་ལྟ་བུའི་བཛྲ་གུ་རུ་དད་ཅིང་གུས་པའི་སྒོ་ནས་ལན་གཅིག་བཟློད་པར་བྱས་པ་དེ་ཡི་བསོད་ནམས་དེ་ལ་གཟུགས་མཆིས་ན་འཛམ་གླིང་འདི་ཉིད་སྣོད་དུ་བྱས་ན་སྣོད་དུ་ཆུང་བར་འགྱུར་བ་ཡིན་ལ། དེས་ན་འདི་ཉིད་མཐོང་ཐོས་དྲན་པའི་སེམས་ཅན་ཐམས་ཅད་ཀུན་གཅིག་ཀྱང་མ་ལུས་པར་རིག་འཛིན་པོ་མོའི་གྲལ་དུ་འགོད་པར་ངེས་པ་ཡིན་པའི་ཕྱིར་དང་། དེ་ལྟ་བུའི་ནམ་ཡང་བསླུ་མེད་བཛྲ་གུ་རུའི་བདེན་ཚིག་འདི་ལ་བརྟེན་ནས་གང་འདོད་བཀའ་བཞིན་འགྲུབ་པར་མ་གྱུར་ན་པདྨ་ང་ཡིས་སེམས་ཅན་བསླུ་བ་ཨང་ཞེས་གསུངས་པ་དང་། མ་ཟད་ནམ་ཡང་མི་བསླུ་བར་ངེས་པའི་ཨོ་རྒྱན་པདྨ་འབྱུང་གནས་ཀྱི་བཀའ་བཞིན་དུ་བསྒྲུབ་པར་གྱིས་ཤིག་དང་། དེ་ལྟར་བཟླས་པ་མི་ནུབ་པའི་རྒྱལ་མཚན་གྱི་རྩེ་ལ་ཕྱུར་ན་དེ་ཡི་རླུང་

ཐོག་ཚད་སེམས་ཅན་ཐམས་ཅད་གྲོལ་བར་འགྱུར་བ་ལ་ཐེ་ཚོམ་མེད་པ་ཡིན་ལ། དེ་མིན་ཡང་ན་ས་ཤིང་རྗོ་ཡི་ལོགས་སུ་བྲི་བར་བྱེད་པ་དང་། དེ་ལ་རབ་གནས་བྱས་ནས་ལམ་ལ་བཀྲམ་པར་བྱས་ན་ཡང་མཐོང་བ་ཙམ་གྱིས་ནད་གདོན་སྒྲིབ་པ་འདག་པར་འགྱུར་བ་དང་། མ་ཟད་ས་དེར་གནས་པའི་འདྲེ་དང་སྲིན་པོ་སོགས་ཀྱི་རྒྱུ་ལམ་རྣམས་ཆོད་པར་འགྱུར་བ་ཡིན་ནོ། །དེ་ཉིད་མཐིང་ཤོག་དག་ལ་རིན་པོ་ཆེ་གསེར་གྱིས་བྲིས་ལ་རང་རང་གི་ལུས་ལ་འདོགས་པར་བྱས་ན། མ་རུང་བའི་གདོན་བགེགས་འབྱུང་པོས་གནོད་པ་སོགས་གང་གིས་ཀྱང་བྱེད་མི་ནུས་པར་འགྱུར་བ་དང་། མ་ཟད་རང་རང་ཤི་ཚེ་ཤི་ནས་རོ་དང་མ་བྲལ་བར་མེ་ལ་བསྲེགས་པར་བྱས་ན་ནི་ཕྱོགས་བཅུའི་ཞིང་ཁམས་རྣམས་དང་ལུས་ལ་སོགས་ལ་འཛའ་ཚོན་འཁྲུག་ཅིང་བདེ་ཆེན་དག་པའི་ཞིང་དུ་འཕོ་བར་ངེས་ཞེས་གསུངས་པ་ལྟ་བུ་དང་། མ་ཟད་སྙིང་པོ་གུ་རུ་སིདྡྷི་འདི་ཉིད་སྐྱེ་བོ་སུ་དང་སུ་ཞིག་ཡིན་ན་ཡང་འབྲི་ཀློག་འཛིན་པའི་ཡོན་ཏན་སོགས་ནམ་ཡང་ཚད་ལས་འདས་པར་འགྱུར་བ་ཡིན་ལ། །དེས་ན་མ་འོངས་པ་ན་སེམས་ཅན་ཐམས་ཅད་ཀྱི་དོན་དུ་བཀོད་དེ་སྦས་པར་མཛད་པ་འདི་ཉིད་སྐལ་ལྡན་ལས་ཅན་དག་གིས་བུ་དང་འཕྲད་པར་ཤོག་ཅིག་ཅེས་སྨོན་པར་མཛད་པ་ཡིན་ནོ། །

དེ་ལྟར་བརྗོད་པའི་མཐར་ནི། ནམ་ཡང་བདག་དང་བདག་འདྲ་བའི་སྐྱེ་བོ་རྣམས་ལ་སྐྱིད་སྡུག་ཀུན་གྱི་རེ་ས་མགོན་པོ་ཁྱེད་ལས་གཞན་ན་མེད་པ་དང་། མ་ཟད་ད་ལྟའི་དུས་ངན་སྙིགས་མའི་འགྲོ་བ་བླང་དོར་ལ་རྨོངས་པའི་སེམས་ཅན་འདི་རྣམས་སྙིང་རྗེ་སྐྱེ་བའི་ཡུལ་དུ་གྱུར་པ་ཞིག་ཡིན་ཏེ། དེ་དག་ནི་ཚེ་རབས་འཁོར་བ་ཐོག་མེད་ནས་མ་རིག་པ་འདོད་ཆགས་ཞེ་སྡང་གཏི་མུག་སོགས་ཀྱི་དབང་གིས་ཤིན་ཏུ་མི་བཟོད་པའི་སྡུག་

བསྐལ་ངན་པོའི་འདམ་དུ་བྱིང་བའི་དུས་འདིར། མགོན་པོ་ཁྱེད་ཀྱི་ཐུགས་རྗེས་རྗེས་སུ་གཟིགས་པར་མཛོད་ཅིང་སྡུག་བསྔལ་འདི་ལས་མྱུར་དུ་སྐྱོབས་པར་གྱིས་ཤིག་མ་ཧཱ་གུ་རུ་ཁྱེད་མཁྱེན། མགོན་པོ་ཁྱེད་ཀྱིས་བདག་ཅག་རྣམས་ལ་དབང་བཞི་བསྐུར་ཅིག སྒོ་གསུམ་བྱིན་གྱིས་རླབས་པར་མཛོད་པ་ཅན་དང་། མ་ཟད་ཐུགས་རྒྱུད་ཀྱི་རྟོགས་པ་རྒྱུད་ལ་སྤྲོ་བར་མཛོད་ཅིག ཐུགས་སྙིང་རྗེ་ཡི་རང་བཞིན་ཅན་མགོན་པོ་ཁྱེད་ལ་བསྟེན་པར་བྱས་པའི་སྟོབས་ལས་སྒྲིབ་གཉིས་ཀྱི་དྲི་མ་མཐའ་དག་སྦྱོངས་ཤིག་ཐུགས་རྗེའི་ནུས་མཐུ་ཅན་ཞེས་བརྗོད་པར་བྱ་ལ། དེ་ལྟར་མགོན་པོ་རྫོགས་པའི་སངས་རྒྱས་དང་རྣམ་དབྱེར་མ་མཆིས་པ་དེ་ལ་གསོལ་བ་བཏབ་སྟེ། དེ་ལས་མཐར་ཨོཾ་ཨཱཿཧཱུྃ་བཛྲ་གུ་རུ་པདྨ་སིདྡྷི་ཧཱུྃ་ཞེས་བརྗོད་པར་བྱ་དགོས། དེ་ལྟར་བརྗོད་པའི་མཐར་མི་དམིགས་སྟོང་པ་ཆེན་པོའི་ངང་དུ་མཉམ་པར་འཇོག་པར་བྱས་ན་བདག་གཞན་སེམས་ཅན་ཐམས་ཅད་ཀྱི་སྒྲིབ་གཉིས་ཀྱི་དྲི་མ་མཐའ་དག་དག་ཅིང་། རྒྱལ་བ་རྫོགས་པའི་སངས་རྒྱས་རྣམས་ཀྱི་དགོངས་རྒྱུད་རྟོགས་པའི་བྱིན་རླབས་སྙིང་ལ་འཕོ་བར་འགྱུར་བ་བསྟན་པ་ཡིན་ནོ།།

དེ་བཞིན་དུ་ཐམས་ཅད་ཀྱིས་རང་རང་གི་བླ་མ་དགེ་བའི་བཤེས་གཉེན་དམ་པ་རྣམས་ལ་ཡང་ཡང་གསོལ་བ་འདེབས་པར་བྱས་ཏེ། དེ་དག་རྣམས་ལ་ཚུལ་བཞིན་དུ་བསྟེན་པར་བྱས་ན་ཐུགས་རྒྱུད་ཀྱི་ཡོན་ཏན་མཐའ་དག་འབད་བརྩོན་མི་དགོས་པར་རྒྱུད་ལ་འབྱུང་བར་འགྱུར་བ་ཡིན་ནོ། །དེ་ནས་དགེ་བའི་བཤེས་གཉེན་དག་ལ་སྨན་པ་ལྟ་བུ་དང་། རང་ཉིད་ནད་པ་ལྟ་བུའི་འདུ་ཤེས་འཛིན་རྒྱུ་དང་། དམ་པའི་ཆོས་དེ་ཉིད་ཀྱིས་ནི་ལས་ཉོན་གྱི་ནད་དྲག་པོ་སོགས་ཉེ་བར་འཚོ་བའི་འདུ་ཤེས་སོགས་འཛིན་དགོས་ཚུལ་གྱི་ལོ་རྒྱུས་རྣམས་ཀུན་བཟང་བླ་མའི་ཞལ་ལུང་སོགས་ལས་གསལ་པོར་གསུངས་པ་ལྟར་

ཡིན་པས་དེ་ལས་ཤེས་དགོས། དེ་ལས་གཞན་ཡང་བླ་མ་དགེ་བའི་བཤེས་གཉེན་དམ་པ་རྣམས་ཀྱི་ཡོན་ཏན་མཐའ་དག་ཡིད་ལ་དྲན་ཞིང་སྙིང་དང་མིག་ལྟར་སྲུང་བར་བྱེད་པའི་ཚུལ་ནི། དཔེར་ན་ཏེ་ལོ་དང་ན་རོ་དག་གིས་ཕན་ཚུན་བསྟེན་པའི་ཚུལ་དང་། མ་ཟད་ཏག་ཏུ་ངུ་དང་ཆོས་འཕགས་སོགས་ཀྱི་ལོ་རྒྱུས་རྣམས་ཀུན་བཟང་བླ་མའི་ཞལ་ལུང་ལས་གསུངས་པ་ལྟར་ཤེས་ནས་དེ་ལྟར་བསྟེན་པར་བྱས་ན། སློབ་བུ་དག་གི་དད་པའི་དབང་གིས་སྟངས་རྫོགས་ཀྱི་ཡོན་ཏན་བསམ་མི་ཁྱབ་པ་ཞིག་རྒྱུད་ལ་འབྱུང་བར་འགྱུར་བའི་རང་བཞིན་ཅན་ཉིད་དུ་ཤེས་པར་འགྱུར་བ་ཡིན་ནོ། །

དེ་ཡང་གོང་དུ་བཤད་པ་ལྟར་རྒྱལ་བ་རྣམས་ལ་ཡན་ལག་བདུན་གྱི་སྒོ་ནས་དངོས་འབྱོར་ཡིད་སྤྲུལ་གྱི་མཆོད་པ་སྣ་ཚོགས་འབུལ་བར་བྱེད་དགོས། དེ་ལྟར་བྱས་ན་ཐམས་ཅད་ཀྱིས་ཚོགས་གཉིས་རྫོགས་ཤིང་སྒྲིབ་གཉིས་མཐའ་དག་དག་པར་འགྱུར་བ་དང་། ཡན་ལག་བདུན་ལས་དང་པོ་ཕྱག་འཚལ་བའི་ཡན་ལག་འདི་ཉིད་ཇི་བཞིན་དུ་བསྒྲུབས་པར་བྱས་ན། སངས་རྒྱས་རྣམས་ཀྱི་ཐུགས་རྒྱུད་ཀྱི་ཡོན་ཏན་འཕོས་ཤིང་དེ་དག་རྣམས་དང་བསྐལ་བ་མཉམ་པར་འགྱུར་བ་ཡིན་ཏེ། དེ་ལྟར་ཡིན་པའི་ཚུལ་ནི།

ཆགས་མེད་རིན་པོ་ཆེས།

སྟོང་གསུམ་འཛིག་རྟེན་རབ་འབྱམས་གྲངས་མེད་པ། །
རིན་ཆེན་གྱིས་བཀང་སྦྱིན་པ་བྱིན་པ་བས། །
འོད་དཔག་མེད་པའི་མཚན་དང་བདེ་བ་ཅན། །
ཐོས་ནས་དད་པས་ཐལ་མོ་སྦྱར་བྱས་ན། །
དེ་ནི་དེ་བས་བསོད་ནམས་ཆེ་བར་གསུངས། །

དེ་ཕྱིར་འོད་དཔག་མེད་ལ་ཕྱག་འཚལ་ལོ། །

ཞེས་པ་དང་།

ཡང་མདོ་ལས།

གང་གིས་ཕྲ་རབ་རྡུལ་སྙེད་འཇིག་རྟེན་ཁམས། །
བཤིག་ཅིང་བཏགས་ཏེ་རྡུལ་དུ་བྱས་གྱུར་པ། །
དེ་བས་མང་བའི་འཇིག་རྟེན་རྣམས་ཀྱི་ཁམས། །
རིན་ཆེན་བཀང་སྟེ་སྦྱིན་པ་བྱིན་པ་བས། །
གང་གིས་འོད་དཔག་མེད་པའི་འོད་མཚན་དང་། །
བདེ་བ་ཅན་གྱི་ཡོན་ཏན་ཁྱད་འཕགས་རྣམས། །
ཐོས་ནས་དགའ་སྟེ་ཐལ་མོ་སྦྱོར་བྱེད་པ། །
བསོད་ནམས་དེ་ཡི་ཆར་ཡང་འགྱུར་མ་ཡིན། །
དེ་ལྟ་བས་ན་ཐོས་ནས་ཡིད་གཉིས་སོལ། །

ཞེས་པ་དང་། ཡང་འོད་མདོ་ལས། སེམས་ཅན་གང་དག་ཁ་ཅིག་གིས་བཅོམ་ལྡན་འདས་འོད་དཔག་མེད་དེའི་མཚན་ཐོས་ལ། ཐོས་ནས་ཀྱང་ཐ་ན་སེམས་བསྐྱེད་པ་གཅིག་ཙམ་ཞིག་བསམ་པ་ཐག་པ་ནས་དད་པ་དང་དགའ་བ་བསྐྱེད་པ་དེ་དག་ཐམས་ཅད་བླ་ན་མེད་པ་ཡང་དག་པར་རྫོགས་པའི་བྱང་ཆུབ་ལས་ཕྱིར་མི་ལྡོག་པའི་ཕྱིར་རོ། །ཞེས་གསུངས་སོ། །དེ་ལྟར་ཕྱག་འཚལ་བར་བྱས་ན་སྐྱེ་བ་ཚེ་རབས་ཐམས་ཅད་དུ་ཚུལ་ཁྲིམས་ལྡན་པ་དང་ཚེ་རབས་དྲན་པ་སོགས་ཀྱི་བསོད་ནམས་ཚད་མེད་པ་ཞིག་རྒྱུད་ལ་འབྱུང་བར་འགྱུར་བ་ཡིན་ཏེ། དེ་ལྟར་ཡིན་པའི་ཚུལ་ནི།

བཟང་སྤྱོད་ལས།

ཀྱལ་བ་ཀུན་གྱི་རྗེས་སུ་སློབ་གྱུར་ཏེ། །

བཟང་པོ་སྤྱོད་པ་ཡོངས་སུ་རྫོགས་བྱེད་ཅིང་། །

ཚུལ་ཁྲིམས་སྤྱོད་པ་དྲི་མེད་ཡོངས་དག་ལ། །

རྟག་ཏུ་མ་ཉམས་སྐྱོན་མེད་སྤྱོད་པར་ཤོག །

ཅེས་པ་དང་།

སྤྱོད་འཇུག་ལས།

བདག་ཀྱང་འཇམ་དབྱངས་བཀའ་དྲིན་གྱིས། །

ས་རབ་དགའ་བ་ཐོབ་བར་ཤོག །

རྟག་ཏུ་ཚེ་རབས་དྲན་པ་དང་། །

རབ་ཏུ་བྱུང་བ་ཐོབ་པར་ཤོག །

ཅེས་པ་དང་།

ལྷ་ལས་ཕུལ་བྱུང་ལས།

སྙིང་ནས་དད་དམ་ཇི་ལྟར་དགའ་བ་དང་། །

ཐེ་ཚོམ་གྱིས་སམ་གཞན་གྱི་ངོར་ཡང་རུང་། །

གང་ཞིག་ཐུབ་དབང་ཟླ་བ་དེར་ཕྱག་བྱེད། །

དེས་ནི་ལྷ་ཡི་བདེ་བ་ཕུན་ཚོགས་ཐོབ། །

ཅེས་གསུངས་སོ། །དེ་ལྟར་བདེ་བ་ཐོབ་པར་མ་ཟད་ཕྱག་འཚལ་བའི་གང་དེ་དག་གི་རྒྱུད་ལ་དགོངས་རྒྱུད་རྫོགས་པའི་བྱིན་རླབས་དང་། སྐུ་གསུང་ཐུགས་ཀྱི་ཡོན་ཏན་

མཐའ་དག་མ་འབད་དང་གིས་འགྲུབ་པར་འགྱུར་བ་ཡིན་ལ། དེས་ན་དེ་ལྟ་བུའི་ཕྱག་འཚལ་བའི་ཚེ་ན་འཚལ་ཚུལ་ཤེས་པ་དེ་ཉིད་ཤིན་ཏུ་གལ་ཆེ་བའི་རང་བཞིན་ཡིན། དེ་ཉིད་འཚལ་ཚུལ་མདོར་བསྡུས་ཤིག་བཤད་ན། དང་པོ་མཆོག་དམན་མེད་པར་སུ་ཡིས་འཚལ་བར་བྱས་ཀྱང་། དང་པོ་ཀུན་སློང་ཧ་ཅང་ཡག་པོ་བཙོས་རྒྱུ་དེ་ནི་ཤིན་ཏུ་གལ་ཆེན་རེད། ཀུན་སློང་ཅི་ལྟ་བུའི་ཚུལ་བཙོས་དགོས་སོ་ཞེ་ན། དང་པོ་ཕྱག་འཚལ་བའི་ཚེ་ན། རང་རང་མི་དགའ་སའི་དགྲ་དང་། རང་རང་དགའ་སའི་གཉེན་སོགས་ལ་དགྲ་གཉེན་འཛིན་པ་མེད་པར་བྱས་ཏེ། རྒྱལ་བ་སྲས་དང་བཅས་པ་མདུན་གྱི་ནམ་མཁར་ཐམས་ཅད་སྣང་ལ་རང་བཞིན་གྱི་གྲུབ་པ་མེད་པར་མངོན་སུམ་དུ་ཡོད་པར་བསམ་ནས། དེ་དག་གི་མདུན་དུ་བདག་གཞན་སེམས་ཅན་ཐམས་ཅད་ས་གཞིའི་རྡོས་ལ་རྡུལ་འཚོགས་པ་བཞིན་དུ་ཡོད་པར་བསམ་ཞིང་། དེ་དག་ལ་སྙིང་ནས་གསོལ་བ་འདེབས་པ་དང་བཅས་ཏེ། དེ་དག་ལ་ཕྱག་འཚལ་བར་བྱ་དགོས། དང་པོ་དྲང་པོར་གྱེན་ལ་འགྲེང་བར་བྱས་ཏེ། ལག་པ་གཉིས་ཀྱིས་ཐར་མོ་ཁུང་སྟོང་གི་ཚུལ་དུ་སྦྱར་བྱ་དགོས། ལག་པ་དེ་གཉིས་ཀྱི་ནང་དུ་ནོར་བུ་ཕུན་སུམ་ཚོགས་པ་ཞིག་ཡོད་པར་བསམ་དགོས། དེ་ཡི་བདག་གཞན་སེམས་ཅན་ཐམས་ཅད་ཀྱི་བསམ་པའི་དོན་ཐམས་ཅད་དམ་པའི་ཆོས་བཞིན་དུ་འགྲུབ་པར་བསམ་དགོས། དེ་ནས་ལག་པ་གཉིས་ཀ་སྤྱི་བོར་འཇོག་པར་བྱེད་པའི་ཚེ་ན། རྒྱལ་བ་སྲས་དང་བཅས་པའི་སྐུ་ཡི་ཡོན་ཏན་མཐའ་དག་བདག་གཞན་སེམས་ཅན་ཐམས་ཅད་ཀྱི་རྒྱུད་ལ་འཕོས་ཤིང་ལུས་ཀྱི་སྒྲིབ་པ་མཐའ་དག་བྱང་ཞིང་དག་པར་བསམ་དགོས། དེ་ནས་ཡང་ལག་པ་གཉིས་ཀ་རང་གི་མགྲིན་པའི་ཐད་དུ་འཇོག་པར་བྱེད་པའི་ཚེ་ན། ཡང་རྒྱལ་བ་སྲས་དང་བཅས་པའི་གསུང་གི་བྱིན་རླབས་མཐའ་དག་བདག་གཞན་

སེམས་ཅན་ཐམས་ཅད་ཀྱི་རྒྱུད་ལ་འཕོས་ནས་ངག་གི་སྒྲིབ་པ་མཐའ་དག་བྱང་ཞིང་དག་པར་བསམ་དགོས། དེ་ནས་ཡང་ལག་པ་གཉིས་ཀ་རང་གི་སྙིང་གི་ཐད་དུ་འཛོག་པར་བྱེད་པའི་ཚེ་ན། བདག་གཞན་སེམས་ཅན་ཐམས་ཅད་ཀྱི་རྒྱུད་ལ་ཐུགས་ཀྱི་བྱིན་རླབས་འཕོས་ནས་ཡིད་ཀྱི་སྒྲིབ་པ་མཐའ་དག་བྱང་ཞིང་དག་པར་བསམ་དགོས། དེ་བཞིན་དུ་རྒྱལ་བ་སྲས་དང་བཅས་པ་ལ་ཕྱག་འཚལ་བའི་བྱིན་རླབས་རང་གི་མཐའ་སྐོར་དུ་སེམས་ཅན་ཐམས་ཅད་ས་གཞིའི་རྡོས་ལ་རྡུལ་འཚོགས་པ་བཞིན་དུ་ཡོད་པ་དེ་དག་གི་རྒྱུད་ལ་འཕོས་ནས་ཐམས་ཅད་གཅིག་ཀྱང་མ་ལུས་པར་དཔེར་ན་བྱ་ཁྲུ་ཙུར་རྡོས་སྐྲོག་པ་བཞིན་དུ་སངས་རྒྱས་པར་བསམ་དགོས་པ་ཡིན་ནོ། །

དེ་ནས་ཡང་རྒྱལ་བ་སྲས་དང་བཅས་པ་རྣམས་ལ་དངོས་འབྱོར་ཡིད་སྤྲུལ་གྱི་མཆོད་པ་སྣ་ཚོགས་ཤིག་དབུལ་བར་བྱ་དགོས། དང་པོ་དངོས་སུ་འབྱོར་བའི་མཆོད་པ་ཕུལ་བར་བྱས་ན་ཡོན་ཏན་ཚད་མེད་པ་དག་དང་ལྡན་པར་གྱུར་པ་ཡིན་ཏེ། ཆགས་མེད་རིན་པོ་ཆེས། བདག་གི་ལུས་དང་ལོངས་སྤྱོད་དགེ་རྩ་བཅས། །དངོས་སུ་འབྱོར་བའི་མཆོད་པ་ཅི་མཆིས་པ། །ཞེས་པ་ལྟར་ཐམས་ཅད་བློ་ལ་བླངས་པར་བྱས་ཏེ། ཡིད་གཉིས་ཐེ་ཚོམ་དང་འཕངས་སེམས་མེད་པར་དབུལ་བར་བྱ་དགོས། དེ་བཞིན་དུ་དངོས་པོ་ཐམས་ཅད་ཡིད་ལ་བླངས་ནས་ཕུལ་བར་བྱས་ན། རྒྱལ་བ་རྣམས་ལ་དངོས་སུ་ཕུལ་བའི་བསོད་ནམས་དང་སྐལ་བ་མཉམ་པར་འགྱུར་བ་ཡིན་ཏེ། དེ་ལྟར་འབུལ་བའི་ཚུལ་ནི།

དཀོན་མཆོག་ཏ་ལའི་མདོར།

མེ་ཏོག་ཕལ་ཆེར་མེ་ཏོག་བླ་རེ་དང་། །

མེ་ཏོག་བཀོད་པའི་འོད་ཟེར་རབ་བཀྱེ་སྟེ། །

མི་ཪྟོག་སྣ་ཚོགས་ཀུན་ཏུ་བཀྲམ་བྱས་ནས། །
བདག་ཉིད་ཆེན་པོ་དེ་དག་རྒྱལ་བ་མཆོད། །

ཅེས་པ་དང་།

དཀོན་མཆོག་སྤྲིན་མེར།

རིགས་པར་བརྩོན་པ་དཀོན་མཆོག་གསུམ་རྣམས་ལ། །
སྦྱོར་བ་སྐྱོ་བ་མེད་པར་མཆོད་བྱས་ནས། །
དེ་དག་བདུད་བཞིའི་ལམ་ལས་རབ་འདས་ཏེ། །
བྱང་ཆུབ་བླ་མེད་མྱུར་དུ་རེག་པར་འགྱུར། །
སེམས་ཅན་མང་པོ་བརྩོན་འགྲུས་འཛིན་བཅུག་སྟེ། །
དཀོན་མཆོག་གསུམ་ལ་མཆོད་པར་རབ་བྱས་ནས། །
ཟད་པའི་དུས་སུ་དམ་ཆོས་ཡོངས་བཟུང་བས། །
བརྟན་པར་ལྡན་པའི་འོད་ཟེར་དེར་ཐོབ་པོ། །

ཞེས་དང་།

དེ་ནས་ཡང་གཞུང་གཞན་ལས་ནི།

མཉེས་ཕྱིར་མཆྱུལ་བཟང་པོ་འདི་ཕུལ་བས། །
བྱང་ཆུབ་ལམ་ལ་བར་ཆད་མི་འབྱུང་ཞིང་། །
དུས་གསུམ་བདེ་གཤེགས་དགོངས་པ་རྫོགས་པ་དང་། །
སྲིད་པར་མི་འཁྲུལ་ཞི་བར་མི་གནས་ཤིང་། །
མཁའ་དང་མཉམ་པའི་འགྲོ་རྣམས་གྲོལ་བར་ཤོག །

ཅེས་གསུངས་པ་ལྟར་བྱང་ཆུབ་བླ་ན་མེད་པའི་འབྲས་བུ་ཐོབ་པའི་ཕྱིར་དུ་འབུལ་བར་བྱེད་དགོས་པ་དང་།  མ་ཟད་གསང་སྔགས་རྡོ་རྗེ་ཐེག་པའི་བཀའ་དང་དམ་ཚིག་ལས་འགལ་བ་ཐམས་ཅད་ཀྱང་གཙང་རྨི་འཛིན་རྟོག་དང་བྲལ་བའི་ངང་ནས་ཕྱི་ནང་གསང་བའི་མཆོད་པ་སོགས་བློ་ལ་བླངས་ནས་འབུལ་བར་བྱེད་དགོས་པ་ཡིན་ཏེ།  བླ་མ་དགོངས་འདུས་ལས། ཨོཾ་ཨཱཿཧཱུྃཿ དངོས་སུ་འབྱོར་དང་ཡིད་ཀྱིས་རྣམ་སྤྲུལ་ཏེཿ ཕྱི་ནང་གསང་གསུམ་ཡང་གསང་མཆོད་པའི་སྤྲིནཿ བདུད་རྩི་སྨན་དང་རཀྟ་བ་ལིང་ཏཿ དགོངས་འདུས་དཀྱིལ་འཁོར་ལྷ་ཚོགས་རྣམས་ལ་འབུལཿ ཞེས་པ་ལྟར་སྣང་སྲིད་ཐམས་ཅད་དག་པ་འབའ་ཞིག་གི་རང་བཞིན་ཡེ་ནས་ཡིན་པ་ལ་ཡིན་པར་ཤེས་པའི་ངེས་ཤེས་དང་བཅས་ཏེ་དབུལ་བར་བྱ་དགོས་པ་དང་། མ་ཟད་ཡང་བཀའ་བརྒྱད་བདེ་གཤེགས་འདུས་པ་ལས། ཨོཾཿ འདོད་ཡོན་དབང་ཕྱུ་དྲུག་གསུམ་ཉོན་མོངས་ལྔཿ སྦྱོར་སྒྲོལ་ཏིང་འཛིན་ཕྲུག་རྒྱུ་གླུ་བྲོ་གརཿ སྨན་དང་རཀྟ་གཏོར་མ་གསང་བའི་རྫསཿ དངོས་འབྱོར་ཡིད་སྤྲུལ་ཀུན་བཟང་མཆོད་སྤྲིན་ལྟརཿ བདེ་གཤེགས་སྒྲུབ་པ་བཀའ་བརྒྱད་ལྷ་ལ་འབུལཿ མཉེས་ནས་མཆོག་ཐུན་དངོས་གྲུབ་སྩོལ་དུ་གསོལ། །ཞེས་པ་ལྟར་ཐམས་ཅད་དག་པའི་རང་བཞིན་དུ་ཡེ་ནས་ཡིན་པ་ལ་ཡིན་པར་ཤེས་པའི་ངང་ནས་རྒྱལ་བ་སྲས་དང་བཅས་པ་རྣམས་ལ་དབུལ་བར་བྱ་དགོས།  དེ་ལྟར་བྱས་ན་མཐར་བདག་གཞན་སེམས་ཅན་ཐམས་ཅད་ཀྱིས་ཚོགས་གཉིས་གསོག་ཞིང་སྒྲིབ་གཉིས་དག་པར་འགྱུར་བ་ཡིན་ནོ། །

དེ་ལྟར་མཆོད་པ་ཕུལ་བར་བྱས་པའི་མཐར་ སྔར་བྱས་ཀྱི་སྡིག་པ་ཐམས་ཅད་ལ་སྙིང་ནས་འགྱོད་ཅིང་བཤགས་པར་བྱེད་པའི་ཐབས་ལ་བརྩོན་པར་བྱེད་པ་དང་། དེ་ལྟར་འགྱོད་པ་དང་བཅས་པའི་སྒོ་ནས་བཤགས་པའི་ཚུལ་ནི།

ཆགས་མེད་རིན་པོ་ཆེས།

སྔར་བྱས་སྡིག་པ་ཁོང་དུ་དུག་སོང་ལྟར། །

ངོ་ཚ་འཇིགས་སྐྲག་འགྱོད་པ་ཆེན་པོའི་བཤགས། །

ཞེས་གསུངས་སོ། །སྤྱིར་སྡིག་པ་ལ་དེ་ལྟར་འགྱོད་ཅིང་གཉེན་པོ་སྟོབས་བཞི་རྒྱུད་ལ་བརྟེན་ཅིང་བཤགས་པར་བྱས་ན་འདག་པར་འགྱུར་བའི་རང་བཞིན་ཡིན་ཏེ། ཆོས་བཞི་བསྟན་པའི་མདོ་ལས། བྱམས་པ་བྱང་ཆུབ་སེམས་དཔའ་སེམས་དཔའ་ཆེན་པོ་ཆོས་བཞི་དང་ལྡན་ན་སྡིག་པ་བྱས་ཤིང་བསགས་པ་ཟིལ་གྱིས་གནོན་པར་འགྱུར་རོ། །བཞི་གང་ཞེ་ན། འདི་ལྟ་སྟེ། རྣམ་པར་སུན་འབྱིན་པ་ཀུན་ཏུ་སྤྱོད་པ་དང་། གཉེན་པོ་ཀུན་ཏུ་སྤྱོད་པ་དང་། སོར་ཆུད་པར་བྱེད་པའི་སྟོབས་དང་། རྟེན་གྱི་སྟོབས་སོ། །དེ་ལ་རྣམ་པར་སུན་འབྱིན་པ་ཀུན་ཏུ་སྤྱོད་པ་ནི་མི་དགེ་བའི་ལས་སྤྱད་ན་དེ་ལ་འགྱོད་པ་མང་བ་ཡིན་ནོ། །དེ་ལ་གཉེན་པོ་ཀུན་ཏུ་སྤྱོད་པ་ནི་མི་དགེ་བའི་ལས་བྱས་ནས་ཀྱང་དགེ་བའི་ལས་ལ་ཤིན་ཏུ་བརྩོན་པའོ། །དེ་ལ་སོར་ཆུད་པར་བྱེད་པའི་སྟོབས་ནི་སྡོམ་པ་ཡང་དག་པར་བླངས་པས་མི་བྱེད་པའི་སྡོམ་པ་ཐོབ་པའོ། །དེ་ལ་རྟེན་གྱི་སྟོབས་ནི་སངས་རྒྱས་དང་ཆོས་དང་དགེ་འདུན་ལ་སྐྱབས་སུ་འགྲོ་བ་དང་བྱང་ཆུབ་ཀྱི་སེམས་མི་གཏོང་བ་སྟེ། །དེ་ཉིད་སྟོབས་དེ་དང་ལྡན་པ་ལ་བརྟེན་པས་སྡིག་པའི་ཟིལ་གྱིས་གནོན་པར་མི་ནུས་སོ་ཞེས་གསུངས་སོ། །དེ་བཞིན་དུ་གཉེན་པོ་སྟོབས་བཞི་བརྟེན་ཞིང་བཤགས་པར་བྱས་ན་འདག་པའི་ཚུལ་ནི།

ཡང་གསེར་འོད་དམ་པ་ལས།

གང་གིས་བསྐལ་བ་སྟོང་རྣམས་སུ། །

སྡིག་པ་ཤིན་ཏུ་མི་བཟད་བགྱིས།།
ལན་གཅིག་རབ་ཏུ་བཤགས་པ་ཡིས།།
དེ་དག་ཐམས་ཅད་འབྱུང་བར་འགྱུར།།

ཞེས་དང་།

བྱམས་པའི་སེང་གེའི་སྒྲ་བསྟན་པ་ལས་ཀྱང་།

མི་ཤེས་པས་ནི་གང་བྱས་པའི།།
སྡིག་པའི་ལས་ནི་བཤགས་པར་བགྱིས།།
མཁས་པས་ཤེས་པ་བཤགས་ན་ནི།།
ལས་དང་ལྷན་ཅིག་མི་གནས་སོ།།

ཞེས་དང་།

ལས་རྣམ་འབྱེད་ལས།

ཤིན་ཏུ་མི་བཟད་ལས་རྣམས་བྱས་པ་ནི།།
བདག་ལ་རྣམ་པར་སྨོད་པས་བསྲབ་པར་འགྱུར།།
རབ་ཏུ་བཤགས་དང་སྡོམ་པར་བྱེད་པ་ཡིས།།
དེ་དག་ཤིན་ཏུ་རྩད་ནས་བཏོན་པ་བཞིན།།

ཞེས་པ་བཞིན་དུ་སྔར་བྱས་ཀྱི་སྡིག་པ་རྣམས་ལ་འགྱོད་ཅིང་བཤགས་པར་བྱས་ཏེ། ཕྱིས་ནས་སྲོག་ལ་བབས་ཀྱང་མི་བྱེད་པའི་དམ་བཅའ་རྣམ་པར་དག་པ་ཞིག་ཡོད་དགོས། དེ་ལྟར་ཡོད་ན་རང་རྒྱུད་ཤིན་ཏུ་དག་པར་འགྱུར་བ་ཡིན་ཏེ།

ཆགས་མེད་རིན་པོ་ཆེས།

ཕྱིན་ཆད་སྡོམ་སེམས་མེད་ན་མི་འདག་པས།།
ཕྱིན་ཆད་སྡིག་ལ་བབ་ཀྱང་སྡིག་པའི་ལས།།
ད་ནི་མི་བགྱིད་སེམས་ལ་དམ་བཅའ་འཛིན།།
བདེ་གཤེགས་འོད་དཔག་མེད་པ་སྲས་བཅས་ཀྱིས།།
བདག་རྒྱུད་ཡོངས་སུ་དག་པར་བྱིན་གྱིས་རློབས།།

ཞེས་གསུངས་པ་བཞིན་དུ་ཕྱིས་ནས་མི་བྱེད་པའི་དམ་བཅའ་ཡོད་ན་ཕྱིས་ནས་རང་རྒྱུད་ལ་སྡིག་པས་མི་གོས་པར་བསོད་ནམས་བསམ་མི་ཁྱབ་པ་དང་ལྡན་པར་འགྱུར་བ་ཡིན་ཏེ། དེ་ལྟར་ཡིན་པའི་ཚུལ་ནི། འདུལ་བ་ལུང་ལས་ཀྱང་། འདི་ལྟར་ཉེས་པ་ཞེས་ཤིང་ཉེས་པ་མཐོང་ལ་དེ་མཐོང་ནས་ཀྱང་བཤགས་ནས་ཕྱིས་སྡོམ་པར་བྱེད་ན་ཁྱོད་ཀྱི་དགེ་བའི་ཆོས་རྣམས་མི་ཉམས་ཤིང་འཕེལ་བ་ཉིད་དུ་འདོད་པར་བྱའོ། །ཞེས་གསུངས་སོ།།

སྤྱིར་གོང་དུ་བཤད་པའི་བཤགས་པར་བྱ་བའི་སྡིག་པ་ཐམས་ཅད་རྒྱུ་གང་ལས་བྱུང་ངོ་ཞེ་ན། དེ་དག་གི་གཙོ་བོ་ནི་སེམས་ཅན་རྣམས་ཀྱི་སྒོ་ལུས་ཡིད་གསུམ་ལས་འབྱུང་བ་ཡིན་ལ། དེས་ན་དེ་དག་གི་རྒྱུའི་གཙོ་བོ་ནི་མི་དགེ་བ་འདོད་ཆགས་ཞེ་སྡང་གཏི་མུག་གསུམ་གྱི་རྒྱུ་བྱས་ནས་འབྱུང་གི་ཡོད་པ་དང་། མ་ཟད་དེ་དག་ཀྱང་གཙོ་བོ་ནི་ཡུལ་རྐྱེན་ངན་པ་ཁོ་ན་ལ་བརྟེན་ནས་བྱུང་གི་ཡོད་པ་མ་གཏོགས་དེ་ལས་གཞན་མེད་དོ། །དེ་བཞིན་དུ་རྒྱུ་རྐྱེན་རེ་དང་འཕྲད་པར་མ་གྱུར་ན་དེ་ཉིད་ཇི་བཞིན་འབྱུང་བའི་སྐབས་མེད་ཉིད་དུ་གྱུར་པ་ཡིན་ལ། དེས་ན་ཐམས་ཅད་ཀྱིས་རྟག་ཏུ་དྲན་ཤེས་བསྟེན་ཅིང་མི་དགེ་བ་འབྱུང་བའི་ཡུལ་རྐྱེན་ངན་པ་དག་ལ་ཧ་ཅང་གཟབ་དགོས་པ་ཡིན། དེ་ལྟ་བུའི་

ཡུལ་རྐྱེན་སོགས་ནི་ཧ་ཅང་གི་ཀུན་ལ་འབྱུང་བ་ཞིག་ཡིན་པར་ངེས་ཤིང་ཐམས་ཅད་ཀྱིས་རྟག་ཏུ་གཉེན་པོའི་མཚོན་ཆ་ལག་ཏུ་འཛིན་པར་བྱེད་པ་དེ་ནི་ཆོས་དང་འཇིག་རྟེན་གཉིས་ཀྱི་བྱ་བ་ཀུན་སྒྲུབ་པ་ལ་ཆེས་མེད་དུ་མི་རུང་བ་ཞིག་ཡིན་པར་ཤེས་དགོས་པ་ཡིན་ནོ།།

དེ་ནས་ཡང་བདག་གཞན་མཐོ་དམན་མེད་པར་ཐམས་ཅད་ཀྱིས་རང་རང་གི་ཟག་བཅས་དང་ཟག་མེད་ཀྱི་དགེ་བ་གང་ཞིག་བསྒྲུབ་པར་བྱས་ཀྱང་། ཐམས་ཅད་ལ་དགའ་བའི་རྗེས་སུ་ཡི་རང་བྱས་ན་དགེ་བའི་བསོད་ནམས་ཐམས་ཅད་འབད་མེད་དུ་འབྱུང་བར་འགྱུར་བ་ཡིན་པའི་ཚུལ་ནི།

ཆགས་མེད་རིན་པོ་ཆེས།

གཞན་གྱི་དགེ་བ་བྱེད་པའི་ཐོས་པའི་ཚེ།།
དེ་ལ་ཕྲག་དོག་མི་དགེའི་སེམས་སྤངས་ནས།།
སྙིང་ནས་དགའ་བའི་རྗེས་སུ་ཡི་རང་ན།།
དེ་ཡི་བསོད་ནམས་མཉམ་དུ་ཐོབ་པར་གསུངས།།
དེ་ཕྱིར་འཕགས་པ་རྣམས་དང་སོ་སྐྱེ་ཡི།།
དགེ་བ་གང་སྒྲུབ་ཀུན་ལ་ཡི་རང་ངོ་།།

ཞེས་གསུངས་པ་ལྟར་རང་གཞན་མཐོ་དམན་མེད་པར་ཀུན་གྱིས་དགེ་རྩ་ཆེ་དང་ཆེ་འགྲུབ་པ་ལ་སྙིང་ནས་དགའ་བའི་རྗེས་སུ་ཡི་རང་བྱེད་པ་དེ་ནི་ཤིན་ཏུ་གལ་ཆེ་བ་དང་ལྡན་པ་ཡིན། དེ་ལྟར་མི་བྱེད་པར་ཞེ་སྡང་དང་ཕྲག་དོག་སོགས་ཀྱིས་ལས་ངན་བྱེད་པར་བྱས་ན། དེ་ཡིས་ནི་བདག་གཞན་ཐམས་ཅད་ཀྱིས་དུས་གསུམ་བསགས་པའི་དགེ་བ་

ཐམས་ཅད་འཛོམས་པར་འགྱུར་བ་ཡིན་ཏེ། དེ་ལྟར་འབྱུང་བའི་ཚུལ་རྣམས་གོང་དུ་རྒྱ་ཆེར་བཤད་པ་དེ་ལས་ཤེས་དགོས་པ་ཡིན་ནོ། །

དེ་ནས་ཡང་ཕྱོགས་བཅུའི་ཞིང་རབ་འབྱམས་ན་བཞུགས་པའི་སངས་རྒྱས་དང་བྱང་ཆུབ་སེམས་དཔའ་རྣམས་མྱ་ངན་ལས་མི་འདའ་བར་འགྲོ་བ་རྣམས་ཀྱི་དོན་དུ་བཞུགས་པར་གསོལ་བ་འདེབས་པར་བྱ་དགོས། དེ་ལྟར་བཞུགས་པར་གསོལ་བ་འདེབས་པར་བྱས་ན། རྟག་ཏུ་འགྲོ་བ་མགོན་མེད་རྣམས་ཀྱི་དོན་དུ་འབྱོན་ཞིང་གང་འདུལ་ཐབས་མཁས་ཀྱིས་སེམས་ཅན་གྲངས་མེད་པ་ཞིག་ཐར་པའི་ལམ་དུ་ཁྲིད་པར་བྱེད་པ་ཡིན་ཏེ། དེ་ལྟར་ཡིན་པའི་ཚུལ་ནི།

ཆགས་མེད་རིན་པོ་ཆེས།

སངས་རྒྱས་བྱང་སེམས་བསྟན་འཛིན་དགེ་བའི་བཤེས། །
མྱ་ངན་འདའ་བར་བཞེད་ཀུན་དེ་དག་ལ། །
མྱ་ངན་མི་འདའ་བཞུགས་པར་གསོལ་བ་འདེབས། །

ཞེས་གསུངས་སོ། །དེ་བཞིན་དུ་ཕྱོགས་བཅུའི་ཞིང་རབ་འབྱམས་མུ་མཐའ་མེད་པ་ན་བཞུགས་པའི་སངས་རྒྱས་དང་བྱང་ཆུབ་སེམས་དཔའ་རྣམས་འགྲོ་བའི་དོན་དུ་བཞུགས་པར་གསོལ་བ་འདེབས་པར་བྱས་ན། དེ་ཡི་བསོད་ནམས་ཀྱི་མཐུ་ལས་དེ་བཞིན་གཤེགས་པ་སྲས་དང་བཅས་པ་ཐམས་ཅད་རྟག་ཏུ་འགྲོ་བའི་དོན་ལ་བཞུགས་ཤིང་སེམས་ཅན་ཐམས་ཅད་ཚེ་འདི་ཉིད་དུ་སངས་རྒྱས་པར་འགྱུར་བ་ཡིན་ནོ། །

དེ་ནས་ཡང་བདག་གཞན་གྱི་དུས་གསུམ་དུ་བསགས་པའི་དགེ་བའི་ཚོགས་ཐམས་ཅད་འཁོར་གསུམ་རྣམ་པར་དག་པའི་སྒོ་ནས་གཞན་དོན་དུ་བསྔོ་བར་བྱེད་

དགོས། དེ་ལྟར་དུས་གསུམ་དུ་བསགས་པའི་དགེ་བ་གང་ཇི་སྙེད་ཅིག་མཆིས་པ་ཐམས་ཅད་བསྔོ་བར་བྱས་ན། དགེ་བ་བསགས་པའི་འབྲས་བུ་རྣམས་རང་གཞན་མེད་པར་ཀུན་ལ་ཐོབ་ཅིང་སངས་རྒྱས་པར་འགྱུར་བ་ཡིན་ཏེ།

ཆགས་མེད་རིན་པོ་ཆེས།

འདིས་མཚོན་བདག་གི་དུས་གསུམ་དགེ་བ་རྣམས། །
འགྲོ་བ་སེམས་ཅན་ཀུན་གྱི་དོན་དུ་བསྔོ། །
ཀུན་ཀྱང་བླ་མེད་བྱང་ཆུབ་མྱུར་ཐོབ་ནས། །
ཁམས་གསུམ་འཁོར་བ་དོང་ནས་སྤྲུགས་གྱུར་ཅིག །
དེ་ཡི་དགེ་བ་བདག་ལ་མྱུར་སྨིན་ནས། །
ཚེ་འདིར་དུས་མིན་འཆི་བ་བརྒྱད་ཞི། །
ནད་མེད་ལང་ཚོ་རྒྱས་པའི་ལུས་སྟོབས་ལྡན། །
དཔལ་འབྱོར་འཛད་མེད་དབྱར་གྱི་གང྄་ལྟར། །
བདུད་དགྲའི་འཚེ་བ་མེད་ཅིང་དམ་ཆོས་སྤྱོད། །
བསམ་པའི་དོན་ཀུན་ཆོས་ལྡན་ཡིད་བཞིན་འགྲུབ། །
མི་ལུས་དོན་དང་ལྡན་པ་འགྲུབ་པར་ཤོག །

ཅེས་གསུངས་སོ། །དེ་བཞིན་དུ་རང་རང་གི་འཁོར་གསུམ་རྣམ་པར་དག་པའི་ངང་ནས་དགེ་བ་ཐམས་ཅད་གཞན་དོན་དུ་བསྔོ་བར་བྱས་ན། བསོད་ནམས་དང་ཡོན་ཏན་ཚད་མེད་པ་ཞིག་འབྱུང་བར་འགྱུར་བ་ཡིན་ནོ། །དེ་དག་རྒྱ་ཆེར་འདིར་མ་བཤད་པས་རྒྱ་ཆེར་ཤེས་པར་འདོད་ན་གཞུང་གཞན་ལས་ཤེས་པར་བྱའོ། །

དེ་ནས་རང་རང་གི་བརྒྱུད་པའི་བླ་མ་རྣམས་ལ་གསོལ་བ་འདེབས་པའི་ཚུལ་ནི། དེ་ནས་དང་པོ་སྤྱིར་སྒྲུབ་བརྒྱུད་ཀྱི་ཤིང་རྟ་ཆེན་པོ་རྣམ་པ་བརྒྱད་དང་། མ་ཟད་རང་གི་མི་རྟོག་གང་ལ་ཕོག་པའི་ལྷ་སྐལ་བཀའ་དྲིན་མཚུངས་པ་མེད་པ་དཔལ་ལྡན་རྩ་བའི་བླ་མ་རྣམས་ཀྱི་དགོངས་རྒྱུད་ཀྱི་བྱིན་རླབས་དང་ཡོན་ཏན་སོགས་ནི་ཤིན་ཏུ་ངོ་མཚར་བའི་གནས་སུ་གྱུར་པ་ཞིག་ཡིན་ལ། དེ་ལྟར་ངོ་མཚར་བའི་རྒྱུ་མཚན་ནི་སོ་སྐྱེ་མ་དག་པའི་སྐྱེ་བོ་སུ་དང་གང་གིས་ཀྱང་བློའི་ཡུལ་ལས་འདས་པ་ཡིན་ནོ། །

དེ་ཡང་འགྲོ་བ་ལྷ་མི་ཀུན་ཤིན་ཏུ་ངོ་མཚར་བའི་རང་བཞིན་ཉིད་དུ་གྱུར་པས་ན། འདི་ཉིད་ལ་དང་པོ་ངོ་མཚར་བའི་ཚིག་གིས་ཨེ་མ་ཧོ་ཞེས་ངོ་མཚར་བའི་ཚིག་དེ་རྣམས་བརྗོད་པར་བྱས་པ་དང་། དེ་ལྟར་ངོ་མཚར་སྐྱེ་བའི་ཡུལ་དམ་པ་རྣམས་ནི་གང་ཞེ་ན། འདི་ལྟར་ཡིན་ཏེ། དེ་ནི་ཡེ་ནས་རང་བཞིན་རྣམ་པར་དག་པ་རྒྱ་གང་དུ་ཡང་མ་ཆད་ཕྱོགས་གང་དུ་ཡང་མ་ལྷུང་བར་ཡོད་མེད་ཀྱི་སྤྲོས་ཆོས་ཀུན་དང་བྲལ་བའི་ཞིང་ཁམས་རང་སྣང་དོན་གྱི་འོག་མིན་ནས། བསྐལ་པ་བཟང་པོའི་སངས་རྒྱས་སྟོང་རྩ་གཉིས་ཀྱི་དང་པོ་གཞི་ལས་མ་གཡོས་པའི་སངས་རྒྱས་ཆོས་སྐུ་ཀུན་ཏུ་བཟང་པོ་དང་། དེ་ནས་ལོངས་སྐུ་ཆུ་ཟླའི་རོལ་རྩལ་དཔལ་རྡོ་རྗེ་སེམས་དཔའ་དང་། དེ་ནས་སྤྲུལ་སྐུར་མཚན་དང་དཔེ་བྱད་བརྒྱད་བཅུ་སོགས་སྐུ་ལ་རྫོགས་པའི་སློབ་དཔོན་ཆེན་པོ་དགའ་རབ་རྡོ་རྗེ་སོགས་ལ་རྟག་ཏུ་སྒོ་གསུམ་གུས་པའི་གསོལ་བ་འདེབས་སོ་ཁྱེད་རྣམས་ཀྱིས་བདག་རྒྱུད་བྱིན་གྱིས་བརླབས་ཤིང་དབང་བསྐུར་སྨོལ་ཅིག་ཅེས་བརྗོད་པར་བྱ་དགོས། དེ་ལྟར་བྱས་ན་བདག་གཞན་སེམས་ཅན་ཐམས་ཅད་ཀྱི་རྒྱུད་ལ་སྐུ་གསུམ་གྱི་འབྲས་བུ་མངོན་དུ་འགྱུར་བར་མཛད་པ་ཡིན་ནོ། །

དེ་ནས་ཡང་མཁས་པ་ཆེན་པོ་ཐྲི་སྲོང་ཏ་ནི་ཆོས་ཐམས་ཅད་ཀྱི་གནས་ལུགས་འགྱུར་བ་མེད་པ་དོན་དམ་ཆོས་ཀྱི་མཛོད་དུ་གྱུར་པ་དང་། སློབ་དཔོན་ཆེན་པོ་འཇམ་དཔལ་བཤེས་གཉེན་ནི་འགྲོ་བ་ཀུན་གྱི་མགོན་དུ་གྱུར་ཞིང་ཐེག་རིམ་དགུའི་ཆོས་ཀྱི་འཁོར་ལོས་སྒྱུར་པ་ཉིད་དུ་གྱུར་པ་དང་། སློབ་དཔོན་ཆེན་པོ་ཛྙ་ན་སུ་ཏྲ་དང་པཎ་ཆེན་བི་མ་ལ་སོགས་ལ་བདག་གི་སྒོ་གསུམ་གུས་པའི་གསོལ་བ་འདེབས་སོ་མྱུར་དུ་སྡུག་བསྔལ་དག་ལས་རྣམ་པར་གྲོལ་བར་བྱེད་པའི་ལམ་སྣ་སྟོན་པར་མཛོད་ཅིག དེ་ནས་ཡང་འཛམ་བུ་གླིང་གི་གྲུབ་བརྒྱའི་གཙུག་རྒྱན་གཅིག་པུ་པདྨ་འབྱུང་གནས་དང་། ངེས་པར་ཐུགས་ཀྱི་སྲས་མཆོག་རྗེ་འབངས་གྲོགས་ལྔ་དང་། ཐུགས་གཏེར་རྒྱ་མཚོའི་བདག་གྲོལ་ཀུན་མཁྱེན་ཀློང་ཆེན་རབ་འབྱམས་ཞབས་དང་། མ་དང་མཁའ་འགྲོའི་དབྱིངས་མཛོད་བཀའ་བབས་ཆེན་མོ་རིག་འཛིན་འཇིགས་མེད་གླིང་པ་སོགས་ལ། བདག་གི་སྒོ་གསུམ་གུས་པའི་རྟག་ཏུ་གསོལ་བ་འདེབས་སོ་སྐུ་བཞིའི་འབྲས་བུ་ཐོབ་ཅིང་གྲོལ་བར་སྨོན་ཅིག་ཅེས་བརྗོད་པར་བྱ་དགོས། དེ་ལྟར་བྱས་ན་མཁས་པ་ཆེན་པོ་ཤྲཱི་སིང་ཏ་སོགས་ཀྱི་དགོངས་རྒྱུད་ཀྱི་བྱིན་རླབས་མཐའ་དག་རྒྱུད་ལ་འཕོས་ནས་ཚེ་འདི་ཉིད་དུ་སྐུ་བཞིའི་འབྲས་བུ་མངོན་དུ་འགྱུར་ཞིང་སངས་རྒྱས་པར་འགྱུར་བ་ཡིན་ནོ།།

དེ་ནས་འཕགས་མཆོག་སྙིང་རྗེའི་དབང་ཕྱུག་འཇིགས་མེད་རྒྱལ་བའི་མྱུ་གུ་དང་། དཔལ་སྤྲུལ་ཨོ་རྒྱན་འཇིགས་མེད་ཆོས་ཀྱི་དབང་པོ་སོགས་བཀའ་དྲིན་མཚུངས་པ་མེད་པ་དྲིན་ཆེན་རྩ་བའི་བླ་མ་རྣམས་ལ་སྙིང་ནས་གསོལ་བ་འདེབས་སོ་སྒོ་གསུམ་བྱིན་གྱིས་བརླབས་ཤིང་མཆོག་ཐུན་མོང་གི་དངོས་གྲུབ་སྩོལ་ཅིག་ཅེས་བརྗོད་པར་བྱ་དགོས། དེ་ལྟར་བྱས་ན་དུས་གསུམ་རྒྱལ་བ་ཐམས་ཅད་ཀྱི་འཕྲིན་ལས་གཅིག་ཏུ་བསྡུས་པ་འཇིགས

མེད་རྒྱལ་བའི་སྲུ་གུ་སོགས་ཀྱི་དགོངས་རྒྱུད་རྫོགས་པའི་བྱིན་རླབས་མཐའ་དག་རྒྱུད་ལ་འཕོས་ནས་མཆོག་ཐུན་མོང་གི་དངོས་གྲུབ་ཐམས་ཅད་འབད་མེད་དུ་བསྒྲུལ་ཞིང་ཚེ་འདི་ཉིད་དུ་གདོད་མའི་བཙན་ས་ཟིན་པར་འགྱུར་བ་ཡིན་ནོ།།

དེ་ལྟ་བུའི་བཀའ་དྲིན་མཚུངས་པ་མེད་པ་སྐྱེ་འཆི་ཀུན་དང་བྲལ་བ་རྡོ་རྗེའི་བླ་མ་དོན་དང་ལྡན་པ་རྣམས་རང་རང་གི་སྙིང་དང་མིག་བཞིན་དུ་བསྟེན་པར་བྱས་ཏེ། དེ་དག་གིས་ཅི་གསུང་གི་བཀའ་རྣམས་ཚུལ་བཞིན་དུ་སྒྲུབ་པ་དང་། མ་ཟད་དེ་ལྟ་བུའི་ཟབ་མོའི་དོན་རྣམས་ཉམས་སུ་ལེན་པར་བྱེད་པ་ལ་ནམ་ཡང་ལྷེམ་ཀྱང་མེད་པའི་སྒྲུབ་ཚུགས་ཞེ་ཐུས་ཀྱིས་ཐུགས་རྒྱུད་དགོངས་པའི་བྱིན་རླབས་མཐའ་དག་རྒྱུད་ལ་འཕོ་བར་ཤོག་ཅིག་ཅེས་བརྗོད་པར་བྱ་དགོས། དེ་ལྟར་བྱས་ན་བཀའ་དྲིན་མཚུངས་མེད་ཀྱི་དཔལ་ལྡན་བླ་མ་དམ་པ་རྣམས་ཀྱི་དགོངས་རྒྱུད་ཀྱི་བྱིན་རླབས་འཕོས་ཤིང་རྫོགས་པ་སངས་རྒྱས་ཀུན་དང་མཉམ་པར་འགྱུར་བ་ཡིན་ནོ།།

དེ་ནས་ཡང་སྣང་སྲིད་འཁོར་འདས་ཀྱིས་བསྡུས་པའི་ཆོས་ཐམས་ཅད་ཡེ་ནས་རྣམ་པར་དག་པ་འོག་མིན་གྱི་ཞིང་དང་། མ་ཟད་སྣང་བ་ཐམས་ཅད་ལྷ་ཡི་རང་བཞིན་དང་། སྒྲ་གྲགས་ཐམས་ཅད་སྔགས་ཀྱི་རང་བཞིན་དང་། མདོར་ན་ཐམས་ཅད་ཆོས་སྐུ་ཉིད་དུ་ཡེ་ནས་སྣང་ཞིང་དག་པའི་རང་བཞིན་དུ་རྫོགས་ཤིང་སྐུ་བཞིའི་འབྲས་བུ་སྨིན་པའི་འབྲས་བུ་མངོན་དུ་གྱུར་ཞིང་། དེ་ལ་ནམ་ཡང་སྤང་བླང་དགག་སྒྲུབ་སོགས་ཀྱིས་བྱར་རྩོལ་མེད་པའི་རྫོགས་པ་ཆེན་པོ་ནི། ནམ་ཡང་མ་དག་པའི་བློ་གཉིས་འཛིན་ཅན་གྱིས་ཤེས་ཉམས་དང་བློས་ཡིད་དཔྱོད་ཀྱི་ཡུལ་ལས་ཡེ་ནས་འདས་ཤིང་། དེ་ཉིད་རང་བྱུང་རིག་པའི་གདངས་དང་མ་བྲལ་བར་ཆོས་ཉིད་ཀྱིས་དོན་མངོན་སུམ་མམ་རྗེན་པར་

དུ་མཐོང་བར་ཤོག་ཅིག་ཅེས་བརྗོད་པར་བྱ་དགོས། དེ་ལྟར་བྱས་ན་བརྒྱུད་གསུམ་དཔལ་ལྡན་བླ་མའི་བྱིན་རླབས་དང་རྫོགས་པ་ཆེན་པོའི་གནས་ལུགས་གཉུག་མའི་ངོ་བོ་མངོན་དུ་འགྱུར་བར་བསྟན་པ་ཡིན་ནོ།།

དེ་ནས་མ་དག་མཚན་མའི་རྟོག་པ་རྣམས་རྣམ་པར་གྲོལ་ཞིང་ཡེ་སྟོང་འཇའ་ཟེར་ཆེན་པོའི་སྦུབས་སུ་ཐིམ་ཞིང་སྐུ་དང་ཐིག་ལེའི་ཉམས་སྣང་སོགས་གོང་ནས་གོང་དུ་འཕེལ་བ་དང་། མ་ཟད་རང་བྱུང་རིག་པའི་རྩལ་ལས་ངེས་པ་ལྷ་ལྡན་ལོངས་སྐུའི་ཞིང་ཁམས་སུ་ཚད་ལ་ཕེབས་ཤིང་ཆོས་ཅན་གྱི་སྣང་བ་ཐམས་ཅད་ཆོས་ཉིད་ཀྱི་དབྱིངས་སུ་ཟད་ཅིང་བློ་འདས་སྨྲ་བསམ་བརྗོད་མེད་ཆེན་པོར་སངས་རྒྱས་པར་གྱུར་ཏེ། ཚེ་འདི་ཉིད་དུ་གཞོན་ནུ་བུམ་སྐུར་གྱི་གཏན་སྲིད་ཆེན་པོ་ཟིན་པར་ཤོག་ཅིག་ཅེས་བརྗོད་པར་བྱ་དགོས། དེ་ལྟར་བྱས་ན་ཆོས་ཅན་གྱི་སྣང་བ་ཐམས་ཅད་ཆོས་ཉིད་ཀྱི་དབྱིངས་སུ་ཟད་ཅིང་གཞོན་ནུ་བུམ་པ་སྐུ་ཡི་དབྱིངས་སུ་གྲོལ་བར་འགྱུར་བ་ཡིན་ནོ།།

དེ་ནས་ཆོས་ཉིད་གཉུག་མའི་ངོ་བོ་ཇི་བཞིན་ཡོང་དུ་མ་རྒྱུད་པ་དང་། མ་ཟད་དེ་ལྟ་བུའི་རྟོགས་བྱ་ཤིན་ཏུ་ཁྱད་པར་ཅན་དང་ལྡན་པ་རྣལ་འབྱོར་པ་རྣམས་ཀྱི་ལྟ་བ་ཟབ་མོ་དེ་དག་རང་རང་གི་བློ་སྟོབས་ཞན་ཞིང་ཉམས་འོག་མ་ཆུད་པར་གྱུར་ཏེ། ཟུང་འཇུག་གི་གནས་ལ་གོམས་པ་ཤུགས་ཆུང་བའི་དབང་གིས་རགས་ལུས་དྭངས་མའི་དབྱིངས་ཆོས་ཉིད་འགྱུར་མེད་བདེ་བ་ཆེན་པོའི་ངང་དུ་ད་ལྟ་མ་གྲོལ་ན། ནམ་ཞིག་རང་རང་གི་ཚེ་ཡི་འདུ་བྱེད་དེ་རྣམས་སྐད་ཅིག་ཙམ་ཡང་སྡོད་པ་མེད་པར་བསྡུང་བའི་ཚེ་ན། དེ་མ་ཐག་ཏུ་འཆི་བའི་སྡུག་བསྔལ་སོགས་མི་འབྱུང་བར་མ་ཟད་བར་དོ་འཆི་བ་ཡི་སྣང་བ་དེ་ཉིད་འོད་གསལ་སྤྲོས་པའི་མཚན་མ་ཐམས་ཅད་བྲལ་བ་ཀ་དག་ཆོས་སྐུ་ཉིད་དུ་ཤར་བ་དང་།

མ་ཟད་དེ་ལྟ་བུའི་བར་དོའི་སྣང་ཆ་ཐམས་ཅད་དག་པ་ལོངས་སྤྱོད་རྫོགས་སྐུ་ཉིད་དུ་ཤར་ནས་གྲོལ་བ་དང་། ཁྲིགས་ཆོད་དང་ཐོད་རྒལ་གྱི་ལམ་གྱི་གནས་ལུགས་ཀྱི་རྩལ་ཆེན་རྒྱུད་ལ་རྫོགས་ནས་ད་ལྟ་ཉིད་དུ་དཔེར་ན་མ་ཡི་པང་དུ་བུ་འཇུག་པ་ལྟ་བུར་གྲོལ་བར་ཤོག་ཅིག་ཅེས་བརྗོད་པར་བྱ་དགོས། དེ་ལྟར་བྱས་ན་གཉུག་མའི་དོན་ལ་དབང་འབྱོར་བའི་རྣལ་འབྱོར་བ་དེ་ཡི་གནས་ལུགས་ཡེ་སྟོང་འགྱུར་བ་མེད་པ་ཀ་དག་ལྷུན་གྲུབ་ཟུང་འཇུག་དབྱེར་མེད་མཉམ་པ་ཆེན་པོའི་འབྲས་བུ་མངོན་དུ་གྱུར་ཞིང་ཚེ་འདི་ཉིད་དུ་ཟུང་འཇུག་གི་གནས་ལ་མ་ཡི་པང་དུ་བུ་འཇུག་པ་ལྟར་འབྲས་བུ་མངོན་དུ་འགྱུར་ཞིང་གྲོལ་བར་འགྱུར་བ་ཡིན་ནོ།།

དེ་ཡང་གོང་དུ་བཤད་པ་ལྟ་བུའི་ཐེག་པ་རིམ་དགུའི་ཡང་རྩེ་གསང་ཆེན་འོད་གསལ་རྫོགས་པ་ཆེན་པོ་ཐེག་པ་མཆོག་གི་རྩེ་མོ་མངོན་དུ་གྱུར་ཏེ། དེ་ལས་གཞན་དུ་སངས་རྒྱས་ཞེས་བྱ་བ་ཞིག་གཞན་ནས་མི་འཚོལ་བར་ཆོས་སྐུའི་རང་ཞལ་མངོན་དུ་གྱུར་ནས་ཡེ་སྟོང་གདོད་མའི་ས་ལ་ད་ལྟ་ཚེ་འདི་ཉིད་དུ་མ་གྲོལ་ན། ཡུན་རིང་པོར་དཀའ་སྤྱད་སོགས་མང་པོ་མི་དགོས་པར་མ་བསྒོམས་ཀྱང་སངས་རྒྱས་པར་བྱེད་པའི་ཆོས་ལྔའི་ལམ་བཟང་པོ་མཆོག་ཏུ་གྱུར་པ་ལ་བརྟེན་ནས་རང་བཞིན་སྤྲུལ་པའི་སྐུའི་ཞིང་རྣམ་པ་ལྔ་དང་། ཁྱད་པར་དུ་ཟངས་མདོག་དཔལ་གྱི་རི་བོ་པདྨ་འོད་ཀྱི་ཕོ་བྲང་དུ་རྟག་ཏུ་བཞུགས་པའི་གསང་སྔགས་རྡོ་རྗེ་ཐེག་པའི་ལམ་ལ་ཚུལ་བཞིན་བཞུགས་པའི་རིག་པ་འཛིན་པའི་དཔའ་བོ་དཔའ་མོའི་ཚོགས་དཔེར་ན་མཐའ་མེད་པ་རྒྱ་མཚོའི་གཙོ་མཆོག་ཨོ་རྒྱན་རྗེས་ཡར་ངོས་ཆོས་བཅུ་སོགས་སུ་གསང་སྔགས་རྫོགས་པ་ཆེན་པོའི་ཆོས་ཀྱི་དགའ་སྟོན་འགྲོ་བ་རྣམས་ལ་འགྱེད་པའི་སར་ཕྱིན་ནས། མགོན་པོ་དེ་ཡི་སྲས་ཀྱི་ཐུ་བོར་

སྐྱེས་ནས་དབུགས་དབྱུང་སྟེ་མཐའ་ཡས་པའི་འགྲོ་བའི་ཉེར་འཚོའི་བདག་ཉིད་དུ་འགྱུར་བར་ཤོག་ཅིག་ཅེས་བརྗོད་པར་བྱ་དགོས། དེ་ལྟར་བྱས་ན་རང་བཞིན་ཆོས་སྐུའི་ཞིང་དང་མ་སྒོམ་ཆོས་ལྡའི་ལམ་མཆོག་ལ་བརྟེན་ནས། ཚེ་འདི་ཉིད་དུ་ལྷ་མཆོག་ཨོ་རྒྱན་པདྨའི་ཞབས་དྲུང་དུ་སྐྱེས་ཏེ། གསང་སྔགས་ཀྱི་རིག་པ་འཛིན་པའི་སྲས་ཀྱི་ཐུ་བོ་ཉིད་དུ་གྱུར་ཞིང་སངས་རྒྱས་པར་འགྱུར་བ་ཡིན་ནོ།།

དེ་ནས་གོང་དུ་བཤད་པ་ལྟར་གསང་བ་སྔགས་ཀྱི་རིག་པ་འཛིན་པའི་རྒྱལ་བ་རྒྱ་མཚོའི་ཐུགས་རྒྱུད་ཀྱི་བྱིན་རླབས་དང་། ཡེ་སྟོང་འགྱུར་བ་མེད་པ་ཆོས་དབྱིངས་སྤྲོས་པ་ཐམས་ཅད་དང་བྲལ་བ་བསམ་མི་ཁྱབ་པའི་བདེན་པ་ཡི་མཐུ་ཡིས་ནི། བདག་གཞན་སེམས་ཅན་ཐམས་ཅད་ཀྱིས་ཤིན་ཏུ་རྙེད་པར་དཀའ་བའི་དལ་འབྱོར་བཅོ་བརྒྱད་ཚང་བའི་མི་ཡི་ལུས་རྟེན་འདི་ལ་བརྟེན་ནས་ཚེ་འདིར་རྫོགས་སྨིན་སྦྱངས་གསུམ་གྱི་རྟེན་འབྲེལ་ཕུན་སུམ་ཚོགས་པ་ཞིག་མངོན་དུ་གྱུར་ནས་སངས་རྒྱས་ཐོབ་པར་ཤོག་ཅིག་ཅེས་བརྗོད་པར་བྱ་དགོས། དེ་ལྟར་བྱས་ན་རིག་པ་འཛིན་པའི་ཐུགས་རྗེའི་བདེན་སྟོབས་དང་། མ་ཟད་ཆོས་དབྱིངས་འགྱུར་བ་མེད་པའི་བྱིན་རླབས་ཀྱིས་ཚེ་འདི་ཉིད་དུ་རྫོགས་སྨིན་སྦྱངས་གསུམ་མཐར་ཕྱིན་ཅིང་སངས་རྒྱས་པར་འགྱུར་བ་ཡིན་ནོ། །དེ་དག་གི་མཐར་རང་གི་ཁ་ཞེ་མེད་པར་སྙིང་ཁོང་རུས་པའི་གཏིང་ནས་སྒོ་གསུམ་གུས་པ་ཆེན་པོའི་གསོལ་བ་འདེབས་པར་བྱས་ཏེ། མགོན་པོ་དེ་དག་གི་མདུན་དྲུང་ནས་དབང་བཞི་ལེན་པར་བྱེད་པའི་རིམ་པ་སོགས་ནི། གོང་དུ་བཤད་པ་ལྟར་དུས་གསུམ་སངས་རྒྱས་ཐམས་ཅད་ཀྱི་ངོ་བོ་དང་གཉིས་སུ་མེད་པ་དྲིན་ཆེན་རྩ་བའི་བླ་མ་བཀའ་དྲིན་གཞལ་མཐའ་དང་བྲལ་བ་ཕ་ཡི་རྒྱུ་དང་མ་ཡི་རྐྱེན་སོགས་ལས་མ་སྐྱེས་པར་ནུབ་ཕྱོགས་ཨོ་རྒྱན་གྱི་ཡུལ་དུ་སྐུ་

འཕྲུངས་བར་མཛད་པ་གུ་རུའི་ཞལ་གྱི་སྨིན་མཚམས་ནས་ཨོཾ་ཡིག་དཀར་པོ་དཔེར་ན་རྡུལ་གྱི་དྲི་མས་མ་གོས་པའི་ཆུ་ཤེལ་འོད་ཟེར་རབ་ཏུ་འཆར་བ་དེ་ལས་འོད་ཟེར་བསམ་མི་ཁྱབ་པ་ཞིག་འཕྲོས་ཏེ། དེ་མ་ཐག་ཏུ་རང་གི་སྤྱི་བོ་ནས་ཐུར་དུ་ཞུགས་ཤིང་ལུས་ཀྱི་ལས་དང་རྩའི་སྒྲིབ་པ་ཐམས་ཅད་དག་པར་གྱུར་ཞིང་། དཔལ་ལྡན་རྩ་བའི་བླ་མའི་སྐུ་ལ་སྐྱེ་འཆི་མི་མངའ་བར་རྡོ་རྗེ་ལྟ་བུའི་བྱིན་རླབས་མཐའ་དག་རྒྱུད་ལ་ཞུགས་ཤིང་དབང་བཞི་ལས་བུམ་པའི་དབང་ཐོབ་ཅིང་བསྐྱེད་རིམ་གྱི་སྣོད་དུ་གྱུར་ཏེ། ཚེ་འདི་ཉིད་དུ་རྣམ་སྨིན་རིག་འཛིན་གྱི་ས་བོན་ཐེབས་ཤིང་སྤྲུལ་སྐུའི་གོ་འཕང་ཐོབ་པའི་སྐལ་བ་བཟང་པོ་རྒྱུད་ལ་བཞག་པ་དང་། ཡང་མགྲིན་པ་ནས་ཨཱཿ ཡིག་དཔེར་ན་འདམ་གྱི་དྲི་མས་མ་གོས་པའི་པདྨ་རཱ་ག་ལྟར་འབར་བ་དེ་ལས་འོད་ཟེར་རབ་ཏུ་འཕྲོས་ཏེ། བདག་གམ་རང་གི་མགྲིན་པ་ནས་ཞུགས་ཤིང་། དེ་ཚེ་ངག་གི་ལས་དང་མ་དག་པའི་རླུང་གི་སྒྲིབ་པ་ཐམས་ཅད་དག་པར་གྱུར་ཞིང་། མགོན་པོ་དེ་ཡི་གསུང་རྡོ་རྗེའི་བྱིན་རླབས་མཐའ་དག་རྒྱུད་ལ་ཞུགས་ཤིང་དབང་བཞི་ལས་གསང་བའི་དབང་རྒྱུད་ལ་ཐོབ་པ་དང་། མ་ཟད་བཟླས་བརྗོད་ཀྱི་སྣོད་དུ་གྱུར་ཏེ། ཚེ་འདི་ཉིད་དུ་ཚེ་དབང་རིག་འཛིན་གྱི་ས་བོན་ཐེབས་ཤིང་ལོངས་སྤྱོད་རྫོགས་སྐུའི་གོ་འཕང་གི་སྐལ་བ་བཟང་པོ་རྒྱུད་ལ་བཞག་པར་འགྱུར་བ་དང་། ཡང་ཐུགས་ཀའི་ཧཱུྃ་ཡིག་དཔེར་ན་ནམ་མཁའི་མདོག་ཅན་ལྟ་བུ་ལས་འོད་ཟེར་རབ་ཏུ་འཕྲོས་ཏེ། དེ་ཚེ་རང་གི་སྙིང་ག་ནས་ཞུགས་ཤིང་ཡིད་ཀྱི་ལས་དང་ཐིག་ལེའི་སྒྲིབ་པ་ཐམས་ཅད་དག་པར་གྱུར་ཏེ། མགོན་པོ་དེ་ཡི་ཐུགས་རྡོ་རྗེའི་བྱིན་རླབས་མཐའ་དག་རྒྱུད་ལ་ཞུགས་ཤིང་། དེ་མ་ཐག་ཏུ་ཤེས་རབ་ཡེ་ཤེས་ཀྱི་དབང་ཐོབ་པ་དང་། མ་ཟད་ཆོས་ཐམས་ཅད་ཀྱི་གནས་ལུགས་སྤྲོས་པ་ཐམས་ཅད་དང་བྲལ་བ་བདེ་སྟོང་ཙཎྜ་ལིའི་སྣོད་དུ

གྱུར་ཞིང་། ཚེ་འདི་ཉིད་དུ་ཕྱག་རྒྱའི་རིག་འཛིན་གྱི་ས་བོན་རྒྱུད་ལ་ཐེབས་ཤིང་ཚོས་སྐུའི་གོ་འཕང་གི་སྐལ་པ་བཟང་པོ་རྒྱུད་ལ་བཞག་ཅིང་གྲོལ་བར་འགྱུར་བ་ཡིན་ནོ།།

དེ་ནས་སླར་ཡང་མགོན་པོ་དེ་ཡི་ཐུགས་ཀའི་ཧཱུྃ་ལས་ཧཱུྃ་ཡིག་གཉིས་པ་ཞིག་དཔེར་ན་སྐར་མདའ་འཕངས་པ་བཞིན་དུ་ཆད་དེ་མཐར་རང་སེམས་དང་ཐ་དད་མེད་པར་གཅིག་ཏུ་འདྲེས་ནས་ཀུན་གཞིའི་ལས་དང་ཤེས་བྱའི་སྒྲིབ་པ་ཐམས་ཅད་སྦྱངས་ཤིང་། རང་གི་སྙིང་ག་ལ་ཡེ་ཤེས་རྡོ་རྗེའི་བྱིན་རླབས་མཐའ་དག་ཞུགས་པ་དང་། མ་ཟད་ཚིག་གི་མཚོན་པ་གནས་ལུགས་ཡེ་དག་དོན་དམ་གྱི་དབང་ཐོབ་ཅིང་ཀ་དག་རྫོགས་པ་ཆེན་པོའི་སྣོད་དུ་གྱུར་ཏེ། ཡེ་ནས་རྒྱུ་དང་རྐྱེན་སོགས་གང་གིས་ཀྱང་མ་བཅོས་པའི་ལྷུན་གྲུབ་རིག་འཛིན་གྱི་ས་བོན་རྒྱུད་ལ་ཐེབས་ཤིང་། མཐར་ཐུག་གི་འབྲས་བུ་ངོ་བོ་ཉིད་ཀྱི་སྐུའི་སྐལ་བ་རྒྱུད་ལ་བཞག་པར་བྱ་བ་ཡིན་ནོ།།

དེ་ལྟར་བྱས་པའི་མཐར་འདོན་སྒོམ་ཟུང་དུ་འཇུག་པའི་ལམ་དབང་བླང་བའི་མཐར་ནི། གོང་དུ་བཤད་པ་ལྟར་སྤྲངས་རྫོགས་ཀྱི་ཡོན་ཏན་ཕུན་སུམ་ཚོགས་པ་དང་ལྡན་པའི་དཔལ་ལྡན་རྩ་བའི་བླ་མ་སོགས་ལ་གསོལ་བ་སྙིང་ནས་འདེབས་པར་བྱས་ཏེ། དེ་ནས་མཐར་བདག་དང་བདག་ལྟ་བུའི་དུས་ངན་སྙིགས་པ་ལྔ་པོ་དྲག་ཏུ་བདོ་ཞིང་ཚེ་དང་བསོད་ནམས་ཐམས་ཅད་རིམ་གྱིས་ཟད་པར་འགྱུར་བའི་དུས་འདི་དང་། མ་ཟད་ནད་གཙོད་སོགས་ཀྱི་སྡུག་བསྔལ་གྱིས་མནར་ཞིང་ཡུན་མི་རིང་པར་ནམ་ཞིག་རང་རང་གི་ཚེ་ཡི་འཕེན་པ་ཟད་ཅིང་ཤི་བའི་དུས་བྱས་པའི་ཚེ་ན། རང་སྣང་རྣམ་པར་དག་པ་ཟ་ཡབ་ཟངས་མདོག་དཔལ་རིའི་ཞིང་དུ་ཟུང་འཇུག་སྤྲུལ་པའི་ཞིང་ཁམས་སུ་གཞི་ལུས་ཀྱི་ཕུང་པོ་འདི་ཉིད་རྡོ་རྗེ་རྣལ་འབྱོར་མ་གསལ་འཚེར་འོད་ཀྱི་གོང་བུ་རུ་གྱུར་ནས། བདག་

ཅག་རྣམས་ཀྱི་མ་འདྲིས་འགྲོ་བ་ཀུན་གྱི་རྗེ་བོ་ལྷ་བུ་དང་། མཁས་བཙུན་གྲུབ་པའི་ཡོན་ཏན་ན་མེད་པ་པདྨ་འབྱུང་གནས་དང་། ངོ་བོ་དབྱེར་མེད་ཉིད་དུ་གྱུར་ནས་དགོངས་པའི་དབྱིངས་ཆེན་པོར་མངོན་པར་སངས་རྒྱས་པར་གྱུར་ཏེ། དེ་ནས་ཟུང་འཇུག་དབྱེར་མེད་གནས་ལུགས་བདེ་བ་ཆེན་པོ་དང་དེ་ཡི་ངོ་བོ་རང་བཞིན་སྟོང་པའི་ཆོ་འཕྲུལ་གྱི་ཡེ་ཤེས་ཆེན་པོའི་རྩལ་གྱི་རོལ་པ་དེ་ལས་ཁམས་གསུམ་གྱི་སེམས་ཅན་ཐམས་ཅད་དམ་མ་ལུས་པ་རྣམས་སྲིད་པའི་གནས་འདིར་འདྲེན་པའི་དེད་དཔོན་ཆེན་པོ་དམ་པ་ཏུ་རྗེ་བཙུན་ཆེན་པོ་པདྨའི་གསུང་གིས་དབུགས་དབྱུང་བར་མཛད་དུ་གསོལ། མགོན་པོ་ཁྱེད་ལ་རྟག་ཏུ་སྒོ་གསུམ་གུས་པ་ཆེན་པོའི་གསོལ་བ་སྙིང་གི་དཀྱིལ་ནས་འདེབས་པར་བྱ་བ་དེ་ཡང་ཁ་ཙམ་དང་ཚིག་ཙམ་མ་ཡིན་ནོ། །མགོན་པོ་ཁྱེད་ཀྱིས་བྱིན་རླབས་ཐུགས་ཀྱི་ཀློང་ནས་སྨུར་དུ་སྩོལ་ཞིང་། བདག་གཞན་སེམས་ཅན་ཐམས་ཅད་ཀྱི་བསམ་དོན་ཐམས་ཅད་དམ་པའི་ཆོས་བཞིན་དུ་འགྲུབ་པར་མཛད་དུ་གསོལ་ཞེས་བརྗོད་པར་བྱ་དགོས། དེ་ལྟར་བྱས་ཏེ་མཐར་དྲིན་ཆེན་རྩ་བའི་བླ་མའི་ཐུགས་ཀ་ནས་འོད་ཟེར་དམར་པོ་ཐྲོད་དང་བཅས་པ་ཞིག་ཤེལ་གྱིས་བྱུང་བ་དང་། བདག་ཉིད་རྡོ་རྗེ་རྣལ་འབྱོར་མར་གསལ་བའི་སྙིང་ཁར་རེག་པ་ཙམ་གྱིས་འོད་དམར་གྱི་གོང་བུ་ཞིག་ཏུ་གྱུར་ནས་གུ་རུ་རིན་པོ་ཆེའི་ཐུགས་ཀར་ཐིམ་པས་དབྱེར་མེད་རོ་གཅིག་ཏུ་གྱུར་པར་བསྒོམ་པར་བྱ་ཞིང་། དེ་ནས་མཐར་ལྷ་དང་རང་སེམས་དབྱེར་མེད་མཉམ་པ་ཆེན་པོའི་ངང་དུ་མཉམ་པར་བཞག་དགོས། དེ་ལྟར་མི་དམིགས་ཟུང་འཇུག་མཉམ་པ་ཆེན་པོའི་ངང་ལས་ནམ་ཡང་གཡོ་བ་མེད་པ་དེ་ཡི་ངང་དུ་དཔལ་ལྡན་རྩ་བའི་བླ་མ་རིན་པོ་ཆེ་དེ་ཉིད་བདག་གི་སྙིང་གར་པདྨའི་གདན་གྱི་སྟེང་དུ་བཞུགས་པར་མཛད་ལ། མགོན་པོ་དེ་ཡི་བཀའ་དྲིན་ཆེན་པོའི་

སྒོ་ནས་བདག་ཅག་ལས་ངན་པའི་སེམས་ཅན་ཐུགས་བརྩེ་བ་ཆེན་པོའི་རྗེས་སུ་བཟུང་བར་མཛད་དེ། སྐུ་གསུང་ཐུགས་ཀྱི་དངོས་གྲུབ་ཐམས་ཅད་འབད་མེད་དུ་རྒྱུད་ལ་སྩོལ་དུ་གསོལ་ཞེས་བརྗོད་པར་བྱ་དགོས། དེ་ལྟར་མཛད་པའི་མཐར་དུས་གསུམ་སངས་རྒྱས་ཐམས་ཅད་ཀྱི་ངོ་བོ་དང་གཉིས་སུ་མེད་པ་དཔལ་ལྡན་རྩ་བའི་བླ་མའི་སྐུ་གསུང་ཐུགས་ཀྱི་བྱིན་རླབས་དང་དངོས་གྲུབ་ཐམས་ཅད་ཐོབ་པར་འགྱུར་བ་ཡིན་ནོ། །

དེ་ལྟར་ཡོན་ཏན་ཕུན་སུམ་ཚོགས་པ་དང་ལྡན་པའི་དཔལ་ལྡན་རྩ་བའི་བླ་མའི་སྐུ་གསུང་ཐུགས་ཀྱི་ཡོན་ཏན་དང་འཕྲིན་ལས་སོགས་ཀྱི་རྣམ་པར་ཐར་པ་དེ་ལ། སྐད་ཅིག་ཙམ་དུ་ཡང་མ་རྟོགས་ལོག་རྟོག་གི་ལྟ་བ་ངན་པ་སོགས་རྒྱུད་ལ་མི་སྐྱེ་ཞིང་། མགོན་པོ་དེ་ཉིད་ཀྱིས་ཅི་མཛད་ཐམས་ཅད་ལེགས་པར་མཐོང་བའི་མོས་གུས་གདུང་ཤུགས་ཀྱིས་གསོལ་བ་འདེབས་པར་བྱེད་པའི་ཚེ་ན། བཀའ་དྲིན་གསུམ་ལྡན་གྱི་རྩ་བའི་བླ་མའི་བྱིན་རླབས་ཐམས་ཅད་སེམས་ལ་འཇུག་པར་ཤོག་ཅིག་ཅེས་བརྗོད་པར་བྱ་དགོས། དེ་ལྟར་དཔལ་ལྡན་བླ་མའི་བཀའ་བཞིན་དུ་དད་མོས་དྲག་པོས་བསྒྲུབས་པར་བྱས་ན། བླ་མའི་སྐུ་གསུང་ཐུགས་ཀྱི་བྱིན་རླབས་མཐའ་དག་རྒྱུད་ལ་འཕོས་ནས་རང་སེམས་དང་དབྱེར་མེད་ཉིད་དུ་འགྱུར་བ་ཡིན་ནོ། །

དེ་ནས་བདག་གཞན་སེམས་ཅན་ཐམས་ཅད་སྐྱེ་ཞིང་སྐྱེ་བ་ཚེ་རབས་ཐམས་ཅད་ཀུན་ཏུ་སྤངས་རྟོགས་མཐར་ཕྱིན་ཅིང་ཡང་དག་པའི་གནས་ལུགས་ལ་དབང་འབྱོར་བའི་བླ་མ་དེ་དང་། ནམ་ཡང་འབྲལ་བ་མེད་པར་དམ་པའི་ཆོས་ཀྱི་དཔལ་ལ་ལོངས་སྤྱོད་པར་བྱས་ནས་སྐད་ཅིག་དེ་མ་ཐག་ཏུ་ས་བཅུ་དང་ལམ་ལྔ་དེ་དག་གི་ཡོན་ཏན་མཐའ་དག་རྒྱུད་ལ་རབ་ཏུ་རྫོགས་པར་གྱུར་ནས་ཚེ་འདི་ཉིད་དུ་ཟུང་འཇུག་རྡོ་རྗེ་འཆང་གི་གོ

འཕང་མཐའ་དག་མངོན་དུ་གྱུར་པའི་སྤངས་རྟོགས་ཀྱི་ཡོན་ཏན་མཐའ་དག་འབད་བརྩོན་མི་དགོས་པར་རྒྱུད་ལ་མྱུར་དུ་ཐོབ་པར་ཤོག་ཅིག་ཅེས་བརྗོད་པར་བྱ་དགོས། དེ་ལྟར་བྱས་ན་དཔལ་ལྡན་རྩ་བའི་བླ་མའི་སྤངས་རྟོགས་ཀྱི་ཡོན་ཏན་མཐའ་དག་རྒྱུད་ལ་འཕོས་ནས། ཚེ་འདི་ཉིད་དུ་ས་བཅུ་ལམ་ལྔ་སོགས་ཀྱི་ཡོན་ཏན་མཐའ་དག་སྐད་ཅིག་གིས་རྒྱུད་ལ་རྫོགས་ཤིང་སངས་རྒྱས་པར་འགྱུར་བ་ཡིན་ནོ།།

དེ་ཡང་མཐར་དགེ་རྩ་མཐའ་དག་གཞན་དོན་དུ་བསྔོ་བར་བྱེད་པ་ནི། དེ་ནས་བཟུང་སྟེ་བདག་གཞན་སེམས་ཅན་ཐམས་ཅད་ཀྱིས་དུས་གསུམ་དུ་བསགས་པའི་དགེ་བའི་རྩ་བ་གང་དང་གང་ཇི་སྙེད་ཅིག་མཆིས་པ་ཐམས་ཅད་ད་ལྟའི་དགེ་བ་འདི་ཡིས་མཚོན་པར་བྱས་ཏེ། དེ་དག་གིས་ནི་བདག་གི་ཕ་དང་མར་གྱུར་པའི་སྐྱེ་བོ་འདི་དག་ཐམས་ཅད་ཀུན་གྱི་ཡང་དམིགས་བཅས་དང་དམིགས་མེད་ཀྱི་བསོད་ནམས་ཡེ་ཤེས་ཀྱི་ཚོགས་གཉིས་རྫོགས་ཤིང་། བསོད་ནམས་ཡེ་ཤེས་ཀྱི་ལས་ཀྱི་འབྲས་བུ་རྒྱུད་ལ་བྱུང་བ་དང་། མ་ཟད་ཡོན་ཏན་བླ་ན་མེད་པའམ་དམ་པ་ཡི་རང་དོན་དང་གཞན་དོན་གྱི་སྐུ་གཉིས་ཟུང་འཇུག་གི་འབྲས་བུ་མྱུར་དུ་ཐོབ་པར་ཤོག་ཅིག་ཅེས་བརྗོད་པར་བྱ་དགོས། དེ་ལྟར་བྱས་ན་དགེ་བའི་བསོད་ནམས་ཀྱི་མཐུ་ལས་ཚེ་འདི་ཉིད་དུ་སྐུ་གཉིས་ཟུང་འཇུག་གི་འབྲས་བུ་མངོན་དུ་འགྱུར་བ་ཡིན་ནོ།།

དེ་བཞིན་དུ་ཡང་འགྲོ་བ་ཐམས་ཅད་པོ་ཀུན་ལ་དགེ་བ་གང་ཇི་སྙེད་ཅིག་ཡོད་པ་ཐམས་ཅད་དང་། མ་ཟད་དེ་ལྟར་དགེ་བའི་ཚོགས་རྣམས་སྤར་བྱས་པ་དང་། ད་ལྟ་བྱེད་བཞིན་པ་དང་། མ་འོངས་པ་ན་བྱེད་པར་འགྱུར་བ་དེ་དག་རྣམས་བཟང་པོ་དེ་བཞིན་དེ་འདྲའི་ས་དག་ལ་ཀུན་ཀྱང་ཀུན་ནས་བཟང་པོ་རིག་པར་གྱུར་ཅིག་ཅེས་བརྗོད་

པར་བྱ་དགོས། དེ་ལྟར་བྱས་ན་བདག་གཞན་སེམས་ཅན་ཐམས་ཅད་ཀྱི་དུས་གསུམ་དུ་བསགས་པའི་དགེ་བ་ཇི་སྙེད་ཅིག་མཆིས་པ་ཐམས་ཅད་ཀྱིས་ཚེ་འདི་ཉིད་དུ་ཀུན་ཏུ་བཟང་པོའི་ས་ལ་རེག་ཅིང་སངས་རྒྱས་པར་འགྱུར་བ་ཡིན་ནོ། །

དེ་ནས་ཡང་བདག་གཞན་སེམས་ཅན་ཐམས་ཅད་ལ་ཟག་བཅས་དང་ཟག་མེད་ཀྱི་དགེ་བའི་ཚོགས་གང་ཇི་སྙེད་ཅིག་མཆིས་པ་ཐམས་ཅད་ཀྱང་། གནས་སྐབས་ཀྱི་ལྷ་མིའི་བདེ་བ་ཙམ་ཐོབ་པའི་ཆེད་དུ་མི་བསྔོ་པར་མཐར་ཐུག་ངེས་ལེགས་སངས་རྒྱས་ཐོབ་པའི་ཆེད་དུ་བསྔོ་བར་བྱ་དགོས། དེ་ནི་སྔོན་སློབ་པ་ལམ་གྱི་གནས་སྐབས་སུ་རྒྱལ་སྲས་འཇམ་དཔལ་དཔའ་བོས་ཇི་ལྟར་མཁྱེན་པར་མཛད་པ་ལྟ་བུ་དང་། འཕགས་པ་ཀུན་ཏུ་བཟང་པོ་སོགས་ཀྱིས་དགེ་བ་དེ་ཡང་ཇི་ལྟར་བསྔོ་བ་དེ་བཞིན་དུ་བསྔོ་བར་བྱེད་དགོས་པ་ཡིན་ཏེ། ནམ་ཡང་དེ་དག་ཀུན་གྱི་རྗེས་སུ་བདག་སློབ་ཅིང་དུས་གསུམ་དུ་བསགས་པའི་དགེ་བ་གང་ཇི་སྙེད་ཅིག་མཆིས་པ་འདི་དག་ནི་སེམས་ཅན་ཐམས་ཅད་བླ་མེད་བྱང་ཆུབ་ཀྱི་གོ་འཕང་ཐོབ་པའི་ཆེད་དུ་རབ་ཏུ་བསྔོ་བར་བྱ་བ་དང་། མ་ཟད་ཡང་སྔོན་དང་ད་ལྟར་མ་འོངས་པ་སོགས་འཇིག་རྟེན་འདིར་བྱོན་ཞིང་གཤེགས་པར་མཛད་པ་དང་འབྱོན་པར་འགྱུར་བའི་དུས་གསུམ་གཤེགས་པའི་རྒྱལ་བ་ཐམས་ཅད་ཀྱིས་དགེ་བ་རྣམས་གཞན་དོན་དུ་ཇི་ལྟར་བསྔོ་བ་གང་དག་ཅིག་ཡོད་པ་དེ་དག་ལ་མཆོག་ཏུ་བསྔགས་པར་བྱེད་པ་སྟེ། བདག་གི་དགེ་བའི་རྩ་བ་འདི་དག་ཐམས་ཅད་ཀུན་ཀྱང་འཕགས་པ་ཀུན་ཏུ་བཟང་པོ་སོགས་ཀྱི་སྤྱོད་པ་རྒྱ་མཚོ་ལྟ་བུ་ལ་འཇུག་པའི་ཕྱིར་རབ་ཏུ་བསྔོ་བར་བགྱི་ཞེས་བརྗོད་པར་བྱ་དགོས། དེ་ལྟར་དུས་གསུམ་གཤེགས་པའི་རྒྱལ་བ་རྣམས་ཀྱི་དགེ་བ་དང་གཞན་གྱི་དགེ་བ་སོགས་ལ་ཞེ་སྡང་དང་ཕྲག་དོག་སོགས་སྤངས་

པར་བྱས་ཏེ། བདག་གི་དགེ་བ་རྣམས་ཀྱང་འཕགས་པ་རྣམས་ཀྱིས་ཇི་ལྟར་བསྔོ་བར་བྱས་ན་དེ་བཞིན་གཤེགས་པ་རྣམས་དང་སྐལ་བ་མཉམ་པར་འགྱུར་བ་ཡིན་ནོ།།

དེ་དག་ལས་སྨོན་ལམ་ཁྱད་པར་བ་དེ་ནི། བདག་གཞན་སེམས་ཅན་ཐམས་ཅད་སྐྱེ་ཞིང་སྐྱེ་བ་ཚེ་རབས་ཐམས་ཅད་དུ་ཡུལ་དུས་གང་དུ་སྐྱེས་ཀྱང་དེར་སྐྱེས་པའི་སྐྱེ་བ་ཚེ་རབས་ཐམས་ཅད་དུ་ཡར་མཐོ་རིས་ཀྱི་ཡོན་ཏན་བདུན་དང་ལྡན་པ་ཞིག་ཐོབ་པར་ཤོག་ཅིག་ཅེས་སྨོན་པ་དང་། མ་ཟད་ཡང་བདག་ཅག་རྣམས་སྐྱེས་མ་ཐག་ཏུ་དམ་པའི་ཆོས་དང་འཕྲད་པར་གྱུར་ཅིང་དེ་ཉིད་ཀྱང་ཚུལ་བཞིན་དུ་བསྒྲུབ་པར་བྱེད་པའི་རང་དབང་རང་ལ་ཡོད་པར་ཤོག་ཅིག་ཅེས་སྨོན་པར་བྱའོ། །དེར་ཡང་ནམ་ཡང་དཔལ་ལྡན་བླ་མ་དམ་པ་རྣམས་ཀྱི་ཐུགས་མཉེས་པར་བྱེད་ཅིང་ཉིན་དང་མཚན་དུ་དམ་པའི་ཆོས་ལ་ལོངས་སྤྱོད་པར་ཤོག་ཅིག་ཅེས་སྨོན་པར་བྱའོ།།

དེ་ཡང་ཆོས་ཐམས་ཅད་ཀྱི་གནས་ལུགས་ཇི་བཞིན་མ་འདྲེས་པར་རྟོགས་པར་བྱས་ནས་ནི། ནམ་ཡང་ཟབ་ཆོས་ཀྱི་སྙིང་པོའི་དོན་དེ་ཉིད་བསྒྲུབས་པར་བྱས་ཏེ། ཚེ་འདིར་སྲིད་པའི་རྒྱ་མཚོ་ཆེན་པོ་འདི་ལས་མྱུར་དུ་བརྒལ་བར་ཤོག་ཅེས་སྨོན་ལམ་བྱའོ།།

དེ་ཡང་སྲིད་པར་གནས་པའི་སེམས་ཅན་རྣམས་ལ་དམ་པའི་ཆོས་ཟབ་མོ་རབ་ཏུ་སྟོན་པར་བྱེད་ཅིང་། རྟག་ཏུ་བྱམས་དང་སྙིང་རྗེ་སོགས་གཞན་ཕན་ལྷག་པའི་བསམ་སྦྱོར་བཟང་པོ་སྒྲུབ་པར་བྱེད་པ་ལ་ནམ་ཡང་སྐྱོ་ངལ་སྐྱུ་ཙམ་ཡང་མེད་པར་ཤོག་ཅེས་སྨོན་པར་བྱའོ།།

དེ་ཡང་གོང་དུ་བཤད་པ་ལྟ་བུའི་རླབས་ཆེན་གྱི་འགྲོ་བ་རྣམས་ཀྱི་གཞན་དོན་སྒྲུབ་པར་བྱེད་པ་ལ་ཕྱོགས་རིས་མེད་པ་ཡིས་མཐའ་ཡས་པའི་མ་རྒན་སེམས་ཅན་ཐམས་

ཅན་ཐམས་ཅད་སྡུམ་གཅིག་ཉིད་དུ་སངས་རྒྱས་པར་ཤོག་ཅེས་བརྗོད་ཅིང་སྨོན་པར་བྱ་དགོས། དེ་ལྟར་སངས་རྒྱས་དང་བྱང་ཆུབ་སེམས་དཔའ་རྣམས་ཀྱིས་ཇི་ལྟར་བསྔོ་བ་དེ་བཞིན་དུ་བསྒྲུབ་ཅིང་བསྔོན་པར་བྱས་ན། གང་དུ་སྐྱེས་ཀྱང་དགེ་བའི་ཚོགས་རྣམས་འཕེལ་ཞིང་སྐྱེ་ཞིང་སྐྱེ་བ་ཚེ་རབས་ཐམས་ཅད་དུ་ཟབ་དང་རྒྱ་ཆེ་བའི་དམ་པའི་ཆོས་ལ་ལོངས་སྤྱོད་པར་འགྱུར་བ་དང་། མ་ཟད་ཚེ་འདི་ཉིད་དུ་ཐམས་ཅད་ཚོམ་བུ་གཅིག་ཏུ་གྲོལ་ཞིང་སངས་རྒྱས་པར་འགྱུར་བ་ཡིན་ནོ། །

ཞེས་རྫོགས་པ་ཆེན་པོ་ཀློང་ཆེན་སྙིང་ཐིག་གི་སྔོན་འགྲོའི་ངག་འདོན་ཁྲིགས་སུ་བསྡེབས་པ་རྣམ་མཁྱེན་ལམ་བཟང་འདི་ཉིད་རིག་འཛིན་འཇིགས་མེད་གླིང་པ་སོགས་དམ་པ་དུ་མས་བཀའ་དྲིན་གྱིས་བསྐྱངས་ཤིང་དམ་ཚིག་ལ་མོས་པ་ཐོབ་པའི་ཐུགས་ཀྱི་རྣལ་འབྱོར་པ་ཆེན་པོ་འཇིགས་མེད་འཕྲིན་ལས་འོད་ཟེར་གྱིས་བྲིས་པའི་དགེ་བས་རྗེས་འཇུག་རྣམས་ཀྱིས་བླ་མ་སངས་རྒྱས་སུ་མཐོང་འབྲས་ཀྱིས་རང་རིག་ཀུན་ཏུ་བཟང་པོའི་རང་ཞལ་མངོན་དུ་གྱུར་ནས་འགྲོ་ཁམས་རྒྱ་མཚོ་ལ་ཕན་པ་རྒྱུན་ཆད་མེད་པའི་རྒྱུར་གྱུར་ཅིག །

སྔོན་བྱོན་རྒྱལ་དང་རྒྱལ་སྲས་ཚོགས་རྣམས་ཀྱིས། །
ཇི་ལྟར་འགྲོ་བ་ཀུན་ལ་ཕན་ཕྱིར་དུ། །
བསྔོ་བ་དེ་བཞིན་བདག་གིས་སྨྱུར་འགྲུབ་ཅིང་། །
བསྟན་དང་འགྲོ་བའི་དོན་ཆེན་འགྲུབ་པར་ཤོག །
རྣམ་དཀར་ལྷག་བསམ་གཙང་མའི་མཁའ་དབྱིངས་སུ། །
རབ་དཀར་ཆུ་འཛིན་དཀར་པོའི་བདུད་རྩིའི་རྒྱུན། །

ཏཱང་དྷུག་སྐལ་བཟང་གཞོན་ནུའི་སྙིང་དབུས་སུ། །
སེམ་པའི་དུས་ལ་བདེ་བའི་རྒྱུ་རུ་སྨོན། །
བློ་དམན་རང་ལ་ཟབ་དང་རྒྱ་ཆེ་བའི། །
ཆོས་ཚུལ་གནད་རྒྱ་འབྱེད་མཁས་མེད་མོད་ཀྱང་། །
རང་དང་རང་ལ་འདྲ་བའི་བླུན་པོ་ལ། །
ཕན་པའི་རྒྱུ་རུ་རྩ་གསུམ་ལྷ་ཡིས་མཛོད། །

ཅེས་པ་འདི་རང་དང་རིགས་མཐུན་པའི་བློ་གྲོས་གསར་བུ་དག་ལ་ཅུང་ཟད་རེ་ཕན་པར་བྱ་བའི་ཕྱིར་དུ་ལྷག་བསམ་རྣམ་པར་དག་པའི་ངང་ནས་ཐོས་བརྩོན་ཤིན་ཏུ་ཆུང་བའི་ནེ་ཙོས་ཆོས་འདོན་པ་ཐ་བསོད་ནམས་དར་རྒྱས་སུ་འབོད་པས་གསེར་ལྗོངས་བླ་རུང་ཆོས་ཀྱི་གྲོང་ཁྱེར་དུ་སྦྱར་བར་བྱས་པ་ཡིན་ནོ། །འདི་ཡི་ཚིག་དང་དོན་ལ་འགལ་བ་ཅི་མཆིས་ཐམས་ཅད་རྩ་གསུམ་ལྷ་དང་སྲུང་མའི་སྤྱན་ལམ་དུ་མཐོལ་ཞིང་བཤགས་པ་དང་། དགེ་བས་བསྟན་པ་དང་སེམས་ཅན་ལ་ཕན་ཐོགས་པའི་སྨོན་འདུན་བཞིན་དུ་འགྲུབ་པ་འདི་ལ་རབ་འབྱམས་རྩ་གསུམ་རྒྱ་མཚོས་མཐུན་འགྱུར་མཛད་པར་ཞུ་ཞུ། །
དགེའོ། །དགེའོ། །དགེའོ། །སརྦ་མངྒ་ལམ།། །།

# ༄༅། །ཟབ་ཆོས་ཞི་ཁྲོ་དགོངས་པ་རང་གྲོལ་ལས༔ རྡོ་རྗེ་ཐེག་པའི་ཆོས་སྤྱོད་ཐུན་བཞིའི་རྣལ་འབྱོར་སྔོན་འགྲོ་རང་རྒྱུད་སྦྱོང་བྱེད་ཀྱི་མཚན་འགྲེལ་ཀུན་བཟང་དགོངས་རྒྱན་ཞེས་བྱ་བ་བཞུགས་སོ༔

དྲིན་ཆེན་རྩ་བའི་བླ་མ་དང་དབྱེར་མ་མཆིས་པའི་དཔལ་གདོད་མའི་མགོན་པོ་ཀུན་ཏུ་བཟང་པོ་ལ་ཕྱག་འཚལ་ལོ། །རྒྱུད་འབུམ་ཕྲག་དྲུག་ཅུ་རྩ་བཞི་དང་ཆོས་ཕུང་རབ་འབྱམས་ཀྱི་སྙིང་པོ་གནད་གཅིག་ཏུ་བསྡུས་པ་ཟབ་མོའི་ཆོས་ཞི་ཁྲོ་དགོངས་པ་རང་གྲོལ་ལས་རྡོ་རྗེ་ཐེག་པའི་ཆོས་སྤྱོད་ཐུན་བཞིའི་རྣལ་འབྱོར་སྔོན་འགྲོའི་ལམ་ཟབ་མོ་ཉམས་སུ་ལེན་པའི་གང་ཟག་རྣམས་ཀྱི་རང་རྒྱུད་ཀྱི་ལས་དང་ཉོན་མོངས་པ་སོགས་སྦྱོང་བྱེད་ཅེས་བྱ་བ་བཞུགས་སོ། །དེ་ཡང་སྔོན་བསགས་བསོད་ནམས་ཀྱི་མཐུ་ལས་སྐྱེ་དཀའ་བ་ཛམྦུ་གླིང་དུ་སྐྱེས། ཐོབ་པར་དཀའ་བ་དལ་འབྱོར་བཅོ་བརྒྱད་ཚང་བའི་མི་ཡི་ལུས་རྟེན་ཕུན་སུམ་ཚོགས་པ་ཞིག་ཐོབ། འཕྲད་པར་དཀའ་བའི་བླ་མ་དགེ་བའི་བཤེས་གཉེན་དམ་པ་རྣམས་དང་འཕྲད་ན་ཡང་སྙིང་པོ་དམ་པའི་ལྷ་ཆོས་ལ་མི་བརྩོན་པར་ཐམས་ཅད་བཏང་སྙོམས་སུ་ལུས་པའི་སེམས་ཅན་འདི་རྣམས་སྙིང་རེ་རྗེ། ཀྱེ་མ་ཀྱི་ཧུད། དེ་ལྟ་བུའི་ལུས་རྟེན་ཕུན་སུམ་ཚོགས་པ་ཞིག་ཐོབ་པའི་སྐལ་བ་དང་ལྡན་པའི་རིགས་ཀྱི་བུ་ཕྱིར་བཞིན་དུ་མ་རིག་པ་གཏི་མུག་གི་དབང་གིས་མ་ནོན་པར་བླང་དོར་དགེ་བའི་

ཕྱོགས་ལ་བརྩོན་འགྲུས་དྲག་པོའི་ངར་ཤུགས་བསྐྱེད་དེ་མི་འགྱུར་བར་ད་ལྟ་ཉིད་ནས་ཡར་ལོངས་ལ་འབད་བརྩོན་བྱོས་ཤིག་དང་། བདག་གཞན་སེམས་ཅན་ཐམས་ཅད་ཚེ་རབས་འཁོར་བ་ཐོག་མ་མེད་པའི་དུས་ནས་བཟུང་སྟེ་ད་ལྟ་ལ་མ་ཐུག་གི་བར་དུ་ལས་ཉོན་མ་རིག་པ་གཏི་མུག་གི་ངང་དུ་ཉལ་ཚད་ཀྱི་ཡུན་སོགས་ལ་བསམ་ན་དེས་ཆོག་གི། ད་ནི་མ་རིག་པ་དེའི་ངང་དུ་ཁྱོད་རང་མ་ཉལ་བར་སྒོ་གསུམ་དགེ་བ་ལ་ཕྱོགས་ཤིང་སྙིང་པོ་དམ་པའི་ཆོས་ལ་འབད་པར་བྱས་ན། ལས་དང་སྐལ་བར་ལྡན་པའི་སྐྱེ་བོ་རྣམས་རིམ་གྱིས་ཐར་བའི་ལམ་ལ་འཇུག་པར་འགྱུར་བ་ཡིན་ནོ།།

ད་ལྟ་སྙིགས་མ་ལྔ་པོ་དྲག་ཏུ་བདོ་བའི་དུས་འདིར་ལས་ངན་གྱི་སྐྱེ་འགྲོ་ཀུན་བླང་དོར་ཐར་བའི་ལམ་ལ་རྨོངས་ནས་མ་དག་པ་འཇིག་རྟེན་གྱི་སྲིད་པའི་ཕུན་ཚོགས་ལ་གཡེང་སྟེ་དེའི་ངང་ལ་འཁྲུམས་པར་གྱུར་ན་དེ་དག་ཐམས་ཅད་སྡུག་བསྔལ་གྱི་རང་བཞིན་མ་གཏོགས་བདེ་བ་སྐད་ཅིག་ཙམ་ཡང་མེད་པར་ངེས་པ་ཡིན་ནོ། །ཕྱིར་སྐྱེ་འགྲོ་ཐམས་ཅད་ཀྱི་ཚེ་སྲོག་སོགས་གང་ལ་བསམ་ཡང་རྟག་པ་མེད་དེ་ནམ་ཞིག་ཐམས་ཅད་ཀྱི་མགོ་ཐོག་ཏུ་སྐྱེ་ཀ་ན་འཆིའི་སྡུག་བསྔལ་གྱི་ཆུ་བོ་ཆེན་པོ་བཞི་སོགས་འབྱུང་བར་མི་ཤེས་སམ་ཤེས་ན་དེ་དག་ཐམས་ཅད་ལ་རྟག་བརྟན་གྱི་དངོས་པོ་གང་ཡང་གྲུབ་པ་མེད་པར་ངེས་དགོས། དེ་ལྟར་ངེས་ན་ཕྱི་ནང་སྣོད་བཅུད་ཀྱི་དངོས་པོ་གང་ལ་བསམ་ཡང་ཐམས་ཅད་དེ་རིང་ཙམ་དུ་ཡང་རྟག་པར་གནས་པའི་གོ་སྐབས་སྐད་ཅིག་ཀྱང་མེད་ལ། དེས་ན་རང་རང་གིས་བློ་སེམས་གཞན་དུ་མི་གཡེང་བར་སྒྲུབ་ལ་བརྩོན་འགྲུས་བསྐྱེད་པའི་དུས་ལ་བབས་པ་ཡིན་ནོ། །སྐྱེ་བ་གྲངས་མེད་བླངས་ཀྱང་ཐམས་ཅད་དོན་མེད་དུ་སོང་། ད་རེས་གཅིག་ཕུར་གཏན་བདེ་བླ་ན་མེད་པ་སྒྲུབ་པའི་དུས་སྐབས་བཟང་པོ་

འདིར་ཐམས་ཅད་ལེ་ལོ་དང་སྙོམས་ལས་ཀྱི་ངང་ལ་སྡོད་པའི་དུས་ཚོད་ཅིག་མ་ཡིན་ཏེ། ཐམས་ཅད་ཀྱིས་མྱུར་དུ་འཆི་བ་མི་རྟག་པ་འདི་ཉིད་ནམ་ཐོན་སོམ་ལ་ཚེ་འདིར་སྒྲུབ་པ་མཐའ་རུ་བསྐྱལ་བར་བྱ་དགོས། དེ་ལྟར་བྱས་ན་ད་སྔོན་མ་རིག་པའི་དབང་གིས་མི་རྟག་པ་ལ་རྟག་པར་བཟུང་། མི་གཙང་བ་ལ་གཙང་བར་བཟུང་ནས་བདེན་འཛིན་གྱི་སྣང་བ་ཐམས་ཅད་རིམ་གྱིས་འགྲིབ་པར་འགྱུར་བ་ཡིན་ལ། དེས་ན་ཐམས་ཅད་ཀྱི་མི་ཚེ་སྐད་ཅིག་མ་འདི་ལ་ཁོམ་ལོང་རྒྱ་ཆེན་པོ་ཞིག་ཨེ་ཡོད་ཟེར་ན་མེད་དེ། རང་རང་ལ་ལས་ཀྱི་དབང་གིས་འཆི་རྐྱེན་སོགས་བསམ་མི་ཁྱབ་པ་འབྱུང་བ་ཡིན་པའི་ཕྱིར་རོ། །དེས་ན་འཆི་རྐྱེན་སོགས་སྣ་ཚོགས་པ་དེའི་དབང་གིས་ནམ་ཞིག་རང་ཉིད་གཅིག་པུར་འཆི་བའི་དུས་ལ་བབས་པ་དེ་ཡི་ཚེ་ན་རང་རང་འཆི་བ་མི་རྟག་པ་འདི་ལ་མི་སྐྲག་པའམ་མི་འཚེར་བའི་གདེངས་ཤིག་མ་ཐོབ་ན་སྐྱེས་བུ་ཁྱོད་ཉིད་འཇིག་རྟེན་འདིར་གསོན་པས་ཅི་ཞིག་བྱ། སྔེ་འཇིག་རྟེན་འདིར་ཇི་ལྟར་གསོན་ཡང་རུང་འཆི་རྐྱེན་ངེས་མེད་ཀྱི་དབང་གིས་ནམ་ཞིག་འཆི་བར་གྱུར་པ་དེ་ཡི་ཚེ་ན། དེ་ལ་མི་འཚེར་བའི་གདེངས་ཤིག་མ་ཐོབ་ན་ཕན་པ་ཅི་ཡང་མེད་པར་ངེས་ལ། དེས་ན་རིགས་ཀྱི་བུ་རྣམས་ནམ་ཡང་མི་ཚེ་སྐད་ཅིག་མ་འདི་སྟོང་ཟད་དུ་མི་གཏོང་བར་ནམ་དུ་ཡང་སྣང་སྲིད་འཁོར་འདས་ཀྱི་ཆོས་ཐམས་ཅད་སྒྱུ་མ་དང་རྨི་ལམ་ལྟ་བུ་ཉིད་དུ་མ་རྟོགས་པའི་དབང་གིས་ཆོས་དང་གང་ཟག་ཐ་དད་ཉིད་དུ་བདེན་པར་འཛིན་པའི་དངོས་པོ་ཐམས་ཅད་གཉེན་པོ་བདག་མེད་རྟོགས་པའི་ཤེས་རབ་ཀྱིས་བཅོལ་ན་གང་དུ་ཡང་གྲུབ་པ་མེད་དེ། དེས་ན་ཆོས་རྣམས་ཐམས་ཅད་བདག་མེད་པ་དང་སྟོང་ཞིང་ཡེ་ནས་སྤྲོས་པ་ཐམས་ཅད་དང་བྲལ་བའི་རང་བཞིན་དཔེར་ན་སྒྱུ་མ་ལྟ་བུ་དང་སྨིག་རྒྱུ་ལྟ་བུ་དང་རྨི་ལམ་ལྟ་བུ་དང་གཟུགས་བརྙན་ལྟ་བུ་དང་ལྡན་པ་

ཡིན་ལ། དེས་ན་བདེན་འཛིན་ཡུལ་གྱི་སྣང་བ་ཐམས་ཅད་དྲི་ཟའི་གྲོང་ཁྱེར་དང་བྲག་ཅ་ལྟ་བུར་གང་ལ་ཞེན་ཅིང་ཆགས་པར་སྤྱོད་པར་བྱ་ལ། ཡང་དངོས་པོ་གང་ལ་ཡང་སྙིང་པོ་མེད་པ་དཔེར་ན་ཆུ་ཟླ་ལྟ་བུ་དང་ཆུ་བུར་ལྟ་བུ་དང་མིག་ཡོར་དང་སྤྲུལ་པ་སོགས་ཤེས་བྱ་སྒྱུ་མའི་དཔེ་བཅུ་དེ་བཞིན་དུ་འཁོར་འདས་ཀྱི་ཆོས་རྣམས་ཐམས་ཅད་སྣང་ཞིང་སྐྱེ་བ་མེད་པ་ཉིད་དུ་ཁྱོད་ཀྱིས་ཤེས་པར་གྱིས་ཤིག་ཅེས་བརྗོད་པར་བྱས་ན་རབ་འབྱམས་རྩ་གསུམ་རྒྱ་མཚོའི་ཐུགས་རྗེའི་མཐུ་ལས་མྱུར་དུ་འགྲོ་འོང་རྟག་ཆད་ཐམས་ཅད་དང་བྲལ་བའི་གནས་ལུགས་ཀྱི་རྟོགས་པ་རྒྱུད་ལ་སྐྱེ་བར་འགྱུར་བ་ཡིན་ནོ། །

སྤྱིར་སྣང་སྲིད་འཁོར་འདས་ཀྱིས་བསྡུས་པའི་ཆོས་རྣམས་ཐམས་ཅད་གདོད་ནས་རང་བཞིན་གྱིས་མ་གྲུབ་པར་དང་པོ་སྐྱེ་བ་མེད་པ་དང་། བར་དུ་གནས་པ་མེད་པ། མཐར་འགག་པ་མེད་པ་འགྲོ་འོང་སོགས་གང་ཡང་གྲུབ་པ་མེད་པ་སྟེ། ཐམས་ཅད་དོན་ལ་བཤད་ན་དེ་དག་ལ་ནམ་ཡང་དམིགས་པ་མེད་པ་དང་མཚན་མ་མེད་ཅིང་གཅིག་དང་ཐ་དད་ཀྱི་དངོས་པོར་གྲུབ་པ་མེད་པ་སྨྲ་བསམ་བརྗོད་དུ་མེད་པ་སྤྲོས་པ་ཐམས་ཅད་དང་བྲལ་བའི་དོན་འདི་ཉིད་ལེ་ལོ་དང་ཕྱི་བཤོལ་གྱི་དབང་དུ་མི་གཏོང་བར་མྱུར་དུ་ཐབས་དང་སྙིང་རྗེ་སོགས་ཀྱི་དོན་ལ་བརྩོན་པར་བྱས་ཤིང་རྟོགས་པར་བྱ་བའི་དུས་ལ་བབས་པ་ཡིན་ནོ། །

དེ་ཡང་ཕྱི་དང་ནང་གི་བར་ཆད་སོགས་ཀྱི་ཕྱོགས་ཀུན་ལས་རྒྱལ་བའི་ཕྱིར་དུ་བླ་མ་ཡི་དམ་མཁའ་འགྲོ་གསུམ་ལ་ཕྱག་འཚལ་ཞིང་སྐྱབས་སུ་འགྲོ་བར་བྱ་དགོས། དེ་གསུམ་གང་ཞེ་ན། ན་མོ་གུ་རུ་བྷྱཿཞེས་བྱ་བ་ནི་བླ་མ་ལ་ཕྱག་འཚལ་བར་བྱ་བ་བསྟན་པ་ཡིན་ནོ། །ན་མོ་དེ་ཝ་བྷྱཿཞེས་བྱ་བ་ནི་ཡི་དམ་ལ་ཕྱག་འཚལ་བར་བྱ་བ་བསྟན་པ་ཡིན་ནོ། །

ན་མོ་ཏཧྲཱི་ནི་ཧྲཱུཿཞེས་བྱ་བ་ནི་མཁའ་འགྲོ་ལ་ཕྱག་འཚལ་བར་བྱ་བ་བསྟན་པ་ཡིན་ནོ། ། དེ་ལྟ་བུའི་བླ་མ་ཡི་དམ་མཁའ་འགྲོ་གསུམ་སོགས་རབ་འབྱམས་དཀྱིལ་འཁོར་ལྷ་ལ་ཕྱག་འཚལ་བར་བྱས་ན་བར་ཆད་ཀུན་གྱི་གཡུལ་ལས་རྒྱལ་ཞིང་སྒྲུབ་པ་མཐའ་རུ་ཕྱིན་པར་འགྱུར་བ་ཡིན་ནོ། །

ཀྱི་མ་ཀྱི་མ་འཇིག་རྟེན་འདིར་ཕྱི་ནང་སྣོད་བཅུད་ཀྱི་དངོས་པོ་གང་ལ་བསམ་ཡང་མི་རྟག་པའི་རང་བཞིན་སྙིང་པོ་སྙུ་ཙམ་མེད་པ་འཁོར་བའི་ཆོས་འདི་ལ་བདེན་པར་བཟུང་ཞིང་སྐྱེ་བ་གྲངས་མེད་དུ་མར་ནམ་ཡང་ཐར་བ་མེད་པ་དེ་ལ། ལས་ཀྱི་དབང་གིས་དཔེར་ན་རྒྱ་མཚོའི་རང་བཞིན་ལྟ་བུའི་གཏིང་ཟབ་ཅིང་རྒྱ་ཆེ་ལ་རྒྱུན་རིང་བའི་གནས་དོང་རིང་དུ་བཟོད་མེད་སྡུག་བསྔལ་སོགས་ལས་ཀྱིས་མནར་བའི་འགྲོ་བ་འདི་རྣམས་སྙིང་རེ་རྗེ། རབ་འབྱམས་རྩ་གསུམ་རྒྱ་མཚོའི་དགོངས་རྒྱུད་ཟབ་མོ་བདག་གཞན་རྣམས་ཀྱི་རྒྱུད་ལ་ཞུགས་ནས། དེ་ལྟ་བུའི་འཁོར་བ་སྡུག་བསྔལ་གྱི་རྒྱ་མཚོ་ལྟ་བུའི་གནས་དེ་སྒྱུར་དུ་སྐེམས་པར་བྱིན་གྱིས་རློབས་པར་མཛད་དུ་གསོལ་ཞེས་བརྗོད་ཅིང་སྒོ་གསུམ་གུས་པས་གསོལ་བ་འདེབས་པར་བྱས་ན་རབ་འབྱམས་རྒྱལ་བ་སྲས་དང་བཅས་པའི་ཐུགས་རྗེ་བྱིན་རླབས་ཀྱི་མཐུ་ལས། འཁོར་བ་སྡུག་བསྔལ་གྱི་རྒྱ་མཚོ་ལྟ་བུ་ཤིན་ཏུ་གཏིང་ཟབ་ཅིང་རྒྱ་ཆེ་བའི་གནས་སུ་ལྟུང་བའི་སེམས་ཅན་ཐམས་ཅད་ཐར་བའི་ལམ་དུ་འདྲེན་ཞིང་རིགས་དྲུག་གི་གནས་སོགས་སྒྱུར་དུ་སྐེམ་པར་འགྱུར་བ་བསྟན་པ་ཡིན་ནོ། །

མགོན་སྐྱབས་དཔུང་གཉེན་དང་བྲལ་ནས་བླང་དོར་གྱི་གནས་ལ་རྨོངས་པའི་མ་རིག་པ་ལས་ཉོན་སྡུག་བསྔལ་གྱིས་མནར་བའི་འགྲོ་བ་རྣམས་ཀྱིས་བདེ་བ་འདོད་ཅིང་བདེ་བའི་རྒྱུ་དགེ་བ་བཅུ་སོགས་སྒྲུབ་མི་ཤེས་པར་ཞེ་འདོད་དང་ལག་ལེན་ཕྱིན་ཅི་ལོག་

ཏུ་གྱུར་ནས། སྤྱིར་བདེ་བ་འབའ་ཞིག་སྒྲུབ་པར་འདོད་ཀྱང་དེ་སྒྲུབ་པའི་ཕྱིར་དུ་སྡུག་བསྔལ་གྱི་ལས་ལ་ལོངས་སྤྱོད་ཅིང་བླང་དོར་གྱི་གནས་ལ་ཐབས་མི་མཁས་པའི་འགྲོ་བ་འདི་རྣམས་སྙིང་རེ་རྗེ། དེ་དག་གི་རྒྱུད་ཀྱི་ལས་དང་ཉོན་མོངས་པའི་ལས་སྒྲིབ་ཡོངས་སུ་དག་པར་བྱིན་གྱིས་རློབས་པར་མཛད་དུ་གསོལ་ཞེས་བརྗོད་ཅིང་སྒོ་གསུམ་གུས་པས་གསོལ་བ་འདེབས་པར་བྱས་ན། རབ་འབྱམས་རྒྱལ་བ་སྲས་དང་བཅས་པའི་ཐུགས་རྗེ་བྱིན་རླབས་ཀྱི་མཐུ་ལས་བླང་དོར་གྱི་ཐབས་ལ་མི་མཁས་པའི་འགྲོ་བ་ཐམས་ཅད་ཀྱི་རྒྱུད་ཀྱི་རྒྱུ་གཉིས་འཛིན་གྱི་ལས་དང་ཉོན་མོངས་པའི་སྒྲིབ་པ་མཐའ་དག་དག་པར་འགྱུར་བ་ཡིན་ནོ།།

བདག་གཞན་སེམས་ཅན་ཐམས་ཅད་ཀྱིས་ཚེ་རབས་འཁོར་བ་ཐོག་མེད་ནས་བདག་གཅིག་པུ་བདེ་འདོད་ལ་བརྩོན་ཞིང་གཟུང་འཛིན་འཁྲུལ་བའི་དབང་གིས་འཁོར་བ་འདིར་འཁྱམས་པ་ཡིན་ལ། དེས་ན་བདག་འདོད་གཟུང་འཛིན་གྱི་འཁྲུལ་བས་བཅིངས་པའི་སེམས་ཅན་ཐམས་ཅད་ལ་སྡུག་བསྔལ་འབའ་ཞིག་མ་གཏོགས་བདེ་བ་སྐད་ཅིག་ཀྱང་མེད་པའི་བཙོན་ར་ལྟ་བུའི་གནས་འདིར་ཚུད་ནས་བཟོད་མེད་སྡུག་བསྔལ་གྱི་དུ་ཁ་དྲག་པོས་མནར་ཡང་། ཐམས་ཅད་བླང་དོར་གྱི་ཐབས་ལ་མི་མཁས་པའི་དབང་གིས་དཔེར་ན་རི་དྭགས་རྒྱར་ཚུད་པ་རྣམས་སླར་ཡང་བཙོན་ཁང་ནང་དུ་འཇུག་པ་ལྟར་མ་རིག་པ་གཏི་མུག་ཅན་གྱི་འགྲོ་བ་འདི་རྣམས་སྙིང་རེ་རྗེ། འཁོར་བ་སྡུག་བསྔལ་གྱི་རྒྱ་མཚོ་ལྟ་བུ་དེ་ཉིད་དོང་ནས་སྤྲུག་པར་བྱིན་གྱིས་རློབས་པར་མཛད་དུ་གསོལ་ཞེས་བརྗོད་པར་བྱས་ན། རབ་འབྱམས་རྒྱལ་བ་སྲས་དང་བཅས་པའི་ཐུགས་རྗེ་བྱིན་རླབས་ཀྱི་མཐུ་ལས་དཔེར་ན་རི་དྭགས་རྒྱ་ལ་ཚུད་པ་ལྟ་བུའི་སེམས་ཅན་ཐམས་ཅད་སྡུག་བསྔལ་གྱི་རྒྱ་མཚོ

ལྷ་བུའི་གནས་ལས་ཐར་ཞིང་ཁམས་གསུམ་འཁོར་བ་དོང་ནས་སྤྲུགས་པར་འགྱུར་བ་ཡིན་ནོ།།

ལས་ངན་གྱི་སེམས་ཅན་རྣམས་ལ་ལས་ཀྱི་དབང་གིས་གྲུབ་པའི་ཐར་མེད་ལས་ཀྱི་གྲོང་ཁྱེར་དྲུག་པོ་ཡི་གནས་འདིར་ལས་ངན་པའི་མ་རྒན་སེམས་ཅན་ཀུན་སྡུག་བསྔལ་གསུམ་གྱིས་བར་མེད་དུ་མནར་ཞིང་གཅིག་ནས་གཅིག་ཏུ་བརྒྱུད་ཅིང་དཔེར་ན་ཟོ་ཆུའི་འཁྲུད་མོ་བཞིན་དུ་ཐར་མེད་འཁོར་བའི་གནས་འདིར་འཁྱམས་པའི་འགྲོ་བ་རྣམས་སྙིང་རེ་རྗེ། རབ་འབྱམས་རྒྱལ་བ་སྲས་དང་བཅས་པའི་ཐུགས་རྗེའི་མཐུ་ལས་རིགས་དྲུག་གི་གནས་འདིར་འཁྱམས་པའི་སེམས་ཅན་ལས་ངན་གྱི་སྐྱེ་སྒོ་ངན་པ་ཆོད་པར་བྱིན་གྱིས་རློབས་པར་མཛད་དུ་གསོལ་ཞེས་བརྗོད་ཅིང་སྒོ་གསུམ་གུས་པས་གསོལ་བ་འདེབས་པར་བྱས་ན། རིགས་དྲུག་གི་གནས་འདིར་གཅིག་ནས་གཅིག་ཏུ་བརྒྱུད་ཅིང་འཁྱམས་པའི་ལས་ངན་གྱི་འགྲོ་བ་རྣམས་ཀྱི་སྐྱེ་སྒོ་ངན་པ་བཅད་ནས་ཐམས་ཅད་ཚེ་འདི་འཕོས་མ་ཐག་ཏུ་གདོད་མའི་མགོན་པོ་ཀུན་ཏུ་བཟང་པོའི་གཞི་གློང་དུ་མངོན་པར་སངས་རྒྱས་པར་འགྱུར་བ་ཡིན་ནོ།།

སྐྱེ་བོ་འགའ་ཞིག་ནླང་དོར་གྱི་ཐབས་ལ་རྨོངས་པའི་དབང་གིས་སྐྱེ་བ་དང་རྒ་བ་དང་ན་བ་དང་འཆི་བའི་སྡུག་བསྔལ་རྣམས་ཅི་ཙམ་མཐོང་ཡང་མི་འཇིགས་པའི་གདེངས་ཚོད་དང་བཅས་པའི་སྙིང་སྲན་ཅན་ཁྱོད་ཀྱིས་ཡེངས་མ་ལམ་གྱི་ངང་ལ་དལ་འབྱོར་བཅོ་བརྒྱད་ཚང་བའི་མི་ལུས་འདི་ལ་བརྟེན་ནས་སྙིང་པོ་ལྷ་ཆོས་ལ་མི་བརྩོན་པར་མི་ཚེ་སྐད་ཅིག་མ་འདི་དོན་མེད་ཀྱི་དུས་ལས་ཟད་པའི་སེམས་ཅན་འདི་རྣམས་ཀྱིས་མི་རྟག་འཆི་བ་འདི་རྒྱུད་ལ་དྲན་པར་བྱིན་གྱིས་རློབས་པར་མཛད་དུ་གསོལ་ཞེས

བརྗོད་ཅིང་སྙིང་གསུམ་གུས་པའི་གསོལ་བ་འདེབས་པར་བྱས་ན།   རབ་འབྱམས་རྒྱལ་བ་སྲས་དང་བཅས་པའི་ཐུགས་རྗེའི་མཐུ་ལས་སྐྱེ་རྒ་ན་འཆི་སོགས་ཀྱི་སྡུག་བསྔལ་དྲག་པོས་མནར་ཡང་འཇིག་རྟེན་འདིར་སྣང་ལ་གཡེང་ནས་ནམ་འཆི་ཆ་མེད་ཀྱི་ངང་ལ་གནས་པ་ཐམས་ཅད་ཀྱི་རྒྱུད་ལ་འདུས་བྱས་ཀྱི་ཆོས་དང་འཆི་བ་མི་རྟག་པ་མྱུར་དུ་དྲན་ནས་ཚེ་གཅིག་མངོན་པར་གྲོལ་བའི་དམ་པའི་ཆོས་ཟབ་མོ་ཟུང་འཇུག་རྫོགས་པ་ཆེན་པོའི་དོན་ཉམས་སུ་ལེན་པར་འགྱུར་བ་ཡིན་ནོ། །

སྤྱིར་འཇིག་རྟེན་འདིར་མཐོན་པོའི་ཐོབ་ཕྱུག་པོའི་རྒྱུ་སོགས་གང་ལ་བསམ་ཡང་ཐམས་ཅད་མི་རྟག་པའི་རང་བཞིན་མ་གཏོགས་རང་ལ་བློ་གཏད་ཁེལ་བའི་གནས་གཅིག་ཀྱང་མེད་པར་མ་ཤེས་པའི་དབང་གིས་ད་ཏུང་ཁམས་གསུམ་འཁོར་བ་འདི་ལ་ཞེན་ཅིང་ཆགས་ཏེ།   ཞེ་འདོད་དང་ལག་ལེན་ཕྱིན་ཅི་ལོག་ཏུ་གྱུར་ནས་སྐྱིད་འདོད་ཀྱི་ངང་ལ་འདུག་པར་འདོད་ཀྱང་།   དོན་ལ་མི་ཚེ་སྡུག་གི་དུས་འདའ་བའི་སེམས་ཅན་ཐམས་ཅད་འཁོར་བར་གང་དུ་སྐྱེས་ཀྱང་སྡུག་བསྔལ་གྱི་རང་བཞིན་ཡིན་པར་མཐོང་ནས་ཞེན་པ་གཏིང་ནས་ལོག་པར་བྱིན་གྱིས་རློབས་པར་མཛད་དུ་གསོལ་ཞེས་བརྗོད་ཅིང་གསོལ་བ་འདེབས་པར་བྱས་ན།   རབ་འབྱམས་རྒྱལ་བ་སྲས་དང་བཅས་པའི་ཐུགས་རྗེ་མཐུ་ལས་བློ་གཏད་མེད་པའི་འཇིག་རྟེན་གྱི་ཕུན་ཚོགས་ཀུན་ལ་ཞེན་ཅིང་ཆགས་ནས་དེའི་ངང་ལ་གཡེང་ཞིང་མི་ཚེ་སྡུག་བསྔལ་གྱིས་འདའ་བའི་སེམས་ཅན་ཐམས་ཅད་ཀྱིས་འཁོར་བ་ལ་ཞེན་པ་གཏིང་ནས་ལོག་ཅིང་དད་དང་ངེས་འབྱུང་སོགས་རྒྱུད་ལ་སྐྱེས་ནས་ཐར་བའི་ལམ་ལ་བགྲོད་པར་འགྱུར་བ་ཡིན་ནོ།   །ཕྱི་སྣོད་ཀྱི་འཇིག་རྟེན་གྱི་དངོས་པོ་ཐམས་ཅད་མི་གནས་པར་མི་རྟག་པ་ཡིན་ཏེ།   མཐར་ཐམས་ཅད་མེ་ཆུས་ལྷན་ཅིག་ཏུ་

འཇིག་པར་འགྱུར་བ་ཡིན་པའི་ཕྱིར་རོ། །ནང་བཅུད་ཀྱི་སེམས་ཅན་ཐམས་ཅད་ཀྱང་མི་རྟག་པའི་རང་བཞིན་ཡིན་ཏེ། མཐར་ཐམས་ཅད་གཅིག་ཀྱང་མི་ལུས་པར་རང་རང་གིས་ཚེ་གང་ཐོར་བསགས་པའི་ནོར་ལོངས་སྤྱོད་དང་གཉེན་འཉེ་འབྲེལ་གྲོགས་དགའ་མཛའ་དང་རང་གིས་ཚེ་གཅིག་ལ་གཅེས་པར་བཟུང་བའི་ལུས་སེམས་གཉིས་ཀྱང་སོ་སོར་བྲལ་ཞིང་འཆི་དགོས་པ་ཡིན་པའི་ཕྱིར་རོ། །མ་ཟད་གནས་སྐབས་ཀྱི་དབྱར་དགུན་སྟོན་དཔྱིད་དང་ནམ་ཟླའི་དུས་སོགས་གང་ལ་བསམ་ཡང་མི་རྟག་པའི་རང་བཞིན་ཡིན་པར་ངེས་ལ། དེས་ན་འཇིག་རྟེན་གྱི་སྣང་ཤེས་འདི་ལ་སྐྱོ་ཤས་གཏིང་ནས་སྐྱེ་བར་བྱིན་གྱིས་རློབ་པར་མཛད་དུ་གསོལ་ཞེས་བརྗོད་ཅིང་གསོལ་བ་འདེབས་པར་བྱས་ན། རབ་འབྱམས་རྒྱལ་བ་སྲས་དང་བཅས་པའི་ཐུགས་རྗེའི་མཐུ་ལས་ཕྱི་སྣོད་དང་ནང་བཅུད་ཀྱི་སེམས་ཅན་རྣམས་དང་དབྱར་དགུན་སྟོན་དཔྱིད་ནམ་ཟླ་དུས་བཞིའི་འགྱུར་ལྡོག་སོགས་ཐམས་ཅད་མི་རྟག་པའི་རང་བཞིན་ཡིན་པར་ཤེས་ནས་ངེས་འབྱུང་དང་བྱང་ཆུབ་ཀྱི་སེམས་རིན་པོ་ཆེ་རྒྱུད་ལ་སྐྱེ་བར་འགྱུར་བ་ཡིན་ནོ།།

ལོ་དང་དུས་ཀྱི་དབང་དུ་བྱས་ན་ཡང་ན་ཉིན་གི་ལོ་དང་ད་ལོ་སོགས་ཀྱི་ནམ་ཟླའི་སྟོད་སྨད་ཀྱང་མི་རྟག་པའི་རང་བཞིན་དུ་གནས་པ་དང་། མ་ཟད་ཞག་དང་ཉིན་མཚན་སོགས་ཀྱང་སྐད་ཅིག་མ་ཡིན་པས་དུས་དེ་ཡང་མི་རྟག་པ་ཡིན་ལ། དེས་ན་རང་རང་གི་ནམ་ཟླ་དང་ཞག་དང་ཉིན་མཚན་ཐམས་ཅད་མི་རྟག་པའི་སྣང་ཚུལ་འདི་ལ་ལེགས་པར་བསམ་ན་རང་ཉིད་ཉིན་རེ་བཞིན་འཆི་བས་གཏུགས་པ་མ་གཏོགས་གཞན་ཅི་ཡོད་སྙིང་པོ་གང་ཡང་ཡོད་པ་མ་ཡིན་ནོ། །དེས་ན་ཐམས་ཅད་ཀྱིས་ད་ནས་བཟུང་སྟེ་རང་རང་ལ་ཚེ་ལྷག་ཉི་མའི་གྲིབ་སོ་ཙམ་ལྷག་ཡོད་པའི་དུས་འདིར་སྒྲུབ་ལ་སྙིང་རུས་

ཟབ་མོ་ནུས་པར་བྱིན་གྱིས་བརླབ་པར་མཛད་དུ་ཞེས་བརྗོད་ཅིང་གསོལ་བ་འདེབས་པར་བྱས་ན། རབ་འབྱམས་རྒྱལ་བ་སྲས་དང་བཅས་པའི་ཐུགས་རྗེའི་མཐུ་ལས་མི་ཚེ་དོན་མེད་ཀྱི་དུས་ལས་འདའ་བའི་སྐྱེ་བོ་ཐམས་ཅད་ཀྱི་རྒྱུད་ལ་ལོ་དང་ཟླ་བ་ཞག་དང་ཉིན་མཚན་ཐམས་ཅད་མི་རྟག་པའི་རང་བཞིན་གྱི་སྣང་ཤེས་སྐྱེས་ནས་དམ་པའི་ཆོས་ལ་དཔེར་ན་སློག་མོའི་མགོ་ལ་མེ་ཤོར་བ་དང་སྣར་མའི་པང་ལ་སྦྲུལ་བཙུག་པ་ལྟར་མྱུར་དུ་སྒྲུབ་པ་ཉམས་སུ་ལེན་པར་འགྱུར་བ་ཡིན་ནོ། །

རང་རང་ལ་ད་ལྟ་དལ་འབྱོར་བཅོ་བརྒྱད་ཚང་བའི་མི་ལུས་ཤིག་ཐོབ་པ་འདི་ནི་སྔོན་བསོད་ནམས་བསགས་པའི་དབང་གིས་རྙེད་པ་མ་གཏོགས་ཤིན་ཏུ་རྙེད་པར་དཀའ་བ་ཡང་ཡིན་ལ། དེས་ན་འདི་ལ་བརྟེན་ནས་སྙིང་པོ་དམ་པའི་ལྷ་ཆོས་ལ་མི་བརྩོན་པར་མི་ཚེ་སོས་དལ་གྱི་ངང་ལ་བསྡད་ན་ནམ་ཞིག་འཆི་བདག་ནད་ཀྱིས་ཉེ་བར་བཏབ་པའི་ཚེ་ན་གཉེན་ཉེ་འབྲེལ་གྲོགས་དགའ་མཛའ་ནོར་ལོངས་སྤྱོད་སོགས་གང་གིས་ཀྱང་མི་ཕན་པར་ངན་སོང་གསུམ་གྱི་གནས་ལ་ཆོས་མེད་ལག་སྟོང་མཐའ་དུ་བཙུག་ནས་འགྲོ་དགོས། དེས་ན་དེ་ལྟ་བུའི་འགྲོ་བ་དེ་རྣམས་དཔེར་ན་དེད་དཔོན་ནོར་གླིང་དུ་སོང་ཡང་ནོར་བུ་མི་ལེན་པར་ལག་སྟོང་དུ་སླར་ལོག་པ་དང་འདྲ་ལ། དེས་ན་དེ་ལྟ་བུའི་འགྲོ་བ་འདི་རྣམས་སྙིང་རེ་རྗེ་ཐམས་ཅད་ལ་ནམ་ཡང་ཕོམ་ལོང་མེད་པའི་དོན་རྒྱུད་ལ་མྱུར་དུ་སྐྱེ་བར་བྱིན་གྱིས་རློབ་པར་མཛད་དུ་གསོལ་ཞེས་བརྗོད་པར་བྱས་ན་དལ་འབྱོར་སྟོང་ཟད་དུ་སྟོང་ཞིང་ཆོས་མེད་སྟོང་ལོག་ཏུ་འཁྱམས་པའི་འགྲོ་བ་ཀུན་གྱི་རྒྱུད་ལ་སྔར་མ་རྟོགས་པའི་དུས་གསུམ་རྒྱལ་བ་ཐམས་ཅད་ཀྱི་དགོངས་རྒྱུད་ཟབ་མོ་རང་ལ་འཕོས་ནས་སྒྲུབ་པ་ཉམས་སུ་ལེན་པར་འགྱུར་བ་ཡིན་ནོ། །དེ་ཡང་ལས་ཉོན་ལྷུགས་སྒྲོག་དམ་པོས་

བར་མེད་དུ་བསྡམས་པའི་སེམས་ཅན་འདི་རྣམས་སྙིང་རེ་རྗེ་ཀྱི་མ་ཀྱི་ཧུད་དེ་ལྟ་བུའི་སྐྱབས་མེད་མགོན་སྐྱབས་དང་བྲལ་བའི་སེམས་ཅན་ཀུན་ལ་སྐྱབས་དང་སྐྱོབ་པ་མགོན་དང་དཔུང་གཉེན་མཛད་པའི་དཀོན་མཆོག་རིན་པོ་ཆེ་ཐུགས་སྙིང་རྗེ་ཡི་རང་བཞིན་ཅན་རྒྱལ་བ་ཁྱེད་ལ་ངན་སོང་གསུམ་གྱི་སྡུག་བསྔལ་ལས་སྐྱོབ་པའི་བརྩེ་བའི་ཐུགས་མངའ་བའི་དབང་གིས་བདག་སོགས་རིགས་དྲུག་གི་གནས་ན་འཁོར་བའི་སེམས་ཅན་ཐམས་ཅད་སྡུག་བསྔལ་གྱི་མཚོ་ལས་མྱུར་དུའམ་དུས་ད་ལྟ་ཉིད་དུ་ཐར་བར་བྱིན་གྱིས་བརླབ་པར་མཛད་དུ་གསོལ་ཞེས་བརྗོད་པར་བྱས་ན། འདི་དང་ཕྱི་མ་ཐམས་ཅད་ཀྱི་སྐྱབས་གནས་གཅིག་པུ་རབ་འབྱམས་རྒྱལ་བ་སྲས་དང་བཅས་པའི་ཐུགས་རྗེའི་མཐུ་ལས་བླང་དོར་གྱིས་ཐབས་ལ་རྨོངས་པའི་བདག་སོགས་སེམས་ཅན་ཐམས་ཅད་དུས་ད་ལྟ་ཉིད་དུ་སྡུག་བསྔལ་གསུམ་ལས་ཐར་བར་འགྱུར་བ་ཡིན་ནོ།།

ད་ནི་ཕྱི་ནང་གསང་བའི་སྐྱབས་འགྲོ་ཡི་ཁྱད་པར་ནི། སྤྱིར་ཁམས་གསུམ་རིགས་དྲུག་ན་གནས་པ་ཡི་མཐའ་ཡས་པའི་སེམས་ཅན་རྣམས་ཀྱི་དོན་ལ་འདས་དང་མ་བྱོན་ད་ལྟ་དུས་གསུམ་དུ་རྒྱུན་ཆད་མེད་པར་འགྲོ་བ་ཀུན་ལ་ཐུགས་རྗེས་ཉེ་བར་གཟིགས་པའམ་དགོངས་པར་མཛད་པའི་དུས་གསུམ་སངས་རྒྱས་ཐམས་ཅད་གཅིག་ཏུ་འདུས་པའི་ངོ་བོ་བཀའ་དྲིན་མཚུངས་པ་མེད་པ་དཔལ་ལྡན་རྩ་བའི་བླ་མ་རྣམས་ལ་སྒོ་གསུམ་གུས་པས་ཕྱག་འཚལ་ཞིང་སྐྱབས་སུ་མཆིའོ་ཞེས་བརྗོད་པར་བྱེད་པ་དེས་བཀའ་དྲིན་གསུམ་ལྡན་གྱི་བླ་མའི་དགོངས་རྒྱུད་ཟབ་མོ་བདག་ལ་འཕོས་ཤིང་གཉིས་འཛིན་མ་རིག་པའི་སྒྲིབས་ལས་གྲོལ་བར་འགྱུར་བ་ཡིན་ནོ། །བདུད་བཞི་ལས་རྣམ་པར་རྒྱལ་བ་ཐང་གཉིས་རྣམས་ཀྱི་མཆོག་ཏུ་གྱུར་པའམ་གཙོ་བོ་མཚན་དང་དཔེ་བྱད་ཀྱིས་བརྒྱན་པ་ཇེ་

སྲིད་འཁོར་བ་མ་སྟོང་གི་བར་དུ་གང་འདུལ་གྱི་འཕྲིན་ལས་ནམ་ཡང་མི་ཟད་པ་དཔེར་ན་ནམ་མཁའི་མཐའ་དང་མཉམ་པ་ལྷ་བུའི་ཕྱོགས་བཅུ་དང་དུས་བཞིའི་བདེ་བར་གཤེགས་པ་སྐྲིབ་གཉིས་ཀྱི་དྲི་མ་མཐའ་དག་བཅོམ་ཞིང་དོན་གཉིས་ཀྱི་དཔལ་དང་ལྡན་པའི་སྲིད་ཞི་གཉིས་ཀྱི་མཐའ་གང་ལ་མི་གནས་པར་མཐའ་ལས་འདས་པའི་སངས་རྒྱས་རྣམས་ལ་སྒོ་གསུམ་གུས་པས་ཕྱག་འཚལ་ཞིང་སྐྱབས་སུ་མཆིའོ་ཞེས་བརྗོད་ཅིང་སྐྱབས་སུ་འགྲོ་བར་བྱེད་པ་དེས་རང་རྒྱུད་ཀྱི་སྨུན་པ་སངས་ཤིང་མངོན་པར་གྲོལ་བར་འགྱུར་བར་བསྟན་པ་ཡིན་ནོ། །

དབྱིངས་སྤྲོས་པ་ཐམས་ཅད་དང་བྲལ་བ་མཐའ་གང་ལ་མི་གནས་པའི་ཞི་བ་ཆགས་བྲལ་དོན་དམ་བདེན་པའི་ཆོས་དང་། ཉན་ཐོས་དང་རང་རྒྱལ་དང་ཐེག་པ་ཆེན་པོ་སོགས་གསུམ་གྱི་ཕྱིར་མི་ལྡོག་པའི་ལམ་དང་། བཀའ་གཏེར་གྱི་ལུང་དང་བླ་མ་བརྒྱུད་པའི་མན་ངག་དང་བསྟན་བཅོས་སོགས་དམ་པའི་ཆོས་རྣམས་ལ་ཕྱག་འཚལ་ཞིང་སྐྱབས་སུ་མཆིའོ་ཞེས་བརྗོད་ཅིང་སྐྱབས་སུ་འགྲོ་བར་བྱེད་པ་དེས་རང་རྒྱུད་ཀྱི་ལས་ཉོན་སོགས་བཅོམ་པར་བྱེད་པ་དམ་པའི་ཆོས་ལ་སྐྱབས་སུ་འགྲོ་བར་བསྟན་པ་ཡིན་ནོ། །གནས་ལུགས་མ་ནོར་བའི་ལམ་ལ་གནས་པའི་ཚོགས་མཆོག་ཀུན་གྱི་ཞིང་ས་ལས་དང་ཉོན་མོངས་པའི་དྲི་མས་རབ་ཏུ་དབེན་པའི་འཕགས་པའི་ཚོགས་ཐེག་པ་ཆེན་པོའི་བྱང་སེམས་དང་ཐེག་པ་དམན་པའི་ཉན་ཐོས་དང་རང་རྒྱལ་སོགས་རྒྱལ་བའི་ལུང་རྟོགས་ཀྱི་བསྟན་པ་འཛིན་པའི་མཆོག་གྱུར་དགེ་འདུན་རྣམས་ལ་ཕྱག་འཚལ་ཞིང་སྐྱབས་སུ་མཆིའོ་ཞེས་སྐྱབས་སུ་འགྲོ་བར་བྱེད་པ་དེས་སླད་དོར་གྱི་ལམ་མཐོང་བར་འགྱུར་བ་བསྟན་པ་ཡིན་ནོ། །དུས་གསུམ་སངས་རྒྱས་ཀུན་གྱི་ངོ་བོ་དང་གཉིས་སུ་མེད་པ་ཉིད་ཀྱིས

གསང་བ་བླ་ན་མེད་པའི་དཀྱིལ་འཁོར་ཀུན་གྱི་གཙོ་བོ་ཉིད་དུ་གྱུར་ཞིང་། བདག་གཞན་སེམས་ཅན་ཐམས་ཅད་ཀྱི་རྒྱུད་ལ་བྱིན་རླབས་ཐུགས་རྗེས་འགྲོ་བ་ཀུན་ཐར་བའི་ལམ་ལ་འདྲེན་པར་མཛད་པའི་བླ་མ་རྣམས་ལ་ཕྱག་འཚལ་ཞིང་སྐྱབས་སུ་མཆིའོ་ཞེས་སྐྱབས་སུ་འགྲོ་བར་བྱེད་པ་དེས་དུས་གསུམ་རྒྱལ་བ་ཐམས་ཅད་ཀྱི་འཕྲིན་ལས་གཅིག་ཏུ་བསྡུས་པའི་ངོ་བོ་དཔལ་ལྡན་བླ་མའི་དགོངས་རྒྱུད་བདག་ལ་འཕོས་ཤིང་གྲོལ་བར་འགྱུར་བ་ཡིན་ནོ། །

དོན་ལ་ཆོས་སྐུ་སྐྱེ་བ་མེད་པ་སྤྲོས་པའི་མཐའ་ཐམས་ཅད་དང་བྲལ་བར་གྱུར་ན་ཡང་། སྣང་ཚུལ་དུ་འགྲོ་བའི་དོན་མཛད་པའི་ཕྱིར་གདུལ་བྱའི་ཁམས་མོས་དང་མཐུན་པར་ཞི་བ་དང་ཁྲོ་བོའི་གར་དུ་རོལ་ཞིང་སྤྲུལ་པ་བསམ་མི་ཁྱབ་པར་མཛད་དེ། ཐམས་ཅད་ལ་མཆོག་དང་ཐུན་མོང་གི་དངོས་གྲུབ་མ་ལུས་པ་སྩེར་བར་མཛད་པའི་ཡི་དམ་ལྷ་ལ་ཕྱག་འཚལ་ཞིང་སྐྱབས་སུ་མཆིའོ་ཞེས་བརྗོད་པར་བྱེད་པ་དེས་ཆོས་ཐམས་ཅད་ཀྱི་ཡེ་སྟོང་སྐྱེ་བ་མེད་པ་སྤྲོས་པ་ཐམས་ཅད་དང་བྲལ་བར་གྱུར་ན་ཡང་གནས་སྐབས་གདུལ་བྱའི་ཁམས་མོས་དང་མཐུན་པར་སྤྲུལ་བའི་དོན་མཛད་ཅིང་མཆོག་ཐུན་མོང་གི་དངོས་གྲུབ་མ་ལུས་པ་ཀུན་ལ་འབྱུང་བར་འགྱུར་བ་བསྟན་པ་ཡིན་ནོ། །

ཆོས་ཉིད་ཀྱི་སྟོབས་ཀྱིས་རྫུ་འཕྲུལ་གྱིས་མཁའ་ལ་ཐུགས་རྗེའི་ཤུགས་ཀྱིས་འགྲོ་ཞིང་། ཐམས་ཅད་ལ་དག་པའི་གནས་མཆོག་བདེ་བ་ཆེན་པོའི་མཆོག་གི་དངོས་གྲུབ་སྩོལ་ཅིང་སྐལ་ལྡན་དམ་ཚིག་ཅན་རྣམས་ལ་མཆོག་ཐུན་མོང་གི་དངོས་གྲུབ་མ་ལུས་སྩེར་མཛད་ཀྱི་མཁའ་འགྲོ་མ་སོགས་མཁའ་འགྲོའི་ཚོགས་ལ་ཕྱག་འཚལ་ཞིང་སྐྱབས་སུ་མཆིའོ་ཞེས་བརྗོད་ཅིང་སྐྱབས་སུ་འགྲོ་བར་བྱེད་པ་དེས་བདེ་སྟོང་ལྷན་ཅིག་སྐྱེས་པའི་ཡེ་

ཤེས་རྒྱུད་ལ་སྐྱེ་ཞིང་མཆོག་ཐུན་མོང་གི་དངོས་གྲུབ་མ་ལུས་པ་འབྱུང་བར་འགྱུར་བར་བསྟན་པ་ཡིན་ནོ། །ཐུང་རྟོགས་ཡོངས་སུ་རྫོགས་པའི་སངས་རྒྱས་ཀྱི་ལུང་རྟོགས་ཀྱི་བསྟན་པ་ཇི་བཞིན་བསྲུང་ཞིང་སྒྲུབ་པའི་ལས་ལ་བརྩོན་པར་བྱས་ཤིང་ལེགས་ཉེས་སྤངས་འཛིན་དམ་ཚིག་རྗེས་སུ་གཙོད་པར་བྱེད་པའི་བཀའ་བཞིན་རྗེས་སུ་བསྒྲུབ་པའི་གྲོགས་མཛད་མ་དམ་ཅན་རྒྱ་མཚོ་ལྷ་བུའི་ཚོགས་རྣམས་ལ་ཕྱག་འཚལ་ཞིང་སྐྱབས་སུ་མཆིའོ་ཞེས་བརྗོད་ཅིང་སྐྱབས་སུ་འགྲོ་བར་བྱེད་པ་དེས་སངས་རྒྱས་ཀྱི་ལུང་རྟོགས་ཀྱི་བསྟན་པ་སྲུང་བའི་དམ་ཅན་རྒྱ་མཚོ་རྣམས་ལ་ཕྱག་འཚལ་ཞིང་སྐྱབས་སུ་འགྲོ་བར་བསྟན་པ་ཡིན་ནོ།།

ཆོས་ཐམས་ཅད་ཀྱི་ངོ་བོ་ནི་ཡེ་ནས་སྟོང་ཞིང་བདག་མེད་པ་ཆོས་ཉིད་སྤྲོས་པ་ཐམས་ཅད་དང་བྲལ་བ་ཡིན་ལ། དེས་ན་དེ་དག་གི་ཚུལ་ནི་ངོ་བོ་སྟོང་བ་རང་བཞིན་གསལ་བ་ཐུགས་རྗེ་ཀ།ནས་དག་པ་དང་། མཉམ་རྫོགས་ཀློང་ཡངས་ཆེན་པོའི་རང་བཞིན་ལ་མ་དག་མཚན་མའི་འཛིན་པ་མེད་པར་བློ་ལས་འདས་པ་དེའི་ངང་དུ་སྐྱབས་སུ་མཆིའོ་ཞེས་བརྗོད་ཅིང་སྐྱབས་སུ་འགྲོ་བར་བྱེད་པ་དེས་བློ་འདས་བརྗོད་མེད་ཀ་དག་ལྷུན་གྲུབ་རྫོགས་པ་ཆེན་པོའི་རང་བཞིན་སྐྱེ་བ་མེད་པའི་དོན་རྒྱུད་ལ་སྐྱེ་བར་འགྱུར་བའི་མཁའ་འགྲོའི་ཚོགས་ལ་སྐྱབས་སུ་འགྲོ་བར་འགྱུར་བ་བསྟན་པ་ཡིན་ནོ།།

ཡེ་ནས་མ་བཅལ་ཡེ་རྫོགས་ལྷུན་གྱིས་གྲུབ་པའི་རང་བཞིན་ཡེ་ནས་དག་པ་སྐུ་ལྔའི་བདག་ཉིད་ཅན་དབྱིངས་རིག་སྟོང་གསལ་ཐིག་ལེའི་དཀྱིལ་འཁོར་དུ་རང་རིག་འོད་གསལ་རྗེ་རྗེ་ལུ་གུ་རྒྱུད་གཉིས་འཛིན་གྱི་འཛིན་རྟོག་གང་གིས་མ་བསླད་པར་རྟོག་མེད་རང་གསལ་རྗེན་པར་སྐྱབས་སུ་མཆིའོ་ཞེས་བརྗོད་ཅིང་སྐྱབས་སུ་འགྲོ་བར་བྱེད་པ་

དེས་རང་སེམས་སྐྱེ་བ་མེད་པ་སྐུ་དང་ཡེ་ཤེས་འདུ་འབྲལ་མེད་པའི་བདག་ཉིད་ཅན་རང་རིག་འོད་གསལ་རྫོ་རྗེ་ལུ་གུ་རྒྱུད་ལ་རྟོག་མེད་རང་གསལ་རྗེན་པར་སྐྱབས་སུ་འགྲོ་བར་བསྟན་པ་ཡིན་ནོ། །ཆོས་ཐམས་ཅད་ཀྱི་ཆོས་ཉིད་སྤྲོས་པ་ཐམས་ཅད་དང་བྲལ་བ་དང་པོ་སྐྱེ་བ་མེད་པ་བར་དུ་གནས་པ་མེད་པ་མཐར་འགག་པ་མེད་པ་མ་འགག་རང་རྒྱལ་ཀུན་ཁྱབ་ཐུགས་རྗེ་ཡི་རང་བཞིན་ཅན་ཤར་གྲོལ་འགག་པ་མེད་པ་རང་བྱུང་རིག་རྒྱལ་རོལ་པའི་ཟེར་ལ་གཉིས་འཛིན་གྱི་རྟོག་པ་གང་གིས་མ་བསླད་པར་རྟོག་མེད་ངང་ནས་མ་དག་འགྲོ་བློའི་སྣང་པ་སེལ་བ་དེ་ལ་དུས་གསུམ་ཐོག་མཐའ་མེད་པར་སྐྱབས་སུ་མཆིའོ་ཞེས་བརྗོད་ཅིང་སྐྱབས་སུ་འགྲོ་བར་བྱེད་པ་དེས་ཤར་གྲོལ་འགག་པ་མེད་པ་རང་བྱུང་རིག་པའི་རྒྱལ་འགྲོ་བློའི་སྣང་སེལ་དེ་ལ་དུས་གསུམ་ཐོག་མཐའ་མེད་པར་སྐྱབས་སུ་འགྲོ་བར་བསྟན་པ་ཡིན་ནོ། །

ད་ནི་སེམས་བསྐྱེད་པར་བཤད་པ་ནི། ཀྱེ་མ་གཟུགས་ནས་རྣམ་མཁྱེན་གྱིས་བསྡུས་པའི་ཆོས་རྣམས་ཐམས་ཅད་ཡེ་ནས་ངོ་བོ་སྟོང་ཞིང་བདག་ཏུ་གཅིག་དང་ཐ་དད་དུ་གྲུབ་པ་མེད་ཀྱང་དེ་ལྟར་མ་རྟོགས་པའི་སེམས་ཅན་འདི་རྣམས་སྙིང་རེ་རྗེ་ནམ་ཡང་སྙིང་རྗེའི་གནས་སུ་གྱུར་པའི་སེམས་ཅན་དེ་རྣམས་བླ་ན་མེད་པ་བྱང་ཆུབ་གསུམ་གྱི་གོ་འཕང་འཐོབ་བྱའི་ཕྱིར་དུ་ནམ་ཡང་བདག་གི་སྒོ་གསུམ་དགེ་བ་ལ་བསྐུལ་བར་བྱའོ་ཞེས་པས་གནས་ལུགས་ཀྱི་དོན་མ་རྟོགས་པར་བདེན་འཛིན་གྱི་དབང་གིས་འཁོར་བར་འཁྱམས་པའི་སེམས་ཅན་རྣམས་བླ་མེད་ཀྱི་གོ་འཕང་མ་ཐོབ་པར་བྱང་ཆུབ་ཀྱི་སེམས་བསྐྱེད་ཅིང་སྒོ་གསུམ་དགེ་བ་ལ་བསྐུལ་བར་བྱ་དགོས་པར་བསྟན་པ་ཡིན་ནོ། །བདག་ལ་སྐྱེ་བ་ཚེ་རབས་གྲངས་མེད་དུ་མར་བརྩེ་བའི་སེམས་ཀྱིས་བསྐྱངས་འཛུམ་པའི་མདངས་

ཀྱིས་བསྡུ་བའི་མ་རྒན་འགྲོ་དྲུག་སེམས་ཅན་ཀུན་གྱི་དོན་གྱི་ཕྱིར་དུ་དུས་དེང་ནས་བཟུང་སྟེ་བླ་ན་མེད་པའི་བྱང་ཆུབ་མ་ཐོབ་ཀྱི་བར་དུ་ནམ་ཡང་རང་འདོད་ཞི་བདེ་ལ་ཆགས་ཤིང་བདག་གཅིག་གི་དོན་སྒྲུབ་པར་བྱ་བ་མ་ཡིན་པར། འགྲོ་བ་སེམས་ཅན་ཀུན་གྱི་དོན་གྱི་ཕྱིར་དུ་བླ་ན་མེད་པ་བསམ་པ་བྱང་ཆུབ་མཆོག་ཏུ་སེམས་ནི་བསྐྱེད་པར་བྱའོ་ཞེས་པས་ནམ་ཡང་རང་དོན་ཞི་བདེ་ལ་མི་ཆགས་པར་གཞན་ཕན་གྱི་བསམ་སྦྱོར་བཟང་པོ་ལ་བརྟེན་ཞིང་མཐའ་ཡས་པའི་འགྲོ་བ་ཀུན་གྱི་དོན་དུ་བྱང་ཆུབ་མཆོག་ཏུ་སེམས་བསྐྱེད་པར་བྱ་དགོས་པར་བསྟན་པ་ཡིན་ནོ། །

ནམ་ཡང་ལས་ཉོན་གྱི་ཞུགས་སྒྲོག་དམ་པོས་བར་མེད་དུ་བསྡམས་ཤིང་སྡུག་བསྔལ་གྱི་གནས་དཔེར་ན་རྒྱ་མཚོ་ལྟ་བུ་གཏིང་དཔག་ཏུ་མེད་པའི་ནང་དུ་ལྷུང་ཞིང་། བདེན་འཛིན་གྱི་འཁྲུལ་བ་དམ་པོ་དེས་རང་གིས་རང་བཅིངས་པའི་ཆོས་མེད་ཀྱི་འགྲོ་བ་རྣམས་སླེང་རེ་རྗེ་ནམ་ཡང་སླེང་རྗེའི་གནས་སུ་གྱུར་པའི་འགྲོ་བ་རྣམས་མྱུར་དུ་བདེ་བའི་གནས་ལ་བཀོད་བྱའི་ཕྱིར་དུ་བསམ་པ་བྱང་ཆུབ་མཆོག་ཏུ་སེམས་ནི་བསྐྱེད་པར་བྱའོ་ཞེས་པས་ལས་ཉོན་བདེན་འཛིན་གྱིས་བཅིངས་ཤིང་སྡུག་བསྔལ་གསུམ་གྱི་གནས་ལ་འཁྲུམས་པའི་སེམས་ཅན་རྣམས་ཐར་བའི་ལམ་ལ་བགྲོད་པར་བྱ་བའི་ཕྱིར་བྱང་ཆུབ་མཆོག་ཏུ་སེམས་བསྐྱེད་པར་བྱ་དགོས་པར་བསྟན་པ་ཡིན་ནོ། །

བདག་དང་མཐའ་ཡས་འགྲོ་བ་མཐའ་ཡས་པའི་སེམས་ཅན་རྣམས་རང་བཞིན་ཡེ་ནས་སངས་རྒྱས་ཀྱི་རང་བཞིན་ཡིན་པ་དེ་ལ་ཡིན་པར་ཤེས་པའི་བདག་ཉིད་ཆེན་པོ་རུ་ངེས་ཤིང་བྱང་ཆུབ་མཆོག་ཏུ་སེམས་ནི་བསྐྱེད་པར་བྱ་དགོས་པ་ཡིན་ལ། དེས་ན་དེས་ནི་སེམས་ཅན་ཐམས་ཅད་སངས་རྒྱས་ཀྱི་རང་བཞིན་དུ་ངེས་ཤིང་ཀུན་རྫོབ་ཏུ་བྱང་ཆུབ

མཆོག་ཏུ་སེམས་བསྐྱེད་པར་བྱ་དགོས་པར་བསྟན་པ་དང་།  འཇིག་རྟེན་འཁོར་བའི་གནས་རྒྱ་ཆེ་ཞིང་གཏིང་ཟབ་པ་དཔེར་ན་རྒྱ་མཚོ་ལྟ་བུ་འདི་དག་གང་ལ་བསམ་ཡང་སྒྱུ་མ་བཞིན་དུ་སྙིང་པོ་མེད་པ་འདུས་བྱས་ཐམས་ཅད་རྟག་པར་གནས་པ་ཡོད་པ་མ་ཡིན་ཏེ། དེ་ནི་གང་ལ་བསམ་ཡང་ངོ་བོ་སྟོང་བ་བདག་མེད་པའི་རང་བཞིན་དུ་གནས་པ་ཡིན་ཡང་། དེ་ཡིན་པ་ལ་ཡིན་པ་ཉིད་དུ་དེ་ལྟར་མ་རྟོགས་པའི་བྱིས་པ་སོ་སོའི་སྐྱེ་བོ་འདི་དག་རྣམས་རྟེན་འབྲེལ་བཅུ་གཉིས་ལུགས་འབྱུང་ལྡོག་གི་ཚུལ་དུ་སྲིད་པའི་གནས་འདིར་འཁོར་བར་འཁྱམས་པ་ཡིན་ལ། དེས་ན་མིང་དང་གཟུགས་ཀྱི་འདམ་ལ་ཆགས་པ་རྣམས་མྱུར་དུ་བླ་ན་མེད་པ་རྫོགས་པའི་སངས་རྒྱས་ཀྱི་གོ་འཕང་འཐོབ་པའི་ཕྱིར་དུ་བདག་གི་སྒོ་ལུས་དང་ངག་དང་ཡིད་དང་རྣམ་པ་གསུམ་པོ་དགེ་ལ་བསྐུལ་བར་བྱའོ་ཞེས་པས་སྲིད་པ་གསུམ་གྱི་གནས་རིས་མཐོ་དམན་གང་དུ་སྐྱེས་ཀྱང་ཆོས་ཐམས་ཅད་སྙིང་པོ་མེད་པ་དཔེར་ན་སྒྱུ་མ་ལྟ་བུ་ཉིད་དུ་རྟོགས་ཤིང་དེའི་ངོ་བོ་ལ་དཔྱད་ན་འདུས་བྱས་ཀྱི་ཆོས་ཐམས་ཅད་ངོ་བོ་སྟོང་བ་རང་བཞིན་གསལ་བ་ཐུགས་རྗེ་ཀུན་ཁྱབ་ཉིད་དུ་རྟོགས་ཤིང་། ཚེ་རབས་འཁོར་བ་ཐོག་མེད་ནས་མིང་དང་གཟུགས་ཀྱི་འདམ་ལ་ཆགས་པའི་སེམས་ཅན་རྣམས་མྱུར་དུ་སངས་རྒྱས་ཐོབ་པའི་ཕྱིར་དུ་སྒོ་གསུམ་དགེ་བ་ལ་བསྐུལ་བར་བྱ་དགོས་པར་བསྟན་པ་ཡིན་ནོ། །

སྤྱང་རྟོགས་ཡོངས་སུ་རྫོགས་པའི་སངས་རྒྱས་དང་དེས་གསུངས་པའི་ཆོས་དང་དེའི་ལུང་རྟོགས་ཀྱི་བསྟན་པ་འཛིན་པའི་དགེ་འདུན་འདུས་པའི་སྡེ་སྣེ་ཚོགས་ཀྱི་མཆོག་ཏུ་གྱུར་པ་རྣམས་ལ་དུས་ཇི་སྲིད་བླ་མེད་བྱང་ཆུབ་བར་དུ་བདག་ནི་སྐྱབས་སུ་མཆིའོ་ཞེས་པས་མཐའ་ཡས་པའི་སེམས་ཅན་ཐམས་ཅད་བྱང་ཆུབ་མ་ཐོབ་ཀྱི་བར་དུ་ཡུལ་

མཆོག་གསུམ་ལ་སྐྱབས་སུ་འགྲོ་བར་བྱེད་དགོས་པར་བསྟན་པ་ཡིན་ལ། དེས་ན་དེ་ལྟར་སྐྱབས་སུ་འགྲོ་བར་བྱས་ཤིང་བདག་གིས་སྦྱིན་སོགས་བགྱིས་པའི་བསོད་ནམས་ཀྱིས་མཐའ་ཡས་པའི་འགྲོ་བ་ཀུན་ལ་ཕན་པར་བྱ་བའི་ཕྱིར་སངས་རྒྱས་མྱུར་དུ་འགྲུབ་པར་ཤོག་ཅེས་བརྗོད་པར་བྱས་ཏེ། བདག་གིས་དུས་གསུམ་དུ་སྦྱིན་སོགས་ཕར་ཕྱིན་དྲུག་ལ་བསླབ་པའི་དགེ་རྩ་མཐའ་དག་ཕངས་སེམས་མེད་པར་སེམས་ཅན་ཐམས་ཅད་སངས་རྒྱས་འཐོབ་པའི་ཕྱིར་དུ་བསྔོ་བར་བྱ་བ་དང་། དེ་ལྟར་བདག་གི་སྦྱིན་སོགས་ཇི་ལྟར་བགྱིས་པའི་དགེ་བའི་མཐུས་མཐའ་ཡས་པའི་འགྲོ་བ་ཡི་གནས་སུ་འཁྱམས་པའི་སེམས་ཅན་ཇི་སྙེད་ཅིག་མཆིས་པའམ་མ་ལུས་པ་ཀུན་ཐར་བའི་ལམ་དུ་འདྲེན་པའི་བླ་མར་བདག་གྱུར་ཅིག་ཅེས་པས་དུས་གསུམ་དུ་བསགས་པའི་དགེ་བའི་འབྲས་བུས་སྡུག་བསྔལ་གསུམ་གྱིས་བར་མེད་དུ་མནར་བའི་འགྲོ་བ་ཀུན་ཐར་བའི་ལམ་དུ་འདྲེན་པའི་དེད་དཔོན་ལྟ་བུ་དང་བླ་མ་ཉིད་དུ་འགྱུར་བར་སྨོན་པར་བྱ་དགོས་པར་བསྟན་པ་ཡིན་ནོ།།

ཚད་མེད་བཞི་བསྒོམ་དགོས་པར་བཤད་པ་ནི། བདག་ལ་ཚེ་རབས་འཁོར་བ་ཐོག་མེད་ནས་ཟས་ཀྱི་ཕུད་བྱིན་གོས་ཀྱི་རྩེས་གཡོག་ཅིང་བྱམས་དང་བརྩེ་བ་ཆེན་པོས་བསྐྱངས་པར་བྱས་པའི་སེམས་ཅན་ཐམས་ཅད་བདེ་བ་དང་ལྡན་པར་གྱུར་ཅིག་ཅེས་བདེ་བ་དང་ལྡན་ཞིང་། ཀུན་ཀྱང་སྡུག་བསྔལ་གསུམ་གྱི་རྒྱུ་དང་བྲལ་བར་གྱུར་ཅིག་ཅེས་བརྗོད་པར་བྱེད་པ་དེ་ལྟར་སྡུག་བསྔལ་གསུམ་གྱི་རྒྱུ་དང་བྲལ་ཏེ། ནམ་ཡང་སྡུག་བསྔལ་མེད་པའི་བདེ་བ་བླ་ན་མེད་པ་དང་ལྡན་པར་མྱུར་དུ་གྱུར་ཅིག་ཅེས་བརྗོད་པ་དེ་དང་ལྡན་ནས་ཉེ་རིང་ཆགས་སྡང་སོགས་གང་ཡང་མེད་པའི་སེམས་ཅན་ཀུན་ལ་བློ་བཏང་སྙོམས་ཆེན་པོའི་ངང་ལ་གནས་པར་གྱུར་ཅིག་ཅེས་པས་བདག་གཞན་སེམས་ཅན་ཐམས་

ཅད་རྟག་ཁྱབ་འབད་མེད་ལྷུན་གྲུབ་ཏུ་སེམས་ཅན་གྱི་དོན་ལ་བརྩོན་ཞིང་རང་དོན་ཞི་བདེ་ལ་མི་ཆགས་པར་ཚད་མེད་བཞི་ལ་བློ་སྦྱོང་བར་བྱེད་དགོས་པར་བསྟན་པ་ཡིན་ནོ།།

སྡིག་སྒྲིབ་སྦྱོང་བར་བྱ་བ་ནི། རང་གི་གནས་སྤྱི་གཙུག་པད་ཟླའི་གདན་གྱི་སྟེང་དུ་དུས་གསུམ་རྒྱལ་བ་ཐམས་ཅད་ཀྱི་ངོ་བོ་དང་གཉིས་སུ་མེད་པའི་བླ་མ་དཔལ་རྡོ་རྗེ་སེམས་དཔའི་སྐུ་དེ་ཉིད་སྣང་ལ་རང་བཞིན་གྱིས་མ་གྲུབ་པ་སྐུ་མདོག་དཀར་པོ་དཔེར་ན་རིན་པོ་ཆེ་ཆུ་ཤེལ་འདྲ་བའི་རང་བཞིན་དུ་གནས་པ་དེ་ཡི་ཐུགས་ཀ་ནས་ཟླ་བ་ཉ་གང་བ་ལྟ་བུའི་གདན་དང་། དེའི་སྟེང་དུ་ཧཱུྃ་ཡིག་སྔོན་པོ་སྣང་ལ་རང་བཞིན་གྱིས་གྲུབ་པ་མེད་པ་ཡེ་ནས་རང་བཞིན་དུ་གནས་པ་དེ་ཉིད་དམིགས་ཤིང་དེ་ལ་ཡི་གེ་བརྒྱས་བསྐོར་བར་བསྒོམ་པར་བྱ་དགོས། གནས་སྐབས་གདུལ་བྱ་རྣམས་ཀྱིས་དེ་ལྟར་དམིགས་པར་བྱས་པ་ན་བདུད་རྩིའི་ཆུ་རྒྱུན་རྣམས་རང་གི་ཚངས་བུག་ནས་བབས་ཏེ་བདག་གི་དམ་ཚིག་ཉམས་ཆག་དང་སྡིག་སྒྲིབ་ཐམས་ཅད་དཔེར་ན་ཉི་མས་བ་མོ་ཞི་བ་བཞིན་དུ་དག་པར་བསམ་པར་བྱ་དགོས། དེ་ལྟར་བྱས་ནས་མཐར་བཅོམ་ལྡན་འདས་དཔལ་ལྡན་རྡོ་རྗེ་སེམས་དཔའ་དེ་ཡིས་བདག་དང་འགྲོ་བ་སེམས་ཅན་ཐམས་ཅད་གཅིག་ཀྱང་མ་ལུས་པ་དེ་དག་རྣམས་ལ་སྡིག་སྒྲིབ་ཐམས་ཅད་གོང་དུ་བཤད་ལྟར་དུ་སྦྱོང་བར་བྱ་བའི་ཕྱིར་དུ་ཡེ་ཤེས་ཀྱི་བདུད་རྩིའི་ཆུ་རྒྱུན་བབས་པ་ལྟར་དེ་ཉིད་དུས་ད་ལྟ་ཉིད་དུ་བདག་གཞན་སེམས་ཅན་ཐམས་ཅད་ལ་བསྐུལ་དུ་གསོལ་ཞེས་བརྗོད་ཅིང་དེ་ལྟ་བུའི་དམིགས་པ་དང་མ་བྲལ་བར་ཡི་གེ་བརྒྱ་བ་བརྗོད་པར་བྱའོ། །དེ་ཡང་ཐོག་མར་ཨོཾ་ནི་བདེ་བར་གཤེགས་པ་ཐམས་ཅད་ཀྱི་སྐུ་རྡོ་རྗེའི་བདག་ཉིད་གཞོམ་དུ་མེད་པ་ཉིད་ཡི་གེའི་རྣམ་པར་ཤར་བ་ཡིན་ནོ། །བཛྲ་ནི་རྡོ་རྗེ་སྟེ་ཤེས་རབ་སྟོང་པ་ཉིད་ཀྱི་རང་བཞིན་གཞན་རྐྱེན་

སྒྲིབ་པའི་མཚན་མ་གང་གིས་ཀྱང་མི་ཕྱེད་པའི་དོན་ནོ། །ས་ཏྭ་ནི་སེམས་དཔའ་སྟེ་ཐབས་སྙིང་རྗེ་ཆེན་པོའི་དོན་ནོ། །ས་མ་ཡ་ཞེས་པ་ནི་དམ་ཚིག་གི་ཡུན་སྲ་དོན་ཡང་མི་འདའ་བའི་དོན་ནོ། །མ་ནུ་པ་ལ་ཡ་ནི་དམ་ཚིག་རྗེས་སུ་སྐྱོངས་ཤིག་ཅེས་པའི་དོན་ནོ། །བཛྲ་ས་ཏྭ་ནི་བོད་སྐད་དང་བཅས་པ་རྡོ་རྗེ་དོན་ལ་སྔ་མ་བཞིན་ནོ། །ཏྭེ་ནོ་པ་ཞེས་པ་ནི་རྡོ་རྗེ་སེམས་དཔའ་ཁྱེད་ཀྱིས་ཞེས་བྱ་བའི་དོན་ནོ། །ཏིཥྛ་ནི་བཞུགས་པ། དྲྀ་ཌྷོ་ནི་བསྟན་པར་བྱ། མེ་ནི་རང་ངམ་བདག་ལ། བྷ་ཝ་ནི་མཛོད་ཅིག་ཅེས་པའོ། །ཀྱེ་རྡོ་རྗེ་སེམས་དཔའ་ཁྱོད་བདག་ལ་ཉེ་བར་བསྟན་པས་བཞུགས་པར་མཛོད་ཅིག་ཅེས་བསྐུལ་བ་སྟེ་ཟུང་འཇུག་གི་དོན་ལ་འཇུག་པའི་གནད་དམ་པའོ། །སུ་ནི་ལེགས་པའམ་བཟང་པོའམ་ཤིན་ཏུ་ཞེས་པ་དང་། ཏོཥྱོ་ཚིམ་པར། མེ་བདག་ལ། བྷ་ཝ་མཛོད་ཅིག་སྟེ། བདག་ཟག་མེད་བདེ་བ་ཆེན་པོའི་རོས་ཚིམ་པར་མཛོད་ཅེས་པའོ། །སུ་ནི་ལེགས་པའམ་ཤིན་ཏུ། པོཥྱོ་ནི་རྒྱས་པར། མེ་ནི་བདག་ལ། བྷ་ཝ་མཛོད་ཅིག བསྒོམས་པས་བདག་ལ་བདེ་སྟོང་གཉིས་མེད་ཀྱི་ཡེ་ཤེས་རྒྱས་པར་མཛོད་ཅིག་ཅེས་དབང་བཞིའི་རྟོགས་བྱ་དེ་མ་ཐག་རང་རྒྱུད་ལྷན་ཅིག་སྐྱེས་པའི་ཡེ་ཤེས་མངོན་དུ་འགྱུར་བར་བསྐུལ་བའོ། །ཨ་ནུ་ནི་རྗེས་སུ། རཀྟོ་ནི་ཆགས་པ། མེ་བདག་ལ། བྷ་ཝ་མཛོད་ཅིག་སྟེ། སརྦ་ནི་ཐམས་ཅད། སིདྡྷི་ནི་དངོས་གྲུབ། མྨེ་ནི་བདག་པྲ་ནི་རབ་ཏུ། ཡཙྪ་ནི་སྩོལ་ཅིག་ཅེས་པ། ཡང་སརྦ་ནི་ཐམས་ཅད། ཀརྨ་ནི་ལས། སུ་ནི་རྣམ་དབྱེ་བདུན་པའི་མིང་ཚིག ཙ་ནི་ཚིག་འཕྲད་འང་གི་དོན་ནོ། །མེ་ནི་བདག་ལ། ཙིཏྟཾ་ནི་སེམས། ཤྲི་ཡ་ནི་དགེ་བར། ཀུ་རུ་ནི་མཛོད་ཅིག ཧཱུྃ་ནི་རིགས་ལྔའི་སངས་རྒྱས་ལྔ་ཀ་ལ་རྒྱུས་འདེབས་པར་བྱེད་པ་ཐུགས་རྡོ་རྗེ་སེམས་དཔའི་ས་བོན་ཏེ་ཕུང་པོ་ལྔ་ལ་སོགས་པ་རྣམ་པར་དག་པའི་ཡེ་ཤེས་ལྔའི་རང་བཞིན་གཅིག་ཏུ་བསྡུས་པའོ། །ཧ་ཧ་ཧ་ཧ་བཞི་ནི་

དགའ་བ་བཞིའི་རྣམ་པར་དག་པའི་རང་བཞིན་གཟུང་འཛིན་གནས་སུ་དག་པ་ཐིག་ལེ་བདེ་སྟོང་གི་ངོ་བོ་ཡེ་ཤེས་ཀྱི་རོལ་བར་ལྷག་པའི་ཆོས་སྐུ་ཆེན་པོའི་རང་བཞིན་དུ་རྟག་ཏུ་དགྱེས་བཞིན་བཞུགས་པས་ཧོ་ཞེས་པ་དང་། བྷ་ག་ཝན་ནི་བཅོམ་ལྡན་འདས། སརྦ་ནི་ཐམས་ཅད། ཏ་ཐཱ་ནི་རིན་ཆེན། ག་ཏ་ནི་གཤེགས་པ། བཛྲ་ནི་རྡོ་རྗེ། མཱ་ནི་དགག་ཚིག མེ་ནི་བདག མུཉྩ་ནི་ངོར་ཚིག་ཅེས་འདི་ནི་དེ་བཞིན་གཤེགས་པ་ཐམས་ཅད་ཀྱི་དགོངས་པ་བསྐུལ་བ་སྟེ། བཛྲཱི་ནི་རྡོ་རྗེ་ཅན་དང་། བྷ་ཝ་ནི་མཛོད་ཅིག་སྟེ། མ་ཧཱ་ནི་ཆེན་པོ། །ས་མ་ཡ་ནི་དམ་ཚིག ས་ཏྭ་ནི་སེམས་དཔའ་འབོད་བྱེད། ཨཱ་ནི་དེ་བཞིན་གཤེགས་པ་ཐམས་ཅད་ཀྱི་གསུང་རྡོ་རྗེའི་བདག་ཉིད་གཞོམ་དུ་མེད་པའི་ཡི་གེ་ཨོཾ་ལྟར་ཡེ་ཤེས་ལྔ་སོགས་སུ་བཤད་པའམ་སྐབས་འདིར་ཐམས་ཅད་ལ་འཇུག་པ་ཡིན་པར་ཤེས་པར་བྱ་དགོས། དེས་ན་འདིར་མདོར་བསྡུས་པ་ཙམ་ལས་མ་བཤད་པས་རྒྱས་པ་གཞུང་གཞན་ལས་ཤེས་པར་བྱ་དགོས་པ་ཡིན་ནོ། །

བདག་གཞན་སེམས་ཅན་ཐམས་ཅད་ནི་ཚེ་རབས་འཁོར་བ་ཐོག་མ་མེད་པ་ནས་སླང་དོར་མི་ཤེས་པར་གནས་ལུགས་ཀྱི་དོན་ལ་གཏི་མུག་རྨོངས་པ་དེ་ཡི་དབང་གིས་འཁོར་བར་འཁྱམས་ཏེ། གསང་སྔགས་རྡོ་རྗེ་ཐེག་པ་སོགས་ཀྱི་དམ་ཚིག་སྲུང་མཚམས་ལ་མི་གནས་པར་དེ་ལས་ནི་འགལ་བར་གྱུར་ཞིང་དམ་ཚིག་ཉམས་པ་ཐམས་ཅད་དག་ཅིང་བླ་མ་མགོན་པོ་ཁྱེད་ཀྱིས་བདག་ཅག་སྐྱབས་མེད་པའི་སེམས་ཅན་འདི་རྣམས་སྡུག་བསྔལ་ལས་སྐྱབས་པར་མཛོད་ཅིག་ཅེས་བརྗོད་ཅིང་གནོང་ཞིང་འགྱོད་པ་ཆེན་པོས་གཙོ་བོ་དོན་གཉིས་ཀྱི་དཔལ་ལྡན་སུམ་ཚོགས་པ་དང་ལྡན་པ་རྡོ་རྗེ་འཛིན་པ་སྙེ་ཐུགས་སྙིང་རྗེ་ཆེན་པོ་བརྩེ་བའི་བདག་ཉིད་ཅན་མ་འདྲིས་པའི་མཛའ་བཤེས་ཆེན་པོ་འགྲོ་བའི་

གཙོ་བོས་བདག་སོགས་རྣམས་ལ་ལྷུག་བསྔལ་ལས་སྐྱབས་བྱེད་པ་ཉིད་དུ་མཛོད་ཅིག་ཅེས་བརྗོད་ཅིང་དམིགས་པ་གཞན་དུ་མི་གཡེང་བར་བདག་གཞན་སེམས་ཅན་ཐམས་ཅད་ཀྱི་ སྡིག་སྒྲིབ་ཉེས་ལྟུང་དྲི་མའི་ཚོགས་དང་བཅས་པ་ཀུན་གཅིག་ཀྱང་མ་ལུས་པར་ཐམས་ཅད་མྱུར་དུ་བྱང་ཞིང་དག་པར་མཛད་དུ་གསོལ་ཞེས་བརྗོད་ཅིང་སྨོན་ལམ་འདེབས་པར་བྱ་དགོས། དེ་ལྟར་བྱས་ཤིང་དགེ་བ་འདི་ཡིས་མཚོན་ཞིང་དུས་གསུམ་བསགས་པའི་དགེ་རྩ་དང་བཅས་པ་དེ་ཡིས་མྱུར་དུ་བདག་ཉིད་ཀྱང་སྐྱེ་འཆི་བགྲེས་རྒུད་དང་བྲལ་བའི་རྡོ་རྗེ་སེམས་དཔའ་དེང་འདིར་འགྲུབ་པར་གྱུར་ནས་འགྲོ་བ་སེམས་ཅན་ཐམས་ཅད་གཅིག་ཀྱང་མ་ལུས་པ་ཐམས་ཅད་དེ་ཡི་ས་ལ་མྱུར་དུ་འགོད་པར་ཤོག་ཅིག་ཅེས་པ་དེས་དུས་གསུམ་བསགས་པའི་དགེ་རྩ་དང་བཅས་པས་འགྲོ་བ་སེམས་ཅན་ཐམས་ཅད་ཚེ་འདིར་དཔལ་རྡོ་རྗེ་འཆང་གི་གོ་འཕང་ཐོབ་པར་སྨོན་པར་བྱ་དགོས་པར་བསྟན་པ་ཡིན་ནོ། །

གོང་དུ་བཤད་པ་ལྟ་བུའི་དུས་གསུམ་དུ་ཚོགས་གཉིས་རྒྱ་མཚོ་ལྟ་བུ་བསགས་ཤིང་སྒྲིབ་གཉིས་མཐའ་དག་ལས་གྲོལ་བའི་དཔལ་རྡོ་རྗེ་སེམས་དཔའ་ཁྱེད་སྐུ་ཅི་འདྲ་བ་དེ་དང་། ཉིད་ཀྱི་ཐེག་པ་ཆེན་པོའི་བྱང་སེམས་ཀྱི་འཁོར་དང་སྐུ་ཚེའི་ཚད་དང་ཞིང་ཁམས་དང་ཁྱེད་ཀྱི་མཚན་མཆོག་བཟང་པོ་ཅི་འདྲ་བར་དེ་དང་འདྲ་བ་ཁོ་ནར་བདག་སོགས་སེམས་ཅན་ཐམས་ཅད་ཚེ་འདི་ཉིད་དུ་འགྱུར་བར་ཤོག་ཅེས་པའི་འགྲོ་མང་གི་མཐའ་བསྐལ་མང་གི་ཡུན་བྱ་དཀའ་བའི་གནས་སོགས་གང་ལ་མི་འཛེམ་པར་བཟོད་པ་དང་ལྡན་པས་དཔལ་རྡོ་རྗེ་སེམས་དཔའི་སློབ་པ་ལམ་གྱི་གནས་སྐབས་སུ་སྨོན་ལམ་བཏབ་པའི་དབང་གིས་ཡོན་ཏན་མཐའ་དག་རྒྱུད་ལ་མངའ་ཞིང་། དེས་ཐེག་པ་ཆེན་

པོའི་འཁོར་དང་ཞིང་གི་ཡོན་ཏན་མཐའ་དག་བདག་གཞན་སེམས་ཅན་ཐམས་ཅད་ཀྱི་རྒྱུད་ལ་འབྱུང་བར་བྱ་དགོས་པར་བསྟན་པ་ཡིན་ནོ།།

རབ་འབྱམས་རྒྱལ་བ་སྲས་བཅས་ལ་དངོས་འབྱོར་གྱི་མཆོད་འབུལ་བར་བྱ་བ་ནི། ཨོཾ་བཛྲ་སྤྲ་མེ་ཨཱཿཧཱུྃཿཞེས་བརྗོད་ཅིང་བདེན་འཛིན་མེད་པར་དམིགས་པ་གཞན་དུ་མི་གཡེང་བར་གཞི་མ་དབང་ཆེན་གསེར་གྱི་ས་གཞིར་གྱུར་ཞེས་ཕྱི་སྣོད་ཐམས་ཅད་དག་པའི་རང་བཞིན་དུ་དམིགས་ཤིང་རབ་འབྱམས་རྒྱལ་བའི་ཞིང་ལ་འབུལ་བར་མོས་ཏེ། ཨོཾ་བཛྲ་རི་ཁེ་ཨཱཿཧཱུྃཿཞེས་བརྗོད་ཅིང་ཕྱི་རོལ་ཐམས་ཅད་རིན་ཆེན་ལྕགས་རིས་ཁོར་ཡུག་ཏུ་གྱུར་ཞིང་། དབུས་སུ་རི་རྒྱལ་རི་བོ་མཆོག་རབ་དེ་ཉིད་རིན་ཆེན་སྣ་ལྔ་ལས་གྲུབ་སྟེ་བལྟས་ན་ལྷུན་ཆགས་ཤིང་ཐམས་ཅད་དབྱིབས་ལེགས་པ་མཛེས་ཤིང་ལྟ་ན་སྡུག་པ་དེ་ལ་གསེར་གྱི་རི་བདུན་དང་རོལ་པའི་མཚོ་བདུན་སོགས་ཀྱིས་མཐའ་བསྐོར་བར་བྱ་བ་ཡིན་ལ། དེས་ན་དེའི་མཐའ་བསྐོར་གྱིས་ཕྱོགས་བཞིའི་ཤར་དུ་ལུས་འཕགས་གླིང་ཆགས་པར་གནས་པ་དང་། ལྷོ་རུ་འཛམ་བུའི་གླིང་དང་། ནུབ་ཏུ་བ་ལང་སྤྱོད་ཀྱི་གླིང་གིས་བརྒྱན་པ་དང་། བྱང་དུ་སྒྲ་མི་སྙན་གྱི་གླིང་ཆེན་ཡོད་ལ། དེའི་བར་མཚམས་སུ་ལུས་དང་ལུས་འཕགས་ རྔ་ཡབ་དང་རྔ་ཡབ་གཞན་དང་། གཡོ་ལྡན་ལམ་མཆོག་འགྲོ་ཞེས་བྱ་བ་དང་སྒྲ་མི་སྙན་དང་སྒྲ་མི་སྙན་གྱི་ཟླ་བ་དང་། གླིང་ཕྲན་བརྒྱད་དང་། ཉི་མ་དང་ཟླ་བ་དང་སྒྲ་གཅན་དང་དུས་མཐའི་མེ་དང་། ལྷ་དང་མིའི་ལོངས་སྤྱོད་དཔལ་འབྱོར་སོགས་ཕུན་ཚོགས་པ་འདི་དག་ཐམས་ཅད་ཞེན་སེམས་མེད་པར་བླ་མ་དཀོན་མཆོག་འཁོར་དང་བཅས་ལ་འབུལ་བར་བྱེད་པ་ན་ཐུགས་རྗེས་འགྲོ་བའི་དོན་དུ་བཞེས་སུ་གསོལ་ཞེས་བརྗོད་ཅིང་ལུས་དང་ལོངས་སྤྱོད་སོགས་དུས་གསུམ་དུ་བསགས་པའི་དགེ་བའི་དངོས་པོ་ཐམས་

ཅན་ཡུལ་མཆོག་གསུམ་ལ་དབུལ་བར་བྱ་དགོས་པར་བསྟན་པ་ཡིན་ནོ།།

དེ་ནས་ཨོཾ་ཨཱཿཧཱུཿཞེས་བརྗོད་ཅིང་ཕྱི་ནང་སྣོད་བཅུད་སྟོང་གསུམ་གཞལ་ཡས་སུ་རི་རབ་གླིང་བཞི་གླིང་ཕྲན་དང་བཅས་པ་མ་ཟད་རྡུལ་གཅིག་གི་ཁྱོན་ན་རྡུལ་སྙེད་ཀྱི་གྲངས་དང་མཉམ་པའི་དངོས་འབྱོར་གྱི་མཆོད་སྤྲིན་བསམ་མི་ཁྱབ་པར་གཏིབས་པ་ཐམས་ཅད་དང་། ལྷ་དང་མིའི་ལོངས་སྤྱོད་དཔལ་འབྱོར་ཕུན་སུམ་ཚོགས་པ་འདི་དག་གཅིག་ཀྱང་མ་ལུས་པར་བདག་གི་བླ་མ་དཀོན་མཆོག་སྤྲུལ་སྐུའི་ཞིང་དུ་འབུལ་བར་བྱེད་པ་ན་ཐུགས་རྗེས་སེམས་ཅན་ཐམས་ཅད་ལ་བརྩེ་བར་དགོངས་ཏེ་བཞེས་སུ་གསོལ་བཞེས་ནས་ཀྱང་འགྲོ་བ་ཀུན་ཚེ་འདི་འཕོས་མ་ཐག་ཏུ་སྤྲུལ་སྐུའི་ཞིང་དུ་སྐྱེ་བར་ཤོག་ཅིག་ཅེས་བརྗོད་པ་དེས་ཕྱི་ནང་སྣོད་བཅུད་ཀྱི་དངོས་པོ་ཐམས་ཅད་ལ་ཕངས་སེམས་མེད་པར་བླ་མ་སྤྲུལ་སྐུའི་ཞིང་དུ་དབུལ་བར་བྱ་དགོས་པར་བསྟན་པ་ཡིན་ནོ།།

དེ་ནས་ཡང་ཨོཾ་ཨཱཿཧཱུྃཿ ཞེས་བརྗོད་པར་བྱས་ཏེ། རང་ལུས་འདི་མ་དག་པ་རྣག་ཁྲག་སོགས་ཀྱི་རང་བཞིན་མ་ཡིན་པར་དག་པའི་སྣང་བ་ཉིད་དུ་དམིགས་པར་བྱ་དགོས་ལ། དེས་ན་རང་ཉིད་ཀྱི་ལུས་ཀྱི་རྩ་ཁམས་ཐམས་ཅད་དག་པའི་རང་བཞིན་དང་གཞལ་ཡས་སུ་རྣམ་པ་གཞན་དང་མ་འདྲེས་པར་མངོན་སུམ་ཉིད་དུ་གསལ་ཞིང་། དབང་པོ་རྣམ་ལྷ་འོད་ཟེར་གྱི་བཀྲག་དང་མདངས་ཀྱིས་བརྒྱན་ཏེ། ཁམས་ལྷ་དང་སྐྱེ་མཆེད་བཅུ་གཉིས་སོགས་ཐམས་ཅད་ཡོངས་སུ་ཡེ་ནས་དག་པ་འདི་བདག་གི་བླ་མ་དཀོན་མཆོག་ལོངས་སྐུའི་ཞིང་དུ་འབུལ་བར་བྱེད་པ་ན་ཐུགས་སྙིང་རྗེས་བརྩེ་བར་དགོངས་ཏེ་བཞེས་ནས་ཀྱང་འགྲོ་བ་སེམས་ཅན་ཀུན་ཚེ་འདི་འཕོས་མ་ཐག་ཏུ་ལྷ་ལྡན་ལོངས་སྐུའི་ཞིང་དུ་སྐྱེ་བར་ཤོག་ཅིག་ཅེས་བརྗོད་པ་དེས་ཕུང་ཁམས་སྐྱེ་མཆེད་ཐམས་ཅད་ཡེ་ནས་དག་པའི་

རང་བཞིན་དེ་ཉིད་ཡིན་པ་ལ་ཡིན་པར་སྒོམ་ཞིང་བླ་མ་དཀོན་མཆོག་ལོངས་སྐུའི་ཞིང་དུ་འབུལ་བར་བྱེད་དགོས་པར་བསྟན་པ་ཡིན་ནོ། །

དེ་ནས་ཡང་ཨོཾ་ཨཱཿཧཱུྃཿ ཞེས་བརྗོད་པར་བྱས་ནས་སེམས་ཀྱི་རང་བཞིན་ཡེ་ནས་དག་པ་སེམས་ཉིད་ཆོས་སྐུ་སྤྲོས་པ་ཐམས་ཅད་དང་བྲལ་བ་དག་པའི་གཞལ་ཡས་ཀྱི་གནས་སུ་དམིགས་བསམ་བརྗོད་དུ་མེད་པ་སྟོང་གསལ་འཛིན་མེད་ཀྱི་ངང་དུ་གནས་ཤིང་། ཡེ་གདོད་མ་ནས་དག་པའི་གཉུག་མའི་གནས་ལུགས་རང་བྱུང་གི་ཡེ་ཤེས་འདི་བླ་མ་དཀོན་མཆོག་ཆོས་སྐུའི་ཞིང་དུ་འབུལ་བར་བྱེད་པ་ན་ཐུགས་རྗེས་བརྩེ་བར་དགོངས་ཏེ་བཞེས་ནས་ཀྱང་འགྲོ་བ་སེམས་ཅན་ཀུན་ཚེ་འདི་འཕོས་མ་ཐག་ཏུ་ཆོས་སྐུའི་ཞིང་དུ་སྐྱེ་བར་ཤོག་ཅིག་ཅེས་བརྗོད་པ་དེས་གདོད་ནས་རང་བཞིན་སྐྱེ་བ་མེད་པའི་ཡེ་ཤེས་འདི་ཆོས་སྐུའི་ཞིང་དུ་དབུལ་བར་བྱ་དགོས་པར་བསྟན་པ་ཡིན་ནོ། །

ཡང་ཨོཾ་ཨཱཿཧཱུྃཿ ཞེས་བརྗོད་པར་བྱས་ཏེ་བདག་གིས་དུས་གསུམ་རྒྱལ་བ་ཐམས་ཅད་ཀྱི་ཐུགས་མཉེས་པར་བྱེད་པའི་མཎྜལ་བཟང་པོ་འདི་ཕུལ་བས་ནམ་ཡང་བླ་ན་མེད་པའི་བྱང་ཆུབ་ཀྱི་ལམ་ལ་བར་ཆད་མི་འབྱུང་ཞིང་དུས་གསུམ་བདེ་བར་གཤེགས་པ་རྣམས་ཀྱི་དགོངས་པ་རྫོགས་པར་གྱུར་པ་དང་། དུས་ནམ་ཡང་ཐམས་ཅད་སྲིད་པར་འཁྲུམས་ཤིང་མི་འཁྲུལ་བ་དང་ཞི་བར་མི་གནས་ཤིང་ནམ་མཁའ་དང་མཉམ་པའི་འགྲོ་བ་ཀུན་སྡུག་བསྔལ་གསུམ་གྱི་གནས་ལས་སྒྲོལ་བར་ཤོག་ཅིག་ཅེས་བརྗོད་པ་དེས་དུས་གསུམ་རྒྱལ་བ་ཐམས་ཅད་ཐུགས་མཉེས་པའི་མཎྜལ་བཟང་པོ་ཕུལ་བས་བསོད་ནམས་ཀྱི་དབང་གིས་བྱང་ཆུབ་སྒྲུབ་པའི་ལམ་ལ་བར་ཆད་མི་འབྱུང་བར་དུས་གསུམ་རྒྱལ་བ་ཐམས་ཅད་ཀྱི་དགོངས་རྒྱུད་བདག་ལ་འཕོས་ཏེ་སྲིད་ཞི་གཉིས་ཀྱི་མཐའ་གང་ལ་མི་

གནས་པར་འགྲོ་བ་ཀུན་སྡུག་བསྔལ་ལས་སྒྲོལ་བར་བྱེད་དགོས་པར་བསྟན་པ་ཡིན་ནོ། །དེ་ནས་གོང་དུ་བཤད་པ་ལྷ་བུའི་དམིགས་པ་དང་མ་བྲལ་བར་མཐར་ཨཱཿཧཱུྃཿམ་ཧཱ་གུ་རུ་ཧྲི་ཕ་ཊཀྲཱི་ཤི་ར་ཏྣ་མཎྜལ་ལ་པུ་ཛ་མེ་གྷ་ས་མུ་དྲ་སྥ་ར་ཎ་ས་མ་ཡེ་ཧཱུྃ༔ ཞེས་བརྗོད་པར་བྱས་ན་བདག་གཞན་སེམས་ཅན་ཐམས་ཅད་ཀྱི་ཚོགས་གཉིས་ཡོངས་སུ་རྫོགས་པར་འགྱུར་བ་བསྟན་པ་ཡིན་ནོ། །

བརྒྱུད་པ་གསུམ་སོགས་ཀྱི་བླ་མ་ལ་གསོལ་བ་འདེབས་པར་བྱེད་པ་ནི། དེ་ཡང་ཡེ་ཐོག་མའི་མགོན་པོ་ཆོས་སྐུ་ཀུན་ཏུ་བཟང་པོ་དང་། དྲུག་པའི་བདག་ཉིད་དཔལ་རྒྱལ་བ་རྡོ་རྗེ་འཆང་དང་། འདྲེན་པའི་གཙོ་བོ་ཐུགས་མཆོག་རྡོ་རྗེ་སེམས་དཔའ་དང་། རྒྱལ་བ་དགོངས་པའི་བརྒྱུད་པ་སོགས་ལ་གསོལ་བ་འདེབས་ཞེས་པ་དེས་བརྒྱུད་པ་གསུམ་གྱི་ནང་ནས་རྒྱལ་བ་དགོངས་པའི་བརྒྱུད་པ་ལ་གསོལ་བ་འདེབས་དགོས་པར་བསྟན་པ་ཡིན་ནོ། །

སྤྲུལ་པའི་སྐུ་མཆོག་རིག་འཛིན་དགའ་རབ་ཞབས་དང་། རྒྱལ་བའི་སྲས་མཆོག་མི་འགྱུར་གུ་རུའི་ཤྲཱི་སེང་ཧ་དང་། རྡོ་རྗེའི་སྐུ་བརྙེས་འཆི་མེད་པདྨ་འབྱུང་གནས་དང་། རིག་འཛིན་རིག་པའི་བརྒྱུད་པ་ལ་གསོལ་བ་འདེབས་ཞེས་པ་དེས་བརྒྱུད་པ་གསུམ་གྱི་ནང་ནས་རིག་འཛིན་རིག་པའི་བརྒྱུད་པ་རྣམས་ལ་གསོལ་བ་འདེབས་དགོས་པར་བསྟན་པ་ཡིན་ནོ། །

ཟབ་གཏེར་མངའ་བདག་ཀརྨ་གླིང་པ་དང་། ཐུགས་ཀྱི་སྲས་མཆོག་ཐུགས་སྲས་ཉི་ཟླ་ཆོས་རྗེའི་མཚན་ཅན་དང་སྙིགས་དུས་འགྲོ་ཀུན་མགོན་སུཙྪ་ཙནྡྲའི་ཞབས་དང་། གང་ཟག་སྙན་ཁུང་བརྒྱུད་པ་ལ་གསོལ་བ་འདེབས་ཞེས་པ་དེས་བརྒྱུད་པ་གསུམ་གྱི་ནང་ནས་གང་ཟག་སྙན་ཁུང་གི་བརྒྱུད་པ་རྣམས་ལ་གསོལ་བ་འདེབས་དགོས་པར་བསྟན་པ་ཡིན་

ནོ། །འབྲེལ་ཚད་དོན་དང་ལྡན་པའི་རྩ་བ་བརྒྱུད་པའི་བླ་མ་རྣམས་དང་། སྣང་ཆ་ཀུན་རྫོབ་བདེན་པ་དང་སྟོང་ཆ་དོན་དམ་བདེན་པ་གཉིས་ནམ་ཡང་དབྱེར་མེད་པ་དེའི་རང་བཞིན་དུ་གནས་པ་ཡི་དམ་ཞི་ཁྲོའི་ལྷ་ཚོགས་རྣམས་དང་། ཧྲག་ཁྱབ་འབད་མེད་དུ་གདུལ་བྱའི་དོན་དུ་རྫུ་འཕྲུལ་གྱིས་ནམ་མཁའ་ལ་འགྲོ་བའི་མཁའ་འགྲོ་མ་རྣམས་དང་ཆོས་སྐྱོང་དམ་ཅན་རྒྱ་མཚོའི་ཚོགས་སོགས་རབ་འབྱམས་རྩ་གསུམ་ལྷ་ཚོགས་རྣམས་ལ་ཧྲག་ཏུ་གསོལ་བ་འདེབས་ཞེས་པ་དེས་ཧྲག་ཁྱབ་རྒྱུན་མི་ཆད་པར་འགྲོ་བའི་དོན་ལ་བརྩོན་པའི་བླ་མ་དང་ཡི་དམ་མཁའ་འགྲོ་ཆོས་སྐྱོང་རྣམས་ལ་གསོལ་བ་འདེབས་དགོས་པར་བསྟན་པ་ཡིན་ནོ། །

གདུལ་བྱ་རྣམས་ཐབས་གང་ལ་གང་འདུལ་གྱི་སྒོ་ནས་དོན་མཛད་པའི་བཀའ་བརྒྱུད་པའི་བླ་མ་རྣམས་ལ་གསོལ་བ་བཏབ་པར་བྱས་ཏེ། ཁྱེད་ཀྱི་ལུང་རྟོགས་ཀྱི་བསྟན་པ་རིན་པོ་ཆེ་འདི་ཉིད་ད་ལྟ་ཤིན་ཏུ་ཉམས་སྨད་ནས། དུས་འདིར་སྐྱེས་པའི་གནས་ལུགས་ཀྱི་དོན་ལ་དབང་འབྱོར་བའི་རྣལ་འབྱོར་པ་ཡིད་ཕམ་པས། སྲིད་པ་གསུམ་གྱི་གནས་འདིར་འཁྱམས་པའི་འགྲོ་བ་ཀུན་འཁོར་བའི་འདམ་ནས་དྲང་དུ་གསོལ་ཞེས་པས་ལས་ངན་པའི་སེམས་ཅན་རྣམས་ཀྱིས་ལུང་རྟོགས་ཀྱི་བསྟན་པ་ལ་ཉམས་སྨད་པར་བྱས་ནས་རྣལ་འབྱོར་པ་ཡིད་ཕམ་པར་གྱུར་ཀྱང་འགྲོ་བ་ཀུན་ཐར་བའི་ལམ་དུ་འདྲེན་པར་གསོལ་བ་འདེབས་དགོས་པར་བསྟན་པ་ཡིན་ནོ། །

འགྲོ་བ་ལས་ངན་བདག་ཅག་རྣམས་ཀྱིས་སྙི་ཐུགས་དང་གདུང་བའི་ང་རོས་མགོན་པོ་ཁྱེད་ལ་འབོད་པར་བྱེད་པ་ན། ཁྱོད་ཀྱིས་སྔོན་གྱི་དམ་བཅའ་གཉེན་པོ་ད་ལྟ་དགོངས་བར་གྱིས་ལ་མཐའ་ཐམས་ཅད་དང་བྲལ་བའི་ནམ་མཁའ་ལྟ་བུའི་ཆོས་

དབྱིངས་སྦྱོར་བ་དང་བྲལ་བའི་ཀློང་ནས་མཚན་དཔེའི་ཞལ་བསྟན་པར་འཚལ་ཏེ། མྱུར་དུ་སྡུག་བསྔལ་གསུམ་གྱིས་བར་མེད་དུ་བསྡམས་པའི་འགྲོ་བ་ཀུན་འཁོར་བའི་འདམ་ནས་དྲང་དུ་གསོལ་ཞེས་པ་དེས་འགྲོ་བའི་མགོན་པོ་རྣམས་ལ་སྡུག་བསྔལ་གྱི་གནས་ལ་སྐྱོ་བའི་སློ་སྤགས་ཀྱིས་འོ་དོད་དྲག་པོ་བྱས་པའི་ཚེ་ན། སྨོན་འགྲོ་བའི་དོན་མཛད་པར་སྨོན་ལམ་བཏབ་པའི་དབང་གིས་མཐའ་དབུས་བྲལ་བའི་ཀློང་ནས་མཚན་དཔེའི་ཞལ་བསྟན་ཞིང་འགྲོ་བ་ཀུན་འཁོར་བའི་འདམ་ལས་འདྲེན་པར་བྱེད་པ་ལ་གསོལ་བ་འདེབས་དགོས་པར་བསྟན་པ་ཡིན་ནོ།།

མྱུར་དུ་གྲགས་སྟོང་སྐྱེ་བ་མེད་པ་ཚངས་པའི་གསུང་གི་སྒྲ་སྒྲོགས་ལ་མགོན་པོ་ཁྱེད་ཀྱི་ཐུགས་མཛོད་གཏེར་གྱི་སྒོ་ཕྱེ་བར་བྱེད་པ་ནས། མཁྱེན་རབ་ཐུགས་རྗེའི་འོད་ཟེར་རབ་ཏུ་བཀྱེས་ནས་མཐའ་ཡས་པའི་འགྲོ་བ་ཀུན་ཁམས་གསུམ་འཁོར་བའི་འདམ་ནས་དྲང་དུ་གསོལ་ཞེས་པ་དེས་མགོན་པོ་གང་གི་གསུང་ཚངས་པའི་དབྱིངས་ཀྱིས་སྒྲ་གྲགས་པར་བྱེད་པ་དང་། དགོས་འདོད་མ་ལུས་པ་འབྱུང་བའི་ཐུགས་ཀྱི་མཛོད་ལས་གཏེར་གྱི་སྒོ་ཕྱེ་བ་ལས་ཇི་ལྟ་དང་ཇི་སྙེད་མཁྱེན་པའི་ཡེ་ཤེས་ཀྱི་མཁྱེན་རབ་ཐུགས་རྗེའི་འོད་ཟེར་རབ་ཏུ་བཀྱེས་ནས་འགྲོ་བ་ཀུན་ཐར་བའི་ལམ་དུ་འདྲེན་པར་གསོལ་བ་འདེབས་དགོས་པར་བསྟན་པ་ཡིན་ནོ།།

ད་ལྟ་དུས་མཐའི་ལས་ངན་པའི་འགྲོ་བ་རྣམས་སམ་མ་ལུས་པ་ཀུན་ཁམས་གསུམ་འཁོར་བའི་འདམ་ལས་མགོན་པོ་ཁྱེད་ཀྱིས་དུས་ད་ལྟ་ཉིད་དུ་སྒྲོལ་བར་མཛོད་ཅིག དེ་དག་གི་རྒྱུད་སྨིན་པར་བྱེད་པའི་རྣམ་དག་དབང་བཞིའི་ཆུ་བོ་དེ་དུས་ད་ལྟ་ཉིད་དུ་སྐུར་བར་མཛོད་ཅིག ཚེ་རབས་འཁོར་བ་ཐོག་མེད་ནས་བདེན་འཛིན་མ་རིག་པས་

བཅིང་བའི་ཉོན་མོངས་འཁྲུལ་པའི་རྒྱུད་བཞི་དུས་ད་ལྟ་ཉིད་དུ་གྲོལ་བར་མཛོད་ཅིག ཁམས་གསུམ་འདིར་འཁྱམས་པའི་འགྲོ་བ་ཀུན་འཁོར་བའི་འདམ་ནས་ཐར་བའི་ལམ་ལ་དྲང་དུ་གསོལ་ཞེས་པ་དེས་དུས་ངན་སྙིགས་མའི་མཐའ་འདིར་འཁྱམས་པའི་འགྲོ་བ་ཀུན་སྡུག་བསྔལ་ལས་སྒྲོལ་བར་བྱེད་པ་དང་། དེ་དག་གི་རྒྱུད་སྨིན་པར་བྱེད་པའི་ཐབས་དབང་བཞིའི་ཆུ་བོ་བསྐུར་ཞིང་ཉོན་མོངས་འཁྲུལ་པའི་རྒྱུད་བཞིའི་ད་ལྟ་སྒྲོལ་བར་མཛད་ཅིང་འགྲོ་ཀུན་འཁོར་བའི་འདམ་ནས་དྲང་དུ་གསོལ་ཞེས་གསོལ་བ་འདེབས་པར་བྱེད་དགོས་པར་བསྟན་པ་ཡིན་ནོ། །

བདེ་བར་གཤེགས་པ་བཅོམ་ལྡན་འདས་ཀྱིས་མཐར་ཐུག་སྐུ་བཞིའི་འབྲས་བུ་བླ་ན་མེད་པ་དེ་བདག་གཞན་སེམས་ཅན་ཐམས་ཅད་ལ་དུས་ད་ལྟ་ཉིད་དུ་སྩོལ་བར་མཛོད་ཅིག  མཐའ་ཡས་ཕ་མ་ཁམས་མཉམ་གྱི་གནས་འདིར་འཁྱམས་པའི་སེམས་ཅན་དེ་རྣམས་གཅིག་ཀྱང་མ་ལུས་པར་ཐར་བའི་ལམ་ལ་འདྲེན་པའི་བླ་མར་བདག་གྱུར་ཅིག འགྲོ་བ་ཀུན་འཁོར་བའི་སྡུག་བསྔལ་གསུམ་གྱི་འདམ་ནས་ད་ལྟ་དྲང་དུ་གསོལ་ཞེས་པ་དེས་བདག་གཞན་སེམས་ཅན་ཐམས་ཅད་ཀྱི་རྒྱུད་ལ་བདེ་གཤེགས་སྐུ་བཞིའི་འབྲས་བུ་བསྐུལ་ཞིང་འགྲོ་བ་ཀུན་གཅིག་ཀྱང་མ་ལུས་པར་ཐར་བའི་ལམ་དུ་འདྲེན་པའི་གསོལ་བ་འདེབས་པར་བྱེད་དགོས་པར་བསྟན་པ་ཡིན་ནོ། །

དབང་བཞི་ཞུ་བའི་རིམ་པ་བཤད་པ་ནི།  དུས་གསུམ་རྒྱལ་བ་ཐམས་ཅད་ཀྱི་འཕྲིན་ལས་གཅིག་ཏུ་བསྡུས་པའི་ངོ་བོ་བཀའ་དྲིན་མཚུངས་པ་མེད་པ་རྗེ་བཙུན་དཔལ་ལྡན་རྩ་བའི་བླ་མ་ཡབ་ཡུམ་གཉིས་ཀྱི་དབུའི་སྤྱི་གཙུག་ནས་ཨོཾ་དཀར་པོ་འོད་ཟེར་དང་བཅས་པ་སྣང་ཅིག་དེ་ཉིད་དུ་བདག་གི་སྨིན་མཚམས་མཛོད་སྤུར་བབ་ཅིང་དབང་བཞི་

ལས་བུམ་དབང་ཟབ་མོ་རྒྱུད་ལ་ཐོབ་ནས་ལུས་ཀྱི་སྒྲིབ་པ་དག་སྟེ་བླ་མ་ཡབ་ཡུམ་གྱི་སྐུ་ཡི་དངོས་གྲུབ་ཐམས་ཅད་བསྐུལ་དུ་གསོལ་ཞེས་པ་དེས་བླ་མ་ཡབ་ཡུམ་གྱི་སྐུའི་དངོས་གྲུབ་རྒྱུད་ལ་སྨོལ་བར་བྱེད་དགོས་པར་བསྟན་པ་ཡིན་ནོ།།

ཡང་བླ་མ་ཡབ་ཡུམ་གྱི་སྐུའི་མགྲིན་པ་ནས་ཨཱཿདམར་པོ་འོད་ཟེར་དང་བཅས་པ་སྐད་ཅིག་དེ་ཉིད་དུ་བདག་གི་ལྕེ་ཡི་དབང་པོར་བབ་ཅིང་དབང་བཞི་ལས་གསང་བ་ཟབ་མོའི་དབང་ཐོབ་ནས་ངག་གི་སྒྲིབ་པ་དག་སྟེ་གསུང་གི་དངོས་གྲུབ་བསྐུལ་དུ་གསོལ་ཞེས་པ་དེས་བླ་མ་ཡབ་ཡུམ་གྱི་སྐུའི་མགྲིན་པ་ནས་གསུང་གི་དངོས་གྲུབ་རྒྱུད་ལ་སྨོལ་བར་བྱེད་དགོས་པར་བསྟན་པ་ཡིན་ནོ།།

ཡང་བླ་མ་ཡབ་ཡུམ་གྱི་ཐུགས་ཀ་ནས་ཧཱུྃཿམཐིང་ག་འོད་ཟེར་དང་བཅས་པ་བདག་གི་སྙིང་གི་དཀྱིལ་དུ་བབ་ཅིང་དབང་བཞི་ལས་ཟབ་མོ་ཡེ་ཤེས་ཀྱི་དབང་ཐོབ་ནས་ཡིད་ཀྱི་སྒྲིབ་པ་དག་སྟེ་བླ་མ་ཡབ་ཡུམ་གྱི་ཐུགས་ཀྱི་དངོས་གྲུབ་བསྐུལ་དུ་གསོལ་ཞེས་པས་བླ་མ་ཡབ་ཡུམ་གྱི་ཐུགས་ཀྱི་དངོས་གྲུབ་རྒྱུད་ལ་སྨོལ་བར་བྱེད་དགོས་པར་བསྟན་པ་ཡིན་ནོ།།

ཡང་བླ་མ་ཡབ་ཡུམ་གྱི་ལྟེ་བ་ནས་ཧྲཱིཿདམར་པོ་ལས་འོད་ཟེར་དང་བཅས་པ་བདག་གི་ལྟེ་བའི་དཀྱིལ་དུ་བབ་ཅིང་། སྒོ་གསུམ་གྱི་ཡུལ་ཐ་དད་དུ་འཛིན་པའི་སྒྲིབ་པ་དག་སྟེ་དབྱེར་མེད་ལྷན་སྐྱེས་ཀྱི་དབང་བཞི་ཐོབ་ཅིང་སྒོ་གསུམ་གྱི་སྒྲིབ་པ་དག་སྟེ་དབྱེར་མེད་ལྷན་སྐྱེས་ཀྱི་བདེ་བ་ཆེན་པོའི་ཡེ་ཤེས་རྒྱུད་ལ་སྐྱེ་བར་འགྱུར་དགོས་པར་བསྟན་པ་ཡིན་ནོ།།

དཔལ་ལྡན་རྩ་བའི་བླ་མ་རིན་པོ་ཆེ་བདག་གི་སྙིང་ཁར་པདྨའི་ཟེའུ་འབྲུ་ལ་ནས་

ཡང་འབྲལ་བ་མེད་པར་རྟག་ཁྱབ་འབད་མེད་ལྷུན་གྲུབ་ཏུ་བཞུགས་ནས་ཀྱང་། བཀའ་དྲིན་ཆེན་པོའི་སྒོ་ནས་རྗེས་སུ་བཟུང་སྟེ་སྐུ་དང་གསུང་དང་ཐུགས་ཀྱི་དངོས་གྲུབ་བསྩལ་དུ་གསོལ་ཞེས་པ་དེས་དོན་གཉིས་ཀྱི་དཔལ་ལྷུན་གྲུབ་ཚོགས་པ་དང་ལྡན་པའི་བླ་མ་རིན་པོ་ཆེ་བདག་སོགས་སྙིང་ཁར་པདྨའི་ཟེའུ་འབྲུ་ལ་འབྲལ་བ་མེད་པར་རྟག་ཏུ་བཞུགས་ནས་ཀྱང་། བཀའ་དྲིན་ཆེན་པོའི་སྒོ་ནས་རྗེས་སུ་བཟུང་སྟེ་སྐུ་གསུང་ཐུགས་ཀྱི་དངོས་གྲུབ་སྩོལ་བར་བྱེད་དགོས་པར་བསྟན་པ་ཡིན་ནོ། །

དཔལ་ལྡན་བླ་མ་ཁྱེད་སྐུ་ཅི་འདྲ་དང་འཁོར་དང་སྐུ་ཚེའི་ཚད་དང་ཞིང་ཁམས་སོགས་དང་ཁྱེད་ཀྱི་མཚན་མཆོག་བཟང་པོ་ཅི་འདྲ་བར་དེ་དང་འདྲ་བ་ཁོ་ནར་བདག་སོགས་སེམས་ཅན་ཐམས་ཅད་འགྱུར་བར་ཤོག་ཅིག་ཅེས་པས་དཔལ་ལྡན་རྩ་བའི་བླ་མ་དང་དེའི་འཁོར་དང་ཞིང་ཁམས་སོགས་ཀྱི་ཡོན་ཏན་གྲངས་མེད་པར་ལྡན་པ་དེ་བཞིན་བདག་སོགས་སེམས་ཅན་ཐམས་ཅད་ཀྱིས་འགྲུབ་པར་འགྱུར་བར་བསྟན་པ་ཡིན་ནོ། །ཞེས་པ་སོགས་བྱའོ། །འདི་དག་ཟབ་ཆོས་དགོངས་པ་རང་གྲོལ་གྱི་སྔོན་འགྲོ་རང་རྒྱུད་སྦྱོང་བྱེད་ཀྱི་སྔན་ཐབས་ལ་སྦྱར་ཡང་ཙུང་ཞིང༌༑བླ་མེད་ཐེག་པའི་ཆོས་སྤྱོད༌༑གུ་ཎ་ཤུར་ཡ་ཙནྡྲས་ཡི་གེར་བཀོད་པ༌༑དགེ་ཞིང་བཀྲ་ཤིས་པར་གྱུར་ཅིག༔

བདག་གཞན་དགེ་བའི་དངོས་པོ་མ་ལུས་པ། །
མཁའ་ཁྱབ་འགྲོ་བ་ཀུན་གྱི་དོན་དུ་བསྔོ། །
ད་ནས་བཟུང་སྟེ་སྐྱེ་བའི་ཕྲེང་བ་རུ། །
ཀུན་བཟང་ཆོས་སྐུའི་རྒྱལ་སྲིད་ཟིན་པར་ཤོག །

ཅེས་མཆན་འགྲེལ་འདི་རང་བློ་དགེ་བ་ལ་གོམས་ཕྱིར་དང་རང་དང་འདྲ་བའི་

བློ་གྲོས་གསར་བུ་དག་ལ་ཅུང་ཟད་རེ་ཕན་པའི་ཕྱིར་དུ་སྦྱར་བར་བྱས་པ་ཡིན་པས་འདི་ཡིས་ཚིག་དང་དོན་ལ་འགལ་བའི་ཆ་ཅི་མཆིས་ཐམས་ཅད་རྩ་གསུམ་ལྷ་དང་སྲུང་མའི་སྤྱན་ལམ་དུ་མཐོལ་ཞིང་བཤགས་པར་བགྱིའོ། །དགེ་ཞིང་བཀྲ་ཤིས་པར་གྱུར་ཅིག །དགེའོ། །དགེའོ། །དགེའོ།། །།

# ༄༅། །ཐར་པ་ལ་སྐྱུལ་བའི་རབས་ཀྱི་ཚིག་དོན་རྣམ་པར་བཤད་པ་ཞེས་བྱ་བ་བཞུགས་སོ། །

ཨོཾ་སྭ་སྟི་སིདྡྷི། བླ་མ་དང་མགོན་པོ་སྤྱན་རས་གཟིགས་ལ་ཕྱག་འཚལ་ལོ། །

སྤྱིར་མ་དག་པའི་གདུལ་བྱ་རྣམས་མྱུར་དུ་ཐར་པ་ལ་སྐྱུལ་བར་བྱ་བའི་ལམ་ཟབ་ཆད་དུ་བྱུང་བའམ་རབས་ཞེས་བྱ་བ་འདིར་བཞུགས་སོ་ཞེས་པས་མཚན་དོན་བསྟན། དེ་ཡང་སངས་རྒྱས་དང་དེའི་སྲས་བྱང་ཆུབ་སེམས་དཔའ་ཐམས་ཅད་ལ་སྒོ་གསུམ་གུས་པས་ཕྱག་འཚལ་ལོ་ཞེས་བརྗོད་པ་དེས་ནི་ཕྱག་འཚལ་བའི་ཡུལ་བསྟན་པར་མཛད་པ་ཡིན་ལ། དེས་ན་ཕྱག་འཚལ་ཚུལ་སྤྱིར་དུ་མ་ཡོད་ཀྱང་སྐབས་འདིར་སྡེ་སྣོད་གསུམ་ལས་མདོ་སྡེ་ལྟར་མཆོད་པར་བརྗོད་པ་བསྟན་པ་ཡིན་ནོ། །

དམིགས་བཅས་དང་དམིགས་མེད་ཀྱི་ཚོགས་གཉིས་རྒྱ་མཚོ་ལྟ་བུའི་འབྲས་བུ་རྣམ་པར་འཕེལ་བ་དང་སྤངས་རྟོགས་ཀྱི་ཡོན་ཏན་མཐའ་དག་རྒྱས་པའི་གཞིར་བླ་ན་མེད་པ་བྱང་ཆུབ་གསུམ་གྱི་གོ་འཕང་སྨོན་ཚོགས་མི་རྟོག་གི་འབྲས་བུ་རྣམ་པར་བཀྲ་ཞིང་གཏན་དུ་རྣམ་པར་གྲོལ་བ་ཞི་བ་ཐར་པའི་སྐྱིད་མོས་ཚལ་སེམས་ཅན་རྣམས་ཀྱི་ཁམས་མོས་དང་མཐུན་པར་གནས་སྐབས་ཀྱི་ཕན་པ་དང་མཐར་ཐུག་གི་བདེ་བའི་འབྱུང་གནས་དེ་ལ་ཕྱག་འཚལ་ལོ་ཞེས་དེ་ལྟར་བརྗོད་པས་མཐར་ཐུག་གི་འབྲས་བུ་ལ་མཆོད་པར་བརྗོད་པ་བསྟན་པར་བྱས་པ་ཡིན་ནོ། །

རྟག་ཏུ་མཐའ་ཡས་པའི་འགྲོ་བ་ཀུན་ལ་ཐུགས་རྗེའི་སྤྱན་དབྱེ་བའི་ཆོས་ཕུང་རབ་འབྱམས་ཀྱི་སྙིང་པོ་མཐའ་དག་གནད་གཅིག་ཏུ་ལེགས་འདོམས་ཆོས་ཀྱི་ཛ་ཆེན་སྒྲོག་པའི་དོན་དེང་འདིར་བདག་གི་ཐུབ་པའི་གསུང་བཞིན་དུ་རབ་ཏུ་བསྟན་པར་བྱས་པ་ཡིན་གྱི་ཐར་པར་སྐྱེལ་བའི་རབས་ཞེས་བྱ་བ་འདི་ལ་ཉོན་ཅིག་ཅེས་པས་གདུལ་བྱ་རྣམས་ལ་ཉན་པར་སྐུལ་བར་བསྟན་པ་ཡིན་ལ། དེས་ན་ཆོས་ལ་ཉན་པར་བྱ་བའི་ཚེ་ན་སྣོད་ཀྱི་སྐྱོན་གསུམ་དང་དྲི་མ་དྲུག་སོགས་སྤངས་ནས་ཉན་དགོས་ཞེས་ཀུན་མཁྱེན་བླ་མ་སོགས་ཀྱིས་གསུངས་པ་ལྟར་ཉམས་སུ་ལེན་པར་བསྟན་པ་སྟེ་རྒྱས་པར་གཞན་ལས་ཤེས་པར་བྱའོ། །དེ་ཡང་ཀྱེ་མ་ཞེས་སྨྲེ་སྔགས་ཀྱིས་བོས་ཏེ་རང་ལ་ཚེ་རབས་གྲངས་མེད་དུ་མར་ལས་དང་སྨོན་ལམ་གྱིས་འབྲེལ་བའི་ཡིད་མཐུན་པའི་གྲོགས་དག་སྲིད་གསུམ་འཁོར་བ་ཡི་གནས་རིས་མཐོ་དམན་གང་དུ་སྐྱེས་ཀྱང་དེ་ན་སྡུག་བསྔལ་གསུམ་གྱི་མེ་ཚོགས་ལྟ་བུ་དེ་ཉིད་ཀྱིས་ཉིན་མཚན་པར་མེད་དུ་གདུང་ཞིང་ནམ་ཡང་བདེ་བ་སྐྲ་ཙམ་ཡང་མེད་ལ། དེས་ན་སེམས་ཅན་འདི་དག་འཁོར་བའི་གནས་འདིར་གཅིག་ནས་གཅིག་ཏུ་བརྒྱུད་ཅིང་དཔེར་ན་ཤིང་རྟའི་འཕང་ལོ་དང་འདྲ་བར་འཁོར་བའི་གནས་དེར་འཁྱམས་པར་བྱས་པ་ཡིན་ནོ། །

དེ་བས་ན་རིས་རང་རང་གིས་བླང་དོར་ཙུང་ཙམ་ངོ་ཤེས་པའི་དུས་ཚོད་འདིར་ཐར་བའི་ཐབས་ཤིག་བཙལ་བར་འཚལ་ཞེས་སྐུལ་བ་ཡིན་ནོ། །ད་ལྟ་རང་རང་ལས་ཉོན་སྡུག་བསྔལ་སོགས་ཀྱི་གཞན་དབང་དུ་སོང་ཞིང་མི་ཁོམ་པའི་གནས་སུ་གྱུར་པའི་སེམས་ཅན་གཞན་དུད་འགྲོ་སོགས་ལྟ་བུ་མ་ཡིན་པར་ཆོས་སྒྲུབ་པ་ལ་ཁོམ་ལྡན་མི་ཡི་འགྲོ་བའི་ལུས་རྟེན་ཁྱད་པར་ཅན་རེ་རྙེད་པར་གྱུར་ཅིང་ཡང་དག་པའི་བླ་མ་དགེ་བའི་བཤེས་

གཉེན་དམ་པ་རྣམས་དང་ལྷན་དུ་གནས་ཤིང་དེ་དག་མཇལ་བའི་དུས་ཚོད་བཟང་པོ་འདིར་རང་རང་བདེ་འགྲོ་ཐར་པའི་སྐྱས་ལ་ད་ལྟ་ཉིད་ནས་མ་འཛོགས་པར་ཡིངས་མ་ལམ་དུ་མི་ཚེ་ཟད་པར་གྱུར་ན། ཕྱིས་ནས་དལ་འབྱོར་བཅོ་བརྒྱད་ཚང་བའི་མི་ལུས་འདི་རྙེད་པར་ཤིན་ཏུ་དཀའ་བར་ངེས་སོ། །ངེས་ན་གལ་ཏེ་གོང་དུ་བཤད་པ་ལྟ་བུའི་དལ་དང་འབྱོར་བའི་མི་ལུས་འདི་མ་ཐོབ་ན་སྐྱེ་ཞིང་སྐྱེ་བ་ཚེ་རབས་ཐམས་ཅད་དུ་སྡིག་པ་འབའ་ཞིག་མངོན་པར་འཕེལ་བར་འགྱུར་བ་ཡིན་པས། དེ་ལས་གཞན་བློ་སེམས་དགེ་བ་ལ་ཕྱོགས་ཤིང་དེ་ཉིད་ཡིད་ལ་གོམས་ཤིང་ཆོས་ལ་སྤྱོད་པའི་དུས་སྐབས་བཟང་པོ་ཞིག་ནམ་ཡང་མི་རྙེད་པར་འགྱུར་བ་དང་། མ་ཟད་དམ་པའི་ཆོས་ཞེས་པའི་སྒྲ་ཙམ་ཡང་ཐོས་པར་མི་འགྱུར་བ་ཡིན་ལ། དེས་ན་དམ་པའི་ཆོས་དང་འཕྲད་པར་མ་གྱུར་ན་ལས་ཉོན་མོངས་པའི་གཞན་དབང་དུ་སོང་ནས་སྡིག་པ་འབའ་ཞིག་བྱེད་པར་འགྱུར་བ་དང་། གྲངས་མེད་དུ་མར་སྡིག་པ་བྱས་པའི་དབང་གིས་ངན་སོང་མུ་མཐའ་མེད་པར་འོག་ནས་འོག་ཏུ་འགྲོ་བར་འགྱུར་བ་ཡིན་ནོ། །

ད་ལྟ་རང་རང་གིས་བླང་དོར་གྱི་གནས་ལ་འབད་བརྩོན་དྲག་པོ་བྱས་ཤིང་སྡིག་པ་མཐའ་དག་སྤྱུར་དུ་བྱང་བའི་ཐབས་ལ་འབད་དགོས། དེ་ལྟར་སྐྱེ་བ་ཚེ་རབས་ཐམས་ཅད་དུ་ངན་སོང་གསུམ་གྱི་གནས་ནས་ཐོན་པར་མ་གྱུར་ན་སྡུ་མའི་སྡུག་བསྔལ་དྲག་པོས་རྟག་ཏུ་མནར་བཞིན་དུ་ཡང་ཕྱི་མའི་ལས་ངན་གྱི་འབྲས་བུ་དཔག་ཏུ་མེད་པ་གསོག་པར་བྱེད་པས་དེའི་ཚེ་ན་སྡུག་བསྔལ་མུ་མཐའ་མེད་པའི་གནས་འཁོར་བར་རྟག་ཏུ་འཁྱམས་ཤིང་མཐའ་མེད་སྡིག་པའི་རྒྱ་མཚོར་འཁྱམས་དུས་འདིར་རང་རང་ལས་ཀྱི་ཐ་སློང་དྲག་པོ་འཁྲུགས་ཤིང་སྡུག་བསྔལ་གཏིང་མཐའ་སོགས་དཔག་ཏུ་མེད་པ་ལས་

མནར་ཞིང་མཐར་ལས་དེ་མ་ཟད་ཀྱི་བར་དུ་ཡང་ཡང་གཞན་དབང་སྡུག་བསྔལ་གྱིས་བརྟག་དགོས་སོ་ཞེས་པས་ལས་གང་བྱས་ཐམས་ཅད་ཆུད་ཟོས་སུ་སྦྱུ་ཙམ་ཡང་མ་སོང་བའི་དབང་གིས་སྡུག་བསྔལ་མུ་མཐའ་མེད་པ་མྱོང་དགོས། ལས་དེ་མ་ཟད་ཀྱི་བར་དུ་ཐར་བ་དང་ཐམས་ཅད་མཁྱེན་པའི་གོ་འཕང་ཐོབ་པར་མི་འགྱུར་བ་བསྟན་པའོ།།

སྤྱིར་འགྲོ་བ་འདི་དག་བསྐལ་པ་གྲངས་མེད་དུ་མར་འཁྲུལ་ཞིང་དངོས་པོ་ཐམས་ཅད་ལ་གཅིག་དང་ཐ་དད་དུ་བདེན་པར་བཟུང་བའི་སྟོབས་ཀྱིས་ཞེ་འདོད་དང་ལག་ལེན་ཕྱིན་ཅི་ལོག་ཏུ་གྱུར་པ་ཡིན་ལ། དེས་ན་དང་པོ་རང་གི་འཁྲུལ་བ་རང་གི་འཁྲུལ་བ་ཉིད་དུ་ངོ་མ་ཤེས་པར་སོ་སོའི་སྐྱེ་བོ་ཕལ་ཆེར་ངན་སོང་མུ་མཐའ་མེད་པར་འཁྱམས་པར་བྱས་པ་ཡིན་ནོ། །དེ་ཡང་སེམས་ཅན་རང་རང་གིས་སྔོན་མི་དགེ་བ་བྱས་པ་དེ་དག་གིས་རྒྱུ་ཉིད་བྱས་ནས་འཁྲུལ་བར་འགྱུར་བ་ཡིན་ལ། དེའི་ཕྱིར་གོང་དུ་བཤད་པ་ལྟར་རང་གི་ལས་ངན་འཁྲུལ་བའི་མི་ཚོགས་ལྟ་བུ་དེ་ལ་རང་རང་གིས་གཉེན་པོ་བདག་མེད་རྟོགས་པའི་ཤེས་རབ་རྒྱུད་ལ་མ་བསྟེན་ན་རྒྱལ་བའི་ཐུགས་རྗེས་དངོས་སུ་གཞིལ་དཀའ་སྟེ། སྔོན་འདས་པའི་སངས་རྒྱས་གྲངས་མེད་དུ་མ་སེམས་ཅན་མཐའ་དག་གི་དོན་དུ་བྱོན་པར་བྱས་ན་ཡང་དེ་དག་གདུལ་བྱའི་ཡུལ་དུ་མ་གྱུར་པར་བདག་ཅག་ལས་ངན་པའི་སེམས་ཅན་འདི་དག་ད་དུང་སྲིད་པར་འཁྱམས་པ་ལ་ལྟོས་དང་ཞེས་པས་བདག་ཅག་སེམས་ཅན་ཐམས་ཅད་ལས་ཉོན་དྲག་པོའི་གཞན་དབང་དུ་སོང་ནས་འདས་པའི་སངས་རྒྱས་བསམ་ལས་འདས་པ་ཞིག་འཛིག་རྟེན་འདིར་བྱོན་ཀྱང་། དེ་དག་གི་གདུལ་བྱར་མ་གྱུར་པ་དེ་ལ་བསམ་ན། དེ་བས་ད་ལྟ་རང་རང་གི་ཚེ་སྔོན་བསོད་ནམས་ཅུང་ཟད་ཙམ་རེ་བསགས་པའི་མཐུ་ལས་དལ་འབྱོར་གྱི་མི་ལུས་ཕུན་སུམ་ཚོགས་པ་ཞིག་ཐོབ་

ཡོད་པའི་དུས་ཚོད་འདིར། དེ་ལ་བརྟེན་ནས་འཁོར་བའི་གནས་དཔེར་ན་དུག་སྦྲུལ་གྱི་ཚང་དང་མེ་མ་མུར་གྱི་འོབ་ལྟ་བུའི་ནང་དུ་བདེ་བ་སྐྲ་ཙམ་ཡང་མེད་པར་སྡུག་བསྔལ་མུ་མཐའ་མེད་པ་ཞིག་སྔོན་མྱོང་ཟིན་པ་དང་། ད་ལྟ་མྱོང་བཞིན་པ་དང་། མ་འོངས་པ་ན་ཡང་མྱོང་བར་ངེས་པའི་བདག་ཉིད་ཅན་བློས་དཔག་ཏུ་མེད་པ་དེ་ལ་བསམ་བློ་ཞིབ་ཏུ་བཏང་བར་བྱས་ནས་བདག་གཞན་སེམས་ཅན་ཐམས་ཅད་མྱུར་དུ་ཞི་བ་བླ་ན་མེད་པ་ཤིན་ཏུ་གྱ་ནོམ་པ་ཕུན་སུམ་ཚོགས་པ་རབ་ཏུ་བཟང་པོ་ཐར་པའི་སྐྱིད་མོས་ཚལ་དུ་དེ་རིང་ཉིད་ནས་རང་རང་གིས་བློ་ཕ་ལ་མི་འདྲི་གྲོས་མ་ལ་མི་བྱེད་བློ་ཐག་རང་གིས་མི་གཅོད་པར་དུས་དང་རྣམ་པ་ཐམས་ཅད་དུ་ལས་སྐྱིད་སྡུག་ཡག་ཉེས་ཅི་བྱུང་ཡང་བློ་ཡིད་གཉིས་ཐེ་ཚོམ་མེད་པར་ནམ་ཡང་བསླུ་བ་མེད་པའི་མཆོག་གསུམ་གཙུག་ཏུ་བཀུར་ཞིང་། དེ་ལ་བློ་མཐོན་དུ་ཕྱོགས་ཤིང་འབད་པ་དང་བརྩོན་པར་བྱ་དགོས། དེ་ལྟར་མ་བྱས་ན་ཕྱིས་ནས་ཐར་ལམ་འཐོབ་པར་མི་འགྱུར་བར་བསྟན་པ་ཡིན་ལ། ད་རེས་རང་གིས་བསམ་བློ་ཞིབ་ཏུ་བཏང་ན་ཆོས་སྒྲུབ་པའི་རང་དབང་ཅུང་ཟད་ཙམ་རེ་ཡོད་པའི་ཚེ་འདིར་མྱུར་དུ་ཟབ་མོའི་དམ་ཆོས་ལ་འབད་བརྩོན་དྲག་པོ་ཞིག་བྱེད་པར་བྱས་ན་སྐྱེ་བ་གཞན་གྱིས་བར་མ་ཆད་པར་ཚེ་འདིར་ཐར་པའི་ལམ་སྣ་ཟིན་པར་ངེས་སོ། །ཞེས་པས་ལུས་རྟེན་འདི་ལ་བརྟེན་ནས་ཐར་བའི་ལམ་ལ་བརྩོན་པར་བྱས་ན་སྐྱེ་བ་གཞན་གྱིས་བར་མ་ཆོད་པར་ཐར་ལམ་ཐོབ་པར་བསྟན་པ་ཡིན་ལ། དེས་ན་གོང་དུ་བཤད་པ་ལྟར་དུ་ཐར་ལམ་ཡང་དག་རེའི་སྣེ་ཟིན་པར་གྱུར་ན་སྐྱེ་ཞིང་སྐྱེ་བ་ཚེ་རབས་ཐམས་ཅད་དུ་བདེ་ནས་བདེ་བར་འགྲོ་བར་འགྱུར་པ་དང་། མ་ཟད་བྱང་ཆུབ་འགྲུབ་པའི་བདེ་རྒྱུའི་ལེགས་ཚོགས་མ་ལུས་པའི་འཁོར་པ་ལག་ན་འདུག་པ་ཡིན་པས་བདེ་ལེགས་ཀྱི་དབང་གིས་ངན་

འགྲོ་མུ་མཐའ་མེད་པར་མི་ལྷུང་བར་འགྱུར་ཞིང་། བདེ་འགྲོ་མཐོ་རིས་འཇིག་རྟེན་མཆོག་ཏུ་འགྲོ་བར་འགྱུར་བ་ཡིན་ཏེ། དེར་སོང་ནས་ནི་དམ་ཆོས་དགེ་བའི་གནས་ལ་འབད་པ་རབ་ཏུ་དྲག་པོས་བརྩོན་ཞིང་མངོན་མཐོ་ལྷ་མིའི་བདེ་བ་དང་། ངེས་ལེགས་ཀྱི་བདེ་བའི་དགའ་སྟོན་བཟང་པོའམ་བླ་ན་མེད་པ་སྤྱོད་པར་འགྱུར་བ་དང་། བླ་ན་མེད་པ་དགེ་བས་ཐར་བའི་ལམ་བཟང་རིན་ཆེན་རིན་ཐང་བྲལ་བ་ལྟ་བུ་དེ་ཉིད་ཏུ་བདག་གཞན་སེམས་ཅན་ཐམས་ཅད་ཀྱི་རྒྱུད་ལ་རྒྱལ་བའི་འབྱོར་བ་ཕུན་སུམ་ཚོགས་པའམ་རྨད་དུ་བྱུང་བ་དང་མཐའ་ཡས་པ་ཞིག་བསྐྲུན་པར་འགྱུར་བ་དང་། མ་ཟད་སྐྱེ་ཞིང་སྐྱེ་བ་ཚེ་རབས་ཐམས་ཅད་དུ་བདེ་གཤེགས་བལྟ་དང་གཙང་མའི་ཆོས་རབ་མཉན་པར་འགྱུར་བ་དང་། ཞིང་སྦྱངས་འཕགས་པའི་དགེ་འདུན་པ་རིག་གྲོལ་གྱི་ཡོན་ཏན་ཕུན་སུམ་ཚོགས་པ་མཆོག་དང་ལྡན་པ་རྣམས་དང་རྒྱུན་དུ་འགྲོགས་ཤིང་ཆོས་ལ་སྤྱོད་པ་དང་། མ་དག་པའི་དྲི་མས་དབེན་པའི་པདྨ་ཅན་སོགས་དག་པའི་འཇིག་རྟེན་དུ་པདྨ་ལས་བརྫུས་ཏེ་སྐྱེས་ཤིང་རང་སེམས་ལ་ནམ་ཡང་གཉིས་འཛིན་གྱི་དྲི་མས་མ་བསྣད་པར་ཤིན་ཏུ་གཙང་ཞིང་རྙོག་པ་མེད་པ་དཔེར་ན་མཚོ་ཡི་པདྨ་ལྟར་མཛེས་ཤིང་ཡོན་ཏན་ཕུན་སུམ་ཚོགས་པ་མང་དུ་ལྡན་ཞིང་སྐྱེ་བ་གཞན་གྱིས་བར་མ་ཆོད་པར་སངས་རྒྱས་པདྨ་དཔལ་སོགས་དུས་གསུམ་རྒྱལ་བ་ཐམས་ཅད་ཀྱི་ཞལ་མཐོང་བར་གྱུར་ཏེ་བླ་མེད་བྱང་ཆུབ་འགྲུབ་པའི་ལུང་བསྟན་ཐོབ་པར་འགྱུར་བ་ཡིན་ལ། དེ་ཕྱིར་བློ་དང་ལྡན་པའི་སྐྱེ་བོ་རྣམས་ཀྱིས་དེ་རིང་ཉིད་ནས་བརྩོན་པའི་གོ་ཆ་རབ་ཏུ་བགོས་ཏེ་དགེ་གོམས་ཡིད་ལ་བྱེད་པ་འབའ་ཞིག་གིས་ཡོན་ཏན་བླ་ན་མེད་པའི་ཐར་བའི་ལམ་གྱི་སྐས་ཀྱི་གདང་ལ་འཛེགས་པར་བྱེད་པའི་ཐབས་ལ་བརྩོན་པ་བརྒྱ་འགྱུར་བྱེད་པར་རིགས་ཞེས་པས་ཆོས་

ཀྱི་ཡོན་ཏན་ལ་བསམ་ནས་བློ་ལྡན་རྣམས་ཀྱིས་ཆོས་ལ་བརྩོན་ཞིང་ཐར་བའི་སྐས་ལ་འཛེགས་དགོས་པར་བསྟན་པ་ཡིན་ནོ།།

ཤིན་ཏུ་རྙེད་པར་དཀའ་བའི་ཆོས་དང་བླ་མ་སོགས་ལ་འཕྲད་པར་གྱུར་པའི་དུས་འདིར། དེ་ལ་བསམས་ནས་ད་རེས་ཀྱི་ལུས་རྟེན་འདི་ལ་བརྟེན་ནས་བླང་དོར་གྱི་གནས་ལ་བསླབ་ཅིང་སྲིད་པ་ཁམས་གསུམ་འཁོར་བའི་གནས་ལས་ཐར་ཞིང་ཐར་ལམ་ཡང་དག་ཅིག་མ་རྙེད་ན་སྐྱེ་བ་གཞན་ནམ་ཕྱི་ནས་ཞི་བའི་ལམ་དང་འཕྲད་པ་ནི་ཤིན་ཏུ་དཀོན་པར་གྱུར་པ་ཡིན་ནོ།།

དེ་ལྟ་བུའི་ཞི་བའི་ལམ་དང་འཕྲད་པར་མ་གྱུར་ན་སྡུག་བསྔལ་མུ་མཐའ་མེད་པ་འཁོར་བའི་གནས་ལས་ནམ་ཡང་ཐར་བའི་ཐབས་མེད་པར་འགྱུར་བ་ནི་སྨོས་ཅི་དགོས། དེ་ཡི་ཚེ་ངན་སོང་གསུམ་གྱི་སྡུག་བསྔལ་ནི་ཤིན་ཏུ་བཟོད་པར་དཀའ་བ་ཡིན་ཏེ། དཔེར་ན་ད་ལྟའི་དུས་འདིར་ཚ་གྲང་བཀྲེས་སྐོམ་སོགས་རྩུབ་ཟད་རེ་དང་ཐ་ན་ནད་ཀྱི་སྡུག་བསྔལ་ཕྲ་མོ་ཙམ་ཡང་མི་བཟོད་ན་ནམ་ཞིག་སེམས་དམྱལ་ཡི་དྭགས་དུད་འགྲོ་ལ་སོགས་པའི་སྡུག་བསྔལ་མི་ཚོགས་རབ་ཏུ་འབར་བ་དེ་བསྲན་ཚུགས་པ་དང་བཟོད་པའི་གནས་ཡོད་དམ་དེ་ནི་མེད་ངེས་ལ། དེ་བས་ན་ད་ལྟ་རང་དབང་ཡོད་པའི་དུས་ཚོད་འདིར་རྒྱུན་དུ་དྲན་ཤེས་བག་ཡོད་རྒྱུད་ལ་བསྟེན་པར་བྱས་ཤིང་འཁོར་བའི་སྡུག་བསྔལ་དག་ལས་ཐར་པའི་ཕན་ཡོན་དང་། དགེ་སྡིག་བླང་དོར་ཚོགས་གཉིས་སྒྲུབ་པ་ལ་སོགས་ལེགས་པའི་ཆོས་ལ་ཉིན་མཚན་མེད་པར་འབད་པ་ཐོན་པར་བྱ་དགོས་ཞེས་པས་ད་རེས་ཆོས་དང་འཕྲད་ཚེ་འབྲས་བུ་མངོན་དུ་ཐོན་པ་ཞིག་མ་བྱས་ན་ཕྱིས་ནས་འཕྲད་པར་དཀའ་བ་བསྟན་པར་བྱས་པ་ཡིན་ནོ། །དེ་ལྟར་ད་ལྟ་ཆོས་སྒྲུབ་པའི་རང་དབང་རང་ལ་ཡོད་ཚེ་

ལན་གཅིག་དལ་འབྱོར་བཅོ་བརྒྱད་ཚང་བའི་མི་ལུས་རིན་ཆེན་ཐོབ་ཀྱང་དེ་ལ་སྙིང་པོ་ཙམ་ཞིག་ཀྱང་མི་ལེན་པར་དེ་ཉིད་གཞན་དུ་དོར་ཞིང་ཆོས་ལམ་ཟབ་མོ་འདི་མ་བསྒྲུབས་ན་ཐམས་ཅད་ཀྱི་མི་ཚེ་སྐད་ཅིག་མ་འདི་རྒྱུད་ཐོས་སུ་བྱས་ཤིང་ཡིངས་པའི་ལམ་ལ་ཟད་པར་བྱས་པ་ཡིན་ལ། དེས་ན་དེ་ལྟ་བུའི་མི་ལུས་འདི་ཤིན་ཏུ་དཀོན་པ་ཨུ་དུམ་ཝ་རའི་མེ་ཏོག་ལྟར་ཤིན་ཏུ་རྙེད་པར་དཀའ་བ་ཡིན་ཏེ། དེ་ནི་དཔེར་ན་ཨུ་དུམ་ཝ་རའི་མེ་ཏོག་བརྒྱ་ལམ་དུ་རེས་འགའ་འབྱུང་བ་དེ་བཞིན་དུ་བརྒྱ་ལ་རེས་དགའི་ལན་གཅིག་རྙེད་པའི་མི་ལུས་དཔེར་ན་རིན་ཆེན་གྱི་ནོར་བུ་ལྟ་བུ་འདི་ད་རེས་རང་ལག་ཏུ་ཐོབ་པའི་དུས་འདིར་སྟོང་ལོག་མ་བྱེད་ཅིག་ཅེས་པས་ཤིན་ཏུ་འཕྲད་དཀའ་བའི་ཆོས་དང་འཕྲད་ཅིང་རྙེད་པར་དཀའ་བའི་མི་ལུས་རིན་པོ་ཆེ་ལྟ་བུ་འདི་ཉིད་རྙེད་པར་གྱུར་པའི་ཚེ་ན་དེ་ལ་སྙིང་པོ་མི་ལེན་པར་སྟོང་ལོག་ཡོང་བའི་ལས་སོགས་བྱེད་མི་རིགས་པར་བསྟན་པ་ཡིན་ནོ། །

སྤྱིར་འཇིག་རྟེན་ཚེ་འདིའི་སྣང་བ་གང་ལ་བསམ་ཡང་འདི་དག་ལ་སྙིང་པོ་སྤུ་ཙམ་ཡང་མེད་པས། དཔེར་ན་ཐམས་ཅད་རྨི་ལམ་གྱི་འཁྲུལ་བ་དང་འདྲ་བར་ངེས་ཏེ། རྨི་ལམ་གྱི་སྐབས་སུ་ནོར་དང་ལོངས་སྤྱོད་སོགས་ཇི་ལྟར་ལྡན་ཡང་ཚུར་སད་པའི་མོད་ལ་ཐམས་ཅད་སྟོང་སྐྱེ་ཙེ་ཡང་མེད་པ་ལྟར་ནམ་ཞིག་ནོར་ལོངས་སྤྱོད་ཐམས་ཅད་པོར་ཏེ། ཕྱི་མའི་ལམ་པོ་ཆེ་ལ་རང་ཉིད་གཅིག་པུར་འགྲོ་བའི་དུས་ན་རྗེས་སུ་འབྲང་བ་ནི་དགེ་སྡིག་གཉིས་ལས་མེད་པ་ལ་བསམ་ན། གཉེན་འདུན་འཁོར་པས་ཅིས་ཀྱང་མི་གཏོང་ལ། དེ་ལྟར་དེ་དག་ལ་ཇི་ལྟར་བརྩེ་ཡང་རང་ཉིད་ཤི་བའི་རྗེས་སུ་དེ་དག་འགྲོ་བ་ཡང་མེད། བདག་ཀྱང་དཔེར་ན་མགྲོན་པོ་ཁྱིམ་དུ་ལོག་པ་བཞིན་དུ་ཕྱིར་འོང་ཞིང་འདི་ཙ་ཁྲིམ་

དེར་སླར་མི་ཐོག་པ་ཡིན་པས་དེ་ལ་བསམ་ན་ཚེ་འདིའི་བྱ་བས་བདག་ལ་ནམ་ཡང་ཅི་ཕྱིར་ཕན་པ་ཡོད་དེ་མེད་སོ། དེ་བས་ད་ལྟ་ཉིད་ནས་འཇིག་རྟེན་འཁྲུལ་པའི་སྣང་བ་ཐམས་ཅད་ལ་ཆགས་ཞེན་དགག་སྒྲུབ་ཀྱི་བདེན་འཛིན་ཀུན་སྤངས་པར་བྱས་ཏེ་མྱུར་དུའམ་དེ་རིང་ཉིད་ནས་ཟབ་རྒྱས་ཀྱི་ཆོས་ཚུལ་རྒྱ་མཚོ་ལྟ་བུའི་གནད་ལ་བརྩོན་པ་དྲག་པོ་ཡིས་སྒོ་ནས་དལ་འབྱོར་བཅོ་བརྒྱད་ཚང་བའི་མི་ལུས་འདི་དོན་མེད་ཆུད་ཟོས་སུ་མ་སོང་པར་བྱ་དགོས་ཞེས་པས་སྙེད་པར་དཀའ་བའི་མི་ལུས་འདི་སྟོང་ཟད་དུ་མི་གཏོང་བར་བསྟན་པ་ཡིན་ལ། དེས་ན་ཐམས་ཅད་ཀྱིས་ད་རེས་ཐོང་དུ་བཤད་པ་ལྟ་བུའི་འབྱོར་བ་ཕུན་སུམ་ཚོགས་པ་ཞིག་ཚང་བའི་དུས་འདིར་འདི་ལ་བརྟེན་ནས་ད་ལྟ་ཕན་བདེ་བླ་ན་མེད་པ་ཡི་རྒྱུ་ཞིག་མ་བསྒྲུབས་ན་ཕྱིས་ནས་ཡུན་རིང་སྡོད་པའི་གདེང་ནི་ཅི་ལ་ཡོད་མེད་པར་ཤེས་དགོས་པ་ཡིན་ནོ། །རང་རང་གིས་ཚེ་འདིར་བསགས་པའི་ནོར་དང་ལོངས་སྤྱོད་སོགས་ལ་ཡང་སྙིང་པོ་མེད་པར་ཤེས་དགོས། ཚེ་འདིའི་དོན་དུ་བསགས་པའི་ནོར་རྫས་དཔེར་ན་བུང་བའི་སྦྲང་རྩི་དང་འདྲ་བ་ཡིན་ལ། དེས་ན་ཚེ་འདིར་རང་རང་གིས་འབད་པ་བརྒྱ་ཕྲག་བྱས་ནས་རང་གིས་ཇི་ལྟར་བསགས་ཀྱང་མཐར་བསགས་པ་ཐམས་ཅད་གཞན་གྱིས་ལོངས་སྤྱོད་པར་གྱུར་པ་ནི་ཤིན་ཏུ་མང་བར་ངེས་སོ། །ཞེས་པས་སྲིད་པའི་བདེ་འབྱོར་གང་ལ་ཆགས་ཤིང་ཞེན་ན་དེ་དག་ལ་སྙིང་པོ་མེད་པར་བསྟན་པ་ཡིན་ནོ། །

རང་རང་ཚེ་འདིར་ལྷན་ཅིག་ཏུ་སྡོད་ཅིང་སྔོན་ལམ་ལས་ཀྱིས་འབྲེལ་བའི་གཉེན་འདུན་མཛའ་བཤེས་སོགས་ལ་བསམ་ན་རྟག་པ་མེད་དེ། དཔེར་ན་མགྲོན་པོ་གནས་མཐུན་དང་འདྲ་བའོ། །དེ་དག་སྐད་ཅིག་ཙམ་ལ་ལྷན་ཅིག་ཏུ་འདུས་ཀྱང་ཡུན་མི་འགྱུར་

བར་སོ་སོར་ཐ་དད་འབྲལ་དུ་ཉེ་བ་ཡིན་ནོ། །ཐམས་ཅད་ཀྱི་ཚེ་དང་སྲོག་འདི་ལ་ཡང་རྟག་པ་དང་བརྟན་པ་མེད་པར་ངེས་དགོས་ཏེ། དཔེར་ན་སྐད་ཅིག་ཙམ་དུ་ཡང་སྡོད་པ་མེད་པར་མི་རྟག་པའི་རང་བཞིན་རྒྱ་ཁའི་ཟིལ་བ་དང་འདྲ་བར་གནས་པ་ཡིན་ནོ། །དེ་ལྟར་ཐམས་ཅད་ད་ལྟ་ལྷན་ཅིག་ཏུ་ཡོད་ཀྱང་སྐུར་དུ་མེད་པ་ཉིད་དུ་འགྱུར་བ་དང་སྐུར་དུ་འཆི་བདག་གི་རྒྱལ་པོ་ཁོ་འོང་ཞིང་འཆི་བར་འགྱུར་པ་ཡང་ཡོད་ལ། དེས་ན་འཆི་བདག་གི་བདུད་ནི་དཔེར་ན་སོ་བྱ་ཉ་སྡོད་དང་འདྲ་བར་ངེས་ཤིང་། དེས་ནི་ཉིན་མཚན་ཀུན་ཏུའམ་རྟག་ཏུ་བདག་གི་ཚེ་དང་སྲོག་ལ་གླགས་སྐབས་འཚོལ་བར་བྱེད་ཅེས་པས་རང་རང་གི་ཚེ་སྲོག་ལ་རྟག་པ་མེད་པར་འཆི་བདག་དགྲ་ཡི་ཟས་སུ་ནམ་བསླབས་མི་ངེས་པར་བསྟན་པ་ཡིན་ནོ། །

ཡང་འཇིག་རྟེན་ཚེ་འདིའི་སྣང་བ་ཐམས་ཅད་གང་ལ་བསམ་ཀྱང་དེ་དག་ལ་སྙིང་པོ་མེད་དེ་དཔེར་ན་རྨི་ལམ་སད་ཁ་དང་འདྲ་བར་ངེས་ཤིང་། ཐམས་ཅད་སྐད་ཅིག་ཙམ་དུ་ཡང་མི་སྡོད་པ་དང་མི་རྟག་ཡུན་ཐུང་ཅེས་ཀྱང་ཐམས་ཅད་དོར་ནས་གཞན་དུ་འགྲོ་བར་འགྱུར་བ་ཡིན་ན་ཡང་རང་རང་གིས་ཚེ་གང་བསགས་པའི་དགེ་དང་མི་དགེའི་ལས་བྱས་པའི་རྒྱུ་འབྲས་ཀྱི་ལས་འདི་རྣམས་ནམ་ཡང་ཆུད་མི་ཟ་བར། དཔེར་ན་ལུས་ཀྱི་གྲིབ་མ་དང་འདྲ་བར་རྟག་པར་བདག་གི་རྗེས་སུ་འབྲང་བར་བྱེད་པ་ཡིན་ཏེ། དེ་བས་བློ་དང་ལྡན་པའི་སྐྱེ་བོ་ཀུན་གྱིས་དེ་རིང་ཉིད་ནས་ཐར་ལམ་བསྒྲུབ་པར་མཛོད་ཅིག་ཅེས་པས་ལས་འབྲས་ཀྱི་དོན་ལ་ཞིབ་པར་བསམ་ཞིང་ཐར་བ་དོན་དུ་གཉེར་དགོས་པར་བསྟན་པ་ཡིན་ནོ། །

འཇིག་རྟེན་གྱི་སྤྱོད་པ་འདི་དག་དམ་པའི་གཞིར་གྱུར་པ་ལེགས་ཚོགས་འབྱུང་

བའི་གཞི་དམ་པའི་ཆོས་ལ་རྟག་ཏུ་འབད་པ་བྱེད་པར་བྱ་སྟེ། སྙིང་ནས་རང་རང་གིས་མི་རྟག་འཆི་བ་འདི་ཡིད་ལ་དྲན་པར་བྱས་ནས་ཡ་རབས་སྐྱེ་བོ་དམ་པ་རྣམས་ཀྱི་རྗེས་སུ་བསླབ་ཅིང་འགྲོ་བར་མཛོད་ཅིག་ཅེས་པས་ཆོས་ལ་བསླབ་ཅིང་རྒྱུན་དུ་འཆི་བ་མི་རྟག་པ་ཡིད་ལ་དྲན་པར་བྱས་ནས་དམ་པ་གོང་མའི་རྗེས་སུ་བསླབ་དགོས་པར་བསྟན་པ་ཡིན་ནོ། །སྣང་དོར་ཡང་དག་པ་ཞིག་མ་ཤེས་པ་དེའི་དབང་གིས་འཇིག་རྟེན་ཚེ་འདིའི་བྱ་བ་གང་དང་གང་ཞིག་བསྒྲུབས་པར་བྱས་ན་ཡང་རུང་བྱས་པ་ཐམས་ཅད་དོན་མེད་སྡུག་བསྔལ་འབའ་ཞིག་འབྱུང་བའི་རྒྱུ་ཉིད་དུ་འགྱུར་བས་ཚེ་རབས་གྲངས་མེད་དུ་མར་བྱིས་པ་སོ་སོའི་སྐྱེ་བོ་རྣམས་བསླུ་བར་བྱས་ཞིང་སྙིང་པོ་མེད་པར་ངེས་པ་ཡིན་ལ། དེ་བས་ཚེ་འདིའི་བྱ་བ་གང་ལ་ཡང་མི་ཆགས་པར་ཐར་པ་བྱང་ཆུབ་སྒྲུབ་པར་མཛོད་ཅིག་ཅེས་སྲིད་པ་གསུམ་གྱི་གནས་རིས་མཐོ་དམན་གང་དུ་སྐྱེས་ཀྱང་དེ་དག་གི་བདེ་འབྱོར་གང་ལ་ཡང་སྙིང་པོ་མེད་པར་བསྟན་པ་ཡིན་ནོ། །

གོང་དུ་བཤད་པ་ལྟ་བུའི་ཚེ་འདིའི་བྱ་བ་ཐམས་ཅད་གང་ལ་ཡང་མི་ཞེན་པར་ཐམས་ཅད་བློས་བཏང་བར་བྱས་ན་མ་འབད་བཞིན་དུ་དམ་པའི་ཆོས་ངང་གིས་འགྲུབ་པར་འགྱུར་བ་དང་། མ་ཟད་ཚེ་འདི་ལ་ཆགས་ཤིང་ཞེན་པའི་བྱ་བ་མཐའ་དག་བློས་ཐོངས་ན་མ་དག་དངོས་འཛིན་གྱི་འཁྲུལ་པ་ཐམས་ཅད་འཇིག་པར་འགྱུར་རོ། །ཚེ་འདི་ལ་ཆགས་ཤིང་ཞེན་ནས་དགྲ་འདུལ་གཉེན་སྐྱོང་སོགས་ཀྱི་བྱ་བ་གང་ཡང་མེད་ན་ལས་དང་ཉོན་མོངས་པ་སྡུག་བསྔལ་གྱི་རྒྱ་མཚོ་ལྟ་བུའམ་ཆུ་བོ་ལས་བརྒལ་བར་འགྱུར་བ་དང་། དེ་ལྟ་བུའི་འཇིག་རྟེན་ཚེ་འདིའི་བྱ་བ་དང་བྲལ་བར་གྱུར་པ་ན་རང་སེམས་ལ་ཆགས་སྡང་སོགས་གང་ཡང་མེད་པར་ངང་གིས་བདེ་བར་འགྱུར་རོ་ཞེས་པས་སྤང་བྱ་

སྤོང་བྱེད་ཀྱི་གཉེན་པོ་རྒྱུད་ལ་བསྟེན་པར་བྱས་ཤིང་སྤང་བྱ་མི་དགེ་བའི་ཕྱོགས་སོགས་སྤང་བར་བྱས་ན་རང་སེམས་མ་དག་པའི་འཁྲུལ་བ་ཐམས་ཅད་དབྱིངས་སུ་དྭངས་ཏེ་རང་སེམས་སྐྱེ་བ་མེད་པའི་དོན་ལ་མཉམ་པར་གནས་པར་འགྱུར་བ་བསྟན་པ་ཡིན་ནོ།། །

མདོར་ན་བསླུ་སྲིད་སྒྱུ་མ་ལྟ་བུའི་ཆོས་གང་ལ་བསམས་ཀྱང་ཐམས་ཅད་སྐད་ཅིག་མའི་རང་བཞིན་དང་མི་རྟག་པའི་རང་བཞིན་ཡིན་པས་ནམ་ཡང་སྙིང་པོ་མེད་པར་ངེས་པ་ཡིན་ཏེ། དེ་དག་གང་ལ་གཅིག་དང་ཐ་དད་དུ་བདེན་པར་གྲུབ་པ་ཡོད་དང་མེད་ཅེས་གང་དུ་བལྟས་ཀྱང་ཐམས་ཅད་མི་རྟག་པ་དང་སྐད་ཅིག་ཙམ་དུ་ཡང་སྡོད་པ་མེད་པར་གཞན་དང་གཞན་དུ་འཕོ་ཞིང་འགྱུར་བའི་ཆོས་ཤིག་མ་གཏོགས་རྟག་བརྟན་བདེན་པར་གྲུབ་པའི་ཆོས་གང་ཡང་ཡོད་མེད་ཉིད་དུ་བསྒྲུབ་པར་བྱ་མི་ནུས་པར་འགྱུར་བ་ཡིན་ལ། ངེས་ན་གང་ལྟར་བརྟགས་ནས་དཔྱད་ཀྱང་ཚེ་འདིའི་མ་དག་འཁྲུལ་བའི་སྣང་བ་གང་ལ་ཡང་སུ་གང་གིས་མ་ཆགས་པར་སྤང་བར་བྱེད་པའི་སྐྱེ་བོ་རྣམས་བླང་དོར་གྱི་གནས་ལ་མཁས་པ་ཡིན་པར་བསྟན་པ་ཡིན་ནོ།། །

སྔོན་བསགས་བསོད་ནམས་ཀྱི་དབང་གིས་མི་ལུས་ཐོབ་པ་དང་ཆོས་སོགས་དང་འཕྲད་པར་གྱུར་པའི་དུས་འདིར་རང་རང་གིས་བླང་དོར་གྱི་ཐབས་ལ་བརྩོན་པར་བྱས་པ་དེང་ནས་བཟུང་སྟེ་འཁོར་བ་འདི་ལ་བློ་ལོག་སྟེ་དེང་དུས་ཐར་པའི་ལམ་ཆེན་མཆོག་ཏུ་གྱུར་པ་དེ་ལ་ཞུགས་ནས་དེང་ཉིད་བརྩོན་པས་ཉིན་མཚན་འདའ་བར་བྱས་ན་དེང་འདིར་སྡུག་བསྔལ་གྱི་ཆུ་བོ་ཆེན་པོ་བཞི་ལས་སྒྲོལ་བར་འགྱུར་ཞེས་པས་ད་རེས་ཀྱི་ལུས་རྟེན་འདི་ལ་བརྟེན་ནས་བླང་དོར་གྱི་གནས་ལ་འབད་བརྩོན་དྲག་པོ་བྱས་ན་ལས་ཉོན་སྡུག་བསྔལ་གྱི་གནས་ལས་གྲོལ་བར་འགྱུར་བར་བསྟན་པ་ཡིན་ནོ། །

སྤྱིར་འགྲོ་བ་འཁྲུལ་བའི་དབང་གིས་འཁྲུལ་བར་གྱུར་པ་ཡིན་ཏེ། དེ་ལས་གང་ཞིག་གང་ལས་གྲོལ་པ་གང་ཟབ་དང་རྒྱ་ཆེའི་དམ་ཆོས་བསྒྲུབ་པའི་ཕྱིར་སྒྲུབ་པ་ལ་བརྩོན་པས་སྒྲུབས་ཤིག་དང་མཐར་མངོན་མཐོ་ལྷ་མིའི་བདེ་བ་དང་ངེས་ལེགས་རྫོགས་པའི་སངས་རྒྱས་ཀྱི་གོ་འཕང་ངེས་པར་འགྲུབ་པར་ངེས་ཞེས་དམ་ཆོས་བསྒྲུབས་པར་བྱས་པ་ལས་འཁྲུལ་རྟོག་ཐམས་ཅད་དག་ཅིང་མངོན་མཐོ་དང་ངེས་ལེགས་ཀྱི་གོ་འཕང་འཐོབ་པར་འགྱུར་བ་བསྟན་པ་ཡིན་ནོ། །

དེ་ཡང་ཕྱི་སྣོད་དང་ནང་བཅུད་ཀྱི་འགྲོ་བ་ཐམས་ཅད་གང་ལ་བསམ་ཀྱང་རྟག་པ་དང་བརྟན་པ་གང་ཡང་མེད་པར་འགྱུར་ཞིང་མི་རྟག་པའི་རང་བཞིན་ཚེ་འདིའི་སྣང་བ་འདི་དག་གང་ལ་བསམ་ན་ཡང་ཐམས་ཅད་ལ་ཡིད་བརྟན་མེད་པར་སྐད་ཅིག་སྐད་ཅིག་གིས་འགྱུར་བའི་ཆོས་ཅན་ཡིན་ཏེ། དེ་དག་ཐམས་ཅད་མི་རྟག་པར་འགྱུར་བར་མི་ཤེས་པའི་སྐྱེ་བོ་རྣམས་ལ་སྡུག་བསྔལ་འབྱུང་བར་འགྱུར་བ་ཡིན་ལ། དེས་ན་རང་རང་གི་གཉེན་པོ་རྒྱུད་ལ་བསྟེན་ཅིང་འགྱུར་བས་ཡིད་འབྱུང་ཐར་པ་འདོད་པར་འགྱུར་བའི་ཐབས་ལ་འབད་བརྩོན་བྱས་ཤིང་། མཐར་ཆོས་ཐམས་ཅད་ཀྱི་ཆོས་ཉིད་ཡེ་སྟོང་འགྱུར་བ་མེད་པ་སྤྲོས་པ་ཐམས་ཅད་དང་བྲལ་བའི་དོན་བསྒོམས་ཤིང་དེའི་ངང་ལ་མཉམ་པར་བཞག་པར་བྱས་ན། ཚེ་རབས་ཐོག་མེད་ནས་སྲིད་པ་གསུམ་གྱི་གནས་འདིར་འཁྱམས་པའི་བདག་འཛིན་འཁྲུལ་བའི་གནས་ལས་ཐར་བར་འགྱུར་ཞེས་པས་སྲིད་རྩའི་བདེན་འཛིན་གྱི་མ་རིག་པ་སྤོང་བར་བྱེད་པའི་ཐབས་ལ་བརྩོན་པ་བྱས་ཤིང་། མཐར་གཉུག་མ་དོན་གྱི་ཡེ་ཤེས་མངོན་དུ་གྱུར་ཅིང་བདེན་འཛིན་ལས་གྲོལ་བར་འགྱུར་བར་བསྟན་པ་ཡིན་ནོ། །

སྤྱིར་འགྲོ་བ་མི་སོགས་རང་རང་གི་ལས་བདེ་སྡུག་གི་སྣང་བ་ཐམས་ཅད་བསམ་མི་ཁྱབ་པ་ཡིན་ཏེ། རིག་དང་མ་རིག་ཁྱད་པར་སོ་སོ་ལས་ལས་བསགས་ཚུལ་བསམ་མི་ཁྱབ་པ་དང་ཐ་དད་དུ་གྱུར་པའི་དབང་གིས་འབྲས་བུ་བདེ་སྡུག་གི་རྣམ་པ་དེ་ཡང་དུ་མར་སྣང་བར་ངེས་སོ། །མདོར་ན་སྣང་སྲིད་སྣོད་བཅུད་ཀྱི་ཆོས་ཐམས་ཅད་རྒྱུ་གང་ལས་འབྱུང་ངོ་ཞེ་ན། གཙོ་བོ་སྣང་བ་ཐམས་ཅད་གཟུང་འཛིན་འཁྲུལ་བའི་དབང་གིས་གཞིའི་ངོ་བོ་མ་རྟོགས་པར་འཁྲུལ་བར་གྱུར་པ་ལས་འབྱུང་བ་ཡིན་ལ། དེས་ན་དེ་དག་འཁྲུལ་པར་ངོ་ཤེས་ནས་འཁྲུལ་པའི་ངོ་བོ་རང་བཞིན་མ་གྲུབ་པར་རྟོགས་ཏེ་དཔྱད་རྩོལ་མེད་པའི་དོན་ལ་གནས་ན་དེ་ནི་མི་གཡོ་དོན་ལ་མཁས་པས་མཁས་པ་ཡིན་པར་རིགས་ཤིང་གནས་པ་དང་དོན་དང་མཐུན་པར་གནས་པ་ཞིག་ཡིན་པས་ཉིན་མཚན་ཀུན་ཏུ་ལན་གཅིག་ཙམ་ཆེད་པའི་དལ་འབྱོར་འདི་ལ་སྙིང་པོ་ལོན་པའི་ཐབས་ལ་འབད་བརྩོན་བྱ་དགོས། ཐམས་ཅད་ཀྱིས་ཅིས་ཀྱང་འཇིག་རྟེན་ཚེ་འདིའི་བྱ་བ་འདི་དག་ཇི་ལྟར་བསྒྲུབས་ཀྱང་འདི་ཕྱི་གཉིས་ལ་མི་ཕན་པས་མྱུར་དུ་འགྲོ་རྩིས་བྱ་ཞིང་ཚེ་གཅིག་མངོན་པར་སངས་རྒྱས་པར་བྱེད་པ་དམ་པའི་ཆོས་ལ་དེང་ནས་འབད་ཅིང་བརྩོན་པ་མ་ཆད་པར་བྱ་བ་རིགས་སོ། །ཡུལ་མཆོག་གསུམ་ལ་དད་པ་དང་སྒོ་གསུམ་དགེ་བའི་ཕྱོགས་ལ་སྤྲོ་ཞིང་དེ་ལ་བརྩོན་འགྲུས་དྲག་པོ་བྱ་བ་དང་། རྒྱུན་དུ་ལུས་སེམས་ཐམས་ཅད་རྣམ་གཡེང་དང་འདུ་འཛི་ཡི་གནས་ལ་མི་གཡེང་བར་དྲན་ཤེས་བག་ཡོད་རྒྱུད་ལ་བསྟེན་པར་བྱ་དགོས། དེ་ལྟར་བྱེད་པ་ནི་ཐར་བ་དང་ཐམས་ཅད་མཁྱེན་པའི་ལམ་མཆོག་ཆད་དུ་བྱུང་བ་ཡིན་པར་ངེས་སོ། །དེས་ན་སྲིད་པ་གསུམ་གྱི་གནས་རིས་མཐོ་དམན་གང་དུ་སྐྱེས་ཀྱང་སྡུག་བསྔལ་འབའ་ཞིག་མ་གཏོགས་བདེ་བའི་གོ་སྐབས་སྐྲ་ཙམ་ཡང་མེད་པར་ངེས་ལ། དེས་

ན་ཐམས་ཅད་འཕྲུལ་བའི་དབང་གིས་ཚེ་འདིར་སྐད་ཅིག་ཙམ་དུ་ཡང་སྡོད་པ་མེད་པར་མི་རྟག་པར་སྒྱུར་དུ་འགྲོ་བར་གྱུར་པ་ན་ཡང་ཐམས་ཅད་ཚུར་རོལ་མཐོང་བས་དེ་ལ་རྟག་ཏུ་བདེན་པར་གཟུང་ཞིང་ཞེན་པ་དེ་ནི། དཔེར་ན་སྨུ་གུ[ཥོག་གི]མ་སླིན་པར་དེ་ཡི་འབྲས་བུ་ལ་ཆགས་པ་བཞིན་དུ་ཕན་པ་མེད་པར་ཚ་ཟེར་ཉོན་མོངས་པའི་སྡུག་བསྔལ་གྱིས་གདུང་བས་སྲིད་པར་ཟད་ཅིང་འཁྱམས་པར་འགྱུར་བ་ཡིན་པའི་ཕྱིར་རོ། །གོང་དུ་བཤད་པ་ལྟ་བུའི་བདེན་འཛིན་མ་རིག་པ་དེའི་དབང་གིས་འཁོར་བའི་གནས་འདིར་འཁྱམས་པས་སེམས་ཅན་རྣམས་སྡུག་བསྔལ་གསུམ་གྱི་སྣང་བ་མི་གསུམ་ལྟ་བུ་དེ་དག་གི་སྡུག་བསྔལ་རབ་ཏུ་འབར་བར་གདུང་ཞིང་མུ་མཐའ་མེད་པའི་སྲིད་པར་འཁྱམས་པ་ལས་མི་གང་ཞིག་བླང་དོར་གྱི་ཐབས་ལ་བརྩོན་པར་བྱས་ཤིང་ཐར་བ་དང་ཐམས་ཅད་མཁྱེན་པའི་གོ་འཕང་འཐོབ་པར་བྱ་བའི་ཕྱིར་རམ་བླ་ན་མེད་པའི་བྱང་ཆུབ་ཀྱི་ལམ་འཚོལ་བ་དེ་མཚར་བར་ངེས་དགོས་པར་བསྟན་པ་ཡིན་ནོ། །

ཀྱི་མ་གྲོགས་དག་དལ་འབྱོར་བཅོ་བརྒྱད་ཚང་བའི་མི་ལུས་རིན་པོ་ཆེ་ལྟ་བུ་དེ་ཉིད་སྟབས་དང་སྟེས་དབང་གིས་རྙེད་པར་གྱུར་ཀྱང་འདི་ལ་རྟག་པ་དང་བརྟན་པ་གང་ཡང་མེད་དེ་སང་དང་འཇིག་རྟེན་ཕྱི་མའི་སྣང་བ་གཉིས་ཀྱི་སྔོན་དུ་གང་འབྱུང་བདག་ལ་ཆ་ཡོད་དམ་མེད་ལ། དེས་ན་ནམ་ཞིག་རང་ཉིད་གཅིག་པུར་འཆི་བའི་དུས་སུ་སྐྱབས་དང་སྐྱོབ་པ་མགོན་དང་དཔུང་གཉེན་སོགས་མེད་ན་ཅི་བྱེད། དེ་ཡི་དུས་སུ་སྐྱིད་སྡུག་ཡག་ཉེས་ཐམས་ཅད་རིན་ཆེན་རྣམ་པ་གསུམ་མ་གཏོགས་སུ་ལ་རེ་བར་བྱ་ཐམས་ཅད་ཀྱི་ཚེ་འདི་ལ་ཡིད་རྟོན་གང་ཡང་མེད་པར་ཡོས་ཀྱང་ངེས། དེ་བས་ད་ལྟ་འཆིའམ་ནམ་ཞིག་འཆི་སུ་ལ་ཡང་ཡིད་གཏོལ་མེད་ཀྱི་སྣང་བ་དེ་ལ་བསམ་ནས་ཅི་འགྲུབ་ཐམས་ཅད

དགེ་བའི་ཕྱོགས་ལ་དེ་རིང་ཉིད་ནས་བརྩོན་ཏེ་བསྒྲུབ་པར་བྱ་དགོས། སྤྱིར་སེམས་ཅན་ཐམས་ཅད་ཀྱི་འཚོ་བའི་སྲོག་ནི་འཆི་བདག་གི་བདུད་ཀྱིས་འཕྲོག་ཅིང་བཅོམ་པར་བྱས་པ་དང་། སྐྱེས་བུ་དར་བའི་ལང་ཚོ་མཛེས་ཤིང་ལྷ་ན་སྡུག་པ་རྣམས་དུས་ཀྱི་འབྱུང་ནད་ཀྱིས་འཕྲོག་ཅིང་བཅོམ་པར་བྱེད་པ་དང་། ཐམས་ཅད་སྐད་ཅིག་ཙམ་དུ་ཡང་མི་སྡོད་པར་ཐ་ཕྱི་འགྱུར་བའི་དབུགས་ནི་བྱམས་དང་སྙིང་རྗེ་མེད་པའི་འཆི་བདག་གི་རྒྱལ་པོ་སྲིན་པོའི་ཚོགས་ཀྱིས་འཕྲོག་ཅིང་བཅོམ་པར་བྱེད་པ་དང་། མདོར་ན་དབྱར་གྱི་ལང་ཚོ་ལྟ་བུའི་འཇིག་རྟེན་ཚེ་འདིའི་སྣང་བ་ཐམས་ཅད་དུས་ཀྱིས་གཉེར་ཏེ་འཕྲོག་ཅིང་བཅོམ་པར་བྱ་བའི་ངང་ཚུལ་ལ་བསམ་ཞིང་། དེ་བས་སྐྱེ་འགྲོ་ཐམས་ཅད་ལ་རང་རང་ནམ་འཆི་དེ་སུ་ལ་ཡང་ངེས་པ་མ་མཆིས་པས་ན་ད་ལྟ་བདེན་པར་བཟུང་བའི་ཡུལ་དང་གནས་དང་ལོངས་སྤྱོད་ཀྱི་དངོས་པོ་དེ་དག་ལ་སོགས་དང་མི་གཙང་བའི་ཕུང་པོ་འདི་ཡང་མི་རྟག་པའི་རང་བཞིན་དཔེར་ན་སྒྱུ་མའི་ལྡིང་ཁང་ལྟ་བུ་འདི་ལ་བློ་ལྡན་གྱི་སྐྱེ་བོ་སེམས་ཤེས་སུ་ཞིག་སྲིད་པ་འཕེལ་བར་འགྱིད་ཅེས་ཐམས་ཅད་གང་ལ་བསམ་ཡང་བདེན་པར་གྲུབ་པ་མེད་པ་སྒྱུ་མ་ལྟ་བུའི་རང་བཞིན་དུ་བསྟན་པར་བྱས་པ་ཡིན་ནོ།།

དེ་ལྟར་མ་རྟོགས་པར་བདེན་འཛིན་མ་རིག་པའི་དབང་གིས་ཡང་སྲིད་འཁོར་བ་ལ་ཞེན་མཚམས་སྦྱོར་ཞིང་སྡུག་བསྔལ་གསུམ་གྱིས་དཔེར་ན་མཐའ་མདོན་པ་མེད་པའི་ཆུ་བོ་ཆེན་པོ་ལྟ་བུ་ལ་ལས་ཉོན་གྱི་དབང་གིས་མནན་གྱིས་འཇུག་པ་འཁོར་བའི་རང་བཞིན་ལས་མཁས་པ་རྣམས་ཀྱིས་ནི་དེ་ཉིད་རབ་ཏུ་རྟོགས་པའི་ཕྱིར་འཇིག་རྟེན་ཚེ་འདིའི་དོན་ལ་བདེན་པར་འཛིན་པ་མཐའ་དག་གཏོང་བར་མཛད་ཅིག་ཅེས་པས་སྲིད་པ་གསུམ་གྱི་གནས་རིས་མཐོ་དམན་གང་དུ་སྐྱེས་ཀྱང་སྡུག་བསྔལ་གསུམ་གྱི་གནས་ལས་

མ་འདས་པ་ཡིན་པས་དེ་ལ་བླང་དོར་བྱ་དགོས་པར་བསྟན་པར་བྱས་པ་ཡིན་ནོ། །གོང་དུ་བཤད་པ་ལྟ་བུའི་འཇིག་རྟེན་འདི་ན་ནམ་ཡང་རྟག་པར་གནས་པ་ཡི་ཆོས་འགའ་ཡང་གྲུབ་པ་མེད་དོ། །རྒྱུ་མཚན་ནི་དག་པ་ཕྱི་སྣོད་ཀྱི་འཇིག་རྟེན་ཐམས་ཅད་གང་ལ་བསམ་ཡང་མི་རྟག་པ་ཡིན་ཏེ། ནམ་ཞིག་ཕྱི་སྣོད་ཀྱི་གླིང་བཞི་རི་རབ་དང་ནམ་མཁའ་ལ་གནས་པའི་ཉི་ཟླ་དང་གཟའ་སྐར་འདོད་ལྷའི་སྐྱིད་མོས་ཚལ་སོགས་ཁམས་གོང་མ་བསམ་གཏན་གྱི་གནས་དང་བཅས་པ་མ་ལུས་ཀུན་སྐད་ཅིག་ཙམ་དུ་སྡོད་པ་མེད་པར་མེ་བདུན་ཆུ་གཅིག་དང་རླུང་གི་འཇིག་པ་སོགས་ཀྱིས་གཞན་དུ་གཏོར་ཞིང་འཐོར་བའི་ཚེ་ན་སྐྲ་རྩེའི་ལྷག་རོ་ཙམ་ཡང་མི་ལུས་ཤིང་ཐམས་ཅད་རིམ་གྱིས་ཞིག་ནས་སྟོང་སྟེ་ཐམས་ཅད་ནམ་མཁའ་གཅིག་ཏུ་འགྱུར་བ་ལ་བསམ་ན་ཐམས་ཅད་ཡིད་རྟོན་བྱེད་སའི་གནས་གཅིག་ཀྱང་མེད་པར་ངེས་པ་ཡིན་ནོ། །འཇིག་རྟེན་འདིར་ནམ་ཟླ་དུས་བཞིའི་འགྱུར་ལྡོག་ལ་བསམ་ན་ཡང་རྟག་པར་གནས་པ་མེད་པ་ཡིན་ཏེ། དཔེར་ན་སོས་ཀ་དང་དབྱར་དང་སྟོན་དུས་དང་དགུན་དུས་དང་དཔྱིད་དུས་སོགས་ཀྱི་ལོ་ཟླ་དང་ཚེས་ཀྱི་གྲངས་སོགས་སྐད་ཅིག་ཀྱང་མི་རྟག་པར་འགྱུར་བ་སྟེ་ཐམས་ཅད་ཁ་སང་དེ་རིང་སང་དུ་འཕོ་བ་བཞིན་འདི་ལྟར་ས་སྟེང་འཇིག་རྟེན་མ་ལུས་ཀུན་ན་དབྱར་དུས་ཀྱི་སྐབས་ན་ཕུན་སུམ་ཚོགས་པའི་རྩྭ་ཤིང་དང་དཀར་དམར་སྔོ་ཚོགས་ཀྱི་མེ་ཏོག་སྨན་སྤོས་དང་། སྔོན་བསགས་ལས་ཀྱི་དབང་གིས་སྐྱེ་བའི་ལས་སྣ་ཚོགས་ལྡན་པའི་སེམས་ཅན་ཕྲ་མོ་ཛེ་སླེད་ཅིག་ཡོད་པ་ཐམས་ཅད་ཀུན་གྱི་ལུས་དང་སེམས་ལ་རྟག་པ་མེད་པར་དགུན་དུས་སུ་ཐམས་ཅད་བསྐམས་ཏེ་མིང་གི་ལྷག་མ་ཙམ་ཡང་མེད་པར་གྱུར་པ་ལ་ལྟོས་དང་། ཐམས་ཅད་ཀྱིས་དེ་ལ་བལྟས་ན་ནང་བཅུད་ཀྱི་སེམས་ཅན་འདི་དག་ཀྱང་ཐམས་ཅད་མི་

རྟག་པར་འགྱུར་བ་སྟེ། ད་ལྟ་བདག་གིས་དྲན་པའི་དུས་འདིར་ས་སྟེང་གི་མི་རྣམས་ལས་ཀྱན་རབས་གཞོན་རབས་སྐལ་མཉམ་དུ་མ་འཇིག་རྟེན་གཞན་དུ་འདས་པ་དང་། མ་ཟད་རང་རང་གི་ཕ་མ་མཛའ་བཤེས་གཉེན་འདུན་ཟླ་དང་འཁོར་གཡོག་སོགས་ཀྱང་རྟག་པ་མེད་པར་འགྱུར་པའི་ཆོས་ཅན་དུ་གནས་པ་ཡིན་མོད། མཐའ་ན་ཁྲིམ་གང་ནང་ནས་ཐམས་ཅད་ལྷན་ཅིག་ཏུ་འཚོགས་པ་རྣམས་ཕན་ཚུན་གྱི་བར་ལ་མཛའ་བརྩེ་དུང་བ་ཇི་ལྟར་ཡོད་ཀྱང་། རང་རང་ལས་ཀྱི་དབང་གིས་ཕལ་ཆེར་འདས་ཤིང་འབྲལ་བ་དང་མི་རྟག་པའི་ངང་ཚུལ་ལ་བསམ་ན་ཐམས་ཅད་སྐྱེ་བ་འཕེལ་བའི་གཞིའམ་སྔོན་མ་ལས་གཞན་ཅི་ཡོད་མེད་མོད། དེའི་ནང་ནས་ཀྱང་ལྷན་ཅིག་གནས་པའི་སྐྱེ་བོ་འགའ་ཞིག་ཙམ་ཡོད་ཀྱང་ད་ལྟ་དེ་དག་ལ་བསམ་ན་ལ་ལ་ནི་ཡུལ་ཕྱོགས་གཞན་དུ་སོང་སྟེ་འབྲལ་བར་ངེས་ཤིང་། རང་ཉིད་གཅིག་པུར་རྗེས་སུ་ལུས་ནས་ད་ལྟ་གནས་པའི་ངང་ཚུལ་ལ་སོགས་པ་དང་། ལོ་བརྒྱའི་ཁོངས་སུ་འདས་པའི་མི་རྣམས་ཀྱིས་དུས་རྟག་ཏུ་ཚེ་འདི་ལ་དམིགས་ནས་རེ་བས་ནོར་དང་ལོངས་སྤྱོད་ཀྱི་རྫས་སོགས་ཇི་ལྟར་བསགས་ཀྱང་སྙིང་པོ་མེད་པར་ཤེས་དགོས་པ་ཡིན་ཏེ། ནམ་ཞིག་རང་ཉིད་གཅིག་པུར་འཆི་བའི་དུས་ལ་བབ་ཚེ་དེ་དག་གང་གིས་ཀྱང་མི་ཕན་པར་ཐམས་ཅད་བཞག་ནས་ཉེར་ལེན་གྱི་རྣམ་ཤེས་བྲ་མོ་དེ་གནས་གཞན་དུ་སོང་སྟེ། རང་གིས་ཚེ་གཅིག་བསྐྱངས་པའི་སྒྱུ་ལུས་དེ་ཡང་ཤ་རུས་ཐམས་ཅད་སོ་སོར་འབྲལ་བར་འགྱུར་བ་དང་། སྲིད་པ་གསུམ་གྱི་གནས་རིས་མཐོ་དམན་གང་དུ་སྐྱེས་ཀྱང་ཐམས་ཅད་སྐྱེ་ཤིའི་འཁོར་ལོའི་ཚུལ་གྱིས་གནས་པ་མ་གཏོགས་གཅིག་ཀྱང་རྟག་པ་དང་བདེན་པར་གྲུབ་པ་མེད་པར་ངེས་དགོས་སོ། །དེས་ན་ད་ལྟའི་ས་སྟེང་གི་འགྲོ་བ་ཕལ་ཆེར་ཡང་བདེན་པར་ཞེན་ནས་ནོར་དང་རྫས་ལ་ཧ་ཅང་སྲེད་ནས་ཟ་

འདོད་དང་ལེན་འདོགས་སོགས་ཀྱི་འདོད་པས་སྡུག་བསྔལ་གྱི་གདུངས་ཏེ་གསོག་བྲུན་སྣ་ཚོགས་ཀྱི་ལས་བྱེད་པར་འགྱུར་བ་དང་། ཐམས་ཅད་འདི་ལ་ཧ་ཅང་ཞེན་པ་ཆེ་བ་དང་རྟག་ཏུ་འཛིག་རྟེན་འདིར་སྡོད་པར་སྙམ་ཞིང་ཕན་ཚུན་གཅིག་གིས་གཅིག་ལ་གནོད་ཅིང་འཚེ་བར་བྱེད་པ་དང་ཆགས་སྡང་འཐབ་རྩོད་སྤྱོགས་རིས་བྱེད་ན་ཡང་དེ་ལ་སྙིང་པོ་མེད། དཔེར་ན་དུས་ཀྱིས་རླིང་པའི་ཤིང་ཏོག་སོགས་ཡུན་དུ་མི་གནས་པར་བྲུལ་བ་བཞིན་དུ་ཐམས་ཅད་སྔ་ཕྱིར་ཟད་ནས་འདས་ཚུལ་ལ་བསམ་ན་རྟག་པ་འགའ་ཡང་གྲུབ་པ་མེད་དེ་ཐམས་ཅད་ལོ་བརྒྱའི་ནང་དུ་གཅིག་ཀྱང་ལུས་པར་མི་འགྱུར་བའི་སྣང་ཚུལ་ལ་བསམ་ན་འདས་དང་མ་འདས་པའི་ཆོས་ཐམས་ཅད་བདེན་པར་གྲུབ་པའི་ཆོས་ཤིག་ནམ་ཡང་མེད་པར་ངེས་པ་ཡིན་ལ། དེའི་ཕྱིར་ཐམས་ཅད་དེ་ལྟར་རྟག་པ་མེད་དེ། དཔེར་ན་ཡིད་དུ་འོང་བའི་སྐྱིད་མོས་ཚལ་རྣམས་སུ་མེ་ཏོག་དང་ཤིང་ལོ་འཐོ་བ་བཞིན་དུ་གནས་པ་མེད་པ་དེ་བཞིན་དུ་རང་རང་གི་སོ་དང་སྐྲ་སེན་ཤ་རུས་ཐམས་ཅད་ནམ་ཞིག་སོ་སོར་འབྲལ་བར་ངེས་པའི་རང་བཞིན་དུ་གནས་སོ། །དེས་ན་མི་ཚེ་སྐད་ཅིག་མ་འདི་ལ་བསམ་ནས་འཚོ་སྐྱོང་སོགས་བྱས་ནས་འདོད་པ་དུ་མས་ཅི་ཞིག་བྱ་གང་ལ་བསམ་ཀྱང་སྙིང་པོ་མེད་པར་ངེས་ལ། ཚུལ་འདིས་ས་སྙེང་གི་འགྲོ་བ་འབྲུལ་བར་གྱུར་པ་ཡིན་ཏེ། དེ་ལྟར་ཐམས་ཅད་མི་རྟག་པར་གཡོ་བར་མ་ཤེས་ཕལ་ཆེར་བསླུས་པའི་འཁྲུལ་བ་ལ་བདེན་པར་བཟུང་ནས་ཕ་མ་མཛའ་བཤེས་གཉེན་འདུན་རྣམས་ཀྱི་དོན་དང་ནོར་ལོངས་སྤྱོད་སོགས་ཀྱི་ཕྱིར་དུ་སྐྱེ་བོ་ཀུན་དང་བརྩོན་ཅིང་མི་དགེའི་ལས་ཀྱི་སྡིག་པ་རྣམས་བསགས་པར་བྱས་པ་དང་། དེ་ལྟ་བུའི་སྡིག་པ་དེ་ཡི་རྣམ་པར་སྨིན་པ་ཐམས་ཅད་ནམ་ཞིག་བདག་ཉིད་གཅིག་པུས་མྱོང་བ་མ་གཏོགས་དེ་ལས་ལས་ཀྱི་རྣམ་པར་སྨིན་པ་

དེ་དག་ནམ་ཡང་སྐལ་དོན་དུ་འགྱུར་བ་འགའ་ཡང་མེད་པར་རྣམ་སྨིན་ཐམས་ཅད་ཕྱིར་ཕྱིར་རང་གི་རྗེས་སུ་འབྲང་བའི་ཁུར་ཐོགས་ནས་བདག་ཉིད་གཅིག་པུ་ཚེ་ཕ་རོལ་ཏུ་འགྲོ་བར་བྱ་དགོས། དེ་ལྟར་བདག་ཉིད་གཅིག་པུ་སྐྱབས་དང་སྐྱོབ་པ་མགོན་དང་དཔུང་གཉེན་མེད་པར་འགྲོ་བ་ན་རང་གི་ཚེ་གང་བསགས་པའི་ནོར་ལོངས་སྤྱོད་སོགས་གང་གིས་ཀྱང་མི་ཕན་པར་ཟློག་པས་བསགས་པའི་ནོར་རྣམས་གཞན་གྱིས་སྤྱོད་པར་འགྱུར་བ་དེའི་ཚེ་སེར་སྣས་ནོར་དང་ལོངས་སྤྱོད་ཡིད་ལ་འཁྲིང་ཡང་བྱ་ཐབས་མེད་པར་ངེས་སོ། །མ་ཟད་ཐ་ན་གྲོ་ཟན་གཅིག་ཀྱང་ཕྱི་མར་འཁྱེར་བའི་དབང་མེད་ཅིང་གཅིག་པུར་ཤུལ་རིང་བགྲོད་ལ་འགྲོགས་པའི་ཟླ་མི་རྙེད་པར་འགྱུར་བ་ན། ཆོས་མེད་མི་རྣམས་དེ་ཡི་དུས་སུ་འཇིགས་པས་ལུས་སེམས་འདར་ཞིང་སྡུག་པར་འགྱུར་བ་ཡིན་ནོ། །བར་དོའི་འཕྲང་ལམ་ལ་རང་ཉིད་གཅིག་པུར་འགྲོ་བ་ན་ཚེ་འདིར་རང་རང་ལྷན་ཅིག་གནས་པའི་འཁོར་འདབས་ཀྱི་ནང་མི་སོགས་གཅིག་ཀྱང་ཁྲིད་དབང་མེད་པ་དང་། ཚེ་གང་བསགས་པའི་ནོར་རྫས་སོགས་ཐ་ན་ཏིལ་འབྲུ་གཅིག་ཙམ་ཞིག་ཀྱང་ཁྱེར་དབང་མེད་པར་གྱུར་པ་དང་། འཇིག་རྟེན་གྱི་ཁེ་དྲག་དཔུང་པ་ཅན་གཅིག་ཀྱང་འཚོལ་དབང་མེད་པ་ཉིད་དུ་གྱུར་པ་དང་། ད་ལྟ་རང་གི་འཁོར་དང་མཛའ་བཤེས་སོགས་ཀྱང་མེད་པར་མ་ཟད་རང་དབང་གྲོས་མཐུན་པའི་བྱ་བ་གཅིག་ཀྱང་བྱ་དབང་མེད་པར་གྱུར་པ་དང་། རང་རང་བཟོ་རིག་ཡོན་ཏན་གྱི་ཕྱོགས་ལ་ཇི་ལྟར་མཁས་ན་ཡང་དེ་དག་གཅིག་ཀྱང་སྐྱོང་དབང་མེད་པར་གྱུར་པ་དང་། རང་རང་བདེ་བའི་ལོངས་སྤྱོད་སོགས་ལ་ཇི་ལྟར་ཆགས་ཀྱང་བདེ་བའི་དལ་ཁོམ་ཙུང་ཟད་གཅིག་ཀྱང་རང་དབང་མེད་པར་མ་དག་པའི་འཁྲུལ་སྣང་ལས་ཀྱི་མེ་ལོང་གསལ་བར་འགྱུར་བ་བསྟན་པའོ། །ཀྱི་མ་དད་ལྡན་གྱི་སྐྱེ་བོའི་ཚོགས་

རྣམས་ཀུན་ལ་ད་ལྟའི་འདི་བཞིན་དུ་ཆོས་ལ་འཕྲད་ཅིང་མི་ལུས་སོགས་གཏན་དུ་མ་འོང་བས་ནམ་ཞིག་འཆི་བའི་དུས་ལ་བབས་ནས་ཤིན་ཏུ་ཡ་ང་བའི་གནས་ལ་འཁྱམས་ཤིང་གནམ་ས་འགྲེ་ལྡོག་བྱེད་པ་ལྟ་བུའི་རང་སྣང་བསྐལ་བ་འཁྲུག་ཅིང་སྡུག་བསྔལ་བཟོད་མེད་དྲག་པོ་མྱོང་བར་བྱེད་པ་དེ་ཡི་དུས་སྐོང་པའི་ངང་ཚུལ་ལ་བསམ་ན། ད་ལྟ་ཉིད་ནས་དམ་ཆོས་བྱེད་རེ་རན་པ་བས་ཀྱང་འཕྱིས་པར་གྱུར་པ་ཙམ་ཞིག་ཡིན། དེས་ན་ད་ལྟ་ཉིད་ནས་དམ་ཆོས་སྒྲུབ་ལ་བརྩོན་པས་གོ་ཆ་བགོས་ཏེ་འབད་པ་དྲག་པོ་བྱེད་པར་འཚལ་ལོ་ཞེས་པས་ནམ་ཞིག་རང་སྣང་མ་དག་པའི་དབང་གིས་དཔེར་ན་གནམ་ས་འགྲེ་ལྡོག་ལྟ་བུའི་སྡུག་བསྔལ་མྱོང་ཚུལ་ལ་བསམ་ནས་ཆོས་སྒྲུབ་པ་ལ་བརྩོན་པ་བྱེད་དགོས་པར་བསྟན་པ་ཡིན་ནོ།།

ཕྱི་ནང་སྣོད་བཅུད་ཀྱི་དངོས་པོ་གང་ལ་བསམ་ན་ཡང་རྟག་པ་མེད་པར་ནམ་ཞིག་ཐམས་ཅད་འབྲལ་བར་ངེས་པ་ཡིན་ལ། མ་ཟད་བྱེ་བྲག་ཏུ་དཔེར་ན་རང་གིས་ཚེ་གཅིག་ཏུ་གཅེས་པར་བཟུང་ཞིང་ལྷན་ཅིག་འདུས་པའི་སྒྱུ་ལུས་ཀྱང་ཤུལ་དུ་བཞག་ནས་ཐམས་ཅད་སོ་སོར་འབྲལ་བ་དང་། ཕན་ཚུན་བར་ལ་མཛའ་བརྩེ་ལྡན་པའི་མཛའ་བཤེས་དང་གཉེན་འདུན་སོགས་ལ་སྲིད་པས་ཅི་ཞིག་བྱ་དེ་དག་འཁོར་བར་འཁྱམས་པའི་གཞི་མ་གཏོགས་མེད་དེ། ནམ་ཞིག་རང་གི་ཐམས་ཅད་གཞན་དུ་བོར་ཏེ་སྐྱབས་མེད་གཤིན་ཐང་སྐྱ་མོར་གཅིག་པུར་འགྲོ་བའི་དུས་ལ་བབས་པ་ན་རང་ལ་སུ་ཉེ་སུ་མཛའ། གཞན་ཇི་སྙེད་ཅིག་ཡོད་པར་གྱུར་ཀྱང་བདག་གི་ཕྱི་བཞིན་དུ་འགྲོ་བ་ཐམས་ཅད་གཅིག་ཀྱང་མེད་པའི་ངང་ཚུལ་ལ་བསམ་ན། འཇིག་རྟེན་གྱི་གཉེན་བཤེས་བུ་སྨད་རྣམས་ཀྱིས་རང་ལ་ཅི་ཞིག་བྱེད་ནམ་ཞིག་ཐམས་ཅད་བོར་ནས་འགྲོ་བར་འགྱུར་བར་ངེས་པ་དང་། རང་རང་

གི་ཚེ་འདིར་འབད་པ་བརྒྱ་ཕྲག་གི་སྒོ་ནས་བསགས་པའི་ནོར་རྫས་ཅི་ཡོད་ཀྱང་ཐམས་ཅད་ནམ་ཞིག་རང་ཉིད་འགྲོ་ཚེ་ཁབ་སྐུད་པ་ཙམ་ཡང་འཁྱེར་དབང་མེད་པར་བཞག་ནས་འགྲོ་དགོས། དེའི་དུས་སུ་དེ་དག་གིས་ཕན་པ་གཅིག་ཀྱང་མེད་པར་ངེས་ལ། དེ་བས་ད་ལྟ་ཉིད་ནས་ཐམས་ཅད་སྦྱིན་པའི་གཏེར་དུ་སྤོས་དང་ནམ་ཞིག་གཅིག་ཕྱུར་འགྲོ་བའི་ཚེ་ན་རྗེས་སུ་འབྲང་ཞིང་སུ་ཡིས་འཕྲོག་ཏུ་མེད་པར་གསུངས་པ་ལྟར་ཡིན་པས། ཐམས་ཅད་ཀྱིས་ཚེ་འདིའི་དོན་དུ་སྒྲུབ་པའི་ནོར་རྫས་གང་ལ་ཡང་རྟག་པ་ཉིད་དུ་འཛིན་པར་མི་བྱ་སྟེ། དེ་དག་ཐམས་ཅད་ལ་སྙིང་པོ་མེད་པ་དཔེར་ན་སྒྱུ་མ་ལྟ་བུའི་རང་བཞིན་ཡིན་གྱི་དེའི་ཕྱིར་སྒྱུར་དུ་ཐམས་ཅད་ལ་ཞེན་པ་སྤྱུངས། མཛའ་ཞིང་བརྩེ་བའི་གཉེན་བཤེས་དེ་དག་ཀྱང་རང་ཉིད་འཁོར་བར་འཆིང་བ་སྐྱེ་བྱེད་ཀྱི་རྒྱུ་ཡིན་གྱི་དེ་དག་ལ་བརྩེ་བའི་གདུང་སེམས་ལ་སྤོངས་ཤིག འཇིག་རྟེན་གྱི་ཚེ་འདི་ལ་ཡང་སྙིང་པོ་མེད་པ་དཔེར་ན་རྨི་ལམ་ལྟ་བུ་ཡིན་གྱི་དེ་བས་ན་དེ་ལ་བསམ་ནས་བློ་སེམས་གཞན་དུ་མི་གཡེང་བར་མི་རྟག་པ་རྒྱུད་ལ་སྒོམས་ཤིག དེ་ལྟར་མི་རྟག་པ་ཉིད་དུ་བསྒོམས་པར་བྱས་ན་དེ་ནི་ཆོས་ཀྱི་སྙིང་པོ་དམ་པ་མ་ནོར་བ་ཡིན་ནོ། །དེས་ན་རང་རང་གི་གཟུང་འཛིན་ཨ་འཐས་ཀྱི་སྣང་བ་ཐམས་ཅད་འཁོར་བ་ཉིད་དུ་འཆིང་བྱེད་ཡིན་གྱི་ཐམས་ཅད་གང་ལ་མི་ཆགས་པར་རྒྱབ་ཏུ་བོར་བར་བྱ་དགོས། དེ་ལྟར་ཐམས་ཅད་མི་རྟག་པར་འགྱུར་བའི་རང་བཞིན་ཡིན་པར་མཐོང་ཡང་ད་དུང་ཚེ་འདི་ལ་རྟག་ཏུ་རེ་བ་བཅས་ཏེ། རང་ལ་མཛའ་དང་མི་མཛའི་དོན་གྱི་ཕྱིར་དུ་རང་ཕྱོགས་ལ་ཆགས་པ་དང་གཞན་ཕྱོགས་ལ་སྡང་བར་བྱེད་པར་བྱས་ནས། འཁྲུལ་སྣང་དངོས་ལ་བློ་ཞེན་ཅིང་དེ་ལ་རེ་ལྟོས་བྱས་ཤིང་བདེན་ཞེན་མི་འཆའ་བར་བྱེས་པའི་བྱ་བ་འདི་འདྲས་ནི་ཡང་ཡང་བསམ་ན་མངོན་པར་སྐྱོ་བའི་རྒྱུ་ལས་ཅི་

བྱེད་དེ་མི་བྱེད་པར་ངེས་ལ། དེ་བས་ད་ལྟ་རང་དབང་ཙུང་ཙམ་ཡོད་པའི་དུས་འདིར་རང་གི་ཕོ་བྱད་དང་གཉེན་འདུན་གྱི་ཕྱིར་དུ་ཡང་སྡིག་པ་མི་བསགས་ཤིང་དོན་མེད་དུ་གཞན་ལ་གནོད་འཚེ་དང་རྫོད་པ་སོགས་མི་བྱ་བའི་ཐབས་ལ་བརྩོན་པ་དང་། སྐྱེ་བོ་སུ་ཡང་ཡུལ་དུས་ཕྱོགས་སུ་ཕན་ཚུན་ཉེའམ་རིང་ཡང་བཟེ་རེ་དང་གནོད་སེམས་འབའ་ཞིག་གིས་གཞན་གྱི་སེམས་མི་དགའུགས་པ་ཀུན་ལ་བྱམས་དང་སྙིང་རྗེ་སྒོམ་ཞིང་སེམས་བཏང་སྙོམས་ལས་སུ་རུང་བར་བྱ་དགོས། དེ་ལྟ་བུའི་བྱམས་དང་སྙིང་རྗེ་སྒོམ་པ་དེས་ནི་འདི་ཕྱིར་ཕན་བདེ་འགྲུབ་པར་འགྱུར་བ་ཡིན་ནོ། །འཇིག་རྟེན་ཚེ་འདིའི་གཟུང་འཛིན་ཚད་མའི་ཡུལ་གང་ལ་བརྟགས་ཀྱང་ཐམས་ཅད་སྐད་ཅིག་སྐད་ཅིག་གིས་འཇིག་པར་ངེས་པའི་རང་བཞིན་ཅན་ཡིན་ཏེ། ཐམས་ཅད་ལོ་ཟླ་ཞག་དུས་སོགས་ཀྱི་གྲངས་བཞིན་དུ་འགྱུར་བར་ངེས་ཤིང་ད་ལོ་ཡོད་པས་སང་ཕོད་ཡོད་པ་ལྟར་ཚེ་འདིར་ཡོད་པས་ཕྱི་མ་ཡོད་པར་འགྱུར་བ་དང་། སང་ཕོད་ལོ་དང་ཚེ་རབས་ཕྱི་མ་གཉིས་གང་སྔ་ཡོང་བའང་སུ་ལ་ཡིད་བརྟན་གྱི་ཆ་དང་གཏོལ་མེད་པས་དེ་ལྟར་བྱེད་པ་ནི། དཔེར་ན་སང་ཕོད་ཀྱི་དོན་ལ་ད་ལོ་སོ་ནམ་བྱེད་པ་བཞིན་དུ་ཕྱི་མའི་དོན་དུ་དམ་ཆོས་སྒྲུབ་ལ་སྤྱོད་པར་རིགས་པ་ཡིན་ལ། དེ་བས་དེ་རིང་དོ་ནུབ་སང་ཉིན་གང་དུ་བདག་མི་འཆི་ཞེས་རེ་ཞིག་བརྟགས་པས་བདེ་བར་འདུག་པར་རིགས་ཤིང་འཐད་པ་མ་ཡིན་ཏེ། དེ་ལྟར་གོང་དུ་བཤད་པ་ལྟར་ལོ་ཟླ་ཞག་དུས་གང་རུང་སློ་བུར་འཕྲལ་རྐྱེན་གྱི་དབང་གིས་མི་རྟག་པ་དང་གཡོ་བར་འགྱུར་བ་ཡིན་ལ། དེ་བས་དེ་རིང་ཉིད་ནས་དམ་པའི་ཆོས་ལ་བརྩོན་པར་རིགས་པ་ཡིན་ནོ། །སྲིད་པ་གསུམ་གྱི་གནས་རིས་མཐོ་དམན་གང་དུ་སྐྱེས་ཀྱང་། སྡུག་བསྔལ་གསུམ་གྱིས་གདུངས་ཤིང་ཚེ་འདི་ལ་རྟག་པ་དང་བརྟན་པ་མེད་དེ། ཐམས་ཅད་ཀྱི་ཚེ་

འདི་དཔེར་ན་རི་གཟར་གྱི་འབབ་ཆུ་དང་འདྲ་སྟེ་རྟག་པ་མེད་པར་ངེས་པ་དང་། མ་ཟད་ཚེ་འདིར་ཐོབ་པའི་མི་ལུས་འདི་གཡར་པོ་འདྲ་སྟེ་འདི་ལ་ནམ་ཡང་ཡིད་བརྟན་བྱ་བའི་གནས་མེད་པར་ངེས་པ་དང་། ལས་དང་ཉོན་མོངས་པའི་དབང་གིས་ཐམས་ཅད་སྐྱེ་ཤི་བར་མ་ཆད་པར་དཔེར་ན་འཁོར་ལོ་འཁོར་བ་དང་འདྲ་སྟེ་ཕ་མཐའ་མེད་པར་ལས་ཉོན་མཐའ་དག་མ་སྤངས་ཀྱི་བར་དུ་གྲོལ་བར་མི་འགྱུར་བ་ཡིན་ནོ།།

སྤྱིར་སྣང་སྲིད་འཁོར་འདས་ཀྱིས་བསྡུས་པའི་ཆོས་ཀུན་རང་བཞིན་གྲུབ་པ་མེད་པ་དཔེར་ན་སྒྱུ་མ་དང་འདྲ་སྟེ་དེ་ལ་གཅིག་དང་ཐ་དད་གང་དུ་ཡང་སྙིང་པོ་རང་བཞིན་གྱིས་གྲུབ་པ་མེད་པར་ངེས་པ་དང་། འཁོར་བ་འདིར་སྐྱེ་བ་ནས་བཟུང་སྟེ་རང་གཞན་སེམས་ཅན་ཀུན་ལ་དར་རྒུད་སྣ་ཚོགས་ཤིག་སྣང་བ་ཐམས་ཅད་གང་ལ་བསམ་ཡང་རང་བཞིན་གྲུབ་པ་མེད་དེ། དཔེར་ན་ཐམས་ཅད་རྨི་ལམ་གྱི་སྣང་བ་དང་འདྲ་བར་ངེས་པ་ཡིན་ལ། དེས་ན་རྟག་ཏུ་འདུས་བྱས་ཀྱི་ཆོས་གང་ལ་བསམ་ཡང་ཡིད་བརྟན་མེད་དོ་སྙམ་ཞིང་རང་རང་གིས་དམ་པའི་ཆོས་ལ་བརྩོན་པར་བྱས་ཏེ་སྒྲུབས་ཤིག དེ་ལྟར་འཇིག་རྟེན་ཚེ་འདིའི་འཁྲུལ་སྣང་གི་བྱ་བ་གང་ལ་བསམ་ཡང་། ཐམས་ཅད་དཔེར་ན་བྱིས་པའི་རྩེད་མོ་དང་འདྲ་ཞིང་བསླུ་བའི་རང་བཞིན་ཡིན་ཞིང་མ་ཟད་དེ་དག་སྐད་ཅིག་གིས་འགྱུར་བ་ཡིན་ནོ། །སྐལ་ལྡན་གྱི་སྐྱེ་བོ་རྣམས་ཀྱིས་མྱུར་དུ་ཐར་བའི་ལམ་དེ་སྒྲུབ་པ་ལ་བརྩོན་པར་གྱིས་ཤིག་དང་ནམ་ཡང་བསླུ་བ་མེད་པར་ངེས་སོ། །དེས་ན་ཆོས་ཐམས་ཅད་དོན་ལ་གཅིག་དང་ཐ་དད་ཉིད་དུ་བདེན་པར་གྲུབ་པ་མེད་པར་སྣང་བ་ཐམས་ཅད་དཔེར་ན་བར་སྣང་གི་འཇའ་ཚོན་འཆར་བ་དང་འདྲ་བར་ངེས་པ་དང་། དངོས་པོའི་ཆོས་འདི་དག་གང་ལའང་ཡིད་བརྟན་བྱ་བའི་ཆོས་གཅིག་ཀྱང་མེད་པར་

ཞེས་དགོས་པ་ཡིན་གྱིས་ཐམས་ཅད་དཔེར་ན་གཟུང་འཛིན་ཨ་འཐས་ཀྱི་སྣང་བ་དེ་ལ་ནམ་ཡང་མི་ཞེན་པར་ཐར་བ་བྱང་ཆུབ་ཀྱི་ལམ་དེ་སྒྲུབས་ཤིག་ཅེས་གདམས་པའོ། །དེ་ལྟར་བྱས་ན་མྱུར་དུ་མྱ་ངན་ལས་འདས་པའི་གོ་འཕང་འཐོབ་པར་འགྱུར་བ་ཡིན་ནོ།།

སྤྱིར་སེམས་ཅན་རྣམས་ཀྱིས་གྲངས་མེད་དུ་མར་བདག་མེད་ལ་བདག་སོགས་བཟུང་སྟེ་འཁྲུལ་བའི་དབང་གིས་སྲིད་པ་གསུམ་གྱི་གནས་དེར་འཁྱམ་པར་བྱས་པ་ཡིན་ལ། དེས་ན་དེ་ལྟ་བུའི་གཟུང་འཛིན་ལས་དང་ཉོན་མོངས་པ་བདེ་སྡུག་གི་སྣང་བ་ཐམས་ཅད། དཔེར་ན་སྤྲིན་ཚོགས་མཁའ་ལ་འཁྲིགས་པ་དང་འདྲ་བར་ངེས་པ་ན། དེ་དག་གློ་བུར་ལས་ཉོན་མ་རིག་པའི་བག་ཆགས་ལས་བྱུང་བ་ཡིན་གྱིས་སྒྲིབ་པ་དེ་དག་མྱུར་དུ་སྦྱོང་བར་བྱས་ན་གྲོལ་བར་འགྱུར་རོ། །དེས་ན་བདེན་འཛིན་ཡུལ་གྱི་སྣང་བ་འདུས་བྱས་ཀྱི་ཆོས་གང་ལ་བསམ་ཡང་རང་བཞིན་གྱིས་གྲུབ་པ་དང་མི་རྟག་པ་མེད་པ་དཔེར་ན་བར་སྣང་དུ་གློག་འགྱུ་བའི་སྣང་བ་དང་འདྲ་བར་ངེས་པ་ལ་བསམ་ན། ཐམས་ཅད་གང་ལ་བསམ་ཀྱང་སྐད་ཅིག་ཙམ་དུ་སྡོད་པའི་དངོས་པོ་གྲུབ་པ་མེད་པར་ཐམས་ཅད་འགྱུར་བ་དང་ལྡན་པའི་ཆོས་ཅན་ཡིན་ནོ། །དེ་ལྟར་ཡིད་བརྟན་མེད་པ་འདུས་བྱས་ཆོས་ཀྱི་ངང་ཚུལ་ལ་བསམ་ནས་མྱུར་དུ་རང་བཞིན་སྐྱེ་བ་མེད་པའི་དོན་སྒོམ་ཞིང་གཉུག་མའི་གཏན་སྲིད་ཟུངས་ཤིག དེ་ལྟར་ཀུན་བཏགས་ཀྱི་ཡུལ་གྱི་སྣང་བ་གང་ལ་ཡང་མི་ཞེན་པར་རང་སེམས་གཉུག་མའི་ངོ་བོ་སྐྱོང་བར་བྱས་ན་གདོད་མའི་རྒྱལ་སར་གྲོལ་བར་འགྱུར་བ་ཡིན་པའི་ཕྱིར་རོ། །སྤྱིར་འགྲོ་བ་རྣམས་གང་ལ་བརྟེན་ནས་འཁོར་བར་འཁྱམས་པ་ཡིན་ནོ་ཞེ་ན། དང་པོ་གཟུང་འཛིན་ཡུལ་གྱི་སྣང་བ་འདི་དག་ལ་བདེན་པར་ཞེན་ནས་འཁོར་བར་འཁྱམས་པ་ཡིན་ལ། དེས་ན་སྣང་བ་འདི་དག་ཞེན་ཅིང་སྐྱེ་ཤི་གྲངས་མེད་ཁ་བརྒྱུད་ནས

འཕྲུལ་པའི་འགྲོ་བ་འདི་རྣམས་ནམ་ཡང་རྟག་པར་གནས་པ་མེད་པར་ཐམས་ཅད་གཡོ་བ་ཡི་རང་བཞིན། དཔེར་ན་དུས་ཀྱི་ཤིང་གི་འདབ་མ་བཞིན་དུ་རྟག་བརྟན་མེད་པར་འགྱུར་བར་ངེས་ལ། དེས་ན་འགྲོ་བ་འདི་དག་དང་པོ་སྐྱེས་ཀྱང་མཐར་འཆི་བ་ཡིན་ནོ་སྙམ་ནས་ཆོས་ལ་འབད་པ་བྱེད་དགོས་སོ། །དེ་ལྟར་ནང་བཅུད་ཀྱི་འགྲོ་བ་འདི་དག་ལ་བསམ་ན་རྟག་པ་མེད་པར་ཐམས་ཅད་དུས་འགྱུར་གྱི་ཤིང་ལོ་བཞིན་དུ་འགྱུར་བར་ངེས་ཤིང་ཆོས་ལ་བརྩོན་པར་བྱེད་དགོས་པར་བསྟན་པའོ།།

སྐད་ཅིག་ཙམ་ཡང་སྡོད་པ་མེད་པར་རང་བཞིན་འགྱུར་བ་དང་ལྡན་པ་དཔེར་ན་ཚོགས་ཁང་ནང་གི་སྐྱེ་བོ་བཞིན་དུ་དེ་དག་ལྷན་ཅིག་ཏུ་འདུས་ཀྱང་ཡུན་རིང་མི་འགྱང་བར་འབྲལ་བ་ཡིན་ནོ་སྙམ་ནས་ཐམས་ཅད་ལ་གདུང་སེམས་ཀྱི་འཁྲུག་པ་དེ་མྱུར་དུ་སྤོངས་ཤིག ཐམས་ཅད་རྟག་ཏུ་ནམ་ཡང་ལྷན་ཅིག་ཏུ་མི་གནས་ཏེ་དཔེར་ན་རྫིང་བུའི་འབབ་ཆུ་དང་འདྲ་ཞིང་མྱུར་དུ་འཇིག་ཅིང་བསླུ་བར་ངེས་པའི་རང་བཞིན་ཅན་ཡིན་པའི་ཕྱིར་རོ། །དེ་ཕྱིར་རང་རང་གི་ཚེ་འདི་ཁོ་ན་ལ་དམིགས་ནས་ཁ་ལ་ཟ་རྒྱུ་དང་། རྒྱབ་ལ་གྱོན་རྒྱུ་སོགས་ཀྱི་དོན་དུ་ནོར་དང་ལོངས་སྤྱོད་སོགས་ཇི་ལྟར་བསགས་ཀྱང་མཐར་ཐམས་ཅད་མཛད་པ་ཡིན་ནོ་སྙམ་ནས་དངོས་ཞེན་གྱི་དྲི་མ་མཐའ་དག་ཀྱང་སྤོངས་ཤིག དེ་ལྟར་འཇིག་རྟེན་ཚེ་འདིའི་སྣང་ཤེས་གང་ལ་བདེན་པར་ཞེན་ཀྱང་སྙིང་པོ་མེད་དེ་མཐོ་མཐའ་ལྟུང་རྩིག་མཐའ་འགྱེལ་འདུས་མཐའ་འབྲལ་བར་འགྱུར་བ་ལ་བསམས་ནས་ཚེ་འདིའི་དངོས་ཞེན་མཐའ་དག་སྤོང་བར་བྱས་ན་གྲོལ་བར་འགྱུར་བ་ཡིན་ལ། དེས་ན་ད་ལྟ་འཇིག་རྟེན་འདིར་ཐམས་ཅད་དར་ཞིང་རྒྱས་ཏེ་གནས་པ་དཔེར་ན་མེ་ཏོག་ཐང་ལ་བཀྲམ་པ་བཞིན་དུ་འདི་དག་ཇི་ལྟར་དར་ན་ཡང་མྱུར་དུ་རྒུད་པར་

གནས་པ་ཡིན་ནོ་སྙམ་ནས་ཐམས་ཅད་ལ་རྙོམ་སེམས་སྤྱོངས། དེ་ལྟར་ཐམས་ཅད་སྐད་ཅིག་ཙམ་དུ་ཡང་སྡོད་པ་མེད་པར་འགྱུར་བའི་ངང་ཚུལ་ལ་བསམས་ནས་མི་རྟག་པ་སྒོམ་ན་གྲོལ་བར་འགྱུར་བ་ཡིན་པའི་ཕྱིར་རོ། །དེས་ན་ད་རེས་རང་རང་གི་ཡར་མཐོ་རིས་ཐོབ་པའི་རྒྱུ་སྒྲུབ་པའམ་མར་ངན་སོང་དུ་འགྲོ་བའི་རྒྱུ་དེ་གཉིས་གང་སྒྲུབ་རང་ལག་ན་ཡོད་པའི་དུས་ཚོད་འདིར་ཐར་ལམ་བྱང་ཆུབ་ཐོབ་པའི་རྒྱུ་གཅིག་མ་བསྒྲུབས་ན་ཕྱི་ནས་གཏན་དུ་འཁོར་བའི་གནས་ལས་ཐར་བར་མི་འགྱུར་བ་ཡིན་ནོ། །དེ་ལྟར་དེ་ལས་ཐར་བར་མ་གྱུར་ན་སྡུག་བསྔལ་གྱི་ཆུ་བོ་ཆེན་པོ་བཞི་ཤིན་ཏུ་བཟོད་དཀའ་བས་དེ་བས་ད་རེས་ཡར་འགྲོ་མར་འགྲོའི་ས་མཚམས་རྟ་ཁ་སྒྲབ་ཀྱིས་སྒྱུར་བའི་དུས་འདིར་ཡང་ཐར་པ་དམ་པའི་ཆོས་ལ་འབད་བརྩོན་བྱས་ན་ལེགས་དགའ། ཚེ་རབས་འཁོར་བ་ཐོག་མ་མེད་པ་ནས་བླང་དོར་གྱི་གནས་ལ་རྨོངས་པའི་རང་གཞན་སེམས་ཅན་ཐམས་ཅད་སྡུག་བསྔལ་དུཿཁས་གདུང་བའི་ངང་ཚུལ་ལ་ལྟོས་དང་ཅིའི་ཕྱིར་ཐར་ལམ་མི་བསྒྲུབ་སྟེ། ད་ལྟ་ཉིད་ནས་གཞན་ཕན་སྙིང་རྗེ་ཆེན་པོའི་ཀུན་ནས་བསླངས་ཤིང་བསྒྲུབ་པར་བྱ་དགོས། དེ་ལྟར་བྱས་ན་དེ་ནི་དུས་གསུམ་རྒྱལ་བ་ཐམས་ཅད་ཀྱི་ལམ་ཚང་ལ་མ་ནོར་བ་ཡིན་པའི་ཕྱིར་རོ། །སྤྱིར་འགྲོ་བ་མི་སོགས་ཐམས་ཅད་ཀྱིས་སྔོན་བསགས་བསོད་ནམས་ཀྱི་མཐུ་ལས་དལ་འབྱོར་བཅོ་བརྒྱད་སྙིང་པོ་དང་ལྡན་པའི་མི་ལུས་ཐོབ་པ་ནས་བཟུང་རང་རང་གི་ཐར་པའི་ལམ་སྣེ་མ་ཟིན་པར་ཚེ་འདི་དོན་མེད་ཀྱི་དུས་ལས་འདའ་བར་བྱས་ན་ནམ་ཡང་འདི་ལས་བསླུས་པ་བདག་དང་གཞན་སུ་ལ་གང་ཞིག་ལ་མེད་ངེས་པ་ཡིན་ལ། དེས་ན་ད་ལྟ་སྡིག་པ་མི་དགེ་བ་འབའ་ཞིག་བྱས་པའི་རྣམ་སྨིན་ཐམས་ཅད་ཆུད་ཟོས་སུ་སྤྱུ་ཙམ་ཡང་མ་སོང་བར་ཕྱི་མར་བཟོད་མེད་ཀྱི་སྡུག་བསྔལ་མྱོང་བར་ངེས་པ་ཡིན་པའི་ཕྱིར།

དེ་ལ་བསམ་ན།  ནམ་ཞིག་དེ་ལྟ་བུའི་སྡུག་བསྔལ་བརྒྱ་ཕྲག་བརྗོད་དུ་མེད་པ་དེ་བཟོད་པར་ནུས་སམ་དེ་བས་ད་ལྟ་རིན་ཆེན་ལྟ་བུའི་གྲུ་བོ་ཆེ་རྙེད་པའི་དུས་འདིར། ཐམས་ཅད་ཆུད་ཟོས་སུ་མི་གཏོང་བར་སྙིང་པོ་དམ་པའི་ལྷ་ཆོས་ལ་གཞོལ་ཞིང་། ཚེ་གཅིག་གྲོལ་བའི་གདམས་པ་ཉམས་སུ་ལེན་པར་བྱ་དགོས་པ་ཡིན་ནོ།།

གོང་དུ་བཤད་པ་ལྟ་བུའི་དལ་འབྱོར་གྱི་མི་ལུས་ཕུན་སུམ་ཚོགས་པ་ཞིག་རྙེད་ཡོད་པའི་དུས་འདིར།  འདི་ལ་བརྟེན་ནས་མངོན་མཐོ་དང་ངེས་ལེགས་ཀྱི་ཐར་ལམ་བཟང་པོའི་སྒྲོལ་བརྙོད་དེ་དམ་པའི་ཆོས་ཀྱི་ཆེད་དུ་དགེ་ལ་སྦྱོ་ཞིང་བརྩོན་འགྲུས་བརྩམ་པར་བྱ་དགོས། དེ་ལྟར་བྱས་ན་ངེས་ནི་ཤིན་ཏུ་བཀལ་དཀའི་སྲིད་པ་ཁམས་གསུམ་འཁོར་བའི་སྡུག་བསྔལ་གྱི་རྒྱ་མཚོ་ལྟ་བུ་ལས་སྒྲོལ་བར་འགྱུར་བ་ཡིན་པའི་ཕྱིར་རོ། །འཁོར་བ་ལ་ངེས་པར་འབྱུང་ཞིང་སྲིད་པ་གསུམ་ལས་ཞི་བར་འཇུག་པ་དེ་དག་གིས་ལྷ་ཆོས་དང་མི་ཡི་ཆོས་ལུགས་སོགས་ལ་བརྟེན་ནས་རིམ་གྱིས་ཐར་བ་དམ་པའི་ཆོས་བླ་ན་མེད་པ་བྱང་ཆུབ་ཀྱི་གོ་འཕང་འཐོབ་པར་འགྱུར་རོ་ཞེས་སངས་རྒྱས་ཐུགས་རྗེ་ཅན་གྱིས་གསུངས་པ་ལྟར་ཡིན་ལ།  དེ་ཕྱིར་ཆོས་ལ་འཇུག་པའི་ཚེ་ན་ཐོག་མར་མངོན་མཐོའི་ཆོས་ལ་བསྟེན་ནས་སངས་རྒྱས་ཐོབ་པའི་ཐབས་ལ་བརྩོན་པར་བྱ་དགོས་པ་ཡིན་ནོ།།

དེ་ཡང་དང་པོ་རང་ལ་བལྟས་ཏེ་ངོ་ཚ་ཤེས་པ་དང་གཞན་ལ་བལྟས་ནས་ཁྲེལ་ཡོད་པ་རྣམ་པ་གཉིས་ལ་བསྟེན་ནས་ཡོན་ཏན་བསྒྲུབ་པ་སྟེ་དེ་ལ་བརྩོན་པར་བྱ་བ་མེད་དུ་མི་རུང་བ་ཡིན་ལ། དེས་ན་གཙོ་བོ་དགེ་བ་བཅུ་དང་བསམ་གཏན་བཞི་དང་གཟུགས་མེད་བཞི་བག་ཡོད་བསོད་ནམས་ཆ་མཐུན་ལས་རྣམས་ཀྱི་དགེ་བའི་མཐུ་ཡིས་ལྷ་མིའི་བདེ་འབྲས་སོགས་ཁམས་གོང་མ་ཐོབ་པས་ན་ཐམས་ཅད་ཀྱིས་དགེ་བའི་ལས་རྣམས་

ཀུན་ལ་རྒྱུན་མ་ཆད་པར། དཔེར་ན་སྣིག་མོའི་མགོ་ལ་མེ་ཤོར་བ་དང་སྡར་མའི་པང་ལ་སྦྲུལ་བཙུག་པ་ལྟར་བསྲབ་པར་བྱ་དགོས་པ་ཡིན་ནོ། །འདི་ལྟར་རང་གི་ཚེ་རབས་སྔོན་ལས་ཀྱི་དབང་གིས་རང་ལ་འབྲེལ་པའི་མཛའ་བཤེས་གཉེན་འདུན་རྣམས་དང་ནང་མི་གྲོང་མཚེས་སོགས་དང་གཞན་ཡང་འགྲོགས་པ་རྣམས་ལ་ནམ་ཡང་མ་དང་བུ་ལྟར་བྱམས་པའི་སེམས་དང་བརྩེ་བའི་མིག་གིས་བལྟ་བར་བྱས་ཤིང་། །ཐམས་ཅད་ཆོས་ལ་བསྐུལ་ཞིང་སྡིག་པ་མི་དགེ་བ་ལས་ལྡོག་པར་བྱ་བ་དང་། དཀོན་མཆོག་རྣམ་པ་གསུམ་པོ་རྒྱུན་དུ་མཆོད་ཅིང་སྨོན་ལམ་འདེབས་པར་བྱེད་པ་དང་། དབུལ་ཕོངས་རྣམས་ལ་ཆོས་དང་ཟང་ཟིང་སོགས་ཀྱི་སྦྱིན་པ་སྦྱིན་པར་བྱེད་པ་དང་། རང་གི་མེས་པོ་སོགས་རྒན་རབས་རྣམས་ལ་སྲི་ཞུ་དང་། བྱམས་བརྩེ་ཚད་མེད་ཀྱིས་བསྐྱངས་པའི་ཕ་མར་གྱུར་པ་རྣམས་ལ་བཀུར་སྟི་དང་དྲིན་ལན་འཇལ་བར་བྱ་བ་དང་། ལམ་མཐུན་གློ་བུར་ལྟགས་པའི་མགྲོན་པོ་རྣམས་དང་། ཡུན་རིང་དུ་འབྱུང་བའི་འཁྲུགས་ཤིང་ནད་པའི་ཚོགས་མགོན་མེད་པ་རྣམས་ལ་ཕན་ཐོགས་པའི་བྱ་བ་རྒྱ་ཆེར་བསྒྲུབ་པར་བྱ་བ་ལ་བརྩོན་པར་བྱ་དགོས་པ་ཡིན་ལ། དེས་ན་རྟག་ཏུ་དེ་ལྟར་སེམས་ཅན་སྡུག་ཕོངས་རྣམས་ལ་དུས་སུ་སྦྱིན་པ་སྦྱིན་པར་བྱེད་པ་དང་། ཉིན་མཚན་དུས་དྲུག་སོགས་སུ་དམ་པ་རྣམས་མཆོད་ཅིང་སྦྱིན་པའི་ས་བོན་བདག་གཞན་སེམས་ཅན་ཐམས་ཅད་ཀྱི་རྒྱུད་ལ་གདབ་པར་སྨོན་ལམ་བྱ་ལ། ལམ་གྱི་སྟེགས་དང་རྒྱ་མཚོ་ཆེན་པོ་ལ་གྲུ་ཟམ་འཛུགས་པར་བྱེད་པ་དང་། མགྲོན་ཁང་བརྩིགས་པ་དང་ཆུ་རགས་བཟང་པོ་བྱེད་པ་དང་། སེམས་ཅན་ལས་ངན་པ་རྟག་ཏུ་བགྲེས་པ་རྣམས་ལ་ཟས་དང་སྐོམ་པ་རྣམས་ལ་སྐོམ་མམ་བཏུང་བར་གྱུར་ཏེ་གདུང་བའི་ཚུལ་དེ་རྣམས་ལ་གནས་ཚུལ་དེ་དང་མཐུན་པར་རང་ནུས་ཀྱིས་ཕན་ཐོགས་

ཅི་འགྲུབ་བྱ་བ་ལ་བརྩོན་པར་བྱ་དགོས་པ་ཡིན་ནོ། །ཕན་ཐོགས་བཟང་པོའི་ཀུན་ནས་བསླངས་ཤིང་རྟག་ཏུ་སེམས་ཅན་རྣམས་ལ་ལམ་འཕྲང་དོག་མོར་དེ་དག་སྐྱེལ་བསུ་བྱེད་པ་དང་མི་འཇིགས་པའི་སྦྱིན་པ་དང་། མ་ཟད་ཤིན་ཏུ་ཉམ་ཐག་པའི་དུད་འགྲོ་བྱ་དང་རི་དྭགས་དང་ཉ་དང་འགྲོ་བ་རྣམས་ལ་རི་རྒྱ་ཆུ་རྒྱ་སོགས་ཀྱིས་མགོན་སྐྱབས་དཔུང་གཉེན་བྱེད་པ་དང་། ཉམ་ཆུང་བའི་སེམས་ཅན་གནས་མལ་མེད་པ་རྣམས་ལ་གནས་མལ་སྦྱིན་པ་སོགས་སྐྱབས་ཀྱི་སྦྱིན་པ་དང་། འགྲོ་བ་ལྷ་དང་བཅས་པའི་མཆོད་གནས་གཅིག་པུ་ཉིད་དུ་གྱུར་པ་མཆོད་རྟེན་དང་ལྷ་ཁང་དང་རྒྱལ་བའི་སྐུ་གཟུགས་ལ་སོགས་ལ་རྒྱུན་དུ་ཕྱག་དང་སྐོར་བ་བྱས་ཏེ་དད་པས་ཐལ་མོ་སྦྱར་ཞིང་དང་བས་དེ་ལ་བལྟ་བ་དང་གུས་པས་དངོས་འབྱོར་གྱི་མཆོད་པ་འབུལ་བར་བྱ་བ་དང་། དེ་དག་རྙིང་པ་རྣམས་ཡར་གསོ་བར་བྱེད་པ་དང་ཞིག་རལ་དུ་སོང་བ་རྣམས་བཅོས་པར་བྱ་བའི་ཐབས་ལ་བརྩོན་པར་བྱ་དགོས། དེ་ལྟར་བྱས་ནས་བདག་གཞན་ཐམས་ཅད་ཀྱི་ཚོགས་རྫོགས་ཤིང་སྒྲིབ་པ་ཐམས་ཅད་དག་པར་འགྱུར་བ་ཡིན་ནོ། །མཐའ་ཡས་པའི་འགྲོ་བ་ཐམས་ཅད་བདག་ལ་དྲིན་ཆེན་པོའི་རང་བཞིན་ཉིད་དུ་ཤེས་ཤིང་དེ་དག་དམིགས་ཡུལ་དུ་བྱས་ནས་ཆགས་སྡང་སོགས་ཀྱི་བསམ་པ་ངན་པ་ཐམས་ཅད་སྤངས་ཤིང་། ཕྱི་ནང་ཀུན་ཏུ་ཐམས་ཅད་ལ་བསམ་པ་བཟང་པོའི་སེམས་སྒོམས་པར་བྱེད་དགོས་པ་དང་། ཚིག་རྩུབ་ངན་པ་སོགས་སྤངས་ཤིང་ཐམས་ཅད་ལ་དོན་དང་མཐུན་པའི་གཏམ་སྙན་པར་སྨྲ་བ་དང་། ཀུན་ལ་སྙན་པར་སྨྲ་བའི་ཐབས་ལ་བརྩོན་པའི་སྤྲོས་ཚོས་ལ་བསྐྱུལ་བར་བྱ་བ་དང་། གཞན་ལ་སྡང་སེམས་ཀྱི་ཀུན་ནས་བསླངས་ཤིང་ཁྲོ་བ་དང་འཐབ་རྩོད་ཀྱི་ལས་དང་ཚིག་རྩུབ་མོ་སྨྲ་བ་ལ་སོགས་སྤང་བར་བྱ་ཞིང་དུས་ནམ་ཡང་རང་རང་གིས་ཅི་ནུས་སུ་གཞན་

གྱི་ཡིད་དང་མཐུན་པར་བྱ་དགོས་པ་ཡིན་ལ། དེ་བཞིན་མི་སྣན་སྨྲ་བ་ལ་ཡང་རྩུབ་མོའི་སྒོ་ནས་ལན་ནམ་ཡང་མི་གདབ་པར་རྟག་ཏུ་གཞན་ཕན་ལྷག་པའི་བསམ་སྤྱོད་བཟང་པོ་ལ་བརྩོན་པར་བྱས་ཤིང་ཁོང་ཡངས་ཆེ་བ་དང་། དུས་རྣམས་ཀུན་ཏུ་བཟེ་རེ་ཆུང་བར་བྱ་བ་དང་དུས་དང་རྣམ་པ་ཐམས་ཅད་དུ་གཞན་ལ་མི་གནོད་པའི་ལས་ཅི་འགྲུབ་དང་ཐམས་ཅད་ལ་ཕན་གདགས་པའི་ཐབས་ལ་བརྩོན་པར་བྱས་ཤིང་གཡོ་རྒྱུ་དང་ཟོལ་སྒྱུར་མེད་པར་རང་སེམས་རྣམ་དག་ཉིད་དུ་བྱ་དགོས། དེ་ལྟར་བྱས་ན་དེ་ནི་ཚེ་འདི་དང་ཕྱི་མའི་བདེ་སྐྱིད་འབྱུང་བའི་རྒྱུ་ཚང་ལ་མ་ནོར་བ་ཡིན། དུས་དང་གནས་སྐབས་ཐམས་ཅད་དུ་རང་རང་ཆོས་ལ་ཞུགས་པ་ནས་བཟུང་སྟེ། རང་ལ་བཟང་པོའི་དྲིན་གྱིས་བསྐྱངས་ཚུལ་སོགས་རེ་རེ་ནས་ཡིད་ལ་ཨེ་དྲན་བལྟ་བར་བྱ་དགོས། དེ་རྣམས་བརྗེད་པ་མེད་པ་དང་སུ་དང་འགྲོགས་ཀྱང་ཕྱི་ཐག་རྒྱུན་རིང་ལ་བརྩོན་པར་བྱས་ཤིང་འགྲོགས་གཞུང་བདེ་བ་བསྟེན་པར་བྱ་ཞིང་བྱ་བ་ཀུན་ལ་ཅབ་ཅོབ་མེད་པར་རང་བཞིན་བརྟག་པར་བྱ་དགོས་པ་དང་། སྐྱེ་བོ་མཐོ་དམན་སུ་དང་གང་ལའང་རེ་བ་བསྐང་བར་བྱ་དགོས། དེ་ལྟར་རང་འདོད་དང་མ་འདྲེས་པར་གཞན་ཕན་ལྷག་པའི་བསམ་སྤྱོད་བཟང་པོ་ལ་བརྩོན་པར་བྱེད་པ་ནི་དུས་གསུམ་རྒྱལ་བ་ཐམས་ཅད་ཀྱི་ལམ་ཚང་ལ་མ་ནོར་བའོ། །རང་རང་འཁོར་བའི་དུས་སུ་ང་རྒྱལ་གྱིས་དྲེགས་པར་མི་བྱ་བའི་ཐབས་ལ་བརྩོན་པར་བྱེད་དགོས། དུས་དང་རྣམ་པ་ཐམས་ཅད་དུ་མཐའ་ཡས་པའི་སེམས་ཅན་ཐམས་ཅད་ལ་བྱམས་དང་སྙིང་རྗེ་ཆེན་པོ་བསྐྱེད་པར་བྱ་བ་དང་། རང་རྒྱུད་ཀྱི་ལས་ཉོན་འདོད་ཆགས་སོགས་མི་དགེ་བ་སྤྱོང་བར་བྱས་ཤིང་གཞན་སེམས་ནམ་ཡང་མི་དཀྲུགས་པར་ཕྲག་དོག་དང་ཟུག་ངུ་མཐའ་དག་སྤངས་པར་བྱ་བ་དང་། གཞན་ལ་འཁྲན་སེམས་ཀྱི་ལས་སོགས་མི་བྱ་བར་

ཆགས་སྡང་འཐབ་རྩོད་སོགས་ཀྱི་ལས་ངན་གསོག་པའི་རྒྱུ་ཐམས་ཅད་གཞན་དུ་དོར་བར་བྱ་བའི་ཐབས་ལ་བརྩོན་པར་བྱ་བ་དང་། མ་ཟད་རང་ལས་དམན་པ་སོགས་ནམ་ཡང་ཁྱད་དུ་མི་བསད་པར་ཞི་བ་དང་དུལ་ཞིང་ལྡན་པར་བྱ་དགོས། དེ་ལྟར་བྱས་ན་རང་རྒྱུད་ཀྱི་ལས་དང་ཉོན་མོངས་པ་འདོད་ཆགས་སོགས་མཐའ་དག་ལས་གྲོལ་ཞིང་རྣམ་གྲོལ་ཐར་བའི་ལམ་དུ་འགྲོ་བར་འགྱུར་བ་ཡིན་ནོ།།

རང་ཉིད་དབུལ་ཞིང་རྒུད་ཅིང་ཉམས་པར་གྱུར་པ་དེའི་ཚེ་ན་སེམས་ཧ་ཅང་མི་ཞུམ་ཞིང་ཐམས་ཅད་རང་གཞན་སྔོན་གྱི་ལས་ཀྱི་རྟགས་ཡིན་པས་གཞན་ལ་འཁང་ར་སོགས་མི་བྱ་བར་རང་གི་སྔར་བྱས་ཀྱི་ལས་ངན་བསགས་པ་ཐམས་ཅད་ལ་བཤགས་སྡོམ་བྱ་ཞིང་། ཕྱིན་ཆད་འཆི་བའི་སྲོག་ལ་ཐུག་ཀྱང་སྡིག་པ་མི་དགེ་བ་ལ་མི་འཇུག་པར་ངོ་ཚ་ཁྲེལ་ཡོད་སོགས་ཀྱི་བྱ་བ་བཟང་པོ་བསྟེན་པ་དང་། རང་ཚུགས་ཐུབ་པའི་གནས་ལ་བརྩོན་ནས་ལུས་སེམས་དགེ་ཞིང་བརྟན་པར་བྱ་དགོས། དེའི་ཕྱིར་སྡིག་པ་ལས་ལྡོག་སྟེ་ངོ་ཚ་ཁྲེལ་ཡོད་བསྟེན་ཞིང་ཆོས་ལ་བརྩོན་པ་བྱེད་དགོས་པར་བསྟན་པ་ཡིན་ནོ། །དུས་དང་གནས་སྐབས་ཐམས་ཅད་དུ་རང་རང་ཆོས་དང་ལྡན་ཞིང་བདེ་བར་གནས་ན་ལེ་ལོ་དང་ཕྱི་བཤོལ་གྱི་ངང་གཞན་དུ་མི་འཁྱམས་ཤིང་རང་ཉིད་གང་དུ་འདུག་པའི་གནས་ལ་རང་བཞིན་དུ་ལུས་སེམས་བརྟན་པར་གནས་པར་བྱ་དགོས། དེ་ལྟར་བྱས་ན་དགེ་སྦྱོར་མཐའ་དག་ནམ་ཡང་མི་ཉམས་པར་གོང་འཕེལ་དུ་འགྲོ་བར་འགྱུར་བ་དང་། ཆོས་མིན་གྱི་སྡུག་བསྔལ་གྱིས་མནར་ན་ཡུལ་གཞན་སོགས་སུ་སྤོ་བར་བྱ་དགོས། དེ་ལྟར་བྱས་པས་རང་ཉིད་སྔར་བས་ཀྱང་ཇེ་བདེར་འགྲོ་བར་འགྱུར་བ་དངོས་པོའི་ཆོས་ཉིད་ལུགས་ཞེས་པས་སྡུག་བསྔལ་འབྱུང་བའི་གནས་སོགས་སྤོང་བར་བྱས་ན་ཐམས་ཅད་ལ་བདེ་བའི་གནས་སོགས་

འབད་པ་མི་དགོས་པར་འབྱུང་བར་འགྱུར་བ་ཆོས་ཉིད་ཡིན་པར་བསྟན་པ་ཡིན་ནོ། །

མདོར་ན་སེམས་ཅན་རྣམས་ལ་གང་སྣང་བདེ་སྡུག་མཐོ་དམན་ཅི་འབྱུང་ཐམས་ཅད་ཀུན་རང་རང་གི་ལས་སུ་ཤེས་ནས་ངན་པ་ཐམས་ཅད་སྤང་བར་བྱ་བ་དང་། དེའི་མི་མཐུན་ཕྱོགས་བཟང་པོ་དགེ་བའི་ཕྱོགས་ཀུན་སྒྲུབ་ཅིང་རང་རྒྱུད་དགེ་བ་ལ་བསྒོར་བར་བྱ་དགོས། དེ་ལྟར་བྱས་ན་འདི་དང་ཕྱི་མར་ཡང་བདེ་དགུའི་ལེགས་ཚོགས་ཀྱི་རྒྱུ་མ་ལུས་པ་སྒྲུབ་པ་ལགས་ཞེས་རང་རང་ལ་ལས་སྐྱིད་སྡུག་གི་སྣང་བ་ཇི་ལྟར་བྱུང་ཡང་ཐམས་ཅད་རྒྱུ་མེད་རྐྱེན་མེད་དུ་འབྱུང་བ་མ་ཡིན་པར་ཐམས་ཅད་སྔར་བྱས་ཀྱི་ལས་ཀྱི་རྣམ་པར་སྨིན་པ་ཡིན་པར་ཤེས་ནས་སྤང་བར་བྱས་ན་རིང་པོར་མི་ཐོགས་པར་བདེ་བ་བླ་ན་མེད་པ་འབྱུང་བར་འགྱུར་བ་བསྟན་པ་ཡིན་ནོ། །

རང་རང་གི་ལུས་དང་སེམས་ཀྱི་སྡུག་བསྔལ་ཐམས་ཅད་གཞན་ལ་མི་སྙོ་ཞིང་དེ་ཉིད་དང་དུ་ལེན་ལ་བཟོད་པས་བསྲན་ཚུགས་པར་བྱ་བ་དང་། ཐོག་ཏུ་གང་བབས་པ་ཐམས་ཅད་ཚེ་རབས་སྔོན་གྱི་རང་གི་ལས་ཡིན་པར་ཤེས་པས་དགག་སྒྲུབ་བཏང་ལ་ལེགས་ཉེས་ཤེས་པར་བྱ་དགོས། དེ་ལྟར་བྱས་ན་སྔར་བྱས་ཀྱི་ལས་ཀྱི་འབྲས་བུ་ཡིན་པར་ཤེས་ཤིང་བླང་དོར་གྱི་གནས་ལ་མཁས་ཤིང་བདེ་བའི་གནས་སུ་འགྲོ་བར་འགྱུར་བ་བསྟན་པ་ཡིན་ནོ། །དུས་དང་གནས་སྐབས་ཐམས་ཅད་དུ་རང་རང་གིས་གཞན་གྱིས་སྨྲས་པའི་ཚིག་ལ་བདེན་འཛིན་བརྟག་པར་བྱ་ཞིང་ཁ་དང་ཤེས་པས་བླང་དོར་གནས་མཐའ་དག་ཡིད་ལ་དྲན་པར་བྱ་ཡིས་གཞན་ལ་ཁྲོ་བར་མི་བྱ་བར་སླར་ལ་ཁོང་ཡངས་བསྐྱེད་པ་དང་། ཐམས་ཅད་བཟོད་བྱ་དེ་བས་རང་རྒྱུད་དུལ་བར་བྱ་དགོས། དེ་ལྟར་བདེན་རྫུན་བླང་དོར་གྱི་གནས་ལ་བརྩོན་ཞིང་ཐྲག་དོག་སོགས་སྤང་བར་བྱས་ན་རང་སེམས་དུལ་

བར་འགྱུར་བ་བསྟན་པ་ཡིན་ནོ།།

དེ་དག་ལ་སོགས་ལེགས་པའི་དངོས་པོ་རྣམས་ལ་ཆོས་དང་འཇིག་རྟེན་གྱི་བྱ་བ་ཕལ་ཆེར་དོན་དང་མཐུན་པས་ན་དེ་ནི་སློན་གྱི་ཆོས་རྒྱལ་དམ་པའམ་ཡང་ན་དགེ་བའི་བཤེས་གཉེན་དེ་དག་དང་སྐྱེ་བོ་མཛངས་པ་རྣམས་ཀྱི་ལུགས་ཡིན་པས་དེ་དག་རྣམས་ཀྱི་རྗེས་སུ་འགྲོ་བར་བྱ་དགོས། དེ་ལྟར་བྱས་ན་ལེགས་པའི་ཡོན་ཏན་གྱི་ཚོགས་སོགས་ལྡན་པར་འགྱུར་བ་བསྟན་པ་ཡིན་ནོ།།

འདི་ནི་རང་གཞན་ཀུན་གྱི་དོན་སྲིད་མཆོག་ཏུ་གྱུར་པ་ཕན་པའི་གདམས་ངག་བདུད་རྩི་ལྟ་བུ་ཡིན་གྱིས་འདི་ལ་ཉོན་ཅིག་དང་འཇིག་རྟེན་དགེ་བ་ཅན་རྣམས་ཐར་བ་ཡི་བདེ་བའི་གྲོང་ཁྱེར་མཆོག་ཏུ་འཇོགས་པའི་ཐེམ་སྐས་མང་ངོ་། །དེ་ལྟར་མངོན་མཐོ་ལྷ་མིའི་བདེ་བའི་ཆོས་དང་ལུགས་ལེགས་པར་རྟོགས་ནས་སྲིད་པའི་གྲོང་ལས་རབ་ཏུ་འདའ་བའི་ཕྱིར་མྱ་ངན་ལས་འདས་པ་མཆོག་ཏུ་ཞིར་འགྲོ་བ་དེ་ཡི་དོན་དུ་ཐར་པ་བྱང་ཆུབ་སྒྲུབ་པ་ལ་འབད་པར་བྱ་དགོས། དེ་ལྟར་བྱས་ན་སྐལ་བཟང་གི་སྐྱེས་བུ་རྣམས་ཀྱིས་ཆོས་ལ་ཉན་ཅིང་ཐར་བ་བྱང་ཆུབ་སྒྲུབ་པའི་དོན་ལ་བརྩོན་པར་འགྱུར་བ་བསྟན་པ་ཡིན་ནོ།།

བདག་གཞན་སེམས་ཅན་ཐམས་ཅད་བླ་མེད་བྱང་ཆུབ་ཐོབ་པའི་རྒྱུ་ཡི་རྩ་བ་ས་བོན་ལྟ་བུའི་སྙིང་རྗེས་ནི་བདག་སྲིད་པ་ན་ཡང་བདེ་བའི་འབྲས་བུ་མང་ཞིང་མཐར་ཐུག་གཞལ་མེད་ཡོན་ཏན་དཔེར་ན་ཡིད་བཞིན་གྱི་གཏེར་ལྟ་བུའི་གཞན་དོན་རྫོགས་པའི་བྱང་ཆུབ་མཆོག་ཏུ་སེམས་བསྐྱེད་པར་བྱ་དགོས། དེ་ལྟར་གནས་སྐབས་དང་མཐར་ཐུག་གི་བདེ་བ་ཐར་བ་དང་ཐམས་ཅད་མཁྱེན་པའི་གོ་འཕང་ཐོབ་པར་བྱེད་པའི་ཐབས་

དཔེར་ན་ས་བོན་ལྷ་བུའི་སྙིང་རྗེ་ལ་བརྩོན་པ་བྱེད་དགོས་པར་བསྟན་པ་ཡིན་ནོ།།

གོང་དུ་བཤད་པ་ལྷ་བུའི་བྱམས་དང་སྙིང་རྗེ་འདི་ནི་བསོད་ནམས་ཀྱི་ཕུང་པོ་ཚད་མེད་པའམ་བློས་དཔག་ཏུ་མེད་པ་དེ་རྒྱལ་བས་བསྔགས་ཤིང་འཇིག་རྟེན་གསུམ་གྱིས་བསྟོད་པའི་གནས་སུ་གྱུར་པ་དང་། དོན་ལ་རང་བཞིན་གཅིག་དང་ཐ་དད་གང་དུ་གྲུབ་པ་མེད་པ་ཆོས་དབྱིངས་ཇི་བཞིན་ནམ་མཁའི་དབྱིངས་ཀུན་ཏུ་རྟག་ཁྱབ་རྒྱུན་མི་ཆད་པར་ཁྱབ་ཅིང་མཐའ་ཡས་ཡོན་ཏན་དཔག་མེད་ཀྱི་ཚོགས་དང་ལྡན་པར་གྱུར་ཅིག་ཅེས་པས་བྱང་ཆུབ་ཀྱི་སེམས་དང་ལྡན་ཞིང་སྟོང་རྟོགས་ཀྱི་ཡོན་ཏན་དང་བསོད་ནམས་ཚད་མེད་པ་འབྱུང་བར་འགྱུར་བ་བསྟན་པ་ཡིན་ནོ།།

བློ་ལྡན་གྱི་སྐྱེ་བོ་གང་གིས་ཐར་པའི་ལམ་མཆོག་ཏུ་གྱུར་པ་ལ་རབ་ཏུ་དམིགས་ཏེ། ཚེ་འདི་ཉིད་དུ་སྟོང་རྟོགས་ཡོངས་སུ་རྫོགས་པའི་སངས་རྒྱས་པར་འགྱུར་བར་སྨོན་ཞེས་སྨོན་པར་བྱེད་པ་དང་། མཐར་ཐམས་ཅད་དེ་ལ་འཇུག་པའི་རང་བཞིན་མངོན་པར་སྒྲུབ་པར་བྱེད་པའི་ཐབས་ལ་བརྩོན་པར་བྱས་ན་དགེ་བ་དེ་འདྲ་འཇིག་རྟེན་གྱི་གནས་གསུམ་ན་མེད་པར་ངེས་ལ། ངེས་ན་བླ་མེད་བྱང་ཆུབ་ཐོབ་པའི་རྒྱུ་ཚང་མ་ལ་མ་ནོར་བ་སྨོན་པ་ཡོངས་སུ་བཟུང་བ་དག་པར་སྤེལ་བ་དང་། སྙིང་རྗེ་སོགས་གཞན་དོན་ལ་དམིགས་ནས་དམིགས་ཤིང་ཚད་མེད་བཞི་ལ་བསླབ་པར་བྱ་དགོས་ཞེས་འགྲོ་བ་ཀུན་གྱི་མ་འདྲིས་པའི་མཛའ་བཤེས་ཆེན་པོ་སྟོན་པས་གསུངས་པ་དང་། སྡུག་བསྔལ་མང་ལྡན་སྲིད་པའི་སེམས་ཅན་རྣམས་ཚེ་རབས་ཐོག་མ་དང་མཐའ་མ་མེད་པར་ཁམས་གསུམ་འཁོར་བ་འདིར་ལས་ཉོན་གྱི་དབང་གིས་འཁྱམས་པར་བྱས་ཏེ་རྟག་ཏུ་གཞན་དབང་སྡུག་བསྔལ་གྱི་གནས་སུ་གྱུར་པ་རྣམས་ལ་རབ་ཏུ་བརྩེ་བས་བྱམས་པའི་ས་གཞིར་སྙིང་རྗེའི་མེ་ཏོག

བཀྲམ་པ་དང་། དགའ་བའི་སྨོན་ཚོགས་བཏང་སྙོམས་མཚོ་བསིལ་གྱི་ནམ་མཁའ་དང་མཉམ་པའི་སེམས་ཅན་མ་ལུས་པས་འགྲོ་བ་ཀུན་ལ་ཞི་བདེའི་སེམས་མཆོག་སྐྱོང་བ་དང་། འཇུག་པའི་རང་བཞིན་ཡོངས་བཟུང་དག་པར་སྤེལ་བ་དང་། སྦྱིན་སོགས་ཕ་རོལ་ཕྱིན་པ་དྲུག་རྣམས་འགྲོ་བའི་དོན་ལ་རིམ་པས་བསླབ་པར་བྱ་དགོས་སོ། །དེས་ན་དེ་ལྟར་ཕྱིན་དྲུག་རང་བཞིན་སུམ་ཅུ་རྩ་དྲུག་ལས་གོ་ཆའི་སྒྲུབ་པས་སྒྱུ་མ་བཞིན་དུ་སྤྱད་པ་ན་སྤྱོད་པ་པོ་དང་སྤྱད་བྱའི་དངོས་པོ་དང་ཡུལ་རྣམས་རང་བཞིན་གང་དུ་མི་དམིགས་པར་འཁོར་གསུམ་རྣམ་པར་དག་པ་ཡི་བྱང་ཆུབ་དགེ་བ་རྣམས་ཐར་བ་དང་ཐམས་ཅད་མཁྱེན་པ་ཐོབ་པའི་མཆོག་ཏུ་བསྔོ་བར་བྱ་དགོས། དེ་ལྟར་བྱས་ན་ཐར་བ་བླ་ན་མེད་པའི་རྒྱུ་ཉིད་དུ་འགྱུར་བར་བསྟན་པ་ཡིན་ལ། དེས་ན་དེ་ལྟ་བུའི་སྦྱིན་སོགས་ཕར་ཕྱིན་དྲུག་ལ་བསླབ་པར་བྱ་བ་དེ་ནི་རྒྱལ་སྲས་བྱང་ཆུབ་སེམས་དཔའ་རྣམས་ཀྱི་སྤྱོད་པ་བླ་ན་མེད་པའམ་དམ་པ་ཡིན་པའི་ཕྱིར་དང་། རྣམ་བཅུ་དབང་ལྡན་ངོ་བོ་འཁོར་གྱི་ཚུལ་སྦྱིན་པ་དང་ཚུལ་ཁྲིམས་དང་བཟོད་པ་དང་བརྩོན་འགྲུས་དང་བསམ་གཏན་དང་ཤེས་རབ་ཐབས་ཀྱི་སྟོབས་ཀྱིས་སྨོན་ལམ་དང་ཡེ་ཤེས་ཕ་རོལ་ཕྱིན་བཅུ་དེ་ལ་རེ་རེ་བཞིན་དུ་ཁྱད་པར་ཕྱེ་ན་རྣམ་པ་བཅུ་བཅུ་ཡི་རྗེས་སུ་འགྲོ་ཞིང་བརྒྱ་ཕྲག་དམ་པ་ནི་ཁྱད་པར་ཅན་དང་ཁྱད་པར་མེད་ཚུལ་གྱི་ས་རྣམས་ཀུན་ཏུ་ཡོངས་སུ་རང་རང་གིས་བསྒྲུབ་པར་བྱ་དགོས། དེ་ལྟར་བྱས་ན་སྦྱིན་སོགས་ཕར་ཕྱིན་བཅུའི་ཡོན་ཏན་རྒྱུད་ལ་འཐོབ་པར་འགྱུར་བར་བསྟན་པ་ཡིན་ནོ། །གོང་དུ་བཤད་པ་དེ་ལྟ་བུའི་ཕར་ཕྱིན་དྲུག་དང་ལམ་གྱི་གཙོ་བོ་ཚོགས་ལམ་སྦྱོར་ལམ་མཐོང་ལམ་སྒོམ་ལམ་གྱི་ལམ་ཁྱད་པར་ཅན་སྒོམ་པ་ཡི་ལམ་བཞི་ཙ་བརྟེན་པར་བྱས་པའི་སྟོབས་ཀྱིས། རྒྱུད་ལ་དྲན་པ་ཉེ་བར་བཞག་པ་བཞི་དང་ཡང་དག་པའི་

སྦྱོང་བ་བཞི་དང་རྫུ་འཕྲུལ་གྱི་རྐང་པ་བཞི་དང་དབང་པོ་ལྔ་དང་སྟོབས་ལྔ་དང་བྱང་ཆུབ་ཀྱི་ཡན་ལག་བདུན་དང་འཕགས་ལམ་ཡན་ལག་བརྒྱད་དེ་མཉམ་བཞག་དང་རྗེས་ཐོབ་ཀྱི་བསྒོམ་བྱའི་སྤྱོད་ཡུལ་ཅན་རྣམ་བྱང་མྱང་འདས་ཀྱི་ཕྱོགས་དང་བྱང་ཆུབ་ཕྱོགས་ཀྱི་ཆོས་སུམ་ཅུ་རྩ་བདུན་བསྒོམ་པར་བྱ་དགོས། དེ་ལྟར་བྱས་ན་གཟུངས་དང་ཏིང་ངེ་འཛིན་དཔེར་ན་ཉི་མ་ལྟ་བུ་རྒྱ་ཆེ་ཞིང་སྤྱན་དང་མངོན་ཤེས་འོད་ཟེར་སྟོང་སོགས་རབ་ཏུ་འཕྲོ་བའི་སྟོབས་ཀྱིས་གནས་ལུགས་རང་བྱུང་རིག་པའི་མཁའ་དབྱིངས་དམ་པས་རབ་ཏུ་བརྒྱན་ཅིང་ཞི་བའི་རྣམ་གྲོལ་རབ་ཏུ་བརྟན་པར་གནས་པ་ཡིན་ལ། དེས་ན་གོང་ནས་གོང་དུ་ས་རྣམས་རབ་ཏུ་འཕར་ཞིང་ལས་ཉོན་སྒྲིབ་པའི་མུན་བྲལ་ཡེ་ཤེས་དབྱིངས་ལ་སྤྱོར་བ་དང་། ཏིང་འཛིན་ཡོན་ཏན་འབུམ་ཕྲག་ཡངས་པའི་ཆོས་དཔེར་ན་རྒྱ་མཚོའི་རྟུལ་གྱི་རྗེས་སུ་འགྲོ་བ་ལགས། མཐར་གྱིས་དག་པ་གཉིས་ལྡན་གྱི་ཆོས་སྐུའི་ནམ་མཁར་ལོངས་སྤྱོད་རྫོགས་པའི་སྐུ་དང་གང་འདུལ་སོ་སོར་སྣང་བའི་སྤྲུལ་པའི་སྐུས་རབ་ཏུ་བརྒྱན་ཏེ་བཅུ་གཅིག་ཀུན་ཏུ་འོད་ཟེར་འགྱེད་པའི་ས་ཐོབ་ནས་རང་གཞན་དོན་གཉིས་ལྷུན་གྱིས་གྲུབ་པ་ཡིན་ལ། དེ་ཕྱིར་བླ་མེད་བྱང་ཆུབ་དོན་དུ་གཉེར་བ་པོ་སྐལ་བཟང་གི་སྐྱེས་བུ་རྣམས་ཀྱིས་ནམ་གྱི་ཆ་སྟོད་ཉིད་དང་ཆ་སྨད་དང་ཐ་ན་སྔ་དྲོ་དང་ཕྱི་དྲོ་གུང་ཐུན་རྣམས་སུ་ཡང་གཞན་དུ་མི་གཡེང་བར་རྟག་ཏུ་བརྩོན་པས་བསམ་གཏན་སྒོམ་པར་བྱེད་པ་དང་ནི་བཟླས་བརྗོད་སོགས་འདོན་པ་ལ་བརྩོན་འགྲུས་བརྩམ་པར་བྱ་བ་དང་། མཚན་མོའི་ཐུན་སྨན་གཉིས་ཀྱིས་ཆ་སྙོམས་པ་བྱེད་ནའང་རང་ཉིད་ཀྱིས་སྔར་བྱས་ཀྱི་སྡིག་པ་ཐམས་ཅད་ལ་བཤགས་སྡོམ་དང་ཕྱིན་ཆད་མི་བྱེད་པར་དམ་བཅའ་བྱས་ནས་སྡིག་ཟད་ཉོན་མོངས་མེད་པར་ཡིད་བདེ་བ་ཅན་གྱི་ངང་དུ་ཉལ་བར་བྱས་ཏེ། མཐར་

རང་ཉིད་མལ་ནས་ལྡང་བའི་ཚེ་ན་སྔར་འབྲེལ་སྣང་རྨི་ལམ་གྱི་སྡིག་པ་ཐམས་ཅད་གཙོང་ཞིང་འགྱོད་པ་ཆེན་པོའི་བཤགས་པར་བྱ་ཞིང་ཕྱིན་ཆད་མི་བྱེད་པས་སྨོན་ལམ་འདེབས་པར་བྱ་དགོས། ཡང་རྨི་ལམ་གྱི་གནས་སྐབས་སུ་རང་རང་ལ་དགེ་བའི་སྣང་བ་འཆར་བར་གྱུར་པ་མཐོང་ན་དེ་ལ་རྗེས་སུ་ཡི་རང་དང་མཐའ་ཡས་པའི་སེམས་ཅན་ཐམས་ཅད་ཀྱི་དོན་དུ་བསྔོ་བ་བྱ་བའི་ཐབས་ལ་བརྩོན་པར་བྱ་དགོས། དེ་ལྟར་བྱས་ན་བླང་དོར་མཐའ་དག་ཤེས་ཤིང་དགེ་བའི་ཕྱོགས་ལ་བརྩོན་ཞིང་དགེ་རྩ་མཐའ་དག་སེམས་ཅན་གྱི་དོན་ལ་བསྔོ་བར་འགྱུར་བ་བསྟན་པ་ཡིན་ནོ། །

རང་རང་གིས་དུས་རྣམས་ཀུན་ཏུ་ཐམས་ཅད་གང་ལ་བསམ་ཡང་སྐད་ཅིག་ཙམ་དུ་ཡང་སྡོད་པ་མེད་པ་མི་རྟག་པར་འཆི་བའི་རང་བཞིན་དང་སྐྱེ་ཞིང་འཇིག་པའི་རང་བཞིན་དུ་བསམ་ནས་དགེ་བ་དང་དཀོན་མཆོག་གསུམ་པོ་རྒྱུན་དུ་ཡིད་ལ་དྲན་པར་བྱ་ཞིང་མ་རིག་ཀུན་རྟོག་འཁྲུལ་བའི་སྣང་བའི་སྤྱོད་ཡུལ་ཐམས་ཅད་དག་པའི་སྤྱོད་པ་རྣམས་ནམ་ཡང་སྤྱང་བར་བྱ་བ་དང་སྐྱེས་བུ་ཆེན་པོའི་རྣམ་པར་རྟོག་པ་བརྒྱད་དེ་དྲན་པར་བྱ་དགོས། དེ་ལྟར་བྱས་ན་བདེན་འཛིན་ཨ་འཐས་ཀྱི་འཁྲུལ་བ་ལས་གྲོལ་ཞིང་ཀུན་རྟོག་འཁྲུལ་པའི་སྣང་བ་ཐམས་ཅད་དག་པའི་ཞིང་ཉིད་དུ་མཐོང་བར་འགྱུར་བ་བསྟན་པ་ཡིན་ནོ། །

ཟས་ལ་སྲེད་ཅིང་ཟ་བར་བྱེད་པ་དེ་ཉིད་ཀྱི་ཚེ་ནའང་སྙིང་པོ་མེད་པར་ཐམས་ཅད་མི་གཙང་པའི་རང་བཞིན་དུ་འགྱུར་བ་དང་། ལུས་ལ་གནས་པའི་སྲིན་བུའི་གྲོང་སོགས་ལ་ཅུང་ཟད་ཕན་པར་འདོད་པ་དང་སངས་རྒྱས་ཆོས་དང་དགེ་འདུན་རྗེས་སུ་དྲན་པས་རན་པར་ཟ་ཞིང་དེ་དག་གི་དོན་དུ་སྨོན་ལམ་རྒྱ་ཆེར་བཏབ་པར་བྱས་ཤིང་།

ཉིན་མཚན་ཀུན་ཏུ་སྒོ་གསུམ་དགེ་བ་ལ་བཀུར་ཞིང་དད་པས་བརྩོན་པའི་འབྲས་བུ་འགྲུབ་པ་ལ་བརྩམ་པར་བྱེད་པ་དང་། སྤྱོད་ལམ་ཐམས་ཅད་དུས་དང་རྣམ་པ་ཀུན་ཏུ་དམ་པའི་ཆོས་ཀྱིས་འདའ་བར་བྱ་དགོས། དེ་ལྟར་བྱས་ན་སྤྱོད་ལམ་ཐམས་ཅད་དམ་པའི་ཆོས་སུ་འགྲོ་བར་འགྱུར་བ་ཡིན་ལ། དེས་ན་དུས་རྣམས་ཀུན་ཏུ་ཆོས་ལ་བསྟེན་ནས་རང་རྒྱུད་འབའ་ཞིག་འདུལ་ཞིང་ཐེག་པ་ཆེན་པོའི་སེམས་བསྐྱེད་ཁྱད་པར་ཅན་ལ་བསླབས་ཤིང་དུས་རྣམས་ཀུན་ཏུ་གཞན་ཕན་འབའ་ཞིག་གིས་རང་ལ་ཚེ་རབས་གྲངས་མེད་ནས་བརྩེ་བ་ཁྱད་པར་ཅན་གྱི་བསྐྱངས་པར་བྱས་པའི་སེམས་ཅན་མཐོང་བ་ལ་བྱམས་པའི་སེམས་གཙང་གིས་བླ་མེད་བྱང་ཆུབ་སྙིང་པོ་ཅན་ཞེས་བྱ་བ་དེ་ཉིད་རྒྱུད་ལ་བསྟེན་ཅིང་གུས་པ་སྐྱེད་པ་དང་། འགྲོ་བ་ལྷ་དང་བཅས་པའི་མཆོད་གནས་བླ་ན་མེད་པ་རྒྱལ་བའི་སྐུ་གཟུགས་མཆོད་རྟེན་ལ་སོགས་བསོད་ནམས་ཀྱི་ཞིང་ཁྱད་པར་ཅན་རྣམས་ལ་རྒྱལ་བའི་བྱང་ཆུབ་ལྗོན་ཤིང་ཉིད་དུ་རྟག་ཏུ་དྲན་པར་བྱ་དགོས། དེ་ལྟར་དུས་དང་གནས་སྐབས་ཐམས་ཅད་དུ་གཞན་ཕན་ལྷག་པའི་བསམ་སྦྱོད་བཟང་པོའི་ཀུན་ནས་བསླངས་ཤིང་སེམས་ཅན་ཡོངས་ལ་བྱམས་དང་སྙིང་རྗེ་བསྐྱེད་པ་དང་ཞིང་ཁྱད་པར་ཅན་ལ་དད་མོས་དང་དུས་གསུམ་རྒྱལ་བ་ཐམས་ཅད་ཀྱི་ཐུགས་ཀྱི་ཉིང་ཁུ་བླ་ན་མེད་པ་བྱང་ཆུབ་ཀྱི་སེམས་རིན་པོ་ཆེ་ལྟ་བུ་དེ་ཉིད་དྲན་པར་བྱ་དགོས། དེ་ལྟར་དྲན་པར་བྱས་ན་ཐམས་ཅད་རྣམ་གྲོལ་གཏན་གྱི་བདེ་བ་བླ་ན་མེད་པ་ཐར་བའི་ཞིང་དུ་འགྲོ་བར་འགྱུར་བ་ཡིན་ནོ།།

བླང་དོར་ཐར་བའི་ལམ་སྟོན་པའི་མཁན་པོ་དང་སློབ་དཔོན་བླ་མའི་གནས་དག་ལ་ཕྱིར་ཕྱོག་པའི་དད་པ་དྲག་པོའི་ཀུན་ནས་བསླང་ཞིང་རྒྱལ་བའི་རྣམ་འཕྲུལ་དུ་དངོས

སུ་བལྟ་བར་བྱ་ཞིང་ཆོས་མཛད་རྣམས་ལ་འཕགས་པའི་དགེ་འདུན་དུ་སྒོ་གསུམ་གུས་པ་བསྐྱེད་ལ་དག་སྣང་མོས་གུས་བྱ་དགོས། དེ་ལྟར་མཆོག་གསུམ་སོགས་ལ་དད་མོས་བྱས་ན་སྒོ་གསུམ་གྱི་སྒྲིབ་པ་དག་པར་འགྱུར་བར་བསྟན་པ་ཡིན་ནོ།།

རང་སྣང་མ་དག་པའི་དབང་གིས་མཆོད་ཡུལ་གྱི་ཞིང་ས་ཁྱད་པར་ཅན་གཞན་སོགས་སྐྱོན་ཅན་ཉིད་དུ་མཐོང་ན་རང་སྣང་མ་དག་པའི་དབང་གིས་འཁྲུལ་བར་བསམ་ནས་འཁྲུལ་པ་སྦྱང་བར་བྱ་དགོས། དེས་ན་ཐམས་ཅད་རང་སྣང་ཙམ་ཟད་དག་པའི་དབང་གིས་ཡོན་ཏན་ཅན་ཉིད་དུ་མཐོང་ན་དགའ་བའི་རྗེས་སུ་ཡི་རང་བསྒོམ་པར་བྱ་དགོས་པ་ཡིན་ལ། དེས་ན་ཐམས་ཅད་རང་སྣང་དག་དང་མ་དག་པའི་དབང་གིས་འབྱུང་བར་ཤེས་ནས་རང་སྐྱོན་གྱི་དུག་རོ་ངན་པ་ལྟ་བུ་མཚང་དང་བཅས་པ་ཡུལ་ནས་གཞན་དུ་འདོན་པར་བྱ། ཐུང་རྟོགས་ཀྱི་ཡོན་ཏན་གཞན་ལ་སྤེལ་ཞིང་བརྩོན་འགྲུས་དཔེ་མེད་བརྩམ་པར་བྱ་དགོས། དེ་ལྟར་བྱས་ན་ཀུན་རྟོག་གི་འཁྲུལ་བ་མཐའ་དག་དག་ཅིང་སངས་རྒྱས་པར་འགྱུར་བ་བསྟན་པ་ཡིན་ནོ།།

དུས་དང་རྣམ་པ་ཐམས་ཅད་དུ་བཤེས་གཉེན་དམ་པར་བསྟེན་ཞིང་དགེ་བའི་ཆོས་ལ་བརྩོན་པར་བྱ་བ་དང་། སྡིག་པའི་གྲོགས་པོ་སོགས་སྤངས་བར་བྱས་ཏེ་གཅིག་པུར་དབེན་པར་གནས་ཤིང་སྦྱངས་པའི་ཡི་དམ་བླང་བ་དང་ཐོས་པ་དང་བསམ་པ་དང་སྒོམ་པས་རང་གི་རྒྱུད་སྦྱངས་ཤིང་སྒོ་གསུམ་གྱི་བྱ་བ་ཅི་བྱེད་ཐམས་ཅད་དམ་པའི་ཆོས་སུ་འགྲོ་བར་བྱ་དགོས། དེ་ལྟར་དགེ་བའི་གྲོགས་སོགས་ལ་བསྟེན་པར་བྱེད་པ་དང་། སྡིག་པའི་གྲོགས་སོགས་སྤངས་བར་བྱས་ནས་དབེན་པར་གཅིག་པུར་གནས་ཤིང་སེམས་ཉིད་སྒྲུབ་པ་ཐམས་ཅད་དང་བྲལ་བ་དབྱིངས་སྟོང་པ་ཉིད་ལ་ལྟ་བའི་རྫོང་བཙའ་ཞིང་ཡེ་

སྟོང་སྐྱེ་བ་མེད་པ་གནས་ལུགས་ཀྱི་ངང་ལའམ་རྣམ་པར་མི་རྟོག་པའི་ངོ་བོར་མཉམ་པར་བཞག་ཅིང་གནས་ལུགས་ཀྱི་རང་ངོ་སྐྱོང་བ་དང་། ཕྱི་ནང་འཁོར་འདས་ཆོས་གང་ལ་ཡང་ཆགས་པ་དང་ཞེན་པ་མེད་པར་ཐམས་ཅད་སྒྱུ་མར་སྤྱོད་པར་བྱ་ཞིང་རང་བཞིན་གདོད་ནས་གྲུབ་པ་མེད་པ་འོད་གསལ་ཆོས་སྐུའི་འབྲས་བུ་མངོན་དུ་གྱུར་བར་བྱ་བ་དང་། མ་ཟད་འདི་ལྟར་ཡུལ་དུ་སྣང་བའི་ཆོས་རྣམས་ཀུན་སྣང་ལ་རང་བཞིན་གྱིས་གྲུབ་པ་མེད་པ་རྨི་ལམ་དང་སྒྱུ་མ་དང་མིག་ཡོར་དང་སྤྲུལ་པ་དང་འདྲ་བ་དང་ཐམས་ཅད་དྲི་ཟའི་གྲོང་ཁྱེར་བཞིན་དུ་སྣང་དུས་ཉིད་ནས་རང་བཞིན་མེད་པར་ངེས་སོ། །དེས་ན་གཟུང་དང་གཟུང་ཡུལ་སོགས་གང་ལ་དཔྱད་ཀྱང་བདེན་པར་གྲུབ་པ་མེད་པ་དེ་ལ་མ་བརྟགས་མ་དཔྱད་པར་གསལ་བོར་སྣང་བ་ཙམ་དང་འཛིན་པའི་སེམས་ཀྱང་ཡེ་ནས་གཅིག་དང་ཐ་དད་ཀྱི་གཞི་རྩ་རྟེན་པར་བྱ་བ་གང་ཡང་མེད་དེ་བཤད་ན་ངོ་བོ་རང་བཞིན་གྱིས་དངོས་པོར་གྲུབ་པ་མེད་པ་དང་། དེ་ལ་ཁ་དོག་དང་དབྱིབས་སོགས་དང་བྲལ་ཞིང་ཐམས་ཅད་དཔེར་ན་ནམ་མཁའ་བཞིན་དུ་རྣམ་པར་དག་པ་དང་རྒྱ་ཆད་ཕྱོགས་དང་མཐར་ལྷུང་བྲལ་བ་དོན་དམ་བདེ་གཤེགས་སྙིང་པོའི་རང་བཞིན་ལགས་ཏེ། དེ་ལྟར་གཟུང་དང་འཛིན་པ་གཉིས་དོན་ལ་མེད་པས་ནམ་མཁའ་ལྟར་བདག་མེད་སྤྲོས་ཀུན་ཞི་བ་ཉིད་ཡིན་ལ། དེས་ན་དེ་ནི་རྒྱུ་གང་ལས་ཀྱང་མ་སྐྱེས་པ་དང་རང་བཞིན་གཅིག་དང་ཐ་དད་དུ་མི་གནས་པར་གྱུར་པ་དང་། འགྲོ་འོང་རྟག་ཆད་སོགས་གང་ཡང་གྲུབ་པ་མེད་པར་བསམ་བརྗོད་ཀྱི་ཡུལ་ལས་འདས་པ་སྨྲ་བསམ་བརྗོད་དུ་མེད་པ་བྱང་ཆུབ་སེམས་ཀྱི་ངང་ཟབ་མོ་འཕགས་པའི་སྤྱོད་ཡུལ་རིག་ཞི་བ་བླ་མའི་མན་ངག་དང་ལུང་བཞིན་དུ་དོན་ལ་མཉམ་པར་གཞག་པར་བྱ་དགོས། དེ་ལྟར་བྱས་ན་ཆོས་ཉིད་སྐྱེ་

མེད་སྒྲིབ་པ་ཐམས་ཅད་དང་བྲལ་བའི་དོན་ལ་གནས་པར་འགྱུར་བ་བསྟན་པ་ཡིན་ནོ། །དེ་ལྟར་བརྩོན་པས་ཉིན་མཚན་ཀུན་ཏུ་འདའ་བར་བྱས་ན་ཐེག་པ་ཆེན་པོའི་ལམ་ལྔ་དང་ས་བཅུ་སོགས་རིམ་གྱིས་གོང་དུ་བགྲོད་དེ་རང་དོན་ཆོས་སྐུ་དང་གཞན་དོན་གཟུགས་སྐུ་སྟེ་དོན་གཉིས་ལྷུན་གྱིས་འགྲུབ་པའི་གནས་སམ་གཞི་ཁྱད་པར་དང་ལྡན་པ་ཡོན་ཏན་ཚོགས་ཆེན་པོའི་སྒོ་ནས་བསྒྲུབ་པར་བྱ་བ་དེ་མ་འབད་ལྷུན་གྲུབ་ཆེན་པོ་འཐོབ་པར་འགྱུར་བ་དང་། རབ་བཟང་སྐྱེ་བོ་རྣམས་ལ་ཚེ་གཅིག་གྲོལ་བའི་ཆོས་ཀྱི་གཏམ་དཔེར་ན་དྲི་མེད་ཚངས་པའི་ཇ་ཆེན་སྙན་པར་བསྒྲགས་པས་འགྲོ་ཀུན་ཚོགས་གཉིས་དགེ་བའི་ལམ་ལ་ཞུགས་ཏེ་ཐར་གླིང་བྱང་ཆུབ་འབྱོར་བ་མཐའ་ཡས་པ་འགྲུབ་པར་ཤོག་ཅིག་ཅེས་དེ་ལྟར་སྨོན་ལམ་འདེབས་པར་བྱས་ན་ཐར་པ་བླ་ན་མེད་པ་བྱང་ཆུབ་གསུམ་གྱི་གོ་འཕང་འཐོབ་པར་འགྱུར་བ་བསྟན་པ་ཡིན་ནོ། །

ཚུལ་འདི་ཤེས་བྱའི་ནམ་མཁའ་ཡངས་པ་ལ་བློ་གྲོས་འོད་སྟོང་ཉིན་མོར་བྱེད་པ་དེས་གངས་རི་ཐོད་དཀར་གྱི་མགུལ་དུ་ལེགས་པར་སྦྱར་བ་འདི་ལ་སྐལ་བཟང་གི་དང་ལྡན་ཐར་པ་འདོད་པ་རྣམས་དགའ་བར་མཛོད་ཅིག་ཅེས་པས་ལས་ཅན་ཐར་འདོད་ཀྱི་སྐལ་བཟང་དག་ཐར་བའི་ལམ་ལ་འཇུག་དགོས་པར་བསྟན་པ་ཡིན་ནོ། །

ཐར་པ་ལ་སྐུལ་བའི་རབས་ཞེས་བྱ་བ་མང་དུ་ཐོས་པའི་སྙན་ངག་མཁན་ཀུན་མཁྱེན་ངག་གི་དབང་པོས་གངས་རི་ཐོད་དཀར་གྱི་མགུལ། འོད་ཟེར་སྤྲིན་གྱི་སྐྱིད་མོས་ཚལ་གྱི་ནང་། ཀུན་ཏུ་བཟང་པོའི་ཁང་བཟང་མཆོག་ཟླ་བ་ཆུ་ཤེལ་གྱིས་འཚེར་བའི་གནས་སུ་ལེགས་པར་སྦྱར་བ་ནི་རེ་ཞིག་རྫོགས་སོ། །

རྣམ་དཀར་རྒྱུ་འཛིན་འཁྲིགས་པའི་ལྀིང་ཁང་ནས། །
དམ་ཆོས་བདུད་རྩིའི་ཟེགས་མ་ཕྱོགས་བཅུར་བབས། །
བློ་ལྡན་སྐྱེ་བོ་པདྨའི་དགའ་ཚལ་ལ། །
སྨིན་པའི་འབྲས་བཟང་རྟག་ཏུ་རྒྱས་གྱུར་ཅིག །
མད་བྱུང་ཆོས་ཀྱི་རྒྱ་མཚོའི་ཉིང་ཁུ་ལ། །
མ་རྟོགས་ལོག་རྟོག་འགལ་བ་ཅི་མཆིས་ཀུན། །
རྩ་གསུམ་ཆོས་སྐྱོང་སྲུང་མའི་སྤྱན་ལམ་འཆགས། །
རབ་འབྱམས་རྩ་གསུམ་རྒྱ་མཚོས་མཐུན་འགྱུར་མཛོད། །

ཅེས་མཆན་འགྲེལ་འདི་ཟླ་བསོད་ནམས་དར་རྒྱས་སུ་འབོད་པས་སྦྱར་ལ། དེས་ན་རང་ལ་ཐོས་བསམ་སྒོམ་པའི་ཡོན་ཏན་གྱིས་དབེན་པའི་དབང་གིས་འདི་ཡི་ཚིག་དང་དོན་ལ་འགལ་བའི་ཆ་ཅི་མཆིས་ཐམས་ཅད་རྩ་གསུམ་ལྷ་དང་སྲུང་མའི་སྤྱན་ལམ་དུ་མཐོལ་ཞིང་བཤགས་པར་བགྱིའོ། །དགེའོ། །དགེའོ། །དགེའོ།། །།

# ༄༅། །ཆོས་བཞི་རིན་པོ་ཆེའི་ཕྲེང་བ་ཡི་བསྡུས་དོན་ཡིད་ཀྱི་མུན་སེལ་ཞེས་བྱ་བ་བཞུགས་སོ། །

སངས་རྒྱས་དང་བྱང་ཆུབ་སེམས་དཔའ་ཐམས་ཅད་ལ་ཕྱག་འཚལ་ལོ། །

སྤྱིར་རྒྱ་གར་གྱི་ཡུལ་ན་སྐད་རིགས་ཆེན་པོ་རྣམ་པ་བཞི་སོགས་ཡོད་པ་ལས་སྐབས་འདིར་ལེགས་སྦྱར་གྱི་སྐད་ཀྱི་དབང་དུ་བྱས་ནས་བཤད་ན། དྷརྨ་ཙ་ཏུར་རཏྣ་མཱ་ལ་ན་མ་ཞེས་བརྗོད་པར་བྱ་དགོས་སོ། །དེ་བོད་སྐད་དུ་བཤད་ན་ཆོས་བཞི་རིན་པོ་ཆེའི་ཕྲེང་བ་ཞེས་བྱ་བའོ། །དེའི་དོན་ཆོས་བཞི་ཞེས་བྱ་བ་དེ་གང་ཞེ་ན་སེམས་ཅན་ཐམས་ཅད་ཀྱི་བློ་ལོག་པའི་ལམ་དུ་མི་འགྲོ་བར་བློ་ཆོས་སུ་འགྲོ་བར་བྱེད་པ་དང་། ཆོས་ལམ་དུ་འགྲོ་བར་བྱེད་པ་དང་། ལམ་གྱི་སྐབས་སུ་ཡང་འཁྲུལ་བ་སངས་བར་བྱེད་པ་དང་། འཁྲུལ་བ་ཐམས་ཅད་རང་ངོ་ཤེས་ཤིང་དེའི་ངོ་བོ་ཡེ་ཤེས་ལྷ་ཡི་རང་བཞིན་དུ་ཤེས་པར་བཤད་པ་ཡིན་པས་ན་ཆོས་བཞི་ཞེས་བརྗོད་པ་དང་། དེ་དག་དཔེར་ན་དགོས་འདོད་མ་ལུས་པ་འབྱུང་བའི་ནོར་བུ་རིན་པོ་ཆེ་བསྒྲར་ལ་བརྒྱུས་པ་དང་འདྲ་བར་འདིར་བཀོད་པས་ན་རིན་པོ་ཆེའི་འཕྲེང་བ་ལྟ་བུ་ཞེས་བྱ་བ། ཞེས་པས་མཚན་དོན་བསྟན་པ་ཡིན་ནོ། །

འགྲོ་བ་ཀུན་གྱི་མ་འདྲིས་པའི་མཛའ་བཤེས་ཆེན་པོ་སྒྲིབ་གཉིས་མ་ལུས་པ་སངས་པ་དང་ཤེས་བྱ་ཀུན་ལ་ཆགས་ཐོགས་མེད་པར་མཁྱེན་པའི་སངས་རྒྱས་དང་དེའི་སྲས་བྱང་ཆུབ་སེམས་དཔའ་ཐམས་ཅད་ལ་ཕྱག་འཚལ་ལོ་ཞེས་པས་ཕྱག་འཚལ་བ་བྱས་

པ་ཡིན་ནོ།།

གང་གི་རང་བཞིན་ལ་ཉེས་སྐྱོན་སོགས་ཀྱི་དྲི་ཡིས་མ་གོས་པར་ཡེ་ནས་རྣམ་པར་དག་ཅིང་ཆོས་སྐུའི་མཁའ་དབྱིངས་ལ་རྟག་ཏུ་བཞུགས་ཤིང་ངེས་པ་ལྔ་ལྡན་གཟུགས་སྐུའི་དཀྱིལ་འཁོར་གྱི་མཚན་དཔེ་སོགས་ཡོངས་སུ་རྒྱས་ཏེ། གང་འདུལ་ཐབས་མཁས་ཀྱི་མཛད་པའི་ཟེར་གྱིས་གདུལ་བྱའི་པདྨོ་འཛུམ་པའི་བདེ་གཤེགས་ཉི་མ་ལྟ་བུ་དེ་ལ་དད་བརྒྱའི་གཙུག་གིས་མཆོད་ཅེས་པས་སྐྱེ་འཆི་བགྲེས་རྒུད་དང་བྲལ་བ་ཆོས་ཀྱི་སྐུ་ལས་གཡོ་བ་མེད་པར་གདུལ་བྱའི་ཁམས་མོས་དང་མཐུན་པར་འགྲོ་བའི་དོན་མཛད་པའི་བདེ་གཤེགས་ཉི་མ་ལྟ་བུ་ལ་མཆོད་པར་བརྗོད་དགོས་པར་བསྟན་པ་ཡིན་ནོ།།

དུས་གསུམ་རྒྱལ་བ་ཐམས་ཅད་ཀྱིས་གསུངས་པའི་ཆོས་ཚུལ་རིན་ཐང་དང་བྲལ་བ་དཔེར་ན་རིན་ཆེན་སྣ་ཚོགས་ལས་གྲུབ་པའི་དཔག་བསམ་གྱི་ཤིང་ལྟ་བུ་མ་ལུས་སྲིད་པའི་སྡུག་བསྔལ་གྱི་ཚ་གདུང་ཐམས་ཅད་སེལ་བར་བྱེད་ཅིང་ཞི་བའི་ལམ་གྱི་གེགས་གདུང་བ་ཀུན་ལས་ཀྱང་སྐྱོབ་པའི་བསིལ་གྲིབ་ཅན་གྱི་གནས་དེར་དད་ལྡན་སྐྱེ་རྒུ་ཡི་ཚོགས་རྣམས་རིམ་གྱིས་འཇུག་པའི་ཚུལ་དཔེར་ན་རྣམ་བཞིའི་ཡོན་ཏན་ལྡོན་ཚོགས་ལྟ་བུ་དེ་བཤད་པར་བྱ་བ་ཡིན་གྱིས་ཉོན་ཅིག་ཅེས་པས་སྲིད་པ་གསུམ་གྱི་སྡུག་བསྔལ་གྱི་ཚ་གདུང་སེལ་བར་བྱེད་པ་དཔེར་ན་བསིལ་གྲིབ་དང་ལྡན་པའི་རིན་པོ་ཆེའི་ལྡོན་ཤིང་ལྟ་བུ་དང་ལྡན་སྐྱེ་བོ་འཇུག་པའི་སྒོ་མ་ནོར་བ་ཆོས་ཕུང་རབ་འབྱམས་ཀྱི་སྙིང་པོ་གནད་གཅིག་ཏུ་བསྡུས་ནས་བཤད་པ་འདི་ལ་ཉན་པར་བྱེད་དགོས་པར་བསྟན་པ་ཡིན་ནོ།།

དང་པོ་རང་རང་ཆོས་ལམ་ལ་ཞུགས་པའི་ཚེ་སྐྱེ་བོ་གཞན་འཁོར་བ་ལས་ཐར་བར་འདོད་པའི་བློ་ཨེ་སྐྱེ་བལྟ་བར་བྱ་དགོས། དེ་ལྟར་བྱེད་པའི་གང་ཟག་གང་ཞིག

མཐའ་མེད་འཁོར་བའི་གནས་ངན་པ་སྡུག་བསྔལ་གྱི་རྒྱ་མཚོ་ལྟ་བུ་དེ་ལས་ནམ་ཡང་བརྒལ་བར་འདོད་པ་རྣམས་ཀྱིས་ཐོག་མར་བསམ་པར་བྱ་བ་དེ་གང་ཞེ་ན། སྡུག་བསྔལ་གསུམ་གྱི་གནས་ལས་ཐར་བར་བྱེད་པའི་ཆོས་དེ་ཞི་བདེ་བསྒྲུབ་པའི་ཆེད་དུ་འབད་པ་བྱེད་དགོས་པ་ཡིན་པའི་ཕྱིར་དང་། དེ་དག་ཚེ་འདིའི་དོན་ཁོ་ནར་དམིགས་པར་མི་བྱ་བར་ད་རེས་རང་རང་ཡར་འགྲོ་མར་འགྲོའི་ས་མཚམས་ན་ཡོད་པའི་དུས་འདིར་ཚེ་འདིར་བླ་ན་མེད་པ་རྫོགས་པའི་སངས་རྒྱས་ཐོབ་པའི་དོན་ཡོངས་སུ་འགྲུབ་པ་ལ་འབད་བརྩོན་བྱེད་པར་བྱ་དགོས་ཞེས་པས་སྡུག་བསྔལ་གྱི་རྒྱ་མཚོ་ལྟ་བུའི་གནས་ལས་བརྒལ་བར་འདོད་པ་རྣམས་ཀྱིས་ཚེ་འདིའི་སྣང་ཞེན་གང་ལ་ཡང་མི་ཆགས་པར་ཞི་བདེ་བླ་ན་མེད་པ་དམ་པའི་ཆོས་ལ་བརྩོན་པར་བྱེད་དགོས། ད་རེས་གར་འགྲོ་རང་ལག་ན་ཡོད་པའི་དུས་འདིར་འབད་བརྩོན་མ་བྱས་ན་ཕྱིས་ནས་ཆོས་དང་འཕྲད་མི་སྲིད་པར་འགྱུར་བར་བསྟན་པ་ཡིན་ནོ།།

ད་ལྟ་རང་རང་གིས་ཚེ་སྔོན་བསོད་ནམས་བསགས་པའི་མཐུ་ལས་ཤིན་ཏུ་རྙེད་པར་དཀའ་ཞིང་རྙེད་ཀྱང་མྱུར་དུ་འཇིག་པར་སླ་བའི་མི་ལུས་ཕུན་སུམ་ཚོགས་པ་དལ་བ་བརྒྱད་དང་འབྱོར་བ་བཅུ་སོགས་དང་ལྡན་པ་སྡུག་བསྔལ་གྱི་རྒྱ་མཚོ་ལས་བརྒལ་བར་བྱ་བའི་གྲུ་བོ་ཆེ་ལྟ་བུ་དེ་ཐོབ་པའི་དུས་འདིར་མ་འབད་ན་ཕྱིས་ནས་སྲིད་པའི་རྒྱ་མཚོའི་གནས་ལས་ནམ་ཡང་མི་ཐར་བར་འགྱུར་ཞིང་། མ་ཟད་ལུས་དང་སེམས་ལ་སྣ་ཚོགས་སྡུག་བསྔལ་མང་ལྡན་རྒྱུན་མི་འཆད་པར་མྱོང་བར་འགྱུར་བ་ཡིན་ནོ།།

ནམ་ཡང་སྐྱེ་ཤི་སོགས་ཆུ་བོ་ཆེན་པོ་བཞིའི་ཕ་མཐའ་ནམ་ཡང་མི་མངོན་པའི་རང་བཞིན་དུ་གནས་ཤིང་། ན་རྒའི་ཕྲུ་ཕྲེང་ཀུན་ནས་འཁྲིགས་པའི་གནས་དེར་ལས

དང་ཉོན་མོངས་པའི་དུས་སྙབས་སྲིད་རྩེའི་མཐར་ཁྱབ་པའི་ཚེ་ན་མཚོ་ཆེན་མི་བཟད་འཇིགས་སུ་རུང་བའི་གནས་ལ་རྣམ་པར་རྩེན་པར་འགྱུར་བ་ཡིན་པས། དེས་ན་དེ་ལྟར་མི་བཟད་པའི་སྡུག་བསྔལ་མཐོང་ཞིང་གང་ཞིག་ཐོས་ནས་སྐྱེ་ཤི་རྒྱུན་ཆད་དེ་བདེ་ཆེན་མཆོག་དང་ནམ་ཡང་མི་འབྲལ་བ་ཞི་བའི་ཆོས་མཆོག་བླ་ན་མེད་པ་རིན་ཆེན་གྲུ་བཟང་ལྟ་བུ་དེ་དག་གིས་སྲིད་པ་གསུམ་གྱི་གནས་དེར་འཁྲུམ་བྱེད་ཀྱི་ལས་དང་ཉོན་མོངས་པའི་སྡུག་བསྔལ་གྱི་རྒྱ་མཚོའི་ཆུ་གཏེར་ཆེན་པོ་དེ་ལྟ་བུ་སྒྲུར་དུ་བརྒལ་བའི་ཕྱིར་དུ་འབད་པ་བྱེད་དགོས་པ་ཡིན་ལ། དེས་ན་ད་རེས་རང་རང་གིས་ཐར་བའི་ལམ་མཆོག་བླ་ན་མེད་པ་བྱང་ཆུབ་གསུམ་གྱི་གོ་འཕང་མ་བསྒྲུབས་ན་མ་འོངས་ཕྱིས་ནས་བདེ་འགྲོའི་མིང་ཙམ་ཡང་མི་གྲག་པའི་གནས་སུ་སྐྱེས་ཤིང་ངན་སོང་མུ་མཐའ་མེད་པར་གཅིག་ནས་གཅིག་ཏུ་བརྒྱུད་དེ་སྲིད་གསུམ་གྱི་གྲོང་དེར་འཁྱམས་ཤིང་གཏན་དུ་འཁོར་བའི་གནས་ལས་ཐར་ཐབས་མེད་པ་ཡིན་ལ། དེ་བས་བློ་དང་ལྡན་པའི་སྐྱེ་བོ་རྣམས་ཀྱིས་དལ་དང་འབྱོར་བའི་མི་ལུས་ཕུན་སུམ་ཚོགས་པ་ཞིག་ཐོབ་པའི་དུས་འདིར་སྙིང་ནས་བརྩོན་པས་གནས་སྐབས་ཀྱི་ཕན་པ་དང་མཐར་ཐུག་གི་བདེ་བ་བླ་ན་མེད་པ་བསྒྲུབ་པར་བྱ་དགོས། དེ་ལྟར་བསྒྲུབས་པར་བྱས་ན་དེས་ནི་རང་དོན་ཆོས་སྐུ་དང་གཞན་དོན་གཟུགས་སྐུ་གཉིས་ཀྱི་དོན་གཉིས་ཀྱི་དཔལ་ཕུན་སུམ་ཚོགས་པ་དང་ལྡན་པ་འགྲུབ་པར་འགྱུར་བ་ཡིན་པའི་ཕྱིར་རོ། །དེང་སྙིགས་མའི་དུས་འདིར་སྐབས་དང་སྟེས་དབང་གིས་དལ་འབྱོར་གྱི་མི་ལུས་རེ་ཐོབ་ཀྱང་འདི་ལ་རྟག་པ་དང་བརྟན་པ་ཡིད་བརྟན་འགའ་ཡང་མེད་དེ་ཐམས་ཅད་གང་ལ་བསམ་ཡང་མི་བརྟན་པར་འགྱུར་ཞིང་སྙིང་པོ་མེད་པ་ཡིན་ལ། དེས་ན་ཐམས་ཅད་ཀྱང་སྐད་ཅིག་ཙམ་དུ་སྡོད་པ་མེད་པ་མི་རྟག་པར་མྱུར་དུ་འཇིག་པའི་

ཆོས་ཅན་ཡིན་ཏེ། སྟོང་འཁོར་ལོ་སྒྱུར་བའི་རྒྱལ་པོ་ནས་བཟུང་སྟེ་མདང་སུམ་སྐྱེས་པའི་བུ་ཆུང་ཡན་ཆད་འཆི་བར་འགྱུར་བ་ཡིན་པས་མྱུར་དུ་འཆི་ཤེས་སྙིང་ནས་བསམ་པར་བྱ་དགོས་པ་ཡིན་ནོ། །

འདི་ལྟར་ཕྱི་སྣོད་ཀྱི་འཇིག་རྟེན་ཐམས་ཅད་ཀྱང་རྟག་པ་དང་བརྟན་པ་མེད་པ་ཡིན་ཏེ། ནམ་ཞིག་ཐམས་ཅད་མེ་བདུན་དང་ཆུ་གཅིག་དང་རླུང་དགྲ་སོགས་དེ་དག་གིས་འཇིག་ཅིང་འཇོར་བའི་ཚེ་ན་རི་རབ་གླིང་བཞི་གླིང་ཕྲན་དང་བཅས་པ་ཐམས་ཅད་དཔེར་ན་སྐྲ་རྩེའི་ལྷག་མ་ཙམ་ཡང་ཡོད་པ་མེད་པར་ཐམས་ཅད་སྟོང་སྟེ་ནམ་མཁའ་ཆེན་པོ་གཅིག་ཏུ་འགྱུར་བ་ཡིན་པས་ཕྱི་སྣོད་ཀྱི་འཇིག་རྟེན་ལ་བསམ་ན་སྙིང་པོ་མེད་པར་ངེས་པ་ཡིན་པའི་ཕྱིར་རོ། །ཡང་ནང་བཅུད་ཀྱི་འགྲོ་བ་ལ་བསམ་ན་ཡང་མི་རྟག་པའི་རང་བཞིན་ཡིན་ཏེ། ནང་བཅུད་ཀྱི་འགྲོ་བ་འདི་རྣམས་ཀྱང་མི་རྟག་པར་འགྲོ་བ་ཀུན་རྟག་ཏུ་གཡོ་བ་འབབ་ཞིག་ཏུ་སྣང་སྟེ་ཐམས་ཅད་ལ་བདེན་པར་བཟུང་ཞིང་དྲན་ཤེས་མེད་པར་བག་མེད་ཀྱི་ངང་དུ་འཁྲུམས་པའི་ལྷ་དང་ཕན་ཚུན་གྱི་བར་ལ་འཐབ་ཅིང་རྩོད་པའི་ལྷ་མིན། མི་དང་། གླུན་ཞིང་རྨོངས་པའི་དུད་འགྲོ་དང་རྒྱུན་དུ་ཟས་སྐོམ་ཡིད་ལ་དྭགས་པའི་ཡི་དྭགས་སོགས་དམྱལ་བའི་སེམས་ཅན་ཐམས་ཅད་གང་ཛེ་སྙེད་ཅིག་མཆིས་པ་ཀུན་ཀྱང་རྟག་པ་མེད་པར་ནམ་ཞིག་དུས་མཐར་འཆི་འཕོ་ཞིང་གནས་གཞན་དང་གཞན་དུ་སྐྱེ་བའི་ཆུ་བོར་བྱེད་པར་གྱུར་ཏེ་སྡུག་བསྔལ་སྤྱོད་པར་འགྱུར་བ་ཡིན་ནོ། །

མདོར་ན་རང་རང་གནས་གང་དུ་སྐྱེས་ཀྱང་ལོ་དང་ཟླ་བ་ཞག་དང་དུས་ཚིགས་དང་བཅས་པ་ཐམས་ཅད་གང་ལ་བསམ་ཡང་ཐམས་ཅད་སྐད་ཅིག་ཙམ་དུ་ཡང་སྡོད་པ་མེད་པར་མི་རྟག་པར་འཇིག་ཅིང་གཡོ་བ་ཡི་བདག་ཉིད་ཅན་ཏེ་དུས་བཞི་སོགས་མི་

རྟག་འགྱུར་བའི་རྣམ་པར་སྣང་བ་སོགས་ལ་བསམ་ན་ཐམས་ཅད་སྐྱོ་བ་ཡི་སྣོན་མ་ཅན་ཡིན་པས། ཕྱི་ཐག་ཏུ་རང་གིས་གཅེས་པར་བཟུང་བའི་ཚེ་འདི་ཡང་མི་རྟག་འགྱུར་བ་ཡི་རང་བཞིན་ཡིན་པར་དུས་དང་གནས་སྐབས་ཐམས་ཅད་དུ་ཡང་སེམས་དང་འདི་ལ་ནམ་ཡང་རྟག་པར་གནས་པའི་ཡིད་བརྟན་སྐད་ཅིག་ཙམ་ཡང་མེད་དོ། །ལུས་སྲོག་ཐམས་ཅད་འཁྲུལ་དུ་ཉེ་བར་གནས་པ་ཡིན་ལ། དེས་ན་སང་ནངས་མོ་དང་བདག་གི་ཚེ་ཟད་པའི་དུས་ཚོད་འདི་གཉིས་སྔོན་ལ་གང་འབྱུང་སུ་ལ་ཡང་ངེས་པ་མེད་དོ་ཞེས་བརྗོད་པའི་དོན་འདི་ཡིད་ལ་དེ་རིང་ཉིད་ནས་ངེས་པར་བསམ་པར་བྱ་དགོས་པ་ཡིན་ནོ། །

དེ་ལྟར་ཡིད་ལ་མ་བསམ་པར་ཡེངས་མ་ལམ་དུ་མི་ཚེ་འདི་ཟད་པར་བྱས་ན་ཚེ་འདི་ལ་ནི་རྟག་པ་དང་བརྟན་པ་གང་ཡང་མེད་པར་མྱུར་དུ་ཟད་པར་ངེས་པ་ཡིན་ནོ། །གོང་དུ་བཤད་པ་ལྟར་ཡང་རང་རང་ཚེ་སྐད་ཅིག་མ་དེ་ཟད་ཅིང་འཆི་བ་ལ་ཉེ་བའི་སྡུག་བསྔལ་དེ་བས་ཀྱང་སྐྱེ་བའི་སྡུག་བསྔལ་ལ་འཇིགས་པར་ངེས་པ་ཡིན་ཏེ། ཁམས་གསུམ་འཁོར་བའི་གནས་རིས་གང་དུ་སྐྱེས་ཀྱང་བདེ་བ་སྐད་ཅིག་ཙམ་མམ་འགའ་ཡང་གྲུབ་པ་མེད་དེ། འཁོར་བའི་རང་བཞིན་དེ་ཇི་ལྟ་བུ་ཞིག་ཡིན་ནོ་ཞེ་ན། དཔེར་ན་མེ་ཡི་འོབས་ལྟ་བུ་ཡིན་ལ། དེས་ན་རང་རང་སྡུག་བསྔལ་འདི་ལས་ད་རེས་ཐར་བའི་ཐབས་དེ་ཉིད་བཙལ་བར་བྱ་དགོས། ཐར་བའི་ཐབས་ལ་བརྩོན་པར་མ་བྱས་ན་ཕྱིས་ནས་དམྱལ་བ་ཚ་གྲང་ཡི་དྭགས་བཀྲེས་དང་སྐོམ་པའི་སྡུག་བསྔལ་དང་། དུད་འགྲོ་ཡི་གནས་སུ་གཅིག་ལ་གཅིག་ཟ་གླེན་རྨོངས་པའི་སྡུག་བསྔལ་སྤྱོང་བར་འགྱུར་བ་ཡིན་ཏེ། དེས་ན་གང་དུ་སྐྱེས་ཀྱང་སྡུག་བསྔལ་མ་གཏོགས་བདེ་བའི་གོ་སྐབས་མེད་པར་ངེས་པ་ཡིན། ཡང་མི་རྣམས་

ཉེས་པ་གསུམ་དང་བརྒྱད་ཀྱིས་ཡོངས་སུ་གདུང་བ་དང་། ལྷ་མིན་རྣམས་ཀྱིས་ནི་འཐབ་རྩོད་བྱས་ཤིང་སྡུག་བསྔལ་བ་དང་། ལྷ་རྣམས་ནི་འཆི་འཕོ་ལྟུང་བའི་སྡུག་བསྔལ་དང་། དེ་དག་ལ་ནི་རྟག་ཏུ་བདེ་སྡུག་ཐམས་ཅད་འགྱུར་ཞིང་ཁྱབ་པ་འདུ་བྱེད་སོགས་ཀྱི་སྡུག་བསྔལ་མང་པོར་གནས་པ་ཡིན་ལ། དེས་ན་དཔེར་ན་ལྷ་ཡུལ་ལྷ་བུར་མཚོན་ན་ནོར་དང་ལོངས་སྤྱོད་སོགས་ཀྱི་འབྱོར་བ་ཕུན་སུམ་ཚོགས་པའི་བདེ་བ་དང་ལྡན་པར་གྱུར་པ་ན་ཡང་། མཐར་བདེ་བ་དེ་དག་ལས་ཐམས་ཅད་ཟད་དེ་རང་རང་སྔར་དུ་ཆེ་འཕོས་པར་གྱུར་ནས་སླར་ཡང་དམྱལ་བའི་མེ་ནང་དུ་འཛུག་པར་འཚལ་བས་ཐམས་ཅད་ཀྱིས་རྟག་ཏུ་མཐོ་རིས་ཀྱི་བདེ་བ་དོན་དུ་མི་གཉེར་བར་འདི་འདྲ་ཡིད་ལ་བསམ་ནས་སྲིད་པ་ཁམས་གསུམ་འཁོར་བའི་སྡུག་བསྔལ་གྱི་གནས་ལས་འདའ་བར་མཛོད་ཅིག་ཅེས་པས་སྲིད་པ་གསུམ་གྱི་གནས་རིས་མཐོ་དམན་གང་དུ་སྐྱེས་ཀྱང་སྡུག་བསྔལ་གསུམ་ལས་འདའ་བ་མེད་པ་ཡིན་པས་ཐམས་ཅད་ཀྱིས་སྔར་དུ་དེ་ལས་ཐར་བའི་ཐབས་ལ་བརྩོན་ཞིང་དམ་པའི་ཆོས་ལ་བརྩོན་པར་བྱེད་དགོས་པར་བསྟན་པ་ཡིན་ནོ།།

སྲིད་འཇིག་རྟེན་ཚེ་འདིའི་སྣང་ཞེན་གང་ལ་བསམ་ཡང་བདེན་པར་གྲུབ་པ་གཅིག་ཀྱང་མེད་དེ། དཔེར་ན་དེ་ལྟ་བུའི་སྣང་བ་ཐམས་ཅད་རྨི་ལམ་སད་ཀ་དང་འདྲ་བར་ངེས་པ་ཡིན་པའི་ཕྱིར་རོ། །དེས་ན་ཐམས་ཅད་ཇི་ལྟར་རང་རང་གིས་བདེན་པར་བཟུང་ཡང་འགྱུར་ཞིང་མི་རྟག་པར་གཞན་དུ་དོར་ནས་འགྲོ་བར་བྱ་དགོས་པ་ཡིན་པས་འཁོར་དང་ལོངས་སྤྱོད་ལ་སོགས་པ་དེ་དག་གིས་རང་རང་ལ་ཅི་ཞིག་བྱ། དེ་དག་ཐམས་ཅད་སྙིང་པོ་མེད་པར་ངེས་ཤིང་ད་ལྟ་ཉིད་དུ་ཚེ་འདིའི་སྣང་ཞེན་གང་ལ་ཡང་མི་ཆགས་པར་དམ་པའི་ཆོས་ལ་འབད་པ་བགྱི་དགོས་པ་ཡིན་ནོ། །དེ་དག་མི་སྤངས་པར་ཚེ་འདི་

ལ་ཆགས་ཞེན་ཞེན་པར་བྱས་ན་ངན་སོང་གསུམ་ལས་ཐར་བར་མི་འགྱུར་བ་བསྟན་པ་ཡིན་ནོ།།

རང་རང་ཚེ་འདིའི་ནོར་དང་ལོངས་སྤྱོད་སོགས་ཀྱི་དངོས་པོ་འདི་དག་ལ་ཆགས་ཞེན་ཞེན་ནས་དེ་ལ་སྤྱོད་པར་བྱས་ན། དེ་དག་གིས་སྡུག་བསྔལ་བསྐྱེད་པ་མ་གཏོགས་མེད་པར་ངེས་སོ། །དེས་ན་འདོད་ཆགས་ཞེ་སྡང་སོགས་དེ་དག་ནི་དཔེར་ན་འདོད་པ་དུག་དང་མཚོན་དང་མེ་སོགས་དང་འདྲ་བར་ངེས་པ་ཡིན་ཞིང་། རྟག་ཏུ་སྡུག་བསྔལ་དེ་དག་གིས་ཐམས་ཅད་ཡོངས་སུ་གདུང་བའི་དབང་གིས་ནམ་ཡང་བདེ་བའི་གོ་སྐབས་སྐྱུ་ཙམ་ཡང་མེད་པར་ངེས་པ་ཡིན་པའི་ཕྱིར་རོ། །དེས་ན་ཐམས་ཅད་ཚེ་འདི་ལ་གཡེངས་ནས་ནོར་རྫས་ལོངས་སྤྱོད་སོགས་བསགས་དང་སྲུང་དང་སྤེལ་བས་ཡིད་གདུང་ལ་སྡུག་བསྔལ་ཞིང་ནོར་དང་ལོངས་སྤྱོད་སོགས་ཅུང་ཟད་ཙམ་རེ་འཛོམས་པར་གྱུར་པ་ན། རྒྱུད་ལ་འདོད་ལྷ་རྣམས་ཞུགས་ནས་སེམས་ཁེངས་པར་གྱུར་པ་དང་འཇུངས་པའམ་སེར་སྣས་རྟག་ཏུ་འཆིང་ཞིང་། རྟག་ཏུ་སྐྱེ་བོ་ཀུན་དང་ཕན་ཚུན་གྱི་བར་ལ་རྩོད་པ་དང་བཅས་ཉོན་མོངས་ཟག་པ་མ་རིག་པ་དེ་ལྟ་བུའི་འདོད་ཆགས་ཞེ་སྡང་སོགས་འཕེལ་བར་འགྱུར་བ་ཡིན་ནོ།།

དེ་ལྟ་བུའི་འདུ་འཛིས་སེམས་གཡེངས་ཞིང་ལུས་དང་སྲོག་ལ་གནོལ་བར་འགྱུར་བ་དང་། ཚེ་འདིའི་དོན་སྒྲུབ་པ་དང་བྱ་བ་མང་ཞིང་ལུས་སེམས་ཆོས་དང་འགལ་བར་འགྱུར་བ་ཡིན་ཏེ། སྐྱེ་བོ་དེ་དག་འཕགས་པ་རྣམས་ཀྱིས་རྟག་ཏུ་སྨད་པ་ཡི་གནས་ཉིད་དུ་བྱེད་པ་ཡིན་པའི་ཕྱིར་རོ། །དེ་བས་མཐོ་དམན་མེད་པར་ཐམས་ཅད་ཀྱིས་ཚེ་འདི་ལ་མི་ཆགས་པར་དམ་པའི་ཆོས་ལ་ནན་ཏན་བྱས་ཞིང་བརྩོན་པར་བྱེད་དགོས་པ་ཡིན་ནོ། །

དུས་དང་རྣམ་པ་ཀུན་ཏུ་འདོད་པ་ཆུང་བའི་གང་ཟག་རྣམས་ལ་ངང་གིས་དགེ་བ་ཡི་ཚོགས་ཐམས་ཅད་འཕེལ་བར་འགྱུར་བ་ཡིན་ལ། དེས་ན་ཞི་བ་ཐར་པའི་ལམ་མཆོག་རྨད་དུ་བྱུང་བ་ལ་ཞུགས་པར་བྱེད་པ་རྣམས་ཀྱིས་འདོད་པ་ཆུང་ཞིང་ཆོག་ཤེས་ལྡན་པར་མཛོད་དང་འདོད་པ་ཟད་ན་འཕགས་པ་དངོས་ཡིན་པར་ངེས་ལ། དེས་ན་སྐྱེ་བོ་མཆོག་དམན་སུ་ཡིན་ཡང་འདོད་པ་ཆུང་ན་འཕགས་པའི་རིགས་ཞེས་བརྗོད་པར་བྱ་དགོས་པ་ཡིན་ནོ། །དེ་མ་ཡིན་པར་འདོད་ཆགས་དང་ལྡན་པར་གྱུར་བའི་གང་ཟག་དེ་དག་ལ་ནམ་ཡང་བདེ་བའི་གོ་སྐབས་མེད་པར་ལུས་དང་སེམས་ལ་མི་བཟོད་པའི་སྡུག་བསྔལ་དང་ཉོན་མོངས་སོགས་འཕེལ་བ་ལྟར་དུ། བྱང་སེམས་འཕགས་པ་འདོད་པ་ཆུང་བ་རྣམས་ཀྱི་རྒྱུད་ལ་འབད་རྩོལ་མི་དགོས་པར་ངང་གིས་དགེ་བ་ཡི་ཚོགས་ཐམས་ཅད་འཕེལ་བར་འགྱུར་བ་ཡིན་ལ། དེ་བས་རང་རང་གིས་ད་ལྟ་ཉིད་ནས་ཚེ་འདིའི་བྱ་བ་མཐའ་དག་བློས་བཏང་ཞིང་སྔོན་གྱི་དགེ་བའི་བཤེས་གཉེན་དམ་པའི་རྗེས་སུ་འབྲོ་བས་ན་རང་རང་རྟག་ཏུ་འདོད་ཆུང་ཆོག་ཤེས་བྱས་ཤིང་ཡོ་བྱད་ཐམས་ཅད་ལ་ཆགས་པ་དང་ཞེན་པ་མེད་པར་བསླུང་བར་བྱ་དགོས་པ་ཡིན་ཏེ། དུས་དང་རྣམ་པ་ཐམས་ཅད་དུ་དེ་ལྟ་བུའི་འདོད་ཆུང་ཆོག་ཤེས་འཕགས་པའི་རིགས་ལ་གནས་པར་བྱས་ན་རང་རྒྱུད་ལ་ཟུར་མེད་ཀྱི་ཡོན་ཏན་ཕུན་སུམ་ཚོགས་པ་འབྱུང་བར་འགྱུར་བ་ཡིན་པའི་ཕྱིར་རོ། །ད་ལྟ་རང་རང་གིས་ཐོབ་པར་དཀའ་བའི་དལ་འབྱོར་བཅོ་བརྒྱད་ཚང་བའི་མི་ལུས་རིན་པོ་ཆེ་ཐོབ། ཤིན་ཏུ་མཇལ་བར་དཀའ་བའི་སྟོན་པ་ཐུགས་རྗེ་ཅན་དང་དེའི་ལུང་རྟོགས་ཀྱི་བསྟན་པ་རིན་པོ་ཆེ་དང་འཕྲད་པའི་དུས་འདིར་སླེང་ནས་དམ་ཆོས་རེ་བྱེད་པར་འདོད་ན། རང་ཉིད་གཅིག་པུར་མི་མེད་པའི་རི་ངོགས་སུ་གནས་ཤིང་། ནམ་ཡང་གྲོགས་རི་

དྭགས་དང་འགྲོགས་ཤིང་ཀྱང་ཕྱི་གོས་སོགས་བྱས་ནས་ཚེ་གཅིག་གྲོལ་བའི་གདམས་པ་ཟབ་མོ་རེ་ཉམས་སུ་ལེན་པར་བྱ་དགོས་པ་ཡིན་ནོ། །ཐམས་ཅད་ཀྱིས་དེ་ལྟར་མི་བྱེད་པར་འཇིག་རྟེན་ཚེ་འདིའི་དོན་ལ་ཆགས་པའི་དབང་གིས་མི་དང་འགྲོགས་པའི་ཉེས་པ་དེའང་ཚད་མེད་དེ། མེད་པའི་རྒྱུ་མཚན་གང་ཞེ་ན། ཚེ་འདིའི་བྱ་བ་ལ་ཆགས་ཤིང་དགྲ་འདུལ་གཉེན་སྐྱོང་ཚོང་ཁེ་སོ་ནམ་སོགས་དོན་མེད་ཀྱི་ལས་ལ་རྣམ་པར་གཡེངས་ཤིང་བྱ་བའང་ཤིན་ཏུ་མང་པོར་འཕེལ་བར་འགྱུར་བ་དང་། མ་ཟད་རྒྱུན་དུ་རང་རྒྱུད་ལ་སྡར་གྱི་ཡོན་ཏན་ཕྲན་བུ་རེ་ཡོད་ན་དེ་དག་ཁོང་ཁྲོ་སོགས་ཀྱིས་འཇོམས་པར་བྱེད་པ་དང་། ཕན་ཚུན་གྱི་བར་ལ་མི་མཐུན་པ་སྣ་ཚོགས་འབྱུང་ཞིང་འཐབ་རྩོད་སོགས་རྒྱུན་མི་ཆད་པར་འཕེལ་ཞིང་རྒྱས་པ་དང་། རྒྱུན་དུ་གཤིས་རྒྱུད་བཟང་ཞིང་ཡོན་ཏན་དང་ལྡན་པ་ཅན་རེ་ཡིན་ཡང་འདོད་ཆགས་ཞེ་སྡང་སོགས་སྐྱེ་ལ་འབད་བརྩོན་མི་དགོས་པར་ཤུགས་ཀྱིས་རྟག་ཏུ་རྒྱུད་ལ་སྡུག་བསྔལ་འགོ་ཞིང་དེ་དག་ལ་ནམ་ཡང་ཡིད་རྟོན་པ་མེད་པར་ཐམས་ཅད་བསླུ་བའི་རང་བཞིན་ཅན་ཡིན་པས་སྙིང་པོ་མེད་པར་ངེས་པ་ཡིན་ནོ། །དེ་ལྟ་བུའི་སྡིག་པའི་གྲོགས་པོ་དེ་དག་ལ་ཕན་པའི་བྱ་བ་ཞིག་ཇི་ལྟར་བྱས་ཀྱང་ནམ་ཡང་མགུ་བའི་དུས་སྐབས་མེད་པ་ཡིན་ལ། མ་ཟད་དེ་དག་ལ་དགའ་བའི་ལས་གང་ལྟར་བསྟན་ཀྱང་ལུས་སེམས་ཀུན་ལ་ཕན་པའི་གོ་སྐབས་ཤིག་ནམ་ཡང་དཀའ་བར་ངེས་པ་ཡིན་ནོ། །

འོན་ཀྱང་། གལ་སྲིད་དེ་དག་གི་དོན་འབའ་ཞིག་བྱས་ན་ཚེ་མཐའ་ཞིག་ལ་དེ་དག་གི་དོན་རེ་འགྲུབ་སྲིད་པར་གྱུར་ན་ཡང་། དེ་དག་ལ་དེ་ལྟར་ཅུང་ཟད་རེ་ཕན་པར་གྱུར་ན་ཡང་རང་ལ་ཚེ་འདི་དང་ཕྱི་མ་ཐམས་ཅད་དུ་ཕན་པའི་ལེགས་པའི་ཆོས་མེད་པར་ངེས་ལ། དེས་ན་དེ་རིང་ཉིན་ནས་ཚེ་འདིའི་ཉེ་འབྲེལ་སོགས་ལ་གདུང་སེམས་ཀྱི་

འཁྲི་བ་བཅད་དེ་ཟབ་མོའི་དམ་ཆོས་ལ་བརྩོན་པར་བྱེད་དགོས་པ་ཡིན། རང་རང་ལ་ཚེ་འདིར་ལྷན་ཅིག་ཏུ་བསྡད་པའི་གཉེན་ཉེ་འབྲེལ་གྲོགས་དགའ་མཛའ་སོགས་ཐམས་ཅད་རང་ལ་བཞེས་ལྟར་ཡིད་སེམས་མཐུན་ན་ཡང་ཐམས་ཅད་ཐ་མ་སོ་སོར་འབྲལ་བར་འགྱུར་བ་མ་གཏོགས་གང་ཡང་མེད་པ་ཡིན་ལ། དེ་བས་རང་རང་གིས་འཁོར་དང་མཛའ་བཤེས་གཉེན་འདུན་སོགས་ལ། ཡུན་དུ་ཞེ་བར་འགྲོགས་པ་སོགས་ཕན་ཚུན་བརྟེན་པའི་འབྲེལ་འདྲིས་ཀུན་སྤངས་ཏེ། རང་ཉིད་གཅིག་པུར་དབེན་པར་དམ་པའི་ཆོས་རྣམ་པར་དག་པ་ཅིག་སྒྲུབ་པ་ལ་བརྩོན་པར་བྱེད་པའི་ཕྱིར་དུ་དེ་རིང་ཉིད་ནས་ངེས་པར་སྒྲུབ་པ་ལ་འབད་བརྩོན་བྱ་དགོས་པ་ཡིན་ནོ། །དེ་ལྟར་མི་བྱེད་པར་གཉེན་བཤེས་སོགས་ལ་འབྲེལ་འདྲིས་ཀུན་སྤང་བར་མ་བྱས་ན་སྡུག་བསྔལ་ལས་གྲོལ་བར་མི་འགྱུར་བ་ཡིན་ནོ། །

དེ་ལྟར་དུ་སྔོན་བྱོན་གྱི་སྐྱེ་བོ་དམ་པ་མཆོག་ཏུ་གྱུར་པ་དེ་དག་རྣམས་ཀྱང་། འཇིག་རྟེན་ཚེ་འདིའི་བྱ་བ་ཐམས་ཅད་བློ་ཡིས་དོར་ཞིང་མི་མེད་དབེན་པར་གནས་ན་གནས་དེ་ལས་བདུད་རྩི་ལྟ་བུའི་གོ་འཕང་བསྐྱེས་པར་འགྱུར་བ་ཡིན་ཞེས་སྔོན་བྱོན་གྱི་དམ་པ་གོང་མ་རྣམས་ཀྱིས་ཀྱང་གསུངས་པར་མཛད་པ་ཡིན་ལ། དེ་ཡི་ཕྱིར་ན་བདག་གིས་ཀྱང་བླ་ན་མེད་པའི་ཞི་བ་མྱ་ངན་ལས་འདས་པའི་གོ་འཕང་བསྒྲུབ་པའི་ཕྱིར་དུ་ད་ནས་བཟུང་སྟེ་འཇིག་རྟེན་ཚེ་འདིའི་བྱ་བ་ཐམས་ཅད་ལ་བློ་སེམས་སྐད་ཅིག་ཙམ་ཡང་མི་འཁོར་བར་གཞན་དུ་དོར་ཞིང་གྲོགས་བྱ་དང་རི་དྭགས་སོགས་དང་འགྲོགས་ཤིང་ནགས་ནང་མི་མེད་དབེན་པ་ཙ་གཅིག་པུར་གནས་ཏེ་སྒྲུབ་པ་ཉམས་སུ་ལེན་པར་བྱ། དེ་ལྟར་མི་བྱེད་པར་འཁོར་བར་གནས་ཤིང་དགྲ་འདུལ་གཉེན་སྐྱོང་ཚོང་ཁེ་སོ་ནམ་སོགས

ལ་གཡེངས་བར་བྱས་ན་ནམ་ཡང་སྡུག་བསྔལ་གསུམ་ལས་ཐར་བར་མི་འགྱུར་བ་ཡིན་ནོ། །དུས་གསུམ་རྒྱལ་བ་ཐམས་ཅད་ཀྱི་གཤེགས་ཤུལ་མ་ནོར་བ་མི་མེད་དབེན་པའི་གནས་དེ་ནི་རྒྱལ་བ་རྣམས་ཀྱིས་བསྔགས་པའི་གནས་སུ་གྱུར་པ་ཡིན་ལ། དེས་ན་དེ་ལྟ་བུའི་མི་སྤུན་མི་མེད་དབེན་པའི་གནས་དེར་ཟབ་མོའི་ཏིང་འཛིན་ཁྱད་པར་ཅན་རྒྱུད་ལ་འཕེལ་བར་འགྱུར་བ་དང་། དེ་ལྟ་བུའི་ཏིང་ངེ་འཛིན་གྱི་ངང་གིས་ཟབ་དང་རྒྱ་ཆེ་བའི་གནས་ལུགས་ཀྱི་ཆོས་ཡང་དག་པ་འགྲུབ་པར་འགྱུར་བ་དང་། ཐམས་ཅད་གང་ལ་བསམ་ཡང་སྙིང་པོ་མེད་པ་མི་རྟག་པའི་རང་བཞིན་དུ་རྟོགས་པར་འགྱུར་བ་དང་། སྲིད་པའི་གནས་མཐོ་དམན་གང་དུ་སྐྱེས་ཀྱང་སྡུག་བསྔལ་གསུམ་གྱི་རང་བཞིན་མ་གཏོགས་བདེ་བ་མེད་པར་ཤེས་ཤིང་འཁོར་བ་ལ་སྙིང་ནས་སྐྱོ་ཤས་སྐྱེ་བར་འགྱུར་བ་དང་། ནོར་རྫས་སོགས་ཀྱི་ཡོ་བྱད་བསྐྱུངས་ཤིང་འདུ་འཛི་དང་རྣམ་གཡེང་སོགས་གང་ཡང་མེད་པར་རང་རྒྱུད་ལ་དད་དང་ངེས་འབྱུང་སོགས་ཀྱི་ཡོན་ཏན་གྱི་ཚོགས་མང་དུ་རྒྱུད་ལ་འབྱུང་ཞིང་སུ་ལ་ཡང་ཕན་ཚུན་གྱི་བར་ལ་འབྲེལ་འདྲིས་སོགས་ཀྱི་བྱ་བ་གང་ཡང་མེད་པས་མ་འབད་ཤུགས་ཀྱིས་སམ་ངང་གིས་ཚེ་འདིའི་བྱ་བ་ཉུང་བར་འགྱུར་བ་དང་། ནམ་ཡང་གཞན་གྱི་སེམས་འཛིན་ངོ་སྲུང་དང་འཇིག་རྟེན་ཆོས་བརྒྱད་སོགས་ཚེ་འདིའི་དོན་ལ་བརྟེན་པ་མེད་པར་རང་དབང་འབྱོར་ཏེ་ཉིན་མཚན་མེད་པར་རང་སེམས་ཆོས་ཀྱིས་འདུལ་བར་བྱེད་དགོས་པ་ཡིན་ལ། དེས་ན་དུས་དང་གནས་སྐབས་ཐམས་ཅད་དུ་དེ་ལྟ་བུའི་འཇིག་རྟེན་ཆོས་བརྒྱད་སོགས་ཚེ་འདིའི་བྱ་བ་གང་ལ་མི་སེམས་པར་དལ་འབྱོར་བཅོ་བརྒྱད་ཚང་བའི་མི་ལུས་འདི་ལ་དོན་ཡོད་པར་བྱ་བའི་ཕྱིར་དུ་སྒྲུབ་པ་སྙིང་པོར་བྱེད་དགོས་པ་ཡིན་ནོ། །དེ་ལྟ་བུའི་སྒྲུབ་པ་ལ་བརྟེན་པར་བྱེད་པ་སོགས་ལ་ཡོན་ཏན་བརྗོད་ཀྱིས་མི་

ལང་བས་ཐམས་ཅད་ཀྱིས་རང་ཉིད་གཅིག་པུར་རབ་ཏུ་དབེན་པའི་མི་མེད་ནགས་ཁྲོད་དུ་ཆེ་གང་ཟབ་མོའི་ཏིང་ངེ་འཛིན་སོགས་སྒྲུབ་པར་བྱ་བ་ལ་བརྩོན་པར་བྱེད་དགོས་པ་ཡིན་ནོ། །ཐམས་ཅད་ཀྱིས་དེ་ལྟར་རང་རྒྱུད་ཀྱི་ལས་ཉོན་ཚ་གདུང་ཞི་བར་བྱེད་པ་ལེགས་གསུང་ཆོས་ཀྱི་སྙིང་པོ་དཔེར་ན་ཆར་བསིལ་བས་མ་དག་པའི་ལས་དང་ཉོན་མོངས་པ་ཚ་བས་གདུང་བའི་རྣམ་པར་རྟོག་པ་ཐམས་ཅད་རབ་ཏུ་ཞི་ནས། རང་རྒྱུད་ལ་བདེ་གསལ་རྣམ་པར་མི་རྟོག་པའི་ཏིང་ངེ་འཛིན་གྱི་དགེ་ཚོགས་དཔེར་ན་དྲི་མས་མ་གོས་པའི་པད་མཚོ་རབ་ཏུ་གང་སྟེ། བླ་ན་མེད་པ་ཞི་བའི་གནས་དེ་ན་དམ་པའི་ཆོས་ཟབ་དང་རྒྱ་ཆེའི་འཁོར་བ་རབ་ཏུ་རྒྱས་པར་ཤོག་ཅིག་ཅེས་བསམ་པར་བྱ་དགོས། དེ་ལྟར་བསམ་པར་བྱས་ན་རང་བཞིན་སྐྱེ་བ་མེད་པའི་གནས་ལུགས་ཀྱི་དོན་རྒྱུད་ལ་སྐྱེ་བར་འགྱུར་བ་ཡིན་ནོ། །ཆོས་བཞི་རིན་པོ་ཆེའི་ཕྲེང་བ་ལས་སེམས་ཅན་རྣམས་ཀྱི་མ་དག་པའི་བློ་ཆོས་སུ་འགྲོ་བའི་རབས་ཏེ་དང་པོའོ།། །།

གོང་དུ་བཤད་པ་དེ་ལྟར་རབ་དཀར་དམ་པའི་ཆོས་མཆོག་ཏུ་གྱུར་པ་དེ་ལ་སྒོ་གསུམ་དང་བས་རབ་ཏུ་ཞུགས་ནས་ཐར་བ་དང་ཐམས་ཅད་མཁྱེན་པའི་ལམ་རྣམ་པར་དག་པ་ཞིག་སྒྲུབ་པར་འདོད་པ་རྣམས་ཀྱིས་དུས་དང་གནས་སྐབས་ཐམས་ཅད་དུ་རང་གི་སེམས་རྒྱུད་ཀྱི་མ་དག་པ་ཉིད་གཉེན་པོ་རྒྱུད་ལ་བསྟེན་ཅིང་རབ་ཏུ་གདུལ་བར་བྱ་བའི་ཕྱིར་དུ་ཟབ་པ་དང་རྒྱ་ཆེ་བའི་ཆོས་དེ་ལམ་དུ་འགྲོ་བ་རབ་ཏུ་གཅེས་ཞེས་པས་ཟབ་པ་དང་རྒྱ་ཆེ་བའི་དོན་མ་ལུས་པ་ཡོངས་སུ་རྫོགས་པ་རྒྱུད་ལ་སྐྱེ་བའི་ཐབས་མ་ནོར་བ་བསྟན་པ་ཡིན་ལ། དེས་ན་འདི་ལྟར་རྒྱལ་བའི་ལུང་རྟོགས་ཀྱི་བསྟན་པ་རིན་པོ་ཆེ་ལྟ་བུ་འདི་ཉིད་ལ་རབ་ཏུ་ཞུགས་ནས་ཐོས་པ་དང་བསམ་པ་སྒོམ་པར་ཆས་པ་དེ་དག་ཀྱང་

ནམ་ཡང་ཐར་བ་དང་ཐམས་ཅད་མཁྱེན་པའི་གོ་འཕང་ཡང་དག་པ་ཞིག་དོན་དུ་མ་གཉེར་པར་ཁ་ཅིག་རང་རྒྱུད་ཀྱི་འདོད་ཆགས་ཞེ་སྡང་སོགས་མ་ཞི་བར་རང་རྒྱུད་སྡར་ལས་ཀྱང་ངན་པ་ཉིད་དུ་གྱུར་པ་དང་། ཡང་སྐྱེ་བོ་ལ་ལ་བླང་དོར་ཕྱིན་ཅི་ལོག་ཏུ་གྱུར་ཏེ་ལམ་ལོག་དང་ལམ་དམན་པར་ཞུགས་པ་དང་། མུ་སྟེགས་པ་སོགས་ཀྱི་ལམ་ལ་གོལ་ཞིང་ཕྱིན་ཅི་ལོག་ཏུ་ཞུགས་པ་དང་། མ་ཟད་འཛིག་རྟེན་ཚེ་འདིའི་ཕྱོགས་ལ་ཧ་ཅང་འདོད་སྲེད་ཤིན་ཏུ་ཆེ་བར་གྱུར་པ་དང་། ཉིན་མཚན་དུས་དྲུག་ཀུན་ཏུ་ཚེ་འདིར་རང་རང་གི་དགྲ་འདུལ་གཉེན་སྐྱོང་ཚོང་ཁེ་སོ་ནམ་དེ་དག་འབའ་ཞིག་དོན་གཉེར་ཞིང་གཡེང་བར་བྱ་བ་ལ་སོགས་ཀྱི་དོན་ལ་བརྩོན་པར་བྱེད་པ་ཡིན་ལ། དེ་ལྟར་ལས་ཉོན་མི་དགེ་བའི་གཞན་དབང་དུ་སོང་བའི་སྟོབས་ཀྱིས་སྒོ་ལུས་ངག་ཡིད་གསུམ་གྱི་ཆོས་དང་འགལ་བའི་ཉེས་པ་དེ་དག་ཀུན་རྒྱུ་གང་ལས་འབྱུང་བར་འགྱུར་ཞེ་ན། ཐམས་ཅད་ཟབ་པ་དང་རྒྱ་ཆེ་བའི་དམ་པའི་ཆོས་ཡང་དག་པ་དེ་ཇི་བཞིན་ལམ་དུ་མ་སོང་བ་དེ་དག་གི་དབང་ལས་བྱུང་བ་ཡིན་ནོ།།

དེས་ན་གོང་དུ་བཤད་པ་ལྟ་བུ་དེ་ལས་ཚེ་འདི་ཕྱིའི་བདེ་བའི་དོན་ཀུན་བཀླག་པའི་ཉེས་པ་ནམ་ཡང་ཚད་གཞལ་དུ་མེད་དེ་དེས་ན་ཐམས་ཅད་ཀྱིས་རང་ནུས་ཅི་ལྕོགས་ཀྱི་སྒོ་ནས་དམ་པའི་ཆོས་འདི་ཉམས་སུ་ལེན་པར་མ་བྱས་ན། སྐྱེ་བོ་མཐོ་དམན་མེད་པར་ཐམས་ཅད་ནམ་ཞིག་རང་ཉིད་གཅིག་པུར་ཕྱི་མར་འགྲོ་བའི་དུས་ལ་བབ་པའི་ཚེ་ན་འཁྲུལ་པས་བསླུས་པའི་སྐྱེ་བོ་གང་དག་རྣམས་འཆི་ཁར་ལུས་སེམས་ཐམས་ཅད་འཁྱོད་པ་ཉིད་ཀྱིས་གང་ཞིང་། སྐྱབས་མེད་པར་དོའི་གནས་དེར་འཇིགས་དངངས་དང་བཅས་པའི་སྒོ་ནས་ཕྱི་མ་ངན་སོང་གནས་གསུམ་སོགས་སུ་འགྲོ་བར་བྱེད་དགོས། དེའི་ཚེ་

ན་རང་རང་གིས་ཐབས་ཇི་ལྟར་བྱས་ཀྱང་གཏན་དུ་སྲིད་པ་ཁམས་གསུམ་འཁོར་བ་ཡི་གནས་ལས་ཐར་པའི་སྐབས་མེད་དོ་སེམས་ལ་བཟུང་། དེ་བས་ཐམས་ཅད་ཀྱིས་ཆོས་དེ་ཡང་དག་པ་ཞིག་ལམ་དུ་འགྲོ་བར་བྱ་བའི་ཐབས་ལ་འབད་བརྩོན་ཅི་ནུས་སུ་བྱེད་དགོས། དཔེ་ཇི་ལྟར་ན་ནད་ཀྱི་གཉེན་པོར་མི་དག་གིས་ནད་དེ་བཀྲུ་བར་བྱེད་པའི་སྨན་སོགས་སྦྱར་བར་བྱས་ན་ཡང་དེ་ཉིད་མ་དག་ན་ནད་སོགས་ཀྱིས་ལུས་སེམས་ཐམས་ཅད་ཡོངས་སུ་གདུང་བས་མནར་བ་ན་སྨར་ཡང་གདུང་བ་བཞིན་དུ་ཆོས་རེ་སྒྲུབ་ཁུལ་བྱས་ཀྱང་། སྒྲུབ་པའི་ཆོས་དེ་དག་སྡིག་པ་མི་དགེ་བ་སྤོང་བའི་གཉེན་པོར་མ་སོང་ན་ཆོས་བསྒྲུབ་པར་བཤད་པ་ལ་དགོས་པ་ཅི་ཞིག་ཡོད་གང་ཡང་མེད་པར་ངེས་པ་ཡིན་ལ། དེའི་ཕྱིར་འདི་ན་དེ་འདྲའི་ཚེ་རབས་འཁོར་བ་ཐོག་མ་མེད་པ་ནས་བསགས་པའི་ཉེས་པ་ཚད་མེད་པ་ཡིན་པས་ནམ་ཡང་དད་ལྡན་གྱི་སྐྱེ་བོའི་ཚོགས་ཐམས་ཅད་ཀྱིས་དེ་དག་ཡིད་ལ་ལེགས་པར་ཤེས་པར་བྱ་དགོས་པ་ཡིན་ནོ། །

གོང་དུ་བཤད་པ་ལྟ་བུའི་གང་ཟག་དེ་ལ་ཟབ་པ་དང་རྒྱ་ཆེ་བའི་ཆོས་དེ་ལམ་དུ་འགྲོ་བ་ཡི་ཐབས་ཇི་ལྟ་བུ་ལ་རག་ལས་སོ་ཞེ་ན། དེ་ནི་ཐོག་མར་རང་རང་ཆོས་ལམ་ལ་ཞུགས་པའི་ཚེ་ན་ཐར་བ་དང་ཐམས་ཅད་མཁྱེན་པའི་ལམ་སྟོན་པར་བྱེད་པ་དགེ་བའི་བཤེས་གཉེན་ལ་རག་ལས་པས་དུས་ནམ་ཡང་ཐམས་ཅད་ཀྱིས་མཚན་ལྡན་གྱི་བླ་མ་དམ་པར་བསྟེན་པ་ནི་གཅེས་པ་ཡིན། དེ་ལྟ་བུའི་བླ་མ་དགེ་བའི་བཤེས་གཉེན་དམ་པ་བསྟེན་པར་བྱས་ན་དེ་ལས་ལེགས་རྒྱུའི་ཡོན་ཏན་དུ་མ་འབྱུང་བར་འགྱུར་བ་ཡིན་ནོ། །

དེ་ཡང་རྒྱལ་བ་ཐབས་མཁས་ལ་ཐུགས་སྙིང་རྗེའི་བདག་ཉིད་ཅན་ཞི་ཞིང་དུལ་བ་སེམས་ཅན་ཐམས་ཅད་སྡུག་བསྔལ་གསུམ་གྱི་གནས་ལས་སྒྲོལ་བའི་ཕྱིར་དུ་བཟོད་པ་

བསྐྱེད་ཅིང་སྐུ་ལུས་ཀྱི་ཤ་སོགས་གཞན་ལ་གཏོང་བར་བྱེད་པ་དང་། མ་ཟད་སྐུ་སྲོག་ཀྱང་གཞན་ལ་དཔག་མེད་དུ་གཏོང་བར་བྱེད་པ་སོགས་ཀྱི་ཡོན་ཏན་ཕུན་སུམ་ཚོགས་པ་དང་ལྡན་པ་སྟེ་ནམ་མཁའ་ཅི་སྲིད་མ་ཟད་ཀྱི་བར་དུ་སེམས་ཅན་གྱི་དོན་སྒྲུབ་པར་བྱེད་པ་ལ་བརྩོན་པར་བྱེད་པ་དང་། ནམ་ཡང་སྐུ་གསུང་ཐུགས་སོགས་ལ་མ་དག་པའི་འཁྲུལ་བ་མི་མངའ་བར་རྟག་ཏུ་སྡོམ་དང་དམ་ཚིག་སོགས་ཉེས་པའི་དྲི་མ་མེད་པར་སྤྱོད་ཚུལ་ཕུན་སུམ་ཚོགས་ཤིང་མཐོང་ན་མི་མཐུན་པ་མེད་པ་དང་། མང་དུ་ཐོས་པའི་ཡོན་ཏན་ཕུན་སུམ་ཚོགས་པ་དང་ལྡན་ཞིང་ལེགས་པར་སྦྱང་བ་ཆེ་བ་དང་། ཐུགས་རྒྱུད་ཀྱི་བྱིན་རླབས་ཟབ་མོ་ཚད་མེད་པ་ཡོད་པའི་དབང་གིས་གཞན་གྱི་མ་དག་པའི་སྣང་བ་ཐམས་ཅད་མ་འབད་ཤུགས་ཀྱིས་དག་པའི་སྣང་བ་ཉིད་དུ་ངང་གིས་འབྱུང་བར་འགྱུར་བ་དང་། དུས་ནམ་ཡང་འཇིག་རྟེན་ཚེ་འདི་ཡི་བྱ་བ་ཀུན་ལ་མ་འདྲེས་པར་བདེན་འཛིན་གྱི་རྒྱ་ལས་མ་གྲོལ་བའི་ཆོས་བརྒྱད་འདུ་འཛིའི་སྣང་བ་ཐམས་ཅད་ནམ་མཁའ་ལྟར་ཡེ་ནས་དག་པ་ཡི་རང་བཞིན་དུ་གནས་པ་དང་། བཟང་འབྲེལ་ངན་འབྲེལ་དུ་གྱུར་པའི་འབྲེལ་ཚད་ཀྱི་སེམས་ཅན་ཀུན་དོན་དང་ལྡན་ཞིང་ཐར་བའི་ལམ་ལ་འགོད་པར་བྱེད་པ་འདི་ནི་མ་འོངས་སྙིགས་མའི་དུས་སུ་རྒྱལ་བའི་རྣམ་འཕྲུལ་ཡིན་ཏེ། དེ་ལ་ནམ་ཡང་རབ་ཏུ་སྒོ་གསུམ་དང་བ་དང་གུས་པ་ཆེན་པོས་བསྟེན་པར་བྱ་དགོས། དེ་དག་ལ་བསྟེན་པར་བྱས་ན་དེ་ལས་ནམ་ཡང་ཕན་ཡོན་དང་བསོད་ནམས་ཚད་མེད་པ་དང་ཟད་དུ་མེད་པ་རྒྱུད་ལ་འབྱུང་ཞིང་། མ་དག་པ་སྲིད་པ་ཁམས་གསུམ་འཁོར་བའི་གནས་འདི་ལ་སྐྱོ་ཞིང་ངེས་འབྱུང་བཅོས་མ་མ་ཡིན་པ་རྒྱུད་ལ་སྐྱེས་ནས་ཚེ་འདིའི་སྣང་ཤས་གང་ལ་ཡང་མི་ཆགས་པར་བློ་སྣ་ཐུང་བར་གྱུར་པ་དང་། ནམ་ཡང་ཚེ་འདི་བློས་ཐོངས་ཤིང་མ་དག་པའི་འཁྲུལ་

སྣང་བདག་འཛིན་ཐམས་ཅད་མྱུར་དུ་འཇིག་པ་དང་། རང་རྒྱུད་ཀྱི་ཆགས་སྡང་རྨོངས་
གསུམ་སོགས་རིམ་གྱིས་ཞི་ཞིང་སེམས་རྒྱུད་ངང་གིས་དུལ་ཞིང་ཐོས་བསམ་སྒོམ་པ་
སོགས་ཀྱི་ཡོན་ཏན་ཚད་མེད་པ་དང་ལྡན་པར་འགྱུར་བ་དང་། མ་ཟད་རང་རྒྱུད་ལ་ཟླ་
ན་མེད་པའི་ཡུལ་མཆོག་གསུམ་ལ་དད་སོགས་ཀྱི་ཡོན་ཏན་བསམ་མི་ཁྱབ་པའམ་རྒྱ་ཆེ་
བ་དང་སྦྱངས་པའི་ཡོན་ཏན་ཕུན་སུམ་ཚོགས་པ་དང་ལྡན་པར་འགྱུར་བ་དང་། རང་
རང་ཚེ་འདི་ལ་ཇི་ལྟར་སྤྱོད་པའི་ཁོམ་པ་ཡོད་ན་དེའི་བར་ལ་དོན་ཡོད་ཅིང་ཕྱི་མར་
རང་ཉིད་གཅིག་པུར་འགྲོ་བར་བྱེད་པའི་ཚེ་ན་ཐར་པ་བླ་ན་མེད་པ་ཐོབ་པའི་འབྲས་བུ
དང་བཅས་པ་ཡིན་ལ། དེའི་ཕྱིར་ན་ནམ་ཡང་བླ་མ་དགེ་བའི་བཤེས་གཉེན་སོགས་དམ་
པ་རྣམས་ལ་རྟག་ཏུ་བསྟེན་པར་བྱ་དགོས། དེ་དག་ལ་བསྟེན་པར་མ་བྱས་ན་རང་རྒྱུད་ལ་
བསྟན་མཁས་ཀྱི་ཡོན་ཏན་གང་ཡང་འབྱུང་བར་མི་འགྱུར་བ་ཡིན་ནོ།།

དེ་ཡང་དེ་དག་ལ་བསྟེན་པར་བྱེད་པའི་ཚེ་ན་རང་རང་གི་སྒོ་གསུམ་ཟོལ་མེད་
པའི་སྒོ་ནས། དཔེར་ན་ནད་པས་སྨན་པ་ལ་བསྟེན་པར་བྱེད་པ་དང་ཚོང་པས་དེད་
དཔོན་ལ་བསྟེན་པར་བྱེད་པ་དང་གྲུ་པས་མཉན་པ་ལ་བསྟེན་པར་བྱེད་པ་དང་མགྲོན་
པོས་སྐྱེལ་མ་དཔའ་བོ་ལ་བསྟེན་པར་བྱེད་པ་ལྟར་རྟག་ཏུ་སྒོ་གསུམ་གུས་པའི་སྒོ་ནས་སྤྱི་
ཞུས་རྟག་ཏུ་ཐུགས་མཉེས་པར་བྱ་དགོས་པ་ཡིན་ལ། དེས་ན་རང་རྒྱུད་བདུད་ཀྱིས་
བརླབས་ཤིང་བླ་མ་དགེ་བའི་བཤེས་གཉེན་དམ་པ་སོགས་ལ་མ་དད་པ་སོགས་ལོག་པར་
ལྟ་བའི་སེམས་རྒྱུད་ལ་སྐྱེས་པར་གྱུར་ན། དེ་ལྟ་བུའི་ཡུལ་ཕུན་སུམ་ཚོགས་པ་སོགས་ལ་
ངན་སེམས་སྐྱེས་པ་སྐད་ཅིག་རེ་རེའི་གྲངས་བཞིན་དུ་ངན་འགྲོ་མུ་མཐའ་མེད་པར་
འཇུག་པར་དྲང་སྲོང་བདེན་པར་སྨྲ་བ་ཐུབ་པ་སངས་རྒྱས་བཅོམ་ལྡན་འདས་ཀྱིས་

གསུངས་པ་ཡིན་ལ། དེས་ན་དེ་ལྟ་བའི་སྡིག་པ་མི་དགེ་བའི་ཚོགས་ཀུན་ལ་བཤགས་སྡོམ་སོགས་དང་འགྱོད་ཚངས་ཆེན་པོ་ཡི་སྒོ་ནས་བཤགས་ཤིང་། ཕྱིན་ཆད་འཆི་བ་སྲོག་ལ་ཐུག་ཀྱང་མི་བྱ་བར་དམ་ཚིག་རྣམ་པར་དག་པ་དཔེར་ན་མིག་བཞིན་དུ་སྲུང་བའི་ཐབས་ལ་འབད་བརྩོན་བྱེད་དགོས་པ་ཡིན་ནོ།

དེ་ལྟར་བྱས་ནས་བླ་མ་དགེ་བའི་བཤེས་གཉེན་དམ་པ་ཐམས་ཅད་ལ་མཉེས་པ་གསུམ་གྱིས་རབ་ཏུ་བསྙེན་པར་བྱས་ནས་རང་རྒྱུད་འདུལ་བའི་ཐབས་ལ་འབད་བརྩོན་དྲག་པོ་བྱ་བ་དང་། ཐོས་བསམ་སྒོམ་པས་རང་རྒྱུད་ཀྱི་འདོད་ཆགས་ཞེ་སྡང་སོགས་སྤྱངས་པར་བྱས་ནས་རྟག་ཏུ་འཇིག་རྟེན་ཚེ་འདིའི་དགྲ་འདུལ་གཉེན་སྐྱོང་ཚོང་ཁེ་སོ་ནམ་སོགས་སྤངས་པར་བྱས་ཤིང་། རྟག་ཏུ་ཐར་བ་ཐམས་ཅད་མཁྱེན་པའི་གོ་འཕང་དོན་དུ་གཉེར་ཞིང་དེ་ཕོ་ན་སྒྲུབ་པར་འདོད་པའི་བསམ་པ་ཡིས་སྒོ་གསུམ་གྱི་བྱ་བ་གང་བྱེད་ཐམས་ཅད་དགེ་བ་ལ་འདུན་པས་བསྒྱུར་བ་ནི་ཐེག་པ་རིམ་དགུའི་ཆོས་ཚུལ་རྒྱ་མཚོ་ལྟ་བུའི་ཉམས་ལེན་གྱི་ཆོས་དེ་ལམ་དུ་འགྲོ་བར་བྱ་བའི་མན་ངག་བླ་ན་མེད་པ་ཡིན་ནོ། །དེས་ན་རྒྱུན་དུ་ཆོས་ལ་ཉན་པ་དང་སེམས་པ་དང་དེ་དག་ཇི་བཞིན་མ་ནོར་པར་ཁ་ཏོན་བྱེད་པ་ནའང་ཚེ་འདིའམ་སྐྱེ་བ་གཞན་གྱི་གནས་སྐབས་སུ་ལྷ་དང་མི་སོགས་ཀྱི་གོ་འཕང་ཐོབ་པ་ཙམ་ལ་དམིགས་ནས་བསྒྲུབ་པར་མི་བྱ་བར། ནམ་ཡང་རང་རྒྱུད་ཐར་བའི་དོན་དུ་བསྐུལ་བར་བྱ་བ་དང་དེ་ཡི་དོན་དུ་བརྩམ་པར་བྱ་ཞིང་འབྲི་བ་དང་ཀློག་པར་བྱེད་པ་དང་དེའི་དོན་མི་བརྗེད་པར་ཡིད་ལ་འཛིན་པར་བྱེད་པ་དང་དོན་ཇི་བཞིན་མ་ནོར་བ་གཞན་ལ་འཆད་པར་བྱེད་པ་ནའང་བདག་གཞན་སེམས་ཅན་ཐམས་ཅད་སྡུག་བསྔལ་གསུམ་གྱི་གནས་ལས་གྲོལ་བར་བྱ་བ་དང་། ཐར་བ་བླ་ན་མེད་པ་

ཁོ་ན་ཐོབ་པར་འདོད་པའི་སྒོ་ནས་བརྩམ་པར་བྱ་དགོས་པ་ཡིན་ནོ།།

གནས་ལུགས་སྤྲོས་པ་ཐམས་ཅད་དང་བྲལ་བའི་དོན་ཇི་བཞིན་མ་ནོར་བར་སྟོན་པར་བྱེད་པ་དང་མཐར་ཐུག་ལྟ་བའི་ངོ་བོ་སྐྱོང་བར་བྱེད་པ་དང་དོན་ཇི་བཞིན་དུ་གནས་པ་ཐམས་ཅད་ལག་ལེན་དུ་སྤྱོད་པར་བྱེད་པ་ནའང་ཐམས་ཅད་ཚེ་འདི་སོགས་ལ་མི་དམིགས་པར་མཐར་ཐུག་གི་ཐར་བ་བླ་ན་མེད་པ་ཁོ་ནའི་སེམས་དང་མ་བྲལ་བའི་སྒོ་ནས། ནམ་ཡང་རང་རྒྱུད་ལ་ངེས་འབྱུང་སྐྱོ་ཤས་དྲག་པོས་བསྐུལ་ནས་འབད་བརྩོན་བྱེད་པར་བྱ་དགོས། དེ་ལྟར་མ་བྱས་ན་ནམ་ཡང་གནས་ལུགས་ཀྱི་དོན་དང་བྲལ་ཞིང་འཁོར་བ་ལ་ངེས་འབྱུང་དང་སྐྱོ་ཤས་སོགས་ནམ་ཡང་རྒྱུད་ལ་མི་སྐྱེ་བར་འགྱུར་བ་ཡིན་པའི་ཕྱིར་རོ། །དེས་ན་ནམ་ཡང་ཆོས་ཕུང་རབ་འབྱམས་ཀྱི་སྙིང་པོའི་དོན་དང་དུས་གསུམ་རྒྱལ་བ་སྲས་དང་བཅས་པའི་མན་ངག་ཟབ་མོ་འདི་ལས་གོང་ན་མེད་པ་ཡིན་ལ། དེས་ན་རང་རང་གིས་དུས་དང་རྣམ་པ་ཐམས་ཅད་དུ་ཟ་ཉལ་འགྲོ་འདུག་སྤྱི་བརྗོད་བྱེད་པ་དང་། དེ་དོན་ཡིད་ལ་བསམ་པ་སོགས་ཇི་ལྟར་བྱས་ཀྱང་ཐམས་ཅད་དམ་པའི་ཆོས་དང་མཐུན་པར་བྱ་དགོས། མདོར་ན་སྒོ་གསུམ་གྱི་བྱ་བ་གང་དང་གང་བྱེད་ཀྱང་ཐམས་ཅད་ཐར་བ་བླ་ན་མེད་པ་ཞིག་ཐོབ་པར་འདོད་པའི་བློ་དང་མ་བྲལ་བའི་སྒོ་ནས་འཁོར་བ་མཐོ་དམན་ཀུན་ལ་ཡིད་ཀྱིས་སྐྱོ་ཤས་དྲག་པོ་བསྐྱེད་དེ་ནམ་ཡང་སེམས་རྒྱུད་ཆོས་ཀྱིས་འདུལ་བར་བྱ་དགོས། དེ་ལྟར་བྱས་ན་འདི་ཡིས་ནི་ཟབ་མོའི་དམ་ཆོས་གང་བསྒྲུབས་པར་བྱས་པ་ཐམས་ཅད་ལམ་དུ་འགྲོ་བར་བྱ་བའི་གནད་བླ་ན་མེད་པ་གཞན་ལས་ཁྱད་པར་དུ་འཕགས་པ་ཐེག་པ་ཆེན་པོའི་ཆོས་ཟབ་རྨད་དུ་བྱུང་བའི་དོན་ཀུན་ལམ་དུ་འགྲོ་བར་བྱེད་པ་ཡིན་ལ། རང་གི་སྒོ་གསུམ་གྱི་དགེ་བ་ཆེ་ཆུང་གང་བྱེད་པར་འདོད་ནས་ཇི་ལྟ་བུ

ཞིག་བྱས་ཀྱང་ཐམས་ཅད་གཞན་དོན་དུ་དམིགས་པར་བྱ་སྟེ། དུས་དང་གནས་སྐབས་ཐམས་ཅད་དུ་གཞན་དོན་སྙིང་རྗེས་ཀུན་ནས་བསླངས་ཤིང་བྱང་ཆུབ་མཆོག་ཏུ་སེམས་བསྐྱེད་པར་བྱེད་པ་དང་། དེ་སྒྲུབ་པར་བྱེད་པ་ལ་སོས་ཤིང་ཐམས་ཅད་རང་རང་གིས་ལན་དང་རྣམ་སྨིན་སོགས་ལ་མི་རེ་བར་ཁེངས་སེམས་མེད་པར་དགེ་རྩ་མཐའ་དག་གཞན་དོན་དུ་བསྔོ་བར་བྱེད་པ་དང་། མ་ཟད་གཞན་གྱི་དགེ་བ་གང་བྱས་ཐམས་ཅད་ལ་སྙིང་ནས་རྗེས་སུ་ཡི་རང་བར་བྱས་ཤིང་མཐའ་ཡས་པའི་སེམས་ཅན་ཐམས་ཅད་ཀྱི་དོན་གྱི་ཕྱིར་དུ་ཡོངས་སུ་བསྔུབས་པའོ་སྙམ་པའི་སྒོ་ནས་ཐར་བའི་ལམ་ལ་བརྩོན་པ་བརྒྱ་འགྱུར་གྱི་སྒོ་ནས་བརྩོན་ཞིང་ཟབ་པ་དང་རྒྱ་ཆེ་བའི་སྒོ་ནས་དམ་པའི་ཆོས་ལ་ཅི་ནུས་སུ་ཉམས་སུ་ལེན་པར་བྱ་དགོས་པ་ཡིན་ནོ། །

འདི་ལྟར་མཐའ་ཡས་པའི་འགྲོ་བ་ཀུན་བདག་གི་ཕ་དང་མ་སོགས་བྱས་པ་དང་། མ་ཟད་སེམས་ཅན་རྣམས་རང་ལ་ཤིན་ཏུ་མཛའ་བའི་གཉེན་དང་རྩ་ལག་ཏུ་གྱུར་པ་ཡིན་པས་ནམ་ཡང་ཐམས་ཅད་ལ་བདག་གིས་ཕན་གདགས་ཀྱི་ཞིང་ངམ་ཡུལ་ཡིན་ལ། དེས་ན་བདག་གིས་ཀྱང་གཞན་དོན་དུ་བྱང་ཆུབ་ཀྱི་སེམས་རིན་པོ་ཆེ་བསྐྱེད་པར་བྱས་པའི་འགྲོ་བའི་དོན་དུ་དགེ་བ་མཐའ་དག་བསྒྲུབ་པར་བྱ་དགོས། དེ་ལྟར་མ་བྱས་ན་སེམས་ཅན་ཐམས་ཅད་ཀྱི་དོན་མཐའ་དག་ནམ་ཡང་འགྲུབ་པར་མི་འགྱུར་བ་ཡིན་ནོ། །དེས་ན་བདག་གི་དུས་གསུམ་གྱི་དགེ་བའི་དངོས་པོ་ཐམས་ཅད་ཀྱི་སྟོབས་ཀྱིས་འགྲོ་བ་སེམས་ཅན་ཐམས་ཅད་བདེ་བར་འགྱུར་བ་དང་། དེ་དག་ཀུན་གྱི་སྡུག་བསྔལ་མ་ལུས་པ་ཐམས་ཅད་བདག་ལ་སྨིན་པར་གྱུར་པ་དང་། ནམ་ཡང་བདག་གིས་དུས་གསུམ་དུ་བསགས་པའི་དགེ་བ་མཐའ་དག་འགྲོ་བ་ཀུན་ལ་སྨིན་པར་གྱུར་བའི་ཐབས་ལ་འབད་བརྩོན་བྱེད་

དགོས་པ་ཡིན་ཏེ། དེ་ལྟར་མ་བྱས་ན་ནམ་ཡང་གཞན་དོན་དུ་འགྱུར་བའི་སྐལ་བ་དང་བྲལ་བར་འགྱུར་བ་ཡིན་པའི་ཕྱིར་རོ། །དེས་ན་ནམ་ཡང་གོང་དུ་བཤད་པ་ལྟ་བུའི་ལུས་ཅན་གྱི་སེམས་ཅན་ཐམས་ཅད་སྡུག་བསྔལ་གསུམ་གྱི་གནས་ལས་གྲོལ་ཞིང་རྫོགས་པའི་སངས་རྒྱས་ཀྱི་གོ་འཕང་བླ་ན་མེད་པ་ཡང་དག་ཅིག་མྱུར་དུ་ཐོབ་པར་ཤོག་ཅིག་ཅེས་བརྗོད་ཅིང་བསམ་པར་བྱ་དགོས། དེ་ཡིས་བདག་ལས་གཞན་གཅེས་པར་འཛིན་པའི་བྱང་ཆུབ་ཀྱི་སེམས་རིན་པོ་ཆེ་དེ་ཉིད་ལ་སྦྱོང་བར་བྱེད་པའི་ཐབས་ལ་འབད་བརྩོན་བྱེད་དགོས་པར་བསྟན་པ་ཡིན་ནོ། །

དེ་ལྟ་བུའི་སྒོ་ནས་སེམས་ཅན་ཐམས་ཅད་སངས་རྒྱས་པར་ཤོག་ཅིག་སྙམ་དུ་ཚད་མེད་རྣམ་པ་བཞིའི་སྙིང་རྗེའི་བྱང་ཆུབ་མཆོག་ཏུ་སེམས་བསྐྱེད་ཁྱད་པར་ཅན་སྦྱང་བར་བྱ་དགོས་པ་ཡིན་ལ། དེས་ན་དགེ་བ་གང་ཞིག་སྒྲུབ་པར་བྱེད་པ་རྣམས་ལ་སྦྱོར་བ་སེམས་བསྐྱེད་དམ་པ་དང་། དངོས་གཞི་སྤྲོས་པ་ཐམས་ཅད་དང་བྲལ་བ་གཅིག་དང་ཐ་དད་གང་དུའང་མི་དམིགས་པ་དམིགས་མེད་དམ་པ་དང་། དགེ་བ་ཐམས་ཅད་གཅིག་ཀྱང་མ་ལུས་པར་སྙིང་རྗེའི་ཀུན་ནས་བསླངས་ཤིང་རྗེས་སུ་གཞན་དོན་ལ་དམིགས་པའི་སྒོ་ནས་འགྲོ་བ་ཀུན་ལ་བསྔོ་བ་བྱེད་པར་བྱ་དགོས། དེ་ཡང་འཁོར་གསུམ་རྣམ་པར་དག་པའི་དགེ་བ་ཡོངས་སུ་དག་པའམ་ཡང་དག་ནི་ཅི་ལྟ་བུ་ཞིག་ཡིན་ནོ་ཞེ་ན། དེ་ནི་ནམ་ཡང་བྱང་ཆུབ་ཀྱི་སྤྱད་བྱ་སྤྱོད་བྱེད་ཡོངས་སུ་སྤྱད་པ་ལ་བརྗོད་པར་བྱ་བ་ཡིན་ལ། དེས་ནི་རང་བཞིན་གྲུབ་པ་མེད་པ་དཔེར་ན་སྒྱུ་མ་འདྲ་བར་དོན་ལ་གཅིག་དང་ཐ་དད་དུ་གྲུབ་པ་མེད་ལ་སྣང་ཙམ་གྱི་སྒྱུལ་པ་བཞིན་དུ་འཁོར་གསུམ་བདེན་འཛིན་སོགས་ཀྱི་ཉེས་སྐྱོན་གྱི་དྲི་ཡིས་མ་གོས་པར་རང་བཞིན་དག་པའི་ངང་ནས་གཞན་གྱི་དོན་ཕྱིར་དུ་བསྔོ་

བར་བྱེད་དགོས་པ་ཡིན་ནོ། །

དེ་ཡང་རང་གི་མོས་པ་དང་རྒྱལ་བ་དང་རྒྱལ་བའི་ཆོས་ཚུལ་རྒྱ་མཚོ་ལྟ་བུ་རྣམས་དང་། རྒྱལ་བའི་སྲས་བྱང་ཆུབ་སེམས་དཔའ་དམ་པ་རྣམས་དང་བསོད་ནམས་དགེ་བའི་ཚོགས་མཉམ་ཞིང་། དུས་རྣམས་ཀུན་ཏུ་མ་ལུས་ཀུན་ལ་སྒོ་གསུམ་རབ་ཏུ་དང་བའི་དད་པ་སྐྱེ་ནམ་ཡང་རང་དོན་དང་གཉིས་དོན་གཞན་དོན་མོས་པ་དེ་ལས་བདག་གཞན་སེམས་ཅན་ཐམསམས་ཅད་ཀྱི་རྒྱུད་ལ་བསྟོད་དང་བཀུར་དང་བསྔགས་པ་དཔེ་མེད་ཐོབ་ཅིང་། ཡི་རང་རྒྱལ་དང་དེ་ཡི་སྲས་བྱང་ཆུབ་སེམས་དཔའ་རྣམས་དང་མཐའ་ཡས་པའི་འགྲོ་ཀུན་དང་། དེ་དག་ཐམས་ཅད་ཀྱི་དགེ་བ་ཀུན་ལ་དགའ་བ་སྒོམ་པ་སྟེ། ནམ་ཡང་དེ་ལ་སློབ་པར་བྱས་ན་འདི་ནི་བདག་གཞན་སེམས་ཅན་ཐམས་ཅད་ཀྱི་རྒྱུད་ལ་བསོད་ནམས་ཀྱི་ཕུང་པོ་དཔག་ཏུ་མེད་པ་འབྱུང་བ་དང་། བསོད་ནམས་དགེ་བའི་དངོས་པོ་ཚད་མེད་པ་ཆེན་པོར་སྒྱུར་བའི་ཐབས་མཆོག་བླ་ན་མེད་པ་ཡིན་ནོ། །

དེས་ན་དུས་ནམ་ཡང་གོང་དུ་བཤད་པ་ལྟ་བུའི་བདག་གཞན་སེམས་ཅན་ཐམས་ཅད་ཀྱིས་དུས་གསུམ་དུ་བསགས་པའི་དགེ་བའི་དངོས་པོ་ཐམས་ཅད་སྨོན་ལམ་རྣམ་པར་དག་པ་ཡི་སྒོ་ནས་འགྲོ་བའི་དོན་དུ་འགྱུར་བར་བྱ་བའི་ཕྱིར་དུ་རྒྱས་གདབ་པ་དང་། སྤྱོད་ཡུལ་དག་པའི་དུས་གསུམ་གྱི་རྒྱལ་བ་ཀུན་གྱི་གསུང་གི་སྙིང་པོ་ལྟ་བུའི་མན་ངག་ཇི་བཞིན་མ་ནོར་བར་བསྒོམ་པར་བྱ་དགོས་པ་ཡིན་ལ། དེས་ན་ནམ་ཡང་རང་རྒྱུད་དྲན་ཤེས་བག་ཡོད་བསྟེན་ཅིང་མ་དག་ཐ་མལ་གྱི་ཕྱོགས་སུ་སྐད་ཅིག་ཙམ་དུ་ཡང་མ་ཡེངས་པར་རང་རང་གི་སྒོ་གསུམ་གྱི་དགེ་བ་ཅི་བྱས་ཐམས་ཅད་གཞན་དོན་དུ་བསྔོ་ཞིང་སྙིང་པོ་ཉིད་དུ་འཛིན་པར་བྱ་དགོས། དེ་ལྟར་མ་བྱས་ན་དགེ་རྩ་ཐམས་ཅད་ལན་གཅིག་སྨིན་

ཀྱང་མཐར་ཆུ་ཤིང་ཤུལ་བ་བཞིན་དུ་སྙིང་པོ་མེད་པར་འགྱུར་བ་ཡིན་ནོ། །དེས་ན་རྒྱུན་དུ་རང་རྒྱུད་བདུལ་བར་བྱས་ནས་ལྷག་བསམ་རྣམ་པར་དག་པའི་སེམས་བསྐྱེད་དང་ལྡན་པར་གྱུར་ན་ཆོས་གང་ཡང་ལམ་དུ་འགྲོ་བ་ཞེས་བྱ་བ་ལགས་སོ། །དེ་ལྟར་ཐེག་དགུའི་ཡང་རྩེ་འོད་གསལ་རྫོགས་པ་ཆེན་པོའི་དོན་ཟབ་མྱུར་དུ་བྱུང་བ་ཛ་མཚར་བའི་གནས་སུ་གྱུར་པ་དཔེར་ན་ཛ་སྒྲའི་དབྱངས་ཕྱོགས་བཅུ་ཀུན་ཏུ་སྒྲོག་པར་བྱེད་པའི་སྒོ་ནས་ཟབ་ཅིང་རྒྱ་ཆེའི་དོན་སྟོང་ཉིད་སྒྲོག་པའི་ང་རོ་སྙན་པ་ཕྱོགས་བཅུ་ཀུན་ཏུ་གྲགས་པར་བྱེད་པ་དེ་ཡི་སྟོབས་ཀྱིས་ལས་ཉོན་མ་རིག་པ་གཏི་མུག་གི་གཉིད་ཀྱིས་མྱོས་པའི་འགྲོ་བ་ཀུན་རབ་ཏུ་སད་དེ་ཞི་བའི་དགའ་སྟོན་སོགས་ལ་རྒྱ་ཆེར་རོལ་བ་དང་རང་བཞིན་ཡེ་དག་ཆེན་པོ་སྟོང་ཉིད་སྤྲོས་པ་ཐམས་ཅད་དང་བྲལ་བའི་དོན་ཇི་བཞིན་དུ་མཐོང་བར་ཤོག་ཅེས་བརྗོད་ཅིང་བསམ་ལ་རང་བཞིན་ཡེ་དག་གཉུག་མའི་ངོ་བོ་སྐྱོང་ཞིང་དེ་ལ་མཉམ་པར་གཞག་པར་བྱ་དགོས་པ་ཡིན་ནོ། །ཆོས་བཞི་རིན་པོ་ཆེའི་ཕྲེང་བ་ལས་ཆོས་ལམ་དུ་འགྲོ་བའི་རབ་ཏུ་བྱེད་པ་སྟེ་གཉིས་པ་བཤད་གྲུབ་པའོ།། །།

ལས་དང་པོ་བ་རྣམས་ཆོས་ལམ་ལ་འགྲོ་བར་འདོད་པ་དེ་ནས་བཟུང་སྟེ་ལམ་གྱི་འཁྲུལ་བ་སེལ་བ་དེ་ལ་ཡང་། ཐེག་པ་ཐུན་མོང་བ་དང་ཁྱད་པར་དུ་བླ་ན་མེད་པ་དེ་ལས་གང་ཉམས་སུ་ལེན་པར་བྱ་དགོས་ཞེ་ན། དང་པོ་ཐུན་མོང་ཐེག་པའི་ལམ་ཆེན་གང་ཡིན་པ་དེ་ལ་འཇུག་པར་བྱ་དགོས། དེ་ནི་གང་ཞེ་ན་དང་པོ་བསོད་ནམས་སོགས་ཀྱི་ཚད་གཞལ་དུ་མེད་པ་ཡི་བསམ་པ་བྱང་ཆུབ་མཆོག་ཏུ་སེམས་བསྐྱེད་པར་བྱེད་པ་དང་། དེ་ཡོངས་སུ་འགྲུབ་པའི་རྒྱུ་ཉིད་དུ་སྨོན་ལམ་དང་སྙིང་རྗེ་ཡི་བདག་ཉིད་ཅན་ཐབས་ཆེན་སྤྱོད་པས་མ་དག་པ་གཉིས་འཛིན་གྱི་འཁྲུལ་བ་མཐའ་དག་སེལ་བ་སྟེ་རྟག་ཏུ་སྟོང་ཉིད་

སྙིང་རྗེའི་སྙིང་པོ་ཅན་དེ་དང་ལྡན་ཞིང་ནམ་ཡང་འབྲལ་བ་མེད་པར་དེའི་ངང་དུ་གནས་ནས་རང་གཞན་དོན་གཉིས་ཡོངས་སུ་དུས་དང་རྣམ་པ་ཀུན་ཏུ་བསྒྲུབས་པར་བྱས་པ་ན་རང་བཞིན་ཡེ་ནས་དག་པའི་ཆོས་ཁམས་དགེ་བ་འདུས་མ་བྱས་པ་ཡི་མ་དག་པའི་གློ་བུར་གྱི་དྲི་མ་མཐའ་དག་རབ་ཏུ་སྦྱང་བའི་རྒྱུ་ཉིད་དུ་འགྱུར་བ་ཡིན་པའི་ཕྱིར་རོ།།

དེས་ན་ནམ་ཡང་ལེ་ལོ་དང་ཕྱི་བཤོལ་སོགས་ཀྱི་དབང་དུ་མི་འཁྱམས་པར་རྟག་ཏུ་ཚོགས་ལམ་དང་སྦྱོར་ལམ་དང་མཐོང་ལམ་དང་སྒོམ་པའི་ལམ་བཞི་རུ་བསླབ་ཅིང་བྱང་ཆུབ་ཕྱོགས་ཀྱི་ཆོས་སུམ་ཅུ་རྩ་བདུན་སོགས་སྒོམ་པར་བྱ་ཞིང་སྟོང་ཉིད་སྤྲོས་པ་ཐམས་ཅད་དང་བྲལ་བའི་ངང་དུ་གནས་པར་བྱ་དགོས་པ་ཡིན་ལ། ནམ་ཡང་མ་དག་པ་འཁྲུལ་གྱི་འཁྲུལ་རྒྱུ་སོགས་ཀྱིས་མ་བསླད་པར་ཐམས་ཅད་དག་པའི་རང་བཞིན་གྱི་ལྟ་བ་སྟོང་ཉིད་ངོ་བོ་གཅིག་ལ་ལྡོག་པ་ཐ་དད་པའི་སྒོ་ནས་དབྱེ་ན་རྣམ་པ་བཅུ་དྲུག་གིས་རང་བཞིན་ཅན་དང་། ཉེས་སྐྱོན་སོགས་ཀྱི་དྲི་མ་མེད་པ་སྤྱོད་པ་སྦྱིན་སོགས་ཕ་རོལ་ཏུ་ཕྱིན་པ་དྲུག་ཡོངས་སུ་རྫོགས་ཤིང་། ཀུན་ཉོན་དང་རྣམ་བྱང་གཉིས་ཀྱིས་བསྡུས་པའི་གང་ཟག་གི་བདག་འཛིན་དང་ཆོས་ཀྱི་བདག་འཛིན་རྣམ་པ་གཉིས་པོ་བདག་མེད་རྟོགས་པའི་ཤེས་རབ་ཀྱིས་རང་བཞིན་མེད་པར་རྟོགས་ནས་ལས་དང་པོ་བ་རྣམས་ཀྱིས་རང་རྒྱུད་ཀྱི་ལས་དང་ཉོན་མོངས་པ་སོགས་གོང་དུ་བཤད་པ་ལྟ་བུའི་བདག་མེད་རྟོགས་པའི་ཤེས་རབ་ཀྱི་གཉེན་པོའི་ཐབས་ཀྱིས་སྦྱང་བར་བྱ་བ་དེ་ནི་རྒྱལ་སྲས་བྱང་ཆུབ་སེམས་དཔའ་རྣམས་ཀྱི་ལམ་བཟང་སྙེ་ཚང་ལ་མ་ནོར་བ་ཡིན་ལ། འཁོར་འདས་སྣང་བཏགས་ཀྱིས་བསྡུས་པའི་ཆོས་ཐམས་ཅད་རང་བཞིན་གྱིས་གྲུབ་པ་མེད་པ་དཔེར་ན་སྒྱུ་མ་དང་རྨི་ལམ་འཁྲུལ་པའི་སྣང་ཚུལ་ཙམ་མ་གཏོགས་དེ་ལས་གཞན་དབྱིངས་སྤྲོས་པ་ཐམས་

ཅད་དང་བྲལ་བའི་ངོར་ན་ནམ་ཡང་འཁོར་འདས་གཉིས་ལ་སྤང་བླང་དགག་སྒྲུབ་སོགས་གང་ཡང་གྲུབ་པ་མེད་པ་ཡིན་ཡང་། ཐ་སྙད་མ་བརྟགས་མ་དཔྱད་འཁྲུལ་བ་ཙམ་གྱི་ངོར་གནས་ནས་སྤང་བྱ་དང་བླང་བྱ་དོར་བྱ་ཉིད་དུ་བྱས་སྟེ་དགེ་སྡིག་བླང་དོར་སོགས་ཀྱི་བྱ་བ་བྱེད་པ་ཡིན་ལ། དེས་ན་ཐམས་ཅད་ཀྱིས་ནམ་ཡང་རང་རྒྱུད་ཀྱི་འདོད་ཆགས་ཞེ་སྡང་གཏི་མུག་ཉོན་མོངས་པ་སོགས་སྤང་བར་བྱ་བ་ལ་གཉེན་པོ་བསྟེན་པར་བྱ་དགོས། དེ་ཇི་ལྟ་བུ་ཞིག་དགོས་སོ་ཞེ་ན། དཔེར་ན་འདོད་ཆགས་ཀྱི་གཉེན་པོར་སྐྱུ་ལུས་འདི་མི་གཙང་བ་རྫས་ངན་སུམ་ཅུའི་རང་བཞིན་མི་སྡུག་པ་སྒོམ་པ་དང་། ཞེ་སྡང་གི་གཉེན་པོ་བྱམས་པ་སྒོམ་པར་བྱེད་པ་དང་། མ་རིག་པ་གཏི་མུག་ནི་རྟེན་འབྲེལ་རྟོགས་པའི་རྒྱུ་བོས་སྦྱོང་བར་བྱེད་དགོས། དེ་ལྟར་བར་བྱས་ན་རང་བཞིན་སྐྱེ་བ་མེད་པ་སྟོང་པ་ཉིད་ཀྱི་དོན་རྒྱུད་ལ་སྐྱེ་བར་འགྱུར་བ་ཡིན་ནོ།།

དེ་ཡང་རང་བཞིན་གཉུག་མའི་གནས་ལུགས་དམ་པའི་དོན་དུ་གཟུགས་ནས་རྣམ་མཁྱེན་གྱིས་བསྡུས་པའི་ཆོས་ཐམས་ཅད་གཅིག་དང་ཐ་དད་དུ་གྲུབ་པ་མེད་པ་དང་། དེ་ནི་ཆོས་གང་ཡང་མ་སྐྱེས་པ་དང་མ་འགག་པ་ཡེ་ནས་རྣམ་པར་དག་པའི་རང་བཞིན་ཉིད་དུ་གནས་པ་ཡིན་པས་ན་འཁོར་འདས་གཉིས་གཅིག་དང་ཐ་དད་དུ་གཉིས་སུ་གྲུབ་པ་མེད་པར་སྤྲོས་པ་ཐམས་ཅད་དང་བྲལ་བ་སྟེ། དོན་ལ་བླང་དོར་དགག་སྒྲུབ་སོགས་ཀྱི་བྱ་བ་གང་ཡང་གྲུབ་པ་མེད་པ་ཡིན་ནོ།།

སྤྱིར་འཁོར་འདས་སྣང་བཏགས་ཀྱིས་བསྡུས་པའི་ཆོས་ཐམས་ཅད་དོན་ལ་བདེན་པ་གཉིས་སུ་འདུས་པ་ཡིན་ལ་བདེན་པ་གཉིས་ཀྱི་དོན་ལ་སྟོང་རྟེན་འབྱུང་འབྲེལ་བར་འབྱུང་བ་ཙམ་གྱི་ལམ་ལ་གནས་ཤིང་གནས་ལུགས་ཀྱི་དོན་ཉམས་སུ་ལེན་པར་བྱེད་པ་

དེ་ནི་མཚན་ཉིད་ཀྱི་ཡི་ཐེག་པ་ཆེན་པོ་ལུགས་ལ། ཡང་གཞན་ལས་ཁྱད་པར་དུ་འཕགས་པ་ཐེག་པ་ཆེན་པོའི་ལམ་ཆེན་རྨད་དུ་བྱུང་བ་གསང་སྔགས་རྫོགས་པ་ཆེན་པོའི་ཕྱི་ནང་གསང་བའི་ཡོན་ཏན་བསམ་མི་ཁྱབ་པ་ཡོད་པ་དེ་གང་ཞེ་ན། དེ་ནི་འདིར་མདོར་བསྡུས་པ་ཞིག་བརྗོད་པར་བྱས་ན་ལམ་གྱི་སྐབས་སུ་བསྐྱེད་རིམ་དང་རྫོགས་རིམ་སོགས་ཟུང་འཇུག་གི་ཐབས་མཆོག་རྨད་དུ་བྱུང་བ་དང་ཐློས་དཔག་ཏུ་མེད་པ་སྣ་ཚོགས་རིམ་པས་མ་དག་འཁྲུལ་པ་ཡི་གཉིས་འཛིན་གྱི་དྲི་མ་མཐའ་དག་སྦྱོང་བར་བྱ་བ་དེ་ཡིན་ལ། དེས་ན་གསང་སྔགས་རྡོ་རྗེ་ཐེག་པའི་ལམ་ལ་སློབ་པར་བྱེད་པ་དེའི་ཚེ་ཕྱི་ནང་གསང་གསུམ་ཐམས་ཅད་ཡེ་ནས་དག་པ་ཡི་རང་བཞིན་གཙོར་བྱེད་པ་ཡིན་པས་དོན་ལ་མ་དག་པའི་རང་བཞིན་རྡུལ་ཙམ་ཡང་མེད་པས་སྤང་བླང་སོགས་སུ་གྲུབ་པ་མེད་པ་ཡིན་མོད། ཐ་སྙད་དེ་མ་དག་ཐ་མལ་གྱི་ངོར་ལ་སྤང་བླང་རེས་འཇོག་བྱས་ཤིང་མ་དག་པའི་དྲི་མ་རྣམས་གཉེན་པོས་སེལ་བར་བྱེད་པ་དང་། ནང་ནི་དག་མཉམ་བདེན་པ་དབྱེར་མེད་དམ་ཟུང་འཇུག་སྤྲོས་པ་ཐམས་ཅད་དང་བྲལ་བ་གཉིས་སུ་མེད་པའི་ཡེ་ཤེས་ཀྱིས་ཐ་སྙད་དུ་སྣང་བའི་ཆོས་རྣམས་སྤང་བྱའི་དངོས་འཛིན་གྱི་སྣང་བ་དེ་རྣམས་ཐབས་ཀྱིས་ལམ་དུ་བསྒྱུར་བར་བྱེད་པ་དང་། ཡེ་ནས་རང་བཞིན་རྣམ་པར་དག་པ་རིག་ཁམས་བདེ་བར་གཤེགས་པའི་སྙིང་པོའི་ངོ་བོ་གཞི་དབྱིངས་སྤྲོས་པ་ཐམས་ཅད་དང་བྲལ་བའི་དཀྱིལ་འཁོར་གྱི་ངོ་བོ་ལ་བསམ་ན་རང་བཞིན་གྱིས་ཆོས་གང་ཡང་གྲུབ་པ་མེད་ཀྱང་། ཐ་སྙད་དུ་གདུལ་བྱ་རང་རང་ལ་བསླུ་མེད་བསྙོན་མེད་དུ་སྣང་བའི་ཆོས་ཀུན་བདེན་པར་གྲུབ་པ་མེད་པ་རང་གི་སེམས་ལ་སྣང་བ་ཙམ་མ་གཏོགས་མེད་ལ། དེས་ན་ཐམས་ཅད་འཁྲུལ་པ་དངོས་མེད་སྟོང་གཟུགས་གསལ་སྣང་ཙམ་ཉིད་དུ་མ་གཏོགས་བདེན་པར་གྲུབ

པ་མེད་པ་ཡིན་ནོ།།

ནམ་ཡང་རང་རྒྱུད་ཀྱི་དྲི་མ་མཐའ་དག་བསལ་བར་བྱས་ནས། རང་གི་ཕུང་པོ་ལྔ་དང་ཁམས་ལྔ་དང་སྐྱེ་མཆེད་བཅུ་གཉིས་ལ་སོགས་པ་ཐམས་ཅད་མ་དག་པའི་རང་བཞིན་མ་ཡིན་པར་ཡེ་ནས་དག་པ་རྒྱལ་བ་རིགས་ལྔ་ལ་སོགས་དག་པའི་རང་བཞིན་ཉིད་ཡིན་པར་དྲན་པར་བྱས་ཏེ། མ་དག་ཐ་མལ་གྱི་འདུ་ཤེས་གང་ལ་ཡང་མི་ཆགས་པར་སྣང་སྲིད་འཁོར་འདས་ཀྱིས་བསྡུས་པའི་ཆོས་ཐམས་ཅད་དག་པ་ལྷ་ཡི་རང་བཞིན་ཉིད་དུ་བསྐྱེད་པའི་རིམ་པས་སྣང་སྲིད་ཐམས་ཅད་རང་བཞིན་ཡེ་དག་གི་ངོ་བོ་ལ་གནས་ཤིང་རང་གི་སྒོ་གསུམ་དཀྱིལ་འཁོར་གསུམ་མམ་གཅིག་གི་རང་བཞིན་དུ་གནས་ནས། ནམ་ཡང་རང་རང་གིས་ལུས་ལྷ་དང་ངག་གི་སྨྲ་བརྗོད་ཐམས་ཅད་སྔགས་ཀྱི་རང་བཞིན་དང་དྲན་རྟོག་ཐམས་ཅད་འཕྲོ་འདུར་སྦྱོར་བ་དང་། མ་དག་ཐ་མལ་གྱི་འཁྲུལ་བའི་སྣང་བ་ཐམས་ཅད་ཡེ་ནས་དག་པ་སངས་རྒྱས་ཀྱི་ཞིང་ཉིད་དུ་བལྟ་བར་བྱས་ཏེ་དེ་ཡི་ངང་ལ་གནས་པར་བྱ་དགོས། ཡང་རྫོགས་པའི་རིམ་པས་འཁོར་འདས་ཀྱི་ཆོས་ཐམས་ཅད་ཆོས་ཉིད་སྤྲོས་པ་ཐམས་ཅད་དང་བྲལ་བའི་ངང་དུ་གནས་ཤིང་། མ་དག་པའི་བློ་ལས་འདས་ཤིང་བསམ་གྱིས་མི་ཁྱབ་པར་འོད་གསལ་བའི་དབྱིངས་ལ་འཇུག་པར་བྱེད་པ་དང་། རང་གི་རྩ་དང་རླུང་དང་ཐིག་ལེའི་རྣལ་འབྱོར་གྱིས་རླུང་སེམས་ལུས་སུ་ཐུང་ཞིང་ནམ་ཡང་དབྱིངས་དང་ཡེ་ཤེས་གཉིས་འདུ་འབྲལ་མེད་པར་གཅིག་ཏུ་སྦྱོར་བར་བྱས་ཏེ། དེ་ལྟ་བུའི་དབྱིངས་ཡེ་ཟུང་འཇུག་སྤྲོས་པ་ཐམས་ཅད་དང་བྲལ་བ་ཆོས་ཉིད་ཀྱི་དོན་ལ་ནམ་ཡང་དབྱེར་མེད་པ་ཕྱག་རྒྱ་ཆེན་པོའི་ལམ་དང་། མཐར་ཐུག་གི་འབྲས་བུ་ནི་གསང་སྔགས་རྡོ་རྗེ་ཐེག་པ་ལགས་པས་དེར་གནས་པ་དང་། མཐར་ཐུག་སྔགས་བླ་མེད་ཀྱི་ཐེག་

པ་མཆོག་གསང་སྔགས་རྫོགས་པ་ཆེན་པོ་དེ་ཡི་འབྲས་བུ་ལྷུན་གྲུབ་ཀྱི་དབྱིངས་སྤྲོས་པ་ཐམས་ཅད་དང་བྲལ་བ་ལ་དངོས་སུ་སྤྱོར་བར་བྱ་བ་སྟེ་གཞི་དབྱིངས་སྤྲོས་པ་ཐམས་ཅད་དང་བྲལ་བ་ལས་མི་འགྱུར་ཞིང་རྟག་པ་དང་བརྟན་པ་དཔེར་ན་ནམ་མཁའ་ལྟ་བུ་ཡི་དབྱིངས་འདུས་མ་བྱས་དེ་ཡི་ངང་ལ་གནས་པར་བྱས་ན། རང་རྒྱུད་ལ་སྣང་རྟོགས་ཀྱི་ཡོན་ཏན་ཐམས་ཅད་མ་བཙལ་ལྷུན་གྲུབ་ཀྱི་རང་བཞིན་དཔེར་ན་ནམ་མཁའི་ཉི་ཟླ་དང་གཟའ་སྐར་བཞིན་དུ་གནས་པ་དང་། འབྲས་བུ་བཙལ་མེད་པར་ཡེ་ནས་ལྷུན་གྱིས་གྲུབ་པས་ན་རང་བཞིན་དེ་ལ་དགག་བ་དུ་མའི་སྒོ་ནས་འབད་ཅིང་རྩོལ་བ་མེད་པར་གནས་ལུགས་ཀྱི་རང་བཞིན་མངོན་སུམ་ལམ་དུ་སྣང་བར་འགྱུར་བ་ཡིན་ལ། དེས་ན་ཆོས་ཉིད་དོན་གྱི་འོད་གསལ་དབྱིངས་ཀྱི་དཀྱིལ་འཁོར་འདུས་མ་བྱས་ཀྱི་རང་བཞིན་གྱི་གནས་ལུགས་ཆོས་སྐུ་སྤྲོས་པ་ཐམས་ཅད་དང་བྲལ་བ་མཉམ་པའི་དགོངས་པ་དེ་ཉིད་རྟོགས་པར་བྱེད་པ་ཡི་གནས་ལུགས་ལྟ་བའི་མཆོག་ཏུ་གྱུར་པ་དག་པའི་དབྱིངས་ལ་མ་དག་གློ་བུར་གྱི་སྒྲིབ་པའི་དྲི་མ་སྤྲིན་ལྟ་བུ་དེ་ཉིད་དག་ཅིང་། མཐའ་ཡས་པའི་འགྲོ་བ་སེམས་ཅན་ཐམས་ཅད་ཀྱི་འཁྲུལ་སྣང་སོགས་ཀྱི་དྲི་མ་མེད་བཞིན་དུ་དག་དང་མ་དག་སོགས་སྣང་བ་ཡི་སྟོབས་ཀྱིས་ཁམས་གསུམ་རིགས་དྲུག་གི་གནས་སུ་བརྒྱུད་ཅིང་ཅིར་ཡང་མེད་ལ་ཅིར་ཡང་སྣང་ན་ཡང་ཐམས་ཅད་སྣང་བའི་དུས་ན་དོན་ལ་གཅིག་དང་ཐ་དད་དུ་དངོས་པོའི་ཆོས་གང་ཡང་བདེན་པར་གྲུབ་པ་མེད་པ་ཡིན་ལ། དེས་ན་དཔེར་ན་ནམ་མཁའ་དང་སྤྲིན་བཞིན་དུ་གློ་བུར་གྱི་རྐྱེན་སྣང་ཙམ་མ་གཏོགས་འཁོར་བ་ཞེས་བྱ་བ་དེ་སྒྲོ་བཏགས་དང་མཚན་ཉིད་ཆད་པ་ཞེས་བྱ་སྟེ། དེ་ལ་མཚན་ཉིད་ཆད་པའི་ཀུན་བཏགས་ཞེས་བརྗོད་པར་བྱ་བ་ཡིན་པའི་ཕྱིར་རོ། །དེས་ནི་ནམ་ཡང་མེད་བཞིན་དུ་སྣང་

སྟེ་དངོས་པོ་གཞན་གྱིས་སྟོང་བར་བྱས་པ་མ་ཡིན་པར་ཐམས་ཅད་རང་གི་ངོ་བོས་སྟོང་པ་ཉིད་ཀྱི་རང་བཞིན་དུ་གནས་པར་བསྟན་པ་ཡིན་ཏེ། དེ་ལྟ་བུའི་སྟོང་སྣང་དངོས་མེད་དེ་ནི་དཔེར་ན་རབ་རིབ་སོགས་མཁའ་ལ་སྐྲ་ཤད་དང་རྨི་ལམ་དང་སྒྱུ་མ་དང་དུང་ལ་སེར་པོ་འཛིན་པ་བཞིན་དུ་བདེན་པར་གྲུབ་པ་ལྟར་སྣང་ན་ཡང་། དེ་དག་ཇི་ལྟར་སྣང་བའི་དུས་ཉིད་ནས་གཅིག་དང་ཐ་དད་དུ་གྲུབ་པ་ཡོད་མ་སྲིད་ན། ད་གཟོད་བདེན་འཛིན་གྱི་གང་ཟག་རྣམས་ཀྱིས་དེ་ལ་དཔྱད་ཅིང་རྟེན་དུ་ཇི་ལྟར་ཡོད། དེ་ལྟ་བུའི་ཆོས་ཉིད་སྤྲོས་པ་ཐམས་ཅད་དང་བྲལ་བ་ཡི་གཞི་དེ་གཅིག་དང་ཐ་དད་དུ་གྲུབ་པ་ཨེ་ཡོད་ཅེ་ན་གང་དུ་ཡང་གྲུབ་པ་མེད་པ་ཡིན་ནོ། །

འོ་ན་དེ་ལྟ་བུའི་དབྱིངས་སྤྲོས་པ་ཐམས་ཅད་དང་བྲལ་བ་དེ་དངོས་པོ་གཞན་ལ་བརྟེན་པར་བྱས་པ་ཨེ་ཡིན་ཞེ་ན། དེ་ནི་ནམ་ཡང་ཆོས་གང་ལ་ཡང་བརྟེན་པར་བྱས་པ་མེད་པར་ཡེ་ནས་སྟོང་པ་ཉིད་ཀྱི་རང་བཞིན་ཡིན་ནོ། །འོ་ན་དེ་ལ་ཐོག་མར་སྐྱེ་བ་དང་བར་དུ་གནས་པ་དང་ཐ་མ་འགག་པ་སོགས་ཨེ་ཡོད་ཅེ་ན། དེ་ལ་ཐོག་མ་སྐྱེ་བ་དང་བར་དུའམ་དབུས་སུ་གནས་པ་དང་ཐ་མར་འགག་པ་སོགས་གང་ཡང་བདེན་པར་གྲུབ་པ་མེད་པ་དང་རང་བཞིན་གདོད་མ་ནས་རྣམ་པར་དག་པ་ཡིན་པར་ཤེས་པར་བྱ་དགོས་པ་ཡིན་ནོ། །

དེ་ཡང་འདི་ལྟར་སྣང་སྲིད་བཅུད་ཀྱི་ཆོས་རྣམས་ལ་བཤད་ན། དེ་དག་ལ་ཕྱི་གཟུང་བའི་ཡུལ་ཡང་རང་བཞིན་གྱི་དངོས་པོ་གང་ཡང་གྲུབ་པ་མེད་པ་དཔེར་ན་སྒྱུལ་པ་དང་མིག་ཡོར་བཞིན་དུ་སྣང་བ་དང་། དེ་འཛིན་པའི་སེམས་དེ་ཡང་བདེན་པར་གྲུབ་པ་མེད་པ་དཔེར་ན་རྟུལ་གྱིས་མ་གོས་པའི་བར་སྣང་དག་པ་འདྲ་བར་ངེས་པ་དང་། མ་

ཟད་གཟུང་འཛིན་གཉིས་སུ་མེད་ལ། དེས་ན་དེ་ལས་སྣང་བའི་འཁོར་བ་ཞེས་བྱ་བ་ཞིག་ཀྱང་བདེན་པར་ཡོད་མ་མྱོང་བ་ཡིན་པའི་ཕྱིར་རོ། །དེས་ན་ཐམས་ཅད་མེད་སྣང་འཁྲུལ་པ་ཡི་རང་བཞིན་གྱིས་གྲུབ་པ་མེད་པར་ཤེས་དགོས། དེ་ལྟར་ཤེས་པའི་སྟོབས་ཀྱིས་གཉིས་འཛིན་མཐའ་དག་ལས་གྲོལ་ཞིང་། ད་ལྟ་སེམས་ཅན་ཐམས་ཅད་ཀྱི་འཁོར་འདས་གཉིས་ལ་སྤྱང་བླང་ཉིད་དུ་འཛིན་པ་དང་། རྒྱུ་འབྲས་སོགས་མ་དག་པའི་འཕྲུལ་རྐྱེན་གྱི་སྣང་བ་ཐམས་ཅད་ཡེ་ནས་རང་སར་དག་པའི་རང་བཞིན་དུ་འགྱུར་བ་ཡིན་ལ། དེས་ན་ཆོས་ཐམས་ཅད་ཀྱི་ཆོས་ཉིད་གནས་ལུགས་སྤྲོས་པ་དང་བྲལ་བའི་དོན་ལ་རྒྱུ་འབྲས་ཐམས་ཅད་རང་བཞིན་གྱིས་བདེན་པར་གྲུབ་པ་མེད་པ་འདས་པའི་རང་བཞིན་ཡིན་པར་ཤེས་པར་བྱ་དགོས། དེ་ལྟ་བུའི་ཆོས་ཉིད་དེ་ཡི་རྟེན་གཞི་ནི་གང་ཞེ་ན། དེ་ནི་རང་བྱུང་སྤྲོས་པ་ཐམས་ཅད་དང་བྲལ་བའི་རིག་པ་བྱང་ཆུབ་ཀྱི་སེམས་མྱ་ངན་ལས་འདས་པ་དབྱིངས་ལྷུན་གྲུབ་ཆེན་པོ་ཡི་རང་བཞིན་ཉིད་དུ་གནས་པ་ཡིན་ལ། དེ་ཡང་ནི་མ་དག་པའི་ཉེས་སྐྱོན་སོགས་གང་གིས་ཀྱང་མ་གོས་པར་དོན་དམ་བདེན་པ་ཡེ་ནས་སམ་གདོད་མ་ནས་རྣམ་པར་དག་པ་སྟེ། དེ་ལ་ནམ་ཡང་འདི་དང་དེ་ཞེས་དངོས་ཆོས་ཀྱི་རང་བཞིན་དུ་གང་ཡང་གྲུབ་པ་མེད་པ་ཡིན་པའི་ཕྱིར་རོ། །དེས་ན་གོང་དུ་བཤད་པ་དེ་ལྟ་བུའི་ཆོས་ཉིད་དེ་ལ་ནམ་ཡང་མ་དག་འཁྲུལ་བའི་བློ་ཡིས་ཐོག་མ་དང་ནི་ཐ་མ་མེད་པའི་བདག་ཅེས་བྱ་བ་ཡང་བཙལ་དུ་མེད་པ་ཡིན་ཏེ། དེ་ནི་རང་བཞིན་འོད་གསལ་ཟབ་ཞི་སྤྲོས་པ་ཐམས་ཅད་དང་བྲལ་བ་ཡེ་ནས་རང་བཞིན་དག་པའི་ངང་དུ་གནས་ཤིང་ཆོས་སྐུ་དྲི་མ་མེད་པ་གདུལ་བྱ་དག་པ་དང་མ་དག་པ་སོགས་ཀྱི་དོན་མཛད་ཅིང་རྟག་ཁྱབ་འབད་མེད་ལྷུན་གྲུབ་ཏུ་དུས་གསུམ་འཕོ་འགྱུར་མེད་པའི་ངོ་བོར་གནས་པ་ཡིན་ལ། དེས་ན་འདི་ནི་གཞི

དབྱིངས་སྤྲོས་པ་ཐམས་ཅད་བྲལ་བ་རྡོ་རྗེ་སྙིང་པོ་སྟེ་ཕར་གང་ལ་འཛོམས་པར་བྱེད་པ་དང་། ཚུར་གང་གིས་ཀྱང་མི་ཚུགས་པར་རྟག་བརྟན་འཕོ་འགྱུར་དང་བྲལ་བར་གནས་པ་ཡིན་ལ། དེ་ལྟ་བུའི་གཞི་དབྱིངས་འཕོ་འགྱུར་དང་བྲལ་བའི་ཆོས་ཉིད་དེ་ནི། གདུལ་བར་བྱ་བའི་སྐྱེ་བོ་གང་གིས་དེ་མོས་སྒོམ་ཙམ་མ་ཡིན་པར་ཇི་བཞིན་དུ་རྟོགས་པ་དེ་ནི་གནས་ལུགས་ཀྱི་ལྟ་བ་དེ་བཞིན་ཉིད་སྒྲོ་སྐུར་དང་བྲལ་ཞིང་ཞི་བ་དོན་གྱི་སྙིང་པོར་རྟོགས་པར་གྱུར་པ་ཡིན་ནོ། །གོང་དུ་བཤད་པ་དེ་ལྟ་བུའི་བློ་བུར་གྱི་དྲི་མ་གང་གིས་ཀྱང་གོས་པ་མེད་པ་ཡི་སྒོམ་པ་མཐར་ཐུག་གི་འོད་གསལ་སྙིང་པོ་དེ་ཉིད་ནི་ནམ་ཞིག་རྟོགས་པའི་ངང་ནས་བྱིང་རྒོད་སྤྲོས་པ་དང་བྲལ་བ་ནམ་ཡང་ཡེངས་མེད་སྣང་བསམ་བློ་བྲལ་ཡངས་པ་ཆེན་པོ་སྟེ་ཆོས་ཉིད་ནམ་མཁའ་ལྟར་ཡེ་ནས་རྣམ་པར་དག་པ་རྒྱ་གང་དུ་ཡང་མ་ཆད་ཕྱོགས་གང་དུ་ཡང་ལྷུང་བ་མེད་པ་སོ་སོའི་སྐྱེ་བོ་རྣམས་ཀྱི་གཉིས་འཛིན་འཁྲུལ་བའི་ཡུལ་ལས་འདས་ཤིང་བསམ་བརྗོད་དམིགས་པ་ཀུན་ལས་འདས་པ་ལེགས་པར་ཤེས་པ་དགོས་པ་ཡིན་ལ། དེ་ནི་ཐ་སྙད་དུ་ཀུན་རྫོབ་ཀྱི་དག་དང་མ་དག་པའི་སྤྱོད་པ་ཡུལ་ཅན་འཁྲུལ་བའི་ངོར་གང་སྣང་ཐམས་ཅད་བདེན་མེད་དག་པ་སྟེ་འདི་དག་ཡེ་ནས་རང་བཞིན་དག་པའི་ངོ་བོར་གནས་པ་ཡིན་པའི་ཕྱིར་རོ། །དེས་ན་རང་རང་གི་ཡུལ་ཅན་ནང་གི་བདེན་པར་འཛིན་པ་གང་ཤར་ཐམས་ཅད་རང་སར་དུ་གྲོལ་བར་འགྱུར་བ་དང་། མ་ཟད་ཕྱི་རོལ་གྱི་བདེན་འཛིན་སྐྱེ་བའི་ཡུལ་ལམ་གཟུང་བ་ཡུལ་གྱི་སྣང་བ་ཐམས་ཅད་བདེན་པར་གྲུབ་པ་མེད་པ་དཔེར་ན་རྨི་ལམ་དང་སྒྱུ་མའི་ཚུལ་གྱི་གནས་ལུགས་ཀྱི་དོན་ལ་ནམ་ཡང་ཡུལ་དང་ཡུལ་ཅན་གཉིས་སུ་མེད་པར་གནས་པ་དང་། དོན་ལ་ནམ་ཡང་འཁོར་འདས་གཉིས་ལ་བླང་དོར་མེད་པར་སྤྱོད་པ་དང་། གཟུང་འཛིན་ཉོན་མོངས་པ་

སོགས་དགག་སྒྲུབ་ཀྱི་ཆོས་འདི་རྣམས་རྒྱུད་ལ་སྐྱེས་པས་མ་དག་འཁྲུལ་བའི་དབང་དུ་མི་འཁྲུམས་པར་དེ་དག་རང་སར་དུ་གྲོལ་བའི་རང་བཞིན་དུ་ཤེས་པས་གྲོལ་བར་འགྱུར་བ་དང་། དེ་ལྟར་གྲོལ་བས་ཡེ་སྟོང་རྫོགས་པ་ཆེན་པོའི་ཆོས་སྐུ་མཉམ་པའི་ངང་དུ་གནས་པ་ན་འཁོར་བ་ཞེས་བྱ་བའི་མ་དག་པ་ཞིག་སྤངས་ནས་དེའི་ཚུར་རོལ་ཏུ་མྱ་ངན་ལས་འདས་པ་ཞེས་བྱ་བ་གཙང་བར་འོས་པ་ཞིག་མི་འཚོལ་བར་རྟེན་འབྲེལ་བསླུ་བ་མེད་པའི་དབང་གིས་གང་སྣང་ཐམས་ཅད་དོན་གྱི་གསལ་འདེབས་མི་ཟློང་ལྷ་བུའི་ཡེ་ཤེས་ཀྱི་ངོ་བོ་ལ་གང་ཤར་ཐམས་ཅད་རང་བཞིན་གྲུབ་པ་མེད་པར་ཤེས་པ་ན་རང་སར་དུ་གྲོལ་ཞིང་ཐམས་ཅད་ཆོས་སྐུའི་རང་རྩལ་ཡིན་པར་ངེས་པ་ཡིན་ཏེ། དེ་ནི་དཔེར་ན་རྒྱ་མཚོ་ཆེན་པོའི་ཆུ་དང་རླབས་བཞིན་དུ་ཐམས་ཅད་ཆོས་སྐུར་ཐིམ་གཅིག་གོ འདི་ནི་དུས་གསུམ་རྒྱལ་བ་ཐམས་ཅད་ཀྱི་མཐར་ཐུག་གི་ཞེ་ཕུགས་དམ་པར་གྱུར་པ་བླ་ན་མེད་པ་དོན་གྱི་དགོངས་པ་སྟེ། དེ་ནི་ཐེག་མཆོག་ལྟ་བའི་ཡང་རྩེ་འོད་གསལ་རྫོགས་པ་ཆེན་པོ་ཡི་དོན་ཟབ་རྨད་དུ་བྱུང་བ་ལགས་སོ། །དེས་ན་དེ་ལྟར་ཉམས་སུ་ལེན་པར་བྱས་ན་ཚེ་འདི་ཉིད་དུ་རང་བཞིན་སྐྱེ་བ་མེད་པའི་ཀློང་དུ་གྲོལ་བར་འགྱུར་བ་ཡིན་នོ།།

མདོར་ན་རང་རང་གིས་ཁམས་མོས་དང་མཐུན་པའི་སྒོ་ནས་ཆོས་གང་ཞིག་ཇི་ལྟར་ཉམས་སུ་ལེན་པར་བྱས་ཀྱང་། དོན་གྱི་གནས་ལུགས་སྤྲོས་པ་ཐམས་ཅད་དང་བྲལ་བའི་དོན་དང་ལྡན་པར་གྱུར་ན། རང་རྒྱུད་ཀྱི་ཆོས་དང་གང་ཟག་སོགས་ལ་བདེན་པར་འཛིན་པའི་བདག་འཛིན་སོགས་རང་སར་གྲོལ་ཞིང་ལས་དང་ཉོན་མོངས་པ་ཐམས་ཅད་སྐྱེ་མེད་ཀྱི་དབྱིངས་སུ་དག་པར་འགྱུར་བ་ཡིན་ནོ། །ཐ་སྙད་ཀྱི་རྟེན་ཅིང་འབྲེལ་བར་འབྱུང་བའི་སྣང་བ་ཐམས་ཅད་གནས་ལུགས་ཀྱི་དོན་རྟོགས་པར་བྱེད་པའི་ཐབས་ཀྱི་

སྤྱོད་པ་ལ་མཁས་པར་གྱུར་པ་ན་དེ་ནི་ལམ་གྱི་འཁྲུལ་པ་སེལ་བར་གྱུར་པའི་ཐབས་ཞེས་བྱ་བར་བསྟན་པ་ཡིན་ཏེ། དེ་ལྟར་ཟབ་པ་དང་རྒྱ་ཆེ་བའི་ཆོས་ཚུལ་རྒྱ་མཚོ་ལྟ་བུ་རིན་ཆེན་རིན་ཐང་དང་བྲལ་བ་དཔེར་ན་གྲུ་བོ་ཆེས་མ་ལུས་སྐྱེ་རྒུ་ཡི་འགྲོ་བ་མཐའ་དག་ཚེ་འདི་ཉིད་དུ་སྲིད་པའི་རྒྱ་མཚོ་ཆེན་པོ་ལས་རབ་ཏུ་བརྒལ་བར་བྱས་ནས། མཐའ་ཐམས་ཅད་དང་བྲལ་བའི་ཞི་བ་རིན་ཆེན་ཐར་བའི་གླིང་མཆོག་ཏུ་ཟག་མེད་ཞི་བདེའི་དགའ་སྟོན་མཐོང་བར་ཤོག་ཅེས་བརྗོད་པར་བྱ་དགོས། དེ་ལྟར་བྱས་ན་ཆོས་ཉིད་སྐྱེ་བ་མེད་པ་སྤྲོས་པ་ཐམས་ཅད་དང་བྲལ་བ་གཉུག་མ་དོན་གྱི་ཡེ་ཤེས་རིག་སྟོང་སྐྱེ་བ་མེད་པ་སྤྲོས་པ་ཐམས་ཅད་དང་བྲལ་བའི་དོན་རྒྱུད་ལ་སྐྱེ་བར་འགྱུར་བ་ཡིན་ནོ། །ཆོས་བཞི་རིན་པོ་ཆེའི་ཕྲེང་བ་ལས་ལམ་འཁྲུལ་བ་སེལ་བའི་རབས་ཏེ་གསུམ་པའོ།། །།

དེ་ནས་བཟུང་སྟེ་བདག་གཞན་སེམས་ཅན་ཐམས་ཅད་ཀྱི་རྒྱུད་ཀྱི་མ་དག་པའི་འཁྲུལ་བ་ཐམས་ཅད་དག་པ་ཡེ་ཤེས་ཀྱི་རང་བཞིན་ཉིད་དུ་དག་པར་བྱེད་པ་དེ་ཡང་གནས་སྐབས་དང་མཐར་ཐུག་གི་དོན་གྱི་རིམ་པ་སོགས་བཤད་པ་ལས། དང་པོ་གདུལ་བྱ་རང་རང་གིས་གནས་སྐབས་གནས་ལུགས་ཀྱི་དོན་ཉམས་སུ་ལེན་པར་བྱེད་པ་རྗེས་ཐོབ་ལམ་གྱི་དུས་གསུམ་གནས་ལུགས་ཟབ་མོའི་དོན་ཐབས་ཀྱིས་གོམས་པར་བྱ་དགོས། དེ་ལྟར་བྱས་པ་ལས་རང་རྒྱུད་ཀྱི་ལས་དང་ཉོན་མོངས་པ་རྒྱུད་ལ་གང་སྐྱེ་ཐམས་ཅད་དབྱིངས་སུ་དང་ཞིང་རྣམ་པར་དག་ཅིང་། ཆོས་ཉིད་ཡེ་སྟོང་སྐྱེ་བ་མེད་པ་རང་གསལ་གྱི་ཡེ་ཤེས་མངོན་དུ་གྱུར་པ་དེ་ལ་ནི་མ་དག་འཁྲུལ་བའི་རྟོག་པ་རྣམས་ཡེ་ཤེས་དབྱིངས་སུ་དག་ཅེས་བརྗོད་པར་བྱ་བ་ཡིན་ནོ།། །

དེ་ཡང་སྤྱིར་ཐུན་མོང་ཁྱད་པར་བ་ཐུགས་བླ་མེད་ཀྱི་ལུགས་ལ་བསྟེན་པའི་ཚེ་ན་

ཐབས་ཀྱིས་སོ་སོར་དབྱེ་བ་དེ་ཡིས་ནི་གཉེན་པོས་མ་དག་པའི་འཁྲུལ་བ་ཐམས་ཅད་སྤྱངས་བར་བྱེད་པ་དང་། དེ་ལྟ་བུའི་ཐབས་ཀྱིས་མ་དག་པ་ཐམས་ཅད་ཡེ་ནས་དག་པ་ཡིན་པ་ལ་ཡིན་པར་ཤེས་པའི་ངོ་བོ་རུ་བསྒྱུར་བ་དང་། ཐམས་ཅད་རང་སར་རྣམ་གྲོལ་མ་སྤྲངས་རང་བཞིན་དབྱིངས་སུ་དག་པ་འབའ་ཞིག་མ་གཏོགས་མ་དག་པ་ཏིལ་གྱི་ཤུན་པ་ཙམ་དུ་ཡང་རྙེད་པར་མི་འགྱུར་བ་ཡིན་མོད། དེས་ན་སྐྱེ་བོ་གང་དག་གིས་འདོད་ཡོན་ལྔ་སོགས་ལ་ཇི་ལྟར་བསླབ་པར་བྱས་ན་ཡང་དེ་དག་རང་བཞིན་གྱིས་འགག་པར་འགྱུར་པ་ན་ཉོན་མོངས་དག་པའི་དོན་ཉིད་དུ་གཅིག་པ་ཡིན་ལ། དེས་ན་ནམ་ཡང་ཐམས་ཅད་ཀྱི་རང་རྒྱུད་ཀྱི་འདོད་ཆགས་ཞེ་སྡང་གཏི་མུག་ང་རྒྱལ་དང་ཕྲག་དོག་སོགས་རྒྱུད་ལ་སྐྱེས་པའི་ཚེ་དེ་ཡི་རང་ས་ངོས་ཟིན་པར་གྱུར་པའི་དུས་སུ། རྣམ་རྟོག་གཞན་དུ་འཕྲོ་བར་མི་བྱ་བར་གོང་དུ་བཤད་པ་ལྟ་བུའི་འདོད་ཆགས་ཞེ་སྡང་ཕྲག་དོག་སོགས་ཀྱི་ངོ་བོ་རང་བཞིན་སྐྱེ་བ་མེད་པའི་ཀློང་དུ་རང་སར་བཞག་པར་བྱ་དགོས། དེ་ལྟར་བྱས་ན་འཁྲུལ་རྟོག་ཐམས་ཅད་རང་ས་རུ་གྲོལ་ཞིང་ཡེ་ཤེས་རྣམ་ལྔར་དག་པ་ཉིད་དུ་འཆར་བར་འགྱུར་བ་ཡིན་ལ། དེས་ན་དེ་ལྔ་གང་ཞེ་ན། མ་དག་པས་ཀུན་རྟོག་ཐམས་ཅད་ཡོངས་སུ་རྣམ་པར་དག་པ་ཉིད་དུ་གྱུར་པ་ན་མེ་ལོང་ལྟ་བུའི་ཡེ་ཤེས་དང་། ཆོས་དབྱིངས་ཡེ་ཤེས་མཉམ་པ་ཉིད་ཀྱི་ཡེ་ཤེས་བྱ་བ་གྲུབ་པའི་ཡེ་ཤེས་ཆེན་པོ་རུ་འཆར་ཞིང་། མ་དག་པ་དུག་ལྔའི་འཁྲུལ་པ་ཐམས་ཅད་གནས་སྐབས་སུ་དེ་ལ་དག་ཅེས་བརྗོད་པར་བྱ་དགོས་ཀྱི། ཆོས་ཉིད་སྤྲོས་པ་ཐམས་ཅད་དང་བྲལ་བའི་དོན་དམ་མཐར་ཐུག་གི་དབང་དུ་བྱས་ན་ཁམས་ཀྱི་གློ་བུར་གྱི་དྲི་མ་མཐའ་དག་དང་བྲལ་ཏེ། བླ་ན་མེད་པའི་བྱང་ཆུབ་ཆེན་པོའི་གོ་འཕང་ཞི་བ་རྟུལ་བྲལ་ལ་མངའ་བརྙེས་པར་གྱུར་པ་དེའི་ཚེ་ན། དབྱིངས་སྤྲོས་པ་ཐམས་

དང་བྲལ་བ་ཆོས་ཉིད་ཀྱི་རང་བཞིན་ཅི་འདྲ་བར་མངོན་དུ་འགྱུར་ཞིང་སྐུ་གསུམ་ཆོས་སྐུ་རོ་གཅིག་ཡེ་ཤེས་ལ་མངའ་བརྙེས་ཤིང་དག་པ་གཉིས་ལྡན་གྱི་དབྱིངས་ཀྱི་སྐུ་ཞེས་བརྗོད་པར་བྱ་དགོས་པ་ཡིན་ལ། དེ་ནི་ནམ་ཡང་དུས་གསུམ་གྱི་རྒྱལ་བ་རྫོགས་པའི་སངས་རྒྱས་ཉིད་ལས་གཞན་སོ་སོའི་སྐྱེ་བོ་སོགས་གཉིས་འཛིན་ཅན་རྣམས་ཀྱི་ཡུལ་མིན་པ་ཤེས་པར་བྱ་དགོས། དེ་ལྟ་བུའི་སྤྲོས་པ་ཐམས་ཅད་དང་བྲལ་བ་དེ་ལས་གཡོ་བ་མེད་པའི་ཆོས་སྐུ་དང་ལོངས་སྤྱོད་རྫོགས་པའི་སྐུ་དང་སྤྲུལ་པའི་སྐུ་སྟེ་སྐུ་གསུམ་གྱི་བདག་ཉིད་ཡེ་ཤེས་དང་བཅས་པ་ཐམས་ཅད་ཚུར་བསྡུ་ན་ངོ་བོ་ཉིད་སྐུས་བསྡུས་ཏེ། ནམ་ཡང་རྟག་ཁྱབ་འདུས་མ་བྱས་ཤིང་འཕོ་འགྱུར་མེད་པར་ཡོད་བཞིན་གྱི་ནོར་བུ་ལྟ་བུའི་ཆོས་སྐུའི་དབྱིངས་ན་བཞུགས་པར་མཛད་ཅིང་། དབྱིངས་དེ་ཉིད་ཀྱི་ངང་ལས་ཡེ་ཤེས་ཀྱི་འཕྲིན་ལས་སྐུ་དང་། ལོངས་སྤྱོད་རྫོགས་དང་སྤྲུལ་པའི་སྐུའི་རྣམ་པར་རོལ་བར་ཤར་པ་ནི་དག་པ་དང་མ་དག་པའི་ཞིང་སར་གནས་རྣམས་དང་མ་དག་པའི་འགྲོ་བ་གཞན་སོགས་ལ་ཇི་ལྟར་སྣང་བ་ཐམས་ཅད་ཡང་རྒྱུ་མེད་རྐྱེན་མེད་དུ་འབྱུང་བ་ཙམ་མ་ཡིན་པར། ཐམས་ཅད་རྒྱལ་བའི་སྐུ་གསུང་ཐུགས་ཀྱི་བྱིན་རླབས་དང་གདུལ་བྱའི་བསོད་ནམས་བསགས་པའི་མཐུ་སོགས་ཚོགས་དོན་དེ་དག་ལས་ཐམས་ཅད་ལ་དེ་ལྟར་སྣང་བ་ཡི་སྟོབས་ལས་སྲིད་པ་ཇི་སྲིད་ཀྱི་བར་དུ་འཕྲིན་ལས་རྒྱུན་མི་འཆད་པར་འགྲོ་བའི་དོན་བྱེད་པ་ཡིན་ཏེ། དེ་ནི་དཔེར་ན་དགོས་འདོད་ཐམས་ཅད་འབད་མེད་དུ་འབྱུང་བའི་ནོར་བུ་རིན་པོ་ཆེ་དང་། དཔག་བསམ་གྱི་ལྗོན་ཤིང་སོགས་གདུལ་བྱའི་རེ་བ་ཇི་བཞིན་དུ་སྐོང་བར་བྱེད་པ་འདི་ནི་མ་དག་པའི་འཁྲུལ་པ་ཡེ་ནས་ཀྱང་མི་མངའ་བ་ཡེ་ཤེས་དག་པ་ཞེས་བརྗོད་པར་བྱ་དགོས་པ་ཡིན་ལ། དེས་ན་དེ་ལྟར་ཟབ་པ་དང་རྒྱ་ཆེ་བའི་དོན་ཟབ་

རྨད་དུ་བྱུང་བའི་སྙིང་པོའི་དོན་མ་ནོར་བ་དཔེར་ན་ཏ་བདུན་གྱི་དབང་པོ་དེ་ཉིད་ཀྱིས་ཡིད་མཁའི་ལམ་ནས་གདུལ་བྱའི་འཇིག་རྟེན་གྱི་ཁམས་དུ་ཚིག་དོན་རྣམ་བཀྲའི་འོད་སྟོང་རབ་ཏུ་འཕྲོ་བ་ཡི་སྟོབས་ཀྱིས་འགྲོ་ཀུན་གྱི་ལས་དང་ཉོན་མོངས་པ་མ་རིག་པའི་མུན་པ་མཐའ་དག་མྱུར་དུ་སངས་བར་ཤོག་ཅེས་བརྗོད་ཅིང་བསམ་པ་དེ་ཉིད་ཀྱིས་ཟབ་པ་དང་རྒྱ་ཆེ་བའི་ཆོས་རྒྱ་མཚོ་ལྷ་བུ་དེ་ཉིད་ཀྱིས་མཐའ་ཡས་འགྲོ་བ་ཀུན་གྱི་མ་རིག་པའི་མུན་པ་སེལ་ཞིང་སྡུག་བསྔལ་གསུམ་ལས་གྲོལ་བར་འགྱུར་བ་ཡིན་ནོ། །ཆོས་བཞི་རིན་པོ་ཆེའི་ཕྲེང་བ་ལས་འཕྲུལ་བ་ཐམས་ཅད་ཡེ་ཤེས་སུ་དག་པའི་རབས་ཏེ་བཞི་པའོ།། །།

ཆོས་ཚུལ་རྒྱ་མཚོ་ལྷ་བུའི་གནད་འདི་དག་བློ་གྲོས་ཡངས་པའི་ཁང་བཟང་གི་རྩེ་ནས་ཐོས་བསམ་སྒོམ་པའི་འཁོར་བས་རབ་ཏུ་བརྒྱན་པ་དང་། རང་གཞན་དོན་གཉིས་ཀྱི་དགའ་སྟོན་ཕུན་སུམ་ཚོགས་པ་ཞིག་འགྱེད་པར་བྱེད་པ་དེས་མདོ་རྒྱུད་རྒྱ་མཚོ་ལྷ་བུའི་མན་ངག་སྙིང་པོའི་གནད་དོན་ཇི་བཞིན་དུ་བཀོད་པར་བྱས་པའི་དགེ་བ་འདི་ཡིས་བདག་དང་འགྲོ་བ་སེམས་ཅན་ཀུན་ཚེ་འདིར་སྲིད་པའི་རི་བོ་འདི་ཕྱིར་བསྒྲིལ་བར་བྱས་ནས། མྱུར་དུ་བླ་མེད་བྱང་ཆུབ་ཞི་བ་རྟུལ་བྲལ་མཆོག་ཏུ་གྱུར་པ་ཞིག་ཐོབ་སྟེ། སྐྱེ་བ་གཞན་གྱིས་བར་མ་ཆོད་པར་རང་གཞན་དོན་གཉིས་ལྷུན་གྱིས་གྲུབ་པ་རྫོགས་པའི་སངས་རྒྱས་པར་ཤོག་ཅེས་པ་སྟེ་འདི་ལྟ་བུའི་ཆོས་ཚུལ་རྒྱ་མཚོ་ལྟ་བུའི་དོན་ཐམས་ཅད་ཉམས་སུ་བླང་ཞིང་ཚེ་འདི་ཉིད་དུ་བདག་གཞན་དོན་གཉིས་ལྷུན་གྲུབ་ཏུ་འགྱུར་བར་བསྟན་པ་ཡིན་ནོ། །

གནས་ལུགས་ཀྱི་དོན་གསལ་གངས་རི་ལྟ་བུ་རྒྱ་ཆེར་མཛེས་པའི་གནས་སུ། རབ་

དཀར་གྱིས་ཡོན་ཏན་ཕྱོགས་ཀྱི་ཐ་གྲུ་ཀུན་ཏུ་ཁྱབ་པར་གྱུར་པ་དང་། གསུང་རབ་ཕུན་སུམ་ཚོགས་པ་རིན་ཆེན་ལྷ་བུའི་སྙིང་པོའི་གནས་ནས་འོད་ཟེར་འཚེར་བས། ནམ་ཡང་དད་ལྡན་སྐྱེ་བོའི་ཚོགས་རྣམས་དགའ་བར་མཛོད་ཅེས་བརྗོད་པར་བྱེད་པ་དེ་ཡིས་དད་ལྡན་སྐྱེ་བོ་ཀུན་གྱི་རྒྱུད་ལ་ཐར་པའི་ས་བོན་བསྐྲུན་ཅིང་ཐར་པའི་ལམ་དུ་འདྲེན་པར་འགྱུར་བ་ཡིན་པས་དེ་ལ་དགའ་ཞིང་སྤྲོ་བར་འགྱུར་བ་ཡིན་ནོ། །ཐེག་པ་མཆོག་གི་རྣལ་འབྱོར་པ་ཀུན་མཁྱེན་ངག་གི་དབང་པོས་གངས་རི་ཁྲོད་དཀར་གྱི་མགུལ། མེ་ཏོག་སྤྲིན་གྱི་སྐྱེད་མོས་ཚལ་གྱི་ནང་། ཀུན་ཏུ་བཟང་པོའི་ཁང་བཟང་ཟླ་བ་ཆུ་ཤེལ་གྱིས་འཚེར་བར་སྦྱར་བ་སྟེ་རེ་ཞིག་རྫོགས་སོ། །ཕྱོགས་དུས་ཀུན་ཏུ་བདེ་ཆེན་གྱི་ཆར་བསྙིལ་པ་རྫོགས་ལྡན་གྱི་དུས་བཞིན་དུ་འབེབས་པས་བསམ་རྒྱུའི་རེ་བ་ཐམས་ཅད་འགྲུབ་པར་གྱུར་ཅིག

བདག་གཞན་དགེ་བའི་དངོས་པོ་ཅི་མཆིས་ཀུན། །
མཁའ་ཁྱབ་འགྲོ་བ་ཀུན་གྱི་དོན་དུ་བསྔོ། །
ད་ནས་བཟུང་སྟེ་སྐྱེ་བའི་ཕྲེང་བ་རུ། །
ཀུན་མཁྱེན་བླ་མ་ཁྱེད་དང་འབྲལ་མེད་ཤོག །
འདི་འདྲའི་ཟབ་དང་རྒྱ་ཆེའི་ཆོས་ཀུན་ལ། །
འགྲེལ་བ་བཤད་པའི་བློ་ནུས་ཞན་གྱུར་ཀྱང་། །
བདག་དང་འདྲ་བའི་སྐྱེ་བོའི་ཚོགས་རྣམས་ལ། །
ཅུང་ཟད་ཕན་ཕྱིར་མདོ་ཙམ་བརྗོད་པ་ལགས། །

དེ་ཡང་འདི་ལྷ་བུའི་ཆོས་ཚུལ་རྒྱ་མཚོ་ལྷ་བུའི་སྙིང་པོ་མ་ནོར་བ་འདི་ལྷ་བུ་ལ་འགྲེལ་བ་མཛད་དགོས་ན། ཁྱེད་བསྟན་མཁས་གཉིས་ལ་དབང་འབྱོར་བའི་མཁས་དབང་

དམ་པ་རྣམས་ཐུགས་ཁྲེལ་བའི་རྒྱུ་ཉིད་དུ་གྱུར་པ་མ་གཏོགས་མེད་ཀྱང་། བདག་གིས་འདི་ཆེ་འདོད་དང་གྲགས་འདོད་སོགས་ཀྱི་བློ་ནས་མ་ཡིན་པར་བདག་ལྟ་བུའི་ཤེས་རིག་ཡོན་ཏན་དམན་པ་ཐོས་བསམ་སོགས་ཀྱི་ཡོན་ཏན་མཐའ་དག་གིས་རྒྱུད་དབེན་པའི་སྐྱེ་བོ་དག་ལ་སྙིང་ཐག་པ་ནས་ཅུང་ཟད་ཨེ་ཕན་དུ་འབྲི་ཁྲུལ་བྱས་པ་ཡིན་ལ། དེས་ན་འདི་ཡི་ཚིག་དང་དོན་ལ་འགལ་བ་ཅི་མཆིས་ཐམས་ཅད་རྩ་གསུམ་ལྷ་དང་སྲུང་མའི་སྤྱན་ལམ་དུ་མཐོལ་ཞིང་བཤགས་པར་བགྱིའོ། །འདི་ཡིས་ཡངས་པའི་རྒྱལ་ཁམས་ཀུན་ཏུ་ཆར་ཆུ་དུས་སུ་འབབ། ལོ་ཕྱུགས་རྟག་ཏུ་སྨིན་ཞིང་། བདེ་སྐྱིད་ཟླ་ན་མེད་པ་འཐོབ་པའི་རྒྱུ་ཉིད་དུ་འགྱུར་པ་དང་། འདི་དང་འབྲེལ་བའི་མ་རྒན་འགྲོ་བ་མཐའ་དག་ཚེ་འདི་འཕོས་མ་ཐག་ཏུ་བཀའ་དྲིན་མཚུངས་པ་མེད་པ་ཁམས་གསུམ་ཆོས་ཀྱི་རྒྱལ་པོ་དང་གཉིས་སུ་མེད་པ་ལྷ་མཆོག་ཨོ་རྒྱན་པདྨའི་ཞབས་དྲུང་དུ་མི་འབྲལ་ཆོས་བུ་གཅིག་ཏུ་སངས་རྒྱས་པར་ཤོག་ཅིག །དགེའོ། །དགེའོ། །དགེའོ།། །།

# ༄། །ཟབ་ཆོས་ཞི་ཁྲོ་དགོངས་པ་རང་གྲོལ་ལས་རིག་པ་ངོ་སྤྲོད་གཅེར་མཐོང་རང་གྲོལ་གྱི་མཚན་འགྲེལ་ཨོ་རྒྱན་པདྨའི་དགོངས་རྒྱན་ཞེས་བྱ་བ་བཞུགས་སོ། །

ན་མོ་གུ་རུ་ཡེ། །

དུས་གསུམ་རྒྱལ་བ་ཀུན་གྱི་ཡེ་ཤེས་སྐུ། །

ཁྱབ་བདག་ཆོས་རྗེ་འགྲོ་བའི་མགོན་པོ་ལ། །

རྟག་ཏུ་སྒོ་གསུམ་གུས་པས་ཕྱག་འཚལ་ཞིང་། །

དགེ་ལེགས་ཕན་བདེ་སྣང་བའི་ཤེས་པ་སྩོལ། །

བདག་བློ་དམན་ཞིང་སྦྱངས་པ་ཆུང་བས་ན། །

མཁས་པ་མཉེས་པའི་སྤེལ་སྦྱོར་མ་མཆིས་ཀྱང་། །

ཡང་ཟབ་ཆོས་ཀྱི་སྙིང་པོའི་དོན་འདི་ལ། །

ཅུང་ཟད་གོམས་ཕྱིར་བྲིས་ལ་དང་བས་ཉོན། །

དེ་ཡང་ཟབ་དང་རྒྱ་ཆེ་བ་ཆོས་ཀྱི་ཕུང་པོ་བརྒྱད་ཁྲི་བཞི་སྟོང་གི་སྙིང་པོ་ཞི་ཁྲོ་དགོངས་པ་རང་གྲོལ་ལས་རིག་པ་རང་བྱུང་གནས་ལུགས་ལྟ་བའི་ངོ་བོ་གབ་སྦས་མེད་པར་ངོ་སྤྲོད་གཅེར་མཐོང་རང་བཞིན་ཡེ་དག་ཆེན་པོའི་ཀློང་དུ་གྲོལ་བ་ཞེས་བྱ་བ་དེ་ཉིད་འདིར་བཞུགས་སོ་ཞེས་བརྗོད་པར་བྱ་བ་དེས་ནི་གཞུང་འདིས་དབུ་ནས་ཞབས་སུ་

བསྡུས་པའི་དོན་རྣམས་བསྟན་པར་མཛད་པ་ཡིན་ནོ།།

དེ་ཡང་རང་བཞིན་སྤྲོས་པ་ཐམས་ཅད་དང་བྲལ་བ་རིག་པ་རང་གསལ་ངོ་བོ་སྟོང་པ་ཆོས་སྐུ་རང་བཞིན་འགག་མེད་ལོངས་སྐུ་ཐུགས་རྗེ་ཀུན་ཁྱབ་སྤྲུལ་སྐུ་སོགས་སྐུ་གསུམ་གྱི་ལྷ་ལ་སྒོ་གསུམ་གུས་པས་ཕྱག་འཚལ་ལོ་ཞེས་བརྗོད་པར་བྱ་བ་དེས་ནི་རང་བཞིན་ཡེ་དག་སྤྲོས་པ་ཐམས་ཅད་དང་བྲལ་བའི་སྐུ་གསུམ་ལ་ཕྱག་འཚལ་བར་བསྟན་པ་ཡིན་ནོ།།

དེ་ཡང་སྐབས་འདིར་རྒྱུད་འབུམ་ཕྲག་དྲུག་བཅུ་རྩ་བཞིའི་སྙིང་པོ་གནད་དུ་དྲིལ་བ་ཟབ་ཆོས་ཞི་ཁྲོ་དགོངས་པ་རང་གྲོལ་ལས་ཆོས་ཉིད་སྐྱེ་བ་མེད་པ་རང་བྱུང་རིག་པ་དོན་གྱི་ངོ་སྤྲོད་འདི་དབང་པོ་བརྟུལ་བོ་དང་འབྲིང་གིས་རིམ་གྱིས་མཐོང་བ་དང་དབང་པོ་རབ་ཀྱིས་སྐད་ཅིག་གིས་མཐོང་བར་འགྱུར་བས་གཅེར་མཐོང་རང་གྲོལ་ཞེས་བྱ་བ་བསྟན་པ་ཡིན་ལ། །དེས་ན་འདི་ལྟར་ཨོ་རྒྱན་པདྨ་འབྱུང་གནས་རང་གི་གཉུག་མ་དོན་གྱི་ཡེ་ཤེས་རང་བྱུང་གི་རིག་པ་ངོ་སྤྲོད་ཀྱི་གནད་དམ་པ་འདི་ཡི་དོན་ལ་ལེགས་པར་དགོངས་པར་མཛོད་ཅིག་ལས་དང་སྐལ་བར་ལྡན་པ་སྐལ་ལྡན་རིགས་ཀྱི་བུ་ས་མ་ཡ་རྒྱ་རྒྱ་རྒྱ་ཞེས་བརྗོད་པར་བྱ་བ་དེས་ནི་སྐལ་ལྡན་གྱི་སྐྱེས་བུ་རྣམས་ལ་རང་བྱུང་སྐྱེ་བ་མེད་པ་གཉུག་མའི་ངོ་བོ་ངོ་སྤྲད་ཅིང་དེ་ཡི་ངོ་བོ་སྐྱོང་བར་བྱེད་པར་འགྱུར་བར་བསྟན་པ་ཡིན་ནོ།།

རང་བཞིན་སྐྱེ་བ་མེད་པའི་དོན་ལ་ངོ་མཚར་ཞིང་ཨེ་མ་ཧོ་ཞེས་བརྗོད་པར་བྱས་པ་དང་། སྤྱིར་འཁོར་འདས་ཡོངས་ལ་ཁྱབ་པར་བྱེད་པའི་སེམས་གཅིག་པོ་དེ་ཉིད་ཡེ་ནས་རང་བཞིན་སྤྲོས་པ་ཐམས་ཅད་དང་བྲལ་བ་ཡིན་ཡང་། གཉིས་འཛིན་འཁྲུལ་བའི་

དབང་གིས་དེ་ཉིད་ངོ་མ་ཤེས་པར་འཁྲུལ་བ་ལ་བདེན་པར་བཟུང་ཞིང་འཁྲུལ་བར་བྱས་པ་དང་། མ་ཟད་གོང་དུ་བཤད་པ་ལྟ་བུའི་མེད་ལ་རང་བཞིན་འཆར་བའི་གསལ་རིག་གི་སྣང་བ་ཐམས་ཅད་ནམ་ཡང་རྒྱུན་ཆད་པ་མེད་ཀྱང་རང་སེམས་ཆོས་སྐུའི་ངོ་བོའི་ཞལ་མ་མཇལ་ཞིང་འཁྲུལ་བར་གྱུར་པ་དང་། དེའི་རང་བཞིན་འགག་པ་མེད་པ་དེ་ཉིད་ཅིར་ཡང་འཆར་ཏེ་ཆོས་ཉིད་དེ་ཡི་ངོ་བོ་ངོས་མ་ཟིན་པར་འཁྲུལ་བར་བྱས་པ་ཡིན་ལ། དེས་ན་ལས་དང་སྐལ་བར་ལྡན་པའི་སྐྱེས་བུ་རྣམས་ཀྱིས་འདི་ཉིད་མྱུར་དུ་རང་ངོ་ཤེས་པར་བྱ་བའི་ཕྱིར་དུ་དུས་གསུམ་གྱི་རྒྱལ་བས་ཀྱང་དམ་པའི་ཆོས་ཀྱི་སྒོ་མོ་བརྒྱད་ཁྲི་བཞི་སྟོང་ལ་སོགས་པ་གདུལ་བྱ་རྣམས་ཀྱི་བློའི་བསམ་གྱིས་མི་ཁྱབ་པ་ཞིག་ཁམས་མོས་དང་མཐུན་པར་གསུངས་པར་མཛད་པ་ཐམས་ཅད་འདི་ཉིད་རྟོགས་པར་གྱུར་པ་ལས་གཞན་དུ་དུས་ནམ་ཡང་ཆོས་ཟབ་མོ་ཅི་ཡང་རྒྱལ་བས་གསུངས་པ་མེད་དོ། །

དེ་ལྟ་བུའི་གསུང་རབ་བླ་ན་མེད་པ་རིན་པོ་ཆེ་ལྟ་བུའི་ཡོན་ཏན་ནི། དཔེར་ན་ནམ་མཁའ་ལྟ་བུའི་མཐའ་དང་མཉམ་ཞིང་བསོད་ནམས་དཔག་ཏུ་མེད་པ་ཡོད་ཅིང་དོན་ལ་རིག་པ་ངོ་སྤྲོད་བྱེད་པ་ནི་ཚིག་གསུམ་མོ་ཞེས་པའི་དུས་གསུམ་རྒྱལ་བ་ཐམས་ཅད་ཀྱི་གསུང་གི་སྙིང་པོ་མ་ནོར་བ་དེ་ཉིད་གཅིག་ལས་མེད་ཀྱང་འདི་ཉིད་མཐོང་ན་གྲོལ་བར་ངེས་སོ། །

དུས་གསུམ་རྒྱལ་བའི་དགོངས་རྒྱུད་ཀྱི་རྟོགས་པ་ཟབ་མོ་མངོན་སུམ་དུ་ངོ་སྤྲོད་པར་བྱེད་པ་འདི་ནི་སྔ་ཕྱི་མེད་པར་འཇུག་ཚུལ་འདི་ཀ་ཡིན་པར་ངེས་པ་དེས་ནི་དུས་གསུམ་རྒྱལ་བ་ཐམས་ཅད་ཀྱི་ལམ་མཆོག་ཚང་ལ་མ་ནོར་བ་འདི་ནི་སྔ་ཕྱི་མེད་པར་འཇུག་ཚུལ་འདི་ཀ་ཡིན་པར་ངེས་པར་བསྟན་པ་ཡིན་ནོ། །

ཀྱི་ཧོ་ལས་དང་སྐལ་བ་ལྡན་པའི་སྐལ་ལྡན་རིགས་ཀྱི་བུ་མཆོག་དག་སྒོ་གསུམ་གཞན་དུ་མ་གཡེང་བར་བདག་ལ་ཚུར་ཉོན་དང་སེམས་ཞེས་ཟེར་བའི་ཀུན་ལ་ཡོངས་སུ་གྲགས་ཤིང་གྲུབ་པའི་སྒྲ་ཆེའོ་འདི་ཉིད་ཇི་བཞིན་མ་རྟོགས་དང་ལོག་པར་རྟོག་པ་དང་ཕྱོགས་ཙམ་དུ་རྟོགས་པར་གྱུར་པ་དང་། ཡང་དག་པའམ་ཇི་བཞིན་ཉིད་དུ་མ་རྟོགས་པའི་དབང་གིས་གནས་སྐབས་སུ་གྲུབ་མཐའི་འདོད་པ་བསམ་གྱིས་མི་ཁྱབ་པ་ཞིག་འབྱུང་བ་དང་། མ་ཟད་རང་བཞིན་གྱི་མཐའ་ཐམས་ཅད་དང་བྲལ་བ་དེ་ཡང་གཉིས་འཛིན་མ་རིག་པས་བཅིངས་བའི་སོ་སོའི་སྐྱེ་བོ་ཐ་མལ་པས་མ་རྟོགས་ཤིང་རང་ངོ་རང་གིས་མ་ཤེས་པའི་དབང་གིས་ཁམས་གསུམ་རྒྱུད་དྲུག་ཏུ་འཁྱམས་ཤིང་སྡུག་བསྔལ་གསུམ་གྱི་གནས་ལ་ལོངས་སྤྱོད་པར་བྱེད་པ་དེ་ཡང་དཔྱད་ན་རང་སེམས་སྐྱེ་བ་མེད་པ་འདི་ཉིད་ཀྱི་ངོ་བོ་རྟོགས་པའི་སྐྱོན་ཡིན་ལ། དེ་ལྟ་བུའི་སྣང་ལ་རང་བཞིན་གྱི་གྲུབ་པ་མེད་པ་སེམས་ཀྱི་རང་བཞིན་མ་མཐོང་པའི་དབང་གིས་འཁྲུལ་བར་གྱུར་པ་ཡིན་ནོ། །

ཉན་ཐོས་དང་རང་རྒྱལ་སོགས་ཀྱིས་ཕྱོགས་ཙམ་གྱི་བདག་མེད་པར་རྟོགས་པར་འདོད་ཀྱང་ཆོས་ཉིད་འགྱུར་བ་མེད་པའི་རང་བཞིན་དེ་ཇི་ལྟ་བ་བཞིན་དུ་ཡོད་པ་འདི་ཉིད་མ་རྟོགས་པར་གཞན་ཡང་གོང་དུ་བཤད་པ་ལྟར་རང་རང་གི་གཞུང་དང་གྲུབ་མཐའ་ཡིས་རང་རྒྱུད་འདོད་པས་བཅིངས་པས་གཉུག་མ་དོན་གྱི་གནས་ལུགས་ཀྱི་ངོ་བོ་འོད་གསལ་མི་མཐོང་བར་གྱུར་ཞིང་ཉན་ཐོས་རང་རྒྱལ་རྣམས་བཟུང་འཛིན་གྱི་འཁྲུལ་བའི་ཞེན་པས་བསྒྲིབས་ཤིང་། རང་བཞིན་གྲུབ་པ་མེད་པ་གཉིས་མེད་ཀྱི་དོན་ལ་གཉིས་སུ་འཛིན་ཞིང་དེ་ལ་ཁྱད་པར་ཕྱེ་བས་གོལ་བར་གྱུར་པ་དང་། གཉིས་མེད་གཅིག་ཏུ་མ་གྱུར་པ་དེ་སྲིད་དུ་མངོན་པར་སངས་མི་རྒྱ་བར་གྱུར་པ་དང་། མཐའ་གང་ལ་མི་གནས་

པའི་དབུ་མ་ཡི་བདེན་གཉིས་ཀྱི་མཐའ་ལ་ཞེན་པས་བསྒྲིབས་པར་གྱུར་པ་དང་། ཐླ་མེད་དང་གཉིས་མེད་ཀྱི་རྒྱུད་སོགས་ལས་ཀྱི་ཡོ་སོགས་ཀྱི་བསྐྱེན་གྲུབ་ཀྱི་མཐའ་ལ་ཞེན་པས་སྟོབས་ཀྱིས་བསྒྲིབས་པར་གྱུར་པ་དང་། དཔལ་མ་ཧཱ་ཨ་ནུ་ཡོ་གའི་དབྱིངས་རིག་དབྱེར་མེད་ལ་ཞེན་པས་བསྒྲིབས་པར་གྱུར་པ་དང་། སྤྱིར་སྣང་སྲིད་འཁོར་འདས་ཀྱིས་བསྡུས་པའི་ཆོས་ཐམས་ཅད་ཚུར་བསྡུ་བར་བྱས་ན་རང་སེམས་འདི་དང་འཁོར་འདས་གཉིས་སོགས་ནམ་ཡང་དབྱེར་མེད་ཉིད་དུ་གནས་པ་དེ་ལ། རང་རང་གི་ལྟང་བྱ་དང་བླང་བྱ་ཉིད་དུ་འདོར་ལེན་ཐེག་པ་ལ་བྱས་པའི་དབང་གིས་འཁོར་བར་འཁྲུམས་པ་ཡིན་ལ། དེའི་ཕྱིར་ན་བྱས་ཆོས་ཀྱི་བྱ་བ་ཐམས་ཅད་དང་བྲལ་ཞིང་ཀུན་གྱི་སྙིང་བཅུད་ཉམས་སུ་ལེན་པ་དེ་ལ་འདི་ལྟར་རང་བཞིན་སྐྱེ་བ་མེད་པ་རིག་པ་གཅེར་མཐོང་རང་གྲོལ་ཆེན་པོ་དེ་ཉིད་ཇི་བཞིན་དུ་བསྟན་པས་ཆོས་རྣམས་ཀུན་གྱིས་རང་བཞིན་གྱི་ངོ་བོ་རང་སར་གྲོལ་བ་ཆེན་པོར་རྟོགས་པར་འགྱུར་བ་ཡིན་ལ། དེ་ཕྱིར་ན་རང་བཞིན་ཡེ་སྟོང་རྫོགས་པ་ཆེན་པོར་ཀུན་ཀྱང་འདི་ཡི་མྱུར་དུ་རྫོགས་པར་འགྱུར་རོ་ས་མ་ཡཱ་རྒྱ་རྒྱ་རྒྱ་ཞེས་བརྗོད་པར་བྱེད་པ་དེས་ཆོས་ཉིད་དོན་གྱི་དབང་དུ་བྱས་ནས་སྣང་སྲིད་འཁོར་འདས་ཀྱིས་བསྡུས་པའི་ཆོས་ཐམས་ཅད་སེམས་ལ་རྫོགས་པར་འགྱུར་བ་བསྟན་པ་ཡིན་ནོ། །

སེམས་ཞེས་ཟེར་བའི་རང་བཞིན་གྱི་བདེན་པར་གྲུབ་པ་ལྟར་སྣང་བའི་རིག་རིག་ཏུར་ཏུར་པོ་འདི་ཉིད་ཕྱོགས་སོགས་གང་དུ་བཙལ་ཀྱང་ནམ་ཡང་གཅིག་དང་ཐ་དད་དུ་ཡོད་ནི་གཅིག་ཀྱང་ཡོད་པ་མ་ཡིན་ཏེ། དེ་དག་ལས་བྱུང་བ་ནི་འཁོར་འདས་ཀྱི་བདེ་སྡུག་གི་སྣང་བ་སྣ་ཚོགས་པ་ཐམས་ཅད་འབད་རྩོལ་མི་དགོས་པར་བྱུང་བ་དང་། གདུལ་བྱ་རང་རང་གི་འདོད་ཚུལ་ནི་ཐེག་པ་བཅུ་གཅིག་ལྟར་དུ་འདོད་པ་དང་། མིང་འདོགས་

ཚུལ་གྱི་དབང་དུ་བྱས་ན་ནི་བསམ་གྱིས་མི་ཁྱབ་པ་ཞིག་སོ་སོར་བཏགས་པ་ཡོད་ལ། དེས་ན་ལ་ལ་དག་གིས་ནི་དེ་ལ་སེམས་ཉིད་སྤྲོས་པ་ཐམས་ཅད་དང་བྲལ་བ་ཅི་ཡང་མེད་ལ་ཅི་ཡང་འཆར་བ་དེ་ལ་སེམས་ཉིད་ཅེས་ཟེར་བ་དང་། ཕྱི་རོལ་མུ་སྟེགས་པ་སོགས་ལ་ལ་ཞིག་གིས་ནི་དེ་ལ་བདག་ཞེས་མིང་ཉིད་དུ་བཏགས་པར་བྱས་པ་དང་། ཐེག་པ་དམན་པའི་ཉན་ཐོས་པས་ནི་དེ་ལ་གདམས་ངག་ཅེས་ཟེར་ཞིང་མིང་ལ་དེ་ལྟར་དུ་བཏགས་པ་དང་། ཐེག་ཆེན་སེམས་ཙམ་པས་ནི་དེ་ལ་སེམས་ཞེས་མིང་ཉིད་དུ་བཏགས་པ་དང་། དེ་ལ་ལ་ལས་སྤྲོས་པ་དང་བྲལ་བའི་ཤེས་རབ་ཀྱི་ཕ་རོལ་དུ་ཕྱིན་པ་ཞེས་ཟེར་ཞིང་མིང་ཉིད་དུ་བཏགས་པ་དང་། དེ་ལ་ལ་ལས་བདེ་བར་གཤེགས་པའི་སྙིང་པོའི་རང་བཞིན་ཞེས་མིང་དེ་ཉིད་དུ་བཏགས་པ་དང་། དེ་ལ་ལ་ལས་ཕྱག་རྒྱ་ཆེན་པོའི་རང་བཞིན་ཞེས་མིང་དེ་ཉིད་དུ་བཏགས་པ་དང་། དེ་ལ་ལ་ལས་ཐིག་ལེ་ཉག་གཅིག་ཅེས་མིང་དེ་ཉིད་དུ་བཏགས་པ་དང་། དེ་ལ་ལ་ལས་ཆོས་ཀྱི་དབྱིངས་ཞེས་མིང་དེ་ཉིད་དུ་བཏགས་པ་དང་། དེ་ལ་ལ་ལས་ཀུན་གཞི་ཞེས་པའི་མིང་ཉིད་དུ་བཏགས་པ་དང་། དེ་ལ་ལ་ལས་ཐ་མལ་གྱི་ཤེས་པ་ཞེས་པའི་མིང་ཉིད་དུ་བཏགས་པ་སོགས་ཡོད་ཀྱང་། འདི་ཉིད་དོན་རྣམ་པ་གསུམ་གྱི་དབང་དུ་བྱས་ནས་ཡུལ་ལ་འཇུག་ཚུལ་དེ་ངོ་སྤྲོད་པར་བྱས་ན། འདས་པའི་རང་གི་སེམས་ཀྱི་རྟོགས་པ་དེ་ཉིད་ཟིན་པ་རྗེས་མེད་གསལ་པོར་སྟོང་པའི་རང་བཞིན་ཅན་དུ་གནས་པ་དང་། མ་འོངས་པའི་རྟོགས་པ་རྣམས་རང་རྒྱུད་དུ་མ་སྐྱེས་སོ་མ་ལ་གནས་པ་དང་། ད་ལྟ་རྟོག་པ་གཞན་གྱི་བཟོ་བ་མེད་པར་རང་གི་ངོ་བོ་ཙ་རང་ལུགས་སུ་གནས་པའི་དུས་སུ་སྔོན་རང་གི་ཐ་མལ་རང་གི་དུས་ཀྱི་ཤེས་པ་དེ་ལ་རང་གིས་རང་ལ་གཅེར་གྱིས་ཡང་ཡང་བལྟས་པའི་ཚེ་ན་དེ་ལ་བལྟས་པའི་ཚེ་དེ་ཡི་ངོ་བོ་ལ་མཐོང་རྒྱུ་ཅི་

ཡང་མེད་པའི་རང་བཞིན་གསལ་ལེ་བ་དང་། རིག་པ་མངོན་སུམ་རྗེན་པ་ཏ་ཤར་བ་ཧྲིག་གེ་བ་དང་། ཅིར་ཡང་བདེན་པར་གྲུབ་པ་མེད་པའི་ངོ་བོ་སྟོང་སང་ངེ་བ་དང་། གསལ་སྟོང་གཉིས་སུ་མེད་པའི་ངོ་བོ་ཡེར་རེ་བ་སོགས་ཀྱི་རང་བཞིན་ཡིན་ལ། དེས་ན་དེ་དག་ནི་ནམ་ཡང་རྟག་པ་ཡང་མ་ཡིན་ཏེ་ཅིར་ཡང་བདེན་པར་གྲུབ་པ་མེད་པ་དང་། དེ་དག་ཆད་པ་ཡང་མ་ཡིན་ཏེ་གསལ་ལེ་ཧྲིག་གེ་བ་ཡི་རང་བཞིན་དུ་གནས་པ་དང་། གཅིག་ཏུ་གནས་པ་ཡང་མ་ཡིན་ཏེ་དུ་མར་རིག་ཅིང་གསལ་བོར་གནས་པ་དང་། དུ་མར་ཡང་མ་གྲུབ་སྟེ་ཆོས་ཐམས་ཅད་དབྱེར་མེད་རོ་གཅིག་ཏུ་གནས་པ་དང་། གཞན་ནས་བྱུང་བ་མེད་པ་རང་བྱུང་རིག་པ་འདི་ཉིད་ནི་དངོས་པོའི་གནས་ལུགས་མཐའ་ཐམས་ཅད་དང་བྲལ་བའི་དོན་གྱི་ངོ་སྤྲོད་འདི་ཡི་ངོ་བོ་ལ་བཤད་ན། འདི་ཡི་ངོ་བོ་ལ་སྐུ་གསུམ་གྱི་རང་བཞིན་དང་ནམ་ཡང་དབྱེར་བ་མེད་པ་གཅིག་ལ་ཚང་བར་ངེས་སོ། །དེས་ན་དེ་དག་ངེས་ཚུལ་ནི། ཅི་ཡང་མ་གྲུབ་པར་ངོ་བོ་སྟོང་པ་ཆོས་ཀྱི་སྐུ་སྤྲོས་པ་ཐམས་ཅད་དང་བྲལ་བའི་རང་བཞིན་དང་། དེ་ལྟ་བུའི་སྟོང་པའི་རང་མདངས་མ་འགག་པར་གསལ་བ་ལོངས་སྤྱོད་རྫོགས་པའི་སྐུ་ཡི་རང་བཞིན་ཡིན་པར་ངེས་པ་དེ་དག་གི་ངོ་བོའམ་རང་བཞིན་འགག་པ་མེད་པ་ཅིར་ཡང་འཆར་བ་དེ་ནི་གང་འདུལ་སྤྲུལ་པའི་སྐུ་ཉིད་དུ་སྣང་བར་འགྱུར་བ་ཡིན་නོ། །

རྣམ་པ་དེ་གསུམ་ག་མཐའ་གཅིག་ཏུ་ཚང་བ་ངོ་བོ་ཉིད་ཀྱི་སྐུ་ཡི་རང་བཞིན་དུ་གནས་པ་ཡིན་ལ། དེས་ན་འདི་ཉིད་ལ་འཇུག་ཚུལ་གྱི་མན་ངག་ལ་བརྟེན་ནས་བཙན་ཐབས་སུ་ངོ་སྤྲད་པར་བྱས་ན། ཐམས་ཅད་དོན་ལ་ད་ལྟ་རང་གི་ཤེས་པ་གསལ་ལེ་བ་འདི་ག་ནས་དག་པ་ཡིན་ཏེ། ནམ་ཡང་འདི་ཉིད་གཞན་གྱིས་མ་བཅོས་པར་དེ་ཡི་རང་

བཞིན་གསལ་བ་འདི་ཀ་ནས་དག་པ་ཡིན་པར་ངེས་པ་ཡིན་ལ། དེས་ན་འདི་ལ་སེམས་ཉིད་མ་གཏོགས་ཅི་ལ་ཟེར་བར་བྱ་སྙེ་གང་ཡང་བྱ་བ་མེད་དོ། །འདི་ལ་སྒོམ་རྒྱུ་ཅི་ཡང་མེད་པ་དེ་ལ་ནམ་ཡང་བསྒོམས་པས་མ་བྱུང་པའི་བྱ་བ་ཅི་ལ་ཟེར་གང་ཡང་བྱ་བ་མེད་དོ། །རང་བཞིན་ཡེ་རྫོགས་ཆེན་པོའི་ངོ་བོ་རིག་པ་མངོན་སུམ་དུ་སྣང་བ་འདི་ཉིད་ཀ་ནས་དག་པ་ཡིན་པར་ངེས་པ་ཡིན་ལ། དེས་ན་ནམ་ཡང་རང་སེམས་གཞན་དུ་མ་རྙེད་པའི་བྱ་བ་ཅི་ཞིག་ལ་ཟེར་བར་བྱ་གང་ཡང་བྱ་བ་མེད་དོ། །རང་བཞིན་ཡེ་ནས་དག་པའི་གསལ་རིག་རྒྱུན་ཆད་མེད་པ་འདི་ཀ་ནས་དག་པ་ཡིན་ལ། འདི་ལས་གཞན་དུ་སེམས་ངོ་མ་མཐོང་བྱ་བ་ཅི་ལ་ཟེར་བར་བྱ་སྙེ་གང་ཡང་བྱ་བ་མེད་དོ། །ཐ་སྙད་དུ་དགེ་དང་མི་དགེའི་སྣང་བ་ཡིད་ཀྱི་བསམ་མཁན་དེ་བཙལ་ན་ཁོ་རང་ཡིན་པར་ངེས་པ་ལ། དེ་ལ་ཤེས་རབ་ཀྱི་བཙལ་ཡང་མ་རྙེད་པའི་བྱ་བ་ཞིག་ཡོད་པར་ཅི་ལ་ཟེར་བར་བྱ་སྙེ་གང་ཡང་བྱ་བ་མེད་དོ། །འདི་ལ་ནམ་ཡང་བྱ་རྒྱུ་སོགས་ཅི་ཡང་བདེན་པར་གྲུབ་པ་མེད་པར་ངེས་པ་ཡིན་ལ། དེ་ལ་བྱས་པས་མ་བྱུང་བྱ་བ་ཞིག་ཡོད་པར་ཅི་ལ་ཟེར་བར་བྱ་སྙེ་གང་ཡང་བྱ་བ་མེད་དོ། །རྣམ་རྟོག་འཁྲུལ་བའི་བར་མ་ཆད་པར་གདོད་མའི་ངོ་བོར་མ་བཅོས་རང་སར་བཞག་པས་ཆོག་པར་ངེས་པ་ཡིན་ལ། ནམ་ཡང་དེ་ལ་གནས་སུ་མི་བཏུབ་པའི་བྱ་བ་ཅི་ཞིག་ལ་ཟེར་བར་བྱ་སྙེ་གང་ཡང་བྱ་བ་མེད་དོ། །ནམ་ཡང་སེམས་ཀྱི་ངོ་བོ་ལ་བྱར་མེད་ཅོག་གེར་བཞག་པས་ཆོག་པར་ངེས་པ་ཡིན་ལ། དེས་ན་དེ་ལ་མ་ནུས་པའི་བྱ་བ་ཅི་ཞིག་ལ་ཡང་ཟེར་བར་བྱ་སྙེ་གང་ཡང་བྱ་བ་མེད་དོ། །གསལ་རིག་སྟོང་གསུམ་དབྱེར་མེད་མ་བཅོས་ཡེ་ནས་ལྷུན་གྲུབ་ཀྱི་རང་བཞིན་དུ་ངེས་ལ། དེ་ལ་ནམ་ཡང་བསྒྲུབས་པས་མ་འགྲུབ་པའི་བྱ་བ་ཞིག་ཡོད་པར་ཅི་ལ་ཟེར་བར་བྱ་སྙེ་གང་ཡང་བྱ་བ་མེད་དོ། །ངོ་བོ་ཡེ་

ནས་དག་ཅིང་རྒྱུ་དང་རྐྱེན་སོགས་གང་ཡང་མེད་པར་རང་བྱུང་ལྷུན་གྱིས་གྲུབ་པའི་ངོ་བོར་གནས་པ་ཡིན་ལ། དེ་ལ་རྩོལ་བས་མ་ནུས་པའི་བྱ་བ་ཞིག་ཡོད་པར་ཅི་ལ་ཟེར་བར་བྱ་སྟེ་གང་ཡང་བྱ་བ་མེད་དོ། །དེ་ཉིད་ཇི་བཞིན་དུ་རྟོགས་པར་གྱུར་པ་ན་གནས་ལུགས་ཀྱི་ངོ་བོ་ཤར་བ་དང་གྲོལ་བ་དུས་མཉམ་ཡིན་པ་ཉིད་དུ་ངེས་ལ། དེ་ལ་གཉེན་པོས་མ་ཐུབ་ཀྱི་བྱ་བ་ཞིག་ཡོད་པར་ཅི་ཞིག་ལ་ཟེར་བར་བྱ་སྟེ་གང་ཡང་བྱ་བ་མེད་དོ། །

དེ་ལྟའི་གསལ་རིག་གི་ཤེས་པ་འདི་ངོ་བོ་ཀ་ནས་དག་པའི་རང་བཞིན་ཉིད་དུ་གནས་པ་ཡིན་པར་ངེས་པ་ཡིན་ལ། འདི་ལ་མི་ཤེས་པའི་བྱ་བ་ཞིག་ཡོད་པར་ཅི་ལ་ཟེར་བར་བྱ་སྟེ་གང་ཡང་མེད་དོ། །སེམས་ཀྱི་རང་བཞིན་སྤྲོས་པ་དང་བྲལ་བ་འདི་ཉིད་ཡེ་ནས་དག་ཅིང་སྟོང་པ་ཉིད་ཀྱི་རང་བཞིན་མཐའ་ཀུན་དང་བྲལ་བའི་གཞི་མེད་ཡིན་པར་ངེས་པ་དང་། མ་ཟད་རང་སེམས་འདི་དཔེར་ན་མཐའ་དང་བྲལ་བའི་དངོས་མེད་ནམ་མཁའ་སྟོང་པ་འདྲ་བར་ངེས་སོ། །དེ་ལ་འདྲའམ་མི་འདྲ་ད་ལྟ་རང་རང་གི་སེམས་ལ་ཅེར་གྱིས་ལྟོས་དང་དེ་ཉིད་ཇི་བཞིན་དུ་མཐོང་བར་ངེས་པའི་ཚེ་ན། དེ་ནི་སྟོང་པ་ཆད་ཚོད་སོགས་ཀྱི་ལྟ་བ་མ་ཡིན་པར་ངོ་བོ་རང་བྱུང་ཡེ་ཤེས་གདོད་ནས་སམ་ཡེ་ནས་དེ་ལྟ་ཡིན་པར་གསལ་བར་ངེས་པ་ཡིན་ལ། དེས་ན་རང་བྱུང་རང་ལ་ངེས་པ་སྟེ། དཔེར་ན་ཉི་མའི་སྙིང་པོ་དང་འདྲ་བར་ངེས་སོ། །དེ་ལ་འདྲའམ་མི་འདྲ་ད་ལྟ་རང་གིས་སེམས་ལ་གསལ་བོར་ལྟོས་དང་ནམ་ཡང་རིག་པ་ཡེ་ཤེས་རྒྱུན་ཆད་མེད་པར་ངེས་པ་ཡིན་ལ། རྒྱུན་ཆད་མེད་པར་འཆར་བ་སྟེ། དཔེར་ན་ཆུ་བོའི་གཞུང་དང་འདྲ་བར་ངེས་སོ། །དེ་ལ་འདྲའམ་མི་འདྲ་ད་ལྟ་རང་གིས་སེམས་ལ་གསལ་བོར་ལྟོས་དང་། ནམ་ཡང་དག་དང་མ་དག་པའི་སྣང་བ་སྣ་ཚོགས་པའི་རྒྱུ་རྐྱེན་སོགས་ངོས་བཟུང་མེད་པར་ངེས་པ་ཡིན་ནོ། །ཇི་

ལྟར་སྣང་བར་བྱེད་པ་ཐམས་ཅད་རང་སྣང་ཡིན་པས་བདེན་པར་གྲུབ་པ་མེད་པ་སྟེ། དཔེར་ན་མེ་ལོང་ནང་གི་གཟུགས་བརྙན་དང་འདྲ་བར་ངེས་སོ། །དེ་ལ་འདྲའམ་མི་འདྲ་ཐམས་ཅད་ད་ལྟ་རང་གི་སེམས་ལ་ལྟོས་དང་། ནམ་ཡང་མ་དག་གཉིས་འཛིན་གྱི་མཚན་མ་ཐམས་ཅད་རང་སར་ཉིད་དུ་གྲོལ་བར་ངེས་པ་ཡིན་ནོ། །གདོད་ནས་འགྱུར་བ་མེད་པ་རང་བྱུང་རང་གྲོལ་འདི་ཉིད་གྲུབ་པ་མེད་པ་སྟེ། དཔེར་ན་བར་སྣང་གི་སྤྲིན་དང་འདྲ་བར་ངེས་པ་དེ་ལ་འདྲའམ་མི་འདྲ་ཐམས་ཅད་ད་ལྟ་རང་གི་སེམས་ལ་ལྟོས་དང་། ནམ་ཡང་སེམས་འདི་ལས་མ་གཏོགས་གཞན་ན་ཆོས་གང་ཡང་མེད་དོ། །སེམས་ལས་ཐྱེ་བ་ཐྱེ་རྒྱུ་ག་ན་ཡོད་མེད་པར་ངེས་ལ། སེམས་འདི་ལས་མ་གཏོགས་གཞན་གང་ན་ཡང་ཆོས་མེད་དོ། །སྤྱོད་པ་ཡང་སྤྱོད་རྒྱུ་གཞན་གང་ན་ཡང་ཆོས་མེད་དོ། །སེམས་འདི་ལས་མ་གཏོགས་གཞན་གང་ན་ཡང་ཆོས་མེད་དོ། །སོར་བྱང་ཐུགས་གསུམ་གྱི་དམ་ཚིག་ཅེས་བྱ་བ་བསྲུང་རྒྱུ་གཞན་ན་ཆོས་མེད་དོ། །སེམས་འདི་ལས་མ་གཏོགས་གཞན་གང་ན་ཡང་ཆོས་མེད་དོ། །མཐར་ཐུག་གི་འབྲས་བུ་སྒྲུབ་རྒྱུ་གཞན་གང་ན་ཡང་ཆོས་མེད་དོ། །ཡང་ལྟོས་ཡང་ལྟོས་རྟག་ཏུ་རང་གི་སེམས་འདི་ལ་ལྟོས་དང་སེམས་ལས་གཞན་དུ་གྲུབ་པའི་ཆོས་མེད་པར་མ་ཟད་ཕྱི་རོལ་ཡུལ་གྱི་ནམ་མཁའི་དབྱིངས་སུ་ཅེར་གྱིས་ཕར་ལ་བལྟས་པས་ཆོ་ན། སེམས་ཞེས་བྱ་བ་དེ་ཉིད་ནི་ནམ་ཡང་འཕྲོ་བའི་འཕྲོ་ས་མི་འདུག་ན་ཡུལ་ཡང་རང་སེམས་ལས་གཞན་དུ་མེད་པར་ངེས་སོ། །ཡང་ནང་དུ་རང་གི་སེམས་འདི་ལ་ཚུར་བལྟས་པས་ཆོ་ན། ནམ་ཡང་རྟོག་པས་འཕྲོ་བའི་འཕྲོ་མཁན་ཞེས་བྱ་བ་གཞན་དུ་མི་འདུག་ན། རང་སེམས་འཕྲོ་མེད་པའི་རང་བཞིན་གྱིས་དངོས་པོ་བདེན་པར་གྲུབ་པ་མེད་པ་གསལ་ལེ་བ་རང་རིག་འོད་གསལ་སྤྲོས་པ་ཐམས་ཅད་དང་བྲལ་བ་སྟོང་པ་ཆོས་ཀྱི་སྐུ

སྒྲིབ་གཉིས་སོགས་ཀྱི་དྲི་ཡི་མ་གོས་པ་སྟེ། དཔེར་ན་སྤྲིན་མེད་དྭངས་པ་ནམ་མཁའི་ཉི་མ་ཤར་བ་དང་འདྲ་ལ། དེས་ན་གདུལ་བྱའི་དོན་དུ་རྟག་ཁྱབ་འབད་མེད་ལྷུན་གྲུབ་ཏུ་བཞུགས་པར་མཛད་ཅིང་། ནམ་ཡང་གཉིས་འཛིན་གྱི་རྣམ་པར་རྟོག་པ་རྟག་ཏུ་མི་མངའ་བར་གཟུགས་ནས་རྣམ་མཁྱེན་གྱིས་བསྡུས་པའི་ཆོས་ཐམས་ཅད་སྐད་ཅིག་གཅིག་ལ་ཅི་ཡང་ས་ལེར་མཁྱེན་གཉིས་ཀྱི་ཡོན་ཏན་བླ་ན་མེད་པ་དེ་ཡེ་ནས་མངའ་བར་གྱུར་པ་ཡིན་ནོ། །སྐལ་བཟང་གདུལ་བྱའི་སྐྱེ་བོ་རྣམས་ཀྱིས་ནམ་ཡང་འདི་ཉིད་ཀྱི་དོན་ཇི་བཞིན་དུ་རྟོགས་པ་དང་མ་རྟོགས་པའི་ཁྱད་པར་ཤིན་ཏུ་ཆེ་བར་ངེས་སོ། །

དེ་ལྟ་བུའི་རང་བཞིན་སྤྲོས་པ་ཐམས་ཅད་དང་བྲལ་བ་གདོད་ནས་མ་སྐྱེས་པར་རང་བྱུང་འོད་གསལ་འདུས་མ་བྱས་པ་འདི་ལ་ཕ་མ་ལྟ་བུའི་རྒྱུ་དང་རྐྱེན་སོགས་གང་ཡང་མེད་པའི་རིག་པའི་ཁྱིའུ་ཆུང་འདི་མཚར་བར་གྱུར་པ་ཡིན་ནོ། །གནས་ལུགས་དེ་བཞིན་ཉིད་འདི་ནི་ནམ་ཡང་སྐྱེ་བོ་སུས་ཀྱང་མ་བྱས་པར་སྐྱེ་བ་མེད་ཀྱང་སྐྱེ་བས་རང་བྱུང་ཡེ་ཤེས་འདི་ནི་ཤིན་ཏུ་ངོ་མཚར་བར་གྱུར་པ་ཡིན་ནོ། །གནས་ལུགས་དེ་བཞིན་ཉིད་འདུས་མ་བྱས་ཤིང་ལྷུན་གྲུབ་ཏུ་གནས་པ་དེ་ཉིད་ནམ་ཡང་སྐྱེ་མ་མྱོང་ཞིང་འཆི་རྒྱུ་མེད་པ་འདི་ནི་ཤིན་ཏུ་ངོ་མཚར་བར་གྱུར་པ་ཡིན་ནོ། །གནས་ལུགས་དེ་བཞིན་ཉིད་མཐའ་ཐམས་ཅད་དང་བྲལ་བའི་རང་བཞིན་མངོན་སུམ་དུ་གསལ་པོར་གནས་ཀྱང་དེའི་ངོ་བོ་མཐོང་མཁན་མེད་པ་འདི་ནི་ཤིན་ཏུ་ངོ་མཚར་བར་གྱུར་པ་ཡིན་ནོ། །གནས་སྐབས་སུ་གནས་ལུགས་དེ་བཞིན་ཉིད་རྒྱུད་ན་ཡོད་ཅིང་རྟོགས་པའི་སེམས་ཅན་རྣམས་འཁོར་བར་འཁྱམས་པར་གྱུར་ཀྱང་དེ་བཞིན་ཉིད་ངན་སོང་དུ་མི་འགྲོ་བ་འདི་ནི་ཤིན་ཏུ་ངོ་མཚར་བར་གྱུར་པ་ཡིན་ནོ། །

དེ་ཉིད་སངས་རྒྱས་རང་ལ་ཡོད་པ་མངོན་སུམ་དུ་མཐོང་ན་ཡང་བཟང་པོ་ཉིད་དུ་དེ་ལས་གཞན་མི་འགྲོ་བ་འདི་ནི་ཤིན་ཏུ་ངོ་མཚར་བར་གྱུར་པ་ཡིན་ནོ།།

དེ་བཞིན་ཉིད་མཐའ་ཐམས་ཅད་དང་བྲལ་བ་ནམ་མཁའ་ཆེན་པོ་ལྟ་བུ་དེ་ཉིད་ཡེ་ནས་སྐྱེ་བོ་ཀུན་ལ་ཡོད་ཀྱང་ཐམས་ཅད་ཀྱིས་དེ་ཉིད་ཇི་བཞིན་ངོ་མི་ཤེས་པར་འཁྲུལ་བར་འགྱུར་བ་ཡིན་པས་ཤིན་ཏུ་ངོ་མཚར་བར་གྱུར་པ་ཡིན་ནོ། །མ་དག་པའི་སྐྱེ་བོ་ཀུན་གྱིས་རང་རང་གི་མཐར་ཐུག་བླ་མེད་ཀྱིས་བདེ་བའི་འབྲས་བུ་མྱུར་དུ་ཐོབ་པར་འདོད་ཀྱང་། བླ་མེད་ཀྱིས་བདེ་བའི་འབྲས་བུ་རང་ལ་ཡོད་པ་འདི་ལས་གཞན་ཞིག་ཏུ་བདེ་བའི་འབྲས་བུ་གཞན་དག་ཅིག་ཡིད་ལ་བཅིངས་ནས་དེ་ལ་རེ་བ་བཙོལ་བར་བྱེད་པ་ནི་ཤིན་ཏུ་ངོ་མཚར་བར་གྱུར་པ་ཡིན་ནོ། །ཡེ་ཐོག་དང་པོ་ནས་རང་ཉིད་སངས་རྒྱས་ཡིན་ཀྱང་དེ་ཉིད་ཡིན་པར་མ་ཤེས་པར་སངས་རྒྱས་གཞན་དུ་བཙལ་བ་ལ་འབད་བརྩོན་སོགས་ཀྱིས་ངལ་བ་བྱེད་པ་འདི་ཉིད་ཤིན་ཏུ་ངོ་མཚར་བར་གྱུར་པ་ཡིན་ནོ།།

དེ་ཡང་ཨེ་མ་འཁོར་འདས་ཡོངས་ལ་ཁྱབ་པའི་ད་ལྟའི་རིག་པ་འདུས་མ་བྱས་པའི་རང་བཞིན་དངོས་མེད་གསལ་བ་འདི་དང་པོ་སྐྱེ་བ་མེད་པ་འདི་ཀ་ནས་རྣམ་པར་དག་ཅིང་གནས་ལུགས་ཀྱི་ལྟ་བ་ཀུན་གྱི་ཡང་རྩེ་ཡིན་པར་ངེས་སོ། །གོང་དུ་བཤད་པ་དེ་ལྟ་བུའི་གནས་ལུགས་སྤྲོས་པ་ཐམས་ཅད་དང་བྲལ་བ་འདི་དམིགས་པ་མེད་པ་འཁོར་འདས་ཡོངས་ལ་ཁྱབ་པའི་ཁྱབ་བརྡལ་ཆེན་པོའི་རང་བཞིན་མཐའ་ཀུན་དང་བྲལ་བ་འདི་བར་དུ་གནས་པ་མེད་པ་འདི་ཀ་ནས་དག་ཅིང་སྒོམ་པ་ཀུན་གྱི་ཡང་རྩེ་ཡིན་པར་ངེས་སོ། །རྒྱུ་དང་རྐྱེན་སོགས་གང་གིས་ཀྱང་ནམ་ཡང་མ་བཅོས་པར་འཇིག་རྟེན་ལྷུག་པར་བཞོད་པ་འདི་མཐར་འགག་པ་མེད་པ་འདི་ཉིད་ཀ་ནས་རྣམ་པར་དག་ཅིང་སྤྱོད་

པ་ཀུན་གྱི་ཡང་རྩེ་ཡིན་པར་ངེས་སོ། །ནམ་ཡང་མ་བཅོལ་ཡེ་ནས་རྣམ་པར་དག་ཅིང་རྩོལ་མེད་ལྷུན་གྱིས་གྲུབ་པ་འདི་སྐྱེ་འགག་གནས་གསུམ་སོགས་གང་གིས་ཀྱང་མཐའ་གང་ལ་མི་གནས་པ་འདི་ཉིད་ཀ་ནས་དག་ཅིང་འབྲས་བུ་ཀུན་གྱི་ཡང་རྩེ་ཡིན་པར་ངེས་པ་ཡིན་ནོ། །ངོ་བོ་ཡེ་ནས་རྣམ་པར་དག་པ་སྙིང་པོའི་དོན་ནོར་བ་མེད་པའི་ཐེག་ཆེན་བཞི་ཡི་བསྟན་པ་གནས་ལུགས་ཟབ་མོའི་ལྟ་བ་ནམ་ཡང་ནོར་བ་མེད་པའི་ཐེག་པ་ཆེན་པོ་འདི་ད་ལྟའི་ཤེས་པ་གསལ་ལེ་བ་འདི་ཉིད་ཡིན་པས་འདི་ལས་གཞན་དུ་གྲུབ་པ་མེད་ལ། དེ་ཉིད་གསལ་ལ་མི་ནོར་བས་ན་འདི་ལ་ཐེག་པ་ཆེན་པོ་ཞེས་བརྗོད་པར་བྱ་བ་ཡིན་ནོ། །ཀྱི་བ་ནོར་བ་མེད་པའི་ཐེག་པ་རིམ་དགུའི་སྙིང་པོ་མ་ནོར་པ་ཐེག་པ་ཆེན་པོ་འདི་ཡིས་དོན་གང་ལ་ཐུག་པར་འགྱུར་རོ་ཞེ་ན། དེ་ནི་ད་ལྟའི་ཤེས་པ་རབ་ཏུ་གསལ་ལེ་ཅན་འདི་ཉིད་ཡིན་པས་ནམ་ཡང་གསལ་ལ་མི་ནོར་བས་ན་འདི་ལ་ཐེག་པ་ཆེན་པོ་ཉིད་ཅེས་བརྗོད་པར་བྱ་བ་ཡིན་ནོ།།

ད་ལྟ་རང་གི་སྒོ་གསུམ་གྱིས་བྱ་བ་དང་སྤྱོད་པ་སོགས་ཀྱང་དོན་ལ་གང་ཡང་ནོར་བ་མེད་པའི་ཐེག་པ་ཆེན་པོ་དེ་ནི་དོན་ལ་ད་ལྟའི་རང་རྒྱུད་ཀྱིས་ཤེས་པ་གསལ་རིག་གི་ངོ་བོ་རྣམ་པ་ཐམས་ཅད་མཁྱེན་པའི་ཡེ་ཤེས་ཀྱི་སྣང་བ་བླ་ན་མེད་པ་ཆོས་ཉིད་དོན་གྱི་འོད་གསལ་འགྱུར་བ་མེད་པའི་རང་བཞིན་ཅན་འདི་ཉིད་ཡིན་པས་འདི་ཉིད་གསལ་ལ་མི་ནོར་བས་ན་འདི་ལ་ཐེག་པ་ཆེན་པོ་ཉིད་ཅེས་བརྗོད་པར་བྱ་བ་ཡིན་ནོ། །ཆོས་ཐམས་ཅད་ཀྱི་གནས་ལུགས་འགྱུར་བ་མེད་པའི་འབྲས་བུ་འདི་ལ་ནམ་ཡང་གཅིག་དང་ཐ་དད་ཉིད་དུ་ནོར་བ་མེད་པའི་རང་བཞིན་ཡིན་ལ། དེ་ལྟ་བུའི་ཐེག་པ་ཆེན་པོའི་ལྟ་བ་འདི་ཉིད་ནི། དཔྱད་ན་ད་ལྟའི་རང་གི་ཤེས་པ་གསལ་ལེ་བ་འདི་ཉིད་ཡིན་པས་ན། འདི་ལ་

གསལ་ལ་མ་ནོར་བས་ན་ཐེག་པ་ཆེན་པོ་ཉིད་ཅེས་བརྗོད་པར་བྱ་བ་ཡིན་ནོ། །

ཡང་ཆོས་ཉིད་འགྱུར་བ་མེད་པ་གནས་ལུགས་ཡེ་སྟོང་སྤྲོས་པ་ཐམས་ཅད་དང་བྲལ་བ་ཆོས་ཉིད་ཀྱིས་དོན་ལ་མི་འགྱུར་བ་ཡི་གཟེར་ཆེན་པོ་བཞི་བསྟན་པར་བྱེད་པ་ནི། རང་བཞིན་གྱི་གནས་ལུགས་མཐའ་ཀུན་དང་བྲལ་བའི་ལྟ་བ་འགྱུར་བ་མེད་པའི་གནས་ལུགས་ལྟ་བའི་གཟེར་ཆེན་པོ་འདི་བཤད་ན་ད་ལྟའི་ཤེས་པ་རང་རིག་གསལ་ལེ་བ་འདི་ངོ་བོ་ག་ནས་དག་པ་ཡིན་ལ། དེས་ན་ཆོས་ཉིད་སྤྲོས་པ་ཐམས་ཅད་དང་བྲལ་བ་འདུས་མ་བྱས་པའི་རང་བཞིན་ཅན་འདི་ལ་དུས་གསུམ་ཐ་དད་དུ་གྲུབ་པ་མེད་པ་རྟག་བརྟན་འཕོ་འགྱུར་ཐམས་ཅད་དང་བྲལ་བའི་རབ་ཏུ་བརྟན་པ་ཡིན་པའི་ཕྱིར་ན་དེ་ལ་ལྟ་བ་མི་འགྱུར་བ་བརྟན་པའི་གཟེར་ཞེས་བརྗོད་པར་བྱའོ། །

དེ་ལྟ་བུའི་ཆོས་ཉིད་འགྱུར་བ་མེད་པ་ལྟ་བའི་གཟེར་ནི། ཡེ་སྟོང་སྐྱེ་བ་མེད་པ་ཀ་དག་ལྷུན་གྲུབ་འགྱུར་བ་མེད་པ་རང་གི་ངོར་ན་དུས་གསུམ་སོགས་ཡུལ་དང་ཡུལ་ཅན་ཐ་དད་དུ་གྲུབ་པ་མེད་པས་དེ་ལ་ལྟ་བའི་གཟེར་ཞེས་བརྗོད་པར་བྱ་དགོས་པ་ཡིན་នོ། །

དེ་ནས་ནམ་ཡང་གནས་ལུགས་ཀྱི་སྒོམ་པ་འགྱུར་བ་མེད་པའི་གཟེར་ཆེན་པོ་ནི་རང་བཞིན་མཐའ་དང་བྲལ་བ་ད་ལྟའི་རང་རྒྱུད་ཀྱི་ཤེས་རིག་གསལ་ལེ་བ་འདི་ངོ་བོ་ག་ནས་དག་པ་ཡིན་ལ། འདི་ལ་དུས་གསུམ་འགྱུར་བ་མེད་ཅིང་རབ་ཏུ་བརྟན་པའི་ཕྱིར་ན་སྒོམ་པའི་གཟེར་ཞེས་བརྗོད་པར་བྱའོ། །

དེ་ལྟ་བུའི་སྒོམ་པའི་གཟེར་ནི་ཆོས་ཉིད་རང་གི་ངོར་བསྒོམ་བྱ་སྒོམ་བྱེད་སོགས་ཐ་དད་དུ་གྲུབ་པ་མེད་པར་འདུས་མ་བྱས་ཤིང་ངོ་བོ་ག་ནས་དག་པ་མ་རྩལ་ཡེ་རྫོགས་ལྷུན་གྲུབ་ཀྱིས་རང་བཞིན་དུ་གནས་པ་དུས་གསུམ་འགྱུར་མེད་སྒོམ་པའི་གཟེར་ཞེས་

བརྗོད་པར་བྱ་དགོས་པ་ཡིན་ནོ། །

སྐྱོད་པ་འགྱུར་བ་མེད་པའི་གཟེར་ཆེན་ཞེས་བྱ་བ་ནི་བཤད་ན་རང་རྒྱུད་ཀྱི་ད་ལྟའི་ཤེས་རིག་གསལ་ལེ་བ་འདི་ཀ་ཡིན་ལ། དུས་གསུམ་འགྱུར་བ་མེད་པ་བསྟན་པའི་ཕྱིར་ན་འདི་ལ་སྐྱོད་པ་འགྱུར་མེད་ཀྱི་གཟེར་ཞེས་བརྗོད་པར་བྱའོ། །

དེ་ལྟ་བུའི་སྐྱོད་པ་བསྟན་པའི་གཟེར་ཆེན་པོ་དེ་ནི་ཆོས་ཉིད་སྤྲོས་པ་ཐམས་ཅད་དང་བྲལ་བ་དོན་ལ་ད་ལྟའི་རང་རྒྱུད་ཀྱི་ཤེས་པ་གསལ་རིག་གི་ངོ་བོ་མ་འགག་པ་འདི་ལས་གཞན་དུ་དངོས་པོའི་ཆོས་གང་ཡང་བདེན་པར་གྲུབ་པ་མེད་པ་དེ་ལ་སྐྱོད་པའི་གཟེར་ཞེས་བརྗོད་པར་བྱ་བ་ཡིན་ནོ། །མཐར་ཐུག་གི་འབྲས་བུ་འགྱུར་བ་མེད་པའི་གནས་ལུགས་ཀྱི་གཟེར་ཆེན་པོ་དེ་ནི་ད་ལྟའི་ཤེས་རིག་གསལ་ལེ་བ་འདི་ཀ་ཡིན། དེ་ལ་དུས་གསུམ་དུ་འགྱུར་བ་མེད་པར་བསྟན་པའི་ཕྱིར་ན་འབྲས་བུའི་གཟེར་ཞེས་བརྗོད་པར་བྱའོ། །

དེ་ལྟ་བུའི་འབྲས་བུའི་གཟེར་ནི་རང་བཞིན་སྐྱེ་བ་མེད་པ་ཆོས་ཉིད་སྤྲོས་པ་ཐམས་ཅད་དང་བྲལ་བ་འབྲས་བུ་ཆོས་སྐུའི་རང་བཞིན་ཅན་དེ་ལ་འབྲས་བུའི་གཟེར་ཞེས་བརྗོད་པར་བྱ་བ་ཡིན་ནོ། །དུས་གསུམ་གཅིག་ཏུ་བསྟན་པར་བྱེད་པའི་མན་ངག་བླ་ན་མེད་པ་དེ་ནི་གང་ཞེ་ན། སྔར་རྗེས་མི་སྤྱད་འདས་པའི་འདུ་ཤེས་རྣམས་བོར་ཟིན་པ་དང་། མ་འོངས་པ་ཕྱིས་མདུན་ལམ་ནམ་ཡང་མི་བསུ་ཡིད་ཀྱི་འབྲེལ་ཐག་བཅད་པར་བྱས་ཏེ། ད་ལྟ་གནས་ལུགས་སྤྲོས་པ་ཐམས་ཅད་དང་བྲལ་བ་འཛིན་མེད་ནམ་མཁའི་ངང་ལ་མཉམ་པར་བཞག་པར་བྱེད་པ་དང་། གནས་ལུགས་ལྟ་བུའི་ངོ་བོ་དེ་ལ་སྒོམ་དུ་མེད་པ་དེ་ལ་ཅི་ཡང་མི་བསྒོམ་པར་བྱས་ཤིང་ཡེངས་སུ་མེད་དེ་ཡེངས་མེད་དྲན་པས་

གསལ་བ་ བྱི་མེད་ ཡེངས་མེད་ ཆེན་ པོའི་ ངང་ ལ་ ཅེར་ གྱིས་ ལྟོས་ དང་། ནམ་ ཡང་ རང་ རིག་ རང་ ཤེས་ རང་ གསལ་ འཁྲུལ་ མེད་ ལྷང་ ངེ་ བ་ ཤར་ བ་ དེ་ ཀ་ བྱང་ ཆུབ་ ཀྱི་ སེམས་ ཞེས་ བརྗོད་ པར་ བྱའོ། །

དེ་ལྟ་བུའི་ རང་ བཞིན་ མཐའ་ དབུས་ བྲལ་ བ་ རང་ བྱུང་ རིག་ པ་ དེ་ ནི། བླ་མེད་ བྱང་ ཆུབ་ ཆེན་ པོའམ་ འོད་ གསལ་ འགྱུར་ བ་ མེད་ པའི་ ཆོས་ ཉིད་ དུ་ གནས་ པ་ ཡིན་ནོ། །བྱི་དུ་ མེད་ དེ་ བློ་ གཉིས་ འཛིན་ སོགས་ ཀྱི་ ཤེས་ བྱའི་ ཡུལ་ ལས་ འདས་ པ་ དང་། མ་ ཟད་ དེ་ ཡི་ ངོ་ བོ་ ལ་ གཅིག་ དང་ ཐ་ དད་ ཉིད་ དུ་ ཡེངས་ སུ་ མེད་ དེ་ གདོད་ ནས་ ངོ་ བོ་ ཉིད་ ཀྱི་ ངང་ དུ་ གསལ་ ཞིང་། སྣང་ སྟོང་ རང་ གྲོལ་ གསལ་ སྟོང་ དབྱེར་ མེད་ ཆོས་ ཀྱི་ སྐུ་ སངས་ རྒྱས་ ལམ་ གྱིས་ མི་ བསྒྲུབ་ ཅིང་ མངོན་ དུ་ གྱུར་ པས་ སོ། །དེ་ལྟར་ སྣང་ སྲིད་ ཐམས་ ཅད་ གསལ་ སྟོང་ དབྱེར་ མེད་ ཆེན་ པོར་ རྗེ་ རྗེ་ སེམས་ དཔའ་ ཉིད་ དུ་ འཆར་ བའི་ དུས་ འདི་ མཐོང་ བར་ འགྱུར་ བ་ ཡིན་ནོ། །

དེ་ ཡང་ གདུལ་ བྱའི་ སྐྱེ་ བོ་ དག་ ལ་ མཐའ་ དྲུག་ ཟད་ སར་ སྐྱོལ་ བའི་ གདམས་ པ་ དེ་ ནི། གྲུབ་ མཐའ་ སྣ་ ཚོགས་ ཀྱི་ དབང་ གིས་ ལྟ་ བ་ དེ་ ལ་ མི་ མཐུན་ པ་ རྒྱ་ ཆེ་ ཞིང་ གྲངས་ མང་ པོ་ ཞིག་ ཡོད་ ན་ ཡང་། རང་ བཞིན་ སྤྲོས་ པ་ ཐམས་ ཅད་ དང་ བྲལ་ བ་ རང་ རིག་ བྱང་ ཆུབ་ ཀྱི་ སེམས་ འདི་ ནི། གདོད་ ནས་ རང་ བྱུང་ མཚན་ མའི་ སྤྲོས་ པ་ གང་ གིས་ ཀྱང་ མ་ གོས་ པར་ ཡེ་ ཤེས་ གཅིག་ གི་ ངོ་ བོར་ གནས་ པ་ ཡིན་ ལ། དེས་ ན་ འདི་ ལ་ ནམ་ ཡང་ བལྟ་ བྱ་ ལྟ་ བྱེད་ སོགས་ རང་ བཞིན་ གྱིས་ བདེན་ པར་ གྲུབ་ པའི་ དངོས་ པོ་ ཞིག་ གཉིས་ སུ་ མེད་ པ་ དེ་ ལ་ བལྟའམ་ བལྟ་ ན་ ལྟ་ བའི་ མཁན་ པོ་ དེ་ ཆོལ་ དང་། ཡུལ་ དུས་ གང་ ན་ ཡང་ ལྟ་ མཁན་ པོ་ རང་ ཇི་ ལྟར་ བཙལ་ བས་ མ་ རྙེད་ པ་ ཡིན་ པར་ ངེས་ པས་ སོ། །དེའི་ ཚེ་ ཆོས་ ཅན་ གྱི་ ལྟ་ བ་ དེ་ ཆོས་ ཉིད་ ཀྱི་

གློང་དུ་ཟད་སར་སྐྱེལ་བ་ཡིན་ཏེ། དེ་ཚེ་གདོད་ནས་འགྱུར་བ་མེད་པ་ཆོས་ཉིད་ཀྱི་ལྟ་བའི་ཕྱོགས་ཀྱང་དེ་ག་རང་ལ་ཐུག་ཅིང་། ལྟ་བ་རང་གི་ངོ་བོ་ལ་བལྟ་བྱ་ལྟ་བྱེད་སོགས་ཀྱི་ལྟ་བ་བལྟ་རྒྱུ་ཅི་ཡང་མེད་པར་ངེས་པ་དེ་ལ། ཡི་མེད་སྟོང་པ་ཕྱལ་བར་མ་སོང་བས་རང་བཞིན་ཅན་དུ་ལྟ་ཉིད་དུ་ཤར་བའི་རང་རིག་གི་ཤེས་པ་གསལ་ལེ་བ་འདི་ཉིད་རང་བཞིན་རྫོགས་པ་ཆེན་པོའི་ལྟ་བ་མཐར་ཐུག་ནི་དེ་ཀ་ཡིན་པར་ངེས་དགོས་སོ། །ནམ་ཡང་རྟོགས་དང་མ་རྟོགས་དེ་ལ་གཉིས་སུ་མེད་པ་དང་། དེ་ལྟ་བུའི་གནས་ལུགས་རང་བཞིན་ཆེན་པོའི་དོན་སྒོམ་པའི་ཚེ་ན་བསྒོམ་པ་དེ་དང་མི་མཐུན་པ་རྒྱ་ཆེ་བ་དང་གྲངས་ཇི་ལྟར་མང་ན་ཡང་། དེ་ལྟ་བུའི་རང་རིག་གི་ཤེས་པ་གསལ་ལེ་བ་ཐ་མལ་ཟང་མ་ཐལ་དེ་ལ། ནམ་ཡང་ཆོས་ཉིད་གནས་ལུགས་སྐྱེ་བ་མེད་པའི་དབང་དུ་བྱས་ན། དེ་ལ་སྒོམ་བྱ་དང་སྒོམ་བྱེད་ཀྱི་གྲུབ་པའི་ཆོས་གཉིས་སུ་མེད་པ་ཡིན་ལ། དེ་ལྟ་བུའི་སྒོམ་དང་མི་སྒོམ་བའི་མཁན་པོ་དེ་ཕྱོགས་དུས་གང་དུ་འཚོལ་བར་བྱས་ཀྱང་སྒོམ་བའི་མཁན་པོ་དེ་ཉིད་ནམ་ཡང་བཙལ་བས་མ་རྙེད་པར་གྱུར་པ་ན། དེའི་ཚེ་ཆོས་ཐམས་ཅད་ཀྱི་གནས་ལུགས་ལྟ་བའི་སྒོམ་པ་གློང་དུ་གྱུར་ནས་ཆོས་ཟད་ཆེན་པོའི་སར་འཁྱོལ་བར་འགྱུར་བ་ཡིན་པའི་ཕྱིར་རོ། །

དེ་ལྟ་བུའི་གནས་ལུགས་ཀྱི་དོན་མ་མཐོང་བར་དེ་ལ་བདེན་པར་བཟུང་ནས་འཁྲུལ་ཞིང་། ཡུལ་དང་ཡུལ་ཅན་གྱི་དངོས་པོ་ཞིག་ཡོད་པར་བསམས་ནས་དགག་སྒྲུབ་ཇི་ལྟར་བྱས་ཀྱང་། མཐར་སྒོམ་བའི་ཕྱོགས་ཀྱང་དེ་ག་རང་ལ་ཐུག་པར་གྱུར་ན་ཡང་། ནམ་ཡང་དེ་ལ་སྒོམ་བྱ་སྒོམ་རྒྱུ་ཡི་ཆོས་ཅི་ཡང་བདེན་པར་གྲུབ་པ་མེད་པ་ཡིན་ལ། དེས་ན་རྟག་ཏུ་རང་རྒྱུད་ལ་དྲན་ཤེས་བག་ཡོད་སོགས་བསྟེན་པར་བྱས་ཤིང་། མ་རིག་པ་གཏི་མུག་འཐིམ་ཀྲོད་ཀྱིས་དབང་དུ་མ་སོང་བར་གནས་ལུགས་ཀྱི་དོན་ལ་མཉམ་པར་བཞག་སྟེ།

ད་ལྟ་རང་རྒྱུད་ན་ཡོད་པའི་མ་བཅོས་པའི་ཤེས་པ་གསལ་ལེ་བ་ཞིག་ཡོད་པ་དེ་ཡི་ངོ་བོ་སྐྱེ་བ་མེད་པའི་རང་བཞིན་དུ་ཤེས་ནས། དེ་ཡི་ངོ་བོ་ནམ་ཡང་རྒྱུ་དང་རྐྱེན་སོགས་གང་གིས་ཀྱང་མ་བཅོས་པ་དེ་ཡི་ངང་དུ་མཉམ་པར་བཞག་པར་བྱེད་པ་དེ་ནི་བསམ་གཏན་ཁྱད་པར་ཅན་ཡིན་ནོ།།

དེ་བཞིན་དུ་བསམ་གཏན་གྱི་ངང་ལ་མཉམ་པར་བཞག་པར་བྱེད་པའི་ཚེ་ན། ཆོས་ཉིད་ཀྱིས་ངོ་བོ་ལ་གནས་དང་མི་གནས་སོགས་ཀྱི་ཁྱད་པར་དེ་ལ་རྣམ་པ་གཉིས་སུ་ཡོད་པ་ཞིག་བཙལ་ཀྱང་རྙེད་པ་མེད་པའི་ཕྱིར་རོ། །རྣལ་འབྱོར་པ་སོགས་ཀྱིས་རྗེས་ཐོབ་ཀྱི་སྐབས་སུ་སྤྱོད་པ་སྣ་ཚོགས་པ་གནས་ལུགས་ཀྱི་དོན་དང་མི་མཐུན་པ་རྒྱ་ཆེན་པོ་དང་གྲངས་ཇི་ལྟར་མང་པོར་སྣང་ན་ཡང་། ཆོས་ཐམས་ཅད་ཀྱི་གནས་ལུགས་འགྱུར་བ་མེད་པ་རང་བྱུང་རིག་པའི་ཡེ་ཤེས་ཀྱི་ཐིག་ལེ་ཉག་གཅིག་དེ་ལ། ནམ་ཡང་སྤྱད་བྱ་དང་ནི་སྤྱོད་བྱེད་རྣམ་པ་གཉིས་སུ་གྲུབ་པ་མེད་པ་དང་། མ་ཟད་དེ་ལ་སྤྱོད་པ་དང་མ་སྤྱོད་སོགས་ཀྱི་སྤྱོད་པའི་མཁན་པོ་ངེད་ཀྱིས་གང་དུ་འཚོལ་ན་ཡང་། སྤྱོད་པའི་མཁན་པོ་དེ་ཉིད་བཙལ་བས་ཀྱང་གཅིག་དང་ཐ་དད་གང་གིས་ཚུལ་དུ་མ་རྙེད་ན། དེའི་ཚེ་སྤྱོད་པ་དེ་ཉིད་ཆོས་ཉིད་སྐྱེ་བ་མེད་པའི་ཀློང་དུ་ཟད་སར་འཁྱོལ་བ་ཡིན་ནོ།།

དེ་ལ་ཇི་ལྟར་སྤྱད་ཀྱང་སྤྱོད་པའི་ཕྱུགས་དག་ཀྱང་དེ་ག་རང་ལ་ཐུག་པར་འགྱུར་ན་ཡང་། ནམ་ཡང་དེ་ལྟ་བུའི་དོན་ལ་སྤྱོད་པ་དང་བྱ་རྒྱུའི་ཆོས་ཤིག་ཡེ་ནས་གྲུབ་པ་མེད་པ་ཡིན་ལ། དེས་ན་གནས་ལུགས་ཀྱི་དོན་ལ་བརྟེན་པ་རྣམས་མ་རིག་བག་ཆགས་འཁྲུལ་བའི་དབང་དུ་མ་སོང་བར། ད་ལྟའི་ཤེས་པ་མ་བཅོས་པ་རང་བྱུང་གསལ་ལེ་བ་དེ་ལ་རྒྱུ་དང་རྐྱེན་སོགས་གང་གིས་ཀྱང་བཅོས་སླད་དང་བླང་དོར་གང་ཡང་མི་བྱེད་པར་གནས་

པ་དེ་ནི་ཀ་དག་གི་རང་བཞིན་རྣམ་པར་དག་པའི་སྤྱོད་པ་ཡིན་ལ། དེ་ལྟ་བུའི་ཆོས་ཉིད་སྐྱེ་བ་མེད་པ་དེ་ཡི་གཤིས་ལུགས་ཀྱི་དབང་དུ་བྱས་ན། དག་དང་མ་དག་པའི་ཆོས་ཐ་དད་པ་ཞིག་ནམ་ཡང་དེ་ལ་གཉིས་སུ་གྲུབ་པ་མེད་པ་ཡིན་པའི་ཕྱིར་རོ། །དེ་ཡི་མཐར་ཐུག་གི་འབྲས་བུ་ལ་རྣལ་འབྱོར་པ་སོགས་ཀྱིས་རྗེས་ཐོབ་ཀྱི་སྐབས་སུ་གནས་ལུགས་ཀྱི་དོན་དང་མི་མཐུན་པ་སྣ་ཚོགས་རྒྱ་ཆེ་བ་དང་གྲངས་མང་པོ་ཞིག་སྣང་ན་ཡང་། ཆོས་ཐམས་ཅད་ཀྱི་གནས་ལུགས་རང་བྱུང་རིག་པའི་ཡེ་ཤེས་སེམས་ཉིད་སྐྱེ་བ་མེད་པ་སྐུ་གསུམ་ལྷུན་གྲུབ་ཀྱི་ངོ་བོ་དེ་ལ། ནམ་ཡང་བསྒྲུབ་བྱ་དང་ནི་སྒྲུབ་བྱེད་ཀྱིས་ཆོས་རྣམ་པ་གཉིས་སུ་མེད་པ་དང་། མ་ཟད་དེ་ལྟ་བུའི་འབྲས་བུ་སྒྲུབ་མཁན་དེ་ཉིད་དེད་ཀྱིས་འཚོལ་བའི་ཚེ་ན། སྒྲུབ་མཁན་དེ་ཉིད་གང་དུ་བཙལ་བས་ཀྱང་གཅིག་དང་ཐ་དད་དུ་གྲུབ་པའི་ཆོས་ཤིག་མ་རྙེད་ན། དེའི་ཚེ་འབྲས་བུ་ཆོས་ཉིད་ཀྱི་ཀློང་དུ་ཟད་སར་འཁྱོལ་བ་ཡིན་ལ། དེས་ན་མཐར་ཐུག་འབྲས་བུའི་ཕྱུགས་ཀྱང་དེ་ཀ་རང་ལ་ཐུག་པར་འགྱུར་བ་དང་། མ་ཟད་ནམ་ཡང་དེ་ལྟ་བུའི་འབྲས་བུ་དེ་ཡི་ངོ་བོ་ལ་ཅི་ཡོད་སྒྲུབ་རྒྱུ་མེད་པ་ཡིན་ལ། དེ་ཡི་ངོ་བོ་སྐྱོང་བར་བྱེད་པའི་ཚེ་ན་དེ་ལ་ནམ་ཡང་སྤང་བླང་དང་རེ་དོགས་ཀྱི་དབང་དུ་མ་སོང་བར། རང་གི་ད་ལྟའི་ཤེས་རིག་མ་འགག་པ་རང་བཞིན་གསལ་བའི་ལྷུན་གྲུབ་ཀྱིས་ངོ་བོ་དེ་ལ་གནས་ན་འབྲས་བུ་མངོན་འགྱུར་སྐུ་གསུམ་གྱི་རང་བཞིན་རང་ལ་ཡོད་པར་རྟོགས་པ་ཉིད་དུ་གྱུར་པ་ཡིན་ལ། དེ་ལྟར་རྟོགས་པའི་ཚེ་ན་དེ་ནི་ཡེ་སངས་རྒྱས་པའི་འབྲས་བུ་མངོན་དུ་གྱུར་པ་འདི་ཉིད་དོ། །དེ་ལྟ་བུའི་རྒྱུ་དང་རྐྱེན་སོགས་གང་གིས་ཀྱང་མ་བྱས་པའི་སྐུ་གསུམ་ལྷུན་གྲུབ་ཀྱིས་འབྲས་བུ་ནི། ནམ་ཡང་ཡོད་པ་རྟག་པའི་མཐའ་དང་། མེད་པ་ཆད་པའི་མཐའ་སོགས་གང་ལ་མི་གནས་པར་སྤྲོས་པའི་མཐའ་བརྒྱད་

དང་བྲལ་བའི་རིག་པ་འདི་ཉིད་ནི། ནམ་ཡང་གང་གི་མཐར་མ་ལྷུང་བའི་དབུ་མ་ཞེས་ཟེར་བ་དང་། ཡང་དྲན་རིག་འགྱུར་མེད་རྒྱུན་ཆད་མེད་པར་ཡིན་པས་ན་འདི་ལ་རིག་པ་ཞེས་ཟེར་བ་དང་། མ་ཟད་དེ་ལ་རང་བཞིན་ཡེ་ནས་རྣམ་པར་དག་པའི་སྟོང་པ་ཉིད་རང་བྱུང་རིག་པའི་སྙིང་པོ་ཅན་ཡིན་པས་སོ། །དེ་ཕྱིར་ན་དེ་ལ་བདེ་གཤེགས་སྙིང་པོའི་མིང་ཉིད་དུ་བཏགས་པར་བྱས་པ་ཡིན་ལ། འདི་ཡི་དོན་ཚུལ་བཞིན་དུ་ཤེས་ན་སྐྱེ་བོ་ཀུན་གྱིས་ཉམས་ལེན་རབ་ཏུ་མཐར་ཕྱིན་པར་བྱ་དགོས་པ་དང་། དེའི་ཕྱིར་ན་ཡང་དེ་ལ་ཤེས་རབ་ཀྱི་ཕ་རོལ་དུ་ཕྱིན་པ་ཡང་ཟེར་བ་དང་། མ་ཟད་དེ་ལྟ་བུའི་ཆོས་ཉིད་སྐྱེ་བ་མེད་པ་དེ་ནི་བློ་ལས་འདས་ཤིང་ཡོད་དང་མེད་པའི་མཐའ་ཀུན་དང་ཡེ་ནས་བྲལ་བའི་ཕྱིར་ན་ཆོས་ཉིད་སྐྱེ་བ་མེད་པའི་མཐའ་དང་བྲལ་བ་ཡིན་ལ། དེ་ཕྱིར་ན་འདི་ལ་ཟུང་འཇུག་ཕྱག་རྒྱ་ཆེན་པོའི་རང་བཞིན་ཉིད་དུ་མིང་དུ་བཏགས་པར་བྱས་པ་དང་། འདི་ཡི་དོན་ཚུལ་བཞིན་དུ་རྟོགས་དང་མ་རྟོགས་སོགས་ཀྱི་ཁྱད་པར་ལས་ནི། འཁོར་འདས་གཉིས་ཀྱིས་བདེ་སྡུག་གི་སྣང་བ་ཀུན་གྱི་གཞི་གྱུར་པས་རང་བཞིན་ཡིན་ལ། དེ་ཕྱིར་ན་དེ་ལ་ནི་ཀུན་གཞི་ཞེས་པའི་མིང་ཉིད་དུ་བཏགས་པ་ཡིན་པའི་ཕྱིར་དང་། མ་ཟད་དེ་ལྟ་བུའི་ཆོས་ཉིད་སྐྱེ་བ་མེད་པ་བཟང་ངན་མེད་པ་ཐ་མལ་རང་མཁར་གྱི་ངོ་བོ་ལ་གནས་དུས་ཀྱིས་ཤེས་པ་གསལ་ལེ་ཧྲིག་གེ་བ་འདི་ཉིད་ལ། ཐ་མལ་གྱི་ཤེས་པ་ཞེས་པའི་མིང་དུ་བཏགས་པར་བྱས་པ་དང་། དེ་ལ་བཟང་རྟོག་ཅེས་སྙན་པོ་ཡི་མིང་མང་པོ་ཇི་ལྟར་བཏགས་ཀྱང་དོན་ལ་ད་ལྟའི་ཤེས་རིག་འདི་ག་ལས་གཞན་དུ་བདེན་པར་གྲུབ་པ་མེད་དོ། །ནམ་ཡང་འདི་མིན་གཞན་ལས་ལྷག་པར་སུ་ཞིག་འདོད་ཅིང་མེད་པ་ཡིན་པར་ངེས་པ་དང་། མ་ཟད་འདི་ལས་གཞན་པའི་ཆོས་ཤིག་འཚོལ་བ་དེ་ནི། དཔེར་ན་གླང་པོ་ཆེ་གཞན་དུ་བོར་ནས་རྩུར་

རྙེད་ཀྱང་། ད་ཙུང་སྣང་པོ་ཆེ་མ་ལོན་པར་སེམས་ནས་དེ་ཡི་རྗེས་འཚོལ་བར་བྱེད་པ་ཇི་བཞིན་དུ་ཇི་ལྟར་དཔྱད་ཀྱང་སྙིང་པོ་མེད་པ་ཡིན་ནོ།།

གོང་དུ་བཤད་པ་ལྟ་བུའི་ཡེ་སྟོང་གཞུག་མ་དོན་གྱི་ཡེ་ཤེས་སྐྱེ་བ་མེད་པ་དེ་ཉིད་སྟོང་གསུམ་གྱི་ཐོག་ཏུ་བདེན་པར་གྲུབ་པའི་དངོས་པོ་ཞིག་དྲན་ཀྱང་རྙེད་མི་སྲིད་པ་འགྱུར་བ་དང་། དེ་ལྟ་བུའི་རང་བཞིན་འགྱུར་བ་མེད་པ་ཆོས་སྐུ་དེ་བཞིན་ཉིད་ནི། རང་གི་སེམས་ལས་མ་རྟོགས་སངས་རྒྱས་ཞེས་བྱ་བ་ནམ་ཡང་རྙེད་མི་སྲིད་འདི་ཡི་ངོ་བོ་ནི་ཡེ་ནས་སེམས་ཀྱི་རང་བཞིན་དེ་ཉིད་ཡིན་པ་ལ་ཡིན་པར་མ་ཤེས་པར། རྟག་ཏུ་ཕྱི་རོལ་ཡུལ་གྱི་སྟེང་དུ་སེམས་བཙལ་བར་བྱས་ན་ཡང་སྙིང་པོ་མེད་པ་ཡིན་ཏེ། དེ་ནི་རང་གིས་གཞན་འཚོལ་བར་སེམས་ཀྱང་། ཚུར་དཔྱད་ན་རང་གི་རང་ཉིད་འཚོལ་བ་ཡིན་པས་ཅི་ཕྱིར་རྙེད་པར་འགྱུར་རྙེད་པར་མི་འགྱུར་ཏེ། དེ་ནི་དཔེར་ན་སྨྱོན་པ་ཅིག་གིས་མི་མང་པོ་ཞིག་གི་ཁྲོད་དུ་ལྟད་མོ་བྱས་པའི་ཚེ་ན། རང་ཉིད་གཞན་དུ་དོར་བར་བྱས་ནས་སུ་རང་ངོ་ཇི་བཞིན་མ་ཤེས་བཞིན་དུ་འཚོལ་བ་དེ་ཡང་། དཔྱད་ན་རང་གིས་གཞན་དུ་ཡོད་པར་འཁྲུལ་ནས་འཚོལ་བ་དེ་བཞིན་དུ་སྙིང་པོ་མེད་པ་ཡིན་ནོ། །དངོས་པོ་རྣམས་ཀྱི་གཤིས་ཀྱི་གནས་ལུགས་མ་མཐོང་བས་ན། ནམ་ཡང་གཉིས་འཛིན་གྱི་དབང་གིས་སྣང་བ་ཐམས་ཅད་སེམས་སུ་མ་ཤེས་པར་འཁོར་བར་གྲོལ་བར་མི་འགྱུར་བ་ཡིན་ལ། དེས་ན་རང་སེམས་སྐྱེ་བ་མེད་པ་དེ་ཉིད་སངས་རྒྱས་ཡིན་པར་མ་མཐོང་པར་མྱ་ངན་ལས་འདས་པའི་གོ་འཕང་སྒྲིབ་པར་བྱེད་པ་ཡིན་ནོ། །གཞི་རང་གི་ངོ་བོ་ལ་ལྟོས་ན། འཁོར་བ་དང་མྱ་ངན་ལས་འདས་པ་གཉིས་ཞེས་བྱ་བ་དེ་ལ་རིག་དང་མ་རིག་གིས་ཆོས་གཅིག་སྐད་ཅིག་མ་གཅིག་གིས་བར་ལ་ཡང་བྱེ་བྲག་མེད་པར་ངེས་སོ། །སེམས་ཅན་རྣམས་ལས་ཉོན་གྱི་

དབང་གིས་རང་གི་སེམས་ཀྱི་ངོ་བོ་ལ་ལྟོས་ནས་དེ་ཉིད་ཇི་བཞིན་དུ་མ་མཐོང་བར་རྣམ་པ་གཞན་དུ་མཐོང་བའི་དབང་གིས་འཁྲུལ་བ་དང་། དེ་ཡི་ངོ་བོ་ལ་དཔྱད་ན་ནམ་ཡང་འཁྲུལ་དང་མ་འཁྲུལ་བའི་ཁྱད་པར་གང་ཡང་མེད་ཅིང་ངོ་བོ་གཅིག་པ་སྟེ། ནམ་ཡང་འགྲོ་བ་ཀུན་ལ་སེམས་རྒྱུད་གཉིས་སུ་ཡོད་པར་མ་གྲུབ་པས་ན། རྟག་ཏུ་སེམས་ཀྱི་རང་བཞིན་སྐྱེ་བ་མེད་པ་དེ་ཉིད་རྒྱུ་དང་རྐྱེན་སོགས་གང་གིས་ཀྱང་མ་བྱས་མ་བཅོས་པར་རང་སར་དུ་བཞག་པའི་དབང་གིས་གྲོལ་བར་འགྱུར་བ་ཡིན་པའི་ཕྱིར་རོ།།

སྤྱིར་མ་དག་པའི་འཁྲུལ་བ་དེ་ཉིད་སེམས་སུ་མ་རིག་ན་ནི། འཁྲུལ་བ་དེའི་དབང་གིས་ཆོས་ཉིད་སྐྱེ་བ་མེད་པའི་དོན་དེ་ནམ་ཡང་མི་རྟོགས་པས་རང་བཞིན་ཡིན་ལ། དེ་ནས་རང་ཤར་རང་བྱུང་རང་གིས་རང་ལ་བལྟ་བར་བྱས་ཤིང་། སྣང་བ་འདི་དག་ཐམས་ཅད་དང་པོ་གང་ལས་བྱུང་བ་དང་། བར་དུ་གང་ཞིག་ཏུ་གནས་པ་དང་། མཐའ་མར་གར་འགྲོ་བ་སོགས་ལ་ལྟས་པས་ཆོ། དཔེར་ན་རྫིང་གི་བྱ་རོག་བཞིན་དུ་རྫིང་ནས་ཕྱོགས་གཞན་དུ་འཕུར་ཀྱང་རྫིང་ལས་ལོག་པ་མེད་པ་དེ་བཞིན་དུ་སྣང་བ་ཐམས་ཅད་སེམས་ལས་ཤར་བ་བཞིན་དུ། འཁོར་འདས་ཀྱི་ཆོས་ཐམས་ཅད་རང་གི་སེམས་ལས་ཤར་ཞིང་མཐར་སེམས་སུ་གྲོལ་བར་འགྱུར་བ་ཡིན་ནོ།།

གོང་དུ་བཤད་པ་ལྟར་འགྲོ་འོང་རྟག་ཆད་ཐམས་ཅད་དང་བྲལ་བའི་སེམས་ཉིད་ཀུན་ཤེས་ཀུན་རིག་སྟོང་གསལ་འཛོ་འགྱུར་དང་བྲལ་བའི་ཆོས་ཉིད་འདི་ནི། ཡེ་གདོད་མ་ནས་གསལ་སྟོང་དབྱེར་མེད་ཆེན་པོ་སྟེ། དཔེར་ན་མཐའ་ཀུན་དང་བྲལ་བའི་ནམ་མཁའ་ལྟར་རང་བྱུང་ཡེ་ཤེས་ཀྱི་ངོ་བོ་མངོན་སུམ་གྱིས་ཚུལ་དུ་གསལ་བ་རྟ་གཏན་ལ་ཕེབས་པ་དེ་ཀ་ཆོས་ཉིད་ཀྱི་རང་བཞིན་ཉིད་དོ།།

གོང་དུ་བཤད་པ་དེ་ལྟར་ཡིན་པའི་རྟགས་ནི་སྣང་སྲིད་འཁོར་འདས་ཀྱིས་བསྡུས་པའི་ཆོས་ཐམས་ཅད་གཅིག་ཀྱང་མ་ལུས་པར་མཐར་རང་གི་སེམས་སུ་རིག་ཅིང་སེམས་ཉིད་སྐྱེ་བ་མེད་པ་འདི་ཡི་ངོ་བོ་རིག་ཅིང་གསལ་བས་ནི། དཔེར་ན་ནམ་མཁའ་ལྟ་བུར་རྟོགས་པར་འགྱུར་བ་དང་། དེ་ལྟ་བུའི་ཆོས་ཉིད་སྐྱེ་བ་མེད་པ་དེ་མཚོན་པའི་ཕྱིར་དུ་ནམ་མཁའ་དཔེ་རུ་བཞག་པར་བྱས་ཀྱང་། དེ་ནི་རེ་ཞིག་ཕྱོགས་ཙམ་མཚོན་པའི་བརྡའ་ཙམ་མཚོན་པར་བྱས་པ་སྟེ། དེ་ལྟ་བུའི་སེམས་ཉིད་རིག་བཅས་སྟོང་པ་ཅིར་ཡང་གསལ་བ་སྟེ། དཔེར་ན་ནམ་མཁའ་རིག་མེད་སྟོང་པ་བེམ་སྟོང་ལྟ་བུ་ཡིན་ཏེ། དེ་ལས་གཞན་གྲུབ་པ་མེད་པ་དེ་ཕྱིར་ན་སེམས་ཀྱི་རང་བཞིན་གནས་ལུགས་ཀྱིས་དོན་ནམ་མཁའ་ལྟ་བུའི་ནམ་ཡང་མཚོན་དུ་མེད་པ་དང་། དེ་ཡི་ངོ་བོར་ནམ་ཡང་ཡེངས་སུ་མེད་ཀྱི་དེ་ཀའི་ངང་ལ་བཞག་པར་བྱ་དགོས་པ་ཡིན་པའི་ཕྱིར་རོ།།

དེ་ལྟ་བུའི་ཆོས་ཉིད་ཀྱི་ངང་དུ་བཞག་ཅིང་། ཐ་སྙད་རྗེས་ཐོབ་ཀྱི་སྐབས་སུ་སྣང་བ་ཀུན་རྫོབ་སྣ་ཚོགས་པ་འདི་དག་རྣམས་ཀྱང་། དོན་ལ་གཅིག་ཀྱང་བདེན་པར་མ་གྲུབ་པ་ཡི་བདག་ཉིད་འཛིག་པ་བཞིན་ཡིན་ལ། དེ་ནི་དཔེར་ན་སྣང་སྲིད་འཁོར་འདས་ཀྱི་བསྡུས་པའི་ཆོས་ཐམས་ཅད་ཀུན་ལ་དཔྱད་ན་རང་གི་སེམས་ཉིད་གཅིག་པུའི་མཐོང་སྣང་ཡིན་པའི་ཕྱིར་དང་། མ་ཟད་གང་གི་ཚེ་ན་རང་གི་སེམས་རྒྱུད་འགྱུར་བ་ཙམ་ན་ཡང་། ཕྱི་རུ་ཤར་བའི་སྣང་བ་ཐམས་ཅད་འགྱུར་བ་ཡང་དེའི་མཐོང་སྣང་སྣ་ཚོགས་པའི་དབང་གིས་འབྱུང་བར་འགྱུར་བ་ཡིན་ལ། དེས་ན་ཐམས་ཅད་སེམས་ཀྱི་མཐོང་སྣང་སྣ་ཚོགས་པ་དག་ལས་བྱུང་བ་སྟེ། དཔེར་ན་འགྲོ་བ་རིགས་དྲུག་གི་སེམས་ཅན་རྣམས་ལས་ཀྱི་དབང་གིས་ཆོས་གཅིག་ལ་རྣམ་པ་སོ་སོར་ཉིད་དུ་སྣང་བར་མཐོང་བ་དང་། མ་ཟད་

མཐར་ཐུག་གི་ཐར་བ་བླ་ན་མེད་པ་ལས་ཕྱིར་ལོག་ཅིང་ཆོས་དང་བླ་མ་ལ་མ་དད་པའི་རྒྱུད་ལོག་ལྟའི་ཟིན་པའི་ཕྱི་རོལ་མུ་སྟེགས་པ་སྟེ། གཙོ་བོ་དབང་ཕྱུག་རྟག་པ་ལྟར་འཛིན་པ་པོ་དང་། ལས་འབྲས་བསླུ་མེད་ལས་ཕྱིར་ལོག་པའི་རྒྱུད་འཕེན་པ་དེ་རྟག་ཆད་ཀྱི་མཐའ་ལ་གནས་པ་སོགས་གཉིས་སུ་ཡོད་པར་མཐོང་བ་དང་། ཐེག་པ་རིམ་དགུ་སོ་སོའི་རང་རང་གི་གྲུབ་མཐའི་དབང་དུ་བྱས་ནས་ལྟ་བར་མཐོང་བ་དང་། དེ་ལྟ་བུའི་ཕྱི་ནང་གི་གྲུབ་མཐའ་སོ་སོའི་རང་རང་གི་མོས་པ་དང་མཐུན་པའི་སྒོ་ནས། རྣམ་པ་སྣ་ཚོགས་ཤིག་མཐོང་ཞིང་། དེ་ཡི་དབང་གིས་གོང་དུ་བཤད་པ་ལྟར་གྲུབ་མཐའ་དང་ལྟ་བ་སོགས་སྣ་ཚོགས་པ་གསལ་བར་འགྱུར་བ་བཞིན་དུ་གནས་པ་དེ་ལྟར་ཐ་དད་དུ་གཟུང་བས་སོ་སོའི་འཛིན་པ་དང་ཞེན་པས་སྣང་བ་ཐམས་ཅད་འཁྲུལ་བ་ཡིན་པ་ཤེས་ཤིང་། མཐར་དེ་ལྟ་བུའི་སྣང་བ་ཐམས་ཅད་སེམས་སུ་རིག་པ་ནི། དེ་ཉིད་མཐོང་སྣང་ཤར་ན་ཡང་དེ་ལ་འཛིན་པ་མེད་པ་དེ་ནི་སངས་རྒྱས་ཡིན་ལ། དེ་དག་ཡང་དག་ཅིག་མ་མཐོང་བའི་རྒྱུ་མཚན་ནི། ཕྱི་རོལ་ཡུལ་གྱིས་སྣང་བ་མ་འཁྲུལ་ཀྱང་དེ་ལ་གཅིག་དང་ཐ་དད་སོགས་བདེན་པར་འཛིན་པའི་དབང་གིས་འཁྲུལ་བ་ཡིན་པའི་ཕྱིར་རོ། །

དེ་ལྟ་བུའི་འཛིན་རྟོག་གི་སྣང་བ་ཐམས་ཅད་སེམས་སུ་ཤར་བ་ཡིན་པར་ཤེས་ན་རང་གིས་གྲོལ་བར་འགྱུར་བ་ཡིན་ནོ། །དེ་ལྟ་བུའི་དག་དང་མ་དག་པ་ཅིར་སྣང་ཐམས་ཅད་རྒྱུ་གང་ལས་བྱུང་ངོ་ཞེ་ན། དེ་ནི་ཐམས་ཅད་སེམས་ཀྱི་སྣང་བས་རང་བཞིན་ཡིན་པའི་ཕྱིར་དང་། མ་ཟད་ཕྱི་རོལ་སྣོད་ཀྱི་འཇིག་རྟེན་བེམ་པོར་སྣང་བའང་ཐམས་ཅད་གཙོ་བོ་སེམས་ལས་བྱུང་བ་དང་། ཡང་ནང་བཅུད་ཀྱི་སེམས་ཅན་འགྲོ་བ་རིགས་དྲུག་གི་ཡུལ་གཅིག་ལ་མཐོང་སྣང་སྣ་ཚོགས་པའི་སྣང་བའང་ཐམས་ཅད་སེམས་ལས་བྱུང་བ་

དང་། ཡང་ཡར་མཐོ་རིས་ལྷ་མིའི་བདེ་བ་ཡི་གནས་སོགས་སྣང་བའང་ཐམས་ཅད་སེམས་ལས་བྱུང་བ་དང་། ཡང་མར་ངན་སོང་གསུམ་གྱི་སེམས་ཅན་རྣམས་ཀྱིས་སྡུག་བསྔལ་གྱི་གནས་སོགས་སྣང་བའང་ཐམས་ཅད་སེམས་ལས་བྱུང་བ་དང་། ཡང་སེམས་ཅན་རྣམས་ལས་ཀྱི་དབང་གིས་མ་རིག་པ་ལས་དང་ཉོན་མོངས་པ་དུག་ལྔ་ཡི་རང་བཞིན་དུ་སྣང་བའང་ཐམས་ཅད་སེམས་ལས་བྱུང་བ་དང་། རྒྱུ་དང་རྐྱེན་སོགས་གང་གིས་ཀྱང་མ་བྱས་པའི་རང་བྱུང་གི་ཡེ་ཤེས་རིག་པ་ཉིད་དུ་སྣང་བའང་ཐམས་ཅད་སེམས་ལས་བྱུང་བ་དང་། ཡང་གནས་ལུགས་ཀྱི་དོན་ཅུང་ཟད་རྟོགས་པའི་དབང་གིས་བཟང་རྟོག་སྔ་ངན་ལས་འདས་ཤིང་སྣང་བའང་ཐམས་ཅད་སེམས་ལས་བྱུང་བ་དང་། ཡང་སྣང་བ་མ་དག་པའི་དབང་གིས་ཕྱི་རོལ་གྱི་བདུད་དང་འདྲེའི་བར་ཆད་བྱེད་པར་སྣང་བའང་ཐམས་ཅད་སེམས་ལས་བྱུང་བ་དང་། ཡང་ལྷག་པའི་ལྷ་སོགས་དང་འགྲོགས་ནས་དེ་དག་གི་དྲུང་དུ་མཆོག་གི་དངོས་གྲུབ་དང་ཐུན་མོང་གི་དངོས་གྲུབ་ལེན་པར་སྣང་བའང་ཐམས་ཅད་སེམས་ལས་བྱུང་བ་དང་། ཡང་སྒྲིབ་གཉིས་ཀྱི་དྲི་མ་དག་ཅིང་གཟུགས་ནས་རྣམ་མཁྱེན་གྱིས་བསྡུས་པའི་ཆོས་ཀུན་ལ་རྣམ་པར་དག་པ་སྣ་ཚོགས་པ་ཞིག་སྣང་བའང་ཐམས་ཅད་སེམས་ལས་བྱུང་བ་དང་། ཡང་གནས་ལུགས་རང་བཞིན་མི་རྟོག་པ་དེ་ཡི་ངོ་བོ་ལ་རྩེ་གཅིག་ཏུ་གནས་པར་སྣང་བའང་ཐམས་ཅད་སེམས་ལས་བྱུང་བ་དང་། ཡང་ཐ་སྙད་ཀྱི་དངོས་པོ་མཚན་མའི་ཁ་དོག་ཅན་ཉིད་དུ་སྣང་བའང་ཐམས་ཅད་སེམས་ལས་བྱུང་བ་དང་། ཡང་དངོས་པོ་མཚན་མ་མེད་པ་སྤྲོས་པ་ཡི་རང་བཞིན་གྲུབ་པ་མེད་པ་ཉིད་དུ་སྣང་བའང་ཐམས་ཅད་སེམས་ལས་བྱུང་བ་དང་། ཡང་ཆོས་ཐམས་ཅད་ཀྱིས་རང་བཞིན་སྐྱེ་བ་མེད་པ་དེ་ལ། ནམ་ཡང་གཅིག་དང་དུ་མ་སོགས་ཀྱི་

ཆོས་གཉིས་སུ་མེད་པར་སྣང་བའང་ཐམས་ཅད་སེམས་ལས་བྱུང་བ་དང་། ཡང་དེ་ལྟ་བུའི་ཆོས་ཉིད་སྐྱེ་བ་མེད་པ་ཡོད་མེད་ཀྱི་མཐའ་གང་དུ་ཡང་མ་གྲུབ་པར་སྣང་བའང་ཐམས་ཅད་སེམས་ལས་བྱུང་བ་ཡིན་པའི་ཕྱིར་རོ། །

མདོར་ན་འཁོར་འདས་སྣང་བཏགས་ཀྱིས་བསྡུས་པའི་ཆོས་ཐམས་ཅད་སེམས་ལས་བྱུང་བ་མ་རྟོགས་པའི་སྣང་བ་ཡི་ཆོས་གང་ཡང་གཞན་དུ་གྲུབ་པ་མེད་པ་དང་། ནམ་ཡང་སེམས་ཉིད་མ་འགགས་པའི་སྣང་བ་གང་ཡང་ཅུང་བ་ཞིག་འཆར་བ་ཐམས་ཅད་ཇི་ལྟར་ཤར་ཡང་ནི། དེ་ནི་དཔེར་ན་རྒྱ་མཚོའི་ཆུ་དང་དེ་ཡི་ཆུ་རླབས་བཞིན་དུ་གཉིས་སུ་གྲུབ་པ་མེད་དེ་མཐར་ཐམས་ཅད་སེམས་ཀྱི་རང་བཞིན་དེ་ཡི་ངང་དུ་གྲོལ་བར་འགྱུར་བ་ཡིན་ལ། དེ་ལ་ཐ་སྙད་དུ་གྲུབ་མཐའི་དབང་གིས་མིང་ཇི་ལྟར་བཏགས་ཀྱང་། དོན་གྱི་རང་གི་ངོ་བོ་ལ་གདགས་བྱ་མེད་པར་བྲལ་བ་ཡིན་པའི་ཕྱིར་ན། དེ་ཡི་ངོ་བོ་ནམ་ཡང་མ་འགགས་པ་ཡིན་ལ། དེ་ལ་མིང་འདོགས་ཚུལ་སོགས་ཅི་ཞིག་བཏགས་ཀྱང་། དེ་དག་ཆོས་ཐམས་ཅད་ཀྱི་གནས་ལུགས་དོན་གྱི་དབང་དུ་བྱས་ན། དེ་ལ་སེམས་ཞེས་བྱ་བ་དེ་ནི་ཆོས་ཉིད་གཅིག་གི་རོལ་པ་མ་གཏོགས་དེ་ལས་གཞན་དུ་གང་ཡང་ཡོད་པ་མ་ཡིན་པའི་ཕྱིར་རོ། །

དེ་ལྟ་བུའི་མཐའ་ཀུན་དང་བྲལ་བའི་ཆོས་ཉིད་གཅིག་པོ་དེ་ཡང་གཞི་མེད་རྩ་བ་ཀུན་དང་བྲལ་བར་འགྱུར་བ་ཡིན་པའི་ཕྱིར་དང་། མ་ཟད་དེ་ལྟ་བུའི་སྐྱེ་བ་མེད་པའི་ཆོས་ཉིད་དེ་ནི་གང་གི་ཕྱོགས་སུ་མཐོང་བར་བྱ་བ་ཡི་ཆོས་གཅིག་ཀྱང་བཙལ་བྱ་གང་ཡང་མེད་པ་དང་། དེ་ལ་ཇི་ལྟར་བཤད་ཀྱང་དངོས་པོ་གང་ཡང་ཡོད་པ་མ་མཐོང་བར་གྱུར་པ་དང་། ཅི་ཡང་བདེན་པར་གྲུབ་པ་མེད་པར་གནས་པ་ཡིན་ལ། དེ་ཡི་ངོ་བོ་སྟོང་

པར་ཉིད་དུ་ཡང་མ་མཐོང་པར་རིག་ཅིང་གསལ་བའི་མདངས་དང་ལྡན་པར་གྱུར་པ་ཡིན་པའི་ཕྱིར་དང་། མ་ཟད་དེ་ཉིད་རྣམ་པ་སོ་སོར་ཉིད་དུ་མ་མཐོང་པར་ངོ་བོ་གསལ་སྟོང་དབྱེར་མེད་ཆེན་པོའི་ངང་དུ་གནས་པ་ན། ད་ལྟ་རང་གི་རྒྱུད་ཀྱི་ཤེས་པ་གསལ་ལེ་ཧྲིག་གེ་བ་འདི་ཉིད་ཡིན་པར་བྱས་ཀྱང་། ནམ་ཡང་དེ་ཉིད་བྱེད་མི་ཤེས་པའི་རང་བཞིན་མེད་ཀྱང་། རྟེན་འབྱུང་འབྲེལ་བར་འབྱུང་བའི་དབང་གིས་ཉམས་སུ་དངོས་སུ་མྱོངས་བར་བྱས་ཏེ། འདི་ཉིད་ཉམས་སུ་བླངས་པར་བྱས་ན་དེ་ཡི་ངང་དུ་ཀུན་གྲོལ་བར་འགྱུར་བ་ཡིན་ཏེ། དེ་ཉིད་རྟོགས་པར་བྱེད་པ་ལ་དབང་པོ་དག་ལ་ནམ་ཡང་བློ་རྩེ་བརྟུལ་མེད་པར་རྟོགས་པར་འགྱུར་བ་ཡིན་པའི་ཕྱིར་རོ། །

དེ་ལྟར་འཁོར་འདས་དབྱེར་མེད་ཀྱི་ལྟ་བ་རྟོགས་པར་བྱེད་པའི་ཚེ་ན། དེ་རྟོགས་པར་བྱེད་པའི་རྒྱུ་ལ་ནམ་ཡང་ཁྱད་པར་སྤྲུ་ཙམ་ཡང་ཡོད་པ་མ་ཡིན་ཏེ། དཔེར་ན་ཏིལ་དང་འོ་མ་གཉིས་ཀ་མར་གྱི་རྒྱུ་ཐུན་མོང་བ་ཡིན་ཀྱང་། དེ་ཡང་མ་དཀྲུག་མ་བཙིར་བར་ཁུ་བ་མི་འབྱུང་བ་ལྟར་འགྲོ་བ་སེམས་ཅན་ཀུན་སངས་རྒྱས་ཀྱི་སྙིང་པོ་ཅན་དངོས་ཡིན་ཀྱང་། གནས་ལུགས་ཀྱི་དོན་ཉམས་སུ་མ་བླངས་ན་སེམས་ཅན་རྣམས་ནམ་ཡང་སངས་མི་རྒྱ་བར་འཁོར་པའི་གནས་སུ་འཁོར་བར་འགྱུར་བ་ཡིན་པའི་ཕྱིར་དང་། གནས་ལུགས་ཀྱི་དོན་ཇི་བཞིན་དུ་ཉམས་སུ་བླངས་བར་བྱས་ན་བ་ལང་རྫི་ཡང་གྲོལ་བར་འགྱུར་བ་ཡིན་ལ། དེ་ལྟ་བུའི་ཆོས་ཉིད་དེ་ལ་བཤད་པ་མི་ཤེས་ཀྱང་མངོན་སུམ་ཉིད་དུ་གཏན་ལ་ཕེབས་པར་བྱས་ཏེ། རང་གིས་ཁ་ཏ་སྒྲོང་བའི་བུ་རམ་དེ་ཉིད་ལ་རོ་མངར་བ་ཇི་ལྟར་ཡོད་པ་སྟེ། གཞན་གྱིས་དེའི་རོ་འདི་དང་འདི་ཞེས་བཤད་མི་དགོས་ཤིང་རང་གི་སྒྲོང་བར་འགྱུར་བ་དེ་བཞིན་དུ། གནས་ལུགས་ཀྱི་དོན་ཇི་བཞིན་དུ་རྟོགས་པར་འགྱུར་བའི་

ཚེ་ན།  དེ་ལ་འདི་དང་འདི་ཞེས་བརྗོད་པར་བྱ་བའི་ཡུལ་གང་ཡང་བདེན་པར་གྲུབ་པ་མེད་པ་ཡིན་ལ།  དེ་ལྟ་བུའི་གནས་ལུགས་ཀྱི་དོན་འདི་ཉིད་མ་རྟོགས་ན་པཎྜི་ཏ་ཡང་འཁྲུལ་བར་འགྱུར་བ་དང་།  མ་ཟད་སྤྱིར་ཐེག་པ་རིམ་དགུའི་ཚིག་ཙམ་ཞིག་བཤད་པ་སོགས་ཤེས་བྱ་ཡི་གནས་ལ་ཇི་ལྟར་མཁས་པར་གྱུར་ཀྱང་།  གོང་དུ་བཤད་པ་ལྟ་བུའི་གནས་ལུགས་ཀྱིས་དོན་ཇི་བཞིན་མ་འཁྲུལ་པ་ཞིག་མ་མཐོང་ན།  དེ་ནི་དཔེར་ན་མ་མཐོང་པར་རྒྱང་རིང་གི་གཏམ་རྒྱུད་ཀྱི་རྗེས་སུ་བསྙེགས་པ་བཞིན་དུ་སྙིང་པོ་མེད་པ་ཡིན་ཏེ། དེ་ནི་རྫོགས་པའི་སངས་རྒྱས་ཀྱི་ས་ལ་ནི་སྐད་ཅིག་ཙམ་ཡང་ཉེ་བར་མ་རེག་པ་ཡིན་ལ། གོང་དུ་བཤད་པ་འདི་ཉིད་ཀྱིས་ངོ་བོ་གྲུབ་པ་མེད་པར་རྟོགས་པར་གྱུར་ན། ཐ་སྙད་ཀྱི་དགེ་སྡིག་གི་སྣང་བ་ཐམས་ཅད་ཆོས་ཉིད་དེ་ཡི་ཀློང་དེར་རང་སར་དུ་གྲོལ་བར་འགྱུར་བ་ཡིན་པའི་ཕྱིར་རོ།།

དེ་ལྟ་བུའི་ཡེ་སྟོང་སྐྱེ་བ་མེད་པ་ཆོས་ཉིད་སྤྲོས་པ་ཐམས་ཅད་དང་བྲལ་བ་འདི་ཡི་ངོ་བོ་དེ་ཉིད་ཇི་བཞིན་དུ་མ་རྟོགས་པར་རང་རང་གི་དགེ་སྡིག་གང་ལ་སྤྱད་པར་བྱས་ཀྱང་། མཐོ་རིས་དང་ངན་སོང་འཁོར་བ་ཡི་གནས་སུ་ལས་ངན་པ་མི་བསགས་པར་རང་སེམས་སྐྱེ་བ་མེད་པ་སྟོང་པ་ཉིད་ཀྱི་རང་བཞིན་ཡེ་ཤེས་གཅིག་གི་རོལ་པ་ཉིད་དུ་རྟོགས་པར་གྱུར་ཙ་ན། དེ་ཡི་ངོ་བོར་དགེ་སྡིག་སོགས་ཀྱི་ཕན་ཡོན་དང་ཉེས་དམིགས་གང་ཡང་མི་གྲུབ་བོ།།

དེ་ལྟ་བུའི་ཆོས་ཉིད་སྐྱེ་བ་མེད་པ་དེ་ནི།  དཔེར་ན་མཐའ་དང་བྲལ་བའི་བར་སྣང་སྟོང་པར་ཆུ་མིག་ཆགས་པ་བཞིན་དུ་གྲུབ་པ་མེད་པ་ཡིན་ལ།  དེ་ལྟ་བུའི་ཆོས་ཉིད་སྐྱེ་བ་མེད་པ་སྟོང་པ་ཉིད་ཀྱི་ངོ་བོ་ལ་གནས་པའི་ཚེ་དགེ་སྡིག་སོགས་སྣང་བའི་ཡུལ་གང་

ཡང་མ་གྲུབ་པ་ཡིན་ལ། དེས་ན་སེམས་ཉིད་རང་རིག་སྤྲོས་པ་ཐམས་ཅད་དང་བྲལ་བ་དེ་ཡི་ངོ་བོ་མངོན་སུམ་གཅེར་མཐོང་དེ་ཡི་ངང་དུ་གནས་དགོས་པ་དང་། མ་ཟད་དེ་ལྟར་གཅེར་མཐོང་རང་གྲོལ་འདི་ཉིད་རབ་ཏུ་ཟབ་པར་འགྱུར་བ་ཡིན་ལ། དེ་ཕྱིར་རང་རིག་འདི་ཉིད་ཆོས་ཉིད་ཀྱིས་ཀློང་དུ་འདྲེས་པར་བགྱི་བ་ཡིན་པའི་ཕྱིར་རོ། །དེས་ན་ཟབ་རྒྱ་དང་། དེ་ལྟ་བུའི་ཨེ་མ་ཧོ་ཞིན་ཏུ་ངོ་མཚར་བའི་གནས་ལུགས་དོན་གྱི་ཡེ་ཤེས་རིག་པ་ངོ་སྤྲོད་གཅེར་མཐོང་རང་གྲོལ་ཏེ། མ་འོངས་ཕྱི་རབས་སྙིགས་མའི་སེམས་ཅན་རྣམས་ཀྱི་དོན་དུ་རྒྱུད་ལུང་མན་ངག་རྣམས་རང་གི་མོས་པ་ཀུན་དགོས་པ་མདོར་བསྡུས་ཤིང་ཞུང་བ་འདི་ཉིད་སྦྱར་རོ། །ད་ལྟ་སྤེལ་ཡང་རིན་ཆེན་གཏེར་དུ་སྦས་ཤིང་མ་འོངས་པར་སྐལ་ལྡན་ལས་འཕྲོ་ཅན་དང་འཕྲད་པར་ཤོག་ཅིག་ཅེས་བརྗོད་པར་བྱའོ། །ས་མ་ཡཿ རྒྱ་རྒྱ་རྒྱཿ རིག་པ་མངོན་སུམ་དུ་ངོ་སྤྲོད་པའི་བསྟན་བཅོས་ཐུན་སུམ་ཚོགས་པ་གཅེར་མཐོང་རང་གྲོལ་ཞེས་བྱ་བ་འདི་ཉིད་ཨོ་རྒྱན་གྱི་མཁན་པོ་པདྨ་འབྱུང་གནས་ཀྱིས་སྦྱར་བ་ཡིན་པས་འཁོར་བ་མ་སྟོང་གི་བར་དུ་མ་རྫོགས་སོ་ཞེས་གསུངས་པ་ཡིན་ནོ། །

ཐེག་དགུའི་ཡང་རྩེ་འོད་གསལ་རྫོགས་པ་ཆེའི། །རང་བཞིན་འབྲས་བུའི་སྐུ་གསུམ་མངོན་གྱུར་ཏེ། །ས་གསུམ་སྐྱེ་དགུའི་འགྲོ་བ་མ་ལུས་ཀུན། །གདོད་མའི་མགོན་དང་སྐལ་བ་མཉམ་པར་ཤོག །སྨད་བྱུང་ཚོགས་གཉིས་རྒྱ་གཏེར་བསྒྲུབས་པ་ལས། །བྱུང་བའི་ངོ་མཚར་མཁྱེན་གཉིས་ལང་ཚོ་འབུམ། །ཇི་བཞིན་གདུལ་བྱའི་མཁའ་ལ་རྟག་འཆར་ཞིང་། །འཕོ་ཆེན་གདོད་མའི་འབྲས་བུ་མངོན་གྱུར་ཤོག །རང་བློ་དམན་ཞིང་སྦྱངས་པ་ཆུང་བས་ན། །མཁས་པ་མཉེས་པའི་སྤེལ་སྦྱོར་མེད་མོད་ཀྱང་། །རང་བློ་ངན་པ་དགེ་ལ་གོམས་ཕྱིར་དུ། །བྲིས་པའི་དགེ་བས་ས་གསུམ་དགེ་གྱུར་ཅིག །འདིར་འབད་རྣམ་དཀར་ལེགས་བཤད་

གཙང་མ་ཡིས། །བཟང་ངན་ལས་ཀྱི་འབྲེལ་བའི་སེམས་ཅན་ཀུན། །ཚེ་འདིར་ཕྱི་མར་སངས་རྒྱས་རྒྱུ་ཉིད་དུ། །བསྔོ་བ་འདི་བཞིན་རྩ་གསུམ་ལྷ་ཡིས་མཛོད། །ཅེས་པ་འདི་ཟླ་བ་ཡར་ངོའི་ཚེས་བཅུ་ལ་གསེར་ལྷོངས་ཟླ་ཏུང་ཆོས་ཀྱི་གྲོང་ཁྱེར་དུ་ཛ་བསོད་ནམས་དར་རྒྱས་སུ་འབོད་པས་བསྐུན་དང་འགྲོ་བ་ཡོངས་ལ་ཕན་ཐོག་པའི་སྨོན་འདུན་དང་བཅས་ཏེ་སྦྱར་བར་བགྱིས་པའོ། །སརྦ་མངྒ་ལཾ།། །།

# ༄༅། །མྱུར་ལམ་རྫོགས་པ་ཆེན་པོའི་ཟབ་ལམ་འཕོ་བའི་རིམ་པ་སྔོན་བྱོན་རིག་འཛིན་དམ་པ་དག་གི་གསུང་རྣམས་ཕྱོགས་གཅིག་ཏུ་བཀོད་པ་འོག་མིན་ཞིང་དུ་བགྲོད་པའི་ཐེམ་སྐས་ཞེས་བྱ་བ་བཞུགས་སོ། །

ན་མོ་མ་ཧཱ་གུ་རུ་པདྨ་ཀ་ར་ཡེ། །
རྩ་གསུམ་དཀྱིལ་འཁོར་རྒྱ་མཚོའི་འཁོར་ལོའི་མགོན། །
མཚུངས་མེད་པ་གཅིག་ཀུན་མཁྱེན་འགྲོ་བའི་གཉེན། །
སྐལ་བཟང་འགྲོ་ལ་མ་ལྟར་བྱམས་མཛད་པ། །
ཆོས་རྗེ་བླ་མ་མཆོག་གིས་ཤིས་པ་སྩོལ། །

དེ་ཡང་རང་བཞིན་རྫོགས་པ་ཆེན་པོའི་ཉེ་ལམ་འཕོ་བའི་རིམ་པ་དེ་ཉིད་སྒོམ་ཚུལ་གྱི་དབང་དུ་བྱས་ན། དེ་ལ་ས་དགེ་བཀའ་རྙིང་སོགས་ཀྱི་གྲུབ་མཐའ་སྨྲ་བ་ཀུན་ལ་བཞེད་ཚུལ་དུ་མར་ཡོད་ཀྱང་། །སྐབས་འདིར་དེ་དག་གི་བཞེད་ཚུལ་སོགས་མདོར་བསྡུས་ཞིག་བཤད་པར་བྱས་ན། དེ་ཡང་དང་པོ་རྫོགས་པ་ཆེན་པོ་ཀློང་ཆེན་སྙིང་ཐིག་གི་སྔོན་འགྲོ་ལས་གསུངས་ཚུལ་རྣམས་ནི་གང་ཞེ་ན། འདིར་འདའ་ཀ་མའི་མན་ངག་སྟེ་འཕོ་བ་མ་བསྒོམས་སངས་རྒྱས་པའི་ཁྲིད་ནི། སྤྱིར་འཕོ་བ་དེ་ལ་རྣམ་པ་ལྔ་ཡོད་པ་ཡིན་ཏེ། རབ་ཆོས་སྐུ་རྒྱས་འདེབས་ཀྱི་འཕོ་བ་ནི། ཚེ་འདི་ཉིད་དུ་ཆོས་ཐམས་ཅད་ཀྱི་གནས་ལུགས་

སྒྲིབ་པ་ཐམས་ཅད་དང་བྲལ་བ་རྒྱུ་དང་རྐྱེན་སོགས་གང་གིས་ཀྱང་མ་བཅོས་པའི་ལྟ་བ་དེའི་ངོ་བོ་ལ་གནས་ཤིང་། དེ་ལ་གོམས་འདྲིས་རྒྱ་ཆེར་བྱེད་པ་དེ་དག་རྣམས་ནི། ནམ་ཞིག་འཆི་བའི་ཚེ་ན་ཀ་དག་ཁྲེགས་ཆོད་ཀྱི་གསང་བ་ཟབ་མོའི་ལམ་ནས་དབྱིངས་ཡེ་འབྲལ་མེད་ཀྱི་རིག་པའི་གནད་ལ་བརྟེན་པར་བྱས་ཏེ། སྐད་ཅིག་དེ་མ་ཐག་ཏུ་གཞི་དབྱིངས་འབྲལ་མེད་ཆོས་སྐུ་སྐྱེ་བ་མེད་པའི་ཀློང་དུ་གྲོལ་བར་འགྱུར་བ་ཡིན་ནོ། །འབྲིང་ལོངས་སྐུ་བསྐྱེད་རྫོགས་ཟུང་འཇུག་གི་འཕོ་བ་ནི། ལྷ་སྐྱེད་པའི་རིམ་པ་དང་ཤེས་རབ་རྫོགས་པའི་རིམ་པ་སྟེ། སྐྱེད་རྫོགས་ཟུང་འཇུག་དབྱེར་མེད་ཆེན་པོའི་ལྟ་བ་རྣལ་འབྱོར་གྱི་ལས་ལ་ཡུན་རིང་པོར་གོམས་འདྲིས་བྱས་ཤིང་། མཐར་ཐུག་རང་བཞིན་སྐྱེ་བ་མེད་པ་སྟེ། དཔེར་ན་སྒྱུ་མ་ལྟ་བུའི་ཚུལ་དུ་ལྷ་སྐུ་རྣམས་ལ་རྩལ་འབྱོངས་པ་དག་ནི། ནམ་ཞིག་འཆི་བའི་ཚེ་ན་བར་དོ་འབྲུལ་བའི་སྣང་བ་འཆར་བ་དང་མཉམ་དུ་ཟུང་འཇུག་སྒྲིབ་པ་ཐམས་ཅད་དང་བྲལ་བའི་ཡེ་ཤེས་ཀྱི་སྐུར་འཕོ་བར་བྱེད་པ་དེ་ཡིན་ནོ། །

ཐ་མ་སྤྲུལ་སྐུ་ཚད་མེད་ཐུགས་རྗེའི་འཕོ་བ་ནི། རང་རྒྱུད་ལེགས་པར་ཐུལ་ཞིང་གསང་སྔགས་རྫོགས་པ་ཆེན་པོ་སོགས་ཀྱིས་སྨིན་ཅིང་གྲོལ་བར་བྱེད་པའི་དབང་མཆོག་ཟབ་མོ་རྒྱུད་ལ་མནོས་ཤིང་། བླ་མ་དང་རྡོ་རྗེའི་སྤུན་སྲིང་སོགས་ཀྱི་བར་ལ་དམ་སེལ་གྱི་དྲི་ཡིས་མ་གོས་པར་རང་རྒྱུད་ཤིན་ཏུ་རྣམ་པར་དག་པ་དང་། མ་ཟད་རྟག་ཏུ་སྐྱེད་རྫོགས་ཟབ་མོའི་དོན་རྣམས་མོས་པ་ཡིད་ལ་བྱེད་ཅིང་། ནམ་ཞིག་འཆི་བའི་དུས་ལ་བབ་ཅིང་བར་དོའི་གནས་སྐབས་སུ་གྲོལ་བར་བྱེད་པའི་གདམས་པ་དང་བཅས་པ་དེ་དག་རྣམས་ནི་ཇི་ལྟ་བུ་ཞིག་ཡིན་ནོ་ཞེ་ན།

ཇི་སྐད་དུ།

མངལ་སྒོ་དགག་ནས་ཙ་ལོག་དྲན་པར་བྱ། །
སྙིང་ཅུས་དག་སྣང་དགོས་པའི་དུས་གཅིག་ཡིན། །

ཞེས་གསུངས་པ་ལྟར་ཡིན་ནོ། །དེ་ལྟར་རང་རང་ཤི་བའི་ཚེ་ན་མ་དག་པའི་མངལ་སྒོ་ངན་པ་དེ་ཉིད་བཀག་བར་བྱས་ཤིང་། ཐབས་སྙིང་རྗེ་ཆེན་པོའི་དབང་གིས་དག་པའི་ཞིང་དུ་འཕེན་པར་བྱེད་པ་དང་། མ་ཟད་སྐྱེ་བ་སྤྲུལ་སྐུའི་ལམ་ཁྱེར་ལ་བརྟེན་ནས་བདེ་ཆེན་དག་པའི་ཞིང་ལ་འཕོ་བར་བྱེད་དགོས་པ་ཡིན་ནོ། །

མ་དག་ཐ་མལ་འདུ་ཤེས་གསུམ་ལྡན་གྱི་འཕོ་བ་ནི། རང་གི་ལུས་ཀྱི་ནང་གི་རྩ་དབུ་མར་རྒྱུད་ནས་དག་པའི་ཞིང་དུ་འགྲོ་བའི་ཚེ་ན། དེ་ལ་ལམ་གྱི་འདུ་ཤེས་འཛུག་པར་བྱེད་པ་དང་། རང་གི་སེམས་རྣམ་ཤེས་གསལ་ལ་རང་བཞིན་གྲུབ་པ་མེད་པའི་ཐིག་ལེའི་རྣམ་པ་ཅན་དེ་ཉིད་རྒྱང་རིང་དུ་ཆས་པའི་མགྲོན་པོ་ལྟ་བུའི་འདུ་ཤེས་འཛུག་པར་བྱེད་པ་དང་། ཞིང་ཁམས་ཀུན་ལས་ཁྱད་པར་འཕགས་པ་ནུབ་ཕྱོགས་བདེ་བ་ཅན་ལ་རང་ཉིད་ད་ལྟ་འགྲོ་སྙུའི་འདུ་ཤེས་སྐྱེས་ནས་འཕོ་དགོས་པ་ཡིན་ནོ། །

གཉིས་པོ་རྗེས་འཛིན་ཐུགས་རྗེ་ལྕགས་ཀྱུའི་འཕོ་བ་ནི། ཆོས་ཐམས་ཅད་ཀྱི་གནས་ལུགས་ཀྱི་དོན་རྒྱུད་ལ་སྐྱེས་པ་ཞིག་དགོས། དེ་ལྟ་བུའི་གནས་ལུགས་རྣལ་མའི་དོན་ལ་དབང་འབྱོར་བའི་རྣལ་འབྱོར་པ་རྟོགས་པ་མཆོག་ལྡན་གྱི་གང་ཟག་རྣམས་སྣང་སེམས་ཐམས་ཅད་ལས་སུ་རུང་བར་གྱུར་ཏེ། བར་དོའི་སེམས་ཅན་རྣམས་ཀྱིས་སེམས་ཀྱི་འདུ་ཤེས་རྣམས་ཇི་བཞིན་དུ་གསལ་ལེར་མཁྱེན་པའི་རྣལ་འབྱོར་པ་དེ་ནི། སེམས་ཅན་རྣམས་འཆི་ཀའམ་ཡང་ན་བར་དོ་ན་ཡོད་པའི་ཚེ་ན་དག་པའི་ཞིང་དུ་འཕོ་བར་བྱེད་དགོས་པ་

ཡིན་ནོ། །

དེ་ཡང་སྤྱིར་གཤིན་པོ་རྣམས་ལ་འཕོ་བ་འདེབས་པར་བྱེད་དགོས་ཚེ་ཅི་ལྟ་བུ་ཞིག་དགོས་སོ་ཞེ་ན། དེ་ནི་ས་བཅུ་ལམ་ལྔའི་ཡོན་ཏན་རྒྱུད་ལ་སྐྱེས་ཤིང་མཐོང་ལམ་རྣམ་པར་རྟོགས་པའི་ཡེ་ཤེས་རྒྱུད་ལ་སྐྱེས་པ་ཞིག་དགོས་པ་ཡིན་ཏེ།

རྗེ་མི་ལའི་ཞལ་ནས་ཀྱང་།

མཐོང་ལམ་གྱི་བདེན་པ་མ་མཐོང་བར། །
གཤིན་པོ་ལ་འཕོ་བ་མ་འདེབས་ཤིག །

ཅེས་གསུངས་སོ། །དེ་བཞིན་དུ་རང་རང་གི་གཤིན་པོ་རྣམས་ལ་འཕོ་བ་འདེབས་པའི་ཚེ་ན། གཙོ་བོ་གཤིན་པོ་དེ་ལ་བྱམས་དང་སྙིང་རྗེ་ཚད་མེད་པ་དང་བཅས་ཏེ་འཕོ་བ་འདེབས་པར་བྱེད་དགོས་པ་དང་། མ་ཟད་གོང་དུ་བཤད་པ་ལྟར་ཆོས་ཐམས་ཅད་ཀྱི་ཆོས་ཉིད་སྐྱེ་བ་མེད་པ་སྟེ། དཔེར་ན་སྒེག་མོའི་མེ་ལོང་ནང་གི་གཟུགས་བརྙན་མཐོང་བ་ལྟར་མ་མཐོང་བར་གཤིན་པོ་ལ་འཕོ་བ་འདེབས་པར་བྱ་མི་རུང་བར་གསུངས་པ་ཡིན་ནོ། །དེ་ལྟ་བུ་ཞིག་གལ་སྲིད་མ་ཡིན་ན། འཕོ་བ་འདེབས་པར་བྱེད་པ་ལ་གོམས་འདྲིས་ཡོད་པ་ཞིག་གིས་འཕོ་བ་བཏབ་ན་ཐེབས་པར་འགྱུར་བ་ཡིན་ལ། དེས་ན་དེ་དག་གི་གཤིན་པོ་ལ་འཕོ་བ་འདེབས་པའི་དུས་ཚོད་ནམ་ཡིན་ཞེ་ན། དེ་ལྟ་བུའི་དུས་ཚོད་མ་ནོར་བ་ནི། གཤིན་པོ་དེ་ཡི་ཕྱི་དབུགས་ཆད་ནས། ནང་དབུགས་མ་ཆད་པའི་དུས་དེར་འཕོ་བ་འདེབས་པར་བྱས་ན་ཕན་ཐོགས་པར་འགྱུར་རོ། །གཤིན་པོ་དེ་ཡི་ངན་སོང་གི་སྐྱེ་གནས་སོགས་དགག་པར་བྱེད་པར་འགྱུར་བ་ཡིན། དེ་ཚེ་གཤིན་པོ་དེ་ཉིད་དཔེར་ན་མགྲོན་པོ་ལམ་དུ་ཞུགས་པ་ན་དེ་ལ་གྲོགས་ཀྱིས་ཁ་བསྐྱུར་བ་ལྟར་དག་པའི་ཞིང་དུ་ཁ་བསྐྱུར་ནས་

འགྲོ་བར་བྱེད་པ་ཡིན། དེ་ལྟར་ལུས་སེམས་ཁ་མ་བྲལ་བའི་དུས་ཐོག་ཏུ་སླེབས་པ་མ་ཡིན་ན། གཤིན་པོ་དེ་ཡི་ལུས་སེམས་གཉིས་ཀ་ཐ་དད་དུ་ཁ་བྲལ་བའི་ཚེ་ན་འཕོ་བ་འདེབས་པར་ཤིན་ཏུ་དཀའ་བའི་གནས་ཡིན། ལུས་སེམས་གཉིས་ཁ་བྲལ་བའི་ཚེ་དེ་ལ་འཕོ་བ་འདེབས་པ་པོ་དེ་ནི། བར་དོའི་སེམས་ཅན་དེ་དག་གི་སྐྱེ་གནས་ཇི་བཞིན་དུ་མཁྱེན་པ་དང་། མ་ཟད་རླུང་སེམས་ལ་རང་དབང་ཐོབ་པ་ཞིག་དགོས། དེ་ཉིད་རྣལ་འབྱོར་པ་ཞིག་ཡིན་ན། བར་དོའི་སེམས་ཅན་དེ་ཉིད་གདོས་བཅས་ཀྱི་ལུས་དང་ཁ་བྲལ་བ་དེ་ལ་རྐྱེན་གྱིས་བསྒྱུར་སླ་བ་ཡིན། བར་དོ་རང་ནས་འཕོ་བ་བཏབ་པར་བྱས་ན། གཤིན་པོ་དེ་ཡི་རྣམ་ཤེས་དེ་ཉིད་དག་པའི་ཞིང་དུ་འདྲེན་པར་ནུས་པ་ཡིན་ནོ། །

དེས་ན་གཤིན་པོ་རྣམས་ཤི་ཚར་བའི་རྗེས་སུ་ཕུང་པོ་ལ་རྣམ་ཤེས་བཀུག་ནས་འཕོ་བ་འདེབས་པ་དེ་དག་གིས་འདྲེན་པར་དཀའ་བ་ཡིན་ཞེས་གསུངས་སོ། །དེས་ན་རྟག་ཏུ་གཤིན་པོ་རྣམས་ལ་འཕོ་བ་འདེབས་པར་མཛད་པ་པོ་དམ་པའི་སྐྱེས་བུ་རྣམས་ཀྱིས་ནི། རང་འདོད་ཡིད་བྱེད་ཀྱི་རྩ་བ་ཀུན་དང་བྲལ་བའི་སྒོ་ནས་འཕོ་བ་འདེབས་པར་བྱེད་དགོས། དེ་ལྟར་བྱམས་དང་སྙིང་རྗེ་སོགས་ཀྱི་ཀུན་ནས་བསླངས་ཤིང་འཕོ་བར་བྱས་ན་དག་པའི་ཞིང་དུ་འཕོ་བར་འགྱུར་བ་ཡིན་ནོ། །དེ་ལྟར་མི་བྱེད་པར་རང་འདོད་ཡིད་བྱེད་འབའ་ཞིག་གི་ངང་གིས་འཕོ་བར་བྱས་ན། རང་གཞན་གཉིས་ཀ་ངན་སོང་དུ་སྐྱེ་བའི་རྒྱུ་ཉིད་འགྱུར་བ་ཡིན་ཏེ།

ཇི་སྐད་དུ།

རང་ཐར་པའི་སྐམ་སར་མ་ཕྱིན་པར། །
མི་གཞན་གྱི་འདྲེན་སྟོན་བྱེད་པ་དེ། །

དེ་གཉིས་ཀྱང་ཚུང་ཟད་ཆ་མ་མཐུན། །
དཔེ་རྒྱུས་ཁྱེར་མི་ལ་མིས་འཛུམ་འདྲ། །

ཞེས་གསུངས་སོ། །དེ་བཞིན་དུ་རང་རྒྱུད་ན་སྤངས་རྟོགས་ཀྱི་ཡོན་ཏན་ཅི་ཡང་མེད་ན་འགྲོ་བ་འདྲེན་པར་བྱ་མི་རིགས་པར་གསུངས་པ་ཡིན་ནོ། །དེ་ཡང་གོང་དུ་བཤད་པ་ལྟར་རང་དོན་ཡིད་བྱེད་སོགས་ཀྱི་བྱ་བ་དང་ལྡན་པའི་སྒོ་ནས་འགྲོ་བ་འདྲེན་པར་བྱས་ན། དེ་ཚེ་གཤིན་པོ་དེ་ལ་སྡུར་དང་མི་འདྲ་པར་རྣམ་ཤེས་རིག་པ་དགུ་འགྱུར་ཡོད་པ་དང་། མ་ཟད་དེ་ལ་མངོན་ཤེས་སོགས་གསར་དུ་རྒྱུད་ལ་སྐྱེས་ནས་ཡོད་པ་ཡིན་ཏེ།

ཆགས་མེད་རིན་པོ་ཆེས།

རེས་འགའ་ཟག་བཅས་མངོན་ཤེས་གསལ་བ་ན། །
སྐྱེ་བ་སྔ་ཕྱི་བར་གསུམ་དྲན་ན་ཡང་། །
དེ་མ་ཐག་ཏུ་བརྗེད་དེ་འཁྲུལ་ནས་འཁྱྲ། །
སྟོང་གསུམ་འཇིག་རྟེན་སྐད་ཅིག་ཡུད་ལ་འཁོར། །
རྒྱུ་དང་མེ་ལོང་གཟུགས་མེད་གྲིབ་མ་མེད། །
བྱི་མ་ས་འཐོལ་ནང་དུ་རྗེས་མི་དོད། །
དེ་ཚེ་ཁྱོད་རང་བར་དོར་འབྲུམས་རྟགས་ཡིན། །
རང་ཉིད་ཤི་བར་ཤེས་ཏེ་སེམས་སྡུག་ཀེ། །
ཅི་དྲག་ག་དྲག་སྙིང་ནི་གས་ལ་ཐུག།
ད་རེས་དམ་ཆོས་མ་འགྲུབ་འགྱོད་པ་ཀེ། །

སྡིག་ལྡུང་གང་ བྱས་དྲན་པས་ཡིད་མི་བདེ།།
གཤིན་རྗེའི་ཕོ་ཉས་སྐྱེབ་དོགས་སྐྲག་པ་ཆེ།།
ཉེ་དུ་རྣམས་ལ་ཡུས་ཆེ་རེ་མཁང་ཆེ།།
ཚུར་སྨྲས་གོ་ཞིང་ཕར་སྨྲས་མི་གོ་སྡུག།
མ་ཧྭང་ནི་འདི་ན་ཡོད་ཅེས་འབོད།།
དྲུང་དུ་སོང་ནས་འཁྱུད་ཅིང་ཁ་གཏུགས་ཀྱང་།།
མ་མཐོང་ངུས་པས་རང་ཉིད་ཤི་བར་ཤེས།།
རེ་སའི་སྐྱབས་གནས་བླ་མཆོད་དྲུང་དུ་འགྲོ།།
དམ་ཚིག་མི་གཙང་ཚོ་ག་མ་དག་དང་།།
ཏིང་འཛིན་མི་གསལ་ཉོན་མོངས་གང་སྐྱེས་མཐོང་།།
འདི་ཚོས་ང་བསླུས་སྙམ་དུ་ཞེ་སྡང་སྐྱེ།།
སྐྱུར་དུ་ལུས་གཅིག་ཨེ་ཐོབ་ཀུན་ཏུ་ཚོལ།།
དེ་འདྲའི་སྣང་བ་ཁྱོད་ལ་འཆར་བ་དེ།།
སུ་ཡང་མ་ལན་ཁྱོད་རང་འཁྲུལ་སྣང་ཡིན།།

ཞེས་གསུངས་སོ། །དེ་བཞིན་དུ་བར་དོའི་སེམས་ཅན་དེ་དག་གི་རྒྱུད་ལ་མངོན་ཤེས་ཡོད་པ་དང་། འཕོ་བ་འདེབས་མཁན་ཚོའི་རྒྱུད་ལ་འདོད་ཆགས་སོགས་སྐྱེས་ན་དེ་ཉིད་ཤེས་ཤིང་། རྒྱུད་ལ་ཞེ་སྡང་དྲག་པོའི་ཀུན་ནས་བསླང་བར་བྱས་ཏེ། བར་དོའི་ཡུལ་དང་ངན་སོང་སོགས་སུ་སྐྱེས་ནས་སྡུག་བསྔལ་མྱོང་བར་འགྱུར་བ་ཡིན་ལ། དེས་ན་ཐམས་ཅད་ཀྱིས་རྟག་ཏུ་གཤིན་པོ་རྣམས་ལ་འཕོ་བ་འདེབས་པའི་ཚེ་ན། རང་རྒྱུད་ལ་བསྐྱེད་

རིམ་སོགས་བརྒྱ་ཆེན་པོ་ཞིག་མེད་ཀྱང་། ཧག་ཏུ་བྱམས་དང་སྙིང་རྗེ་སོགས་བཙོས་མིན་རེ་རྒྱུད་ལ་ཨེ་སྐྱེ་ལྟ་རྒྱུ་དེ་ཧ་ཅང་གལ་ཆེན་རེད། བྱམས་དང་སྙིང་རྗེ་སོགས་བཙོས་མ་ཞིག་རྒྱུད་ལ་ལྡན་པའི་སྒོ་ནས་འཕོ་བ་འདེབས་པར་བྱས་ན་གཤིན་པོ་རྣམས་ལ་ཕན་ཐོགས་པར་ངེས་སོ། །དེ་ཉིད་ནི་གཙོ་བོ་ཐ་མལ་འདུ་ཤེས་གསུམ་ལྡན་གྱི་འཕོ་བའམ་རྣམ་ཤེས་བླ་མའི་འཕོ་བ་ཞེས་བརྗོད་པར་བྱ་བ་ཡིན་ཏེ། དྲི་མེད་བཤགས་རྒྱུད་ལས། འདའ་ཀ་འོད་ཀྱི་གོང་བུ་སྤྲ་ཡིས་འཕོ། །ཞེས་གསུངས་སོ། །དེ་ལྟ་བུའི་འཕོ་བ་འདི་རྣལ་འབྱོར་བ་རྟོགས་པ་མཆོག་ལྡན་གྱི་གང་ཟག་དག་ལ་མི་དགོས་པར་གསུངས་པ་ཡིན་ཏེ།

དེ་འདྲ་ཡང་རྒྱུད་ལས།

འཆི་བ་ཞེས་བྱ་རྣམ་རྟོག་སྟེ། །

མཁའ་སྤྱོད་གནས་སུ་འཁྲིད་པར་བྱེད། །

ཅེས་དང་། འཆི་བ་འཆི་བ་ཞེས་བྱ་བ། །རྣལ་འབྱོར་སངས་ཆུང་རྒྱ་བ་ཡིན། །ཞེས་གསུངས་སོ། །དེ་བཞིན་དུ་ཚེ་འདིར་སྐྱེ་འཆི་ལ་དབང་ཐོབ་ཅིང་གདོད་མའི་བཙན་ས་ཟིན་པའི་རྣལ་འབྱོར་པ་རྣམས་ནི། མ་དག་ཐ་མལ་གྱིས་ངོར་འཆི་བ་ལྟར་སྣང་ན་ཡང་དོན་ལ་དག་པའི་ཞིང་དུ་རང་ཁྲིམ་ལ་འགྲོ་བ་ལྟ་བུ་ལས་མེད་ཅིང་གྲོལ་བ་ཡིན་ནོ། །

ཡང་ཆོས་ཉིད་སྤྲོས་པ་ཐམས་ཅད་བྲལ་བའི་གནས་ལུགས་རྣལ་མ་ལ་དབང་འབྱོར་བའི་རྣལ་འབྱོར་པ་ཐུགས་བསྐྱེད་པའི་རིམ་དང་ཤེས་རབ་རྫོགས་པའི་རིམ་པ་སོགས་ལ་གོམས་པ་རིང་དུ་གྱུར་པ་རྣམས་ནི། གོང་བཤད་ལྟར་སྐྱེ་འཆི་བར་དོའི་ཉམས་ལེན་གསུམ་མཐར་ཕྱིན་ནས། མཐར་ཆོས་སྐུ་ལོངས་སྐུ་སྤྲུལ་སྐུ་གསུམ་གྱི་འབྲས་བུ་མངོན་དུ་གྱུར་ཅིང་སངས་རྒྱས་པར་འགྱུར་བ་ཡིན་ནོ། །ས་ལམ་གྱི་སྦྱངས་བ་དམན་པའི་གང་

ཟབ་གཅིག་ཡིན་ན་ཡང་། དེ་ཡི་ཚེ་ན་ས་དང་ལམ་གྱིས་ཡོན་ཏན་རྣམས་འཕོ་བའི་བསྲུས་ཤིང་དག་པའི་ཞིང་དུ་གྲོལ་བར་འགྱུར་བ་ཡིན་ཏེ།

ཇི་སྐད་དུ།

ལམ་སྤྱངས་བ་དམན་ན་འཕོ་བས་བསྒྲུ། །

ཞེས་གསུངས་སོ། །དེ་ལྟར་ས་ལམ་གྱི་སྤྲངས་རྟོགས་མངོན་དུ་མ་གྱུར་པར་སྤྱང་བརྩོན་ཤིན་ཏུ་དམན་པ་དག་དང་། མ་ཟད་གང་ཟག་ཏ་ཅང་མཚམས་མེད་སོགས་བྱས་པའི་མི་སྡིག་པོ་ཆེ་ཞིག་ཡིན་ན་ཡང་། མན་ངག་ཟབ་མོ་འདི་དང་ལྡན་ན་ངན་སོང་སོགས་ཀྱི་སྐྱེ་སྒོ་ཁག་ཅིང་གྲོལ་བར་འགྱུར་བ་ཡིན་ཏེ།

རྒྱུད་ལས།

ཉིན་བཞིན་བྲམ་ཟེ་གསོད་པ་དང་། །
མཚམས་མེད་ལྔ་ནི་བྱེད་པ་ཡང་། །
འདི་ཡི་ལམ་གྱིས་གྲོལ་འགྱུར་ཏེ། །
སྡིག་པའི་གོས་པར་མི་འགྱུར་རོ། །
དག་པའི་ཞིང་དུ་སྐྱེ་བར་འགྱུར། །

ཞེས་གསུངས་སོ། །དེ་བཞིན་དུ་ཟབ་ལམ་འཕོ་བའི་གདམས་པ་ཟབ་མོ་འདི་དང་འཕྲད་པར་གྱུར་ན། ནམ་ཡང་སྐྱེས་བུ་དེ་ལ་སྡིག་པའི་གོས་པར་མི་འགྱུར་བར་རྟག་ཏུ་མཆོག་གསུམ་ལ་དད་གུས་ཚད་མེད་པའི་ངང་ནས་སྐྱབས་སུ་འགྲོ་བ་དང་། རང་གི་རྩ་དབུ་མའི་ལམ་རྒྱུད་དུ་རྣམ་ཤེས་ཐིག་ལེའི་རྣམ་པ་ཅན་དེ་ཉིད་འཕོ་བར་བྱས་ན། རང་ཉིད་མི་དགེ་བཅུ་དང་མཚམས་མེད་པ་སོགས་ཀྱི་ལས་ངན་བསགས་པར་བྱས་པ་ཞིག

ཡིན་ན་ཡང་གྲོལ་བར་འགྱུར་བ་ཡིན་ཏེ།

ཇི་སྐད་དུ།

གནས་སྤྱི་གཙུག་ཉི་ཟླའི་གདན་སྟེང་ན། །
པ་མཚན་ལྡན་གྱི་བླ་མའི་ཞབས་དྲུང་དུ། །
རྩ་དར་དཀར་གྱི་ལམ་ལ་འགྲོ་ཤེས་ན། །
མཚམས་མེད་ལྔ་པོ་བྱས་ཀྱང་གྲོལ། །

ཞེས་གསུངས་སོ། །དེ་ལྟ་བུའི་ཚེ་འདི་ཉིད་དུ་གྲོལ་བར་བྱེད་པའི་མན་ངག་ཟབ་མོ་འདི་ནི། སྐྱེ་བོ་སུ་ཡིས་མ་བསྒོམས་ཀྱང་ཐོས་པ་ཙམ་གྱིས་གྲོལ་བ་དང་། མ་ཟད་མི་དགེ་བཅུ་དང་མཚམས་མེད་པའི་ལས་སོགས་བྱེད་པ་པོ་ཞིག་ཡིན་ཡང་། འདི་ཉིད་མཐོང་བ་དང་ཐོས་པ་ཙམ་གྱིས་གྲོལ་བར་འགྱུར་བའི་གསང་ལམ་བླ་ན་མེད་པ་ཡིན་ཏེ།

སངས་རྒྱས་རྡོ་རྗེ་འཆང་གི་ཞལ་ནས།
ཉིན་བཞིན་བྲམ་ཟེ་གསོད་པ་དང་། །
མཚམས་མེད་ལྔ་པོ་བྱེད་པ་ཡང་། །
གདམས་པ་འདི་དང་འཕྲད་གྱུར་ན། །
གྲོལ་འགྱུར་འདི་ལ་ཐེ་ཚོམ་མེད། །

ཅེས་གསུངས་སོ། །དེ་བཞིན་དུ་ཉིན་མོ་བག་མེད་ཀྱི་དབང་དུ་སོང་ནས་བྲམ་ཟེ་སོགས་གསོད་པ་དང་། མ་ཟད་མཚམས་མེད་པ་སོགས་ཀྱིས་ལས་ སྣ་ཚོགས་བྱས་ཀྱང་། མན་ངག་ཟབ་མོ་འདི་ཉིད་ཐོས་ན་གྲོལ་བར་འགྱུར་བ་བསྟན་པ་ཡིན་ནོ། །འདི་ཉིད་མ་བསྒོམས་ཀྱང་ཐོས་པ་ཙམ་གྱིས་སངས་རྒྱས་པར་འགྱུར་བ་ཡིན་ཏེ།

ཨོ་རྒྱན་ཆེན་པོའི་ཞལ་ནས་ཀྱང་།

བསྒོམས་ཏེ་སངས་རྒྱས་ཀུན་ལ་ཡོད།།

མ་བསྒོམས་ཆོས་ནི་ང་ལ་ཡོད།།

ཅེས་གསུངས་སོ། །དེ་བཞིན་དུ་མ་བསྒོམས་འཚོ་བ་སངས་རྒྱས་ཀྱི་གདམས་པ་ཟབ་མོ་འདི་དང་འཕྲད་ན་གྲོལ་བར་འགྱུར་བ་ཡིན་ཏེ།

པཎ་ཆེན་ནཱ་རོ་པས།

སྒོ་དགུ་འཁོར་བའི་སྐར་ཁུང་ཅན།།

སྒོ་གཅིག་ཕྱུག་རྒྱ་ཆེན་པོའི་སྒོ།།

སྒོ་དགུ་བཅད་ནས་སྒོ་གཅིག་ཕྱེ།།

ཐར་བའི་ལམ་ལ་ཐེ་ཚོམ་མེད།།

ཅེས་གསུངས་སོ། །དེ་བཞིན་དུ་འཚོ་བར་བྱ་དགོས་ཀྱང་། སྤྱིར་ནམ་ཞིག་འཆི་བའི་ཚེ་ན་བར་དོའི་ཐིམ་རིམ་མང་དུ་ཡོད་ཀྱང་། དེ་ཉིད་སྐབས་འདིར་གོ་རིམ་བདེ་བའི་དབང་དུ་བྱས་ན། དབང་པོ་ལྔ་དང་། འབྱུང་བ་བཞི་དང་། སྣང་མཆེད་ཐོབ་གསུམ་གྱི་ཐིམ་རིམ་རྣམས་ཡོད་པ་ལས། དང་པོ་མ་ཤི་གོང་གི་སྔ་རོལ་དུ་རང་གི་སྔས་མགོར་བླ་མ་སོགས་བྱོན་ནས་ཆོས་འདོན་སོགས་བྱེད་པའི་ཚེ་ན། དེ་དག་རྒྱང་རིང་དུ་ཡོད་པའི་སྣང་བ་འཆར་ཞིང་སྒྲ་གྲགས་ཚད་ཀུན་གསལ་པོར་མི་ཐོར་བའི་སྣང་བའི་འཆར་བར་འགྱུར་བ་དང་། ཡང་མིག་གིས་གཟུགས་ལ་ལྟ་བར་བྱེད་པའི་ཚེ་ན། གཟུགས་ཐམས་ཅད་གསལ་པོར་མི་མཐོང་བར་ལ་ངེ་ལོང་ངེ་ཞིག་གི་རྣམ་པ་འཆར་ཞིང་། གཟུགས་སོགས་གསལ་པོར་མི་མཐོང་པའི་ཚེ་ན་མིག་གི་ཤེས་པ་འགགས་པར་འགྱུར་བ་ཡིན། ཡང་སྣས་དྲི་མི་

ཚོར་བར་འགྱུར་བ་དང་། ལྕེ་ཡིས་རོ་མི་ཚོར་འགྱུར་བ་དང་། ལུས་ཀྱིས་རེག་བྱ་སོགས་མི་མྱོང་བར་འགྱུར་བའི་ཚེ་ན། བར་དོའི་ཐིམ་རིམ་ཕྱི་མ་དེ་ཉིད་འབྱུང་བ་ཡིན། དེ་དུས་ཤི་བོ་དེ་ལ་བར་དོའི་ངོ་སྤྲོད་སོགས་གསལ་གདབ་ཅིང་འཕོ་བ་འདེབས་མཁན་སོགས་ཡོད་ན་དེ་དུས་འཕོ་བ་འདེབས་པའི་དུས་མ་ནོར་བ་ཡིན་ཞེས་གསུངས་པ་ལྟར་བྱ་དགོས། དེ་ནས་གཤིན་པོ་དེ་ལ་ཤའི་ཁམས་ས་ལ་ཐིམ་པས་ལུས་ངོང་དུ་ལྟུང་བ་ལྟ་བུའི་སྣང་བ་འཆར་བར་འགྱུར་བ་དང་། རི་བོ་ཆེན་པོ་ནོན་པར་བྱེད་པ་ལྟར་ལྕི་བའི་སྣང་བ་འཆར་བར་འགྱུར་བ་དང་། ཡང་ད་ལྟ་མི་འཆི་ཀ་མ་འགའ་རེས་ང་ཡར་ལ་འཐེན་ཞེས་པ་དང་། ངའི་ཕྱས་མགོ་འདི་མཐོ་ཙ་ཆུག་ལ་སོང་ཟེར་བ་སོགས་ཡོད་དོ། །དེ་ནས་ཁྲག་གི་ཁམས་ཆུ་ལ་ཐིམ་པའི་དུས་སུ་ཁ་ཆུ་དང་སྣ་ཆུ་ཐམས་ཅད་ཕྱི་ལ་འཛག་པར་འགྱུར་བ་ཡིན་ནོ། །དེ་ནས་ཡང་དྲོད་ཀྱི་ཁམས་མེ་ལ་ཐིམ་པའི་དུས་སུ་ཁ་སྣ་ཐམས་ཅད་སྐམ་ནས་རིད་ཅིང་། ལུས་ཀྱི་དྲོད་ཐམས་ཅད་མཐའ་ནས་སྡུད་པར་འགྱུར་བ་ན། ཁ་གཅིག་ལ་དེ་ཚེ་སྤྱི་བོ་ནས་རླངས་པ་སྦུ་ཙ་ཙ་འོང་བར་བྱེད་པ་དེ་ཡིན། དེ་ཚེ་དབུགས་ཀྱིས་ཁམས་རྣམས་རླུང་ལ་ཐིམ་པར་འགྱུར་བ་དང་། མ་ཟད་རླུང་གྱེན་རྒྱུ་དང་། ཐུར་སེལ་དང་། མེ་མཉམ་དང་། ཁྱབ་བྱེད་ཀྱི་རླུང་ཐམས་ཅད་མཐར་སྲོག་འཛིན་གྱི་རླུང་ལ་འདུས་ནས་དབུགས་ནང་དུ་སྡུད་དཀའ་ཞིང་། སེམས་ཅན་རང་རང་གི་དབུགས་ཀྱི་གནས་སློ་བ་ནས་ལམ་མེད་པ་དཀར་ནག་བརྒྱུད་དེ་དབུགས་ཇི་ལྟར་བགྱི་བ་ཐམས་ཅད་ཕྱིར་རྒྱུག་པར་བྱེད་པ་དེ་ཡིན་ནོ། །

དེ་ནས་ཡང་རང་གི་ལུས་ཀྱི་ཁྲག་རྣམས་སྲོག་རྩར་འདུས་ཏེ་སྙིང་དབུས་སུ་ཁྲག་གི་ཐིགས་པ་གསུམ་རིམ་པར་བརྒྱབ་པས་དབུགས་རིང་པོ་གསུམ་ཕྱིར་འཕེན་པར་བྱས་

ཤེང་། དེ་ཚེ་ཕྱི་དབུགས་དེ་ཁྲིག་གིས་ཆད་པར་འགྱུར་བ་ཡིན། དེའི་དུས་སུ་སྤྱི་བོ་ནས་ཕ་ལས་ཐོབ་པའི་ཐིག་ལེ་དཀར་ཆ་དེ་ཉིད་སྤྱི་བོ་ནས་ཐུར་དུ་བརྒྱུགས་ཏེ། ཕྱི་རྟགས་སུ་དཔེར་ན་ནམ་མཁའ་གཡའ་དག་པ་ལ་ཟླ་བའི་འོད་ཟེར་ཕོག་པ་ལྟ་བུའི་དཀར་ལམ་གྱི་སྣང་བ་འཆར་བར་འགྱུར་བ་དང་། ཡང་ནང་རྟགས་སུ་རང་གི་ཤེས་པ་ལ་ཧ་ཅང་ཉམས་དང་ལྡན་པ་དེ་ཡི་ཚེ་ཞེ་སྡང་གི་རྟོག་པ་སུམ་ཅུ་སོ་གསུམ་འགག་པར་འགྱུར་བ་དེ་ལ་སྣང་བ་ཞེས་ཟེར་དགོས་པ་ཡིན། ཡང་རང་གི་ལྟེ་བ་ནས་མ་ལས་ཐོབ་པའི་རཀྟ་དམར་པོའི་ཆ་དེ་གྱེན་དུ་ཡར་རྒྱུག་པས་ཚེ་ན། དེ་མ་ཐག་ཏུ་ཕྱི་རྟགས་སུ་ཐོན་པར་གྱུར་པ་ཡིན། དེ་ནི་དཔེར་ན་ནམ་མཁའ་ལ་སྤྲིན་གྱིས་མ་གོས་དེ་ལ་ཉི་མའི་འོད་ཟེར་ཕོག་པ་ལྟར་དམར་ལམ་གྱི་སྣང་བ་འཆར་བར་འགྱུར་བ་ཡིན། ཡང་རང་སྣང་ལ་ནང་རྟགས་སུ་རང་གི་ཤེས་པ་ལ་བདེ་བའི་ཉམས་ཁྱད་པར་ཅན་ཆེ་བར་འགྱུར་བ་དང་། མ་ཟད་དེ་ཡི་ཚེ་ན་རང་རྒྱུད་ཀྱི་འདོད་ཆགས་ཀྱི་རྟོག་པ་བཞི་བཅུ་འགགས་པར་འགྱུར་བ་ཡིན། དེ་ནས་རང་སྣང་ལ་གོང་དུ་བཤད་པ་ལྟར་དཀར་ལམ་གྱིས་སྣང་བ་དང་། དམར་ལམ་གྱི་སྣང་བ་གཉིས་འཆར་ཞིང་། དེ་གཉིས་རང་གི་སྙིང་དབུས་སུ་འཕྲད་པའི་ཚེ་ན་དེ་གཉིས་ཀྱི་བར་དུ་རྣམ་ཤེས་ཚུད་ནས་དེ་མ་ཐག་ཏུ་ཕྱི་རྟགས་སུ། དཔེར་ན་ནམ་མཁའ་གཡའ་དག་པ་ལ་སྨག་གིས་ཁྱབ་པ་ལྟ་བུའི་ནག་ལམ་གྱི་སྣང་བ་འཆར་བར་འགྱུར་བ་ཡིན། ཡང་རང་སྣང་ལ་ནང་རྟགས་སུ་རང་གི་ཤེས་པ་ལ་རྣམ་པར་མི་རྟོག་པའི་ཉམས་ཤར་ཞིང་དེ་ནས་ནག་ཐུམ་གྱིས་བརྒྱལ་བར་འགྱུར་བ་ཡིན། དེ་ཡི་མིང་ལ་ཉེར་ཐོབ་ཅེས་ཟེར་བ་ཡིན་ནོ། །

དེ་ནས་ཅུང་ཟད་ཙམ་ཞིག་རྒྱལ་སངས་པའི་ཚེ་ན། ནམ་མཁའ་སྣོད་བྱེད་ཀྱི་རྐྱེན་གསུམ་དང་བྲལ་བ་ལྟ་བུའི་གཞི་དུས་ཀྱི་འོད་གསལ་རྒྱུད་ལ་འཆར་བ་དེ་རང་ངོ་ཤེས་ནས་

མཉམ་པར་བཞག་ཅིང་ངོ་བོ་བསྐྱངས་པར་བྱས་ན། རང་ཉིད་རབ་ཆོས་སྐུར་འཕོ་བ་ཞེས་བྱ་བ་དེ་ཡིན། དེ་ཚེ་ཐམས་ཅད་བར་དོ་མེད་པར་སངས་རྒྱས་པར་འགྱུར་བ་ཡིན་ནོ། །དེ་ནས་རིམ་པས་སེམས་ཅན་རང་རང་གི་སྣང་བ་ལ་ཆོས་ཉིད་ཀྱིས་སྣང་བ་དང་བར་དོའི་སྣང་བ་སོགས་འཆར་བར་འགྱུར་བ་ཡིན་ཏེ། དེ་དག་ནི་དངོས་གཞིའི་ཁྲིད་ཡིན་པས་འདིར་རྒྱས་པར་མ་སྤྲོས་པ་ཡིན་ནོ། །དེ་འདྲའི་ལམ་ཟབ་མོ་ལ་གོམས་འདྲིས་ཁྱད་པར་ཅན་རྒྱུད་ལ་མེད་པའི་གང་ཟག་རྣམས་ནི། ནམ་ཞིག་འཕོ་བའི་དུས་མ་ནོར་པ་ནི་བར་དོའི་ཐིམ་རིམ་འཆར་བའི་དུས་ཡིན་པ་དང་། མ་ཟད་དེ་ཚེ་འཇིག་རྟེན་ཚེ་འདིའི་བྱ་བ་ཀུན་ལ་ཞེན་པ་མཐའ་དག་ཐད་ཀྱིས་བཅད་པར་བྱས་ཏེ། རང་རང་གི་བཀའ་དྲིན་གསུམ་ལྡན་གྱིས་དཔལ་ལྡན་རྩ་བའི་བླ་མའི་ཚེ་འདིར་གྲོལ་བར་བྱེད་པའི་གདམས་པ་ཟབ་མོ་ལ་བསྟེན་པར་བྱས་ནས། དག་པའི་ཞིང་ཁམས་དེར་དཔེར་ན་དཔའ་ཆེན་གྱིས་མདའ་འཕངས་པ་ལྟར་འགྲོ་བའི་དུས་སྐབས་ཤིག་ཤར་བ་འདི་ལ་ང་རེ་ཤིན་ཏུ་དགའ་བསམ་ནས། དེ་ཚེ་ང་ཤི་བའི་དུས་ལ་བབ་པོ་བསམ་ནས་སེམས་མི་སྡུག་པར་སེམས་ཀྱིས་དཔའ་བསྐྱེད་པར་བྱ་དགོས་པ་ཡིན་ནོ། །དེ་ཚེ་སྔར་བཤད་པ་ལྟར་འཕོ་བའི་དམིགས་རིམ་སོགས་ལ་གོམས་འདྲིས་ཡང་དག་གཅིག་ཡོད་ན། དེ་ཚེ་མི་སྐྱེ་བོ་མོ་འཕོ་བ་ལ་གོམས་འདྲིས་ཡོད་པ་དག་གིས་གསལ་གདབ་པར་བྱས་ན་ཕན་པར་གསུངས་པ་ཡིན། གང་ལྟར་བཤད་ཀྱང་ལམ་ཟབ་མོ་འཕོ་བའི་རིམ་པ་འདི་ལ་མ་བརྟེན་པར་འཕོ་མི་སྲིད་པས་འདི་ལ་བརྟེན་ནས་བརྩོན་ཐབས་སུ་འཕོ་བར་བྱེད་དགོས་པ་ཡིན་ནོ།།

དེ་ལྟ་བུའི་ཟབ་ལམ་འཕོ་བའི་གདམས་པ་ཟབ་མོ་འདི་ཉིད་སྒོམ་པའི་ཚེ་ན། དང་པོ་རང་ཉིད་བསྟན་བདེ་བ་དང་ལྡན་པར་བྱས་ཏེ། རྡོ་རྗེའི་སྐྱིལ་ཀྲུང་བཅས་ཤིང་། ལུས་

དྲང་པོར་ཁྲིད་དུ་བསླངས་བར་བྱས་ཏེ། ཀུན་མཁྱེན་བླ་མའི་གསུངས་པ་ལྟར་སྐྱབས་འགྲོ་དང་སེམས་བསྐྱེད་བླ་མ་རྒྱུད་འབོད་ནས་བཟུང་སྟེ་བླ་མའི་རྣལ་འབྱོར་བསྒོམས་ཤིང་བསྔོ་རིམ་དང་བཅས་པ་རྣམས་ཡོངས་སུ་རྫོགས་པར་རྒྱས་གདབ་པར་བྱ། དེ་ཚེ་རང་གི་ད་ལྟའི་གཞི་ལུས་ཀྱི་ཕུང་པོ་འདི་ཉིད་སྐད་ཅིག་གིས་རྗེ་བཙུན་རྡོ་རྗེ་རྣལ་འབྱོར་མ་དེ་སྐུ་མདོག་དམར་མོ་ཞལ་གཅིག་ཕྱག་གཉིས། ཞབས་གཉིས་མཉམ་པའི་འདོར་སྟབས་སུ་བཞུགས་པ་དང་། སྤྱན་གསུམ་གྱིས་ནམ་མཁའི་དབྱིངས་སུ་གཟིགས་ཤིང་ཞི་མ་ཁྲོའི་ཉམས་ཆགས་པ་ཞིག་བསྒོམ་པར་བྱ་དགོས། དེ་ཡི་ཕྱག་གཡས་པའི་མ་རིག་པ་གཏི་མུག་གི་གཉིད་ལས་སློང་བའི་ཐོད་པའི་ཌ་མ་རུ་ནམ་མཁའི་དབྱིངས་སུ་ཁྲོལ་བ་དང་། གཡོན་པ་ནས་དུག་གསུམ་རྩད་ནས་གཅོད་པའི་གྲི་གུག་དཀུར་བརྟེན་པར་བྱེད་པ་དང་། སྐུ་གཅེར་མོ་རུས་པའི་རྒྱན་དང་མེ་ཏོག་གི་ཆུན་འཕྱངས་ཅན་ཉིད་དུ་བསྒོམས་ཤིང་། སྐུ་སྣང་ལ་རང་བཞིན་གྱིས་མ་གྲུབ་པ་སྟེ། དཔེར་ན་དར་དམར་གྱི་གུར་ཕུབ་པ་ལྟ་བུ་ཞིག་བསྒོམ་དགོས་དེ་ནི་ཕྱི་ལུས་ཀྱི་སྟོང་ར་ཡིན་ནོ། །དེ་ལྟ་བུའི་ལུས་དྲང་པོ་དེའི་ནང་དུ་རྩ་དབུ་མ་སྟེ། དཔེར་ན་ཁང་སྟོང་ནང་དུ་ཀ་བ་བཙུགས་པ་ལྟར་བསྒོམ་པར་བྱ་དགོས། དེ་ཉིད་ཆོས་ཐམས་ཅད་ཀྱིས་ཆོས་ཉིད་འགྱུར་བ་མེད་པ་མཚོན་པར་བྱ་བའི་བརྡར་ཏེ། དཔེར་ན་མཐིང་གི་ཤུན་པ་ལྟར་མདོག་སྔོ་བ་དང་། ལས་ཉོན་སོགས་ཀྱིས་སྒྲིབ་པ་ཐུབ་པའི་བརྡར་ནི། དཔེར་ན་མེ་ཏོག་པདྨའི་འདབ་མ་ལྟར་ཤིན་ཏུ་ཐུབ་པ་དང་། མ་རིག་པའི་མུན་པ་མཐའ་དག་གསལ་བའི་བརྡར་ནི། དཔེར་ན་ཏིལ་གྱི་མར་མེ་ལྟར་གསལ་བའི་རང་བཞིན་དུ་གནས་པ་དང་། རང་ཉིད་ལམ་དམན་པ་དང་ལམ་ཕྱིན་ཅི་ལོག་ཏུ་མི་འགྲོ་བར་བྱ་བའི་ཆེད་དུ་ནི། དཔེར་ན་ཆུ་ཤིང་གི་ལྦེམ་ལྟར་དྲང་པོར་ཡོད་པ་ཞིག་བསྒོམ་

དགོས་པ་ཡིན། དེ་ལྟར་མཚན་ཉིད་རྣམ་པ་བཞི་དང་ལྡན་པ་ཞིག་བསྒོམས་པར་བྱས་ནས། མཐོ་རིས་དང་ཐར་པའི་ལམ་མཚོན་པར་བྱེད་པའི་ཆེད་དུ་ཡར་སྣེ་སྤྱི་བོ་ཚངས་པའི་བུ་ག་ནི་རྒྱ་མཐོངས་ཁ་ཕྱེ་བ་ལྟར་ཧྲད་པོར་ཡོད་པ་ཞིག་བསྒོམ་དགོས། ཡང་མར་འཁོར་བ་དང་ངན་སོང་གི་སྒོ་འགགས་པ་མཚོན་པའི་ཕྱིར་མར་སྣེ་ལྟེ་འོག་སོར་བཞིའི་ཐད་ན་རྩ་ཕུག་རྟགས་སུ་ཁ་ཟུམ་པར་བྱེད་པ་ལྟ་བུ་ཞིག་བསྒོམ་དགོས། རྩའི་སྟོང་ར་དེ་ཡི་ནང་གི་སྙིང་གའི་ཐད་ནི། དཔེར་ན་སྨྱུག་མ་ཚོགས་ཀྱིས་བཅད་ནས་འགགས་པ་ལྟ་བུའི་ཚིགས་ཤིག་ཡོད་པར་བསམ་ཞིང་། དེའི་སྟེང་དུ་རླུང་གི་ཐིག་ལེ་ལྡིང་སྐྱ་འགུལ་བ་དང་འཕྲིག་པའི་རྣམ་པ་ཅན་ཞིག་གསལ་དགོས། དེའི་སྟེང་དུ་རང་གི་རྣམ་ཤེས་ཀྱི་ངོ་བོ་དེ་ཉིད་ཧྲཱིཿཡིག་དམར་པོའི་རྣམ་པ་རང་ཆ་ཚོགས་དྲག་དང་བཅས་པ་སྟེ། དཔེར་ན་ལ་ཁའི་དར་ལྕོག་རླུང་གིས་བརྡབས་པ་ལྟར་འཕར་འདར་ཏེ་ལི་ལི་ཡོད་པ་ལྟ་བུ་ཞིག་གསལ་དགོས་དེ་ནི་རིགས་པ་སེམས་ཀྱི་རྟེན་ཉིད་དུ་གྱུར་པ་ཡིན་ནོ། །དེ་ནས་རང་གི་སྤྱི་བོར་ཁྲུ་གི་སྟེང་དུ་དྲིན་ཆེན་རྩ་བའི་བླ་མ་དང་རྣམ་དབྱེར་མ་མཆིས་པ་མགོན་པོ་འོད་དཔག་མེད་དང་། དེ་ཡི་འཁོར་སོགས་སྣང་ལ་རང་བཞིན་གྱིས་གྲུབ་པ་མེད་པ་ཞིག་གསལ་བཏབ་པར་བྱས་ཤིང་། དེ་ནས་སངས་རྒྱས་འོད་དཔག་མེད་ཀྱི་མཚན་ལན་བདུན་ནམ་གསུམ་སོགས་བཟློད་པར་བྱས་ཏེ། མཐར་གོང་དུ་བཤད་པ་ལྟ་བུའི་དམིགས་པ་དེ་དང་མ་བྲལ་བའི་ངང་ནས། སངས་རྒྱས་འོད་དཔག་མེད་ལ་ཕྱག་འཚལ་ལོ་ཞེས་སོགས་བཟློད་ཅིང་འཕོ་བར་བྱེད་དགོས། དེ་དག་འདོན་ཚུལ་རྒྱས་པ་རྣམས་འོག་ཏུ་ཤེས་དགོས་པ་ཡིན་ནོ། །

དེ་ནས་གོང་དུ་བཤད་པ་ལྟར་སྐྱབས་འགྲོ་དང་སེམས་བསྐྱེད་བླ་མའི་རྣལ་འབྱོར་སོགས་ཀྱི་དམིགས་རིམ་དང་བཟླ་རིམ་སོགས་རྫོགས་པར་མཐར་ཕྱིན་པར་བྱས་ནས་འཕོ་

བར་བྱེད་དགོས་པ་ཡིན་ཏེ། ཀུན་མཁྱེན་བླ་མའི་འཕོ་བ་འོད་གསལ་སྙིང་པོ་ལས། སྐྱབས་འགྲོ་སེམས་བསྐྱེད་བླ་མའི་རྣལ་འབྱོར་སོགས་བསྒོམ་པའི་རྗེས་སུ་ནི། རང་གི་གསང་བ་ནས་སྤྱི་བོའི་བར་དུ་རྩ་དབུ་མ་སྟེ། དཔེར་ན་མདའ་སྨྱུག་ཙམ་ཉིད་དུ་སྒོམ་པར་བྱས་ཤིང་། དེ་ཉིད་སྤྱི་བོ་ཚངས་པའི་བུ་ག་ཏུ་ཏ་རེ་སྐར་ཁུང་བཞིན་དུ་ཡོད་པ་དང་། དེ་ཚེ་ན་སྙིང་ག་ནས་འོད་ཀྱི་གོང་བུ་སྟེ། དཔེར་ན་འཇའ་ཚོན་སྔོ་ཐུ་ལྷ་བུའི་ར་བ་ཅན་གྱི་དབུས་ན། ཨ་ཡིག་མཐིང་ག་འོད་ཟེར་དཔག་མེད་འཚེར་བ་སྟེ། དཔེར་ན་སྲན་མའི་གཡུ་ཙམ་ཞིག་བསྒོམ་པར་བྱ་ཞིང་། དེ་ཡི་ངང་ལས་མི་འདའ་བར་དེ་ལ་སེམས་བཟུང་བར་བྱས་ན། དེའི་སྟོབས་ཀྱིས་ཆོས་ཉིད་སྤྲོས་པ་ཐམས་ཅད་དང་བྲལ་བ་གསལ་སྟོང་དབྱེར་མེད་ཆེན་པོ་སྟེ། རྒྱུ་དང་རྐྱེན་སོགས་གང་གིས་ཀྱང་མ་བྱས་པའི་རང་བྱུང་ཡེ་ཤེས་ཀྱི་འོད་གསལ་རྒྱུད་ལ་སྐྱེ་བར་འགྱུར་བ་ཡིན། དེ་ནི་ཡོངས་སྐྱའི་ཞིང་ཁམས་སོགས་འཆར་གཞི་དེ་ཡེ་སངས་སྟོན་པ་དེ་བཞིན་གཤེགས་པ་གདོད་མའི་མགོན་པོ་འོད་མི་འགྱུར་བ་ཆོས་སྐུ་ཀུན་བཟང་ཡབ་ཡུམ་དབྱེར་མེད་ཀྱི་དགོངས་པ་ཞེས་གསུངས་པ་ལྟར་ཤེས་དགོས་པ་ཡིན་ནོ། །

དེ་ནས་གོང་དུ་བཤད་པ་ལྟ་བུའི་ཨ་ཡིག་འོད་གསལ་འཚེར་བའི་རང་བཞིན་ཅན་དེ་ཉིད་དམིགས་པ་དང་མ་བྲལ་བའི་ངང་ནས་ཨ་ཨ་ཨ་ཞེས་བརྒྱ་རྩ་བརྒྱད་གདངས་དབྱངས་དང་བཅས་ཏེ་བརྗོད་པར་བྱ་དགོས། དེ་ཚེ་འོད་ཀྱིས་གོང་བུ་དེ་ཉིད་དབུ་མའི་ནང་ནས་ཧེ་མཐོ་ཧེ་མཐོར་ཉིད་དུ་སོང་བའི་སྟོབས་ཀྱིས་རང་གི་སྤྱི་བོའི་ཚངས་བུག་ཏུ་ཐོན་ཏེ། སྐད་ཅིག་དེ་མ་ཐག་ཏུ་སྟེང་གི་ནམ་མཁའ་ལ་ཡོངས་སྤྱོད་རྫོགས་པའི་ཞིང་ཁམས་ལྷུན་གྲུབ་སྟུག་པོ་བཀོད་པའི་རིག་ཐུ་བཞུགས་པའི་ཞིང་དེ་ཡི་གཙོ་བོ་རྣམ་པར་སྣང་མཛད་ཡབ་ཡུམ་གྱི་ཐུགས་ཀར། དཔེར་ན་དམག་ཆེན་གྱིས་མདའ་

འཕངས་པ་ལྟར་སོང་ནས། མཐར་ཞིང་དེ་ཡང་གོང་ནས་གོང་དུ་ཇེ་མཐོར་ཇེ་མཐོར་ཉིད་དུ་སོང་བའི་སྟོབས་ཀྱིས་མཐར་ཐམས་ཅད་རང་བཞིན་དམིགས་སུ་མེད་པ་བློས་བསམ་གྱིས་མི་ཁྱབ་པ་སྟེ། དཔེར་ན་ནམ་མཁའ་ལྟ་བུའི་དབྱིངས་དང་ཡེ་ཤེས་དབྱེར་བ་མེད་པའི་ངང་དུ་སོང་བ་ལ་རིག་པ་ལྷོད་པར་བྱས་ནས། དམིགས་པ་དང་རྩེ་གཅིག་ཏུ་མ་བྲལ་བའི་ངང་ནས་ཨ་གྲངས་མེད་པ་དབྱངས་རིང་པོས་བརྗོད་པས། ཆོས་ཐམས་ཅད་ཀྱི་ཆོས་ཉིད་སྟོང་གསལ་སྤྲོས་པ་ཐམས་ཅད་དང་བྲལ་བ་མཐའ་གང་ལ་མི་གནས་པ་རྒྱ་ཆད་ཕྱོགས་ལྷུང་མེད་པ་དེ་ཡི་ངང་དུ་གནས་ཤིང་། དམིགས་པ་གཞན་དུ་མི་གཡེང་བར་ཉིན་བདུན་ལ་སྦྱངས་བར་བྱས་པ་ན། དེ་ཚེ་སྤྱི་བོ་ཚངས་པ་ལ་བུ་ག་དོད་ནས། དེ་ལ་ཁབ་དང་ཤིང་བུ་རྣམས་ཚུགས་པའི་རྟགས་འབྱུང་བར་འགྱུར་བ་དང་། །དེ་ལྟར་འབྱུང་བའི་ཚེ་དེ་ཉིད་འཇོག་པར་མི་བྱ་བར་དམིགས་པ་གཞན་དུ་མི་གཡེང་བར་དེ་ཡི་ངང་དུ་ཉིན་ཞག་དྲུག་རེ་ཡན་ཆད་ལ་ལན་རེ་བསྒོམ་པར་བྱ་དགོས། དེ་ཉིད་ཀྱིས་ནི་བར་དོའི་སྣང་བ་ཐམས་ཅད་འོད་གསལ་ཉིད་དུ་ངོས་ཟིན་ནས་གྲོལ་བར་འགྱུར་བ་ཡིན་ཏེ། དེ་ཚེ་སྲིད་པ་བར་དོའི་གཡང་ས་ཉིད་དུ་མི་མཐོང་ཞིང་། དེ་ཉིད་གཞོན་ནུ་བུམ་པ་སྐུའི་ཞིང་ཁམས་དང་། ཀུན་ཏུ་བཟང་པོ་དང་རྣམ་དབྱེར་མེད་པའི་ས་ལ་མངོན་པར་རྫོགས་པར་སངས་རྒྱས་ཤིང་དོན་གཉིས་ལྷུན་གྱིས་གྲུབ་པའི་ས་ལ་ཕྱིན་པར་མཛད་པ་ལ་མངའ་དབང་འབྱོར་བར་འགྱུར་བ་ཡིན་ནོ། །

དེ་ཉིད་རྒྱུད་ལ་གོམས་པར་བྱེད་པའི་རྒྱུའི་གཙོ་བོ་ནི་གསང་སྔགས་ཀྱི་རྒྱུད་དོན་དང་། མ་ཟད་བཀའ་དྲིན་གསུམ་ལྡན་གྱི་དཔལ་ལྡན་བླ་མའི་ཚེ་འདིར་གྲོལ་བར་བྱེད་པའི་མན་ངག་ཇི་ལྟར་གསུངས་པའི་དོན་རྣམས་ཇི་བཞིན་དུ་ཐོས་ཤིང་ཉམས་སུ་ལེན་

བར་བྱེད་པ་ཡིན་པར་གསུངས་པ་ཡིན་ནོ། །དེ་ནས་ཀློང་ཆེན་སྙིང་ཐིག་ལས་བཤད་པ་ལྟར་འདིར་རྡོ་གྲུབ་འཇིགས་མེད་བསྟན་པའི་ཉི་མའི་ཞལ་ནས་གསུངས་པའི་ཟབ་ལམ་འཕོ་བའི་མན་ངག་ཉམས་ལེན་དག་ལས། དང་པོ་སྐྱབས་འགྲོ་དང་སེམས་ཅན་ཐམས་ཅད་ཀྱི་དོན་དུ་སེམས་བསྐྱེད་ཅིང་ཚད་མེད་པ་རྣམ་པ་བཞི་སོགས་བསྒོམས་པར་བྱས་ཏེ། ཆོས་ཐམས་ཅད་རང་བཞིན་གྲུབ་པ་མེད་པ་མཉམ་པ་ཆེན་པོའི་རང་བཞིན་ལས་མི་གཡོ་བར་སྣང་གཞི་ལུས་ཀྱི་ཕུང་པོ་འདི་ཉིད་རྡོ་རྗེ་རྣལ་འབྱོར་མ་ཉིད་དུ་བསྐྱེད་པར་བྱ་དགོས། རྣལ་འབྱོར་མ་དེ་ནི་སྐབས་འདིར་ཅི་ལྟ་བུའི་ཚུལ་དུ་བསྒོམ་པར་བྱ་དགོས་སོ་ཞེ་ན། དེ་ནི་སྟོང་བཅུད་ཐམས་ཅད་བདེ་བ་མཆོག་གི་ཞིང་ཁམས་སྣང་ལ་རང་བཞིན་གྱིས་གྲུབ་པ་མེད་པ་ངོ་མཚར་སྤྲུལ་པའི་རོལ་མོར་རྣམ་པར་སྣང་བའི་དབུས་སུ་པདྨ་དང་ཉི་ཟླ་བམ་རོའི་གདན་ལ་བཾ་ཡིག་དེ་ཉིད་འོད་དུ་ཞུ་བ་ལས་རྗེ་བཙུན་རྡོ་རྗེ་རྣལ་འབྱོར་མ་སྐུ་མདོག་དམར་མོ་གཅེར་བུ་རུས་པའི་རྒྱན་ཆ་དྲུག་གིས་རབ་ཏུ་བརྒྱན་པར་བྱས་ཤིང་། ཕྱག་གཉིས་ཀྱི་དུག་གསུམ་རྩད་ནས་གཅོད་པར་བྱེད་པའི་གྲི་གུག་དང་ཐོད་པ་ཁྲག་གི་གང་བ་འཛིན་པར་བྱས་ཏེ། ནམ་མཁའ་མཐའ་ཡས་པའི་སེམས་ཅན་ཐམས་ཅད་ལ་མ་དང་བུ་ལྟར་བྱམས་པར་བྱས་ནས། དེ་དག་ལ་དགྱེས་པའི་ཞལ་རས་འཛུམ་པར་མཛད་པ་དང་། མ་ཟད་ཆགས་པའི་རྣམ་འགྱུར་ཅན་སྤྱན་གསུམ་གྱིས་ནི་རང་བཞིན་དག་པ་མཁའ་སྤྱོད་ཀྱི་དབྱིངས་སུ་རིང་བའི་ཚུལ་དུ་གཟིགས་པར་མཛད་པ་ཡིན་པའི་ཕྱིར་རོ། །

དེ་ཡི་ཞབས་གཉིས་གཡས་བསྐུམ་པར་བྱས་ཤིང་གཡོན་བརྐྱངས་པས་བམ་རོའི་སྙིང་གར་བརྫི་བར་བྱས་ཏེ། དེ་ནས་རང་ཉིད་ཀྱི་གཞི་ལུས་ཀྱི་ཕུང་པོ་ཡི་ནས་དག་པ་རྡོ་རྗེ་སྐུ་ཡི་གྲོང་ཁྱེར་དུ་རྩ་སྟོང་ཕྲག་བདུན་ཅུ་རྩ་གཉིས་ཀྱི་གཙོ་བོར་གྱུར་པའི་དབུ་མ་ཁ

དོག་མཐིང་ག་ཤིན་ཏུ་དྭང་ཞིང་མདངས་གསལ་བ་དང་། རབ་ཏུ་མཉེན་ཞིང་དབྱིབས་སོགས་མི་མཛེས་པ་མ་ཡིན་པར་ལེགས་པར་གནས་པ་དེ་ཉིད་ནི། ཡར་སྟེ་སྤྱི་གཙུག་ཚངས་པའི་བུ་གར་ཁ་ཕྱེས་ཤིང་མར་སྟེ་ཡི་ལྟེ་འོག་སོར་མོ་བཞིའི་ཐད་ཀར་དུ་ཟུག་པ་དང་། སྙིང་ཁའི་རྩ་སྦུབས་ཏེ། དཔེར་ན་པདྨ་དཀར་པོ་འདབ་མ་བརྒྱད་ཀྱིས་བཀག་པའི་སྙིང་དུ་ཆུང་གི་ཐིག་ལེ་ལྟུང་སྐྱ་འཕར་བ་དང་འཁྲིགས་པའི་རྣམ་འགྱུར་ཅན་ལ་བརྟེན་པའི་རྣམ་ཤེས་ཡིད་ཀྱི་ཐིག་ལེ་ཧཱུཾཿཡིག་གི་གཟུགས་སུ་གནས་པ་དེ་ཉིད་ནི། གཡོ་བར་བྱེད་པ་དང་འདར་རླིལ་རླིལ་བྱེད་པའི་རྣམ་པ་ཅན་ཞིག་གསལ་གདབ་པར་བྱ་དགོས། དེ་ཉིད་བྱས་ནས་རང་གི་སྤྱི་བོར་པད་ཟླའི་གདན་ལ་དྲིན་ཆེན་རྩ་བའི་བླ་མ་དང་རྣམ་དབྱེར་མ་མཆིས་པ་སངས་རྒྱས་འོད་དཔག་མེད་འཁོར་དང་བཅས་པ་ཐམས་ཅད་སྣང་ལ་རང་བཞིན་གྱིས་གྲུབ་པ་མེད་པ་སྟེ། དཔེར་ན་མཁའ་ལ་འཇའ་ཚོན་ཤར་བ་ལྟ་བུའི་ཚུལ་དུ་ཡོད་པར་དམིགས་པར་བྱ་དགོས་པ་ཡིན་ནོ། །དེ་ལྟ་བུའི་དམིགས་པ་དང་མ་བྲལ་བའི་ངང་ནས་བློ་རྩེ་གཅིག་དེ་ལ་གཏད་པར་བྱས་ཏེ། བཅོམ་ལྡན་འདས་ཀྱི་མཚན་ལན་བདུན་དང་གསོལ་འདེབས་སོགས་བརྗོད་པར་བྱས་ཏེ། དེ་ནས་མཐར་སངས་རྒྱས་འོད་དཔག་མེད་ལ་ཕྱག་འཚལ་ལོ་ཞེས་སོགས་བརྗོད་ཅིང་། སྔར་ལྟར་དམིགས་པ་དང་མ་བྲལ་བའི་ངང་ནས་འཕོ་དགོས་པར་གསུངས་པ་ཡིན་ནོ། །དེ་ཡང་གོང་དུ་བཤད་པ་ལྟ་བུའི་ཟབ་དང་རྒྱ་ཆེ་བ་ཆོས་ཕུང་རབ་འབྱམས་མ་ལུས་པའི་སྙིང་པོ་ཕྱོགས་གཅིག་ཏུ་བསྡུས་པ་འདི་ཉིད་ལ་གང་ཟག་སུ་དང་སུ་ཞིག་ཡིན་ཡང་། རང་རང་གི་ཚེ་འདིར་ཉམས་སུ་ལེན་པར་བྱས་ན། ནམ་ཞིག་བར་དོ་ལ་སོགས་པའི་གནས་སུ་འབད་པ་ཆེན་པོ་མི་དགོས་པར་གྲོལ་བར་འགྱུར་རོ་ཞེས་སྔོན་བྱོན་གྱི་དམ་པ་རྣམས་ཀྱིས་གསུངས་པ་ཡིན་

མོད། དེའི་ཕྱིར་ན་ཐམས་ཅད་མཐོ་དམན་མེད་པ་ཀུན་གྱིས་འདི་ཉིད་བཏང་སྙོམས་སུ་མི་འཛོག་པར་ཅི་ནུས་སུ་བསྒྲུབ་ཅིང་ཉམས་སུ་ལེན་པར་བྱེད་རིགས་ཞེས་ཞུ་བ་ཡིན།

དེ་ལྟར་ཟབ་དང་རྒྱ་ཆེའི་ཆོས་རྣམས་ལ།།

བཤད་པའི་བློ་གྲོས་ཤིན་ཏུ་ཕྲ་མོད་ལ།།

མཁས་པ་དགྱེས་པའི་ལེགས་སྦྱོར་སྤངས་ནས་ནི།།

བླུན་པོ་བདག་འདྲའི་ཚོགས་ལ་ཕན་ཕྱིར་བྲིས།།

འདི་ལ་མ་རྟོགས་ལོག་རྟོག་ཅི་མཆིས་ཀུན།།

བླ་མ་ལྷ་དང་རྩ་གསུམ་སྲུང་མ་ཡིས།།

མདུན་དུ་སྙིང་ནས་མཐོལ་ཞིང་བཤགས་པར་བགྱི།།

འདི་དང་འབྲེལ་བའི་སྐྱེ་བོ་ཕོ་མོ་རྣམས།།

ཀུན་ཏུ་བཟང་དང་སྐལ་བ་མཉམ་པར་ཤོག།

བདག་དང་བདག་འདྲའི་གཉིས་ངན་སེམས་ཅན་རྣམས།།

ཚེ་འདིར་སངས་རྒྱས་ཐོབ་པ་མི་རིང་ཤོག།

ཅེས་པ་འདི་ཉིད་ཇཿ་བསོད་ནམས་དར་རྒྱས་སུ་འབོད་པས་གསེར་ལྗོངས་བླ་ཟུང་དུ་རང་གཞན་ལ་ཕན་པའི་རྒྱུ་རུ་བྲིས་པ་དགེ་བར་གྱུར་ཅིག །དགེའོ། །དགེའོ། །དགེའོ།། །།

རྩོམ་སྒྲིག་འགན་འཁུར་བ།　　རྟ་རྡོ།　ཚེ་རིང་བྱམས།
责 任 编 辑:　　达多 才 让 先

# ༄། །སྔོན་འགྲོའི་ཁྲིད་ཡིག་སྐོར་གྱི་འགྲེལ་བ་བཞུགས་སོ། །

| | |
|---|---|
| རྩོམ་པ་པོ། | མཁན་བསོད་ནམས་དར་རྒྱས། |
| དཔེ་སྐྲུན་མཁན། | མི་རིགས་དཔེ་སྐྲུན་ཁང་། |
| འགྲེམས་སྤེལ་མཁན། | མི་རིགས་དཔེ་སྐྲུན་ཁང་གི་བོད་ཡིག་རྩོམ་སྒྲིག་ཁང་། |
| གནས་ཡུལ། | པེ་ཅིན་གྲོང་ཁྱེར་ཧོ་ཕིང་ལི་བྱང་ལམ་ཨང་14པ། |
| སྦྲག་སྲིད་ཨང་གྲངས། | 100013 |
| དྲ་གནས། | http://www.mzpub.com |
| པར་འདེབས་མཁན། | སན་ཧོ་གྲོང་ཁྱེར་ཧྭ་ཧྥུང་པར་འདེབས་ཚད་ཡོད་ཀུང་སི། |
| བརྒྱུད་འཚོང་མཁན། | རྒྱལ་ཡོངས་ས་གནས་སོ་སོའི་ཞིན་ཧྭ་དཔེ་ཚོང་ཁང་། |
| པར་གཞི་སྒྲིག་ཐེངས། | 2015ལོའི་ཟླ12པར་པར་གཞི་དང་པོ་བསྒྲིགས། |
| དཔར་ཐེངས། | 2015ལོའི་ཟླ12པར་པེ་ཅིན་དུ་དཔར་ཐེངས་དང་པོ་བརྒྱབ། |
| དེབ་ཚད། | 787mm×1092mm　1/16 |
| དཔར་ཤོག | 28.5 |
| དཔར་གྲངས། | 0001-3000 |
| རིན་གོང་། | སྒོར 58.00 |

ISBN 978-7-105-14072-5/B • 729（བོད 314）

**图书在版编目（CIP）数据**

索达吉文集. 1 : 藏文 / 索达吉著. -- 北京 : 民族出版社，2015.11
ISBN 978-7-105-14072-5

Ⅰ. ①索… Ⅱ. ①索… Ⅲ. ①喇嘛宗一文集一藏语 Ⅳ. ①B946.6-53

中国版本图书馆CIP数据核字(2015)第265603号

索达吉文集. 1

| | |
|---|---|
| 作　者 | 索达吉 |
| 出版发行 | 民族出版社 |
| 地　址 | 北京市和平里北街14号 |
| 邮　编 | 100013 |
| 网　址 | http://www.mzpub.com |
| 印　刷 | 三河市华东印刷有限公司 |
| 经　销 | 各地新华书店 |
| 版　次 | 2015年12月第1版　2015年12月北京第1次印刷 |
| 开　本 | 787毫米×1092毫米　1/16 |
| 印　张 | 28.5 |
| 印　数 | 0001—3000册 |
| 定　价 | 58.00元 |
| 书　号 | ISBN 978-7-105-14072-5/B·729 藏 314 |

藏文编辑室电话：010-58130072　藏文发行科电话：010-64227665